改革与发展

2006 林业重大问题

Reform and Development:
A Research Report on China's Major Forestry Issues

贾治邦 主编

中国林业出版社

图书在版编目(CIP)数据

改革与发展:2006 年林业重大问题调查研究报告/贾治邦主编. -北京:中国林业出版社,2007.4
ISBN 978-7-5038-4779-0

Ⅰ.改… Ⅱ.贾… Ⅲ.林业经济-经济发展-研究报告-中国-2006 Ⅳ.F326.23

中国版本图书馆 CIP 数据核字(2007)第 056077 号

责任编辑 徐小英 杨长峰
洪 蓉 何 鹏
封面设计 赵 方
版式设计 骐 骥

出版 中国林业出版社(100009 北京西城区刘海胡同 7 号)
E-mail forestbook@163.com **电话** (010)66162880
网址 www.cfph.com.cn
发行 中国林业出版社
印刷 中国科学院印刷厂
版次 2007 年 4 月第 1 版
印次 2007 年 4 月第 1 次
开本 889mm×1194mm 1/16
印张 26.5
字数 680 千字
印数 1~2 500 册
定价 128.00 元

《改革与发展：2006年林业重大问题调查研究报告》编辑委员会

专题负责人

魏殿生　肖兴威　汪　绚　姚昌恬　张永利　曹清尧　张志达　张鸿文
刘　拓　王成祖　孙　建

省级负责人

强　健　王宜民　张　静　马双柱　乔　云　侯喜丰　王玉明　杨克杰
夏颖彪　葛明宏　陈铁雄　赵　波　吕月良　郭　家　贾崇福　弋振立
樊仁富　邓三龙　张育文　廖培来　周燕华　张　洪　鲁志明　张礼安
白成亮　黄正秋　高永民　魏至今　王　谦　李月祥　侯翠花　郭燕吉
宋洪涛　高金芳　于长辉　宋希斌　杨勇江

专题联络员

（按姓氏笔画排序）

尹刚强　王志友　王福祥　冉东亚　田亚玲　石　敏　刘宇杰　刘建杰
刘跃祥　许传德　张　平　张利明　杨锋伟　汪飞跃　周霄羽　侯　艳
徐信俭　崔武社　彭华福　蒋爱军　颜国强

省级联络员

（按姓氏笔画排序）

王　哲　王小明　王全德　王恩光　平学智　刘　明　牟景君　米仁忠
严　成　吴学东　吴剑波　吴福林　张小平　张爱军　李国明　李洪波
杨幼平　肖彦元　陆志星　陈　永　陈　明　陈　辉　陈志银　周庆生
姜必祥　姜华先　姜宏伟　赵虎敏　倪陈兴　徐　跃　徐志虎　徐洪星
翁小杰　贾寿珍　曹仁福　童璧刚

序

当前，我国经济社会发展正处在重要的战略机遇期，林业发展也处在一个十分难得的有利时期。林业作为重要的公益事业和基础产业，功能在不断拓展、效用在不断延伸、内涵在不断丰富；在经济社会发展全局中的地位越来越重要，作用越来越突出，任务越来越繁重。

中共中央、国务院高度重视林业工作，颁发了《关于加快林业发展的决定》，召开了全国林业工作会议，确定了以生态建设为主的林业发展战略。全社会对林业的认识不断深化，参与程度显著提高。但是，由于我国人口众多，资源相对紧缺，经济发展与环境资源保护的矛盾十分突出，我国生态产品短缺相当严重，生态建设任务相当艰巨，林产品供给短缺问题相当突出，森林资源安全隐患依然存在，制约林业发展的体制机制障碍依然很多，加强林业队伍建设的任务依然繁重。因此，贯彻落实科学发展观，加快林业发展，保障可持续发展战略的实施 ，实现社会生产力持续发展和提高人们生存质量，显得十分迫切和必要。

为了推进林业又好又快发展，2006 年国家林业局大兴调查研究之风，局党组确立了 12 个方面的重大问题，组织开展了深入的调查研究，为科学决策提供了重要依据，取得了显著成效。2006 年林业发展取得重大进展，林业改革取得重大突破，森林防火取得重要成绩，进一步开创了林业改革与发展的新局面，这与全局上下积极开展调查研究是分不开的。

在新的历史条件下，国家林业局提出全面推进现代林业建设，构建林业生态体系、林业产业体系和生态文化体系，更好地满足现代社会人们对林业的多种需求，是落实科学发展观的具体体现，是林业发展到目前阶段的必然选择。建设现代林业，是一项长期艰巨的任务，必须从我国基本国情出发，遵循客观规律，有重点、有计划、有步骤地扎实推进。新时期应当进一步展开深入的调查研究，充分认识林业巨大的生态功能，努力加强生态建设和保护，切实担负起促进人与自然和谐发展的神圣使命；充分认识林业巨大的经济功能，努力保障木材供给和发展林产业，切实担负起促进农民增收、新农村建设和国民经济又好又快发展的光荣任务；充分认识林业巨大的社会功能，努力增加就业和建设生态文明，切实担负起促进社会和谐、推动社会进步的重要职责。

胡锦涛总书记指出：“调查研究是我们党的谋事之基，成事之道。各级党委、政府和领导干部要切实加强对本地区、本部门和谐社会建设有关情况和工作的调查研究，全面分析和把握社会建设和管理的发展趋势，为制定政策，开展工作奠定坚实的基础。”我们要按照胡锦涛总书记的要求深入实际，深入群众，开展调查研究，聚群智，合群力，谋大事，求发展，以更好地适应我国现代林业建设的要求，推进林业又好又快发展，为建设社会主义新农村，构建社会主义和谐社会做出更大贡献。

贾治邦

2007 年 3 月

前　言

为贯彻落实中共中央、国务院《关于加快林业发展的决定》和全国林业厅局长会议精神，推进林业又好又快发展，2006年初，国家林业局党组决定，开展林业重大问题调查研究工作，将调研工作作为科学决策、解决实际问题的第一道工序和基础性工作来抓。

局党组提出了调研工作的总体要求，制定了相应的工作任务，确定了对社会主义新农村建设与林业发展、退耕还林后续政策、国有林区改革发展及天然林资源保护工程方案调整、集体林权制度改革、国家直接收购个人营造的重点公益林试点、森林资源资产评估、速生丰产林建设与产业发展战略、重点区域沙漠化防治、森林采伐管理模式改革与森林可持续经营、建设森林文化体系、增加森林资源与二氧化碳排放的关系和雪线上升与森林植被变化的关系等12个重大调研项目进行集中深入调研。

一年来，林业重大问题调研工作取得了初步成效。一是把握了政策性。今年开展的林业重大问题调研工作共提出90多条有针对性的政策建议，其中不少建议已被中央及有关部门采纳。二是把握了针对性。今年的林业重大问题调研，回答了50多项社会各界关注的重点热点问题，特别是基层单位和林农群众关心的热点难点问题，收到了明显的效果。三是把握了应用性。调研选题紧扣现实工作需要，理论联系实践，既有理论指导和战略思考，又有强烈的实践性特征，体现了“研以致用”。四是把握了超前性。既预见了潮流所在和大势所趋，又能看到了苗头性、倾向性问题，既立足当前又面向未来，注意瞻前顾后。五是把握了操作性。做到符合实际、思路正确、措施具体，不空发议论，提出的建议切实可行。六是把握了时效性。对决策部门关注的重要问题，集中力量，及时调查，适时提供了情况和建议。

当前，我国已进入工业化、城镇化、市场化、国际化快速推进的发展阶段，为此，中央做出了全面落实科学发展观、构建社会主义和谐社会、建设社会主义新农村、建设创新型国家、建设资源节约型和环境友好型社会等一系列重大战略决策。这些决策的做出和施行，把林业推上了一个前所未有的新高度，赋予林业一系列新的重大使命：作为生产生态产品的主体部门，在维护国土生态安全、促进经济与生态协调发展方面发挥重要作用；作为实现人与自然和谐的关键和纽带，在构建社会主义和谐社会中发挥重要作用；作为重要的基础产业，在我国经济可持续发展和新农村建设中发挥重要作用；作为生态文化发展的源泉和主要阵地，在现代文明建设中发挥重要作用；作为国际政治热点领域，在维护我国权益、配合外交工作、树立良好国际形象方面发挥重要作用。林业在国家建设全局中的地位越来越重要，作用越来越突出，任务越来越繁重。新形势和新任务要求我们要深入实际，深入群众，做到“取智于民”，在吃透国情、林情的基础上，聚群智、合群力，做到“谋之于众”，充分发挥集体智慧，站在历史高度和全国大局，运用世界眼光和战略思维，深刻分析当前的国际国内形势，牢牢把握时代的脉搏和潮流，与时俱进地筹划和安排好林业工作。

2007 年是全面建设现代林业的开局之年。全面推进现代林业建设，需要高度重视和坚持开展调查研究工作，在“求真”、“求深”、“求是”上下功夫，通过对重大问题的调查研究与深入思考，围绕着力培育森林资源，着力深化林业改革，着力推进科教兴林，着力抓好依法治林，着力加强经营管理，着力强化基础建设，依靠现代科技手段，开发林业的多种功能，满足社会的多样化需求，提升林业建设整体水平，推进林业的现代化进程，构建完善的林业生态体系，发达的林业产业体系和繁荣的生态文化体系，促进林业又好又快发展。

编 者

2007 年 3 月

目　录

第二篇 调查研究

第四篇　决策指导

第五篇　附　录

第一篇
高层关注

胡锦涛

全面落实科学发展观　持之以恒抓好生态环境保护和建设工作

2006年4月1日，胡锦涛总书记在北京全民义务植树日植树时说，全民义务植树活动开展25年来，植树造林事业取得了可喜的成绩，绿化美化环境已经成为全社会的广泛共识和自觉行动。他强调，各级党委、政府要从全面落实科学发展观的高度，持之以恒地抓好生态环境保护和建设工作，着力解决生态环境保护和建设方面存在的突出问题，切实为人民群众创造良好的生产生活环境。要通过全社会长期不懈的努力，使我们的祖国天更蓝、地更绿、水更清、空气更洁净，人与自然的关系更和谐。

林业产权制度改革意义重大

2006年初，胡锦涛总书记在福建省永安市考察后指出："林改意义确实很重大。"

植树造林　防风固沙　功在当代　利在千秋

2006年7月1日，胡锦涛总书记在出席青藏铁路通车庆祝大会之后，专程到格尔木市西郊，考察格尔木市防风固沙造林工程，并作了重要指示。

胡锦涛总书记说，在这里植树造林不容易，但已见成效，格尔木市容非常干净，植树造林、防风固沙，是功在当代、利在千秋的大事。一定要科学规划，加大投入，全民动员，年复一年地抓下去，为子孙后代多留一片绿荫。你们做的事很有意义，把这一片树林养护好了，会对整个格尔木市的风沙治理起到很大作用。要齐心协力把生态环境保护好、建设好，使我们的家园越来越美丽。

温家宝

关于加快林业改革和发展的六点指示

2006年4月29日上午，温家宝总理专门听取了贾治邦局长关于春季沙尘暴情况及林业工作的汇报，并对加快林业改革和发展作出了六个方面的重要指示。

温家宝总理说：2006年春季发生了比较严重的沙尘暴，北京扬沙天气持续了十多天，出现这种情况，原因是多方面的，其中有气候干旱方面的原因，同时也反映出我国的生态还十分脆弱，反映出生态问题的严重性。社会上对沙尘暴很关注，有一些议论和意见。这说明，社会对生态质量的要求越来越高了，对林业建设更加关注了，对林业工作寄予了很大希望。

过去我曾经分管过林业工作，到过很多林区、沙区作过调查研究，包括黑龙江大兴安岭林区、内蒙古牙克石林区都去过，对林业很有感情。我分管林业工作时主要办了两件大事：一是国务院审定了中国可持续发展林业战略研究成果，这项研究对全国林业布局和地区布局问题、农业结构调整中的林业发展问题、治理水土流失和防治荒漠化问题等一系列林业发展的战略问题进行了全面系统的分析研究，作出了科学的回答。这是国家宏观战略研究的重要组成部分，是一项国家战略。二是中共中央、国务院颁发了《关于加快林业发展的决定》，国务院召开了全国林业工作会议，确立了林业在贯彻可持续发展战略中的重要地位，在生态建设中的首要地位，在西部大开发中的基础地位，明确了林业发展的战略目标、战略重点和政策措施。

党中央、国务院高度重视林业建设，作出了一系列重大决策。林业是一项非常重要的事业，是一项使命光荣、任务艰巨的事业，是一项潜力很大、充满希望的事业。现在，国家林业局的职能增加了，任务加重了，责任更大了，一定要全面贯彻落实科学发展观，把林业工作做得更好，不辜负党和人民的期望。当前，重点要注意把握好以下几个方面：

一、要充分认识林业建设的成绩和问题

近几年来，在党中央、国务院的领导下，经过全国人民和广大林业职工、林农群众的艰苦努力，我国林业建设取得了很大成绩，生态状况发生了很大变化。全国森林覆盖率显著提高，防沙治沙取得了重要进展，野生动植物和湿地保护进一步加强，林业改革不断深化，林业科技工作有明显进步。特别是天然林资源保护、退耕还林、京津风沙源治理、三北防护林、长江防护林等林业重点工程建设成效显著。但从林业的“三地位”来看，林业发展还严重滞后，林业的潜力和作用还没有充分发挥出来，还很不适应经济社会发展对林业的需求。最近，连续发生沙尘暴，虽然有一定的特殊性，但对我们是一个重要警示，提醒我们要进一步重视、进一步加强林业建设。随着人们生活水平的提高，人们对生态质量的要求越来越高了，对林业工作提出了更高的期望。林业工作既有动力又有压力，既有困难又有机遇，一定要变压力为动力，抓住机遇，克服困难，统筹做好林业工作，抓住重大问题，狠抓工作落实。植树造林是改善生态环境最基本的手段，要进一步落实好中共中央、国务院《关于加快林业发展的决定》和《国务院关于进一步加强防沙治沙工作的决定》，继续实施好各项林业重点工程和《全国防沙治沙规划》，特别是几条大的防护林带，包括三北防护林、长江防护林、沿海防护林、黄河上中游防护林、平原防护林等，一定要坚持不懈地抓下去，取得更好的成效，为改善生态状况、实现人与自然和谐发展作出更大的贡献。

二、要坚定不移地深化林业改革

这几年，林业改革进行了很多探索，取得了新的进展，但国有林区、国有林场与其他行业比起来还是最困难的，社会负担沉重，政企、政事分离不到位，林业职工收入低，生活没有得到大的改善。虽然我们已经找到了一些路子和办法，但从总体上看，国有林区、国有林场的体制机制问题，林业职工的生活问题，还没有完全得到解决。要坚持按照中共中央、国务院《关于加快林业发展的决定》精神，继续进行深入探索、研究，继续深化国有林区、国有林场改革，搞好集体林权制度改革，不断增强林业的活力。与其他事业一样，改革是林业发展的真正动力，只有深化改革，才能消除林业发展的体制机制性障碍，才能解放和发展林业生产力，才能从根本上解决林业发展问题和林业职工、林农群众的生活问题。

三、要大力加强林业基础设施建设

加强林业基础设施建设是加快林业发展、改善职工生活的基本条件。对林业基础设施建设，要更加高度重视，更大力度支持。国有林区和国有林场的基础设施还十分薄弱，有的林区不通道路，有的林区不通水、不通电，有的林区看不到电视，还存在上学难、看病难等问题，制约了林区经济社会的发展，影响了林区职工生活水平的提高，很不适应现代林业发展和改善林业职工生活的需要。要把林业基础设施建设放在更加重要的位置，作为社会主义新农村建设的重要内容来抓。“十一五”期间特别要加强林区道路、电力、通讯、沼气建设，解决好林区教育、卫生、饮用水等群众最关心、最直接的问题，为加快林业发展、改善林区人民生活创造更好的条件。

四、要处理好兴林与富民的关系

林业既是一项十分重要的公益事业，又是一项十分重要的基础产业，既有不可替代的生态效益，又有十分显著的经济效益。在社会主义新农村建设中，林业具有重要作用，特别是林业特色产业发展潜力很大。一定要处理好兴林与富民的关系，处理好生态与产业的关系，把发展林业和林农致富紧密结合起来，把生态建设和林业产业发展紧密结合起来，把生态效益和经济效益紧密结合起来，在改善生态的同时，促进农民增收、促进农村经济发展。现在，农村已经有不少兴林致富的典型，要认真总结推广，以典型的力量推动林业发展。看来，把“砍树”变成“看树”，发展森林旅游，兴办“农家乐”，既保护了森林资源，又增加了农民收入，是个好办法，还可以发展林下经济、森林食品、森林药材、竹藤花卉、野生动植物繁育利用，退耕还林中经济林的比重也可以大一点。总之，要充分发挥林业的生态效益、经济效益和社会效益，充分发挥林业在建设社会主义新农村中的潜力和作用，不断满足社会对林业的多种需求，为社会创造多种福祉。

五、要高度重视、切实加强森林防火工作

森林防火工作十分重要，事关林业建设全局，事关人民生命财产安全和社会稳定，一定要高度重视，高度警惕。今年气候干旱，更要加大力度，严加防范，把森林防火的各项工作抓实、抓细，避免发生重特大森林火灾，避免发生重大人员伤亡，确保人民生命财产和森林资源安全，维护社会稳定。森林防火是一项经常性的工作，要加强领导，周密部署，警钟长鸣，常抓不懈，狠抓地方森林防火行政领导负责制等各项措施的落实。要搞好森林防火“十一五”规划，加大森林防火的投入，重点林区要给予重点支持。特别要提高装备水平，提高扑火能力，改变扑火装备水平低、设施薄弱的状况。我国的森林资源少，原始森林不多了，烧了很可惜，一定要保护好。

六、要巩固退耕还林成果，稳步推进退耕还林

退耕还林涉及1亿多农民，关系生态安全，关系农村稳定。要巩固成果，确保质量，完善政策，稳步推进。巩固好退耕还林成果，关键是搞好后续产业，核心是增加农民收入，根本是解决好农民的生计问题。现在生态林、经济林还没有到收益期，后续产业发展还跟不上，宁可多拿一点钱，也一定要把农民的生计问题解决好，不能降低农民的生活水平。只有解决好农民的生计问题，才能确保退耕还林不反弹，才能巩固已有的建设成果，也才能维护农村的稳定。对退耕还林后续政策一定要全面深入研究，一定要从实际出发，在摸清实际情况的基础上，进一步完善政策，确保退耕还林工作健康顺利推进。

造林治沙　决不能让民勤成为第二个“罗布泊”

2006年3月6日，温家宝总理在参加第十届全国人民代表大会第四次会议，与甘肃代表团的人大代表们一起审议政府工作报告时，对甘肃的生态保护问题做了重要指示。他说：“我们每年从黑河调水9亿立方米给内蒙古额济纳旗，这是甘肃人民做出的贡献。有个问题我考虑两年了，在调水的过程中要保护沿线的生态，使黑河调水发挥最大效应。”

谈到民勤治沙时，温总理说：“决不能让民勤成为第二个‘罗布泊’，在我们这一代人要看到民勤的变化，这不仅是一个地区的问题，而且是关系国家发展和民族生存的长远大计。”

民勤县位于河西走廊东北部、石羊河流域最下游，东、西、北三面连接腾格里沙漠和巴丹吉林沙漠。近20年间，由于石羊河上游的垦区拦蓄引水，气候趋于干旱，绿洲已由过去的阻沙天堑变为沙源，水干风起，沙逼人退，这里一度成为全国最干旱、荒漠化最严重的地区之一，也是我国北方地区的沙尘暴四大发源地之一。

“决不能让民勤成为第二个‘罗布泊’”。2001年7月，时任国务院副总理的温家宝在一份关于河西走廊石羊河流域生态环境恶化的调查上作出了这样的批示。此后的5年间，温家宝又多次批示并亲自过问这个在腾格里沙漠和巴丹吉林沙漠夹击下的贫困小县的沙化治理问题。

在温总理的重视、关心和中央有关部门的大力支持下，甘肃从强化水资源统一管理、加快重点治理规划的制定和实施、先行开展有关治理工作等多方面入手，切实抓好石羊河流域生态综合治理及民勤可持续发展问题。2001年以来，中央、省、市给民勤县生态治理及水利基础设施建设投资30多个项目，有效地遏制了荒漠化蔓延之势。

温总理最后指出：“花10年时间治理好了以后，我们要在沙漠边上作个标记，有两层含义：一是说明广大干部群众同自然做斗争，做到了没有让民勤成为第二个‘罗布泊’；二是警示后人，世世代代继续奋斗，不让沙漠南侵。”

伊春市开展国有林区林权制度改革试点意义重大

2006年1月4日，在温家宝总理主持的国务院常务会议上，原则通过了国家在伊春国有林区进行林权制度改革试点的方案，同意在伊春林区的5个林业局15个林场（所）中，拿出8万公顷的国有商品林地，让职工有偿承包经营，把林地的经营权、林木的所有权、林木的处置权交给职工，一定50年至70年不变，首开全国国有林区林权制度改革的先河。

温家宝总理说，在黑龙江省伊春市开展国有林区林权制度改革试点，是落实中央决策的一项重要举措，是国有林区改革迈出的关键一步，对于深化林业体制改革，促进林业可持续发展具有重大意义。

伊春是国家重点国有林区，有400万公顷森林。自1948年大规模建设以来，为社会主义建设作出了巨大贡献，同时也付出了沉重的代价，成为开发最早、贡献最大、资源消耗最快、牺牲最多、历史包袱最重、贫困程度最深的国有林区。50多年来，伊春可采资源消耗了98%，森林蓄积减少了55%，经济结构严重失衡，经济发展明显滞后。

2004年4月，国家林业局确定伊春为全国唯一的国有林区林权制度改革试点单位，为全国国有林区提供改革、发展的经验。

贾庆林

实施“西部绿化行动”　推动国土绿化和生态建设

2006年9月27日，中共中央政治局常委、全国政协主席、中国绿化基金会名誉主席贾庆林在中国绿化基金会、全国绿化委员会、全国政协人口资源环境委员会共同主办的大型社会公益活动“西部绿化行动”启动会上强调，要全面贯彻落实科学发展观，进一步增强责任感和使命感，推动“西部绿化行动”深入实施，为改善西部地区生态环境、造福子孙后代作出新的贡献。

贾庆林说，加快国土绿化、加强生态建设，是我国经济社会可持续发展的重要基础，是构建社会主义和谐社会的重要内容。党中央、国务院历来高度重视林业与生态环境建设，就加强西部地区的生态保护和环境建设，作出了一系列重大决策和部署。实施西部大开发战略以来，在党中央、国务院的正确领导和各方面的大力支持下，通过实施退耕还林、退牧还草、天然林资源保护等重大工程，西部地区的生态环境状况得到明显改善。但也要看到，西部地区生态环境总体恶化的趋势尚未得到扭转，加快发展西部绿化事业，加强西部生态保护和环境建设，任重道远，需要付出长期艰苦的努力。

贾庆林指出，在国家实施“十一五”规划和进一步推进西部大开发战略的新形势下，中国绿化基金会确立西部绿化的工作重心，推出“西部绿化行动”，具有十分重要的意义。就“西部绿化行动”的实施，要认真贯彻中央关于加强生态保护和环境建设的各项决策部署，把实施“西部绿化行动”与构建社会主义和谐社会和建设社会主义新农村的各项要求结合起来，与中央关于加强林业建设和“十一五”规划的有关部署结合起来，努力促进人与自然和谐相处，推动西部地区走上生产发展、生活富裕、生态良好的文明发展道路，切实推动西部绿化重点工作的落实。要围绕重点工程，抓好规划论证，加强科技保障，突出工作实效，把“西部绿化行动”的各项任务稳步推向前进。要广泛调动社会各方面力量参与“西部绿化行动”，加强组织和引导，通过募集民间社会资金，发动更多的社会企业、团体和广大人民群众参与到“西部绿化行动”中来，为这项造福西部、荫及子孙的事业献计出力。

回良玉

坚持以人为本　共建绿色家园　深入开展全民义务植树运动

2006年3月31日，中共中央政治局委员、国务院副总理、全国绿化委员会主任回良玉在人民大会堂召开的全国造林绿化表彰动员大会上做了重要讲话。他强调，要用科学发展观统领全国造林绿化工作，围绕构建社会主义和谐社会，突出“坚持以人为本、共建绿色家园”的主题，更加深入地开展全民义务植树运动，继续实施重点生态建设工程，着力抓好城乡绿化和绿色通道建设，努力推进造林绿化事业又快又好发展。

回良玉指出，党中央、国务院历来高度重视造林绿化工作。开展全民义务植树运动25年来，党和国家领导人率先垂范、年年带头参加义务植树，全社会植绿、爱绿、护绿、兴绿蔚然成风，全国动员、全民参与已成为我国国土绿化的一大特色。经过长期坚持不懈的努力，我国植树造林和各项生态建设取得显著成效，林草植被得到有效恢复，生态面貌初步改善。

回良玉强调，“十一五”是我国经济社会发展的重要时期，也是造林绿化的关键阶段。要坚持把科学发展观的指导思想与造林绿化的自身规律有机结合起来，把构建和谐社会的总体要求与造林绿化的具体实践有机结合起来，把建设社会主义新农村的重大任务与造林绿化的丰富内涵有机结合起来，不断开创造林绿化事业的新局面。要遵循客观规律，坚持以生态建设为主的林业发展战略，巩固和发展全民参与造林绿化的良好势头，努力提高造林绿化成效，加快实现山川秀美的进程。

回良玉要求，各地区、各有关部门要加大工作力度，切实落实当前造林绿化的各项措施。一是要深入宣传造林绿化的重要性、必要性和紧迫性，宣传全民义务植树的公益性、义务性和法定性，增强全社会关注生态的忧患意识、改善生态的责任意识和保护生态的法律意识。二是要加强义务植树的组织落实，不断拓宽渠道、创新形式，方便群众履行植树义务。三是要与发展现代农业、改善农村生态状况和人居环境、提高农业综合生产能力相结合，引导农民通过造林绿化改善自己的生产生活条件。四是要继续推进国家重点生态工程建设，加强科学管理，稳定完善政策，培育后续产业，建立长效机制，确保工程建设的质量和效益。五是要切实抓好城市绿化美化，坚持绿化生态与景观效果并重，坚持绿化建设与管护并重。六是要采取更加严格有效的措施，防止乱砍滥伐林木和非法侵占林地、湿地和草地，切实做好森林和草原防火工作。七是要加强造林绿化工作的组织领导，认真落实领导干部任期绿化目标责任制和部门绿化分工负责制，进一步形成各负其责、齐抓共管的良好局面。

积极稳妥地推进集体林权制度改革

——在全国集体林权制度改革现场经验交流会上的讲话

在全党全国掀起认真学习《江泽民文选》、进一步贯彻“三个代表”重要思想热潮之际，在实施“十一五”规划、推进社会主义新农村建设开局之年，在农村综合改革深入推进、集体林权制度改革取得积极成效之时，继国家林业局和有关方面在福建成功举办全国集体林权制度改革高峰论坛之后，这次又在江西井冈山召开全国集体林权制度改革现场会，总结交流集体林权制度改革试点经验，研究安排全国集体林权制度改革工作，既十分重要，又非常及时，也很有意义。昨天，我到江西新干县、泰和县等地实地考察了林改情况，详细了解了林改流程，认真听取了基层干部群众对林改的反映，与会代表也到泰和县、遂川县进行了现场观摩学习。刚才，福建、江西、辽宁三个率先开展集体林权制度改革的省，全面介绍了改革进展情况、基本做法和主要经验。通过参观考察和大会交流，我们既掌握了很多情况，也学到了很多经验，既很有收获和启示，也很受教育和鼓舞。下面，我讲三点意见：

一、充分认识集体林权制度改革的重大意义

深化改革是推进经济社会发展的动力之源，制度创新是激发经济利益主体积极性和创造性的根本法宝。针对集体山林归属不清、权责不明、经营机制不活、产权流转不规范等制约林业发展的深层次矛盾和问题，近年来，福建、江西、辽宁、浙江等省率先开展了以“明晰产权、放活经营、减轻税费、规范流转”为主要内容的集体林权制度改革，取得了阶段性的显著成效，受到了广大农民的热烈欢迎，得到了社会各界的普遍赞誉，形成了加快推进改革的强劲势头。实践证明，这项改革是顺应发展规律、顺乎农民意愿、合乎农村实际的重大创举，是加快林业发展、振兴林区经济、富裕广大林农的根本途径，也是落实科学发展观、构建社会主义和谐社会、建设社会主义新农村的有效举措，必将对我国经济社会发展产生重大而深远的影响，必将载入中国农村改革发展的史册。

第一，集体林权制度改革是农村家庭承包经营制度的丰富和完善。我国的改革从农村发端，农村的改革从“大包干”开始，“大包干”又从调整土地政策入手。实践证明，实行以家庭承包经营为基础、统分结合的双层经营制度，是改革开放以来我国农村所进行的最重大的改革，是农村经济社会发展最强大的动力。这是农村的基本经营制度，也是党在农村政策的基石。林地与耕地一样，是国家重要的土地资源，是林业重要的生产要素，是农民重要的生活保障。推进集体林权制度改革，是在保持林地集体所有制不变的前提下，把林地的使用权交给农民，让农民依法享有对林木的所有权、处置权、收益权，实现“山有其主，主有其权，权有其责，责有其利”，使林业生产关系适应林业生产力的发展，进一步解放和发展农村生产力。这是农村土地制度改革在林地上的拓展和发展，是家庭承包责任制在林业上的丰富和完善，是把家庭承包责任制从耕地延伸到林地。当前，推进农村体制机制创新、活化农村各种生产要素、活跃农业农村经济方面要做的工作很多，集体林权制度改革无疑是一项重要的内容。

第二，集体林权制度改革是农业发展空间的拓宽和延伸。我们讲的大农业，包括林业这个重要的产业门类。但长期以来，我们更多的是在耕地上做文章，现在全国耕地平均复种指数已达128%，许多地方高达200%以上，个别地方甚至超过300%，这就说明我们对耕地精耕细作的程度已达到了相当高的水平。今后，耕地的潜力还要继续挖掘，但同时也必须做好耕地之外的其他广大国土资源的文章。根据有关资料测算，目前我国18亿亩耕地的亩均产出水平（增加值）约为686元，但60亿亩草原亩均产出只有20元，42亿亩大陆架渔场亩均产出只有24元，而42.7亿亩宝贵的林地资源亩均产出也只有22元。差距是问题所在，也是潜力所在，进一步挖掘林地生产潜力，大有可为。推进集体林权制度改革，有利于把资金、技术、劳动力等各种生产要素，引向林业，引向林区，引向林地，不断开发林业的生态、经济、文化等多种功能，增加生态产品和林产品产出，丰富食品和工业原料供给，从深度和广度两方面延展林业生产经营的范围和领域，拓展林业的多样性和多功能性。

第三，集体林权制度改革是促进农民增收的机遇和途径。25亿亩集体林地，是发展农村经济的一笔宝贵资源，也是促进农民增收的一笔巨大资产。但目前林业对农民增收的贡献水平还较低，与林业所拥有的资源、与林业所应有的产业地位还很不相称。通过推进集体林权制度改革，把林地资源进一步开发好、利用好、保护好，有利于多方位、多层次地拓宽农民的就业渠道和增收空间。一是通过扩大农业作业面、延长林产品产业链，可以使农民实现就业增收；二是通过强化集约经营、规模经营和产业化经营，提高林地的产出水平，可以使农民实现效益增收；三是通过减免税费、政策优惠，可以使农民实现让利增收。福建南平、三明等实行林改的重点林区，农民收入已经有一半来自林业。江西去年林改对农民的政策性让利达11.27亿元，全省农民林业现金收入同比增长41%，今年上半年农民来自林业的人均收入达到360元。

第四，集体林权制度改革是增强林业竞争能力的支撑和手段。一个产业的壮大和发展，根本是要靠市场机制。只有面向市场调整林业结构，才能不断提高林业的素质和效益；只有充分调动市场主体的经营积极性，才能不断提高林业的综合生产能力和经营水平。推进集体林权制度改革，从本质上说，是要把市场机制充分引入林业经济，明晰产权关系，明确市场主体，培育市场体系，规范市场交易，使林业具备内在的发展活力，建立起良性的发展机制。从集体林权制度改革的实践看，推进集体林权制度改革后，农民普遍大幅度增加了对林地的投入，优化了林种结构，提高了林产品产量和效益。林权明确了，还有利于促进林地使用权和林木所有权的流转，进一步优化配置林业生产要素，全面盘活林业资源，充分释放林地、物种、劳动力等生产资料的巨大潜能。同时，集体林权制度改革也吸引了很多工商企业进入林业，通过发展林业的产业化经营，健全和壮大了林业产业体系。围绕集体林权制度改革，适应林业发展的需要，林业部门也普遍转变了职能，强化了服务，增强了对林业的管理能力和对市场的调控能力。

第五，集体林权制度改革是持续改善生态环境的举措和保障。从发达国家、历史经验和林改地区的实践看，要保护好森林生态，光靠堵和禁是不行的，应当用更积极的办法，在加强必要管理和调控的前提下，在开发中保护，在发展中保护，实现用和育的良性互动。应当树立这样一种观念，产权越是清晰，责任越是明确，培育才越能有效，管护才越能到位。有的同志讲，山定权、人定心、树才能定根，我看很有道理。过去林权不清，用育关系处理不好，林木资源蓄积量增长就很缓慢。占全国林地60%的集体林地，目前森林蓄积量每公顷平均只有50多立方米，而全国平均水平是85立方米，世界平均水平超过100立方米，德国、法国等林业发达的国家最高达200~300立方米。通过集体林权制度改革，重塑林业微观经营主体，让农民吃下“定心丸”，有利于鼓励农民多栽树、栽好树，从根本上调动农民植绿、爱绿、护绿的积极性。还要看到，商品林搞好了、搞活了，公益林才能减轻压力，才能更好地得到保护。这一点，在林改试点地区已经得到了充分的证明，现在大家已普遍打消了林改会带来乱砍毁林的担心和疑虑。

二、准确把握集体林权制度改革的几个重大问题

集体林权制度改革是农村改革的又一重大突破，政策性很强，操作难度较大，一定要准确把握，正确引导，统筹安排，精心组织。总的要求是：以邓小平理论和“三个代表”重要思想为指导，以科学发展观为统领，深入贯彻党的十六届五中全会、中央一号文件和中央关于加快林业发展决定的精神，全面实施以生态建设为主的林业发展战略，遵循林业建设特点和规律，围绕“发展林业、振兴林区、富裕林农”的目标，创新林业体制机制，转变林业增长方式，促进林业又快又好发展，为推进社会主义新农村建设做出应有贡献。推进集体林权制度改革，要重点把握好以下几个方面：

（一）始终坚持两条基本准则

深入学习《江泽民文选》，全面贯彻“三个代表”重要思想，指导“三农”工作具体实践，必须坚持农村的基本经营制度，长期稳定党在农村的基本政策；必须坚持解放思想、实事求是、与时俱进，不断深化农村改革、创新体制机制；必须切实保障农民的物质利益、尊重农民的民主权利，这是“三农”工作的基本准则。全面实施以生态建设为主的林业发展战略，是中央关于加快林业发展决定的明确要求，是时代赋予林业发展的神圣使命。推进集体林权制度改革，必须遵循“三农”工作的基本准则，必须更好地履行时代赋予的使命。也就是说，当前的林权

制度改革要坚持两条基本准则：一是确保农民得实惠，二是确保生态受保护。这是推进林权制度改革的根本出发点和落脚点。农村任何改革最终都要体现为老百姓得利，“大包干”之所以成功，就在于它实现了耕者有其田、耕者有其权、耕者有其利。老百姓最讲实际，一项改革只有让他们尝到甜头，他们才会投身和支持改革，改革才有坚实的群众基础，才能顺利推进，才能真正持久。林业直接关系到山区、林区老百姓的切身利益，是他们维持生计的基本来源和实现增收致富的重要门路。推进集体林权制度改革，从开始的方案设计，到中间的组织实施，到事后的检查评估，都要把农民是否得到实惠作为一条基本考虑。总之，对农民该给的利益要给足，该减的负担要减够，该搞的服务要搞好，真正使集体林权制度改革成为惠及千家万户的德政之举和民心工程。另一方面，林业不仅仅是一项十分重要的基础产业，它还是一项最具生态功能的公益事业，具有十分突出的生态、经济和社会三大效益，关系着国家的生态安全和经济社会可持续发展。所以，推进集体林权制度改革，绝不能牺牲生态，更不能以破坏生态为代价。这是集体林权制度改革必须坚守的一条底线。把管护森林资源与农民自身利益直接挂钩，变少数人管理为多数人护林，从根本上和长远看有利于生态保护和建设，有利于生态效益的发挥。但如果考虑不周，把握不好，防范不力，也可能造成一些不利影响。这在历史上是有过教训的，必须引起高度重视。集体林权制度改革一旦推出，具体办法可以随着实践发展不断完善，但改革方向和基本政策不能随便摇摆，要切实稳定农民的经营预期。同时，要妥善处理改革中出现的矛盾和纠纷，对借改革之机强行流转山林、与民争利的行为要坚决纠正，对乱砍滥伐林木、乱占滥征林地的行为要坚决制止。从各地改革试点实践看，推进集体林权制度改革，在实际工作中，还要坚持依法办事、分类指导、统筹兼顾和稳定第一等原则。

（二）正确处理两大重要关系

集体林权制度改革涉及多种利益主体和各方面的利益，但最基本的是要处理好集体与农民、管理与放活两大关系。集体林权制度改革后，集体仍然是林地所有者代表，农户拥有林地使用权和林木所有权，林地是农户增收致富的重要生产资料，也是集体壮大经济实力的一个重要来源。因此，在集体林权制度改革过程中，必须妥善处理好集体与农民的利益关系。改革首先要保证农民的利益，要坚持让利于民的原则，确保让农民多得利、得“大头”。同时，对集体也要保证其必要、合理的权益，引导集体主要通过搞好社会化服务、多渠道盘活各种林产资源，来分享林业发展的收益，壮大集体经济实力。林业是产业，但也是特殊产业，林木是商品，但又是特殊商品，推进林权制度改革，既要放又要管。放就是要发挥市场机制配置林木资源的基础性作用，让生产经营者有利可图，愿意增加林业投入，但又不能一放了之，必须加强指导，有序进行。管就是要弥补市场的缺陷，依法治林、依法护林、依法兴林，守住生态安全的底线，但也不能沿用过去的老办法来管理，而要适应市场经济、林权改革和分户经营的新形势、新要求，创新林业管理机制，探索新的管理模式。总之，在推进林权制度改革的过程中，要立些规矩，做到放而有序、活而不乱、管而不死。

（三）紧紧把握两个关键环节

推进集体林权制度改革需要做好各个方面、各个环节的工作，但关键是两点：一个是林权界定，一个是农民决策。集体林权制度改革最重要、最核心的内容，就是要对林地和林木进行确权。确权越明确、越细致越好，这个基础打牢了，改革进程就会顺畅，留下的隐患就会少，改革也才能够最大限度地取得成效。确权是一项很复杂、很细致的工作，既要考虑现实，又要考虑历史；既要照顾国家、集体的权益，又要照顾林场、农民的权益；既要扎实做好有关技术性基础工作，又要注意制定好面上的基本政策规范。开展确权，要依据《中华人民共和国农村土地承包法》及其他法律政策的规定，坚持公正、公平、公开的原则，合理制定确权方案，细化具体操作办法。对已经明确的林权，只要实践证明行之有效，绝大多数群众满意，就应予以坚持，不能打乱重来、借机收回或无偿平调。要依法签订林权承包合同，及时开展林权登记，切实维护农民权益。要坚持依法、有偿、自愿的原则，建立规范有序的林木所有权、林地使用权流转机制。农民群众是集体林权制度改革的参与主体、受益主体，也是决策主体、监督主体。一切为了群众、一切依靠群众，是做好农村工作的法宝，也是搞好集体林权制度改革的法宝。林权分不分、怎么分、什么时候分、分到什么程度，都要由农民说了算。地方各级政府应当做好有关组织领导、政策引导和服务协调工作，但一定要注重保障农民群众的知情权、参与权、决策权和监督权，不能包办代替，更不能行政命令、强制推行。

（四）认真抓好两项重要改革

一是主体改革，即明晰产权和经营主体。这是集体林权制度改革的主体内容，是基础、是核心，要集中力量抓紧抓好。二是配套改革，即管理体制变革和运行机制创新。这是集体林权制度改革的一项重要内容，也是改革能否取得成效的一个重要保证。必须围绕林业确权这一主体改革，因地制宜、因势利导地推进各项配套改革。要及时调整和完善财政税收、金融保险、科研推广等支持政策，为集体林权制度改革和林业发展创造良好的外部环境。林业系统自身要加快推进林业分类经营改革，改进林木采伐管理制度和办法，强化林业综合行政执法，促进集体林权制度改革成果的巩固发展，促进经济社会与林业的协调发展。要加快林业社会化服务体系建设，培育专业合作组织和中介机构，搞好行业自律管理，有效开展市场信息、护林防火、防病治虫、优良种苗、农资机械等多方面服务。要完善林业法律法规，根据林改需要及时制（修）订有关法律法规，为集体林权制度改革提供有力的法制保障。

三、切实加强对集体林权制度改革的组织领导

集体林权制度改革是林业工作的一项重要任务，也是“三农”工作的一件大事。地方各级党委、政府要切实加强领导和指导，确保集体林权制度改革顺利推进。

（一）高度重视，精心组织

林改地区和有关部门必须从统筹城乡发展、建设社会主义新农村的高度，充分认识农村集体林权制度改革的重要性和紧迫性，增强责任感和使命感，把这项改革工作真正列入重要议事日程，精心组织，周密部署，积极稳妥地加以推进。要切实加强对林改工作的组织协调和统筹指导，明确目标、分解责任、细化任务、制定措施、抓好落实。各级领导干部要深入基层，摸清林情，了解民意，加强对基层的指导和服务，帮助他们解决改革中遇到的各种矛盾和问题。各级发展改革、财政、国土、农业、司法、民政、监察、税务、金融等有关部门要密切配合，通力协作，支持推进集体林权制度改革。各级林业部门更是责无旁贷，要切实履行职责，发挥好主管部门的作用，认真做好改革的各项基础工作。

（二）做好方案，抓好落实

要在充分调查研究的基础上，切实制定好林权制度改革的意见和方案。既要明确总体目标，又要定好具体政策；既要进行长远部署，又要提出阶段安排；既要下工夫制定好改革方案，又要花力气抓好组织实施。地方各级政府和有关部门要切实加强对林改地区改革方案的指导、审

核和把关。改革决策和改革方案确定后，要统一思想和认识，发动干部和群众，及时加以部署和安排。要注重试点示范和典型引路，不断摸索路子，积累经验，完善政策，以点带面。要加强督促检查，把各项改革政策和保障措施落实到位。要妥善处理林权纠纷，严肃改革纪律，确保林改地区社会稳定。

（三）总结经验，完善政策

福建、江西、辽宁、浙江等集体林权制度改革先行地区，在许多方面进行了积极探索和大胆创新，为各地推进改革积累了有益经验。各地要不断总结和推广林改地区的好经验、好做法，不断探索推动工作的新思路、新途径。林业有生产周期长、生态功能显著等自身特点，集体林权制度改革总体看还处在起步阶段，有些问题我们可能暂时还看不清，今后在推进改革过程中，要密切跟踪新动态，敏锐发现新情况，及时解决新问题，妥善处理新矛盾。尽管一开始不可能就把所有问题都估计到，把改革方案制定得十全十美，但我们也要尽可能考虑周全一些，把可能出现的问题估计得充足一些，把各项工作措施和应对预案准备得充分一些，确保集体林权制度改革的顺利健康推进。

（四）加强宣传，搞好动员

集体林权制度改革是一项涉及面广、政策性强、工作量大的综合改革，加强政策法规和改革方案宣传十分必要。要通过各种新闻媒体，通过干部培训、张贴告示、发放小册子和“明白纸”等多种形式，广泛宣传改革的意义、方针、政策和方案，把政策真正交给基层和农民，让每个干部清楚，使每个农民明白。改革方案实施前，要做好动员工作，搞好释疑解惑，统一干部群众的思想认识，确保集体林权制度改革地区的生产发展和社会稳定。

最后，再强调一下森林防火工作。今年以来，我国东北、华北、西南等地先后出现了20～50年不遇的严重干旱，森林火灾频繁发生，重特大火灾时有发生。今年5月下旬，我们成功地扑灭了发生在内蒙古、黑龙江的三起特大森林火灾。这是党中央、国务院正确领导的结果，是人民解放军指战员、武警部队官兵英勇奋战的结果，是各部门通力协作的结果，也是广大林业战线干部职工顽强拼搏的结果。事实再次证明，林业系统的干部职工，是一支党和人民信得过、靠得住、过得硬、特别能战斗的队伍。当前，西南、西北部分地区旱情仍在发展，森林火险气象等级居高不下，再过十几天，东北、内蒙古林区就要进入秋季防火期，防火形势依然严峻，防火任务相当艰巨。对此，我们务必时刻保持高度戒备，决不能有丝毫麻痹，决不能有丝毫松懈；务必始终坚持常抓不懈，不断提高森防应急能力，不断提高森防保障水平。要做到领导责任到位、监测预警到位、工作措施到位、部队布防到位、物资储备到位、应急保障到位，实现火患早排除、火险早预报、火情早发现、火灾早处置，努力保障人民生命财产安全和国家森林资源安全。

在推进社会主义新农村建设的开局之年，积极稳妥地推进集体林权制度改革工作，意义重大，任务艰巨。我们要紧密团结在以胡锦涛同志为总书记的党中央周围，高举邓小平理论和“三个代表”重要思想伟大旗帜，全面贯彻落实科学发展观，解放思想，振奋精神，开拓进取，扎实工作，努力开创林业工作新局面，为建设社会主义新农村做出更大的贡献！

许嘉璐

充分认识林业在社会主义新农村建设中的主体作用

2006年6月1日，全国人大常委会副委员长、民进中央主席许嘉璐出席国家林业局、贵州省人民政府第六次林业工作联席会议并做了重要讲话。他指出，我国是以山区为主的国家，一半以上农村人口生活在山区，山区是我国林业建设的主战场，也是建设社会主义新农村的重点和难点，必须充分发挥林业的多种功能，满足社会对林业的多种需求，充分认识林业在社会主义新农村建设中的主体作用。

许嘉璐说，我国山区面积占国土面积的69%，沙地面积占国土面积的18.1%，自然湿地占国土面积的4%，特别是林业用地面积达43亿亩。目前这些地区经济社会发展较慢，离社会主义新农村的要求差距还比较大。而发展林业对于改善农业生产条件，有效增加农民收入，推进农村民主建设，具有特殊的作用。要充分利用山地、沙地、湿地这些非耕地资源的潜力，拓展农村生产发展的空间；要充分发挥森林在防灾减灾、改善农村生产生活条件、促进农业稳产高产的功能，大力发展果品、竹业、桑蚕、药材、木本粮油、林木种植和种苗等传统林业产业和森林旅游、森林食品、花卉、野生动植物繁育利用等新兴林业产业，为农村经济发展和农民增收提供新的途径；要通过绿化宜林荒山、构筑农田林网、绿化村庄和发展庭院林业，实现村民家居环境、村庄环境、自然环境的和谐优美；要通过倡导森林文化、弘扬生态文明，为乡风文明、村容整洁提供物质保障；要积极推进集体林权制度改革，建立现代林业产权制度，推动农村民主管理。

许嘉璐指出，贵州是我国唯一一个没有平原的纯山区省份，石漠化面积占全国的1/4，目前仍呈加速扩展的趋势，生态建设任务艰巨。加快贵州林业发展，对于探索林业在社会主义新农村建设中主力作用，促进西部贫困地区的持续发展具有重要的典型示范作用。特别毕节地区作为我国第一个“扶贫开发、生态建设”示范区，生态恶化的趋势还没得到根本遏制，经济贫困的局面还没有完全扭转，必须抓住社会主义新农村建设的机遇，加快石漠化等生态灾害的治理，按照“国家级生态示范区”的要求，坚持不懈地推进山区开发、石漠化治理等林业重点工程建设，尽快实现兴林富民的目标。

许嘉璐指出，森林文化体系是与林业生态体系、产业体系同等重要的林业建设第三大体系，是社会主义文化的重要组成部分。大力发挥森林文化在协调人与自然、人与社会关系和人的身心健康的巨大作用，为社会主义新农村培养高素质新型农民，是社会主义新农村建设的重要内容。

热　地

贯彻落实科学发展观　深入开展全民义务植树运动

2006年12月12日，全国人大常委会副委员长热地出席全国绿化委员会和全国人大环境与资源保护委员会在北京的《关于开展全民义务植树运动的决议》颁布25周年大会并做了重要讲话。他指出，全民义务植树运动是符合我国国情的加快国土绿化事业发展、改善生态环境的重大战略措施，是提高全民族的绿化意识、生态意识和法律意识，加强社会主义精神文明建设的重要途径。各地、各部门要按照构建社会主义和谐社会的目标，深入开展全民义务植树运动，有效增加我国森林资源。

1981年12月13日，在邓小平同志的倡导下，五届全国人大四次会议作出了《关于开展全民义务植树运动的决议》。1982年2月，国务院制定了《关于开展全民义务植树运动的实施办法》，全民义务植树运动以其特有的法定性、全民性、义务性和公益性在祖国大地蓬勃展开。25年来，党和国家领导同志率先垂范，年年带头植树，履行义务，推动了全民义务植树运动的开展，取得了可喜的成绩。截至目前，全国累计有104亿多人次参加义务植树，植树492亿多株，森林覆盖率由20世纪80年代初的12%提高到18.21%，城市建成区绿化覆盖率由10.1%提高到31.66%。城乡绿化一体化步伐加快，部门绿化成效显著，绿色通道建设如火如荼，古树名木保护得到加强，绿化美化环境已成为全社会的广泛共识和自觉行动。

热地指出，随着经济社会发展，人们对生态质量的要求越来越高，社会对森林、草原、湿地的多功能需求越来越大，改善生态环境已成为广大人民群众的迫切愿望。推进国土绿化，改善生态环境，促进人与自然和谐，是全面落实科学发展观、构建社会主义和谐社会的客观要求和重要内容。深入开展全民义务植树运动，依靠人民群众改善生态环境，让人民群众充分享受到生态环境改善的成果，富有深刻的时代内涵。

热地强调，植树造林，绿化祖国，是功在当代、利在千秋的伟大事业。全社会都要增强义务植树的法律意识，进一步贯彻落实好《关于开展全民义务植树运动的决议》，把构建社会主义和谐社会的目标要求同造林绿化的具体实践有机结合起来。各级政府和相关部门要提高认识，加强领导，不断拓宽义务植树的尽责形式；要进一步做好宣传工作，提高广大人民群众参加义务植树的自觉性。国务院有关部门和地方人大要加强立法，完善相关法律法规。各级人大要加强监督检查，促进《关于开展全民义务植树运动的决议》的落实。

乌云其木格

集体林权制度改革是贯彻落实科学发展观的重要实践

2006年5月13日至14日，全国人大常委会副委员长乌云其木格出席由国家林业局、福建省政府、中央党校、中国人民大学联合在福建省三明市举行全国集体林权制度改革高峰论坛，并做了重要讲话。他指出，推进社会主义新农村建设，在广大山区和林区必须努力调整林业生产关系，大力发展林业生产力。在新形势下，作为推动林业生产力发展的重要举措，集体林权制度改革应切实遵循新农村建设的各项要求，抓住有利时机，稳步推进，做好做实。

乌云其木格指出，实践证明，集体林权制度改革是集体林区经济社会发展的一项重大变革，是贯彻落实科学发展观的一项重要实践。通过改革，还权于民，还利于民，促进生产关系、生态关系和社会关系和谐发展，是今后农村林业的发展方向。

乌云其木格说，林权制度改革是解决“三农”问题的重要实践，关系到农村、林区的改革、发展和稳定，关系到相关方面利益的调整。要精心组织、积极推进集体林权制度改革，将这项工作作为深化农村改革和社会主义新农村建设的一件大事来抓，切实加强对林权制度改革工作的组织领导。在改革中要切实做到组织领导到位、部门配合到位、扶持政策到位、指导检查到位、总体规划与分级规划到位，保护农民利益，防止过度收费，积极摸索经验，采取有效措施保障这项工作顺利稳妥实施。

乌云其木格强调，充分利用林地资源，发挥林业生态和经济潜力，是我国农村地区尤其是广大山区、林区生产发展的重要内容，是林农脱贫致富、林区全面繁荣和生态环境保护升级的希望所在，必须从深化集体林权制度改革入手，调整林业生产关系，调动农民经营林业的积极性，深入探索发展林业、保护生态和兴林富民、提高农业综合生产能力的路子，为推进社会主义新农村建设作出积极贡献。

张思卿

加快城市森林建设　构建和谐城市

2006 年 10 月 21 日至 22 日，全国政协副主席、关注森林活动组委会主任张思卿出席在湖南长沙举行的第三届中国城市森林论坛开幕式并做了重要讲话。

张思卿强调，要强化对城市森林建设重要性的认识，进一步加大投入，加快城市森林建设，促进构建和谐城市。城市森林是城市生态建设的主体，是构建和谐城市的重要内容，在城市可持续发展中具有不可替代的重要作用。城市森林建设在实现城市人与自然、人与人、人与社会和谐，加快社会主义新农村建设、促进构建“和谐农村”等方面发挥着重要作用，与建设资源节约型、环境友好型社会的要求相一致。

张思卿说，城市绿化广大市民看得见、摸得着、得实惠。他们称赞这是为百姓办实事、办好事。继续通过举办中国城市森林论坛，开展国家森林城市创建活动，深入宣传城市森林建设理念，广泛普及城市森林知识，提高全社会的森林意识和生态意识，进一步推动我国城市森林建设快速有序健康发展。论坛要国际化，加强与国外城市在城市森林建设领域的交流。有关部门要加快制定相应的城市森林建设标准和指导意见，把国家森林城市创建工作从省会城市扩展到中小城市。国家森林城市要实行动态管理，已授予“国家森林城市”称号的城市每三年复查一次，不合格的要给予警告直至摘牌。

罗豪才

林业在新农村建设中的作用是不可替代的

2006年5月19日至28日，全国政协副主席、致公党中央主席罗豪才率领考察组就“林业发展与社会主义新农村建设”到江西省进行专题调研。他强调发展林业是新农村建设的重要内容，挖掘林业潜力是新农村建设的重要途径，推进集体林权制度改革是解决“三农”问题的重要突破口，林业在新农村建设中具有不可替代的作用。

罗豪才深入江西省宜春、赣州、吉安、九江等市山区、丘陵、平原，与县乡村干部座谈，走村入户听取农民意见，考察林业生态和产业建设的成功经验，探讨林业在新农村建设中的作用和潜力。他对江西省委、省政府提出“既要金山银山，更要绿水青山”可持续发展战略表示充分肯定，对他们以集体林权制度改革为切入点全面推进新农村建设予以高度评价。特别对江西省委、省政府按照中央要求，结合实际提出了“五新一好”的工作目标，新农村建设取得的扎实成绩和良好势头表示高度赞扬。

罗豪才说，江西是林业大省，是全国集体林权制度改革先行试点省。通过大力发展林业，努力推进集体林区林权制度改革，江西省森林面积、森林蓄积、林业产值和林农收入有较大增长，农村面貌有很大改善，农民生活水平普遍提高，全省生态环境得到明显改善。林业为江西经济社会发展作出了突出贡献，集体林权制度改革成为了新农村建设的重要措施和抓手。

罗豪才指出，林业是一项重要的公益事业和基础产业，承担着生态建设和林产品供给的重要任务，做好林业工作意义十分重大。充分发挥林业的多种功能，对于改善农村生产条件，有效增加农民收入，促进农村经济社会发展，推进新农村建设具有独特作用。林业在新农村建设中具有巨大潜力，关键要以科学发展观统领林业发展全局，处理好生态建设与产业发展的关系，推动林业全面协调可持续发展；处理好兴林与富民的关系，充分发挥林业的多种功能和效益；处理好改革与发展的关系，努力提高林业生产力，增强发展动力；处理好数量规模与质量效益的关系，努力实现林业又快又好发展；处理好政府主导与林农主角的关系，动员全社会关心支持林业的发展。

第二篇
调 查 研 究

领导专论

贾治邦

遵循林业发展内在规律　大力推进林业现代化建设

——在浙江省林业工作汇报会上的讲话

这次是我到国家林业局后的第三次调研。这次到浙江调研虽然时间很短，但让我看到了许多意想不到的喜人景象，到处是绿水青山，空气质量、生态环境非常好，受到了许多启发，收获很大。下面，结合这几天调研的情况，我谈几点想法和感受。

一、浙江林业改革和发展走在了全国前列

近几年来，在浙江省委、省政府的高度重视和社会各界的大力支持下，经过全省林业工作者和广大林农群众的共同努力，浙江林业在生态建设、产业发展、资源保护等各方面都取得了显著成绩。突出表现在四个方面：

（一）森林资源大幅度增加

近五年来，浙江省森林面积从8 308.8万亩增加到8 766.3万亩，活立木蓄积量从1.38亿立方米增加到1.94亿立方米，单位面积蓄积量从2.13立方米/亩增加到2.92立方米/亩，森林覆盖率从59.4%提高到60.5%，总量持续上升，质量逐步提高，结构不断改善。

（二）林业产业快速发展

浙江省充分遵循自然规律和市场规律，不断加快林业产业发展。2005年，浙江林业产业总产值达到1 060亿元，比“九五”期末翻了一番。特别是竹产业、花卉种植业、木材加工业、森林旅游业和经济林产业等快速发展，涌现出一批竞争力强、具有产业特色的龙头企业。林业产业的发展带动了农民致富，安吉县山川乡高家堂村陈宝根一家三口人，仅竹笋一项收入就有2万多元；临安市太湖源镇的一家农户，靠竹材的收入全年就有9万元，竹笋又有9万元，一家年总收入达到20多万元。

（三）资源保护不断强化

林木林地管理进一步规范，野生动植物和湿地保护进一步加强，全省已建县级以上森林和野生动物类型自然保护区和保护小区373个，面积达250多万亩，建立了西溪国家湿地公园和下渚湖省级湿地公园。全省森林病虫害成灾率控制在0.5%以下，防治率达到95%以上。

（四）林业基础性工作得到加强

浙江各级政府十分重视林业的基础建设，林业系统的组织体系健全。全面启动了重点公益林省级森林生态效益补偿基金制度，按每年每亩8元的标准落实了补偿资金。基层林业工作站稳步发展，大多数市、县落实了基层林业技术员的工资待遇和社会保障。林业信息化服务体系建设扎实推进，开展了森林资源动态监测试点工作，启动了森林灾害远程视频监控系统建设。这些都为促进林业又快又好发展提供了有力的保障。

从总体上看，浙江林业的多种功能得到了比较充分的发挥，为改善生态环境、促进城乡就业和农民增收、推进经济社会可持续发展，为浙江率先建成小康社会、基本实现现代化发挥了积极作用，浙江林业工作走在了全国前列。

二、浙江林业改革和发展给我们的几点启示

浙江林业改革与发展的实践给了我们许多启示，重要的有四点：

（一）党委政府重视是推进林业现代化建设的有力保障

浙江省委书记习近平、省长吕祖善、常务副省长章猛进、副省长茅临生对林业工作非常重视，亲自研究林业，亲自部署林业，亲自检查林业工作，为林业发展解决了一系列关键问题。加强了机构建设，将省林业局恢复为林业厅；增加了林业投资，比如，森林生态效益补偿基金，浙江现在每年每亩拿8元，2007年还要再增加2元；完善了政策，为林业发展营造了一个良好的平台。各市、县党政领导也把林业工作摆到突出位置，给予关心和支持。在指导思想上，浙江省委、省政府始终把林业现代化建设作为总体思路和发展方向，在中共中央、国务院《关于加快林业发展的决定》颁布后，立即研究制定了《关于全面推进林业现代化建设的意见》，提出了全面推进林业现代化建设的战略目标，采取了一系列措施推进林业现代化建设，不断开发林业的多种功能，满足社会的多样化需求，抓住了林业的核心问题。全省及我们看过的几个地方，都有明确的指导思想。广大干部群众在思想观念上从过去的“宁要金山银山，不要绿水青山”，到后来的“既要金山银山，又要绿水青山”，再到现在的“绿水青山就是金山银山”，反映了人们对林业的认识不断深化，思想不断升华，观念不断更新。浙江的实践证明，林业发展必须遵循林业内在规律，既要注重森林的生态功能，又要重视林业的产业属性，还要强调森林的文化内涵，逐步建立起资源丰富、布局合理、功能齐全、结构稳定、优质高效的现代林业，为构建社会主义和谐社会、建设资源节约型和环境友好型社会、建设社会主义新农村做出林业应有的和特有的贡献。

（二）处理好兴林与富民的关系是推进林业现代化建设的根本

兴林为了富民，富民才能兴林。富民是林业发展的目标，也是林业发展的基础。各级林业部门必须处理好这个关系。这个关系处理得好，就能把林业的多种功能开发出来，就能促进传统林业向现代林业转变。处理得不好，林业就难以发展。我们也讲过要处理好几个关系，比如，改革与发展的关系、生态与产业的关系、保护与利用的关系、速度与质量的关系等。兴林与富民的关系是总的关系，只要处理好这一关系，其他关系就能迎刃而解。安吉县和临安市树立以林业立县、靠林业富民的观念，坚持林业生态和产业体系建设一起抓，把林业作为重要支柱产业，形成了以林业来促进产业、以产业来扩大就业、以就业来带动农民增收、以农民增收来拉动林业发展的良性循环，实现了生态建设、产业发展双赢，完全符合当地实际和林业自身特点，完全符合人民群众的愿望。实践证明，生态中有产业，产业中有生态，生态可以产业化，产业也可以生态化。在临安市白沙村，一个三口之家靠森林旅游的收入就可达到5万元，好的有20多万元，实现了生态效益的货币化和物质化。从“砍”树到“看”树，一字之差，意义却有天壤之别，既保护了森林生态，又促进了林业产业发展。村支书告诉我，现在没有人砍树，也没有人敢砍树，因为这是摇钱树、命根子，树砍了，游客就不来了，一切就都没有了。我们所担

心的破坏森林资源问题，在浙江处理得很好。这充分说明，只要与群众的利益结合起来，群众就会处理好这些关系，推动林业又快又好发展。

（三）改革是推进林业现代化建设的不竭动力

不改革，林业就没有出路。许多南方省份，山多地少，有的“八山一水一分田”，有的“七山一水二分田”，这些地方，发展的希望在山，潜力在林。过去农村改革，把那一分田二分田承包到户了，责任明确了，但这七分山八分山还没有明确。浙江的林业改革抓得早抓得好，早在20世纪80年代初就明确了山林权属，现在又开展了新一轮的山林延包工作。这次我们看到，山林经营主体非常明确，种什么、何时卖，由农民自己决定，将经营、管护与农民的利益结合起来，农民得到了实惠，林业焕发了活力，林地发挥了潜力，实现了良性循环，效果显著，方向正确。浙江林业改革的实践，证明林业改革是农村改革的完善和延伸，是林业自身发展永不衰竭的动力，进一步坚定了我们推进集体林权制度改革的决心，增强了信心，对全国集体林权制度改革具有重要意义。

（四）科技兴林是推进林业现代化建设的关键

科技是第一生产力。有的林业技术很简单，但很实用，效益很大。在临安市我们看到，农户把稻壳倒到竹林里，冬天竹笋就能产出来，现在每亩产值达到1万多元。就用了这样一项简单的技术，临安地区许多农户就富起来了，人均收入8 000多元。山区农民收入之所以有这么高，就是科技在发挥重要作用。只有依靠科技，林业才能又快又好地发展。无论生态体系建设，还是产业体系建设，都要坚持科技兴林不动摇。没有科技的带动和支撑，浙江的林业产业就不会有这么发达，生态建设的步伐也不会这样快。我们要把提高科技自主创新能力作为推进林业增长方式转变的根本措施来抓，依靠科技提高林业的质量和效益。尤其要抓好实用技术的研究和推广工作。今后既要表彰科研院校攻克重大课题的科技人员，同时也要表彰林业科技推广人员和林业科技示范户，这样才能促进科技成果进村入户，与林业生产实际紧密结合起来。

三、对浙江林业工作的几点希望

2006年2月份，我们召开了全国林业厅局长会议，总结回顾了“十五”林业工作，全面谋划了“十一五”林业蓝图，提出了“十一五”林业工作的总体要求，简单地讲，就是“实施一个战略，推进一个转变，构建两大体系，采取五大措施，把我国林业推向又快又好发展的新阶段”。这个总体要求，是在广泛调查研究的基础上形成的，征求了各方面的意见，听取了行业内外许多老领导、老同志、专家、教授的意见。这个思路虽然只有174个字，但每一个字、每一句话都是经过局党组认真研究和推敲的，共有三层含义：第一层含义是林业发展的总体指导思想，要以邓小平理论和“三个代表”重要思想为指导，全面贯彻科学发展观，深入落实中共中央、国务院《关于加快林业发展的决定》；第二层含义是林业发展的目标与方向，即实施一个战略，推进一个转变，构建两个体系，全面提升林业发展的质量和效益，开发林业的多种功能，满足社会的多样化需求，把林业推向又快又好发展的新阶段；第三层含义是林业发展的保障措施，包括深化体制改革、实施工程带动、强化科技创新、加强科学管理、转变增长方式等五大措施。这是“十一五”林业发展的总体想法，今后还要在总结各地经验的基础上进行完善和提高。

通过对浙江林业改革和发展的调研，使我们更加坚定了坚持“十一五”全国林业发展总体要求的决心，浙江要按照这一总体要求，在过去取得显著成效和成功经验的基础上，进一步探索新的经验，争做新的榜样，继续走在全国林业改革和发展的前列，为林业现代化建设做出新贡献。具体讲要在四个方面走在前列：

（一）在推进林业现代化建设、开发森林的多功能上走在前列

浙江是在全国率先提出建设现代林业的省份。怎样开发森林的多种功能、怎样建成一个资源丰富、布局合理、功能齐全、结构稳定、优质高效、能满足人们多种需求的现代林业，浙江已经先行了一步，取得了丰硕成果，积累了丰富经验，希望浙江加大工作力度，在推进我国由传统林业向现代林业转变的进程中当好排头兵，为全国林业现代化建设提供新经验。

（二）在建设林业两大体系、促进社会主义新农村建设中走在前列

林业怎样与新农村建设融为一体，如何在社会主义新农村建设中做出新的贡献，是当前林业工作的重点。我们与中宣部、中央文明办准备联合组织开展“绿色家园”创建活动，包括创建绿色小康县、绿色小康村、绿色小康户。这项工作浙江可以先走一步，搞一个标准，为这项创建活动积累经验，再逐步推开，为建设社会主义新农村做出贡献。

（三）在深化林业改革、探索符合林业发展内在规律的体制机制上走在前列

浙江要继续深化完善林业改革，努力探索出一种与林业发展相适应的体制机制，一种解放林业生产力、发展林业生产力的新的体制机制，为全国林业改革探索路子。对资源消耗大、效益比较低的企业，要探索建立市场准入制度，积极引导林业产业健康发展。

（四）在加强林业科技创新、推广实用技术方面走在前列

科技对林业的带动作用，对林业发展的贡献率，都是非常大的。我们在浙江已经看到了科技在林业发展中所发挥的重要作用。浙江林业实用技术，特别是竹子丰产技术、竹子加工技术进村入户做得好，效果显著，但还要进一步探索。我认为，林业在科技推广应用和研究开发上的空间和潜力还很大。在这个方面，浙江也要争取继续走在前列，为促进全国林业发展做出贡献。

浙江省作为国家林业局确定的林业现代化建设省级联系点，近几年来工作取得了明显成效，要不断总结经验，加快发展步伐，继续推进林业现代化建设。国家林业局也将继续加大对浙江林业工作的支持力度，大家共同努力，进一步推动浙江和全国林业又快又好发展。

集体林权制度改革成效显著 推动了林业生产力的大发展

——在福建调研集体林权制度改革工作时的讲话

我来过福建几次。这次在新的工作岗位上，又一次到福建来调研林业工作。时间虽然很短，但很受启发，收获很大。特别是对福建的集体林权制度改革有了进一步的了解，感受很深。下面，我谈几点认识和体会。

一、对福建集体林权制度改革的总体印象

从 2003 年 4 月开始，福建在过去林业“三定”、放权让利等历次改革的基础上，全面推开了集体林权制度改革。通过采取“二到三还”（产权到户、到人，还山、还林、还利于民）的政策，特别是从原来的“让”到现在的“还”，这一字之差，却充分说明这次改革比较彻底，真正实现了还山于民、还林于民、还利于民，使广大林农耕者有山、耕山有责、务林有利、致富有

门，取得了十分明显的成效。

从调研的情况看，福建省集体林权制度改革的核心内容和主要做法有三项：一是通过林地经营权和所有权的分离，把林地的经营权落实到户、到人，明确了林业产权，确立了林业经营主体。二是通过林权登记发证，以法律的形式落实了林农的经营权，确保了林农的处置权和收益权，真正实现了还山、还林、还利于民，老百姓非常高兴。三是通过建立健全林业要素市场和服务平台等配套改革措施，规范了林权的依法、有序流转，促进了人才、资本、科技等各种生产要素向林业聚集，盘活了森林资源，激活了林业发展的机制，缩短了林业经营周期，促进了林业发展和林农增收，带动了社会主义新农村的全面建设。应该说，福建省集体林权制度改革是一次全面系统的改革，从三个层面步步深入，环环相扣，抓住了林业改革的内在规律，调整了林业生产关系，消除了体制上的束缚和机制上的障碍，适应了社会主义初级阶段经济社会发展对林业的要求。

通过实地调研和听取各方面意见不难看出，福建集体林权制度改革的成效是显著的：一是造林绿化成效显著。2005 年福建全省造林突破 200 万亩，比往年翻了一番，同时森林火灾明显下降，盗伐、滥伐林木现象大幅减少。仅德化县造林就由 2001 年的 1 万多亩增长到 2005 年的近 4 万亩，森林蓄积量逐年增长，造林、护林成效十分明显。二是生态体系日趋完善。全省森林覆盖率达到 62.96%，居全国第 1 位；森林蓄积量 4.4 亿立方米，居全国第 7 位；竹林面积占全国竹林面积的 1/5，居全国首位；动植物物种资源丰富，种类约占全国 1/3。三是林业产业快速发展。全省林业总产值由 2003 年的 720 亿元增加到 2005 年的 920 亿元；仅邵武市林改以来先后建立木竹加工企业 42 家，其中龙头企业就有 18 家，投资亿元以上的企业有 4 家。四是农民收入大幅度增加。南平、三明等重点林区农民收入的一半来自林业。邵武市上坪村全村人均每年林业收入达 5 200 多元，全村有私家车 5 辆、货运车 5 辆、摩托车 160 多辆，70 多户村民在城区购买了商品房，占总户数的 1/3，村里的孩子从幼儿园到小学全在城里上学，村里每年拿出 6 万元为学生在城里租用了宿舍，周末雇专车接送。同时，全省年还利于民、反哺林业总额达 18.58 亿元，大幅度降低了农民负担，增加了农民收入。五是村级实力明显增强。据粗略统计，林区平均每个村集体每年从林业中收入可达 3 万 ~5 万元，一些重点林区县可达 10 万元以上，沿海地区平均每个村也在万元左右，确保了村集体有持续稳定的收入来源，有效调动了基层组织参与林业管理的积极性。这些都充分说明，福建集体林权制度改革是正确的、成功的，得民心、顺民意，深受广大林区农民群众的欢迎。

二、福建集体林权制度改革的基本经验

福建省集体林权制度改革创造了不少新经验，为全国林业改革探索了路子。初步归结起来主要有六条：

一是坚持党政领导。福建省委、省政府对这次改革，在战略上高度重视，立法上不断完善，经费上尽力保障，机制上鼓励创新。这是改革取得成功最有力的保障，是最核心、最重要的经验。

二是坚持依法办事。改革的每一步都严格按照《中华人民共和国农村土地承包法》、《中华人民共和国村民委员会组织法》和《中华人民共和国森林法》等法律规定来操作，确保了改革依法、有序、健康、稳步推进。

三是坚持试点先行。在改革的初始阶段，先进行不同类型的改革试点，在总结经验教训的基础上，再逐步推开，这是改革取得成功的好办法。

四是坚持分类指导。全省各地因地制宜，不搞一刀切。有的均山到户，有的均权到户，有的成立股份林场，有的开展林权流转、期权买卖，完全符合各地的实际，维护了群众利益，得到了群众拥护。

五是坚持尊重历史。对以往的山林承包、林权流转，尊重历史，正视现实，妥善处理，保持了政策的连续性和稳定性。

六是坚持依靠群众。群众是改革的主体。改革方案的制定、重大事项的决策，都由村民经过多次讨论，并经村民会议或村民代表会议三分之二以上通过后才能实施，尊重了民意，体现了民主，实现了平稳改革。特别是林业部门扎实工作，当好党委、政府的参谋，积极沟通协调，切实解决遇到的各种难题。

对于福建集体林权制度改革的经验，要认真、全面地进行总结，并在全国逐步推广，积极稳妥地推进全国集体林权制度改革。

三、福建集体林权制度改革的启示

福建集体林权制度改革的成功实践给我们很多启示，主要表现在四个方面：

（1）福建集体林权制度改革不仅是林业内部生产关系的调整，也不仅是林业内部生产资料的重新分配，最重要的它是农村实行联产承包责任制改革的继续、深化和完善。福建省素有“八山一水一分田”之称，山林面积很大，森林资源既有经济效益又有生态效益，具有双重属性，同时林业生产周期长，林改又没有现成的经验，所以改革的困难更多、工作量更大、情况更复杂、任务更艰巨，是一项系统工程。山地和农田都是农民的命根子，是农村最敏感、最重要、与农民利益最密切的生产资料。农村联产承包责任制只是把农田落实到了户，比农田多几倍的山地还没有真正落实到户，这就难以充分释放农村劳动力的潜能，难以发挥山地的潜力，林农也就难以过上富裕的生活。因此，只有实行集体林权制度改革，农村改革才是彻底的、全面的、完整的。

（2）福建集体林权制度改革充分调动了社会发展林业的积极性，极大地解放了林业生产力。这次改革，通过明晰林业产权，落实林业经营权，确保林农的处置权、收益权，给林农吃了“定心丸”，最大限度地调动了林农和社会发展林业的积极性。过去是“赶着农民种树，管着农民砍树”，现在由原来的“要我造林”变成了“我要造林”，“管好自家山，看好自家林”成为林农的自觉行动。林农护笋养竹，就像选女婿一样对待，把山上的一根根竹条当成了金条银条。改革使福建省造林面积大幅度增长，森林资源得到有效保护。

（3）福建集体林权制度改革极大地激活了各种生产要素向林业聚集，加快了林业现代化进程。通过改革，吸引了林业内外各种生产要素向林业流动，促进了林业生态体系和产业体系建设，发挥了林业生态和产业两大属性及林业的多种功能。森林不仅发挥了十分重要的生态效益，其资源优势正在转化为产业优势，林业的社会效益也逐步得到充分体现。林业多种功能的发挥，加快了林业现代化进程，也必将促进社会主义新农村建设。新农村建设要实现生产发展、生活宽裕、乡风文明、村容整洁、管理民主，这都与林业密切相关，林业在社会主义新农村建设中大有作为。

（4）福建集体林权制度改革促进了农村经济的发展，巩固了基层政权。主要表现在“三增”：农民增加了收入，集体增强了实力，基层组织增强了凝聚力。几天来，我们看到的、听到的农民增收、村财增加、干群关系密切、村民关系和谐、乡村风尚文明等生动事实，都是改革成效的具体体现。邵武市铁罗村由原来的“上访村”变成了现在的“稳定村”，上坪村从原来的“三不通”实现了现在的电通、路通、电话通，还喝上了自来水，解决了少有所学、老有所养、病有所医、困有所帮等难题，真正使乡村社会逐步走向了和谐，真正使农村和谐社会的根基更加牢固。

总之，福建集体林权制度改革抓住了林业发展的牛鼻子，破除了制约集体林发展的体制机制性障碍，展示了林业生产力发展的巨大潜力，带来了山绿、民富、人欢的新景象，体现了林业在社会主义新农村建设中的重要地位和作用。

实践证明，集体林权制度改革，是农村经济社会发展的第二次革命，是农村生产力的又一次大解放，是破解“三农”问题的有效途径，对加快林业现代化进程，实现林业又快又好发展，推进社会主义新农村建设，具有重大的现实意义和深远的历史意义。

实践还证明，只有改革，才能有效消除长期制约林业发展的体制机制障碍；只有改革，才能有效释放农村劳动力的巨大潜能和林地的巨大生产潜力及调动其他各种生产要素向林业聚集；只有改革，才能充分发挥林业的双重属性和林业的多种功能；只有改革，才能充分发挥林业在构建和谐社会中的重要作用，保持林区的稳定；只有改革，才能充分发挥林业在建设社会主义新农村中的重要作用。因此，我们一定要认真总结福建集体林权制度改革的经验，认真研究林业在社会主义新农村建设中的地位和作用，找准位置，牵住牛鼻子，推动林业生产力的大发展，为社会主义新农村建设做出新贡献。

认真总结　精心谋划
稳步推进集体林权制度改革

——在全国集体林权制度改革现场经验交流会上的讲话

党中央、国务院对集体林权制度改革高度重视。中共中央、国务院在《关于加快林业发展的决定》、2006年中央1号文件、《国民经济和社会发展“十一五”规划纲要》中，都明确提出了加快集体林权制度改革的总要求，把它列为深化农村改革的重要内容和建设社会主义新农村的重要措施。胡锦涛总书记、温家宝总理都明确指出，集体林权制度改革的意义确实很重大，要坚定不移地搞好林权制度改革，不断增强林业的活力。回良玉副总理多次对集体林权制度改革作出重要批示，这次又专程来江西出席会议并作了重要讲话。这是对我们的极大鼓舞和鞭策，大家一定要认真学习领会，认真贯彻落实。

2006年5月，我们在福建举办了集体林权制度改革高峰论坛，这次又在江西召开集体林权制度改革现场经验交流会，目的就是要深入贯彻落实中央的重大决策和中央领导同志的重要指示，认真总结集体林权制度改革的成效和经验，及时分析研究新情况和新问题，进一步统一思想，坚定信心，精心组织，稳步推进集体林权制度改革，解放和发展林业生产力，为建设社会主义新农村做出贡献。会议期间，我们参观了江西省泰和县、遂川县的集体林权制度改革现场，与基层干部群众进行了面对面的交流，很受教育；回良玉副总理又给我们作了重要讲话，讲话高屋建瓴，内涵深刻，要求明确，对推进集体林权制度改革具有十分重要的指导意义；福建、江西、辽宁三省还作了典型发言，浙江省临安市、安徽省宁国市、内蒙古自治区敖汉旗等八个单位进行了书面交流，介绍了集体林权制度改革的经验和做法，很受启发。各地要认真学习借鉴，深入贯彻落实。下面，我讲四点意见。

一、认真总结集体林权制度改革的成效和经验

中共中央、国务院《关于加快林业发展的决定》颁发后，全国不少地方结合实际，对集体林权制度改革进行了积极探索，取得了很好的成效。特别是福建、江西、辽宁、浙江等地通过改革，确立了经营主体，明晰了林地使用权和林木所有权，放活了经营权，落实了处置权，保障了收益权，广大农民和社会各界发展林业的积极性得到有效激发，森林资源的潜力得到有效释放，增加了农民的收入，促进了农村经济社会发展，推动了社会主义新农村和社会主义和谐社会建设。总结他们的改革成效，可以概括为三个深刻变化。

（一）农村林业建设发生了深刻变化，长期以来制约林业发展的一些难题得到了有效破解

一是农民造林育林的积极性显著提高，造林难、抚育难的问题得到初步解决。过去，造林是政府提出的要求和任务，造林不成活、成活不成林是政府和林业部门最担心的事。现在，造林是农民的愿望和利益，选好苗、种好树成为农民自己最操心的事，真正从“要我造林”变成了“我要造林”，很多地方还出现了“争苗造林”的情况。福建省2005年造林突破200万亩，是改革前年均造林面积的两倍。江西省2005年、2006年连续两年造林达到330万亩，是近10年来最多的年份，改革前几分钱一株的杉木苗涨到了现在的2角多，不少树种的苗木还出现了脱销，省林科院下属苗圃基地的一些品种已经预购到了2008年。过去，由于只有造林补助，没有抚育经费，“造而不育”是影响森林质量和林业效益的一大症结。现在，农民自觉地砍病留好、砍弱留壮，精心施肥，精心抚育，“把山当田耕、把树当菜种”，林业经营水平上了新的台阶。

二是农民保护森林的自觉性极大提高，护林难、防火难的问题得到初步解决。过去，偷砍盗伐林木与农民的直接利益关系不大，主要靠护林专业力量来围堵、截获、打击。现在，每宗山林归属明确，四至清楚，“看好自家山、管好自家林”成为农民的自觉行为，从护林员看山变成了全村人护林。过去农民对森林防火缺乏内在动力，现在最注重防火的是农民，一旦着火最着急的也是农民。为了解决山林联防互助的问题，各地自发组织了森林管护协会、防火协会、病虫害防治协会，并逐步形成了跨村屯、跨乡镇的森林资源保护网络。福建省尤溪县有护林联防协会93个、会员1 440人，联防面积达到188万亩，目前福建省这样的协会达到了1 879个。护林防火内在动力和机制的变化，带来了明显的成效。2005年，福建省森林案件发生率同比下降26%，森林火灾发生次数和受害面积分别下降79%和77%；江西省森林案件发生率同比下降45%，森林火灾发生次数和受害面积分别下降56%和74%。

三是资金等生产要素向林业聚集，林业投资呈现出多样化的格局。集体林权制度改革后，农民真正成为了山林的主人，他们敢于向山上投资，舍得向林业投入，农民学科技、用科技蔚然成风，科技兴林深入人心，林业科研人员和技术推广人员成为了老百姓的“香饽饽”。特别是农户以自家山林为资本与企业联营，吸引了大量林业发展资金。2005年，江西省社会直接投入造林的资金共有5.47亿元。近年来，福建省南平市社会投入林业的资金达到83亿元，其中民间资金占到80亿元；永安市2004年社会向林业投入了4.27亿元，2005年又翻了一番。同时，金融机构的资金也大量投向林业，过去3年来，福建省以森林资源抵押贷款的形式，获得林业建设资金25亿元，其中三明市农民个人获得的林业贷款就达2亿元。

四是基层林业机构经费纳入了财政预算，改变了靠规费养人办事的状况。基层林业机构行政和事业费用没有纳入财政预算，靠林业规费维持正常运转的问题，一直困扰着林业机构能力建设。改革前，江西省林业系统的15.4万人中，自收自支单位的人员占到83.4%。比如，崇义县每年林业的财政预算只有1万元，而实际支出超过800万元，缺口全部依靠育林基金和罚没款来弥补，不仅损害了农民利益，而且影响了公正执法和政府职能的履行。改革后，江西省90个县的林业局、86个县的森林公安局、64个县的木材检查站、62个县的林业工作站，经费全部列入财政预算，结束了林业基层单位长期靠林业规费供养的历史。

（二）农村经济状况发生了深刻变化，为解决“三农”问题找到了有效途径

一是农民收入明显增加。集体林权制度改革后，一方面，通过赋予农民林地使用权和林木所有权，森林资源成为农户重要的生产资料，农民依托它们发展生产、开展多种经营，大幅度增加了来自林业的收入。2005年江西省因改革带动全省农民的林业现金收入同比增长41%，福建省南平、三明等主要林区农民的林业收入占到总收入的50%，2005年辽宁省本溪市农民人均涉林收入2 367元，占总收入的58.9%。另一方面，通过减轻税费，让利和还利于民，直接增加了农民收入。2003年以来，福建省通过减免税费等措施，每年为农民减轻负担18.58亿元。江西省2004年实施“两取消、两调整、一规范”的政策以来，累计为农民让利33.4亿元。同时，木材价格上涨、林地价值上升，也大幅度增加了农民的收入和财富。

二是农村基层财政明显增收。福建省邵武市由于农业特产税、育林基金、更改基金的减少，财政相应一年要减收3 000万元，但改革使山林值钱了，林业产业发展了，财政收入不减反增。另外，通过现有林收益分成、收取林地使用费等增强了集体经济实力，村集体收入大幅增长，有效地改变了“空壳村”的窘境。福建省改革3年来，每个村每年都有3万～12万元不等的收入，村集体组织有了持续稳定的收入来源。武平县捷文村改革前每年的林业收入不足4 000元，现在年收入增加到5万～8万元。辽宁省昌图县2004年改革以来，共收取林地使用费1.15亿元，平均每个行政村增加收入80万元。

三是农村经济结构明显优化。从种植业结构看，农民由主要种植粮食等作物，向种植林木、种苗、花卉、干鲜水果、木耳香菇等多品种发展。从产业结构看，竹木加工业等林业第二产业蓬勃发展，绿色食品以及生态旅游等林业新兴产业方兴未艾，打破了林区“独木支撑”的经济格局。浙江省临安市竹业年产值19.2亿元，涌现出了10个超1 000万元的乡，100多个超100万元的村；安吉县竹业年产值58.6亿元，其中孝丰镇达到9.5亿元，天荒坪镇霞泉村超过亿元。临安市白沙村把“砍树”变成“看树”，以森林旅游为依托发展“农家乐”，一个普通家庭一年的收入就有5万元，多的达到25万～30万元。天津市蓟县农户的自留山、责任山变成了风景林，全县“农家乐”旅游已发展到11个乡（镇）、65个专业村，受益人口5万余人，农户年收入高的达到48万元，低的也有2.5万元。

四是林业产业活力明显增强。集体林权制度改革加快了森林资源的资产化，为林业产业发展创造了良好条件。福建省林业总产值由2003年的720亿元增加到2005年的920亿元，江西省林业总产值由2003年的220亿元增加到2005年的300多亿元。2004年，福建省南平市规模以上林业企业总产值达到45.5亿元，占工业产值的78.7%，同比增长40.4%，出口创汇6 500多万美元。福建省三明市通过改革，吸引了一批大企业投资林业产业，2004年大亚科技集团投资7 000万美元，建设年生产能力45万立方米的刨花板项目，形成了林业产业发展的龙头。

（三）农村社会发展发生了深刻变化，为构建和谐农村发挥了有效作用

一是农村富余劳动力就业状况得到改善。集体林权制度改革，解放了林地，搞活了经营，提供了农民最适应、最直接、最可靠的大量就业机会。江西省改革后，有40多万外出打工的农民返乡务林，实现了他们零距离就业、建设美好家园的愿望。农民高兴地说：“有了山林，安居乐业，足不出村照样挣钱，比外出打工好多了。”福建省永安市通过林业开发、产品营销等，增加5.84万个就业岗位，占全市农村劳动力总数的55.7%，其中洪田镇仅5家竹木加工企业就解决了当地全部1 000多剩余劳动力的就业，还吸纳外地劳动力近800人。

二是农村基础设施和村容村貌得到改善。通过林权制度改革，村集体经济组织盘活了森林资产，发展了经济，增加了收益，增强了道路、自来水、电网、绿化等公共设施的建设能力，改善了村民的生产生活条件，不少乡村“脏乱差”的现象得到有效治理，村容村貌焕然一新。福建省邵武市上坪村，过去路不通、电不通、电话不通，林权制度改革后，村集体投资320万元，铺设了水泥路，改造了电网，安装了电话，家家户户喝上了自来水，用上了家用电器。

三是农村社会福利和社会保障得到改善。集体林权制度改革后，乡村开始有能力解决看病难、上学难等问题，促进了农村社会事业的发展。福建省三明、南平市改革后的集体收入，重点投入村民养老保险、医疗保险、学生助学等公益事业。永安市虎山村改革后当年村集体收入达到207万元，以后每年还可获得23万元的稳定收入，村民代表大会决定，这些投入主要用于为村民办实事、谋福利，除了投资155万元修路、参股建小水电外，按每人每年100元办社保，按每年60元给60岁以上的老人发放津贴，并按一定标准对考上大专院校的学生进行奖励，“老有所养、病有所医、幼有所教、困有所帮”在这些地方正在变为现实。

四是基层民主管理和乡风文明得到改善。一方面，农民从关心自己当前和长远的利益出发，积极参与林权制度改革，充分行使自己的民主权利，有力地推动了农村的政治文明建设。另一方面，在集体林权制度改革过程中，广大基层干部充分依靠群众，广泛征求群众意见，积极帮助群众排忧解难，解决了农民多年来想要解决而没有解决的问题，赢得了广大群众的信赖，架起了干群“连心桥”，进一步融洽了干群关系。同时，各地在改革中妥善处理了很多历史遗留问题，江西省就解决了5.67万起山林纠纷，调处率和满意率都超过90%，有效地消除了林区不稳定因素，促进了农村社会的和谐。

总之，集体林权制度改革使山区林区发生了巨大的变化，焕发了新的生机与活力，得到了老百姓真心实意的拥护。福建省永安市一位老农动情地说：“我一生经历了两件大喜事，第一件是铁树开了花，土地回了家；第二件又是铁树开了花，林地也回了家。几十年来，我们山里人终于圆了耕山的梦，共产党真好，林改改到了我们的心坎上。”江西省一位90多岁的老人在给省林改办的信中说：“自从林改以来，我家的生活发生了很大变化。过去我们家总收入只有800多元，现在人均达到3 000多元。我们在林改中得到了实实在在的好处，从心里感谢林改，感谢共产党。”实践证明，集体林权制度改革是顺民意、得民心的。改革试点也积累了十分宝贵的经验。

一是坚持党政领导，始终把集体林权制度改革放在各级党委政府工作的重要位置。福建、江西、辽宁等地各级党委政府把集体林权制度改革，作为农村改革的重点、增加农民收入的关键、化解农村主要矛盾的根本、推动农村经济发展的战略举措来抓。省委省政府都制定了集体林权制度改革意见和实施方案，规范了操作程序，提供了经费保障。江西省孟建柱书记、黄智

权省长、彭宏松副书记、熊盛文副省长，福建省卢展工书记、黄小晶省长、刘德章常务副省长，辽宁省李克强书记、张文岳省长、胡晓华副省长等都亲自调研，亲自部署，亲自解决实际问题。各级党委政府领导的高度重视，为集体林权制度改革的顺利推进提供了有力保障。

二是坚持以人为本，始终把维护好农民的利益作为集体林权制度改革的根本要求。从落实农民群众最关心、最直接、最现实的林权入手，着力解决农民群众生产生活中最迫切的实际问题，真正满足了民意、凝聚了民心、集中了民智、聚合了民力，实现了、维护了、发展了农民群众的切身利益，得到了老百姓真心实意的拥护。

三是坚持求真务实，始终把因地制宜作为集体林权制度改革的基本原则。坚持因地制宜、分类指导，立足乡村特点，突出地方特色，发挥各自优势，尊重当地传统，根据当地的实际和农民的愿望，形成了符合实际、各具特色的集体林权制度改革发展模式。

四是坚持依法办事，始终把依法操作作为集体林权制度改革的基本准则。严格按照《中华人民共和国农村土地承包法》、《中华人民共和国村民委员会组织法》和《中华人民共和国森林法》等法律规定来操作，依法明确了林权制度改革的指导思想、基本政策、操作程序，充分尊重农民的知情权、参与权和决策权，依法核发了林权证，做到了规范有序地推进。

五是坚持协同推进，始终把配套改革作为集体林权制度改革的重要内容。积极推行财税政策、育林基金、木竹采伐管理、投融资等制度改革，推进政府职能转变，加强社会化服务体系建设和市场监管，为集体林权制度改革创造了良好条件。

二、进一步深化对集体林权制度改革重要性和必要性的认识

集体林权制度改革是一项涉及广大农民群众切身利益的深刻变革，对解决“三农”问题、推进新农村建设、构建和谐社会、实现经济社会可持续发展都具有十分重大的意义。全面科学地认识和理解集体林权制度改革的丰富内涵和重大意义，是增强集体林权制度改革责任感和紧迫感的基本前提，是把握集体林权制度改革实质和方向的基本要求，是实现集体林权制度改革顺利进行和取得成效的基本保证。总体上看，各地对集体林权制度改革已经形成了基本共识，但还有少数地方和少数同志认识还没有完全到位，存在着这样或那样的疑虑，不同程度地影响了改革向纵深发展。进一步提高对集体林权制度改革的认识，消除顾虑，统一思想，凝聚力量，在当前显得十分紧要。

（一）集体林权制度改革是历史发展的必然趋势

集体林权制度改革的实质，就是使林业生产关系不断适应生产力的发展。新中国成立以来，我国集体林权制度在曲折中不断发展和完善，总体上经历了五个阶段：一是土改时期的分山分林到户阶段，二是农业合作化时期的山林入社阶段，三是人民公社时期的山林集体所有、统一经营阶段，四是改革开放初期的林业“三定”阶段，五是目前我们正在进行的全面深化阶段。从这五个阶段可以看出，我国的集体林权制度改革是一个历史的渐进过程。它既是历史的，又是具体的，一个历史阶段只能解决一些方面的问题。前四个阶段的集体林权制度改革，都是适应当时历史条件的改革，取得了很好的成效，对推进林业和农村发展发挥了重要作用，为我们今天深化这项改革提供了有益经验，奠定了良好的基础。但是，站在今天的角度看，前四个阶段的改革有一个明显的不足，就是没有确立经营主体、产权不明晰、责权利不统一，农民没有真正成为山林的主人。随着我国经济社会的不断发展，特别是社会主义市场经济体制的建立，以及全面落实农村土地承包责任制的要求，以产权改革为核心、以体制机制创新为重点、以兴林富民为目标的集体林权制度改革，已经历史地落到了当代务林人的肩上。我们一定要不辱使命，因势利导，全面推进集体林权制度改革。

（二）集体林权制度改革是广大农民群众的强烈愿望

我们所进行的任何一项工作，都必须坚持以人民群众的根本利益为出发点和落脚点。倾听农民的心声，尊重农民的意愿，深入推进集体林权制度改革，这是全心全意为人民服务的宗旨在林业战线上的生动体现和根本要求。土地是农村最宝贵的资源，是农户最重要的生产资料，是农民生活的命根子。家庭联产承包责任制实行后，我国18亿亩耕地的巨大潜力得到了充分的挖掘，不仅使广大农民基本实现了温饱，而且解决了13亿人的吃饭问题。但是，由于我国林业改革整体上滞后于农村改革，43亿亩林地蕴含的巨大潜力没有充分发挥出来。要进一步挖掘农村发展潜力，促进农民增收致富，必须着眼于整个国土资源，特别是林地资源。当前，由于经济社会发展对生态产品和木材等林产品需求的持续增长，林木和林产品的价格大幅度提升，林业在农村经济发展和农民增收致富中已经展现出十分光明的前景。靠山林求发展，向林业要效益，已经成为广大农民群众的普遍要求，他们对改革现有的林业产权制度的呼声越来越强烈，对承包经营山林的愿望越来越迫切。通过集体林权制度改革，真正实现还山于民、还权于民、还利于民，满足农民兴林致富的要求，是当前林业执政为民的紧迫任务。我们一定要顺从民意，积极而为，深入推进集体林权制度改革。

（三）集体林权制度改革是经济社会发展的迫切要求

林业既是一项重要的公益事业，又是一项重要的基础产业，在经济社会发展中占据着重要位置，肩负着重要使命。随着经济社会的快速发展，落后的林业生产力与社会对林业多种需求的矛盾日益突出，要求林业必须又快又好发展，不断满足经济社会的需求。从国家发展战略看，中央提出了落实科学发展观、构建和谐社会、建设新农村等一系列重大战略思想和战略决策，对加快林业发展，建设秀美山川，维护国土生态安全提出了新的更高的要求。从社会需求看，提高我国生态产品和木材等林产品的供给能力，已经成为林业建设最重要最迫切的任务。在物质、文化、生态三大产品中，物质产品短缺的时代已经结束，文化产品也变得十分丰富，生态产品已经成为最短缺、最急需大力发展的产品。同时，我国木材和林产品进口增长迅速，2005年花费的外汇达207亿美元，已经引起国际社会的关注，寄希望于从国外进口满足13亿人的木材和林产品需求，肯定是行不通的。满足社会和人们对林业的多样化需求，要求林业必须有一个更快更好的发展。通过集体林权制度改革，充分调动经营主体的积极性和创造性，充分激发林业的内在活力，充分挖掘林业的巨大潜力，充分开发林业的多种功能，是林业服务国家服务人民的政治任务。我们一定要服从大局，扎实工作，坚定不移地做好集体林权制度改革这篇大文章。

（四）集体林权制度改革是实现林业又快又好发展的必然选择

发展是林业工作的第一要务，是解决林业一切矛盾和问题的根本途径。实现林业又快又好发展，要求必须加快林业改革。特别是在当前林业发展既面临着大好机遇，又面临着严峻挑战的情况下，加快改革已经成为林业发展一道绕不过的坎。从林业发展的动力和模式看，随着经济社会的发展和社会主义市场经济体制的建立，过去主要依靠国家增加投资、依靠行政手段推动的林业发展的方式，已经不能完全适应时代的要求。林业发展必须由“投资推动”为主向“投资推动”与“改革拉动”并重转变，必须由“粗放经营型”向“集约经营型”转变。从林业发展现状看，由于产权没有真正得到落实，集体林区普遍存在着造林难、护林难、防火难、经营管理难、科技兴林难等问题，我国25亿亩集体林业用地的优势、潜力和作用没有得到有效发挥。只有抓住集体林权制度改革这个“牛鼻子”，才能有效增强林业的发展动力，转变林业的增长方式，提高林业的发展水平，实现林业又快又好发展。

总的来讲，无论从集体林权制度发展的历史看，还是从农民群众的强烈愿望看，无论是从经济社会发展的客观要求看，还是从林业自身发展的现实需要看，都迫切要求推进集体林权制度改革。我们一定要充分认识集体林权制度改革的重要性和必要性，切实增强集体林权制度改革的紧迫感和责任感，准确把握集体林权制度改革的规律性和本质要求，坚定信心，扎实工作，深入推进集体林权制度改革。

三、精心谋划，积极稳妥地推进集体林权制度改革

集体林权制度改革涉及面很广，情况十分复杂。我们一定要按照回良玉副总理关于准确把握、正确引导、统筹协调、精心谋划的要求，以及坚持农民得实惠、生态受保护两大准则，处理集体与农民、管理与放活两个关系，把握林权界定、农民决策两个关键，抓好明晰产权和经营主体、管理体制和保障机制创新两项改革的指示精神，积极稳妥地把集体林权制度改革不断推向深入。

（一）进一步明确集体林权制度改革的目标任务

这就是：以邓小平理论和“三个代表”重要思想为指导，全面落实科学发展观，坚持农村土地基本经营制度，坚持“多予、少取、放活”的方针，在保持集体林地所有权不变的前提下，确立经营主体，明晰林地使用权和林木所有权，放活经营权，落实处置权，保障收益权，完善配套改革，健全服务体系，强化科技支撑，转变管理方式，充分调动农民和社会参与林业建设的积极性，进一步解放和发展林业生产力。力争到“十一五”期末，基本完成全国集体林权制度改革任务，建立起以集体经济组织内部家庭承包经营为基础、多种经营形式并存、责权利相统一的集体林业经营体制，逐步实现森林资源增长、林业产业发展、农民生活宽裕、林区社会和谐的目标，为建设社会主义新农村、构建社会主义和谐社会做出应有的贡献。

（二）准确把握集体林权制度改革的基本原则

一是坚持管好公益林，放活商品林。集体林权制度改革，必须坚持以生态建设为主的林业发展战略，处理好生态建设和产业发展的关系，推动林业两大体系协调发展。必须坚持分类经营的理念，在管好公益林，严禁乱砍滥伐，保护好生态的前提下，放活商品林经营，促进产业发展。必须明确这次改革的对象和范围，主要是尚未落实经营主体的集体商品林及其林地，以及县级以上人民政府规划的集体所有的宜林荒山荒地。

二是坚持以人为本，尊重农民意愿。集体林权制度改革，要把维护农民的权益放在首位，把群众愿不愿意作为推进改革的重要前提，把群众满意不满意作为评价改革成败的重要标准。要充分尊重群众，充分相信群众，充分依靠群众，充分发挥农民在改革中的主体作用。要认真落实回良玉副总理关于“该给的利益要给足，该减的负担要减够，该搞的服务要搞好”的指示精神，依法减免林业税费，让利和还利于民，使农民在改革中得到实实在在的好处。同时，要做到统筹兼顾，保障集体组织的合法收入、合理利益，形成各方可持续发展的利益保障机制。要通过改革，建立起农民自主经营林业的体制机制，保证他们能够按照市场的需求和林业内在规律，自我决定经营方向、经营模式和经营目标。

三是坚持依法办事，做到公正公平公开。集体林权制度改革，要切实做到权益平等到户，优先选择农村集体经济组织内部的家庭承包方式，使农户依法享有平等的承包经营权。要严格按照《中华人民共和国村民委员会组织法》、《中华人民共和国农村土地承包法》、《中华人民共和国森林法》等法律法规办事，做到改革内容、程序、方法、结果四公开，确保群众的知情权、参与权、决策权和监督权。

四是坚持因地制宜，分类指导。我国各地自然地理条件差别很大，经济社会状况不一，林业发展基础不同。集体林权制度改革，一定要根据各地森林资源状况、经济社会发展水平以及农民的要求等实际情况，由农民自主选择集体林权制度改革的方式，自主确定集体林经营管理形式，不搞强迫命令，不搞“一刀切”。

五是坚持尊重历史，保持政策的连续性和稳定性。林业“三定”以来，已经明确的林地使用权和林木所有权，大部分群众满意的要予以维护，不得借改革之机打乱重来、重新分配或无偿平调。对已经划定的自留山，由农户长期无偿使用，不得强行收回，自留山上的林木一律归农户所有。对已承包到户的责任山，原则上要保持承包关系的稳定，凡原承包合同基本合理、群众没有意见的，要维持原承包关系；凡原承包合同依法认定不合法或明显不合理、群众意见较大的，应依法依规予以完善或调整。对仍由集体统一经营管理的山林，要由集体经济组织成员民主决定有效的经营形式。群众决定不再实行集体统一经营的，要采取家庭承包经营的方式，均山到人到户；群众要求仍由集体统一经营的，要转换经营机制，实行股份合作，均股均利到人到户。对国有林场、采育场和森林公园使用的集体林地，在稳定权属关系的基础上，合理确定或调整林地使用费或收益分成比例。对于历史遗留问题，要尊重历史，本着有利于维护农民权益、有利于保护森林资源和促进林业发展的要求，结合实际，妥善解决，确保林区稳定。

（三）切实注意集体林权制度改革中的几个重要问题

一是加强保护管理，严防乱砍滥伐。这是各方面对集体林权制度改革最担心的，在历史上也是有过教训的。要切实加强宣传教育，让农民坚定长期经营林业的信心，引导农民处理好长远利益和眼前利益关系，使农民真正成为保护和发展林业的主力军。要完善和签订承包合同，确定承发包双方林地林木管护、荒山造林和迹地更新、防火防盗防病虫害等责任，将保护管理森林资源的责任切实明确到人到户。要加强指导，鼓励农民制订乡规民约，引导农民组建自我实施、自我约束、自我监督的森林资源保护体系。要强化森林资源管理，把加强管理贯穿于林权制度改革的始终，努力探索新形势下森林资源管理的新机制。要加大执法力度，特别要防止少数人趁机乱砍滥伐，对乱砍滥伐林木、乱征滥占林地的违法行为，予以坚决打击。

二是勘验林地四至，搞好确权发证。林地勘界、确权发证和规范管理，是集体林权制度改革中一项十分繁重、十分敏感、十分重要的工作。各地一定要加强领导，精心组织，在人员和经费上予以保障，确保每宗山林四至清楚、权属关系明确、权证规范统一，切实做到图、表、册一致，人、地、证相符，高质量地完成林权登记和发证换证工作。各级林业主管部门要明确专门的林地林权管理机构，建立林权动态管理制度，为森林采伐、补偿、转让等提供基础信息。

三是完善流转机制，规范流转行为。在不改变集体林地所有权和林地用途的前提下，允许林木所有权和林地使用权按照“依法、自愿、有偿”的原则流转，畅通林业经营者的森林资产变现渠道，推动林业生产要素合理流动和优化配置。在各地实践和规范的基础上，要制定森林资源流转条例、森林资源评估管理办法等法律文件，明确森林资源流转的原则、范围、程序和监管办法，为规范要素市场奠定基础。

（四）着力完善集体林权制度改革的配套措施

明晰林业产权，确立经营主体，是集体林权制度改革的主要内容，但要取得改革的预期成效，还必须完善相关的配套措施。

第一，推进配套改革。一是林业税费改革。将林业税费改革纳入国家农村税费改革的范围，依法改革到位，逐步降低育林基金征收基价和征收比例。同时，要抓住农村公共财政体制改革的契机，将基层林业机构的经费纳入财政预算。二是林业投融资改革。积极协调金融部门继续对林业实行长期、低息、贴息的信贷扶持政策，放宽对农民营造林的贷款条件，推动林权抵押贷款，发展林业保险事业，提高农民抵御风险的能力。三是商品林采伐管理改革。按照分类经营的要求，逐步改进商品林采伐管理办法，放宽对商品林采伐利用的限制，建立起既能保证资源消长平衡，又能满足林业生产经营需要的林木采伐管理制度，真正把商品林的处置权交给农民。

第二，建立健全服务体系。鼓励农民自愿成立森林防火、防止乱砍滥伐、防治病虫害组织，建立森林灾害联防和应急反应机制。引导林业经营者组建种苗、花卉、笋竹、林产品加工、营销等专业协会。积极培育和规范造林公司、森林采伐公司、木材销售公司、商品林企业联合会等新型林业经济组织。建立健全森林资产评估、木竹检尺、伐区设计等中介服务机构，为农户提供优质、便捷、高效的服务。乡镇林业工作站要充分发挥政策宣传、资源管理、林政执法、生产组织、科技推广等职能作用，健全以乡镇林业站为中心，与农民各类合作组织相连接的农村林业社会化服务网络。

第三，强化林业科技支撑。以科技推广站、林业工作站、各级林业学会和林业科研院所为主体，开展多种形式的科技咨询和实用技术推广，满足农民科技兴林的愿望。积极引导农户实行科学经营，帮助他们编制和实施好森林经营方案，促进森林可持续经营。组织林业技术专业培训，指导技术协会、专业合作社等群众性组织和农民技术人员的林业技术推广活动，支持和引导林业经营者学科学、用科学，充分发挥科技在兴林富民中的重要作用。

第四，转变林业管理方式。林权制度改革后，林业经营主体多了，管理对象多了，林业的管理方式必须随之改变。各级林业部门要建立适应新形势的林业管理机制，转变行政职能，创新管理方式，把工作重心转移到林业行政执法、市场监管和公共服务上来，创建公开透明的管理体系，构建公正公平的执法体系，构筑高效便捷的林业行政服务体系。

第五，加强农村林业发展的基础设施建设。基础设施是改善农民生产条件、发展林区经济的重要基础，也是新农村建设的重要内容。要将农村林业基础设施建设纳入新农村建设规划，进一步加大投入，逐步予以改善。

四、加强领导，确保集体林权制度改革顺利进行

集体林权制度改革，是集体生产资料的再分配，是农村利益的再调整，关系到山区林区的发展和稳定；是造福农民、发展林业的大好事，是解决“三农”问题的重要实践，关系到兴林富民目标的实现。各级林业主管部门要紧密结合本地的实际，认真学习借鉴福建、江西、辽宁、浙江的经验，积极探索和完善切合实际的集体林权制度改革模式和办法，精心组织，精心实施，扎扎实实地推进集体林权制度改革。

一是加强领导，落实责任。各地要站在全局和战略的高度，充分认识集体林权制度改革的重要性、紧迫性和艰巨性，通过积极有效的工作，争取各级党委和政府把这项改革真正摆上地方经济社会发展的重要位置，成立集体林权制度改革领导小组，为改革提供强有力的组织和经

费保障。福建、江西、辽宁在改革中探索的“省、地、县、乡、村五级书记抓林改”、“县（旗、市、区）政府直接领导，乡（镇）政府组织，村具体操作，部门搞好服务”的组织和工作机制，值得借鉴。在改革过程中，要高度重视群众的来信来访，积极采取有效措施，把矛盾化解在基层，要建立解决林权纠纷的工作机制，落实责任，及时妥善处置。

二是宣传发动，提高认识。组织动员群众积极参加林权制度改革，是保证改革健康发展的关键。要高度重视宣传发动，坚持舆论先行，充分发挥电视、报刊、广播、网络等媒体的作用，通过各种形式广泛宣传改革的目的、意义、做法以及有关法律、法规、政策，统一思想，提高认识，消除干部群众的疑虑，使广大农民和干部职工了解改革、支持改革、参与改革。认真总结宣传各地的好经验、好做法，用典型引导改革健康发展。

三是试点先行，逐步推开。集体林权制度改革要按照“试点先行、逐步推开，先易后难、循序渐进”的要求进行。在改革全面铺开之前，要选择具有一定代表性的地方先行开展试点工作，在总结经验、完善做法的基础上，逐步推开。

四是摸清情况，制订方案。各地要深入开展调查研究，摸清集体林的历史沿革、权属结构和经营管理状况，了解群众的意愿和要求，掌握山情林情和社情民意。针对不同地域、不同经济社会条件、不同森林资源状况等，研究制定科学的改革方案。改革方案要包括，改革的指导思想、基本原则、目标任务、政策措施、方法步骤、组织保障等内容。

五是周密实施，确保质量。严格按照改革方案，周密稳妥地推进改革，做到不赶进度，不走过场，有序推进。要把质量放在首位，坚持进度服从质量，使改革经得起历史检验。对改革条件不成熟的地方，不急于推进，不强迫命令。各地林业主管部门要加强指导检查，及时发现问题，掌握改革动向，督促改革实施，保证改革的进程和质量。

六是齐抓共管，形成合力。集体林权制度改革任务十分繁重，各级林业部门要积极争取发改委、财政、国土、农业、司法、监察、税务、金融、新闻宣传等部门的大力支持，通力协作，确保改革顺利进行。引导全社会关心、支持、参与改革，保证集体林权制度改革达到预期目的，促进社会主义新农村建设。

同志们，集体林权制度改革是实现林业又快又好发展的希望之所在，出路之根本，动力之源泉，是我国社会主义新农村建设的重要组成部分。让我们高举邓小平理论和“三个代表”重要思想的伟大旗帜，全面落实科学发展观，提高认识，精心谋划，稳步推进集体林权制度改革，为建设社会主义新农村、构建社会主义和谐社会做出应有的贡献。

积极推进林业体制机制改革
加快内蒙古林业发展和生态建设步伐

——在内蒙古检查森林防火工作和调研林业改革发展情况时的讲话

这次，我们调研组一行从黑龙江到内蒙古，主要有三项任务：一是检查和安排东北、内蒙古今年春季的森林防火工作；二是调查、了解国有林区的林业改革发展情况；三是具体检查黑龙江省伊春市林权制度改革试点的准备工作。几天来，我们先后检查了各级森林防火工作的落实情况，看望了武警森林部队官兵、地方森林消防队和林区基层干部职工，在加格达奇召开了森林防火工作现场会，对东北、内蒙古今年的春防工作进行了具体安排。我们还考察了林业局、林业经营所和林区的特色产业，召开了各种形式的干部职工座谈会，进一步了解了东北、内蒙古林区的改革发展情况。

总的看来，各级党委政府对林业建设和森林防火工作高度重视，摆上了重要议事日程，给予了极大的关心和支持。各级林业部门狠抓落实，积极而为，做了大量卓有成效的工作。基层林业干部职工兢兢业业，艰苦奋斗，无私奉献，让我们十分感动，很受教育。下面，我简要谈一谈在内蒙古调研后的几点认识：

一、内蒙古林业建设取得了显著成绩

在内蒙古调研过程中，我突出的一个感受，就是各级党委政府对林业十分重视，集中体现在两个方面：一是自治区党委政府认真贯彻落实中央林业决定，召开了全区林业工作会议，出台了《内蒙古自治区关于深化改革加快林业发展的决定》，全面实施了以生态建设为主的林业发展战略，实实在在地加强了六大林业重点工程建设的政策措施，为全区林业发展指明了方向，提供了有力保障。二是各级党委政府将林业放到了非常重要的位置，把生态建设作为最重要的基础建设来抓，把内蒙古林业建设作为祖国北方最重要的生态防线来抓。这“两抓”的战略思想，认识很高，定位很准，必将会把内蒙古林业引向又快又好发展的新阶段。

正是因为有各级党委政府的高度重视，“十五”时期，内蒙古林业得到了长足发展，取得了显著成绩，突出表现在三个方面：一是全面完成了造林绿化和生态保护任务。五年中，共完成人工造林 4 005 万亩、飞播造林 1 215 万亩、封山（沙）育林 1 455 万亩。划建的自然保护区总数达到 125 处，保护区面积 1.2 亿亩，占全区国土面积的 8%。二是实现了“一个双减”、“三个双增”的目标。荒漠化和沙化土地首次出现了“双减少”，2004 年与 1999 年相比，分别减少 2 400万亩、730 万亩；森林面积和活立木蓄积实现了持续“双增长”，2003 年与 1998 年相比，分别增加 4 900 万亩、1.2 亿亩；生态建设能力和产业发展能力达到了“双增强”，全区生态建设能力增加到年治理面积 1 300 万亩，产业发展能力增加到年实现产值 100 亿元；森林覆盖率和城市绿化覆盖率得到了“双增加”，森林覆盖率、城市绿化覆盖率分别增加到 17.57% 和 24.80%。三是生态状况出现了可喜的变化。全区 1.2 亿亩风沙危害土地和 1.07 亿亩水土流失面积得到初步治理，5 000 万亩农田、8 000 万亩基本草牧场受到林网的保护，很多地方生态面貌明显好转，生态状况初步达到了“整体遏制，局部好转”。

此外，作为全区林业重要组成部分的内蒙古森工集团，在自治区党委政府的关心下，集团领导班子和干部职工克服困难、迎接挑战，励精图治、真抓实干，全面完成了“十五”各项任务，生态建设取得了新成就，经济发展创出了新水平，工业化强企迈上了新台阶，产业化富民取得了新进展。对此，我们有很直观的感受。从满归到根河再到牙克石，看到的林相都比较整齐，林分质量也不错。很显然，天然林资源保护工程实施后，这里的森林资源得到了有效保护。同时，还看到了林区通过大力发展非林非木产业，安置了许多富余职工就业，把过去“吃林”的人逐步转移出来，走出了“反弹琵琶”保护森林资源的路子，效果很好。

刚才，武警森林部队内蒙古总队、呼伦贝尔市也介绍了工作情况，听后我们很高兴、很满意。内蒙古武警森林部队是一支有着优良传统的好队伍。长期以来，在扑救森林火灾中，勇挑重担、冲锋在前，出色地完成了每一次任务，受到了各方面的高度好评，希望你们在总部党委和自治区党委政府的领导下，切实加强思想政治建设，进一步练就防扑火本领，为保护森林资源和人民生命财产安全再立新功。呼伦贝尔市这些年的林业建设成效十分明显，我们实地考察的几片林子都保护和经营得很好，希望你们继续加大生态建设和保护的力度，把呼伦贝尔这方净土、这片森林、这块草原呵护好，让我们的子孙后代永远能见到“天苍苍，野茫茫，风吹草低见牛羊”的美景。

二、内蒙古在我国林业建设中具有重要地位

内蒙古在我国林业发展和生态建设中有着重要的位置，这集中表现为两个“十分”：一是生态建设地位十分重要；二是林业发展任务十分繁重。之所以这么说，主要是从以下四个方面作出的判断：

首先，从地理位置看，内蒙古位于祖国北疆，横跨东北、华北和西北三大区域，位于黄河上中游和辽河、嫩江的源头，是我国北方的重要生态防线，它的生态好坏直接影响到祖国北面半壁江山的生态安全。内蒙古东西直线距离 2 400 千米，南北跨距 1 700 千米，国土总面积 118.3 万平方千米，这就意味着内蒙古的林业搞好了，我国 1/8 的国土生态安全就有了保障。同时，内蒙古还是我国少数民族最集中分布的地区，全区居住着我国 56 个少数民族中的 55 个，它的生态状况直接关系到少数民族兄弟的生产生活条件，关系到我国民族团结和边疆稳定的大局。

其次，从森林资源看，全国第六次森林资源清查结果显示，内蒙古是我国森林面积最大的省区，全区有林地面积 2.42 亿亩，居全国第 1 位；天然林面积 2.06 亿亩，居全国第 2 位；森林蓄积量 11.01 亿立方米，居全国第 5 位。特别是内蒙古大兴安岭国有林区，经营面积达 10 万多平方千米，有林地面积 8 万多平方千米，活立木蓄积量 7 亿多立方米，均居四大森工集团之首，这里还拥有东北唯一一块未开发的原始森林。此外，内蒙古植被类型、湿地资源都十分丰富，有森林、草原、荒漠三种类型的植被，湿地面积达 6 639 万亩，占全国的 11.5%。这些都表明内蒙古的生态地位十分重要。

第三，从林业建设现状看，内蒙古在国家六大林业重点工程布局当中，是唯一安排全覆盖的一个省区，这使得全区每年的造林任务约占全国的 1/10；全区还有宜林荒山荒地 1.7 亿亩，林业产业发展也相对滞后，林业建设任务还十分繁重。另外，内蒙古分布有我国五大沙漠和五大沙地，全区超过一半的面积为荒漠化土地，沙化土地 6.24 亿亩，占全国的 23.9%；有明显沙化趋势的土地 2.71 亿亩，占全国的 56.6%，防沙治沙任务十分繁重。

第四，从生态建设难度看，内蒙古属温带大陆性季风气候，自东向西年降雨量由 450 毫升到 50 毫升递减，年蒸发量 900 毫升至 4 000 毫升，地理坐标处在北纬 37°~53°，属高寒地带。在这样的自然条件下，发展林业要比其他地方特别是南方困难得多，付出的努力要大得多。再加上现有林分的质量整体上还不高，生态系统还很脆弱、很不稳定，一些地方生态恶化的趋势还未得到有效控制。这些都决定了内蒙古的林业建设任务十分艰巨。

通过这次调研，我们深化了对东北、内蒙古在全国林业建设中重要地位的认识，这对于在今后工作中，更有针对性地制定政策、加强指导很有好处。继续加大力度支持东北、内蒙古林业建设，既是这一地区经济社会发展的需要，也是全国生态建设大局的需要，更是我们义不容辞的责任。

三、正确处理好林业建设中的几个重要关系

内蒙古在谋划“十一五”林业发展时，提出了很好的指导思想、奋斗目标、工作重点和政策措施，特别是要在“整体遏制，局部好转”的基础上，实现“整体上稳定遏制，重点治理区

全面好转”的目标，我觉得非常好，非常鼓舞人心。这个目标达到了，我们祖国北大门的生态安全就有了很好的基础，意义十分重大。希望全区各级林业部门认真贯彻中央林业决定精神，全面落实好自治区党委政府的工作部署，深入实施以生态建设为主的林业发展战略，推进传统林业向现代林业转变，开发林业的多种功能，满足社会和人们的多样化需求，把林业真正引向又快又好发展的轨道上来。实现上述目标，一定要认真处理好以下几个方面的关系。

一是兴林与富民的关系。我们发展林业的目的是什么？就是为了老百姓的富裕，为了改善和提高人民的生活。如果脱离了老百姓的切身利益，植树造林、保护森林就难以办到，即使行政命令能够收到一定效果，但很难长久地起作用。如果林业发展好了，人民群众就可以享受良好的生态环境，就可以利用更多更好的林业资源发家致富。同时，如果老百姓从发展林业中富裕起来了，就可以更大地调动他们参与林业的积极性，就可以让他们有更多的物质资源投入到林业建设上来。兴林和富民，两者相互促进、相得益彰，是辩证的关系。实践证明，凡是一个地方、一个林业局把这个关系处理好了，森林资源就能得到增长，生态状况就能得到改善；凡是没有把这个问题解决好，就必然是顾此失彼。我们一定要牢固树立起兴林是为了富民、富民才能兴林的理念。

二是生态与产业的关系。生态建设和产业发展是相互依存、相互促进的关系，任何时候都不能割裂开来。我陪良玉副总理到吉林考察林业工作时，他说：“生态建设要产业化，产业发展要生态化。”这句话很深刻，很有指导意义。大家都知道，一棵树从栽活到砍伐之前，都是在发挥生态功能，只有它被砍倒并形成产品、产生经济效益之后，才有了产业的属性。中央确立以生态建设为主的林业发展战略，非常英明，非常正确。只有通过全面实施这个战略，建立起完备的生态体系，满足社会和人们对生态的需求，才有发展林业产业的基础和空间。同时，只有建立起发达的产业体系，满足社会和人们对林产品的需求，积累起丰富的物质财富，才能更好地支持和保障生态建设。在林业建设中，我们一定要把生态和产业很好地结合起来，实现两者的互补双赢。

三是保护与利用的关系。保护和利用是一对矛盾，也是林业工作的两个重要方面。随着以生态建设为主的林业发展战略的深入实施，林业保护的领域越来越广，保护的难度越来越大，既要保护好森林和野生动植物资源，也要保护好湿地和沙地植被资源。一方面，要采取更加有效的措施，坚决制止超限额采伐森林和乱采滥樵沙地植被的行为，进一步完善林地征占用审核审批、野生动植物经营利用的政策措施，依法严格做好林业保护工作。另一方面，这种保护不能是静止的，更不能是绝对的，要坚持严格保护、积极发展、科学经营、持续利用的原则，努力开发林业的多种功能，满足社会的多样化需求，做到保护中有利用、利用中有保护，实现保护与利用的良性循环。

四是数量与质量的关系。实现“十一五”林业发展目标，一定要处理好数量与质量的关系。如果没有足够数量的森林资源，内蒙古“整体上稳定遏制，重点治理区全面好转”的目标肯定要落空。迅速增加森林资源总量，减少沙化土地面积，是内蒙古“十一五”期间林业工作的紧迫任务。同时，如果没有良好的质量，造林面积越大，治理面积越多，可能造成的损失越大，这样也无法实现我们的既定目标。包括退耕还林、天然林资源保护、京津风沙源治理等，都要坚持质量第一、效益第一，真正把数量、质量和效益统一起来，实现林业又快又好发展。

四、进一步推进林业体制机制改革

中央对新世纪初林业工作的要求非常明确，就是《关于加快林业发展的决定》的主题——加快发展，为全面建设小康社会提供支持和保障。那么，加快林业发展的动力在哪儿？毫无疑问，就是体制机制的改革。改革已成为林业必须跨过的一个坎，否则下一步林业发展就很难再有大的突破。“十一五”时期林业工作的主线是改革，我们上下必须进一步深化对林业改革的认识，必须精心谋划和积极推进林业的各项改革。

一要深化对林业改革重要性的认识。林业系统与农村社会、国有企业一样，都是在计划经济体制下逐步建立起来的。在过去，这种体制机制对促进生产力发展起到了很好的作用，为国家经济社会发展做出了巨大贡献。但是，随着社会主义市场经济体制的逐步建立，林业生产关系有很多地方不适应林业生产力发展的要求，旧的体制机制已经成为林业加快发展的主要羁绊。改革是消除林业体制机制性障碍、解决林业发展深层次矛盾的根本办法，也是挖掘林业自身发展潜力、促进各种生产要素向林业聚集的有效方式。只有改革，才能够尽快建立起完备的生态体系和发达的产业体系，开发出林业的多种功能，满足社会的多样化需求；只有改革，才能够尽快实现林业又快又好发展，在建设社会主义新农村、构建和谐社会等全局中发挥重要作用。

二要深化对林业改革紧迫性的认识。1978 年以来，我国改革开放伟大事业取得了举世瞩目的成就。在这一大背景下，林业改革开放也有了很大的进展，但从整体上看，改革起步较晚，进展较缓慢，目前的体制机制还带有较浓厚的计划经济色彩。如果再不改革，林业发展就很难赶上我国现代化建设的步伐。林业改革与农村改革、国有企业改革，在性质和内容上有很多相似之处。这些年来，农村改革和国有企业改革都有了很大进展，趟出了一些很好的路子。比如，农村改革后，建立了统分结合的经营承包体制，实行了“多予少取放活”的方针，免除了包括农业税在内的很多税费，对农民实行直接补贴等政策。国有企业改革，剥离了社会职能，减轻了企业负担，正在逐步建立起现代企业制度，职工享受到了社保医保、住房公积金以及下岗再就业优惠等政策。林业由于改革步子慢，很多改革发展的成果没有享受，或者享受不到位。因此，我们必须抢抓机遇，搭上国家整个改革这辆“快车”，大力推进林业体制机制改革。

三要积极稳妥地推进林业改革。林业既是重要的公益事业，又是重要的基础产业。这种双重属性决定了林业改革不仅涉及政府公共职能，而且涉及市场经济的内容。改革是很复杂的，比如，森工企业是国有林区政治、经济和社会的主体，既经营着森林这一资源性资产，又要经营盈利的非资源性资产，还要履行繁重的行政职能和社会职责，这决定了国有林区改革是一项复杂的系统工程。正因为如此，我们必须积极而又稳妥地推进林业改革。根据中央林业决定确定的原则和方向，当前和今后我们要积极搞好三个方面的改革，即：集体林权制度改革、国有林场改革和国有重点林区改革。集体林权制度改革，福建、江西等省已经有了成功的实践，今年我们将通过举办高层论坛、召开现场会，进一步统一思想，全面推进这一改革。国有林场改革，在我们深入调研和广泛征求意见的基础上，已经制定出改革的总体意见，今年有望在国务院审批后实施。

四要分步骤搞好国有重点林区改革。长期以来，国有林区为我国经济建设做出了巨大贡献，但是在这一过程中，沉淀了不少问题，积累了不少矛盾，改革的难度非常大。为此，我们正在积极探索，并在伊春和有关林业局进行不同内容的改革试点，希望通过这些试点取得经验后，逐步深化，逐步推开。国有林区改革，应该按照两个步骤来推进。第一步就是森工企业的政企分开，这是基础。大家都认为，天然林资源保护工程是一个“救命工程”，使国有林区进入了休养生息、恢复发展的新阶段。同时也应该看到，天保工程为国有林区改革提供了很好的条件。一定要借助天保工程实施的力量，尽快把森工企业承担的社会职能剥离出去，突出其对森林资源的保育和经营这个主业。第二步就是明确产权，这是关键。任何涉及资产的改革，核心是要改革产权，解决好经营主体的问题，国有林区改革也不例外。我希望内蒙古在这方面加强研究，积极探索，通过抓点带面，走出一条适合于内蒙古林业实际的路子，也为整个国有林区的改革提供经验。

五、切实抓好今年春季森林防火工作

党中央、国务院高度重视森林防火工作，针对今年入春以来的严峻形势，家宝总理、良玉副总理等国务院领导同志20多次作出重要批示，要求国家林业局和地方各级政府切实抓好森林防火工作。在我来东北、内蒙古林区之前，良玉副总理又专门作出批示，他强调指出：“森林防火责任重于泰山，随着气候变暖，大风天气增多，部分地区旱情持续发展，东北、内蒙古重点林区已经进入森林防火的关键时期，要针对当前森林防火的严峻形势，着力做好宣传教育、隐患排查、火源管理、预测预报工作，切实提高组织指挥、应急处置、科学扑救的能力，严防重特大森林火灾和重大伤亡情况的发生，确保今年春季森林防火不出现大问题。”

为落实好国务院领导同志的重要指示精神，我们在黑龙江省加格达奇召开了森林防火工作现场会，专门对东北、内蒙古四省区今年春防工作做了具体安排。同时，在会前和会后又到大、小兴安岭林区，对森林防火进行了全面的检查和督促。一路上，我们走到哪里，把森林防火工作的落实情况检查到哪里，把森林防火工作的要求讲到哪里。总的看来，林区各级政府和森林防火指挥部、武警森林部队和专业扑火队、干部职工和人民群众对森林防火十分重视，做了大量细致扎实的工作，为今年春防工作开了一个好头。

但是，东北、内蒙古林区春季森林防火刚刚进入紧要期，加上气候不利等各种因素，今年春季的森林防火形势依然不容乐观。林区各级政府和广大干部群众一定要按照国务院领导同志的指示，一定要按照这次加格达奇现场会的安排，认认真真抓好森林防火各项工作的落实。归纳起来，就是要做到“三清”、“四查”、“五强化”、“六狠抓”，最终实现“两个确保”的目标。

“三清”，就是要清山、清林、清防火道。要严格限制进山、进林的人员，林子内的流动户口、流动人员要全部清出；要清理和修理森林消防道路，清除防火隔离带的杂灌。

“四查”，就是要查认识、查领导、查工作、查预案到位不到位，落实得怎么样。特别要检查各级领导、林区群众的防火意识和责任落实情况，重点是要看领导“七长负责制”和群众“联防联保责任制”是否建立起来。

“五强化”，就是要落实好良玉副总理4月1日视察国家林业局森林防火指挥中心时提出的强化思想认识、强化责任落实、强化责任落实、强化依法防火、强化组织领导。

“六狠抓”，就是要狠抓行政领导负责制，做到领导到位；狠抓隐患排查，做到有患必除；狠抓火源管理，做到防范严密；狠抓宣传教育，做到人人皆知；狠抓岗位责任，做到严阵以待；狠抓责任追究，做到“四不放过”。

“两个确保”，就是要确保不发生重特大森林火灾、确保不发生重大人员伤亡，为保护森林资源和人民生命财产安全、促进林业又快又好发展做出新的更大贡献！

李育材

关于推进山区综合开发工作的若干思考

胡锦涛总书记于2006年3月27日和4月30日分别对建设社会主义新农村和推进山区综合开发工作做出的重要批示，给山区综合开发指出了明确的方向，提出了工作任务和具体要求，并带来难得的发展机遇。要借此机会，进一步确立林业在山区综合开发中的主导地位，重振山区综合开发的雄风。为落实胡锦涛总书记的重要批示，我先后两次到山东、江苏、湖南、重庆、湖北5个省（直辖市）进行了调研，通过调研，对推进山区综合开发向纵深发展形成了以下思考：

一、山区建设依然是新农村建设中的重中之重

多山与山区经济发展相对滞后是当前我国的基本国情和重要特征。我国山区面积占国土面积的69%，山区人口占全国的56%，山区的土地生物水利矿物旅游资源丰富，拥有全国90%以上的森林和水能资源，54%的耕地和50%以上的可利用草场。但总体上，山区生态基础脆弱、基础设施薄弱、社会经济发展相对滞后的面貌还未改变；山区与社会经济发展总体水平和城市经济发展水平相比，差距在扩大。全国592个国家扶贫开发工作重点县中，有496个在山区，占重点扶贫重点县的83.7%。2005年，592个扶贫重点县农民人均纯收入1 723元，仅为全国平均水平3 255元的53%。扶贫重点县人均国内生产总值不足全国平均水平的一半，人均财政收入仅相当于全国平均水平的六分之一。山区发展是建设和谐社会和社会主义新农村的重中之重。

加快山区建设步伐，释放蕴含在山区的巨大发展潜能，增加农民收入，提高山区人民生活水平和生活质量，既是我国经济社会发展的必然要求，也是中央和地方各级领导以及山区广大人民群众的迫切愿望。山区人民世世代代生活在山区，却不能同步分享到社会发展进步的成果；守着巨大的资源，满怀着改变生活条件的期待，却不能变为现实。山区人民困惑于期望与现实之间。党中央国务院从我国实际出发十年前启动并实施山区的综合开发项目，为改变山区面貌，释放山区潜力，找到了一条战略途径，在十字方针的指导下，综合开发示范县建设取得了世人公认的成就和进展。山区综合开发将资源、特色产业与富民目标结合起来，通过强化基础设施建设，架起了资源变财富的桥梁，山区农民在这一过程中，分享到了实实在在的实惠。

全国山区综合开发的主要对象是山区农村，开发的主体是山区农民，山区人民既是建设者，也是直接受益者。在建设社会主义新农村新的时代背景下，山区综合开发历史地成为了促进山区发展、兴山富民重要载体。但是，通过5个省份综合开发示范县的重点调研，我们深切地感到，山区建设是一项长期、复杂、艰巨的任务，十年的山区综合开发只是一个良好的开端，要使山区发展跟上社会整体发展的步伐，让山区人民利用山区的独特优势、丰富的资源优先富裕起来，要走的路还很长，还需要切实加大山区综合开发的力度，明确新的历史条件下政府的责任。

二、山区综合开发是兴山富民的战略途径

十年综合开发的实践表明，山区综合开发以县为单位，以农民为主体，以十字方针为主要

内容，在推动山区综合开发、改善山区生态环境、帮助农民脱贫致富、促进地区经济和社会发展方面做了大量工作，山区面貌在整体上发生了较大的变化。

湖北省5个山区综合开发示范县均为革命老区和国家级贫困县，县域经济实力差，农民人均收入处于全省较低水平。山区综合开发项目实施以来，5个示范县的经济实力得到了明显的增强，农民收入有了较大幅度提高。5个示范县中，有3个县摘掉了贫困县的帽子。农民年人均纯收入除个别县外，均已达到或超过1 700元。各示范县的国内生产总值年均增长率、财政收入的增长幅度和农民人均收入均高于省内其他山区县。大悟县2004年全县国内生产总值、工业总产值、财政收入分别达到37.9亿元、25亿元、1.6亿元，比1996年增加24.9亿元、3亿元、8 500万元，农村人均纯收如达到1 987元，比1996年增加了707元，农村人均林特收入达到355元，比1996年提高147元。

山区综合开发从起步实施到政策调整，时间并不长，有的示范县列入示范一两年就遇到了金融体制改革，初期设计的一些政策随着环境的变化效力逐步下降，客观上增大了综合开发的实施难度。但是，即便在这样的背景下，综合开发的指导思想和工作机制在示范县得到了贯彻，并推动山区开发向纵深发展。调研中我们看到，依据山区综合开发十字方针，充分发挥山区的独特优势，在强化基础设施、改善生态环境、发展特色产业等方面涌现出一大批具有代表性的典型。有的投资数千万元发展休闲农庄，有的依靠山区资源建设龙头企业，这些典型既富了自己，也带动了当地的经济发展，提升了山区综合开发的整体水平。

十年的实践证明了山区综合开发是解决我国山区问题，尤其是山区农民问题和建设新农村一条重要的战略途径，必须坚定不移、持之以恒地推进山区综合开发。山区综合开发的力度决定着山区整体发展的速度，决定着山区人民脱贫致富的速度，决定着新农村建设的速度。可以说，十年来山区综合开发示范项目形成的建设思想、指导方针、基本经验、开发模式是不可多得的宝贵财富，同时也为加大山区开发力度、推进山区新农村建设进程奠定了坚实的基础。

三、必须赋予山区综合开发以新的内涵

按照科学发展观和建设社会主义新农村的要求，新时期的山区综合开发工作必须与时俱进，在认真总结过去十年山区综合开发经验的基础上，根据党和国家对当前我国经济社会发展的指导思想和有关要求，赋予山区综合开发以新的内涵，不断丰富、完善和提高山区综合开发的工作方案和相关的政策规定，进一步把新形势下的山区综合开发工作抓实抓好，努力取得更大的成效。

山区综合开发要全面贯彻科学发展观。坚持全面、协调、可持续发展，既是贯彻落实科学发展观的基本要求，也是山区综合开发工作必须遵循的基本原则。通过山区综合开发，就是使进山区经济社会发展与人口、资源、环境相协调，坚持走生产发展、生活富裕、生态良好的文明发展道路。实践证明，单纯就治理抓治理、就保护抓保护是没有出路的。只有通过山区综合开发，实现科学治理和合理开发的有机结合，把山区综合开发同生态环境建设、同当地人民群众的增收致富和山区经济发展结合起来，使开发者和山区人民以及地方政府在开发治理中得到切实利益，才能调动好、保护好、发挥好各方面的积极性，从根本上改变山区的落后面貌，实现山区经济社会的可持续发展，山区综合开发才能有长盛不衰的活力和生命力。

山区综合开发要全面体现建设社会主义新农村的要求。以“生产发展、生活富裕、乡风文明、村容整洁、管理民主”为主要内容的社会主义新农村建设，是党中央在新的历史时期提出的一项重大战略任务，山区综合开发在新农村建设中大有作为，大有可为。通过山区综合开发，就是要进一步调整山区经济结构，促进山区生产发展；进一步优化山区生态环境，改善山区人民生产生活条件；绿化美化村屯，建设文明整洁的新山区；大力发展山区产业，扩大就业门路，使山区人民增收致富；深化林业产权制度改革，明晰山地资源权属，实现民主管理。山区是我国新农村建设的主战场，搞好山区综合开发对实现新农村建设的目标任务具有举足轻重的作用和影响。山区综合开发必须同新农村建设有机结合起来，必须体现新农村建设的各项要求。因此，搞好山区综合开发不仅仅是为了振兴山区经济，而且也是新农村建设的一项重大政治任务。

山区综合开发要坚持以人为本。科学发展观和新农村建设的一个重要思想，就是要以实现人的全面发展为目标，从人民群众的根本利益出发来谋发展、促发展，不断满足人民群众日益增长的物质文化需要，切实保障人民群众的经济、政治和文化权益，让发展的成果惠及全体人民。目前我国不少山区经济社会发展相对滞后，医疗卫生、文化教育、养老保险等社会保障比较落后，基础设施薄弱，特别是山区群众的贫困问题依然十分突出。进一步加快山区建设与发展，是一项长期、艰巨的任务。因此，山区综合开发必须坚持以人为本，采取有力措施解决山区群众的贫困问题，加大对林业、教育、卫生、基础设施等的投入，开发利用好山区资源，努力增加山区群众收入和改善生产生活条件，实现山区面貌的根本好转。

四、改革创新赋予山区综合开发不竭的动力

山区综合开发是一项利国利民、功在当代、利在千秋的伟大事业。实践证明，凡是山区综合开发搞得好、取得的成效比较显著的地区，都是在体制机制改革创新方面进行了卓有成效的探索。在新的历史条件下，进一步推进山区综合开发，必须坚持改革创新。只有通过改革创新，不断放宽政策和制定新的措施，才能为山区综合开发注入更多的活力，才能调动各方面的积极性，都来投入和参与山区综合开发。改革创新的核心是要做到有利于外部的生产要素向山区综合开发流动与汇集，有利于山区综合开发内部各种生产要素的合理流动和科学配置，有利于调动生产者、经营者和地方政府最大限度地投入和参与山区综合开发的积极性。要通过改革创新，从各个方面为山区综合开发创造一个比较宽松的发展环境和外部条件，使改革创新成为山区综合开发不竭的动力源泉。

山地资源是山区最大的优势资源。在山区综合开发中，通过产权改革可以使山地资源优势转化为经济优势。在明晰产权的基础上，允许山地使用权和林木所有权有偿转让，允许拍卖山地的开发权并能够继承和有偿转让，这样才能落实山地资源的所有权和使用权，才能真正调动各方面投入和参与山区综合开发的积极性。

山区综合开发贵在“综合”二字，只有积极创造条件，创新开发机制，才能鼓励和吸引各个部门、各行各业和各种社会力量及民间资本投入和参与山区开发建设。也只有通过创新机制，使山区人民群众、社会参与开发者以及地方政府都能够从山区综合开发中得到实实在在的利益和好处，才能使山区综合开发获得不竭的生机和活力。

山区是我国新农村建设的重点和难点，山区综合开发是带动山区经济社会发展的龙头，必须从战略高度来研究完善进一步促进和深化山区综合开发的政治措施。要进一步放宽山地承包开发政策，完善金融服务和市场信息等社会服务体系，加大基础设施建设和社会保障体系等的投入，使山区人民群众在山区综合开发中不仅能够增收致富，而且能够享受全社会改革开放和经济社会快速发展所带来的成果。

五、突出特色是山区综合开发取得成功的关键

我国不同地区的经济社会发育程度不同，区位条件各异，而且基础设施、人文状况、思想观念等基本条件和外部环境都各不相同。山区综合开发的对象是山区，主体是农民，把我国山区的资源优势转化为商品优势、经济优势，其出路就是突出特色。十年来山区综合开发的实践证明：凡是立足县情、山情、林情、农情，能够发挥区位优势（如：城郊型、都市型休闲旅游等），充分挖掘当地山区的自然、人文优势，突出特色（如：迁西板栗、蕲春药材、红色旅游等）的山区综合开发示范项目，就有强大的生命力，否则就很难进行下去。山区综合开发项目只要发挥当地山区特色资源优势，立足市场、培育基地、培植龙头的项目，就能够有效地配置山区各种生产要素，拉长产业链条，安置大批社会劳动力，增加农民收入，提高经济效益，并促进县域社会经济的全面发展。

六、分区施策才能引导山区综合开发顺利发展

改革开放以来，国家和地方制定的政策措施，都不同程度地促进了国民经济的发展，繁荣了地方经济，提高了经济实力。但是多是以平面和区域为发展动力。山区作为一个独立而又十分复杂的地理单元，更需要有针对性的政策措施促进山区发展。针对山区发展的各种政策措施制定出台的目的就是最大限度地释放山区土地资源的生产能力和调动山区内外各种生产要素投入山区、建设山区、发展山区。而我国山区地大面广，自然、人文、社会、经济等条件各不相同，山区的垂直地带性和水平地域差异性，不同程度地决定了山区发展道路不可能千篇一律，也不能一个模式贯彻始终。但是，就自然地理、地貌和人文状况而言，同一山系的却差异不大，资源类型相近，发展模式趋同，发展道路相似。因此，需要我们根据不同山区（山系）类型、自然资源和人文积淀状况，针对不同的经济社会、基础设施、地方的需求等，进行认真研究。只有因地制宜地制定相应的政策措施，科学地进行山区综合开发工作的指导和引导，才能在合理保护山区资源的前提条件下，进一步建设山区，发展山区，实现山区和整个流域，乃至全国的可持续发展。

结论：山区综合开发是新农村建设的重要手段，是释放山区潜力的战略途径，积极推进山区综合开发是充分体现林业地位作用的最好诠释。

赵学敏

加强湿地保护和恢复　促进防沙治沙工作

——对宁夏中卫湿地保护与防沙治沙情况的调研与思考

为了探索通过加强湿地保护与恢复促进防沙治沙工作，2006 年 6 月 11 ~ 12 日，我和保护司、三北局、规划院、濒管办、宣传办、中国绿色时报等部门和单位的有关同志及部分中央新闻媒体记者一行 11 人，赴宁夏回族自治区中卫市、银川市开展了专题调研。调研组考察了中卫市湿地保护工程和沙坡头防沙治沙工程、银川市阅海和鸣翠湖湿地公园建设情况，听取了宁夏回族自治区林业局、中卫市林业局负责同志的汇报，召开了由水利和水资源保护、湿地生态和

生物多样性保护、防沙治沙等方面专家参加的座谈会。通过调研，初步对沙漠周边湿地的形成和演替规律、通过加强湿地保护与恢复促进防沙治沙，以及发展湿地经济等问题有了一定的认识。

一、宁夏中卫湿地的典型意义

中卫湿地对研究防沙治沙具有重要的典型意义。第一，中卫地区号称西风口，是中国的三大风口之一，风大沙多，气候干燥，为风沙危害严重地区。中卫市位于宁夏、甘肃、内蒙古3省（自治区）的交界地，地处黄河前套，南濒黄河，北临腾格里沙漠，来自我国西部和蒙古国中部的沙尘暴都经过此地，是一个重要风沙口。第二，中卫市湿地处于腾格里沙漠边沿，是农牧交错地带，是沙漠与人居环境的近邻区。研究这一地区的湿地保护，对了解湿地在保护农牧业生产乃至维持社会经济可持续发展中的作用具有典型意义。第三，中卫湿地具有典型的湿地特征。这里多是沙漠边缘湿地，主要湿地类型包括：湖泊湿地、沼泽湿地、河流湿地、灌丛湿地、人工池塘、稻田湿地，湿地功能发挥突出，效果显著。通过调研了解到，中卫市在干旱地区保护和恢复湿地状况、防止沙漠侵蚀、减缓沙尘暴、防止农牧区土地沙化、维护农牧业生产等方面做了大量有益的工作，收到了较好的效果，老百姓把这种湿地治沙的成功经验称为“水治”。我国沙漠面积广大，沙漠边缘湿地资源丰富，加强沙漠边缘湿地的研究并开展湿地保护和恢复对全国防沙治沙和西部地区湿地保护具有重要的示范意义，宁夏中卫的治理模式值得全国湿地保护和防沙治沙工作借鉴。

（一）中卫湿地的形成有其特定的地理条件

中卫湿地的形成有三种方式。一是由沙漠渗漏形成。地处中卫西北方的腾格里沙漠面积约3.7万平方千米，地势向中卫方向倾斜，沙漠地区年降雨量虽少，但沙层渗水性强，保墒性好，沙漠下的积水在地下隔水层和地势的作用下，就会在沙漠边缘低洼处渗出，涓细成流。二是由引黄干渠阻隔积水形成。引黄灌渠阻隔了沙漠渗水的远流，渗水在引黄干渠与沙漠边缘之间地带积水成泽。三是由引黄灌溉形成。黄河流经中卫境内，长期的农田灌溉使地下水位抬高，形成了大量次生湿地。加之这里大部分是稻田，农田排水进入低洼之地，既能给湿地补水，保养湿地，又能扩大湿地面积。

（二）中卫湿地资源丰富，其保护和恢复状况较好

位于腾格里沙漠边缘的湿地区域面积约为4 150公顷。走进中卫湿地，我们看到了潺潺细流从沙丘下缓缓渗出，汇集成盈盈清池浅泊；三四米高的沙柳、柠条、红柳和高大的沙枣树枝繁叶茂、生机盎然；湖中芦苇茂密挺拔，组成道道水上青纱屏障；成群的水鸟此起彼落，鸟鸣飞翠。眼前的景色，使我们难以相信这就是大漠腾格里沙漠之畔，也使我们深切体悟到“塞上江南”、“漠北明珠”的内涵，我们也更深地理解了研究中卫湿地的深远意义。

（三）中卫湿地的治理模式多样

中卫市委、市政府把防沙治沙、加强生态建设、改善生态环境作为推动社会经济发展的首要任务。20世纪60年代，中卫首创的草方格固沙模式，即沙坡头治沙模式，不但有效保护了包兰铁路和甘唐公路，还在全国推广，为防沙治沙事业做出了重要贡献。现在，中卫市又采取加强沙漠边缘湿地保护，以湿地带动周边生态状况改善，阻止沙漠侵袭的办法，收到了良好的成效，开创了湿地治沙的先河。在灌溉季节，农田退水达每秒30立方米左右，通过适当滞留农田退水，拦截地下水等方式，有效扩大了湿地面积。通过合理调配水资源，既维持了农业用水，

又保证了生态用水。地上水和地下水形成了良性循环，保证了水资源的可持续利用。通过湿地降解污染的功能，农田退水形成的面源污染得到了一定缓解。这些好的经验为我们研究湿地与治沙的关系，提供了一个典型案例。

1. 工程治理

主要实施了三项工程：一是黄河边湿地保护区工程。在中卫市黄河北岸边缘，东起黄河大桥，西至迎接镇黑林村，长15千米的范围内建立规模为1 500公顷的滨河湿地保护区；二是沙漠边湿地保护区工程。在东至北干渠，南至包兰铁路，紧临腾格里沙漠东南边缘的小湖、龙宫湖、马场湖、荒草湖、高敦湖区域建立规模为2 100公顷的沙漠湿地保护区，并在沙漠湿地外围实施营造林工程，造林规模2 330公顷；三是防护林建设工程。在沙坡头地段建成了15千米的“五带一体”治沙防护体系，在北部沙漠边缘地区建起了60千米长的防风固沙林带，巩固并提高了湿地外围防沙林的防护效能。目前中卫市共有林地8.28万公顷，其中水保林0.75万公顷，林木覆盖率13.9%。

2. 开发治理

中卫市湿地开发治理做到了三个结合，即：水上和水下开发相结合，湿地内和湿地外开发相结合，资源保护和旅游开发相结合。目前，宁夏美利纸业林纸一体化3.33万公顷速生丰产林基地初具规模，以枸杞、苹果、葡萄为主的经济林产业规模不断扩大，以湿地为依托的水产养殖和旅游观光业继续发展。通过发展湿地产业获得的经济效益，又反过来用于湿地保护事业，初步形成了良性保护和发展的局面。

3. 综合治理

中卫市在沙漠湿地保护与防沙治沙中，坚持生物措施和工程措施相结合，加快了沙漠综合治理进程。一是加强湿地边缘保护。在滨河湿地加筑堤坝，营造护堤林，退耕还湖，疏通渠道，提高拦洪蓄洪能力。二是增加湿地面积，提高其质量。在沙漠湿地修建补水渠道，实施造林种草，阻止沙漠前移。三是延伸湿地保护范围。采取扎设草方格沙障、栽种灌草植被、营造防风固沙林带和围栏封育等措施，对湿地保护区周边的3万多公顷的沙地进行了综合治理。

（四）中卫湿地保护和恢复的效益显著

中卫湿地保护和治理工程、防沙治沙工程取得了显著成效，不仅合理利用了水资源，有效保护了生物多样性，维护了区域生态平衡，还为人们提供了休闲娱乐的场所，也改善了农业生产条件，湿地的生态效益、社会效益和经济效益都得到了较好的发挥。一是湿地改善了农业生产条件，为新农村建设作出了贡献。湿地改变了当地小气候，不仅控制了风沙对农田的危害，而且调节了温度和湿度，使干热风、冰雹、沙尘暴等自然灾害明显减少或减缓，改善了农业生产的环境条件，粮食连续15年获得丰收。二是发展湿地经济，促进了农民增收。农民在湿地内一可养鱼，二可种植莲藕、茭白，收益每亩可达5 000元左右。三是可以发展旅游观光。像沙坡头等景点，既有沙地旅游资源，又有湿地旅游资源，游客可以饱览大漠风情，旅游效益丰厚。三是湿地周边形成片片绿洲，改善了区域的生态环境，丰富了生物多样性。据了解，中卫地区有水生和湿生植物114种，柠条、沙柳、沙枣、芦苇等植物长势旺盛。湿地共有脊椎动物119种，其中鱼类15种，两栖类动物3种、爬行类动物9种，鸟类77种，哺乳类动物15种。这些野生动植物在良好的栖息环境中得到了较为有效的保护。

（五）中卫市沙区湿地面临的主要问题

通过调研我们认为，中卫湿地保护和防沙治沙虽然取得了一些成绩，但保护和治理的任务依然很重。位于腾格里沙漠边缘的湿地还存在着条块分割的现象，湿地水体互不交换，对野生动植物种群交流和防治水体污染不利；湿地生物多样性种类虽然较多，但种群数量较少。中卫其他湿地除有上述问题外，还面临着沙漠不断侵袭、面积减少和功能退化的威胁；保护管理手段落后和体制机制性障碍无法保证湿地资源的可持续利用；黄河河滨湿地由于人为干扰过度和围垦现象严重，一定程度上影响了湿地功能的正常发挥，等等。

二、启示与思考

（一）加强湿地保护，是防治土地沙化、减少沙尘暴危害的重要途径

科学研究表明，河水断流、湿地干涸，是导致土地荒漠化和沙尘暴频发的重要原因。前苏联的咸海生态灾难就是一个深刻的教训。前苏联为了开发新垦区，种植棉花、水稻等农作物，修建运河，把锡尔河、阿姆河的河水调运到土库曼斯坦东部和乌兹别克斯坦中部，浇灌水田和棉田，使注入咸海的水量大减，最终咸海水面面积由6.6万平方千米缩减到2.52万平方千米。大面积干涸的咸海湖底，盐碱裸露，大量的盐碱和湖底沉沙被风吹撒到周围的平原耕地，使周围80%的耕地出现高度盐碱化、沙化。又如，黑河因中游截流灌溉，致使下游水量逐年减少，额济纳绿洲的生态环境急剧恶化，并导致东、西居延海为主约2 500平方千米的湿地消失，胡杨林等荒漠植被大面积萎缩，许多地区呈斑块状沙漠化景观，沙尘暴发生频率增加。塔里木河曾是中国第一、世界第二的内陆河，因20世纪50年代中上游地段大量灌溉截水，使塔里木河干涸，造成了塔木河流域土地沙化面积从66%上升到84%，并使罗布泊彻底干涸，成为沙尘暴的发源地。研究表明，全国已经干涸的湖泊约10万平方千米，其中位于我国西部地区的干涸湖泊大部分已经成为沙尘暴的重要策源地。

2004年，全国荒漠化土地总面积为263.62万平方千米，占国土总面积的27.46%，分布于18个省（自治区、直辖市）的498个县。目前，我国位于荒漠化地区或者面临荒漠化威胁地区的湿地面积约为1 900万公顷。缺水是导致植被消亡、土地沙化的直接因素，湿地一旦干涸，地下水位下降，将直接影响土地旱化，稀疏植被随即枯死，区域水热平衡就会失调，疏松的地表物质遭受强烈的风蚀和堆积，就变成巨大的沙源地。专家们分析，还有面积大致相当的荒漠化土地或者面临荒漠化威胁的土地位于这些湿地周边地区，湿地为这些荒漠化土地的治理带来了很好的水热条件，要加强对现有湿地的保护和恢复，发挥湿地在调节区域气候和保持水土上的巨大作用，抵御沙漠化土地蔓延。同时，也保证了湿地本身不成为沙尘暴的策源地。可以说，优先保护和治理这部分湿地和沙化土地，对防沙治沙和湿地保护都能起到事半功倍的效果。我们应认真分析和科学研究中卫模式，并尽早将它应用位于沙漠边缘地区的湿地保护和防沙治沙工作中。

（二）湿地经济潜力巨大，前景广阔，应大力发展沙区湿地产业，促进防沙治沙可持续发展

湿地经济是林业经济的重要组成部分。发展湿地产业是加快林业产业发展的重要内容。湿地蕴藏着丰富的资源，包括水资源、水产品资源、水生植物资源、禽鸟类资源、土地资源、泥炭矿物资源、旅游资源等，都可以开发利用，形成产业。利用这些资源，可以发展水生种植业，如种植芦苇、荷藕、茭白、芦竹等；可以发展养殖业，如鱼虾鳖蟹、水禽水鸟等；可以在湿地周边种植柠条、沙柳，为造纸业提供原料；还可以大力发展湿地旅游业。通过开发利用湿地资

源，形成巨大的经济效益，使湿地保护与产业发展形成良性循环。

在我国西部缺水地区，有人认为把水放到湿地里会造成水资源的浪费，应把有限的水资源全部用于工农业生产和居民生活。通过调查我们了解到，中卫沙区和湿地地区积极发展经果林基地、枸杞基地、养殖基地等沙区支柱产业，沙区养鱼形成基地，养殖面积达400公顷，年创利润1 890万元；沙区畜牧业蓬勃兴起，2005年产值达26 000万元。地处沙区的南山台地区，以苹果为主的经济林已成为一项绿色支柱产业；近几年枸杞大面积发展形成特色产业，成为农民经济收入的重要途径。农民人均收入由1990年的609元，增加到2005年的3 400元。由农田改造建设的银川阅海湿地公园，通过发展“四水”产业，即水上旅游、水生植物、水产和水禽，在有效发挥湿地生态效益、社会效益的同时，经济效益极为显著。如：湿地公园种植莲藕、茭白，每亩产值高达5 000元，是种植水稻等经济作物10倍以上，旅游年收益约为8 000万元，湿地经济效益前景可观。

（三）搞好沙区湿地保护，改善沙区人居环境，是社会主义新农村建设的重要内容

一是可以促进沙区经济结构的调整，促进农民增收。开发湿地经济，扩大沙区群众就业，拓展农民致富途径。银川市鸣翠湖实施退耕还湖后，当地群众从事旅游业和水上种养业，年收入可达2万元以上，与从事农业生产的收入相比，提高了近三倍。二是可以改善城乡的人居环境，满足人们休闲娱乐的需求。通过湿地开发和保护利用，一方面改善了区域气候和生态环境，另一方面可以为群众提供休闲娱乐的场所。三是可以弘扬湿地文化，丰富生态文化的内涵。人们走进湿地，亲近自然，感受鸟语花香，实现人与水的融合、人与鸟的融合，促进人与自然的和谐。四是可以丰富湿地产品，满足社会需求，提高人们的生活质量。

三、几点建议

通过总结宁夏中卫湿地治沙的经验和做法，我们认为在沙漠边缘地区湿地保护和防沙治沙工作中要重点抓好几项工作：

（1）要加强宣传教育，统一思想，提高认识。保护湿地和防沙治沙都是复杂的系统工程，牵涉到广大沙区人民的切身利益，需要各级政府和全社会的共同努力才能完成好这项工作。通过保护湿地促进防沙治沙并减缓沙尘暴灾害的发生，是荒漠化生态治理的重要途径之一，对这样的一个新观点需要有个不断深化的认识过程，我们应大力加强宣传教育，提高认识，形成共识，把湿地保护在防沙治沙中的巨大作用宣传出去。

（2）要把位于荒漠化地区或者面临荒漠化威胁地区的湿地保护工作纳入《全国防沙治沙规划》，要科学规划，统筹安排，在与《全国湿地保护工程实施规划》有机结合后，优先开展这些地区湿地保护项目和湿地周边的防沙治沙工程，力争通过整合现有的生态工程，取得最好的治理效果。对中卫湿地保护和防沙治沙工作，在现阶段尤其要通过整合工程加强治理，应把防沙治沙工程、野生动植物保护及自然保护区建设工程、湿地工程有机结合，通过开展工程建设，把中卫建成湿地保护、防沙治沙和自然保护区建设的示范点。

（3）加强水资源调配和管理。应按照河流水文的自然规律，对荒漠化地区水资源调配提出合理的意见和建议。即使在流域水量不变的情况下，河流上游拦截河水用于农业灌溉，虽然也产生经济效益和营造了局部绿洲，但是这种方式对区域生态环境产生了不可弥补和难以逆转的生态灾难。水资源按照自然水文分布流入下游，既能维持湿地生态平衡，稳定湿地内的沙源，还能产生更大的经济效益。因此，我们必须要把生态用水作为维持经济社会可持续的重要指标

纳入地方国民经济和社会发展规划，要把湿地生态用水纳入水资源保护综合规划中，并采取切实有效措施予以落实。对邻近海洋的地方，要采用已经成熟的海水淡化技术，为湿地提供水资源，同时解决荒漠化治理最重要的瓶颈——缺水问题。

（4）调整农业产业结构。要更新观念，改变传统耕作方式，根据实际，科学安排，在保证国家粮食需求的情况下，适当减少耗水量大的产业方式，如：水稻种植等，尽量扩大旱地作物。应通过发展湿地经济，做强做大湿地产业。引导农民发展湿地经济，加强湿地生物资源的合理利用，把湿地恢复与群众的脱贫致富结合起来，为新农村建设作贡献。

（5）生态移民。对生态地位极其重要的地区，特别是河流流域的上游地区，应把对自然生态，特别是湿地和植被保护作为一项最重要的工作，摆上工作日程，要采取坚决果断措施，下最大的力气解决好移民问题，坚决避免人为因素对自然生态产生新的破坏。

江泽慧

加快建立海洋灾害预警机制
抓紧实施沿海防护林体系建设

我国管辖约300万平方千米海域，拥有丰富的海洋生物资源、矿产资源、油气资源以及滨海旅游资源，这是我们实现全面建设小康社会的宝贵资源，是实施可持续发展战略的重要物质基础。

我国大陆海岸线长18 000千米，在沿海11个省份分布有100多个中心城市和630多个港口。沿海地区经济发达，发展速度越来越快，城市化水平越来越高，仅占国土总面积13%承载了全国40%的人口，创造了占全国69.3%的国内生产总值，在国民经济和社会发展中地位十分重要，是我国经济命脉所在。

然而，沿海地区的海拔在5米以下，处于陆海交替、气候多变地带，海陆之间巨大的热力差异形成显著的季风气候，极易发生台风暴雨、风沙海雾等重大自然灾害。历史上，广西、浙江、福建、台湾等地曾遭受特大海洋灾害，向陆地深入达百千米，伤亡人数成千上万。2005年10月2日台风“龙王”袭击福州，国宝《血经》被淹，中国人民银行福州中心支行地下金库被淹，8 000多辆汽车被淹，包括高速公路体系在内的186条公路被冲毁，武警85位官兵遇难，损失惨重。国际上，2004年12月26日印度洋海啸灾难瞬间造成30多万人死亡或失踪，数百万灾民无家可归，为人类悲剧。近年来，沿海地区发生台风暴雨等重大自然灾害已呈现越来越频繁态势，而沿海地区一旦发生海洋性灾害，其损失不可估量，甚至可能使国家经济建设倒退若干年。

建立海洋灾害预警机制和实施沿海防护林体系建设，已成为国家减灾防灾工作的根本性任务之一。为了落实科学发展观，实现人与自然和谐相处，推进国民经济又快又好发展，全国政协人口资源环境委员会以此为重点开展了多方面的调研。2005年10月和2006年4月，调研组同志分别在陈邦柱主任、江泽慧副主任的带领下，连续两次组织十余位委员以及环保总局、林业局、地震局、气象局、海洋局等国家有关部门的专家和高级管理人员，深入到福建的宁德、福鼎，浙江的宁波、温州和广东深圳、珠海、湛江以及广西北海、钦州等沿海地区，进行了累计近一个月、长达5 000多千米的专题调研。

调研中既听取了当地干部群众的反映又举行了专家、科技人员座谈会，既到基干林带考察也深入到滨海红树林保护区实地调查，既查阅实验室、观测站的资料也访问有关对口主管部门，既向民用港口、码头调研也走访军港，既对沿海城市应急机制进行重点调查也对沿海农村特别是历史上的受灾地区开展详细考察，收集了多学科、多领域的资料，并与各部门、各地形成了广泛的共识。

一、我国海洋灾害预警与防治工作现状

海洋占地球表面积的71%，海水占地球总水量的97%，海洋环境及其资源必将成为人类生存和发展的主要物资基础。我国是海洋大国，也是世界上海洋灾害最严重的国家之一。与海洋发达国家相比，我国开发海洋不够，保护海洋更不够，海洋灾害预警预防工作处于初级阶段的较低层次。

我国虽然1983年加入国际海啸警报系统，但受经费、技术、设备等限制，当前我国海底地震监测仍然近乎空白，我国海岸仅有4个站为环太平洋海啸监测网提供资料。在海水海面监测方面，沿海建有62个海洋观测站即平均每300千米1个站，有3个浮标常年在海上工作，有2架“中国海监”飞机，发射了一颗海洋卫星。

这与海洋发达国家相比存在着巨大差距。美国20世纪80年代就建立了全国永久性的海洋立体观测系统，其中有175个海洋监测站，80个大型资料浮标。日本及我国台湾省以岸基监测站和锚系浮标为主，组成了水上水下立体海洋监测系统。日本有120个监测站，16个大型资料浮标。我国台湾省有26个监测站，8个大型资料浮标。海洋发达国家预警报服务能力又强又广，印度有预报产品18种，日本有预报产品30多种，加拿大有预报产品43种，美国的海洋环境预报由民用和军用两方面组成，预报范围不仅是国土周围海域而且是全球海洋，预报产品高达70多种，对减少海洋灾害损失发挥着无比重要的作用。

海上生产、运输、国防等各类活动需要高水平的海洋气象服务，目前，在常规观测上我国沿海地区仅有302个地面气象观测站和18个高空气象观测站，沿海地面、高空气象台站数目偏少，分布不均匀，有些沿海地区数百千米距离内没有高空站，在主要海航线上几乎没有气象监测站网。

我国海洋生态环境监测的采集、处理及分析设备，原始、简陋、自动化程度低，以实验室分析为主，不具备自动化和在线监测能力。而国外可进行全项目、多介质、多学科监测以及业务化、全天候、不间断的动态监测。由于我国对海洋生态健康的评价没有较为成熟的方法，相关的标准及规范不完善，导致各种监测结果无法进行综合评估。

在预防方面，只有一部分沿海城市制定了海洋性灾害应急预案。建筑、交通设施以及消防、电力、天然气、自来水等公用工程的建设标准，基本上未考虑海洋性灾害因素。必要的海防工程包括海堤、排涝系统等疏于管理。

建设沿海防护林是构筑重大海洋性灾害防御体系的根本性措施。沿海防护林体系包括红树林、滨海湿地绿色系统、海岸基干林带、农田林网、城乡绿化和荒山绿化。实践证明，沿海防护林体系不仅具有防风固沙、保持水土、涵养水源的功能，而且具有抵御海啸和风暴潮危害、消波解浪、护卫滨海国土、净化海水、美化人居环境的重要作用。目前我国海岸基干林带初步实现了合拢，近年来沿海地区还建立了国际重要湿地7块，湿地自然保护区153个，自然保护区面积达590万公顷，同时建立了多处湿地公园。

但是，在11个沿海省份中有6个省份的沿海地区森林覆盖率低于本省平均水平。海岸基干林带也没有实现完全合拢，特别是在一些泥质海岸的盐碱涝洼地和沙质海岸的风沙频发地，基干林带是空白，全国约有3 800千米的海岸线需要营造基干林带，约有5 200千米基干林带需要更新改造，同时现有基干林带宽度普遍不够，大多数不到100米。而且我国现有沿海防护林存在树种单一问题，大多数营造时间早，已退化老化。沿海防护林处于经济活动频繁的海岸地带，极易遭到人类活动的影响和破坏，如我国原有红树林6万多公顷，目前仅剩下2万多公顷。

以上情况表明，我国海洋灾害监测手段落后，预警能力差，预防工作薄弱，时刻面临着海洋灾害发生的危险，这是中华民族的心腹之患。大力提高防御海洋性灾害的综合能力，迫在眉睫，刻不容缓。

二、目前存在的突出问题

长期以来，由于缺乏可持续发展理念，使得我国海洋环境管理积淀了多种矛盾，情况非常复杂，这对于建立海洋灾害预警机制，把预防工作落到实处，非常不利。

(一) 从思想认识方面看，突出问题是沿海地区各级政府和公众对海洋性灾害的危险性和预防工作的重要性，认识不到位，工作力度小

预警预防工作做好了，灾害损失就能减轻，哪怕能够赢得宝贵的几个小时甚至几分钟，也能挽救更多的生命，抢救更多的财产。在努力构建社会主义和谐社会进程中，沿海各地对此认识比过去有所提高。但是，社会公众并不十分关心，企业也不热心，都认为是政府的事情，而政府比较关注的是海洋的开发以及港口建设等项目。因此，沿海工厂企业越建越多，海洋环境污染日益加剧，红树林、湿地保护区、基干林带人为破坏越来越严重的现象，仍未得到有效制止。预防海洋性灾害的项目得以实施的少，地方配套投资困难。部分应急预案可操作性不强，主要是一种形式。这是非常危险的局势。

(二) 从体制机制方面看，突出问题是缺乏规划协调，“群龙闹海”，各自为政

我国涉海部门众多，包括地震、海洋、环保、气象、海事、渔政和林业、水利、国土、建设等部门以及海军，因法律不健全、不完善或者有法不依，职权不清，各自为政。目前开展海洋监测工作的网络，就有环保系统的全国近岸海域环境监测网、海洋局的全国海洋环境监测网以及农业部的全国渔业环境监测网等等。由于没有完整的国家海洋监测计划和规划，海洋监测机构重复建设，监测海域重复，监测要素重复，近海区域监测工作缺乏协调统一，远海区域监测能力严重不足，出现问题多头回避或者多头出击。

(三) 从监测服务方面看，突出问题是技术标准不统一，有限的监测资源不能实现共享，基础薄弱，能力不足，而且严重分散

目前我国大多数海洋环境标准没有国内研究的基础，参数不规范，数据不统一，既没有信息共享的法定职责和义务，也没有形成信息共享机制，资料共享和综合分析不能实现。同时造成海洋环境信息多头发布和有些信息没有发布的结果，没有建立国家统一发布海洋信息制度。

由于经费不足、人才缺乏、设备落后和内耗，目前我国海洋环境预报能力仅限于近海和西北太平洋区域，而且预报要素少，建立在综合分析基础之上的海洋灾害风险评估和区划研究尚

属空白，不能为沿海地区减灾防灾提供技术支撑。

（四）从防护林体系建设方面看，突出问题是建设资金投入少，土地使用上冲突大，科技储备不足

沿海防护林属于生态公益林，公共财政是其建设和投入的主体。在一期工程的十年中，中央共投入资金2.7亿元，平均每亩补助5.58元；在最近二期工程的四年中，中央投资5.1亿元，平均每亩投入59.18元。从目前情况来看，沿海防护林经过多年建设，剩下来的都是立地条件差、造林难度大的地方，特别是在盐碱地区、石质山区造林和营造红树林，一般每亩造林费用在600元左右，目前的投入与实际需要相差甚远。

在新形势下，解决沿海防护林建设的用地异常困难，基干林带在一个乡镇连绵数千米甚至数十千米，宽度须达200米以上，占用土地面积大，这在寸土寸金的沿海地区实属不易。

建立湿地保护区、保护红树林、规范滩涂种植养殖、制止毁林采砂挖矿、遏制林用地无序开发等，都必须有法律支撑。原林业部颁布的《沿海国家特殊保护林带管理规定》，对保护和建设基干林带发挥过重要作用，但是涉及的内容较窄，权威性不够。

沿海防护林建设中还存在许多重大技术问题没有解决，如树种选择、低效防护林改造、红树林引种驯化、困难立地造林、重大病虫害防治、滨海湿地恢复等技术，这在很大程度上制约了沿海防护林质量的提高和效益的发挥。

虽然沿海省区森林覆盖率比较高，但主要是人工林而且是中幼林，尚未形成森林群落，生态功能难以到位，目前还不足以抵御台风等自然灾害。我们绝不能因此而失去建设沿海防护林体系的信心。

三、对策和建议

我国《第十一个五年规划纲要》已经明确规定“综合治理重点海域环境，遏制渤海、长江口和珠江口等近岸海域生态恶化趋势。恢复近海海洋生态功能，保护红树林、海滨湿地和珊瑚礁等海洋、海岸带生态系统，加强海岛保护和海洋自然保护区管理”、“增强沿海地区防台风、风暴潮、海啸的能力”；同时把“沿海防护林体系工程”列为“生态保护重点工程”。在目前情况下，实现以上目标，任重而道远。为此，提出以下对策和建议：

（一）切实提高认识

要树立科学发展观，充分认识海洋资源的重大意义，高度重视海洋的开发利用和保护管理，正确处理海洋保护与利用的关系，要立足在严格保护的基础上进行开发，通过开发不断提升保护层次。

必须坚持以人为本，在构建社会主义和谐社会进程中，大力提高全民减灾防灾意识，促进人与自然和谐相处。要充分认识海洋灾害预警机制和沿海防护林体系建设工程，是以人为本的生命工程，是救灾工程、抢险工程、社会稳定工程，是沿海地区人民的生命线，加快这一重大工程建设具有极端的重要性和紧迫性。

实施这一重大公益性基础建设工程，对于保护对外开放成果、保障区域经济协调、促进国民经济稳定发展，也具有重大的意义，是我国现代化建设的重要标志。各级领导干部特别是沿海地区的领导干部必须率先提高认识，加强舆论宣传工作，引导公众树立正确的环保意识和道德观，充分利用各方面的力量共同实施好这一重大基础建设工程。

（二）开展战略研究

要尽快组织相关领域专家对海洋灾害预警机制和沿海防护林体系建设进行战略研究。要以科学发展观为指导，以构建社会主义和谐社会为总目标，借鉴海洋发达国家的经验，从战略思想、方针、目标、途径、措施等方面对加快建立我国海洋灾害预警机制和沿海防护林体系提出科学建议，供党中央、国务院研究决策。

战略研究应由国家综合部门牵头组织，在对国内外情况进行深入调查研究的基础上进行，是进行规划、建设、指导科学研究工作、制定国家相关规范性文件以及立法的前提。

（三）增加建设投资

建议国家在“十一五”规划纲要实施方案的细化中，将海洋灾害预警机制和沿海防护林体系建设工程，作为国家公益性建设的重点项目，切实加大投入力度，大幅度提升我国海洋灾害监测预警预防综合实力，彻底改变我国在这一领域的落后面貌。

要在国家统一规划的协调下，以资源共享为原则，充分发挥投资效益，分项目进行建设。包括建立中国地震海啸监测预警系统，填补我国海底地震监测空白。建设和完善以岸基、海基、空基和天基为监测平台的立体海洋环境监测网络，特别是在远海和大洋建立以海洋卫星、航空遥测、漂流浮标、志愿观测船（或平台）为主体，海洋科学调查船以及水下智能监测平台为辅的监测平台，实现对我国海域和主要洋区海洋环境要素进行全方位、全天候、全自动的立体监测。加大对高新监测技术应用研究的投入，加强标准化研究，使科技成果真正转化为海洋监测系统业务化运行的骨干技术。

要大幅度提高新时期沿海防护林工程建设投资标准，在沿海防护林建设中始终坚持“科技领先、质量第一”的首要原则，加大对沿海防护林建设的科技投入。

为迎战可能发生的强台风袭击，国家必须增加救援物资储备能力，保障应急需要。

（四）理顺体制机制

建议在政府机构改革中，将理顺全国海洋管理体制作为重中之重，组建集中统一的管理机构，结束“群龙闹海”的局面。在目前情况下，必须强调大力协同、资源共享和社会共享，国家海洋环境监测系统由涉海部门在国家统一规划下联合建设，逐步形成全国一体的海洋监测管理体系，统一标准规范，统一监测计划，统一信息发布。

应对台风等海洋性自然灾害，必须进一步强化各级政府的应急管理职能，包括建立救援物资供应跟踪系统、独立的通信系统、服务系统包括求救电话服务系统以及清理灾区力量的调配系统等。要加强对沿海地区地方政府防灾规划的审查，明确中央与地方政府的分工与合作，细化角色定位和责任划分，建立救灾一般运作模式，切实提高协调和合作水平。高度重视个人和社区准备，全面提高公民救灾意识。

为了尽快建成万里海疆的绿色屏障，建议国家成立由发改委、财政、林业、国土、海洋、农业、渔政、环保、交通等有关部门参与的全国沿海防护林体系建设部际领导小组，领导小组办公室可设在国家林业主管部门，以利于统筹规划，分工负责，通力协作。

（五）强化法律保障

为了切实保障海洋灾害监测预警报工作持续发展，理顺管理体制机制，尽早缩短我国与海洋发达国家的差距，尽快实现与国际接轨，建议国家加快制定促进海洋监测预警报工作的政策、规划，同时加快制定海洋环境监测的法规、规范、规程以及各类监测预警报技术标准等规范性文件、海洋环境监测预警报信息共享规定、信息发布制度等。

建议国务院抓紧修改完善《湿地保护条例》，尽快启动《沿海防护林建设管理条例》的立法程序，为沿海防护林体系建设提供强有力的法律保障。加强执法是依法治林的必要手段，要依法严厉打击乱砍滥伐林木、乱征滥占林地和湿地等违法行为，迅速扭转沿海防护林人为破坏严重的局面，保护好沿海防护林体系建设的成果。

全国政协人口资源环境委员会“海洋灾害预警机制”专题调研组

调研单位：全国政协人口资源环境委员会、国家林业局、国家环境保护总局、中国地震局、国家海洋局、中国林业科学研究院

组　　长：陈邦柱　江泽慧

成　　员：陈洲其　马　福　王　东　王弭力　李良辉　何升韬　邹玉川　汪纪戎
张红武　张德楠　谭庆琏　薛荣哲　党德信　白煜章　陈明剑　张永利
黎云昆　李　健　辛吉武　王　飞　李晓明　许林之　金　旻

杨继平

把发展木本粮油作为方针性问题摆上日程

刘少奇同志曾于1961年1月在木本粮食座谈会上指出，“解决我国粮食问题的办法，应当在不能耕种的荒山上发展木本粮食，从这方面找出路”；“在山上发展木本粮食生产要当成一个方向和方针性的问题提出来”；“今后更要重视的是过去没有被人注意而又很有发展前途的一些木本粮食”。刘少奇同志这一重要思想至今仍具有很强的指导性、针对性。

一、粮食安全是我国长期的战略问题

粮食安全是我国长期面临的战略问题，不断满足经济社会对粮食日益增长的需求是我国粮食问题的基本规律。而且，我国与其他国家最大的不同是人口众多，粮食问题只能立足于自己解决。

一是人口数量不断增加、生活水平不断提高与耕地资源不断减少、后备耕地资源不足的矛盾。随着我国人口的增加和生活水平的提高，粮食消费需求持续增长。据农业部的研究报告预测：2005年粮食总消费量为5 040亿千克，2010年5 580亿千克，2030年为6 400亿千克。但是，耕地数量不断减少，优质耕地少，耕地后备资源不足，使粮食播种面积增加受限。2003年全国耕地为18.51亿亩，比1996年净减1亿亩，其中1 300万亩为优质良田；全国中低产田占耕地总面积的69%，全国粮食平均单产比发达国家少100千克左右；我国耕地后备资源潜力为2亿亩，其中60%以上分布在水源不足和水土流失、沙化、盐碱化严重的地区。

二是耕地生产力下降与粮食综合生产能力必须提高的矛盾。中国以占世界9%的耕地养育占世界22%的人口，耕地负荷甚重。耕地地力是耕地生产力和粮食综合生产能力的基础。由于长期以来耕地得不到休养生息，过量施用化肥，水土流失加剧，土地沙化、石漠化和耕地污染严

重等原因，已经并继续导致土壤结构变化、营养失调、肥力不足、地力下降，最终结果是一些耕地的土壤生产力下降甚至退化成荒沙荒地而不宜耕作。

三是水资源严重短缺与农业用水不断增加的矛盾。无论是从全球还是从我国的水资源分配情况看，农业都是用水大户，其中粮食生产用水又占农业用水的绝对比重。我国水资源严重短缺，因干旱导致的粮食减产较大，比如，全国人均水资源占有量约为世界人均占有量的1/4，耕地年均受旱面积4.1亿亩，成灾面积2.1亿亩；农业每年缺水在300亿立方米左右，造成粮食减产在200亿千克左右；水资源分布不均，耕地较多的地区缺水更严重，比如，长江流域以南地区水资源占全国的80%以上，耕地面积只占全国总数的1/3；过量开采地下水灌溉农田，近20年来，全国地下水开采量每年平均以25亿立方米的速度递增，已形成区域性地下水降落漏斗100多个，面积达15万平方千米；江河径流量减少甚至断流，湖库蓄水量减少甚至干涸，严重威胁着粮食生产，比如，我国有4条主要江河断流，有400多座小型水库干涸，长江流域的湖泊已从20世纪50年代的1 066个减少到90年代初的182个，全国水库8万多座，泥沙淤积已达200亿吨以上。

四是全球气候变暖与保持粮食持续生产能力的矛盾。全球气候变暖趋势是不争的事实。据专家估计，近100年来全球平均气温上升了0.6℃，未来100年全球气温可能上升1.4～5.8℃。气候是粮食生产的基本自然条件。全球气候变暖，不仅加大了干旱、半干旱地区的土地水分蒸发量，使粮食播种面积受到冲击，而且加快了耕地的微生物分解、昆虫繁殖、杂草生长的速度，使粮食生产成本增加，还影响整个水循环的过程，增加降水极端异常事件的发生，使水旱灾害对粮食生产的危害加剧。

五是国际粮食市场供求紧张与我国粮食增加进口的矛盾。我国年粮食总产量和总消费量均占世界年总产量和总消费量的25%。国际粮食市场一年的贸易量基本保持在2 200亿～2 300亿千克，还不足我国年总需求量的一半。由于世界粮食总产量增加的潜力很小，可持续生产能力不断下降，世界粮食需求十分旺盛等原因，世界粮食市场供求关系越来越紧张。据联合国粮食计划署2003年1月披露，从1997～2002年，全球饥饿人口猛增3亿，已达到11亿，相当于世界总人口的20%。

二、发展木本粮油是实现粮食问题长治久安的新途径

木本粮油是木本粮食和木本油料的通称，没有明确的定义，一般指的是树的某一部分（果、叶、皮或种子等）含淀粉、糖类较多或含油量较高，可以替代粮食或经加工可提取油料。早在远古时代，木本粮油是人类最基本的食物来源。后来随着农业的发展，小麦、玉米、稻谷等耕地作物逐渐成为人类的主要食物来源。

（一）发展木本粮油的特有意义

一是不占用宝贵而有限的耕地资源，却可以极大地扩大粮食生产。我国人多地少，平均每人耕地仅1.43亩。木本粮油树多栽种在山区、沙区，受土壤、水源、气候等自然条件素制约相对较少，但收益周期和贮藏时间相对较长，在山区占国土面积69%、沙区占国土面积18.2%的我国可以大面积种植。根据专家测算，经过改造，木本粮食平均亩产可达125千克，我国适宜栽植木本粮食树种的土地还有约2亿亩，如果全部开发出来，每年可增加木本粮食产量250亿千克。还可以利用山地、沙地资源发展木本饲料，替代饲料粮而节约粮食。中国林业科学研究院研究员黄鹤羽认为，我国约有木本饲料资源5 000亿千克。中国农科院王文玺主持的课题研究指出，我国每年一方面粮食进口，另一方面用500多亿千克作饲料粮。如用木本饲料资源的2%就有100亿千克。因此，大力发展木本粮油，在很大程度上缓解了农业生产和耕地的压力，为满足经济社会日益增长的粮食需求提供了一条潜力巨大的新途径。

二是生态、经济、社会效益结合紧密。木本粮油树种既有经济效益，又有生态效益，还有社会效益，是生态与经济、林业与粮食协调发展的结合点。在生态效益方面，具有涵养水源、防风固沙、防止水土流失等作用，在一定程度上配合生态林和农田防护林改善了农业生态状况和生产条件。比如，枸杞、仁用杏和核桃树都是很好的防护林树种；晋南地区栽植的木本粮油树种枣树在生长期内，小麦基本成熟，枣树既不与小麦争水争光，又可防止干热风对小麦的危害。在经济效益方面，增加山区、沙区和林区农民的收入，促进农村产业结构调整和农村经济发展。木本粮油树种经济附加值高，只要经营得好，每亩产值达几百元或上千元，是穷乡僻壤或老少边穷地区农民的重要收入来源。在社会效益方面，可以拓宽农民的就业门路，大量转移农村剩余劳动力，扩大农副产品的综合供给能力；容易形成产业，是贫困山区吸纳各方投资的重要渠道，是保证退耕还林等林业重点工程稳得住、不反弹，长治久安的重要措施。

三是污染少，一树多用，营养丰富。木本粮油树充分利用山地、丘陵地的自然地力，一般不需施用化肥、农药、除草剂等，污染少，是经济价值高的绿色食品。可以一树多用，如沙区灌木梭梭，三年须平茬，越砍越旺，八年不砍就死，是治沙的好树种，是牛羊的好饲料，是纸浆的好原料，还可寄生中药大芸。木本粮油食品营养比较丰富，易被人体吸收，有利于改善膳食结构和强身健体。比如，油茶油含丰富的不饱和酸，营养价值比花生油和豆油高；油橄榄果肉含油率高达35%，橄榄油是最高级的食用油，几乎不含胆固醇，人体吸收消化率高达95%；刺槐叶中的赖氨酸比玉米、高粱多12倍，比米糠多5倍；柠条种子的营养价值等同于黑豆；板栗、枣、柿子含大量的淀粉、蛋白质、各种氨基酸，既具有人体新陈代谢必需的营养成分，又对某些疾病有预防和治疗功能。

（二）发展木本粮油的潜力很大

我国地跨温带、亚热带、热带，气候多样，大部分地区都适宜栽植木本粮油树种，部分树种从南到北都能适生，发展木本粮油具有土地资源、劳力资源、树种资源三大潜力。

一是土地资源潜力。我国有40亿亩林业用地，利用率仅为57%，另外还有8亿亩可治理沙地，两者合计相当耕地面积2.4倍。专家认为，通过利用全国林业用地中立地条件较好的荒山荒地、三北和长江中上游等防护林工程区、改造低产低效林和在旱作耕地实行农林间作等，可以挖掘约8亿亩土地资源来发展包括木本粮油在内的经济林，这还不包括沙区的土地潜力。

二是劳动力资源潜力。我国有9亿农村人口、3.5亿农村劳动力，约有1.2亿个剩余劳动力和二分之一的剩余劳动时间。专家预测，如果将我国的林地利用率提高到80%，可新增就业3 000万人；退耕还林工程的实施，可以为当地提供近4 000万个劳动就业机会。

三是树种资源潜力。我国树种资源丰富，有1 000多种经济价值较高的树种，其中木本粮食有100多种，如板栗、核桃、枣、果用银杏、仁用杏、柿子、橡子等，木本油料类有200多种，其中含油量较高的木本油料树有50多种，食用油料树种有10多种，如油茶、油橄榄、文冠果等。

（三）发展木本粮油的前景广阔

投入成本和市场需求情况是决定产品发展前景的关键性因素。木本粮油树种适生强，投入成本相对较低，但国内外市场对木本粮油食品的需求日益增长，一些产品供不应求。

一是投入成本低。木本粮油树种单位面积投入成本比较低，投工投劳时间短。据统计，一般木本粮油林的投入成本，亩均500～1 000元左右，仅为一般水果成本的1/5～1/3，而综合效益不比水果差。木本粮油树种不仅经济效益高，而且收益周期长。比如，红枣树、银杏树长达数百年，且初级产品比水果类更易贮藏运输。

二是国内市场需求量大。目前我国木本粮油人均年占有量仅4千克左右，不到水果的1/10，国内市场缺口很大。近几年，油茶油、橄榄油市场需求旺盛，供不应求，如油茶油作为高档健康的食用油，至2008年仅国内市场的容量将达到80亿元；文冠果、椰子、棕榈油国内供应不足，需要大量进口，1999年进口棕榈油及其分离品达1.19亿千克，用外汇5.9亿美元。

三是出口创汇形势很好。国际市场对我国许多木本粮油产品有比较旺盛的需求，部分特有品种已成为世界紧俏产品，在国际贸易市场占有重要位置。比如，香榧、山核桃、榛子等产品供不应求，板栗、红枣、核桃仁、银杏果、苦杏仁、桐油等产品出口量稳步增加，其中桐油产量和出口量分别占世界总产量的90%、总贸易量的70%。中美合资湖南永州优仕油茶开发有限公司加工生产的高档茶油全部出口美国，每千克价格6～7美元。

三、大力发展木本粮油的建议

据国家林业局2002年的统计数字，全国主要木本粮油树种栽植面积1.43亿亩，每年总产量约53亿千克。其中木本粮食的栽植面积约0.83亿亩，每年总产量为38.6亿千克，总产值约115亿元；木本油料的栽植面积约0.6亿亩，每年总产量约14.4亿千克，总产值约50亿元。但是，木本粮油还没有被特别注意，存在不少未解决的问题。一是数量少。全国现有木本粮油林栽植面积不到全国林业用地总面积的4%，每年的总产量和总产值都比较低。二是质量不高。据统计，全国名特优新品种不到总面积的30%，低产、低质和低效林面积占木本粮油林总面积的50%以上，如全国板栗平均亩产为25千克，仅为美国、伊朗的1/8，核桃平均亩产20千克，仅为日本、法国的1/7，油茶平均亩产只有3千克。三是产业化程度低。投入严重不足，精深加工能力差，一般是一家一户分散经营，缺少龙头企业。目前，木本粮油产品加工能力不到总产量的10%，而美国等发达国家加工量已达到总产量的50%。四是产品国际竞争力差。长期广种薄收，投工投劳少，优良品种选育进程缓慢。

要不断提高粮食持续生产能力，解决我国粮食长治久安的问题，新的希望在山，新的潜力在林，应该把大力发展木本粮油"当成一个方向和方针性的问题"摆上重要位置。这既是改善生态状况和增加粮食产量的双赢之举，又是满足国内外市场需求和调整农村产业结构的现实选择。因此，需要从战略上采取措施推进木本粮油的发展。

第一，组织全国木本粮油可持续发展战略研究，制定发展规划。要组织有关部门和专家开展全国木本粮油可持续发展战略研究，进一步搞清当前木本粮油发展所面临的重大问题，特别是摸清全国木本粮油的底数，分析当前现状、存在问题和发展前景，提出木本粮油发展的战略重点和发展目标，为国家决策提供参考。组织制定全国木本粮油发展规划，明确木本粮油发展的指导思想、基本原则、总体布局、建设目标和进度以及政策措施。分为2010年、2020年两个阶段进行建设，为我国人口可能达到16亿人早做准备。重点发展木本口粮、木本饲料粮和木本油料，省出基本农田多搞口粮，木本口粮力争占口粮总消费量的1/12，木本饲料力争占饲料粮的1/3甚至1/2，木本油料应尽可量多地替代草本食用、工业用油。

第二，尽快实施全国木本粮油基地建设工程，建设好重点木本粮油基地。根据全国木本粮油发展规划，以国家粮食需求情况和国内外市场为导向，立足区域资源优势，突出地方特色，尽快实施全国木本粮油基地建设工程，建设一批名特优新木本粮油生产基地。要像抓粮食丰产科技工程、速生丰产用材林基地建设工程那样抓木本粮油基地建设工程，包括木本粮油饲料林建设、科技支撑、加工和贮藏等基础设施建设。要根据我国各地不同的自然、经济条件以及木本粮油的分布状况、经营历史和经营现状，对板栗、核桃、油茶等主栽木本粮油树种进行重点生产布局，形成具有一定规模和市场辐射效应的产业带。

第三，加大政策扶持力度，提高林农生产木本粮油的积极性。大力发展木本粮油，靠广大山区、沙区、林区的农民和职工群众，关键在有好政策。要在国家扶持粮食发展、林业发展政策的基础上，进一步深入研究扶持木本粮油发展的政策和措施，用政策来调动广大农民和林区职工生产木本粮食的积极性。

第四，要重视木本粮油的科研工作。发展木本粮油，要靠投入、靠政策、靠机制，但也要靠科学技术。当前，木本粮油建设基础弱、周期长、难度大，亟待研究和解决一些重大技术难题。既要改良现有品种，又要引进新品种；既要培育优良品种，不断提高木本粮油的品质和产量，又要突破部分木本粮油品种加工、贮藏方面的难题。要加大科研投入，组织经济林、造林、育种、遗传和食品保鲜、贮藏、加工方面的专家进行科研攻关，加大木本粮油科技示范工作的力度。

第五，各级林业部门主管木本粮油生产，引导木本粮油的产业化发展。明确林业部门负责组织木本粮油的战略研究、发展规划、工程建设、制定政策、科研攻关等，并设立专门工作机构，像抓六大林业重点工程那样抓木本粮油建设工程。林业主管部门要根据人们食品结构调整的方向，促进木本粮油朝精深加工方向发展，促进工业用粮和饲料用粮由传统粮食向木本粮食、木本饲料转变，节约以谷物为主的粮食。要重点加强木本粮油贮藏的基础设施建设，搞好储备；重视木本粮油种植业、加工业和流通业的协调发展；建立木本粮油的社会服务体系，促进中介机构的建设。

雷加富

关于深化重点国有林区改革的几点思考

当前，中国林业乃至重点国有林区改革正处于重要的攻坚阶段。21 世纪前二十年是我国经济社会发展重要的战略机遇期，刚刚开始的“十一五”是承上启下为后十年打下坚实基础的关键时期。从林业目前面临的形势和发展进程来看，必须以更大的决心深化改革，这是实现林业更快更好发展的根本措施之一。可以说，天然林资源保护工程是国有林区的“救命工程”，解决了国有林区森林资源严重“透支”的燃眉之急，使国有林区的森林资源进入了休养生息、恢复发展的新阶段。但就林区发展整体而言，深化改革才是治本之策。只有深化改革才能巩固天然林资源保护工程取得的成果，彻底摆脱国有林区的“两危”境地，才能实现建设社会主义新林区的目标，最终实现森林资源的可持续经营和林区经济社会的可持续发展。

一、必须把握改革的正确方向

改革必须要有一个明确的方向，方向决定着改革的战略全局。举什么旗、走什么路、实现什么目标，这就是方向。方向清晰，目标明确，模式多样，路径合理，这是改革成功的经验。

确定国有林区的改革方向，既要从国民经济和社会发展对林业的要求出发，同时也要考虑林区发展的现实。中共中央、国务院《关于加快林业发展的决定》明确了林业既是一项社会公益事业，又是一项基础产业。充分发挥生态、经济和社会效益，是国民经济和社会发展对林业的基本要求。无论如何改革，林业的这一定位和属性不容改变，林业在国民经济和社会发展中的作用不能动摇。

无论是过去、现在，还是将来，重点国有林区仍然是我国重要的木材生产战略基地和中国半壁江山的重要生态屏障。建国以来，重点国有林区提供的木材占全国同期木材产量的50%左右，为国家经济建设和社会发展作出了巨大贡献。大小兴安岭、长白山脉的森林，维系着东北地区的生态平衡，影响着华北平原的生态安全。所以，我们既要保护好、培育好森林资源，又要经营好、利用好森林资源。

现实的重点国有林区，森工企业是其政治、经济和社会主体。森工企业以企业形式出现，既经营着资源性资产，又管理着非资源性资产，如房屋、机械设备等；但同时又负载着庞杂的行政职能和社会管理职能。正是由于国有林区体制、制度的这种特殊性，决定了国有林区改革的整体性、综合性。既不能简单套用院墙式工业企业的改革模式，也不能机械套用农村土地承包的形式。必须正视国有林区的复杂性。

国有林区的改革必须从实际出发，以邓小平理论和“三个代表”重要思想为指导，以科学发展观为统领，坚持实施以生态建设为主的林业发展战略。通过深化改革，建立产权明晰，政企分开，机制灵活，管理科学的林区新型管理体制，实现森林资源的持续经营、林区经济社会可持续发展，构建生产发展、生活富裕、生态良好的社会主义和谐新林区。具体来看，就是要通过改革体制，创新机制，达到增加林区的森林总量，实现森林资源可持续经营；增加林区经济总量，实现经济社会可持续发展；增加林区就业途径，实现林区社会稳定；增加林区职工群众收入，实现林区职工群众生活逐步宽裕的“四增”目标。

二、必须坚持改革的基本原则

要确保国有林区改革目标的实现，改革过程中必须始终把握好以下几项基本原则：

——坚持以人为本的原则。依法维护林区职工群众的权益，维护林区职工群众的切身利益，特别是要维护贫困弱势职工群体的利益。让林区广大职工群众真正成为改革受益者，是国有林区改革的最终目标之一，也是国有林区改革必须坚持的首要原则。

——正确处理好国家、企业、职工之间的利益关系，保持林区社会和谐稳定。国有林区的改革，必须有利于森林资源增加，企业盈利，职工受益，林区社会和谐稳定，既要坚持改革的方向，又要妥善处理好下岗再就业、社会保障等一系列关系职工切身利益的问题。通过改革促进发展，通过发展创造稳定。

——坚持现代企业制度的改革方向。国有森工企业，一定要按照建立现代企业制度的改革方向，改组、改造、改制，实现投资主体多元化、经营方式多样化、法人治理结构的管理模式，成为真正的市场主体。

——坚持森林资源的可持续经营，实现林区的可持续发展。国有林区的森林资源，要以自然修复和人为干预相结合进行森林生态系统的经营，要以建立稳定森林生态系统和多样化产出为经营目标，实现森林资源的可持续经营和经济社会可持续发展。

——坚持改革总体设计，重点推进，整体配套。国有林区的改革，是一项涉及面广、艰巨而复杂的系统工程，不能单项突进，必须有整体方案设计，有改革的步骤安排，重点推进与整体推进相结合，主体改革与配套改革相呼应。

——坚持民主、公开、透明、有序的运作。国有林区的改革，必须坚持群众参与、民主议事；改革方案必须公开、公示；运作程序必须有序、透明。真正做到合民心、顺民意，切实保障林区职工群众的切身利益，保障林区社会的和谐稳定。

三、必须明确改革的主要内容

目前，国有林区改革已经到了攻坚阶段，重点是要破除体制和机制尚存在的障碍。这一阶段，改革的任务重，成本高，风险大。因此，必须明确改革的主攻方向、重点领域，抓住主要矛盾，力争在以下几个方面取得实质性突破：

第一，产权制度改革。国有林区的资产分为资源性资产和非资源性资产两类，与此相应产权也区分为林权和非资源性产权（简称产权）。要实现林区产权主体多元化，必须大力推进产权制度改革。首先，要下大气力对国有森工企业进行战略性重组，推进企业改制工作，让国有资本从竞争性领域中退出来，特别是中小企业要改制成民营的、股份的、混合的多种经济形式，形成国有林区的混合制经济，放手发展非公有制经济。其次，企业经营方式由出资人自主决定，采取独资、控股、参股或全部转让股权或其他方式经营。国有资本独大的企业，可采取国有控股或国有参股的有限责任公司、股份合作经营、国有民营等多种经营方式。三是在国有资本独大的企业，采取股东会—董事会—监事会—经理人“三权分立”的法人治理结构的管理模式。

第二，林权制度改革。国有森林资源的所有权、经营权，要建立“统分结合”的新型管理体制。所谓“分”，是对农林交错、浅山区、相对分散的、零星分布的、易于分户经营的国有商品林，由林业职工实行家庭承包经营，经营权全部交给林业职工，在法律允许的框架下职工自主经营，这是林权制度改革的核心内容。所谓“统”，主要是包括“五统一”：统一林地经营规划；统一要求制定森林经营方案；统一负责森林防火、病虫害防治；统一组织林区道路等基础设施建设；统一对大面积集中连片的公益林和国有商品林由国有森林资源管理机构依法加强经营管理。

第三，林区管理体制改革。应该说，制约林区发展的深层次原因就是体制性矛盾。理顺林区的管理体制，是国有林区改革面临的最大难题，也是国有林区改革绕不过去的“坎”。国有林区如果继续保持政企合一、企社合一的局面，继续实施政府、企业、社会各种职责和管理你中有我，我中有你的管理体制，其结果必然是政府缺位或越位、企业应对市场创造利润的真正功能淡化。国有林区管理体制改革，核心内容是“政企分开、社企分开、事企分开”，改革的实质是实现“还权于政，还利于民，减负于企”。“还权于政”，就是政企分开，政府的管理职能，既不能缺位也不能越位，该由政府管的必须由政府管；“还利于民”，就是使广大的林区职工群众在改革中受益；“减负于企”，就是剥离森工企业办“社会”的职能，卸掉包袱，轻装上阵，真正成为市场经济的主体。

第四，经营机制改革。要破除国有林区原有的、僵化的、旧的经营机制，探索适应社会主义市场经济的管理体制和企业经营机制，创造出国有林区森林资源可持续经营、林区经济社会可持续发展的多元化投入、社会化服务、产业化经营的新机制。改革的重点就是要解决用人制度、用工制度和分配制度。伊春林区有两个林班在同一个施业区内，由于经营机制不同，结果大不一样，民营林班的森林每公顷蓄积达到了 136 立方米，而国营林班每公顷蓄积则只有 30 多立方米。实践中鲜活的典型为机制活，资源增，效益高提供了权威的诠释。

四、必须明晰改革的主要任务

重点国有林区改革的内容丰富、任务艰巨。因此，必须要在复杂的环境中明确改革的主要任务，以使改革沿着正确的轨道运行，顺利实现预期的改革目标。

一是按照建立现代企业制度的要求，改建一批在国际、国内有竞争力的国有或国有控股的现代林业企业。首先进行企业重组，将资产优化组合，优势企业组合到一起。通过重组，在国有林区形成一批符合现代企业制度，具有国际、国内竞争力的如人造板集团、地板集团、采运集团。其次，对集团公司进行股份制改造，吸纳社会资本进入，实行国有控股，实现投资主体多元化，从而进一步增强集团经济实力和国有资本的控制能力，使主业更加精干，带动区域经济增长，成为产权主体多元化、主业突出、结构优化的具有国际竞争力的现代林业企业。

二是培育一批充满生机和活力的非公有制企业，增强林区经济发展活力。在继续抓好国有企业改革和发展的同时，必须以更大的力度、更快的步伐放手发展壮大非公有制经济。首先，充分发挥民间投资在基础设施建设和社会事业发展中的作用，鼓励民营企业参与林区公共设施建设；其次，积极引导非公有制经济采取改组、联合、租赁、承包和股份合作等多种形式和途径，参与国有森工企业改革和国有经济的战略性重组；再次，鼓励发展龙头企业和名牌产品，推广公司 + 农户 + 基地的经营形式，组建产权多元化的、多种形式的农林合作社。

三是要建立比较完善的社会保障体系，解决老有所养、医有所保等社会性的问题。完善的社会保障体系的建立，是国有林区改革成功的重要保证，是维护改革发展稳定大局的客观要求。因此，与改革相配套，在国有林区逐步建立起社会保险、社会福利、优抚安置、社会救助的社会保障体系。首要任务是建立起养老保险、失业保险、医疗保险、工伤保险和生育保险等社会保险制度。

四是要扶持一批严格自律的社会中介组织，完善社会服务体系。政府要通过普及法律、宣传政策、推广技术、发布信息等手段，而不是通过行政命令，在国有林区鼓励、引导和扶持一批社会中介组织。各种协会的建立，搭起了企业和政府之间的桥梁，各个分散的企业，通过协会，也实现了在生产、加工、销售、储藏、运输等领域和环节的自我管理、自我服务、自我发展。

五是要建立适应市场经济体制新的森林资源管理机构。按照《中华人民共和国森林法》，国有林区森林资源国家所有的性质不能改变，这是一条基本原则。森林资源管理体制改革的总体思路是，在明晰产权的前提下，建立管人管事管资产相结合、责权利相统一新的国有林资源管理机构。新机构的具体模式，由各地根据实际科学设置。国有林管理机构作为政府的派出机构，履行出资人职责，享有所有者权益。国有林管理机构受国家（出资人）委托，在承担政府管理职能的同时，作为森林生产经营的组织发包方，委托经营。与森林资源使用者之间建立林价制度，实现林木买卖关系。这样，在权属及责任、义务、利益明确的条件下，实现森林资源真正的国家所有、委托经营。

六是优化生产力布局，调整林业局、林场（所）的设置。现行的林业局、林场的设置是在计划经济和以木材生产为主的体制下形成。在市场经济条件下，在实施以生态建设为主的林业可持续发展战略的今天，要培育、经营及合理利用森林资源，必须优化生产力的布局，调整林业局的布局和林场（所）的设置，该撤的撤，该并的并。吉林设中心林场（所），一个局十几个林场裁减到三四个林场，既符合新农村建设的整体规划，同时也减少了管理人员，提高了效率。

七是建立运转高效、勤政廉政、设置合理的林区政府。现在国有林区是大政府、小企业。以伊春为例，伊春市现有17个林业局，13个是区（局）合一的体制，从人口、机构、资源等辖区管理来看，都有必要重新进行布局调整。小政府、大企业，政府为企业服务，这是政府勤政廉政、运转高效的发展趋势。

五、必须选准改革的主要途径

国有林区的情况复杂多样，改革也要采取多条途径，多种模式。要从林区的实际出发，把握改革的总体目标，围绕既要降低改革成本和改革风险，又要提高改革效益和改革成功率来选择改革的路径。从目前国有林区改革的实践看，主要有四种模式、四条路径。

一是以森工企业改革为突破口，带动国有林区的全面改革。这就是吉林模式。它是从转换森工企业的经营机制开始。吉林模式的具体做法是实行“四全部一改造”，即国有资产全部退出加工性企业、社会性职能全部移交地方、森工辅业全部民营、职工身份全部转换，改造国有企业。吉林森工企业实行了政企分开、政社分开，以此来带动林区社会的整体改革。

二是以林权制度改革为突破口，推动整个国有林区的全面改革。这就是伊春模式。伊春林区的改革，是以商品林资源实行家庭承包经营为突破口，牵住了林权改革这一“牛鼻子”，然后实施整体改革和配套改革，进而推动整个林区经济社会的全面改革。

三是以森林资源管理体制改革为突破口，带动国有林区的全面改革。这就是已经实施的6个重点国有林区森林资源管理体制改革试点模式。试点改革主要解决在计划经济体制下形成的以木材生产为主的政企不分、资企不分、责权不清的森林资源管理体制阻碍林业生产力发展的问题。遵循“国家所有、强化监管、产权清晰、责权明确、资企分开、委托经营”的原则，建立权责利相统一，管资产和管人、管事相结合的森林资源管理体制。按照政企分开的原则，由专门设立的国有林管理机构代表国家行使国有森林资源管理职能并履行出资人职责，享有所有者权益。以此改革为突破口，带动国有林区的全面改革。

四是以林区管理体制改革为突破口。这将以改革黑龙江森工总局或者选择一个所属林业局，以管理体制改革为突破口。改变现行的既是政府又是企业双重属性，分步实施改革，理顺关系。第一步先明确总局（或林业局）的行政管理机构性质，把企业剥离出去，组建各种集团、公司，实行混合制的、国有独资或国有控股的多元投资主体企业。第二步，待时机成熟后再逐步实现彻底的政企分开、资企分开、社企分开。

六、必须采取切实可行的改革措施

国有林区的改革，既涉及政府部门与政府的行政职能，又触及国有资源的管理与运营；既关系着国有资产的保值与增值，更维系着林业职工的生存与林区社会稳定。牵一发而动全身。因此，在改革方向清晰、目标确定、任务明确的基础上，必须采取切实可行的措施，才能保证改革顺利推进。

一是要加强组织领导，明确改革责任。谁来主导改革，谁来实施改革，组织保证和责任落实是改革实施前必须要明确的。对于国有林区的改革，要建立起中央林业主管部门加强指导、各部门配合、地方政府负总责的协调机制。必须强调，中央有关部门把握改革的总体方向、方针和相关政策，出台《国有林区和森工企业改革指导意见》，全面指导改革；地方政府在改革中要负总责，组织制订改革方案，负责改革进程的安排和推进，研究解决改革中的重大问题。

二是改革成本的筹措应以各级政府为主。确认改革成本是国有林区改革的前提条件，明确成本的分担，才能启动并推进改革。这就是改革的成本必须有人买单。现在的国有林区，面临着创造过辉煌历史而又陷入发展困境的现实。既有计划经济体制下沉淀的问题，也有市场经济转型过程中积累的矛盾，更有以木材生产为主向以生态建设为主转变的新情况。完全依靠自身的力量难以摆脱这种困境，也无力承受改革的代价。欠账太多的林区建设，造成了路断、水漏、电网老化、生产生活条件差、职工生活极其困难的局面，已经积重难返。因此，改革的成本需要各级政府为主，企业、职工共同承担。国有林区改革的成本，主要包括富余人员安置的投入、剥离所办社会等职能的投入、基础设施建设的投入、森林资源保护和抚育的投入、接续产业扶持的投入、企业转制的投入等。

三是要实施综合配套改革。在《国有林区和森工企业改革指导意见》的指导下，各地方政府要因地制宜，制订本地区改革的总体方案和配套方案。各地根据自己的实际，选择改革的突破口。但无论是以森工企业改革或林权制度改革为突破口，还是以森林资源管理体制改革或以林区管理体制改革为突破口，无论选择哪条改革路径，无论采取什么样改革模式，都必须围绕国有林区全面可持续协调发展这一目标，解决森林资源增长、林区经济和社会发展、林区职工安居乐业、建设社会主义新林区等问题。因此，国有林区的改革，绝不能搞单项突进，必须进行全面、综合、配套改革。

四是要积极稳妥推进改革。国有林区改革难度大、风险高，必须在科学规划的指导下，分步实施，既要把握改革的进程，又要控制改革的速度。在改革的步骤上采取先试点后推进的方式，通过试点探索路径，积累经验，然后全面推开；在改革的速度上应以渐进式改革为主，选准一个切入点先行突破，然后其他改革全面跟进。目前以伊春作为林权改革的试点，漠河等6个林业局作为森林资源管理体制改革的试点，吉林森工作为林区企业改革的试点，清河林业局作为林区管理体制改革的试点，已经拉开国有林区改革的序幕，综合配套改革的步伐必须相应加快。

总之，国有林区的改革已经进入攻坚阶段，不深化改革就没有出路，已经形成广泛的共识。推进森林资源可持续经营，实现林区经济社会可持续发展的目标，迫切要求国有林区通过改革来达到；林区职工摆脱生存困境的出路，寄希望于改革来实现；林区蕴含的巨大发展潜力，只有通过改革来释放。但是，必须清醒地认识到，越是处在改革的攻坚阶段，改革的风险越大，因此也更加要求我们对改革方向、改革目标、改革重点和改革路径作深入的思考，以使改革的思路更清晰、改革的设计更科学，改革的措施更有效，改革的结果更能符合我们的意愿。

祝列克

总结治沙经验　巩固治沙成果
努力推进科尔沁沙地生态建设的进程

为深入贯彻落实中共中央、国务院《关于加快林业发展的决定》、《国务院关于进一步加强防沙治沙工作的决定》和全国林业厅局长会议精神，研究探索行之有效的防沙治沙政策机制和技术模式，2006 年 9 月上旬，我和有关司局的同志深入到吉林省松原、四平两市和内蒙古自治区通辽市，就科尔沁沙地生态建设和防沙治沙进行了实地调查。这些地区地处科尔沁沙地东缘和腹地，是沙地生态建设的核心和典型区域，所到之处，感触颇深，目睹了科尔沁沙地生态状况的巨大变化，感受到了现代林业理念已在这些地区入心、入脑，并付诸行动中。

一、科尔沁沙地生态建设成效显著

科尔沁沙地位于我国东北地区西部，处于内蒙古高原向东北平原的过渡地带，涉及内蒙古、吉林和辽宁 3 省（自治区），总面积 5.16 万平方千米，是我国四大沙地中面积最大的一块沙地。历史上，科尔沁沙地曾是生态良好的疏林草原，20 世纪 70 年代末期到 90 年代中期，随着人口的剧增，各种经营活动日益频繁，使沙地生态环境遭到严重破坏，原来的疏林草原逐渐退化成沼、沱、甸相间分布的沙地景观。位于科尔沁沙地东缘的吉林省西部地区，由于长期超负荷开发利用，草场退化、沙化、盐渍化十分严重，荒漠化、沙化土地面积达 140 万公顷，而且不断向吉林省中部粮食主产区蔓延。科尔沁沙地腹地的内蒙古自治区通辽市，由于人为活动干扰，生态环境逐年恶化，土地沙化不断加剧，沙地面积一度达 272.4 万公顷，占全市土地总面积的 45.5%，成为全国土地沙化最为严重的地区之一。土地沙化不仅严重影响当地农牧业生产和农牧民生活，制约区域经济和社会可持续发展，而且对整个东北地区乃至京津地区的生态安全构成直接威胁。

最近一个时期特别是进入新世纪以来的几年，是科尔沁沙地生态建设实现大发展的几年，随着林业生产力布局的战略性调整，三北防护林四期、防沙治沙、退耕还林等重点工程的实施，当地各级党委和政府借助国家的好政策，抓住机遇，创新思路，强化措施，真抓实干，加快了科尔沁沙地生态建设步伐。

（一）科尔沁沙地整体生态系统趋于良性循环

通过对典型区域沙化土地类型动态对比分析，科尔沁沙地的生态状况发生了深刻变化。一是林草资源大幅度增加。典型区域内森林覆盖率由 2001 年的 4% 提高到 2004 年的 5.63%，增加 1.63 个百分点；草地植被总盖度由 2001 年的 55% 提高到 2004 年的 70%，增加 15 个百分点。二是土地沙化趋势发生逆转。典型区域内流动沙地减少近 6 000 公顷，半固定沙地减少 7 042 公顷，固定沙地增加 14 000 多公顷；沙化土地面积正在逐步减少，沙化程度逐步减轻，整个沙地生态系统趋于稳定状态，并向良性循环发展。三是沙区农牧业生产能力大幅度提高。林草植被的恢复和增加，使得沙区气候条件在一定范围内明显改善，自然灾害减轻，提高了农牧业综合生产能力，农作物产量和草地产草量等均有所提高。

（二）吉林省西部地区生态草建设取得突破

位于科尔沁沙地东缘的吉林省西部地区，是世界著名的三大苏打盐碱土分布地区之一。面对草原严重“三化”，生产力水平极其低下的被动局面，吉林省政府果断作出决策，将26.7万公顷严重“三化”的草地由原畜牧部门划归林业部门经营管理，从2000年开始，由林业部门牵头负责，组织实施了以恢复和增加草原植被为目的的生态草建设工程。工程建设中，他们在行政组织、科技支撑、产权确定、资金筹措、经营管理、政策保障和持续发展等多方面进行了改革创新，初步建成了林草结合的生态防护体系。截至目前，已累计完成生态草建设任务41.5万公顷，使得吉林省西部地区日益严重的土地盐碱化、荒漠化趋势得到有效遏制，植被覆盖率大幅度提高，立地条件得到明显改善，生物多样性得到快速恢复。白城、松原、四平、长春4市的13个县（市、区）在生态草建设中受益。应当讲，生态草建设工程是完全成功的，而且在组织形式、产权制度、治理机制、政策措施等方面有所突破，成为荒漠化土地防治的一个新亮点，值得借鉴和推广。

（三）内蒙古自治区通辽市沙地综合治理成效显著

地处科尔沁沙地腹地的内蒙古自治区通辽市，始终坚持以防沙治沙为生态建设主线，坚持乔灌草结合以灌草为主、造封飞结合以封为主的“两结合、两为主”生态建设方针，走出了一条自然恢复、人工治理与全面保护相结合的建设近自然林生态体系的防沙治沙道路。目前全市森林面积达到130万公顷，其中人工林面积达94万公顷，森林覆盖率由1978年的8.9%提高到现在的21.99%，近十年来，通辽市境内的沙化土地面积减少了77万公顷。防沙治沙不仅有效改善了当地生态状况，而且大大提高了农牧业生产力，增加了农牧民收入。2005年，通辽市沙区农牧民人均纯收入达到2 932元，比2001年增加397元。

尽管科尔沁沙地生态建设取得了一定成效，但目前看，沙化土地防治工作中还存在一些不容忽视的问题。一是科尔沁沙地治理任务仍然非常艰巨，目前已经初步治理的地方大多是条件较好、治理比较容易的地方，剩下来亟待治理的都是难啃的硬骨头。二是沙地生态系统还十分脆弱，由于物种单一，生态稳定性较差，极易受气候变化而波动，引起生态系统反弹现象。三是生态建设的整体科技含量还比较低，造林质量有待进一步提高。四是沙区的产业发展相对滞后，造林种草在增加农民收入、促进地方经济发展中的作用还没有完全发挥出来。五是作为林业部门，开展生态草建设是一个新生事物，生态草如何纳入林业建设成果管理、产值如何计算、利益如何分配等尚有许多问题需要理顺。这些问题，也是防沙治沙工作中带有普遍性的问题，需要在今后的工作中认真加以解决。

二、科尔沁沙地生态建设积累了丰富经验

科尔沁沙地生态治理取得了很好的生态效益、经济效益和社会效益，在实践中积累了许多宝贵经验，归纳起来，主要有以下几个方面：

一是加强领导，责任制落实得好。地方各级党委、政府始终将生态建设纳入当地经济社会发展大局中进行谋划运作。通辽市自上而下建立健全了生态建设组织领导机构，实行“一把手负总责、一票否决”的生态建设任期目标责任制，建立了严格的考评奖惩制度，对完不成生态建设任务和质量达不到要求的，一年黄牌警告，两年就地免职，真正把生态建设和防沙治沙任务、责任压到各级政府领导肩上。吉林省根据生态草建设工程的实际，大刀阔斧地改革以往生态建设部门分割的管理体制，做到了责权统一，确保了生态草建设工程的顺利推进并取得实效。

二是活化机制，社会力量发动得好。吉林省在生态草建设工程中，省政府专门颁布了《生态草建设管理办法》和《生态草认治管理办法》，采取租赁经营、利益分成和授权经营三种方式明晰产权，通过活化机制、完善政策吸引社会各方面力量参与，工程实施5年来，累计募集社会资金2 800万元，吸引企业投资近亿元。通辽市立足当地实际，在商品用材林建设中，推行“先卖后造、边造边卖、先造后卖”的做法，并把科尔沁沙地治理列为对外招商引资的基础项目，出台优惠政策吸引各方面资金，近几年有20多家客商投资3.2亿元，承包治沙造林3.4万公顷。

三是坚持保护优先，实行保护和建设并重。为依法保护生态资源和林业建设成果，通辽市制定出台一系列配套规章，把舍饲、半舍饲、划区分期禁牧、轮牧等作为防沙治沙的一项根本性措施，常抓不懈。建成各级各类自然保护区、沙化土地封禁保护区65个，封禁保护面积达67.6万公顷，占到沙化土地的近1/4，有效地保护了自然资源和生态建设成果。吉林省在生态草建设中，专门组建了生态草建设稽查机构，对生态草建设管护工作定期进行巡视、监督和检查，确保生态草建设工程持续、健康地向前推进。

四是坚持科技先导，努力提质增效。吉林省在生态草建设中通过不断探索，形成了“封、造、补、种、改”相结合的生态草建设模式，建设林草结合的生态系统。通辽市在多年的防沙治沙实践中，不断加强科技培训，大力培育优良树种，总结推广了“两行一带”式林草复合经营模式、生物经济圈（带）建设模式、植物再生沙障模式等12种防沙治沙模式，增加了防沙治沙的科技含量，提高了防沙治沙的综合效益。

五是坚持发展产业，把改善生态与增加农民收入结合起来。吉林省生态草建设在恢复植被、改善生态的基础上，努力在提高生态草经济效益上狠下工夫。他们与北京时代投资公司合作，由公司投入资金5 000万元组建了生态草产业公司，建设生态草加工厂，以其为龙头，带动了吉林省西部地区饲草加工销售、畜牧养殖和草原生态旅游业的发展。通辽市大力发展商品林建设，计划用5年时间，在立地条件比较好的沿河两岸和平缓沙地营造以速生丰产林为主的商品用材林100万亩，构筑起了全市林业两大体系的基本骨架，农牧民在林业建设中的收入稳步提高。

通过调查，我感到，吉林省西部和内蒙古自治区通辽市所走过的道路，是一条由传统林业向现代林业转变之路，符合自然和经济规律，体现了科学发展观的思想，符合中央确定的以生态建设为主的林业发展战略和在沙区建立、巩固以林草植被为主体的国土生态安全体系的要求。他们在实践中积累的这些经验，对于推动我国生态建设和防沙治沙工作具有重要借鉴意义。

三、对今后防沙治沙工作的思考

党的十六届六中全会作出《关于构建社会主义和谐社会若干重大问题的决定》，明确提出了到2020年实现生态环境明显好转的目标。实现人与自然和谐相处、推进和谐社会建设，防沙治沙肩负重任。当前看，我国防沙治沙形势不容乐观，土地沙化的人为隐患还没有消除，广大沙区生态环境还很脆弱，一些地区土地沙化仍在扩展，防沙治沙仍然是经济社会发展全局中的薄弱环节。林业“十一五”规划中确定的16个重点建设区域中，有11个是沙化地区，防沙治沙任务非常艰巨，必须进一步加大防治力度。当前和今后一个时期，防沙治沙工作要以科学发展观为指导，按照构建社会主义和谐社会的总体要求，坚持预防为主、科学治理、合理利用的方针，遵循自然、经济和社会发展规律，强化科技支撑，加大执法力度，抓好综合示范，推进重点工程，建立和巩固以林草植被为主体的沙区生态安全体系，尽快使仍在扩展地区的土地沙化趋势得到遏制，使已治理地区的建设成果得到巩固，使广大沙区的生态状况明显改善，为建设社会主义新农村、构建社会主义和谐社会做出更大贡献。

如何在现有基础上推进防沙治沙事业又快又好发展，需要我们在系统分析制约防沙治沙的深层次矛盾的基础上，妥善处理好几个方面的关系，认真解决防沙治沙中的实际问题。具体讲，一是从产权制度改革入手，处理好改革与发展的关系，解决好防沙治沙的动力问题，无论是市场配置资源还是调动社会力量参与治沙，都要以明晰产权为前提。二是紧紧围绕增加农牧民收入，处理好兴林与富民的关系，解决好防沙治沙的后劲问题，要切实将改善生态、增加农民收入作为防沙治沙的出发点和落脚点。三是坚持以国家投入为主导，处理好国家投入与社会多元化投入的关系，解决好防沙治沙的资金投入问题，在当前国家难以大幅度增加治沙投入的情况下，必须要通过完善政策、活化机制，积极筹集社会资金。四是尊重自然规律，处理好人工培育与自然恢复的关系，解决好防沙治沙的技术模式问题。五是疏堵结合，处理好保护与利用的关系，解决好防沙治沙成果巩固和长远发展问题。同时，要进一步强化以下几项工作：

（一）推进改革创新，切实抓好综合示范区建设

建设一批全国防沙治沙综合示范区是我局以点带面，推进防沙治沙工作向纵深发展而作出的重大决策。示范区建设从试点到全面启动的三年多来，地方积极性非常高，如科尔沁沙地示范区，在防沙治沙政策机制、技术模式以及沙产业发展等方面进行了有益探索，成效已逐渐凸现，为面上的治沙提供了典型借鉴。从实践看，加大扶持力度，搞好示范区建设，为防沙治沙探路子、做示范，不失为一成功之举。我们将下大力气改革创新，切实加强项目管理，力争尽快取得实效。

（二）强化工程管理，积极推进重点工程

继续实施好在建的京津风沙源治理、三北防护林四期等防沙治沙重点工程。进一步优化建设内容，优选建设模式，突出抓好工程质量管理。既要注重植被恢复与建设规模这个数量因子，也要注重植被结构与配置、生物多样性以及整个生态系统的稳定性等综合因子，既要注重生态改善，也要注重产业发展，确保工程建设成效。同时，要进一步优化防沙治沙布局，抓紧编制重点地区防沙治沙规划，及早启动实施一批新的工程项目，对重点地区实施专项治理。

（三）加大保护力度，促进沙区生态系统自然修复

防沙治沙必须遵循自然规律和经济规律，从近年来的实践看，大面积搞封禁、封育，小面积搞建设，是防沙治沙的一条成功之路，也取得了很好的成效。因此，在继续坚持保护与建设并重的原则下，在防沙治沙任务、投资安排上，应适当向封禁、封育辅以人工促进措施倾斜，进一步加大沙化土地封禁保护区建设和封沙育林育草力度，最大限度地发挥沙区生态系统自然修复功能，恢复生态。

（四）强化科技支撑，大幅提高防沙治沙科技含量

近年来的防沙治沙虽然步伐加快，但防沙治沙科技攻关力量不足、能力不强、先进适用技术推广力度不够、防沙治沙科技含量不高等始终是制约防沙治沙发展的瓶颈。“十一五”期间，必须下大力气，强化防沙治沙科技支撑。在继续加强与相关科研单位的联系与合作的基础上，争取在林业内部组建专门的防沙治沙科研机构和专家队伍，形成科技创新团队，依靠自己的力量，搞好防沙治沙科研攻关，解决防沙治沙实践中的技术难题，强化适用技术的推广，提高防沙治沙的科技含量。

（五）推进依法防治，进一步完善《中华人民共和国防沙治沙法》配套法规

《中华人民共和国防沙治沙法》实施近四年来，在保护沙区资源、规范沙区各类治理和开发利用活动等方面发挥了重要作用。要进一步加大执法力度，提高执法水平，推进依法治沙进程。针对《中华人民共和国防沙治沙法》目前尚缺乏配套规章、与相关法律的衔接不够、实际操作性不强的实际，有必要根据《中华人民共和国防沙治沙法》实施过程中和防沙治沙实践中出现的新情况、新问题，积极争取国家制定出台《防沙治沙法实施条例》或《实施防沙治沙法办法》，使法律的实施更具有可操作性。

张建龙

对集体林权制度改革的几点思考

——辽宁省集体林权制度改革调研报告

为贯彻落实全国林业厅局长会议精神，了解掌握集体林产权制度改革的情况，最近我到辽宁进行了专题调研。

一、辽宁省林业的基本情况

辽宁是我国北方重点集体林区，全省陆地面积14.8万平方千米，辖14个市，74个县（市、区），有“六山一水三分田”之称。全省林业用地面积9 515.9万亩，占全省总面积的42.84%。有林地面积6 961.5万亩，其中人工林面积4 014万亩，占57.66%；天然林面积2 947.5万亩，占42.34%。全省森林覆盖率31.84%。

辽宁林业有三大主要特点：一是林业区域类型明显，分为三个主要区域。辽东属山地多林区，是天然林保护的重点地区，以水源涵养林为主，全省90%的天然林集中在这一区域；中部为辽河平原，以农田防护林为主；辽西处科尔沁沙地南缘，是干旱半干旱地区，以防风固沙林为主。二是集体林面积大。在有林地面积中，集体所有的面积为6 094.4万亩，占89.04%，国有的为867.2万亩，占12.46%。全省活立木总蓄积量1.85亿立方米，其中集体为1.42亿立方米，国有仅为0.43亿立方米。三是生态公益林比重大。全省公益林面积达4 802.3万亩，占林地面积的50.5%；商品林面积为4 713.6万亩，占林地面积的49.5%。全省公益林中，国家级公益林面积3 434.3万亩，占全省公益林面积71.51%，一般公益林面积1 368.0万亩，占28.49%。

“十五”期间，辽宁认真贯彻中共中央、国务院《关于加快林业发展的决定》，努力推进生态和产业两大体系建设，林业建设成效显著。造林面积持续增长，累计完成造林2 328.3万亩，比“九五”增加809.3万亩；建设质量明显提高，林分每公顷蓄积比前期增加2.83立方米，净增率为5.51%；森林资源得到有效保护，划建自然保护区达到73处，其中国家级6处，省级19处，总面积达2 622万亩，占全省国土总面积的12%。森林公园发展到61处，其中，国家级森林公园25处，省级森林公园36处，经营总面积已达280.5万亩，占全省林地面积的4%；产业加快发展，实现林业产值957亿元，比“九五”增加487亿元。

林业“三定”以来，辽宁各地在集体林经营体制改革方面一直在不断探索，在一定程度上增强了林业活力。但由于过去历次改革没有从根本上理顺产权关系，绝大部分集体山林没有落实产权，仍由集体统一经营管理，集体林业发展活力与后劲不足。因此，深化和完善农村家庭承包为主的林业责任制，破除影响林业发展的体制性、政策性障碍，深入开展集体林权制度改革，势在必行。

二、辽宁省集体林权制度改革的进展情况

辽宁省各级党委政府和林业部门对集体林权制度改革工作高度重视，把这项改革作为一项促进经济社会发展的全局性工作摆到重要位置，积极向前推进。2004年底，省里成立了以分管副省长为组长的林权改革领导小组，制定了改革试点方案，以省政府的名义召开启动大会，开展试点工作。2005年底省政府出台《关于深化集体林产权制度改革的意见》，在东部山区5市18个县推开。2006年全国林业厅局长会议后，辽宁认真贯彻落实厅局长会议精神，进一步统一了思想，坚定了改革信心，加大了工作力度。省委书记李克强对集体林权制度改革做了批示，他要求全省扎实有效地推进这项改革。省财政专门列支450万元作为2006年的林改专项经费。目前，全省14个市全部成立了由市领导任组长的林权改革领导小组，其中6个市出台了改革意见，7个市召开了动员大会。改革工作在全省范围内全面推开。主要做法是：

（一）明确改革的指导思想、基本原则和目标要求

辽宁立足省情林情，在反复论证和深入研究的基础上，理清了改革的基本思路。在指导思想上，提出要以明晰产权、放活经营、规范流转为主要内容，调动广大林农和社会各方面参与林业建设的积极性，解放和发展林业生产力，加强森林资源的培育保护，推动经济发展，加快农村小康建设步伐，促进辽宁老工业基地振兴；在改革原则上，确立了坚持有利于“增量、增收、增效”，坚持群众权益平等，保证公开、公平、公正，保证政策稳定性和连续性，坚持因地制宜、形式多样，以及实行林业分类经营六项基本原则；在改革目标上，提出了从2005年下半年开始，用2～3年时间，基本完成全省集体林产权制度改革任务的总体目标；在改革形式上，针对集体林产权不同的历史状况，分别采取巩固确认、完善提高和重新改革三种形式。

（二）扎实做好改革前的各项准备工作

集体林产权制度改革涉及面广、政策性强。辽宁在改革之前，做了大量前期准备和铺垫工作。首先是针对可能遇到的各种情况，梳理出90多个问题，在吃透政策法律、深入进行调查研究、反复论证的基础上，进一步细化各项政策措施，一一作出回答。编发了林改政策汇编和问答、专题辅导等系列手册；其次是召开各个层次的动员大会，进行了全面动员部署，进行宣传发动，展开强大舆论攻势，自2005年3月试点以来，辽宁省组织新闻媒体对林改进行了系列报道，专题报道达20多次，是该省林业史上对一项工作媒体报道次数最多的；三是积极组织培训，全省共举办各种类型的学习班30多次，培训人员达8 200多人次，为改革培养了大批骨干力量。

（三）把改革与促进农民增收和保障群众利益紧密结合

辽宁在改革中，积极为农民提供资金、技术、信息等各种支持，帮助乡村和农民搞好产业发展规划，将林改与发展林地经济结合起来。鼓励群众利用林地资源发展经济。省里专门拨出3 500万财政资金用于农民在林地上大力发展种植和养殖业等林下经济，在不造成水土流失的地区，种植林下参、药材等其他经济效益高的作物，充分发挥林地经营效益。辽宁把增加林农收入、还利让利于民，保证群众利益作为改革的一项重要任务来抓。为了调动林农发展林业的积

极性，在改革中坚持权益平等原则，对集体山林通过多种形式平均分配产权，使每个村民平等享有集体山林的权益，在林地使用费收取及林木折价方面给予优惠。省里还规定了林农个人所有或经营的生态公益林，享受中央或地方森林生态效益补偿政策；在承包期内遇有征占用林地时，林地补偿费发包、承包双方按2∶8比例分成。

（四）全省绝大部分森林资源列入改革范围

辽宁立足林业实际，积极进行探索和尝试，将全省集体所有的林地和林木都列入了改革的范围，既包括有林地，也包括宜林地和荒山荒地；并根据全省公益林比重大（占林地面积一半以上）的实际，除自然保护区、重点生态区位的特殊公益林以外，也都列入了这次改革的范围，包括东部以天然林为主的水源涵养林、中部的农田防护林以及辽西的防风固沙林等。辽宁的同志认为，如果生态公益林不进行改革，继续实行集体统一经营管理，不仅管护难的问题难以解决，而且造成大量林地资源闲置，不利于山区林农增收和林业经济发展。他们认为只要在尊重群众意愿的基础上，只要有利于给农民带来实惠、有利于提高林地生产力、有利于公益林更好地发挥生态效益，就可以将生态公益林纳入林改范围。

（五）分区施策，对不同地区采取不同的改革方式方法

分区施策是辽宁改革最显著的特点。在辽东山地多林地区，根据人均林地面积大，林地开发潜力大，农民对林业依赖程度大，在改革模式上以家庭承包为主、其他形式为辅，大部分林木和林地都在集体组织成员内部均山均林到户，家庭承包方式也适当收取一定的林地使用费。对集体商品林，把一个森林经营周期内的林木所有权、经营权、林地使用权有偿转让给农户或联户，收取一定的林地使用费，在林木收益分配上根据林分质量划分等级，按照林木纯收入计算，集体与承包者的分成比例在2∶8到4∶6之间，收益分成大头归农户；对一般公益林和重点保护公益林，经集体经济组织成员民主讨论决定后，按人口折算人均山林面积，以户为单位实行家庭承包经营或联户承包经营，集体与管护者建立管护责任制，允许管护者在不破坏森林资源的前提下，发展多种经营和进行林地开发，种植林下参、松塔等其他经济效益高的作物，搞林下种植业；对荒山荒地则进行评估作价，先内后外拍卖，限期进行造林绿化。在辽中平原农田防护林区，针对农田防护林比例大且绝大部分由集体管护经营，人均林地面积少，农民对林业依赖程度低的实际，采取“先内后外、招标拍卖、确定林权”的承包形式为主，家庭承包为辅，把农防林拍卖给单户或联户。一般以500米一条林带为一个拍卖标段，由村林改领导小组和评估小组提出底价，经村民大会三分之二成员讨论通过并张榜公布，实行公开公平竞价承包转让，投标者按底价的10%收取保证金。在采伐时实行抵押保证金制度，由村或承包户在农防林申请采伐时向县林业局交纳每亩1 000元的更新造林保证金，经整地、造林验收合格后全部予以返还。在辽西半干旱防风固沙林区，根据荒山和沙漠化土地多，有林地少，水热立地条件差，朝阳市试点的做法是，“一卖、二送、三补贴”。把林地分为三类：一是将林农需求意愿强的河滩林等立地条件好的林地，通过作价拍卖的形式明确林地权属；二是将立地条件一般，林农愿意要的林地，不收林地使用费，在集体经济组织内无偿分配，发挥林地经济效益；三是将立地条件差的高山、远山、低劣质林和半石质荒山，采取国家工程项目倾斜和村组林地转让金补贴相结合等方式，以合同约定每亩100元的标准进行补贴，并限期3年绿化。每3年要对合同执行情况进行一次全面检查，实行奖惩，对合同执行好的给予适当奖励，对没有按期绿化和更新造林的，依法收回，另行发包。

三、对集体林权制度进行深化改革的思考

通过对辽宁改革实践的调研，我们对深化集体林权制度改革得到了几点启示和思考：

（一）北方无林少林和生态脆弱地区，集体林权制度改革也是完全可行的，改革同样是促进林业发展的动力

辽宁是继福建、江西之后，在北方率先开展集体林权制度改革的省份，走出了一条适合北方地区集体林区改革的路子，改革的成效是非常明显的。首先，通过改革，充分调动了林农造林护林的积极性，林业生产力得到解放。在造林上，群众由过去的“要我造”变为“我要造”，出现“争山争苗”造林的现象。桓仁县铧尖子镇林改后的2005年春造林8 000多亩，相当于往年的3倍，而且造林质量和经营水平得到了提高。在护林上，林农保护森林资源意识明显增强，变少数人看林到多数人看林，“管好自家山、看好自家林”成为自觉行动，桓仁县林农在改革后的清明和五一期间，自发上山护林防火和制止乱埋滥葬，没有发生一起破坏森林资源案件和火灾；其次，森林资源得到有效保护，促进了森林生态效益的发挥，巩固了生态建设成果。辽宁东部通过明确天然林的承包管护责任、中西部地区将林改与防护林管护和更新相结合，鼓励农民承包绿化荒山荒地，保障和促进了森林资源充分发挥生态效益，加快了沙漠化治理速度。昌图县还结合林改，收复开荒种粮丢失林地4万多亩，重新发包进行造林绿化，保护和发展了森林资源；再次，林权改革盘活了林业资源，调动了农民从事林业开发的积极性，拓宽了农民的增收渠道和空间，促进农民增收致富。本溪县东营坊乡有60%的农户大力发展林地经济，已在林下种植药材7 341亩、经济林4 768亩。2005年本溪市全市林业产值40亿元，农民人均涉林收入2 367元，占个人总收入的58.9%；最后，通过林改，对长期积淀的林权纠纷进行了有效调处，对过去承包中群众反映强烈、意见较大问题，依法进行纠正，历史遗留问题和相关社会矛盾得到有效化解，促进了林区稳定，为构建和谐林区起到了积极的促进作用。辽宁的改革实践表明，在北方生态脆弱地区和无林少林的平原地区也完全可以进行集体林权制度改革。虽然全国各地的省情林情各有不同，南北自然条件和社会经济情况差异较大，只要立足实际、因地制宜，就能够通过产权制度改革，破解林业难题，促进林业发展，带动农民致富。

（二）改革要立足实际，因地制宜，不能搞一刀切

辽宁根据不同的林业区域类型，针对东部山区、中部平原和辽西风沙区分别采取不同做法的实践告诉我们，促进林业发展和农民增收的改革目标在各地是相同的，但各地的自然情况和社会经济情况是千差万别的，南方和北方、东部和西部、省内各个地区之间的情况各不相同，必须坚持因地制宜，从实际出发，认真调查研究，区分不同情况，采取相适应的改革措施和办法，绝不能照搬照套或搞一刀切。

（三）生态公益林是否纳入集体林产权制度改革的范围值得进一步研究和探讨

生态公益林管护难一直是南方改革过程中提出的相对集中的一个问题，辽宁在公益林改革方面做了可供参考的尝试。生态公益林是否纳入集体林产权制度改革的范围不能一概而论，各地要根据具体情况，从实际出发，区别对待。商品林和公益林是人们根据森林发挥的主导功能不同、培育方向不同而人为划分的。从辽宁的实践来看，首先取决于农民群众愿不愿意要，承包公益林能不能给他们带来实惠，只有经营生态公益林的收益在林农可以接受的范围内，才能保证林农经营生态公益林的积极性，保护好森林资源；其次取决于承包后会不会改变公益林性质，是否有利于公益林更好地发挥生态效益；还要看操作是否规范、监管是否到位、责任是否

明确、管理是否科学。生态公益林是否纳入改革范围需要进一步在实践中总结经验，逐步摸索和探讨。

（四）要规范林地使用费和林地拍卖所得的收取和分配，建立既有利于保障农民利益又促进林业发展的分配机制

辽宁在这次改革中，在尊重群众意愿基础上，按不同承包方式和不同资源状况适当收取一定的林地使用费或林木折价款。林地林木的拍卖所得和林地使用费的收取和分配，关系到广大林农群众最直接的利益，关系到改革的健康有序，必须合理规范。在费用收取比例和方式方面，辽宁各地立足实际，合理议定，把决定权交给村民大会，收不收、收多少都由村民大会决定。本溪市林地使用费收取标准是，每亩每年0.5到3元，有的是1年一交，有的是5年一交。昌图县的农防林林地地价在每年每亩5到50元不等。昌图县改革以来全县村级集体共收取转让金11 500万元，平均每个行政村80万元，最高的村可达到400万元；在费用收取后如何分配和使用方面，对林改中收取的费用首先要均利到户，要保证大部分用于林业建设和生产，资金使用项目要一事一议，村组财务要公开、公示，接受村民监督，不能全部用来办公益事业和偿还村级债务。辽宁本溪县东营坊乡每年从林地使用费中拿出50%鼓励承包农户发展林地经济，其余50%用于弥补村经费不足或还债，上述资金由乡双代办统一设专门账户管理，支出由乡长审批。昌图县准备由县里发文规定，林改收益40%用于返还农民进行林业生产和发展经济，40%留作村组办公益事业，20%用于偿还村组所欠农民高利贷和其他村债。

（五）要坚持改革与监管并重，进一步加强森林资源的监督管理

林改后经营相对分散、管理对象多元、监督范围扩大，林业的生产方式、经营模式、组织结构都发生了变化，给资源管理提出了更高要求。尤其是对生态公益林、少林无林和生态脆弱地区，进一步加强监管显得更为重要。辽宁在改革中把维护森林资源安全贯穿于改革的全过程，把加强执法和后续监管放到更加突出的位置，护林员和监管队伍人数没有减少，还采取由承包者自管和林业监管员巡护监管的双重管护措施；同时明确承包合同的各项责任，引导农民制订保护森林资源的乡（村）规民约，提高自我管理水平，丹东市宽甸上长阴子村以10户为单位，每年两次自发组织承包户上山，交叉检查各自承包山的育林护林情况，进行考核评比，不合格者则责令进行整改。从辽宁的实践看，在集体林权制度改革中，必须坚持改革与监管并重，进一步加强森林资源的监督管理，要积极探索建立由林业主管部门指导、乡政府领导、村民自治基础上的乡村联合、村组互动的林业“三防”体系，引导农民成立民间护林、防火、防治病虫害自治组织，逐步形成政府主导下的群防群治的森林保护机制。进一步打击破坏森林资源的行为，一旦发现乱砍盗伐行为就严肃处理，确保森林资源的安全。

专题调研

关于社会主义新农村建设与林业发展问题

⊙创建绿色家园与新农村建设

关于山西省林业推进新农村建设的调研报告

按照局党组的统一部署，2006 年 6 月 19 日至 6 月 22 日，国家林业局植树造林司魏殿生司长一行 4 人深入到山西省运城和临汾两市的盐湖区、永济市、夏县、洪洞县、临猗县和尧都区等 6 个县（市、区），通过听汇报、看现场、走访农户和座谈等形式，对山西省“林业发展与新农村建设问题”进行了专题调研。现将有关情况报告如下：

一、山西省林业发展在新农村建设中发挥了重要作用

近年来，山西省认真贯彻落实中共中央、国务院《关于加快林业发展的决定》精神，坚持“以人为本”发展观，创新林业发展思路，“绿色山西”建设卓有成效，对改善农村生产生活环境，推动新农村建设发挥重要而不可替代作用。

（一）林业发展为改善农业生产条件奠定了良好基础

“十五”期间，山西省累计完成营造林面积 3 387万亩，其中国家退耕还林、风沙源治理等重点工程造林 2 878 万亩，占到 85%。通过工程治理，生态环境明显改善，据有关部门测定，山西省境内流入黄河的泥沙减少了 30%，境内沁河、蟒河的河流流量呈逐年增加之势。安泽县通过几年的治理，全县年平均降水量由 50 年代的 560 毫米提高到现在的 680.3 毫米；土壤侵蚀模数由 1994 年的 720 吨/平方千米锐减到现在的 210 吨/平方千米。目前，全县林木总蓄积量 330 万立方米，有木本植物 250 种，陆栖脊椎动物 100 余种，草本植物 1 000 余种。丰富的森林资源为安泽县农业提供良好生态屏障。全县每年的粮食产量稳定在 0.65 亿 ~0.7 亿千克，成为全省人均粮食生产第一县。

（二）林业发展为农民增收开辟了广阔的渠道

在大力营造和保护生态公益林的同时，靠市场拉动，政府引导，林业产业全面发展。据初步统计，目前山西省非公有制林业造林面积已达到 113 万公顷，总户数达到 60 多万户，涌现出一批造林大户，造林面积均在几千亩甚至几万亩，有力地带动了非公有制林业的发展，增加了农民的收入。临汾市洪洞县龙马乡老百姓一直有栽植速生杨的习惯，截至 2004 年，该乡已有杨树 1 340 公顷，现在每年可采伐 190 公顷成材林，每年收入 5 357 万元，人均增收 2 143 元。与此同时，运城鑫源骏达木业公司、临汾宏德纸业公司等加工产业应运而生，延长了产业链。山西省经济林发展突出特色，中南部的苹果、酥梨，东西山的红枣、核桃、花椒，西部、北部地区的仁用杏等基地已初具规模，运城、临汾的枣麦间作发展迅速。目前，山西省干果经济林面积已达 98 万公顷，产量 7 亿千克。运城市干鲜果经济林面积发展到 38 万公顷，年产量达到 320 万吨，农民人均林果收入 1 200 万元。洪洞县龙马乡在栽植杨树的同时，大力发展红枣产业。全乡目前有 2 000 公顷红枣，人均枣园 1.2 亩，年产量达

到2 200万千克，总产值4 500多万元，人均增收1 800元。另外，森林旅游开发成为新热点，全省森林公园发展到了38个，面积达到45万公顷，不仅实现当地农村劳动力的转移，而且拉动当地经济发展。

（三）林业发展促进了村镇和“四旁”绿化提质加速

山西省的村镇和四旁绿化主要抓了三个方面：一是村镇绿化。村镇绿化内容包括主要街道两侧绿化、村庄公共绿地建设、“四旁”植树、庭院绿化美化。结合新农村建设规划，省里每年安排2 000个左右的村镇绿化。二是道路绿化。在主要干线公路出省口规划营造带有标志性的成片公益林。同时，积极推进乡村道路绿化，力争做到有路即有树，道路畅通，绿荫洒路。三是农田林网建设。结合杨树速生丰产林建设，使全省41个平原县全面绿化，保护农田基础设施，促进粮产稳产高产。在此基础上，各县（市、区）也纷纷制定规划，推进村屯绿化工作。如运城市已建成生态园林村486个，完成学校绿化390所；夏县已建成生态园林村80多个，占256个行政村的三分之一。规划经过五年努力，所有园林村都达到“五化一园一环三配套”的标准，即：绿化、美化、硬化、净化、亮化，建立一处小花园或休闲绿地，营造一条环村林带。

（四）林业发展促进了农村乡风文明

通过改善农村生产和人居环境，村庄房前屋后处处见绿，村容村貌得到改善。老百姓的传统生活习惯也正在改变，生活垃圾不再到处乱扔，村庄道路干净整洁。夏县的三仙庄，配合园林建设，清理了村口堆放多年的垃圾场，并种植了片林，村庄的环境得到显著改善，提高了农民的生态意识、环境意识。南大里乡圪塔村是夏县85个生态园林村试点之一，该村不仅配备了50个垃圾桶、4辆垃圾车，而且组建了义务卫生清洁员，定期清理垃圾。全村民风淳朴、村风文明，几乎没有打架斗殴、聚众赌博的现象，用村支书周保珠的话说：品位提升啦。由于投资环境的总体改善，招商引资也取得突破性进展，2006年，夏县招商引资突破1亿元，投资企业35家，创历史最好水平。县委书记苏安乐说：林业不仅仅是一棵棵树，更重要的是一个环境，我们是用生态环境改变了投资环境。人们改变了环境的同时，环境也改变了人们。

（五）林业发展有效推动了基层农村管理民主

林权的确定和划分是林业建设的重要环节，林权不清将会严重挫伤农民造林护林的积极性。近年来，山西省将林权登记发证作为深化和完善林业产权制度改革的工作重点。遵循“属地所有”、“谁投入，谁受益”的原则，对通村道路等集体所有地块，各地都制定了相应的利益比例分配制度。对宜林荒山荒地以公开方式进行承包或转让，尊重农民意愿，保障了农民参与权、决策权、知情权，由于关系到老百姓的切身利益，广大群众都积极配合和参与，有力地推动了农村基层民主管理。

二、山西省“创绿色家园 建富裕新村”行动扎实有效

2006年5月9日国家林业局与中共中央宣传部、中共中央精神文明建设指导委员会办公室、全国绿化委员会联合开展“创绿色家园 建富裕新村”行动启动以来，山西省林业厅开展了大量扎实有效的工作，很有特色。

（一）高度重视，全面部署“创建”工作

山西省林业厅领导高度重视此项工作，主动与省委宣传部、文明办沟通，紧密配合，5月11日召开了由各市县林业局长、省直林业局局长和财政、国土、交通、铁路等有关部门参加的安排部署会议，宣布山西省“创绿色家园，建富裕新村”活动正式启动。5月30日，山西省委召开常委会，研究部署新农村建设工作，会议讨论了省委、省政府《关于加快建设社会主义新农村的意见》，进一步明确了林业在新农村建设中的任务和要求。

（二）突出重点，明确“创建”工作内容

山西省提出，要把晋西北、太行山革命老区作为新农村建设的主战场，启动实施了全省新农村建设的攻坚战——“两区”开发。将“两区”所涉及的59个县作为林业推进社会主义新农村建设重点予以倾斜。通过政策扶持等多项措施，加快“两区”发展。同时，明确今后五年，省里每年安排2 000个左右的村镇绿化。今年已安排1 000个村镇

绿化任务，其中建制镇200个，乡村800个。省里每村资助5万元，每个镇资助10万元。

（三）工程治理，确立“创建”工作载体

山西省在林业推进新农村建设中，将以“山上治本”为核心的国家重点工程与以“身边增绿”为目标的省级六大造林绿化工程同步实施，有重点地选择生态环境脆弱、地理位置重要地区，采取综合措施，突出重点进行生态攻坚。主要是继续组织实施好天然林资源保护、退耕还林、京津风沙源治理、三北防护林、太行山绿化等国家林业重点工程，启动实施了通道绿化、交通沿线荒山绿化、村镇绿化、厂矿区绿化、环城绿化、城市绿化等省级六大造林绿化工程。结合林业重点工程，山西省林业厅出台2006年组织办好的15件实事。包括：努力改善全省生态状况；加强农田防护林建设；加强重点地区森林灾害防治工作；抓好森林经营示范工作；建立一批商品林示范基地；大力发展林业产业体系；构建林业信息服务平台；有计划地开展技术培训；组织开展科技示范和推广活动；深化林权制度改革；落实森林生态效益补偿资金；创建新林区示范点；加强林业对口扶贫工作；为基层和农民提供林业科技图书服务等，扎实推进“创建”行动。

（四）提高标准，确保“创建”工作成效

山西省高标准开展“创建”行动，要求在主要公路、铁路沿线，以及在高速公路服务区、出入口和公路、铁路城市出入口，规划营造标准较高的5~10米或10~50米防护林和景观林；对交通沿线第一山脊线或路两侧1 000米之内的荒山和退耕地和交通干线两侧荒山绿化率达到50%以上；要结合道路硬化和整治环境，将村镇主要街道两侧绿化、村庄公共绿地、“四旁”植树、庭院绿化美化，努力做到路边有树木，庭院有绿荫，活动有绿地。在矿区增加地面绿色覆盖，使矿区成为全省造林绿化率先突破的重点区域，绿化率达到60%以上；努力建设好环城林带、林网，有条件的沿河城市，力争把城市林网化、水网化建设结合起来，营造高质量的生态环境。在普遍绿化的基础上，至少规划建设1个山地森林公园，使之同时具备城市公园和广场的功能，成为居民健身、休闲、娱乐的场所。中心城区通过拆房建绿、拆墙透绿、拆违还绿、见缝插绿，广种树木花草，提高中心区的绿地面积，改善市民生活和工作环境。

（五）落实责任，保证“创建”工作顺利开展

在创建活动中，省委、省政府将造林绿化工程分解到各相关部门，落实责任。按照省政府的分工，林业部门负责通道绿化、交通沿线荒山绿化、环城绿化、乡村绿化工程，铁道部门负责铁路绿化，建设部门负责城市绿化和建制镇绿化，煤炭部门负责厂矿区绿化。同时，山西省林业厅还将15件实事进行细化，责任分到处室，任务明确到人，完善相关措施，实行厅领导、各处室分别对口扶持相关村，广泛吸引基层农民群众参与，以农民群众自愿参加为原则，充分发挥先进典型的示范带动作用。

三、山西省林业推进新农村建设的经验和做法值得借鉴

山西省林业之所以得到快速发展，并在新农村建设中发挥重要作用，主要得益以下几个方面：

第一，坚持把林业建设纳入各级政府重要议事日程，为林业推进新农村建设提供了良好的组织保障。山西省把林业放在一个非常重要的位置，特别是近年来，山西省政府为打造“绿色山西”启动了通道绿化、交通沿线荒山绿化、村镇绿化、厂矿绿化、环城绿化、城市绿化等六大林业重点工程，出台了《关于搞好六大造林绿化工程的实施意见》和《关于加快建设社会主义新农村的意见》，进一步明确林业在推进新农村建设中的地位作用和目标任务。在省委、省政府的领导下，各市、县都根据各地的情况制定了具体的实施方案，林业推进新农村建设工作在三晋大地如火如荼地开展。临汾市把林业建设作为实现人与自然和谐相处，推进新农村建设的主要工作来抓，提出“以调整农业结构为主线，以增加农民收入为目标，实现山上治本，身边增绿、促民增收。”夏县提出“绿色就是经济，生态就是效益”、“生态生财”、“环境致富”的生态经济理念，把林业作为夏县的生态之母、立县之基、产业之本和财富之源，逐级落实林业建设目标责任制，对各级领导和有关职能部门采取包干制，严格奖惩。

第二，坚持制定和落实各项兴林惠农的优惠政策，为林业推进新农村建设提供了有效支撑。山西省规定省财政每年拿出3.55亿元用于六大工程建设，市县两级每年筹集资金22亿元，加上国家重点工程和社会资金，全省每年用50亿元打造“绿色山西”，各地都结合自身实际，制定出台了一系列优惠政策。运城市相继出台了《关于加快小康林业建设的若干意见》、《关于抓好六大造林绿化工程的实施意见》等文件，进一步完善了资金投入、非公有制林业、林业产业、造林管护等有关政策，指导全市小康林业建设。永济市出台了《关于进一步放宽政策，加快民营林业发展的若干意见》，对重点工程从承包年限、资金分配及造林机制等方面明确了各项优惠政策。运城市县乡道路绿化由市财政每千米给予1万元补助，每个园林村建设市财政给予2万元补助，环城林带建设市财政每亩补助200元。

第三、坚持把林业建设融入新农村建设的总体规划中，为林业推进新农村建设搭建政策平台。山西各地在新农村建设中注重发挥林业的潜力和优势，将林业纳入新农村建设的总体部署中，作为新农村建设的基础任务来抓。注重发挥林业在改善生态、绿化村庄、增收致富等方面的独特作用。临汾市提出的新农村建设目标就是要建设“生态临汾，绿色家园，花果新城”，并在新农村建设中规划了林纸一体化工程、红枣工程、“五个一”工程、特色种苗工程、民营林业工程等重点林业项目。吕梁市在新农村建设规划中包括了《红枣产业发展规划》、《核桃产业发展规划》等林业规划，计划“十一五”期间新发展核桃面积100万亩，实现红枣、核桃“双二百万亩”的奋斗目标。永济市结合实际，将全市262个行政村，分为山区、平原、城郊、工矿四个类型，把绿化、美化同农民增收有机结合，确定不同的绿化模式，建设各具特色的柿树村、香椿村等，既改善环境，又带动林业产业发展。

第四，坚持正确的舆论导向，为林业推进新农村建设营造良好的社会氛围。山西省通过电视、报纸、广播等媒体积极宣传林业的优惠政策，引导群众参与造林绿化，严格执行国家重点林业工程的补助政策，及时足额兑现给农户，取信于民，并用财政资金对造林大户进行补助，提高群众参与造林绿化的积极性。运城市还通过电视台、电台《田野风》、《农业热线》等栏目，宣传林业优惠政策和法律法规，解答技术难题，引导群众在新农村建设中注重林业建设。

在总结成绩和经验的同时，我们也发现山西省林业推进新农村建设中也存在一些的问题和不足。主要有：一是建设重点不突出，影响建设成效。一些地方在推进新农村建设中存在就林业抓林业，就绿化抓绿化的问题，没有很好地寻求林业与新农村的结合点，将林业的建设重点转移到新农村建设中，更没有突出林业在改善农村生态环境、绿化美化家园、增收致富的特点，工作起色不大。二是思路有偏差，示范作用不明显。个别地方在开展林业推进新农村建设中存在“过急、过偏、过高、过同、过靠”等倾向，有的地方急功近利，短期行为突出，期望立竿见影，早见成效；有的地方脱离实际，大兴绿化小游园、小花园，搞高标准的常青树、花灌木，甚至草坪、喷泉、雕塑等；有的地方基层干部群众脱离当地实际，对建设目标和期望值太高，互相攀比；有的地方建设措施单一，模式雷同，试点村示范作用就很不明显。三是政策保障不配套，缺少专项投资。林业推进新农村建设缺少政策保障的配套，如集体林权改革需要地方财政的有力支持，发展特色产业和扶持林业龙头企业需要金融和税费政策配套等。同时，林业推进新农村建设没有专门的项目与资金，也没有专项投资支持，在一定程度上影响了推进效果。四是林区（场）仍然是新农村建设薄弱环节，社会主义新林区推进难度大。山西省现有国有林场226个，多年来，国有林场为经济建设做出了重要贡献，但国家一直将其定为“实行企业化管理、自收自支事业单位”，既不按事业单位列编，也不给事业经费，林场生产的林副产品还要上缴各种税费，国有林场负债严重，林区职工在饮水、行路、用电、文教、卫生等方面存在较大困难。同时，近几年国家实施的“村村通”等工程没有将林区纳入其中，使得部分林场比一些农村还落后，成为新农村建设的难点和薄弱点。

纠正错误，回到正确的发展方向上。

四、几点建议

为充分发挥林业的优势和潜力，有效推进新农村建设，针对调研中发现的问题，提出如下建议：

（一）切实突出林业推进新农村建设的重点

林业的功能与作用决定了林业在新农村建设中的主要作用是改善农村生态和人居环境、促进区域经济发展和农民增收，这也是林业推进新农村建设的工作重点。因此，要指导各地准确寻求林业与新农村建设的结合点，重点突出林业在新农村建设中的生态建设主体地位，通过抓好天然林资源保护、退耕还林等重点工程，为新农村建设营造良好的生态环境；重点突出林业产业带动农民增收和农村经济发展的独特作用，通过基地建设和加快林业龙头企业的扶持，培育“一村一品”的名特优新林产品和一批带动能力强、市场竞争力强的企业；重点突出从抓“山上造林”向抓“身边增绿”的转变，改善农村人居环境，提高农民生活质量。

（二）进一步加强对林业推进新农村建设的指导

中央提出的新农村建设战略是一项长期任务，各地在政策理解和执行中存在思路上的偏差，因此要加强工作指导的力度。可参照中共中央组织部开展县级主要领导干部新农村专题培训的做法，对分管的县市领导和省级林业主管部门的领导进行轮训或专题培训。也可召开现场会等形式推广典型示范。同时，要加强舆论宣传引导的作用，使各地及纠正错误，回到正确的发展方向上。

（三）加大林业推进新农村建设的资金投入

林业发展是新农村建设的基础保障，林业推进新农村建设主要是社会公益事业，应纳入公共财政预算。要抓住国家将基础设施建设的重点转向农村的重要战略机遇期，建立中央和地方各级财政投入林业的长效机制，争取加大对林业的投入。为抓好试点示范，建议中央财政拿出一定的专项资金用于林业推进新农村试点示范建设，培育典型，以点带面。

（四）积极研究解决“三林”问题

要积极向国家有关部门争取将林区、林场纳入新农村建设总体规划，重点解决林业职工最关心的饮水、行路、用电、文化、教育、卫生等基础设施建设投入问题，让林区、林场职工充分享受到社会主义新农村建设的各项优惠政策，不断改善林区人民群众生产生活条件。同时，要把林业改革作为加快林业发展、推进新农村建设和新林区建设的突破口，积极加大国有林场改革，彻底理顺生态公益型和商品经营型两类林场的体制机制，从而使其进入良性发展轨道。积极探索国有林区经营管理体制改革，研究制定重点国有林区森林资源管理体制改革总体方案，推动国有林区经营管理体制改革，全力推进新林区建设。

调 研 单 位：国家林业局植树造林司
调研组成员：魏殿生　李　冰　李宇昊　李定河

发挥林业特色　创建绿色家园

——河南、江苏两省开展“创建绿色家园”活动专题调研报告

为深入贯彻党中央、国务院关于推进社会主义新农村建设的战略部署，破解林业在新农村建设中的重大问题，寻找发展思路和对策，按照国家林业局党组 2006 年林业重大问题调研计划，今年 6 月 29 日至 7 月 9 日，我们一行 4 人赴河南省鲁山县、淅川县、漯河市、舞阳县、临颍县、开封市和江苏省的铜山县、邳州市、盱眙县、江阴市、昆山市，对“社会主义新农村建设与林业发展问题”中的“创建绿色家园”专题进行了调研。通过听取地方政府和林业部门对“创建绿色家园”的情况介绍，参观荒山及村庄绿化和林产品加工企业，走访农户和造林大户，与干部群众座谈讨论，了解了河南、江苏两省“创建绿色家园”活动基本情况，对两省“创建绿色家园”活动有了新的认识。我们认为：

林业在“创建绿色家园”中地位重要，作用明显，成绩很大，但还存在一些问题，需要进一步统一认识，突出重点，强化措施，深入推进。

一、加快林业发展及“创建绿色家园”活动开展情况

河南省是我国农业资源和人口大省。全省土地总面积16.7万平方千米，其中山区和丘陵占44.3%，平原和盆地占55.7%。全省耕地面积811.03万公顷，其粮、棉、油产量及畜牧养殖业产值居全国前列。全省总人口9 768万人，其中农村人口6 774万人，占69.35%。2005年农村人均纯收入2 870.58元，城市化水平较低。2003年，全省林地面积270.3万公顷，森林覆盖率22.64%，活立木蓄积量13 370万立方米，分别比1998年增加61.29万公顷、2.81个百分点和203万立方米。

江苏省是以平原为主的沿海省份，全省土地面积10.26万平方千米，总人口7 474.5万人，其中农村人口3 699.9万人。2005年，农民人均纯收入5 276元，城市化水平50.5%，是我国经济最发达的省份之一。绿色江苏实施3年来，全省森林覆盖率每年增加一个百分点。2005年，江苏省有林地面积达到98.13万公顷，灌木林地面积达到22.32万公顷；森林总蓄积量5 022.6万立方米，森林覆盖率14.8%，分别比“九五”期末增长23%和4.2个百分点。

河南、江苏两省的林业建设，之所以能够在短短几年内取得如此大的成绩，原因是多方面的，但主要原因是两省高度重视“三农”问题，把林业作为了创建绿色家园，推进社会主义新农村建设的重要措施来抓。

（一）领导重视，政府推动，把林业推进新农村建设工作摆上重要议事日程

河南、江苏两省省委、省政府深入贯彻中央关于社会主义新农村建设的战略部署，均制定并印发了本省社会主义新农村建设的实施意见，对本省新农村建设做出了全面部署和安排。河南省根据《河南林业“十一五”发展规划》，制定了《关于推进社会主义新农村建设的实施意见》和《关于落实国家林业局2006年为推进社会主义新农村建设组织办好16件实事的实施意见》，提出了全省林业工作要着力办好改善重点地区生态状况、继续推进高标准平原绿化、开展林业生态县和“绿色家园”创建活动、推进林业产业基地建设等15件实事，并将每件实事落实到责任单位。江苏省按照“建设绿色江苏”的目标要求，将绿化指标确定为江苏全面建成小康社会的重要指标，加大考核力度。还专门印发了《关于2006年为推进社会主义新农村建设组织好10件实事的通知》，并会同省委宣传部、省文明办、省绿化委员会下发了《关于开展“创绿色家园 建富裕新村”行动的通知》，制定了《江苏省“创绿色家园 建富裕新村”行动方案》，实施“林业富民计划”，大力发展杨树、银杏、种苗花卉、森林旅游等特色产业，增加农民收入。两省的地、市、县也都纷纷制定计划，采取措施，积极推进社会主义新农村建设。

（二）统一规划，突出林业生态建设

按照中央关于推进社会主义新农村建设的总要求，河南、江苏两省对林业生态建设进行了科学规划，既丰富了以往生态建设工程，又增添了新的建设内容和奋斗目标。2006年，河南省政府印发了“全省林业生态县建设规划”，提出到“十一五”末全省三分之一的县（市、区）达到林业生态县标准，并通过“林业生态县实施方案”，明确了生态县建设标准和建设目标。江苏省按照“绿色江苏”的建设构想，对沿江、沿海、沿湖、沿河、沿路等地带集中建设生态林网和经济林网，更加突出“一区两带三网多点”的林业生态建设布局，力争到2010年全省森林覆盖率达到20%、城市绿化覆盖率达到40%的目标，构建起功能强大的区域生态安全保障体系。2006年，江苏省重点改善15个县的生态状况，加强20个县农田防护林更新改造，抓好100个村庄绿化示范，提出了全省社会主义新农村建设标准及评价体系，全面开展了“绿色家园”创建活动。

（三）改革机制，放宽政策，促进非公有制林业发展

近年来，河南、江苏两省采用拍卖、反包、股份合作等灵活形式，将林地或宜林地的所有权与经营使用权分离，促进了林业资源优化配置和生产要

素的自由流动，加快了非公有制林业的发展。河南省不栽无主树，不造无主林，造林就发证，快速、有序地流转宜林“四荒”使用权。目前，全省有集体林地397.87万公顷，其中自留山67.33万公顷，占集体林地的16.92%；通过承包、拍卖等形式实现产权流转的林地181.27万公顷，占集体林地的45.56%。在创新机制的同时，各地还配套出台了一系列促进林业发展优惠政策，鼓励非公有制林业的发展。河南省鲁山县规定荒山开发承包期为50~70年，对13.33公顷以上的荒山造林大户实行挂牌保护，在水利、扶贫贷款、以工代赈、支农、林业等项目资金上给予重点照顾和倾斜。江苏省盱眙县河桥镇造林专业户季厚礼采取每年每亩给村集体10元承包费、收益与村集体8:2分成的办法，承包本乡荒山2 000公顷发展林果业，2006年已造林200多公顷，昔日的荒山如今已生长着郁郁葱葱的林木，生机盎然。

（四）积极开展“送科技下乡”活动，帮助和带动农民学习科学技术

近年来，河南、江苏两省各级林业部门结合农民和农村的实际需要，送科技下乡，提高林农科学文化素质，扎实推进社会主义新农村建设。一是充分发挥各自林业信息网的作用，发布和传递各种林业致富信息，指导林业生产，解决林农获取技术难、信息难的问题。二是加强林木新品种、新技术推广。河南省各级林业部门组织编写了《河南退耕还林手册》、《速生丰产林基地建设工作手册》等20种林业科普书刊10 000余册，送到农民手中，并为16家重点林业龙头企业免费订阅《中国林业产业》杂志，给广大林农和企业员工送去了科学技术和精神食粮。江苏省向基层单位发放《林木良种手册》200册，向农民发放杨树、柳树育苗技术资料2 000份。三是开展形式多样的送科技下乡活动。河南省通过开展“全省林业科技活动周”，手把手地教林农学科技用科技，培训林农20多万人次，同时省林业厅还选派40名林业科技专家深入到全省40个林业重点乡镇，实行重点技术帮扶。四是建立林业科技示范基地，发挥其辐射带动作用。河南省突出抓了西峡、长垣、桐柏、灵宝、济源、峡县6个林业科技示范县（市）建设，大力推广美国杏李、饲料桑、健杨等优良品种，示范林面积达到800公顷，带动了农民学习运用科学技术的积极性。

二、林业在“绿色家园”建设中发挥着重要作用

近年来，河南、江苏两省深化集体林权制度改革，积极调整农业产业结构，大力发展非公有制林业，在社会主义新农村建设中，林业发挥了独特的重要作用。

（一）改善了农村生产生活环境条件，提高了农业综合生产能力

近几年，河南、江苏两省大力植树造林，自然植被得到恢复，水土流失逐步减少，农业生产条件、农村农民生活条件有了明显改善。河南省农田林网控制率和沟渠路绿化率均达90%以上，村庄绿化率达到43.1%，已有80个县（市、区）达到了平原绿化标准，全省沙化土地面积呈下降趋势，2004年为64.63万公顷，比1999年减少了2.42万公顷。林业成为了农业生产的生态屏障。2005年，河南省粮食总产量达到4 582万吨，棉花产量达到67.7万吨，分别是1949年的6.4倍和10.8倍，比1990年增加29.8%和11.6%，粮食产量创历史新高。江苏通过小流域综合治理，全省水土流失面积已从1986年的9 162平方千米下降到2000年的4 351平方千米，年平均侵蚀模数已由1 900吨/平方千米下降到1 270吨/平方千米。通过治理，水土流失大幅减轻，水资源不足的状况有效缓解，生态环境明显改善。江苏省铜山县汉王乡过去是个“有女不嫁汉王”的贫困乡，通过十多年治理，如今是梯田层层，道路畅通，松柏苍翠，果树花香，成为全省有名的“花果之乡”。

（二）促进了农业结构调整，带动了农民增收

河南、江苏两省在抓好林业生态建设的同时，大力发展商品林业，繁荣农村经济，涌现出了一批依靠林业致富先进典型，显示了林业在促进农民增收方面的重要作用和巨大潜力。江苏省邳州市杨树栽培面积达到1.33万公顷，四旁植树4 500万株，活立木蓄积量达到280万立方米，林业产业对农民收入贡献率达到27%。种植杨树被群众誉为“零存整取的绿色银行”和“无烟工厂”。目前，江苏

省杨树总面积达到370万亩，每年采伐量可达230万立方米。2005年，江苏全省林业产值达651亿元，比2004年增加了28%。河南省大别山区的新县年林业收入占农民人均收入的40%，淅川县培育花椒村、核桃村、板栗村等特色专业村120个，林果专业户2.2万个，全县山区农民收入50%来自林业。“十五”期末，河南省经济林总面积达100万公顷，总产量665万吨，分别比“九五”期末增加26.67万公顷和315万吨，全省新发展速生丰产用材林15.7万公顷。2005年全省林业总产值273亿元，为“九五”期末的183%。目前，河南、江苏两省林业产业在农业中所占比例不断增大，呈现出快速增长的良好态势。

（三）转移了农村剩余劳动力，拓宽了地方财政收入渠道

近年来，河南、江苏两省都把发展林产工业作为开发地方林业资源，促进经济发展的重要措施来抓，出现了一批林业产业化大市（县）、大镇（乡）。2005年，江苏省邳州市有林产品加工企业3 000多家，年生产胶合板、实木复合板、高档贴面板、木地板等40多个品种的成品板材600万立方米，总产值达到120亿元，林业对地方财政收入贡献率达到60%。目前，江苏省杨树产业已从栽植到加工，形成了一套完整的产业链，成为拉动当地经济发展的重要产业，仅苏北5市2004年的杨树产业综合总产值达到200亿元，缴纳利税30多亿元，转移农村劳动力130万人。近几年，杨树产业在河南省也有了很大的发展。如黄河故道区的范县有1 000多家小型木材加工企业，解决农村剩余劳动力2万多人。临颍县杜曲镇有木材加工户达332户，年创产值3亿元，从业人员2万人，带动当地交通运输、饮食等相关产业发展，成为乡镇经济发展的主导产业。“十五”期间，河南省木材加工企业发展到1.3万多家，木材年加工能力达到400万立方米。

（四）推动了村容村貌建设，提升了农村生态文明品位

乡村文明整洁，是社会主义新农村的显著标志。近年来，河南、江苏两省加大乡村造林绿化力度，许多地方农民的人居环境有了显著改善。河南省漯河市开展“十镇百村”社会主义新农村建设试点活动，创建了一批以南街村为代表的景观型村庄，以北徐村、龙堂村、胡桥村为代表的美化型村庄，以驼铺村、康庄村为代表的生态经济型村庄。江苏省徐州市铜山县大力开展荒山造林，形成了“山顶侧柏戴帽、山腰阔叶林环保、山下坡经济林盖脚”绿色景观；昆山市坚持绿化、水化、洁化的有机统一，培育出张浦镇吴加村、千灯镇大潭村等62个河道清水碧波、道路绿树成荫、农舍粉墙黛瓦，秀丽水乡风光的绿色家园；江阴市华西村大力发展观光林业，把苗木生产、高档果品生产、保护地园艺栽培和村庄绿化融为一体，农村成了一个生态园、休闲园。这些先进典型思路清晰，特色明显，成效显著，对新农村建设有着很强的引领作用。

三、林业在新农村建设及“创建绿色家园”存在的问题及建议

（一）存在的主要问题

1. 生态建设基础薄弱，与新农村建设要求差距很大

近年来，河南、江苏两省生态状况趋向好转，但是整体生态质量还不高，与两省经济社会快速发展对生态环境需求相比还有很大差距。主要表现为：一是森林资源总量不足，结构不合理，森林生态系统稳定性差，综合功能不高。尤其是平原地区多是大面积杨树纯林，乡土树种少，抗病虫害能力差；山区以侧柏、栎树纯林为主，中幼林占多数，林分质量普遍低下，潜在着病虫害暴发的隐患。二是发展不平衡，地区间差异大。经济欠发达地方，荒山（荒滩、荒地）随处可见，四旁树木少，绿化档次低，特色不明显，与绿化、美化、净化的要求差距甚远。三是农村人居环境的绿化水平普遍不高，如何发挥森林的生态功能，改善农村的生活环境，还有许多工作要做。

2. 林业产业化水平低，对区域经济和农民增收的带动作用还没有充分发挥

近几年，河南、江苏两省林业产业有了较大发展，但就整体而言，林业产业化水平还不高，效益还比较低。一是产业链不紧密，二、三产业发展缓慢。这方面河南省表现得比较突出，全省林业产业

基本处于第一产业阶段，第二产业刚刚起步，林产品加工转化率低，未能将资源优势转化为商品优势和经济优势。二是小加工厂多，龙头企业少，产品档次不高。目前，河南省有木材加工企业13 000多家，年加工木材400万立方米，仅有28家年加工能力超过1万立方米。江苏省杨树原木加工单位多数是一家一户作坊式厂家，技术装备落后，研发能力不足，产品档次低，市场竞争力不强。江苏省银杏黄酮产量位居世界前列，所销售的均为原料，还未能形成高附加值的终端产品。

3. 创建绿色家园活动缺乏支撑力和操作性

一是林业发展的土地根基不牢。长期以来，我国广大平原地区，林业与农业一直存在着争土地、争空间的矛盾，有时竞争还相当激烈。在竞相发展的过程中，林业往往处于劣势位置。林业用地在哪里、树栽到什么地方的问题始终困扰着林业发展。二是山区绿化受水的制约严重。目前，大部分平原地区水利条件较好，造林营林比较容易。而林业生态建设的主战场——山区，土壤瘠薄，水资源短缺，小流域治理跟不上，造林难度非常大。三是新农村建设缺少有效抓手。一些地方没有找准林业推进新农村建设的切入点，也有一些地方虽然开展了一些创建绿色家园活动，但由于没有明确的建设标准和有效的推动办法，成效不明显。

4. 非公有制林业发展还存在较多制约因素

一是融资难，贷款难，资金短缺。这次调研中，非公有制林业业主反映最强烈的就是短缺资金，许多人看好了发展林业，但有心无力，也有一些经营者因缺少资金，处于进退两难的境地。近年来，虽然林业有一些政策性贷款，但能够贷到款的非常有限。国家稳健的货币政策，提高了贷款门槛，绝大多数林业经营者贷不到款，只能依靠自我积累，发展步伐缓慢。二是关于开展活立木流转、林木资产抵押、森林保险等方面工作的中介机构尚未建立或者不健全，制约了非公有制林业的发展。主要问题是缺少森林资产评估中介机构，林地、林木的估价缺乏法律依据和规范性的操作办法。三是在荒山荒地开发中，道路、水电等一些基础设施建设滞后，开发者造林难度加大，积极性受挫。

（二）思路与建议

林业在社会主义新农村建设中具有十分重要的作用，但面临的矛盾和困难也很多，需要统筹规划，突出重点，找准切入点，采取切实可行的有力措施加以推进。

1. 统筹规划，加快农村绿化美化步伐

农村的绿化美化问题，一直是影响我国农村发展的重要问题，城乡的差距越来越大。社会主义新农村建设的重要任务，就是要加快农村绿化美化的进程。

第一，把平原林业发展的土地问题纳入各级政府的重要议事议程。构建和谐社会主义新农村，需要各级政府及计划部门、土地部门，对农业、林业的发展统筹规划，合理布局，协调发展。

第二，加强对农村绿化的资金投入。“十一五”时期，国家将以社会主义新农村建设为主线大力推进财政支农工作，林业部门要积极争取有更多的支农资金用于林业，逐步形成林业推进新农村建设资金的主要来源。要进一步调整林业生产力布局，整合林业六大工程建设资金，最大限度地把林业资金用于推进新农村建设上。目前农村人居环境绿化工作是个薄弱环节，在加强林业重点生态工程的同时，建议设立和启动农村绿化美化工程。

第三，加强营造林基础能力建设。山区绿化小流域治理是基础。小流域治理成本高，投资大，靠农民群众的经济力量很难办到。要积极争取有更多的支农项目向山区小流域治理倾斜。要转变观念，按照山、水、路、林综合治理的原则，给予统筹考虑。加强对速生丰产用材林、经济林等土壤营养诊断工作，指导林农合理施肥，提高林业节支增效的能力。争取将林木良种补贴纳入国家对农业和农民的直接补贴范畴，将营造林生产机具和商品林小型灌溉设施及作业道路纳入国家专项补助范围。

第四，建立统一有效的城乡绿化管理体制。多年来，我国城市绿化、农村绿化分别由城建部门、林业部门进行管理，互不通气，各自为政，很难形成城乡一体化绿化格局。体制顺方能事业兴。2001年12月，河南省漯河市统筹规划，整体推进城乡绿化，出现了绿化事业跨越式发展的好局面。2005年，漯河市森林覆盖率达到22.36%，比2000年提高了8个百分点，相继被评为“国家园林城市”、“中国人居环境范例奖”和“全国绿化模范城市”。同样，2001年，江苏省张家港市统一农村绿化和城镇绿化管理，促进了全市绿化快速发展，获得了多个国家级绿化、环保、人居等荣誉称号。

2. 统筹规划林业生态建设与林业产业发展，建设富裕新村

生态建设和产业发展是林业建设相辅相成的两个方面。生态建设要兼顾产业发展，产业发展要体现生态效益。只有平衡发展，才能形成以生态促进产业，以产业带动农民增收，以农民增收推动林业发展的良性循环。像河南山区建设生态型为主的绿色家园，以生态促产业，借助退耕还林和天然林保护的力量，搞好山头绿化和水土保持，大力开发旅游产业，增加农民收入。像河南及江苏苏北平原地区建设以生态经济型为主的绿色家园，以产业保生态，通过农、林、牧、副、渔科学规划，营造各种防护林，构筑农业生态屏障，发展用材林、经济林等商品林，拓宽农民增收渠道。对苏州、无锡等经济发达地区，建设以生态景观型为主的绿色家园，以经济促进生态建设，建设各种森林公园、水体公园、游乐园等休闲旅游景观，实现生态建设与经济发展的和谐共荣。他们的做法值得推广。

在林业产业发展上，要特别注重发展特色林业产业。一方面要立足资源培育，形成各具特色的林业产业带，通过发展经济林、林木种苗、观赏树木、野生动物养殖、生态旅游等劳动密集型产业，更多地转移农村富余劳动力。另一方面，要突出发展第二产业，积极培育和扶持一批依托林业资源，带动林业产业升级，增加农民就业机会的林业龙头企业，推动林业产业的区域化布局和专业化生产，促进林业发展的良性循环，拓宽农民的增收渠道。

3. 突出特色，抓住亮点，增强创建活动亲和力

社会主义新农村建设具有艰巨性、复杂性和长期性，需要突出重点，加大投入，积极稳妥地向前推进。一些地方新农村建设中，突出自身特色不够，照抄照搬城镇建设的模式；还有些地方，农村绿化“洋花洋树”偏多，乡土树种偏少，或多或少失去了农村的风貌，失去了农村的味道。对此，应引起高度注意，建议国家林业局会同有关部门，加快制定全国绿色家园创建活动的指导意见，防止不合实际的偏、急、高行为。要积极引导地方探索适合本地的绿化美化模式，使农村家园建设做到田园化、特色化。为增加农村树种的多样性，要多栽乡土树种和硬阔叶树，提高绿化美化效果，积极培育优质木材。

要找准林业推进新农村建设的亮点。亮点代表水平，亮点体现形象。在新农村建设初期，打造亮点非常重要，可以达到事半功倍效果。亮点少，亮度不够，是当前林业推进新农村建设的突出矛盾。要积极培育林业推进新农村建设的亮点，广泛进行宣传，充分发挥其带动作用。各地要结合实际，围绕“创绿色家园 建富裕新村”活动，选准切入点，用亮点引导方向、鼓舞士气，从而推动整个新农村建设的深入开展。

4. 深化集体林权制度改革，大力发展非公有制林业

林业产权制度改革是当前林业发展最紧迫、最具影响力、最关键的课题与任务，必须加快改革的步伐，全力推进。一要尽快在全国推开以“明晰产权、放活经营、综合配套、规范流转”为主要内容的集体林权制度改革，真正使广大林农耕者有其山、耕山有其责、务林有其利、致富有其道。二要根据非公有制林业发展的需要，建立相关的中介机构，制定信贷扶持、税费减免、资产保险等优惠政策，配合国家有关部门，加快农村金融改革，扩大面向林农和林业职工的小额信贷服务。三要改革育林基金的征收、管理和使用办法，征收的育林基金尽量返还给生产者用于造林生产，切实解决非公有制林业发展中的资金问题。四要尽快完善资产评估、活立木流转方面的法律制度，研究制定森林资产抵押、保险管理办法，健全森林资产评估机构，并积极推行承包制、股份制、股份合作制等，允许跨所有制、跨行业、跨地区造林绿化，促进资金、劳力、土地等生产要素向林业聚集。五要尽快调整现行的林木采伐更新管理政策。按照区域分类指导和林业分类经营的原则，禁止对重点生态公益林进行商业性采伐；对于一般公益林，实行限额采伐管理；对于商品林中的人工用材林，特别是由业主投资营造的速生丰产用材林和工业原料林，按市场需求自主采伐。

调 研 单 位：国家林业局植树造林司
调研组成员：黎云昆　王福祥　王玉祥　郝　明

关于重庆市、湖北省开展“创绿色家园 建富裕新村”行动的专题调研报告

为贯彻落实党的十六届五中全会提出的建设社会主义新农村的战略部署，推进“创绿色家园 建富裕新村”行动，全面了解各地林业在推动社会主义新农村建设中的工作情况，按照局党组的部署，由宣传办负责牵头的调研组，于2006年7月3日至12日对重庆市、湖北省“创绿色家园 建富裕新村”开展情况进行了调研。调研组对重庆市的荣昌县、江津市、万州区和湖北省的宜昌市夷陵区（三峡库区）、谷城县（山区）、潜江市（丘陵平原区）、武汉市（近城区）的江夏区、蔡甸区、东西湖区等9个县（市、区），共计到17个村进行调研。调研组听取各种汇报12次，召开了不同形式的座谈会21次，参观林业基地11处，林业企业7家，深入田间地头，走访农户10余户，与50多名农民进行了交流。现将调研情况报告如下：

一、重庆市、湖北省在开展“创绿色家园 建富裕新村”行动的基本情况

重庆市和湖北省林业主管部门对新农村建设非常重视，尤其是在国家林业局与中央宣传部、中央文明办、全国绿化委员会联合发文并召开了“创绿色家园 建富裕新村”启动大会后，重庆市和湖北省林业、绿化主管部门领导重视，积极响应，摆上日程，行动迅速，主动与省（市）委宣传部、文明办沟通，紧密配合，均开展了大量的推进工作，取得了初步的成效。他们的主要做法是：

（一）领导重视，及时成立领导机构，为“创建”活动顺利开展提供组织保障

重庆市和湖北省林业主管部门根据国家林业局与中央宣传部、中央文明办、全国绿化委员会联合下发的文件精神和要求，及时商请相关部门，成立了“创绿色家园 建富裕新村”活动领导小组。重庆市“创建”行动领导小组组长由市委常委、宣传部长何事忠同志担任，副组长由市委宣传部副部长、市文明办主任刘万利同志，市绿委副主任、市林业局局长周克勤同志担任，领导小组办公室设在市绿委办公室，市绿委办常务副主任、市林业局副局长何平同志任办公室主任；湖北省“创建”行动领导小组由省林业局局长祝金水同志任组长，省文明办主任蒋南平同志、省林业局副局长左雄中同志任副组长，抽调专人组成领导小组办公室，统一组织协调创建工作。

（二）认真动员部署，各具特色的“创建”行动全面启动

为积极推进社会主义新农村建设，发挥林业在新农村建设中的重要作用，湖北、重庆两省市在深入开展调查研究的基础上，各自出台了文件，召开了启动大会，“创建”行动全面推开。具体做法是：

1. 联合发文，部署“创建”工作

重庆市委宣传办、文明办、市绿委、市林业局以渝林办［2006］16号文件联合下发了《关于开展“创绿色家园 建富裕新村”行动的通知》，明确提出“创建”行动的指导思想、内容、措施和要求。

湖北省林业局决定在全省广泛开展创建绿色家园活动，印发了《关于大力开展建设绿色家园工程活动的实施意见》，并专门召开了“建绿色家园 为新农村建设办实事”的新闻发布会；在中央四部门“创建”行动启动后，省里成立领导小组，并下发了《关于开展“创绿色家园 建富裕新村”行动的通知》。

2. 召开会议，启动“创建”行动

为扎实有效推进“创建”行动，重庆市于6月27日召开了全市“创绿色家园 建富裕新村”行动启动大会，各区县分管林业工作的政府领导、林业局长、绿委办主任、文明办主任及部分林业特色乡镇、龙头企业负责人参加了会议。会议明确提出了“创绿色家园 建富裕新村”行动的内容、重点及措施。

湖北省于6月9日在武汉市召开了全省市

（州）文明办主任、绿化办主任和林业局长参加的“创建”行动动员大会，并组织与会代表到“创建”行动开展得早并已取得明显效果的村参观。大家对开展“创建”行动的意义有了更进一步了解，对林业在社会主义新农村建设中的重要作用有了更直接的认识。

3. 因地制宜，确定“创建”内容

重庆市和湖北省林业主管部门将新农村建设纳入林业工作的总体规划，并编制了新农村建设工作方案。把“创建”工作落到了实处。

重庆市林业局确定了林业为社会主义新农村建设办好10件实事，并结合市委市政府开展的社会主义新农村“百村示范 千村推进”活动，拟定建设1 000个示范推进村，开展创建绿色家园的“五化”行动，即山地森林化、农田林网化、公路林荫化、社区园林化、庭院花果化，力争使示范村、推进村林木覆盖率达到40%以上。

湖北省林业局确定了林业为社会主义新农村建设办好12件实事，计划建设50个绿色家园示范镇和500个绿色家园示范村，省局选择10个镇100个村作为重点先行示范，多方面筹集资金，对示范乡镇和村给予扶持。

4. 出台政策，推进“创建”行动

重庆市林业局为指导全市各区（县）工作，出台了《关于林业推进社会主义新农村建设的实施意见》，明确了林业在新农村建设中的地位和作用，理清了工作思路，强化了工作重点和保障措施，为林业在新农村建设中更好地发挥作用指明了方向。

湖北省林业局出台了《关于加快林业发展 为建设社会主义新农村作贡献的实施意见》和《关于大力开展建设绿色家园工程活动的实施意见》，对林业在新农村建设和“创建”行动中必须完成好的工作进行了具体部署。

5. 机关带头，发挥示范作用

重庆市林业局选派局机关和直属单位科技人员20名，与县级林业科技人员130余人共同组成5个林业科技小分队，下乡进村入户到地块，为农民群众开展多种形式的技术咨询、技术培训活动，提高林业生产技术含量，促进林业助农增收。2006年2月起，全市全面启动实施“林业助农增收工程”，各地因地制宜地开展工作，有的开展建设具有林业特色专业乡镇、村、户的活动，有的开展以推广林业实用技术、提供科技服务、培训林业技术骨干为主要内容的林业科技行动等，均收到良好的社会效果，为林业助农增收打下了良好的基础。

湖北省林业局在“创建”行动中，坚持贴近实际、贴近生活、贴近群众的原则，广泛吸引和鼓励农民群众参与。在示范村建设中，以农民群众自愿参加为原则，以群众满意为前提，以群众得实惠为目的，充分发挥先进典型的示范引导作用，用榜样的力量推进“创建”活动的深入广泛开展。

（三）落实责任，扎实推进“创建”行动

重庆市林业局把林业要办的10件实事进行细化分解，落实到各级林业部门。同时将新农村建设工作纳入市年度林业目标责任书，层层落实任务，明确责任，强化检查考核，以保证“创建”行动的顺利推进。

湖北省林业局以绿色家园示范村镇建设为载体，将12件实事的实施方案进行细化，把示范村镇建设的责任划分到处室，任务明确到人，实行局领导、各处室、直属单位分别对口负责督办，指导村镇制定绿化规划方案。

二、林业在社会主义新农村建设中发挥作用的典型事例和基本经验

通过调研，我们深刻地感受到这两个省市的林业在社会主义新农村建设和“创绿色家园 建富裕新村”行动中有着不可替代的作用，贡献很大。他们在新农村建设中，积极探索兴林富民的新路子，提供了不少可操作的方式方法，积累了行之有效的工作经验，可供借鉴。

（一）坚持走生态建设产业化，产业发展生态化的路子，既加强了生态建设，又发展了经济

重庆市江津市林业局在实施长防林、天保工程、退耕还林、库区周边绿化等林业重点工程的同时，成功地培植起了花椒、水果、竹笋、桑蚕、中药材、茶叶、竹木加工、森林旅游等林业产业。2006年就花椒一项收入就达8个亿，占全市农民人均收入的22.4%。直接为农民增收和社会主义新农村建设做出了贡献。该市先锋镇是花椒生产大镇，

全镇土地面积的三分之二是有林地，其中85.7%的有林地种植了花椒，年产干椒5 600吨，实现产值近2亿元。2005年人均纯收入3 780元，林业产业值达2 120元。花椒是全镇乃至江津市的支柱产业，已成为全镇农民收入的主要来源。我们在农户家与钟承昌老人座谈时，他说：以前山上种的是红薯，年景好的时候每亩仅能收入200元左右，现在改种花椒，每亩收入能达到三四千元；过去一下雨门前、山坡下都是沙土堆，现在种了花椒防止水土流失，下雨时再也看不到沙土堆了。

湖北省谷城县五山镇田河村是一个山区村，总面积10 865亩，其中耕地面积1 315亩、茶园面积2 000亩、山场面积近6 000亩。田河村根据全村实际情况，从发展经济、开展基础设施建设和建设生态文明新村等几个方面入手，确定了“靠山吃山，以茶兴村”的发展思路。他们的“靠山吃山”不是吃山上的木材，而是依靠林地资源优势，发展林业产业。近几年，村里紧抓退耕还林等林业重点工程，不断加大资金投入，发展茶叶产业，改造茶叶加工厂房，添置设备。他们生产的“玉皇剑”茶叶在当地小有名气，年创产值400万元，为村集体创收15万元，全村20%的村民常年在茶园务工，人均年收入3 000~5 000元。同时田河村茶叶产业的发展也带动了附近村民种茶，还建立了茶叶加工厂。茶产业发展了，也促进了生态建设大发展。村里狠抓四旁及农户庭院绿化、路边植树和山林管护，现在全村的绿化覆盖率已超过65%。为切实保护森林资源，改善生态环境，田河村采取资金奖励、党员帮扶等有效措施，在全村推广沼气池建设，超过半数的农民使用沼气，基本改变了烧柴的习惯，切实保护了森林资源。

（二）林业的发展推动了农村产业结构调整，促农增收

湖北省谷城县小坦山村调整产业布局，把发展苗木花卉生产作为强村富民的支柱产业，从1 300亩耕地中调整出700亩发展花卉苗木，又在外村租种300亩地从事花卉苗木生产，种植品种100多个，30多户成立产业协会和“春晖公司”，负责苗木的购销和在外承包绿化工程，也带动了村里花卉苗木的发展。全村80%的农户经营苗木花卉，80%的劳力从事苗木花卉生产，80%的收入来源于苗木花卉产业。假设该村除花卉苗木外，其他收入均为农耕收入，按面积计算，种植花卉苗木的收入是农耕收入的4倍。

重庆市万州区依托林业重点工程，以加快林业产业发展为突破口，发挥林业优势，努力推动农业产业结构调整，助农增收，不但改善了生态环境，遏制了水土流失，而且将传统的粮、猪二元型农业结构调整为林果业、畜禽业和粮食生产共同发展的格局，部分农民从种粮中解脱出来，从事多种经营、副业生产或外出务工，拓宽了就业渠道。2005年全区37.5万农民外出务工，年务工收入19.86亿元，农民人均纯收入由2000年的1 651元增加到2 582元。

湖北省谷城县五山镇堰河村部分农户依托山村绿色办起了农家乐饭庄、生态旅馆等第三产业，为农民增收致富开辟了路子。2005年，全村人均收入3 400元，1 000余元来自林业及相关产业，全村生态旅游业收入100万元。许多过去单一从事种植业的人员，开始从事服务业等，通过产业结构调整，使他们走上了增收致富的路子。

（三）坚持走“公司+基地+农户”的发展模式，大力扶持培育龙头企业

重庆市四面山花椒开发有限责任公司（位于重庆江津市）组建时花椒种植面积13万亩，以后每年以10万亩速度递增，现在已发展到50万亩，2005年已投产30万亩，产值达4.8亿元，其规模化生产居全国之首，带动着江津61万椒农增收致富。仅此一项，椒农人均增收700余元，2004年被我局命名为“中国花椒之乡”。该公司在体制上进行创新，突破“分户经营”模式，以“抓大户、建协会、带散户”为重点，积极推行“公司+科研+协会+专业合作社+业主农户”的运作模式。我们在调研中有两点感触特别深，一是他们建立贮存花椒的冷库，旺季或淡季收购农民的花椒都不压低收购价，而且也不随花椒基地的扩大而压低收购价；二是他们通过协会和专业合作社给农民统购统配化肥，既方便了农民，价格也比农民自己去市场买便宜，又保证了化肥的质量和花椒的品质。我们问公司老总：会不会因花椒基地规模大了、产量高

了，在收购上压农民的价。他回答："我是把农民的花椒基地视为工厂的第一道车间来管理的。"在花椒的收购价和化肥购销价上，他们公司都做到了最大限度地让利于农民。我们认为这是一个有长远眼光和责任感的企业。

重庆市万州区白羊镇是全国三大柠檬主产区之一，全镇有柠檬面积3.7万亩，占全区柠檬总面积的25%，其中处于盛果期的果树1.6万亩，柠檬在国内大城市畅销，并出口俄罗斯，2005年全镇外销柠檬1万吨，实现产值3 000多万元，占农村经济总量的12.7%，农民人均纯收入2 655元。他们采取"公司+协会+农户"的运作模式，实现了合作化生产经营，形成了有机的利益共同体，提高了市场竞争力；积极打造柠檬品牌，提高科技含量；延伸产业链，形成产供销加工储存一条龙的服务体系，彻底解决了果农的后顾之忧。

重庆市荣昌县是中国麻竹之乡和笋材两用林栽培标准化示范区，为增加农民收入，林业部门利用资源优势，扶持当地企业发展，有以加工食用笋为主的"包黑子"食品有限公司，有生产高强度竹胶合板的锦竹车厢板有限公司，还有竹叶加工厂等。这些企业的建立，有力地推进了竹业基地的建设和发展。

（四）服务"三农"，兴林富民

兴林为了富民，富民才能兴林，兴林与富民是互相促进的辩证关系。重庆市和湖北省把发展林业作为农村生产发展的重要内容，着力在服务"三农"上下工夫，既兴了林也富了民。

重庆市江津市先锋镇的花椒种植最早始于1978年，1995年后规模种植，最早种植的已有近30年的历史，而花椒的盛果期一般在20年左右，最先种植的花椒已经进入衰果期，开始出现大幅度减产，给农民造成了很大损失，部分农民准备将原有的花椒铲除重新种植。林业站职工对此高度重视，通过学习、试验，掌握了截干增产的方法，并从2003年开始，有组织地向农民传授推广截干技术，进行花椒低产林改造，将产量提高了26%，达到盛果期的产量，且品质未受影响。林业站职工采取课堂讲授+现场示范的形式向椒农推广截干技术，每年培训农民2 000人次。

湖北省宜昌市宜陵区雷家畈村是省林业局确定的500个绿色家园示范村之一。为帮助该村发展林果基地，林业部门倾注了大量的心血，提供了从品种选择到苗木供应、种植管理、搭建销售桥梁等一条龙技术服务。他们为雷家畈村提供的猕猴桃苗木保证当年种植，次年挂果，6年左右进入盛果期。现在雷家畈村有耕地2 200亩，果树基地4 300亩，其中柑橘3 300亩，猕猴桃750亩。2005年全村柑橘产量4 000吨，实现利润990万元，是农民收入的主要来源。对比水稻种植和柑橘种植每亩收入为400:3 000元。通过多年的实践和摸索，雷家畈村得出的结论是：在山区单纯从事农耕生产是永远不可能致富的，山区新农村建设的本质是林业的建设，在新农村建设中林业应当被赋予生态建设的基础地位和农民增收的主要地位。

湖北省武汉市林业部门充分利用大城市周边地区的区位优势，积极帮助农民发展庭院林业。林业科技人员经常深入农村，采取"讲给农民听，做给农民看，带着农民干"的方式，切实为农民搞好服务。在他们的帮助下，武汉市江夏区东河街村农民在房前屋后种植绿化苗木和桩景树，增收幅度在1~2倍；蔡甸区马鞍村农民在房前屋后空地栽植小果园，果树品种包括柑橘、无花果、枣、柿、李、梨等，规模虽小，但是通过科学管理，产量和品质较好，林业部门和产业协会积极与武汉市家乐福超市联系，使他们的水果实现"零门槛入超市"，保证了农民增收。石马村一位农民从1979年开始在自己的院子内栽植了3株柑橘，有了可观的收益，尝到了甜头。在林业部门提供无偿科技服务和扶持下，他将承包的11亩地都种上了柑橘，每亩年均纯收入都在2 000元以上。在他的影响和带动下，全村柑橘产业有了很大的发展。江夏区魏集村在林业部门帮助下建起了绿化苗木基地，在苗木取得收益后，魏集村又发展了500亩的枇杷基地用于农民增收。这些事实充分说明发展林业对调整农村产业结构、促进农民增收蕴藏着巨大的潜力。

（五）大搞绿化美化，改善农村生态环境

重庆市荣昌县高田村在5 250亩土地中林业用地面积为2 000亩，麻雀岩水库300亩。高田村在抓好山地绿化的基础上，重点抓了村内绿化美化工作，围绕环湖路搞绿化，村内路旁栽植行道树，房前屋后栽种灌木、花草等，现在村内林木覆盖率达25%，生态环境得到了有效改善。加之利用水库等自然条件，带动了乡村旅游业的发展，2005年全村人均收入3 250元，25%以上的收入来自林业及相关产业。

湖北省谷城县五山镇堰河村按照“生态立村，生态富民”的思路，着力抓好生态文明建设，切实推进了精神文明的发展；着力抓了植树造林，绿化美化了农户庭院。目前全村绿化覆盖率达到77%，村内山青水碧，风景宜人。堰河村支书谈起村子的发展感慨颇深：20世纪80年代，村组所有的山场上种满了“挂画地”，产量很低，水土流失严重。到了90年代初，村里认为“穷破坏不如穷保护”，开展了退耕还林，在山上客土种茶，对林子进行保护，才有了现在的发展。

湖北省潜江市林业局按照因地制宜的原则，编制了新农村建设林业规划纲要。一是多种形式开展“万树村”活动，充分挖掘农村四旁植树潜力，提高村庄绿化率。二是推广农村庭院绿化三种模式，即前灌后乔、前花后竹、果蔬套种。三是重点实施湾子林改造工程，做到了“四统一”，即统一对低产低效杂灌湾子林进行了更新改造；统一苗木品种和规格；统一按规定的株行距营造杨树速丰林；统一实行专业化栽植并套白，建成了一线贯通连绵数千米的绿色林带，林带平均宽度达到30～50米，提高了村庄绿化水平。同时，潜江市林业局和王场镇党委政府对两个村七个组350多户的150多亩湾子林进行改造试点。这些湾子林密度大，树种杂，林下乱，材质差，生长慢，效益低。在技术上林业主管部门严格把关，保证改造的存活质量，如今延河堤一线建成了连绵4千米的绿色林带。现在改造工程已全部高质量高标准地完成了，林木成活率达到95%以上，人居环境有显著改善，改造后林木的经济效益是未改造前的近10倍，深受当地农民群众的欢迎。该镇湾子林改造的成功，也带动了全市其他乡镇的改造工程。

武汉市东西湖区石榴红村原来是一个农场，通过开展绿色家园建设万树村活动，新植以石榴、桃树、柑橘、桂花、樟树等为主的绿化树11 000株，同时对73栋民房进行统一改造，形成了“粉壁黛瓦飞檐马头墙”的徽派格局。通过对旧居改造和村湾绿化建设，现在的石榴红村花木葱郁，绿树成荫，古朴与自然相融，逐渐成为一个集生态和休闲旅游为一体的绿色家园，深受市民的青睐。石榴红村还利用地缘优势，吸引市民观光，农户通过餐饮、住宿、菜地认养、果树采摘等休闲旅游项目，调整了农村产业结构，进一步拓宽了农户增收渠道，2005年全村人均收入4 680元。这个典型很快得到了附近几个村的认同，他们准备再建设3个类似的村落，将以森林旅游为主的产业做大做强，形成四村一片，各季节不同的观光乐园，即春观桃，夏观榴，秋观桂，冬观梅。中共中央书记处书记、中纪委副书记何勇同志高度评价石榴红村：这就是“社会主义新农村建设的发展方向”。

另外，“村庄竹林环抱”、“房在树中隐，水在渠中流，车在林中行，人在绿中走”、“村在林中建，路在林中通，人在林中行”、“春有花，夏有荫，秋有果，冬有绿”等各地总结的特色建设也不在少数。其基本经验都是通过绿化美化村庄，实现人居环境与自然环境的和谐优美，从而增强农民群众的生态意识，形成自觉植绿、护绿、爱绿、兴绿的新风尚。现在乡镇干部和村民都直接感受到，植树造林和村庄、庭院绿化美化是改善生态环境、弘扬生态文明的主要手段，是促进乡风文明、实现村容整洁的主要措施。

（六）提高农民文明素质和文化素质

湖北省谷城县五山镇堰河村在抓好生态建设的过程中，同时注重提高农民文明素质和文化素质。当地林业部门给农民印发了保护森林和生态常识的手册，宣传林业政策，提高农民保护生态、爱护环境的意识。村支书给我们算了一笔账：全村现有的山林如果皆伐，可以获得100万元的收入，但10年之内也无法恢复，而现在发展生态旅游每年的收入就达100万元。农民现在不只提高了保护森林的意识，文明素质也在提高，不良的生活习惯在改变。垃圾入箱，人们主动拾捡路上牲畜的粪便，村里以每月300元工资竞聘了3名保洁员，负责垃圾分类和清扫道路。村支书告诉我们：“自从发展生态旅游后，你可以从村民们说上茅房，到上厕所，再到现在上洗手间的变化中看出我们村民生活观念发生了大幅度的转变。现在是路面洁净，绿色食品，垃圾分类等已深入人心。”

武汉市把不断提高农民基本素质，引导农民改变落后的生产生活方式作为绿色家园建设的重要目标。他们引导农民增强环保意识，改变过去柴草乱垛、垃圾乱丢、污水乱泼、禽畜乱跑的陋习，树立文明、卫生、健康的生产生活风尚。农村环境的改善，吸引了大量城市居民到农村休闲度假，乡村休闲游又带动了农民开始学习旅游服务、餐饮管理等方面的知识，农民的文明素质和文化素质都有大幅提高。

（七）在新农村建设中，拓展林业发展空间，促进农村经济发展

重庆江津市林业局解放思想，创新机制，充分认识到新农村建设为林业提供了广阔的发展空间。为了切实解决好林业发展不足的问题，他们见缝插针，按照“道路林荫化、庭院花果化、农田林网化、城镇园林化、山地森林化、林区产业化”的六化目标积极拓展林业发展空间，使森林覆盖率由34.6%提高到40%，实现林业总产值15亿元以上，农民人均林业收入1 500元以上的奋斗目标。他们规划到2020年，要使全市森林覆盖率达到45%，林业总产值达到30亿元，农民人均林业收入达到3 000元。

湖北省各地林业部门紧紧抓住林业在社会主义新农村建设中的大好机遇，从横向和纵向上拓展林业发展的空间。横向是见缝插绿、到边到脚；纵向是立体开发、果蔬套种。“小片不嫌弃，大片要成气”。武汉市从2005年以来，在全市110个村开展了建设绿色家园试点，一湾一纸搞规划、做设计，充分利用农村“三闲”（闲地、闲人、闲时间），大力开展村湾造林绿化。他们按照小庭院、大产业的思路，在布局上坚持一村一品、一乡一特色，因地制宜地搞小果园、小苗圃、小林庄、小片林（丰产林）的“四小型”建设。从2006年开始按每年不少于200个行政村推进。力争“十一五”全部完成，届时，该市将新增林地20多万亩，农民户均增收500多元，森林覆盖率将提高2个百分点。

农村是林业的主战场，农民是林业的主力军，通过充分挖掘每一寸可供利用的土地资源发展林业，不仅进一步拓展了林业发展的空间，而且有力地促进了农村经济的发展。

三、存在的主要问题

在这次调查中，各地都反映了一些当前林业在建设社会主义新农村中存在的问题。主要是：

——重庆市、湖北省林业局以及几乎所有山区县（市、区）都反映，新农村建设是一项长期的工作，特别是对山区农村来讲，希望在山，致富在林，应将新农村建设纳入林业的整体工作、特别是结合林业重点工程建设加以部署。目前退耕还林工程已深入民心，被农民视为德政工程。但由于政策调整，近年来退耕还林任务调减较大，而且重庆市和湖北省都存在超计划退耕还林却不能享受相应优惠政策的情况，严重影响了农民的积极性。因此，各地希望国家应保持政策的稳定延续性，进一步加大退耕还林力度。

——林业重点工程的实施促进了新农村建设，新农村建设又赋予了林业重点工程新的任务。各地普遍反映，林业的责任大了，地位提高了，但相应的负担也重了。目前退耕还林工程存在前期工作经费和后期的管护费用严重不足的问题，再加上新农村建设的内容，经费上的压力更加沉重。各地建议国家应该实事求是地增加工程的前期工作经费和后期管护费用，以保证工程实施和将新农村建设的工作落到实处。

——目前林业的各项管理制度过死，特别是在商品林的采伐限额管理（包括抚育间伐）以及退耕还林中生态林营造的比例上限制过死，在很大程度上影响了农民的积极性。一些地方农民造林还仅仅停留在为完成国家任务和取得国家补助上，并没有与长远发展致富的目标真正结合，从而不能形成真正的内在动力。

——林业产业开发普遍存在缺乏国家资金扶持的问题。现在有很多好的项目可以利用当地的资源优势，发展产业。但由于资金方面的限制，不能很好地开发，致使企业的带动力不强。

——林业基层单位普遍存在队伍人力不足、素质不高和基础设施薄弱的问题，特别是林业站基本

建设滞后，工作经费没有保障，严重制约林业服务职能的发挥。

四、扎实推进“创建”行动的几点建议

（一）进一步加强对“创建”工作的指导

各级林业部门要积极担负起“创绿色家园 建富裕新村”的重要任务，进一步加强指导。根据各地工作开展的情况，建议国家林业局尽快制定关于林业推进“创绿色家园 建富裕新村”的指导意见以及相关标准和评选表彰办法，切实把林业推进新农村建设的着力点放到发展生产、增加农民收入上来。防止出现“创建”工作仅仅局限在少数几个条件好的示范点上和把新农村建设变成单纯的“新农庄”建设。建议创建标准的制定应留给各地根据实际情况因地制宜创造性发挥的空间，防止“创建”标准“一刀切”。

（二）进一步完善林业的配套政策和管理制度

林业政策的制定和调整应立足于充分调动农民发展林业生产的积极性。当前，除了加快农村林权制度改革外，建议把合理调整农村商品林采伐限额管理办法和退耕还林中生态林营造比例过大以及后续产业发展等问题尽快提到政策调整的日程上，进一步消除影响农民积极性发挥在政策和制度上的障碍，使农民能够在发展林业生产中得到实实在在的利益，使林业真正成为山区农民长久致富的根本，使林业在新农村建设中的作用得到更好的体现。

（三）进一步加强基层林业站基础设施和队伍建设

建议国家进一步加大对基层林业站基础设施建设的投入，加强各类林业示范基地及其队伍的建设，赋予并强化林业站向农民提供技术服务的职能，采取有效措施落实工作经费和人员编制，把指导“创绿色家园 建富裕新村”的经常性工作任务具体落实到林业站，并不断提高指导服务的能力和水平，确保“创建”工作取得成效。

（四）建立创建工作信息交流平台，加强典型宣传工作

建议在国家林业局“创建”领导小组办公室建立工作信息交流平台，交流各地开展“创建”工作的信息和经验，积极组织新闻媒体加大对“创建”工作取得的成效和各类典型的宣传力度，大力营造良好的社会氛围，推进“创建”活动不断深入开展。

调 研 单 位：国家林业局宣传办公室
调研组成员：柳维河　张明辉　韩　非　王庆胜

⊙林区发展与新农村建设

加强基础设施建设　促进林区和谐发展

根据国家林业局党组的统一部署，为落实温家宝总理关于“要把林业基础设施建设放在更加重要的位置，作为社会主义新农村建设的重要内容来抓”批示精神，深入了解当前林区基础设施总体情况，客观研究、解决林区基础设施建设中长期以来存在的问题，计资司“林区发展与新农村建设”林区基础设施建设专题调研组于6月中旬至8月初，先后深入到吉林、黑龙江、四川、云南、新疆、江西、浙江等省（自治区）的15个国有森工局、16个地方国有林场、7个自然保护区进行考察和调研。为确保调查资料和研究成果更具全面性和代表性，调研组同时向31个省（自治区、直辖市）的林业厅（局）发放调研提纲和调查表格，进行了相关资料的普查。通过实地考察、走访、座谈和普查统计等多种形式的调查与研究，调研组认为，当前林区发展已成为全面建设社会主义新农村的薄弱环节，而基础设施建设已成为林区发展的制约瓶颈。解决林区基础设施的问题已迫在眉睫。现将有关情况、建议报告如下：

一、林区发展与基础设施建设的基本状况

我国林业用地面积28 280.34万公顷，其中国

有占40%，集体占60%；全国森林面积17 278万公顷，其中国有占42.5%，集体占57.5%。我国的森林主要分布在东北内蒙古林区、西南高山林区、东南低山丘陵林区、西北高山林区和热带林区。全国林区土地面积40 050万公顷，占国土面积的41.7%；林区森林面积14 557万公顷，占全国森林面积的84.3%。

我国林区主要分为国有林区和地方集体林区，其中重点国有林区森工企业局和地方国有林场，无论是经营面积还是林业人口，都占有主导地位。目前，全国共有136个重点国有森工局，5 759个国有林场（其中：136个重点国有森工局下属中心林场1 293个，地方国有林场4 466个）。全林区总人口521万人。

重点国有林区位于内蒙古、吉林、黑龙江、四川、云南、陕西、甘肃和新疆等省（自治区）。全国136个国有森工局林业用地面积3 371万公顷，占全国林业用地面积的11.8%。其中，有林地面积2 843万公顷，占全国有林地面积的16%。建国以来，重点国有林区共为国家生产木材12.2亿立方米，上缴利税费365.6亿元，为我国经济建设和现代化建设做出了巨大贡献，特别是对促进少数民族地区经济和社会的发展发挥了重要积极的作用。现有林业人口411万，其中：在职职工78.6万人，离退休40.7万人。

全国现有地方国有林场4 466个，分布在31个省（自治区、直辖市）的1 700多个县（市、区、旗）的农村区域，而且大部分位于中西部地区高山远山、江河两岸、水库周围、风沙前线等自然条件恶劣的地区。国有林场总经营面积5 667万公顷，森林面积达3 667万公顷。森林面积占全国森林面积的1/5，也是我国最重要的后备森林基地和十分重要的生态屏障。全国地方国有林场人口110万，其中职工60万人。

从调研情况看，自改革开放以来，我国林业基础设施建设取得了长足进展，林区综合生产能力显著提高。尤其在“十五”期间，全国重点国有林区的生产、生活条件得到较大改善和发展。截至2005年底，重点国有林区公路通车里程共计7.3万千米，其中干线公路比重占31%。建设桥梁8 712座，涵洞7.4万余个。设有变电所104个，变电容量150万千瓦，输变电线路1.6万千米。136个森工企业局局址日给水能力26万吨，给水管线约2 500千米。现有中小学827所（含林场学校），其中高中80所，初中120所，小学627所。在校学生24.1万人。拥有校舍建筑面积225万平方米。设有职工医院115所，设有病床1.6万张，年均门诊量311万人次。同时还配套建设了275千米的局址排水管线，93个油库，储油能力18万吨，48个液化气站，储运能力0.6万吨。逐步形成了林区公路、供电、局址给排水、教育医疗和能源供应等林区基础设施建设体系。

二、存在的主要问题

通过调研，我们对林区职工生活、生产、发展等方面现状的基本认识是：国有森工企业和国有林场基础设施落后，生产设施薄弱，职工生活依然困难，多数企业和林场已成为地方弱势群体中的弱势群体，成为地方政府的包袱。若不从政策、体制、机制上加以解决，将成为影响社会稳定的重要因素。尤其是东北、内蒙古国有林区的社会性基础设施发展水平严重滞后于全国平均水平。当前，林区基础设施建设的问题比较集中，矛盾比较尖锐，已经直接威胁到林区的生活、生产和发展。

（一）国有林区、国有林场社会性基础设施滞后，林区职工生存条件差、生活质量低

1. 饮水难

一是供水能力严重不足，目前全国林区普遍没有水厂设施，多数直接抽取河水、地下水，不能形成规模的供水能力。很多已建成的供水管线设施还存在系统布局和设计不合理、设施老化等问题，管道爆裂现象经常发生，跑冒滴漏严重，有的高达30%以上，更是加剧了供水能力的不足。二是水源地缺乏保护，或取水深度不够，水质含量高氟、高砷，污染物超标严重。在已有自来水的林场，70%以上没有水质处理设备，饮用的自来水多是未经处理的Ⅳ类及超Ⅳ类地表水，饮用细菌学指标超标严重。三是全国尚有57%的重点国有森工局中心林场、67%的地方国有林场职工没有饮上自来水。仅东北、内蒙古重点国有林区，能够使用自来水的只

有117.7万人（占总人口的37%），饮用未经处理水的有70.6万人（占总人口的22%），饮用未达标水的有204.8万人（占总人口的64%，包括自来水未达标的）。甘肃省国有林区的113个林场、96个苗圃都是以取用地表水或修建水窖方式供水，水质远远达不到国家饮用水标准。近年来，甘肃全省各地持续干旱，水窖无法蓄水，水井已经干枯，林区职工饮水问题成为生活诸难之首，到数十千米外取水自救在各林区已不鲜见。

2. *住房难*

调研组在四川省川西林业局、云南小中甸林业局等国有森工企业及其林场看到，其局、场办公场所及职工住房基本上都是20世纪六七十年代修建的房屋，部分还是“干打垒”结构，建筑早已破烂不堪，屋内电线老化，存在严重的安全隐患，建于木材生产时期的林区木板工棚多处垮塌，不少管护职工分散租住在当地村民家中，整个森工企业给人一种衰败破落的印象。林场既不像城镇，又不像农村。林区职工既不工人，又不农民。吉林省三岔子林业局龙湾林场一位20世纪50年代的省林业劳模，至今仍住70年代建造的狭小土房，由于年久失修，窗户破烂漏风，墙体出现多处开裂，已成危房。即使在条件相对较好的敦化林业局，局址职工现有住户18 000多户，棚户区住户就占了58%，其所属的基层林场尚有28%的住户仍居住在六七十年代的土坯和半砖瓦危房。江西省林区危房面积达57.8万平方米，占职工住房面积的29.5%。内蒙古国有林区现有板夹泥住房4万多户（包括山上林场1.6万户），占林区总户数的40%，危房面积164万平方米，涉及近13万林区人口。普查资料汇总显示，全国林区人均生产用房建筑面积约10平方米，人均居住面积仅7平方米，危房问题涉及林区1/4还多的人口，直接关系到林区广大职工群众的切身利益，呼声强烈，亟待妥善解决。

3. *看病难*

主要包括两方面：一是缺医少药，病房拥挤，就医困难；二是医疗卫生资源紧缺，看病成本费用过高，难以承受。通过走访座谈了解到，由于林区尤其是国有林场大多地处深山大沟、山高路远，约90%以上的林区职工、70%以上林农的就医问题只能就地依托于林业职工医院、卫生所。但由于资金投入匮乏，设施不能维修，病房简陋、床位少，大多数医疗专用设备长期超期服役；防疫网络体系不健全，缺乏必要的检验、化验、监测等设备，难以应对突发性公共卫生事件，与地方医院的差距越来越大，多数林业医院、医疗所面临关门谢业的窘境。此外，林区医疗垃圾处理手段十分落后，二次污染严重，已成为新农村建设亟待解决的问题。据调查，东北、内蒙古国有林区现有的115所职工医院的77万平方米总建筑面积中，超过使用年限的房舍面积达13万平方米，危房面积达10万平方米。普查资料显示，全国尚有62%的重点森工局基层林场、85%的地方国有林场、70%的森林公园、75%的自然保护区没有独立的医务室，职工对就医难、卫生防疫条件差的问题反映强烈。

4. *上学难*

一是林区学校布局分散，办学难以形成规模效益。由于林区开发初期推行了以场轮伐的经营思想和布局原则，形成了林区办学过于分散的现状。近年来国有森工企业已搞了部分集中办学，撤并了少量林场学校。但是，大部分林业局山上林场小学还没实行集中办学。据调查，龙江森工集团现有林场学校180所，在校生0.7万人，平均每个学校不到39人。网点布局过于分散，教师队伍、资金投入配置不合理，致使办学效益过低，严重影响了教育整体水平和未来的职工队伍素质的提高。二是资金短缺，学校建设严重滞后。由于受森工企业经济效益影响，企业教育投入有限，各校的设施既满足不了日益发展的教学需要，也不能保证教学任务的正常进行。调查组实地看到，东北国有林区现有校舍普遍建设标准低、建筑面积小，多数校舍均是采用手扣砖建设，校舍门窗设计尺寸小，采光、通风的效果不良，造成教室夏天闷热潮湿，冬天寒气袭人且光线不足，还有部分校舍采用明火取暖，既不安全又不卫生。正在使用超过年限的教学用房面积约占总面积的29%，危房面积约占15%。三是设施陈旧，教学手段十分落后。林区中小学校的微机室、语音室、电教室“新三室”建设，整体水平非常落后。学校的教学设备、附属设施也十分缺少和陈旧，需要及时进行设备和设施的配套建设。

5. 行路难

一是不通公路。目前全国重点国有林区21%的基层林场，集体林区18%的国有林场、40%的森林公园、30%的自然保护区、20%的重点国有苗圃种子园不通外部干线公路，林区生产和职工生活的交通状况极为困难，只能靠原始状态的肩挑背驮。二是标准低、路况差。90%以上的林区干线公路为砂石路面，96%以上的林区支岔线是土路面，85%以上的桥涵为木质桥涵，抗灾能力低，通行能力较差，晴通雨阻。在实地调研的6个省（自治区）中，黑龙江省森工系统有21个局址、566个林场不通水泥路或柏油路，分别占总量的52.5%、94.6%；吉林省重点国有林区中，不通水泥路或柏油路的基层林场有180个，占85%；江西省有15个国有林场不通公路，占总数的4%，全省通场、通区“公路硬化率”不到15%；浙江省的726个规划作业林区中，不通公路的290个，占40%；甘肃省国有林场不通路的84个，占46%；新疆维吾尔自治区国有林场不通路的21个，占27%。

（二）林业生产性基础设施薄弱，很不适应现代林业发展和社会需求

1. 森林防火设施建设严重滞后

林区防火道路密度低，物资储备严重不足，指挥调度手段落后，对火灾的快速反应能力差。全国火情监测、通讯调度、阻隔系统至今尚未形成网络，难以实现对火情的适时监测和防控。实地调研的黑龙江森工林区的重点火险区每公顷防火林道密度不足0.3米。四川省木里县，森林经营面积93.8万公顷，至今没有一座森林防火瞭望塔，防火道路密度网每公顷仅为1.26米，2005年5～6月连续发生三起森林火灾，由于火灾处于“三不通”（不通公路、电话、电力）地带，致使火情报送不及时、扑救人员难以迅速到位，造成严重损失。

2. 林业有害生物预防体系亟待加强

目前，防治工作所需的监测、检疫检验实验室、仪器设备，应急防控所必需的交通工具、通讯设备，以及药械库、药械等设施设备严重匮乏的问题突出，全国的防控工作还基本停留在“有虫治虫、有病治病、减灾控灾”阶段，不能及时对危险性森林病虫害进行检疫鉴定，往往贻误最佳防治时机，造成有害生物一旦发生就大面积成灾，陷入“年年防、年年灾”的被动境况之中。

3. 木材检查站、林业工作站、森林公安派出所等森林资源管护基层单位设施条件差

江西省经省政府批准建立的270个一级木材检查站，大多数为租用或借用站房，部分站虽建有站房，也因房屋结构简易（砖瓦或土木结构）、年久失修而成为危房；80%的木材检查站没有交通工具，办案设备缺乏，难以有效开展执法工作。湖南省自1981年先后建立的216个林区森林公安派出所，尚有155个无固定办公用房，制约了森林公安职能的正常发挥。在已建的2 873个基层林业工作站中，880个没有独立站房，占总数的30.6%；529个没有通讯设备，占总数的18.4%；1330个没有交通工具，占总数的46.3%，严重制约了林业站六大职能的发挥。

4. 技术手段和生产水平落后

调研显示，我国林区的科技水平总体较低，全国林业科技进步贡献率只有30.3%，成果转化率只有38.5%。我国林业生产水平落后于农业至少10年以上。在实地调研的6省（自治区）中，85%的林业科技推广尚无固定的投资渠道，95%没有专门的林产品质量检验机构，100%没有实现电子信息办公系统。浙江省2005年各级投入森林防火的经费总计不超过每公顷1.2元，2 000元一台的风力灭火机每10万亩才一台，技术装备落后，一遇森林火灾，只有依靠群众用血肉之躯和砍刀树枝与之搏斗。湖南省林区农民的生产方式基本上还是沿用几千年来肩挑人扛、刀抚锄垦的生产方式，许多先进的生产工具和技术没有得到推广应用，全省24个林区县农业机械总动力相当于全省平均水平的17.87%，每公顷农业机械总动力水平相当于全省的56.1%。

（三）林区发展动力不足，制约林区经济社会的发展

1. 林业基层单位经营危困，举步维艰

据初步统计，“十五”期间国家用于林业基本建设的投资，大约77%用在了营林生产上，只有23%用于林业基础设施建设，林区自身能力建设一直不能得到加强。林业基层单位一方面承担着艰巨

的生产任务，另一方面却缺乏基本的生产设施和工作条件，负重前进。由于受管理体制和天保工程实施后国家投资不足的影响，全国重点国有林区的年主营收入从1998年开始持续下滑。同时，地方国有林场亦由于边缘化严重，既不是一级地方政府，又实行的是以场带乡、村的管理体制，社会负担沉重，收不抵支。目前，林业基层单位呈现出共同特征：一方面，企业收入下降无力进行基础设施建设，林区产业开发缺乏基本生产条件，抱着金饭碗讨饭吃；另一方面，因历史欠账太多，国家的投入很难从整体上改变林区基础设施无落后的局面，欠账越来越严重。龙江森工集团从1990年开始发生政策性亏损，累计亏损挂账16亿元；企业办社会每年承担教育、公检法、医疗卫生、市政社会机构等经费总量3.38亿元；吉林森工集团，由于木材产量大幅调减，造成长期积累亟待偿还但又没有能力偿还的债务4.4亿元，每年承担的非经营性支出1.6亿元。江西省每年发生森林火灾面积15万亩左右，病虫害发生面积450万亩左右，处置成本和损失基本上由经营者承担；在“灭荒”战役中，各级林业主管部门普遍负债，通过多年“消化”，现全省负债总额还有8.83亿元。在林区负担沉重的同时，由于国家公共财政保障的缺位，依靠林业规费运转的林业主管部门亦倍感难堪。育林基金是维持林业简单再生产的专项资金，依法应返还职工、林农用于林业基础设施建设和林业再生产，但由于大部分林区基层财政困难，对林业投入有限，导致育林基金未能返还。据湖南省调查统计，2003～2005年全省平均每年征收集体林育林基金4.23亿元，其中生产性支出约占30%，其余主要用于全省每年所需的林业经费开支。“育林基金”变成“育人基金”的直接后果是迫使林业部门与民争利，甚至为取得规费收入而纵容超限额消耗森林资源。

2. 林业职工生活贫困

由于缺少基本的生活生产资料和基础设施条件，加之自我造血机能差，生活非常艰苦。实地调研的吉林省，2004年林区职工年平均工资收入为6 902元，全省职工年平均工资收入为12 341元，全省职工年平均工资是林业职工年平均工资的1.8倍，林区职工家庭生活水平普遍落后于当地社会的平均水平。实际上，由于下岗待安置人员的增加，往往1个林业职工负担3～4个林区人口，因此林业职工家庭人均收入只有仅仅1 972元，甚至低于周边农村社区的农民人均收入。在江西省建场时间最早、职工人数最多、经营面积最大的景德镇市枫树山林场，调研了解到，全场职工发放的工资基数还是2003年的基础工资，且只兑现60%左右，职工家庭年人均收入2 579元，比当地农民年人均收入少26%，历年累计拖欠职工工资4 386万元。四川省阿坝藏族羌族自治州、甘孜藏族自治州林业局和云南省迪庆藏族自治州林业局，职工年平均工资约8 000～10 000元，远低于城镇职工年平均工资16 000元的水平。这种收入水平是建立在完成天保工程造林和管护任务的基础上，随着天保工程的实施，部分地方已无造林地，森工企业的造林任务也在逐年减少，职工收入将随之下降。此外，从企业情况看，普遍存在离退休职工数量多、负担重的问题。如川西林业局，在职职工355人，离退休职工1 930人，抚恤598人，另有待业人员172人；马尔康林业局在职职工705人，离退休职工5 737人，抚恤1 583人，待业46人。企业拖欠职工医疗费、抚恤费、未统筹部分养老金等情况严重，如马尔康林业局欠离退休职工费用高达3 060.9万元。离退休人员要求补发欠费的呼声强烈，上访不断。普查中，湖南省通过对全省24个重点林区县212个样本乡镇的调研发现，集体林区的农民拥有林地数量与收入呈反比，人均拥有林地越多，收入水平越低，当地基础设施越落后。其中，农民人均林地10亩以上的村，人均收入2 311元；人均林地5～10亩的，人均收入2 784元；人均林地5亩以下的，人均收入3 390元。

3. 林区社会欠稳定

一是林区人才、职工流失严重。由于林区基础设施条件差、生活水平低，进一步加剧了林区人才结构严重失衡。一方面艰苦的生活条件，缺乏引进人才的吸引力，外面的人才进不来，有的林业局3年没有招过1个中专以上的毕业生，有的林场自天然林资源保护工程一次性分流后5年没招过工；另一方面一些有文化、有技能的林区青壮劳力迫于生活压力，纷纷外出务工，留守人员多为老弱病残、儿童。目前的林区农民和干部职工的素质普遍偏低，年龄结构偏高，难以承担起林区建设社会主义新农村的重担。实地调研的吉林省三岔子林业局的龙湾林场，在岗职工 232 人，离退休职工 260 人。其中在岗职工年龄 90% 都在 45 岁以上，男职工 164 人，女职工 68 人。全国林业自然保护区中，17～45 岁的职工仅占 32%，中专以上学历的仅占 25%。同时，林区就业技能培训体系几乎是空白，林区职工、农民外出打工或从事非农就业时也只能干一些粗活、重活、脏活，非常不稳定。职工队伍的不稳定，将使林区发展失去最根本的人才基础。

二是林区社会发育滞后，文化、教育与社会差距太大，大集体缺乏劳动机会，就业岗位少，加之林区公检法基础设施薄弱，近年社会治安、综合治理的群发事件有增多趋势。调研组感到，如果处理不好，将可能引发不安定因素。四川省个别林区因落实离退休经费问题，就曾引发拦截汽车、集体上访的现象。对此，应引起高度重视。

三、存在问题的主要成因

建设完善的林区基础设施保障体系，面临着许多矛盾、问题，调研组分析认为，存在问题的成因主要体现在以下四个方面：

（一）历史原因造成林区建设先天不足，基础薄弱

长期以来，由于国家对林区开发建设一直采取“先生产、后生活”、“边建设、边生产”的发展模式，属于典型的企业办社会性质，造成林区基础设施建设先天不足，欠账多、包袱重。特别是在 20 世纪 80 年代末，林区森工企业普遍进入“两危”，企业自身生存都有困难，仅能维持简单再生产。1997 年实施天然林资源保护工程后，林区生产功能进一步弱化，企业更加没有能力进行基础设施建设。在国家投入不足的情况下，过去一直存在基础设施落后的问题更加突出。以“十五”期间为例，中央累计用于林业基础设施建设资金只有 91 亿元，仅占投入总量的 23%。而在吉林省、四川省和甘肃省，林业基础设施投资分别仅占全省林业投资总额的 3.8%、1.7%、2.5%。在龙江森工集团，由于国家投资缺口的原因，全林区 40 个林业局有 39 个未能按总体设计建设，累计设计投资欠账高达 23.9 亿元，致使林区基础设施严重落后。

（二）受区域经济发展水平的制约，林区社会地位日渐边缘化

一是社会关注不够。由于林区地广人稀，交通不便，落后封闭，林区和林农的问题长期被社会和各级地方政府所忽视。林区发展在地方经济发展基本上是一个空白，没有纳入地方国民经济发展规划，没有财政投入，没有进入地方政府领导的工作视野。有的林场职工、林农对调研组说，10 多年了，他们连上级干部都没有见过几次。部分地方政府领导，片面强调经济属性，而忽视社会属性，对以综合服务和社会效益为主的林业基层单位，采取不恰当的简单撤并，甚至转化成经济实体，使那些本无经济效益的林业基层单位失去生存保障。

二是受区域经济发展水平的制约。林区在地域分布上基本在山区，远离城市和市场，经济发展成本高。农民有自主经营的土地，能自主选择农作物品种和经营方式，而林区职工只能植树造林，保护生态环境，不能自主选择经营产品。林区总体呈现生产周期长、经济总量小、产业化水平低、综合实力不强、社会发育不全的行业特质，从而造成林区财政的最大特点是，财源结构单一，发展后劲严重不足，对事业发展的支持力度不够。

（三）国家惠林政策不到位，造成林区基础设施滞后状况相对其他行业更加突出

一是国家对林业的扶持政策与其地位作用不对称。林业是一项重要的公益事业和基础产业，国家、社会必须增加投入，特别是林业基础设施的投入，更应是原始积累和重点培育扶持的对象。然而，调研组了解到，我国林区尤其是国有林区并没有真正意义上整体纳入社会主义新农村建设范畴。职工普遍反映，过去，当国家执行以农补工政策和落实城镇最低保障政策时，林业被认为是农业，林场职工被认为是农工，不能调动，不能享受城市居民社会最低保障待遇；现在，国家重视“三农”问题，推进新农村建设，林区虽在山区农村，却不能享受“三农”的支持政策，比如不能列入国家投资建设的农村“村村通公路”“农村电网、电讯改造”工程范围，不能享受农村医疗、教育等惠农政

策；过去林区是大量“输血”，现在是无法“补血”，更无力“造血”。林区社会地位正日趋边缘化，林区基础设施成为被社会遗忘的角落。

二是惠农政策惠林不足。一方面，国家近年来高强度的惠农政策对山区林农帮助不大。林区县的水田面积少，林农享受粮食补贴、良种补贴和农机具补贴的数量甚微；许多林农居住在山高坡陡山区，耕地少，可退耕的坡耕地也很少，退耕还林政策亦未完全惠及山区林农。另一方面，国家对林农的补贴政策已经取消。国家粮食价格放开以前，国家对林农实行定销粮和统销粮政策，林农和国有林场职工粮食基本可以得到满足。粮食价格放开以后，因粮食价格上涨、木竹价格平稳或下跌和可伐资源减少，依靠销售木竹换取粮食的林农生活水平下降，甚至陷入贫困。江西省调查中群众反映，原来1立方米木材可以买550千克稻谷，现在只能买250千克。

（四）林业改革滞后，致使林区基础设施建设缺乏先进的管理机制和运行机制

一是林区管理体制改革滞后。近年来，我国局部林区对林业改革进行了很多探索，取得了新的进展，但由于整体改革没有大的动作，从其举措和改革力度上还没有触及到对计划经济体制的突破，国有林区、国有林场与国有农场、农村家庭承包、分户经营等相关行业的改革比起来，改革非常滞后，加上林区社会负担沉重，政企、政事分离不到位，林业职工收入低，生活没有得到大的改善，林区职工成为社会中最困难的群体。近年来，通过不断探索，虽然已经找到了一些路子和办法，但从总体上看，适合市场经济体制和适合我国林情的改革措施，尚未形成完整的思路和目标、步骤、方法，特别是林业分类经营管理体制和产权制度还没有建立起来，严重束缚林区生产力的发展，林业发展的体制性障碍还没有消除。

二是国有林区的运行机制陈旧。目前，国有林区仍然沿用几十年一贯的计划经济管理模式，习惯于用条块分割、自成体系的方式进行行业管理，致使社会性的林业工作逐渐部门化。同时，长期、浓重的计划经济体制管理模式，也迫使林区行政管理和基础设施建设付出了高昂的成本代价。以黑龙江省重点国有林区为例，管理体制是森工总局（森工集团）、林管局、林业局、林场（经营所）四级管理，其中森工总局既是行政管理部门，又是企业经营单位，运行经费靠所属企业上缴，管理模式靠行政指令，既加大了管理成本，加重了下属企业的经济包袱，同时也不利于企业与所在地方政府的沟通协调，造成林区建设边缘化严重，林区群众生活难于与当地建设规划、经济发展、社会体系相衔接。

三是多数国有森工企业和国有林场的单位性质定位不准确。随着天然林保护工程的实施，长江、黄河上中游地区全面停止了木材商品性采伐，东北内蒙古重点国有林区大幅度调减了木材产量，不少森工企业和林场停止森林采伐，工作重点已由木材生产全面转为森林管护，这些仅承担森林管护公益事业的国有森工企业和国有林场的劳动对象和生产产品已经发生了根本变化，但仍然保留企业性质。而历史形成的企业办社会负担沉重，难以在短期内剥离，政企不分、政社不分。以至于其基础设施建设的管理体制，也是管办不分，又管又办，国家、地方、企业三者间的责权利关系不明晰。国家多重投入，而少计成本，项目建设效益难以达到预期目标。

四是林业基层单位机构的设置不合理。仅就重点国有森工企业的中心林场和地方国有林场而言，没有结合当前林业形势新的变化而及时进行调整和重新布局，调研组在四川、云南林区看到，在国有森工局生产任务和生产方式转型后，其所属林场的规模依旧、布局依旧、性质依旧，川西林业局的部分林场只有两三个人在办公。这些国有林场多数都是建于20世纪50～70年代，经济增长方式简单、粗放，主要依托木材生产，过去的财政收入几乎全部依赖于木材生产。现在多是没有木材主伐任务的生态公益型林场，但仍有70%的公益型林场没有纳入地方财政，自己都在找饭吃，运行经费没有财政来源，朝不立夕，难以为继，就更没有资金能力搞林区基础设施建设。调研组明显感受到，在目前还承担有木材采伐任务的林区单位，尚能勉强维持，较好运行，而一旦木材停伐或大幅减产，则立即危机凸现、衰败破落。在天保工程区，由于森林管护人员的大量削减，现在的部分林业局实际上是生产

队，但机构依旧、人员设置依旧，社会包袱仍然存在。

四、意见与建议

调研组感到，林区基础设施建设滞后既是当前林区发展现状的反映，更是林区社会前进中的严重阻碍，既影响区内居民生活水平的提高和社会发育的改善，更影响到整个林区的社会稳定，加剧了林区与当地相关行业、毗邻单位之间反差愈来愈大，林区的森工企业、国有林场和职工已成为我国社会主义新农村建设中应当引起高度关注的弱势区域、弱势行业和弱势群体。

调研组认为，基础设施建设是林业经济和林区社会赖以发展的“先行资本”，其滞后的现状主要是历史形成的，目前情况下林区依靠自身力量难以解决，因此需要中央和地方政府共同给予扶持，从林区发展的体制、机制和管理方面“三管齐下”。基本思路是：深化改革增强内力，加大投入提高外力，各方合作形成合力，全面提升发展的持续力。基本任务是：必须紧紧抓住国家有关新农村建设的政策机遇，把林区发展纳入地方经济发展规划，合理统筹和定位，从根本上解决林区发展脱节的问题，解决林区与农村之间在生存与发展条件上的差距问题。同时，林业自身要以改革为动力，加快内部体制、机制的改革，盘活资产，提倡以多种形式发展林业产业，把着力点放在生产发展上，增强自我发展和自我积累。围绕以上思路和任务，调研组具体建议如下：

（一）着力深化林区改革，为林区基础设施建设提供强大、持续的源动力

改革是根本、是动力。林区发展首先必须对林区现有的体制、机制进行全面审视，要按照建设社会主义市场经济的总体部署和林业、林区的实际情况，从解放发展生产力入手，调动林区职工积极性，以振兴林区、加速林区发展为出发点，以政企职能分离为核心，建立与市场机制相适应的林业管理与服务体系，着力从根本上解决林区体制、机制性障碍，建议在及时总结和认真研究吉林森工改革的基础上，以所在省、区人民政府为主，提出相应的体制改革政策、措施和工作步骤。

一是按政企分开的要求逐步规范林业行政管理职能。林区行政管理必须按照“因事业设机构、因职责定岗位”的原则，精简机构，分流人员，减轻财政负担。改革后的林区行政管理部门及其派出机构，只负责限额管理，林政执法，林业政策法规宣传，林业科技培训、示范、推广和服务，引导林业生产、林业产业发展。

二是按市场化运作要求建立健全林业服务体系。以林业系统分流人员为主体，国家加大政策扶持力度，抓紧完善建立林业技术服务社会中介机构，实行独立法人、企业化管理，向社会提供有偿服务，自收自支、自负盈亏。

三是按国企改制要求搞好国有林场和森工企业改革。借鉴吉林森工集团改制经验，探索新路子，对国有林区的森工企业进行全方位、深层次、实质性改革，基本实现加工业国有资本全部退出、辅业全部转制民营、社会职能全部移交、职工全部转换劳动关系。改制后的森工企业、国有林场主要从事森林资源培育、管护和经营以及林特资源产品开发和资本运营，使产权更加清晰、主业更加突出、人员更加精干，建立国家所有、委托经营的森林资源管理新机制，为国有林区发展注入新的活力。

（二）加大国家政策与资金扶持力度，切实改善林区发展的基础设施条件

按照以人为本和可持续发展的方针，加速改变林区基础设施建设落后状况，消除林区社会前进中的障碍，提高林区职工生活水平，确保林区社会稳定，必须纳入各级人民政府的重要议事日程。要尽快改善林区基础设施条件，必须加大对林业基础设施建设的政策支持和资金投入，确保公共财政每年对林业的投入高于财政经常性收入的增长幅度。

一是抓好林区新农村建设规划。以改善林区职工生产生活环境，提高林区职工收入水平和自我发展能力为目标，把林区建设纳入当地各级政府新农村建设的总体规划，确保国家惠农政策能真正惠及到林区，统筹推进林区经济社会发展。坚持“统一规划、分步实施、因地制宜、分类指导”的方针，协调国家有关部门，加大资金投入力度。当前应突

出解决好林区农民行路难、饮水难、用电难的问题；并从加强行业扶持的角度入手，抓紧完善林区社会化服务体系，推动林区教育、卫生、文化等公共事业的发展。

二是巩固、拓宽现有投资渠道。建议协调国家发改委等有关部门，增加国有林区中央预算内森工非经营性基本建设投资，按照初步测算的“十一五”共需中央投资51亿元的总需求，将其年度投资规模由“十五”年均1.5亿元，提高到“十一五”年均5亿元；协调财政部等有关部门，做大做强国有林场现有的贫困林场扶持政策，增加财政性支出，将国有森工企业的公益性林场纳入贫困林场的扶持范围之内；对于林区施业区内的营林、防火等专业道路建设问题，以林区森林防火道路建设的方式，纳入“十一五”森林重点火险区建设总体规划，加大投资比重。按照我局正在编制的《全国森林防火中长期发展规划》（2006～2015年），初步估计需要改造和新建林区道路约40万千米，其中“十五”期间拟改造和新建18万千米，申请国家专项投资解决。

三是争取、开辟新的投资领域。从优先保障林区社会稳定和林区职工、林农基本生活需要的角度入手，新增投资渠道，建议抓好以下重点工作：

——加强林区外部交通干道建设。积极协调国家发展改革委和交通部等部门，争取将林区通局、通场道路等外部主干线建设纳入全国农村道路规划。考虑到与国家政策的合理衔接，建议将国有森工局、自然保护区、森林公园等外部干线公路纳入“通乡道路”规划，将国有林场、国有苗圃、种子园等外部公路纳入“通村道路”规划；其次，需提高国家对林区公路建设的补助标准。目前国家补助政策是：“通乡道路”建设标准为油路面、路幅宽6米，每千米造价60万元，中央补助标准为每千米30万元；“通村道路”建设标准为油路面、路幅宽3.5米，每千米造价30万元，中央补助标准为每千米10万元。鉴于林区大多远离城市和经济发达地区，公路建设成本高、里程远、投入大，加上国家实施天然林保护工程后，森工企业经济状况差，自筹资金能力较弱，申请国家对林区“通乡公路”给予每千米45万元的补助，对林区“通乡公路”给予每千米25万元的补助标准。

——扶持重点林区的危房改造。当前加快林区危房改造问题，已成为事关林区职工生命安全的关键性问题。天保工程实施后，企业收入骤降，依靠自身力量难以解决工作和职工危房改造问题，需要中央和地方政府给予适当扶持。对于国有森工企业生产用房的改造问题，各森工企业应根据当前的木材生产和森林管护需要合理确定工作人员，整合现有生产用房资源，在此基础上，按轻重缓急提出危房改造计划，我局将积极协调国家发改委，利用现有的森工非经营性投资渠道逐步加以改善；对于林区职工住房改造问题，国有林区的所在地方政府应将其重点国有森工企业纳入农村棚户区改造工程，国有林场建议结合林场撤并逐步予以解决。目前，各森工局林场均按木材生产的任务布局和设立，各林场的生产任务和所需人员大幅减少，必须对林场的布局重新进行调整，撤并部分林场，有利于集中解决林场职工给水、就医、入学及改善生活条件等问题。对于林场撤并的政策问题，建议参照国家关于小城镇建设的政策，申请国家给予专项投资给予解决。随之还将有大量林场和村屯需撤并，所发生的搬迁费和人员安置费，建议国家给予适当的生态移民补贴。通过实施林区布局的调整，对林业局局址和人口相对集中的中心林场生活供水系统进行改造，相应启动污水排放、垃圾处理工程。

——发挥财政资金导向功能，鼓励和引导社会资本增加林业基础设施投入。

根据公共财政改革取向，借鉴国外有关做法，今后在利用财政资金引导社会资本增加林业投入方面，可采取如下措施：第一，改变财政支林资金的使用办法，把一部分直接支援林业生产的拨款改为财政贴息贷款。这样，使国家资金投入同社会资本投入或其他资金来源相结合，创造出新的积累，通过归还贷款将积累转为投入，形成在公共财政政策引导下实现林业的自我积累和投入。第二，鼓励和动员全社会力量办林业。国家要抓紧出台相关政策，大力发展非公有制林业；鼓励农户、社会个人、企事业单位、干部职工参与林业开发建设，建立非公有制林业经济实体；允许农村劳动力和林地经营权折价入股；非公有林与集体林享受同等待遇并优先安排采伐指标。充分调动社会力量办林业的积极性，形成政府、农户、企业、个人等多元投入办林业的格局。第三，对于利润率较低、社会效益大或者回收期较长的速生丰产林建设、农田林网改造、山区综合开发等基础设施建设，实行财政贴息，减轻利息支出，提高投资者资金利润率，引导社会资本等投资主体利用银行或金融机构贷款进行林业生产建设。第四，实行以奖代补和以工代赈，鼓励林区职工、农民投入。即将事前无偿补助职工、林农进行生产建设的财政拨款或物资，改在项目验收以后，用奖励或替代的办法给以补助。总之，调研组认为，协助企业、集体和个人建立起积累、投入机制也是财政支林工作的重要内容。这一系列的政策措施，将有效激活林业生产经营要素市场。

（三）支持国有森工企业社会性基础设施的剥离

建议全面推进地方政府加大国有森工企业（国有林业局）和国有林场改革力度，借鉴和推广吉林省的脱钩改制思路和模式，探索林业基础设施经营管理的新机制。特别是在东北内蒙古重点国有林区，国家和集体投资的基础设施，在确保安全、有效运行、发挥效能的前提下，有条件的可以采取承包、租赁、拍卖等形式，将森工企业承担的文化、教育、医疗卫生等政府社会职能剥离出来，交给地方政府，走区域经济一体化的路子；职工住房、供水、供电、各种维修等社会职能机构要首先实现企业经营，由原来的森工企业主办，转为这些机构面向社会，由当地企业或职工、农民承包经营，改造成公司制，实行企业化管理和商业化运作，并努力引入竞争机制，以克服垄断经营带来的低效率问题。鉴于国有林区多数地处边远西部地区、少数民族地区，属天然林资源保护工程实施范围，经济普遍欠发达，地方财政困难，其主体转换所需支付的改革成本，企业和地方政府都难以承担，建议争取中央财政设立专项资金给予转移支付。

（四）对公益型企业和林场明确事业身份，纳入国家同级公共财政

扭转公益型国有森工企业、国有林场市场化问题，是长远解决林区基础设施问题的关键。调研组认为，当前国有森工企业存在的问题都属于发展中的问题，通过加大改革，都可以逐步加以解决。鉴于从事公益事业的国有森工企业的劳动对象和生产产品发生了根本变化，企业性质已不复存在，应还原其本来面貌。建议结合天保工程方案调整，将长江、黄河上中游停伐林场、森工企业，以及东北内蒙古减产后不再承担木材采伐的林场，转型界定为生态公益型单位，企业性质变更为事业性质，纳入同级地方财政预算，中央财政以转移支付方式对地方财政给予补贴，从而解决森工企业、国有林场长远生计问题，森工企业的管理部门的经费支出，纳入同级财政预算，不再由企业上缴管理费解决，切实解决企业负担。同时，国有林区要着力于内部体制改革和创新，第一，实施属地化管理，纳入当地经济社会；第二，实施分类经营，打破行政区域。其中，对于现有的森工企业，要按照经营格局分类施策，实行企业重组或内部分类（林业局合并），避免重复建设，降低运营成本，按现代企业制度，重新构建适度规模的林业局；对于国有林场，要进行合理撤并，建立中心林场，根据公益性和经营性的不同性质，明确不同单位性质、资金渠道、管理模式，不能再吃大锅饭，普遍叫苦，解决能力建设不足等突出矛盾问题。

（五）加快推进林业产业体系建设，增强林区基础设施建设的可持续发展能力

深化林区改革是林区发展的根本，加大政府扶持力度也是必需的，但关键还是要增强林区的自我造血功能。要充分把握林区内部功能，用现代林业理论和要求，规划未来生产力布局与发展，做好生产要素的优化配置，走产业化、集约化、规模化的发展道路。建议当前的工作重点是，结合林权制度改革，围绕农民增收，尽快建立发达的林业产业体系，壮大林业经济。

一是加快林业产业结构调整。按照优质、高产、高效、生态、安全的要求，重点发展用材林、经济林、花卉苗木和中药材等产业，抓好品种改良和低产低效林改造，加快建设高效林业生产基地，形成有规模、有特色的优势林产品产业带，实现林业产业战略升级。

二是着力提升现有林产工业产品档次。重点抓

好竹木精深加工、林纸一体化、林产化工等加工业，培育扶持龙头企业，增强对林农增收、林业发展的带动能力。突出打造知名品牌，增强市场竞争力。扩大招商引资，积极引进战略投资者，吸引各种市场主体投资林业产业。

三是坚持大力发展林业生物质能源和木本粮油。结合各地的自然条件、经济水平和土地利用状况，因地制宜，适地适树，认真抓好生物质能源和木本粮油发展规划的编制和实施，积极推进其向着集约化、规模化、产业化的方向发展；及时研究制定相关政策，突出加大对重点地区、重点树种生物质能源林和木本粮油林经营培育的扶持力度；大力强化林业科技创新力度，促进生物质能源林和木本粮油林培育、木质颗粒燃料生产、木材液化气化、生物燃料开发、木基复合材料应用等技术的研发和攻关，并使科技成果尽快转化为实际生产力。

四是积极发展以森林旅游为重点的第三产业及林区多种经营。合理开发和充分利用林区丰富的自然景观、人文景观、历史遗址和野生动植物资源，充分发挥森林资源的综合效益。

五、相关措施

（一）加大宣传力度

鉴于当前对林区基础设施建设必要性和紧迫性认识的普遍不足，建议我局在现有工作基础上，抓紧采取更加有效的宣传手段和政策措施，切实提高全社会对林区发展重要性的认识。要促使全社会都能充分认识到，林区建设就是新农村建设，基础设施建设事关林区稳定和发展，事关传统林业向现代林业转变的大局，树立林区发展、林业基础设施建设先行的意识。

（二）加强部门协调

林业基础设施建设是一项政策性强、涉及面广、工作量大的系统工程，单靠一个部门、一个单位的力量难于完成任务，必须聚集各个方面的力量，促进部门有效配合，齐心协力，才能收到成效。要把问题说通说透，引起国务院的高度重视，要从各个层面上广泛做好政策的争取和落实工作，促使中央有关部门在各自职能范围内，将林区建设任务纳入现有行业规划，作为重中之重加大扶持，缩短差距，改变面貌，使林区发展具备同步发展的机遇。

（三）编制专项建设规划

为巩固和延伸调研成果，促使兑现相关政策，本次调研结束后，要组织专门力量，对当前林区基础设施建设的现状、需求等，进行详细摸底和测算，通过全行业的努力，提出相关政策需求，编制相应的专项建设规划，尽快与有关部门衔接和协调，达到争取稳定资金渠道的预期目标。

调 研 单 位：国家林业局发展计划与资金管理司
调研组成员：姚昌恬　杨　冬　刘跃祥　闫　振
闫春丽　陈绍志　吕光辉　陈瑞国
刘韶辉　张丽媛

现代林业：社会主义新农村建设的有益探索

——浙江省德清县以工业化模式发展效益林业的调查

国家林业局林业经济发展研究中心赴德清调研组对浙江省德清县进行了为期3天的调研。通过听座谈、看基地、下园区、访农户等形式，了解到该县以工业化模式发展效益林业，大力推进林业产业化经营，成功探索出一条以现代林业支撑社会主义新农村建设的发展之路。

一、林业经济总量占全县1/3，成为新农村建设重要支撑

浙江省德清县地处浙江北部，林业用地面积4万公顷，占土地总面积的43.5%。这样一个“四山一水五分田”的半山区县，2005年林业产值46.6亿元，占当年县域经济总量的1/3，亩均林地产值

7 639元，是全国平均水平的45倍。德清林业“长绿”又“长钱”，以发展现代林业推进社会主义新农村建设，走出了一条成功之路。

（1）种植早园笋，促进农民增收。新农村建设山区农民靠什么使生活宽裕？早园笋是德清名优竹种，栽培历史悠久。德清县因地制宜，立足特色，发挥自身优势，靠一支早园笋，一个“山伢儿”品牌，做大做强一个产业，富裕了农村一方百姓。以笋标准化生产和无公害栽培为重点，以品牌、质量和市场为切入点，不断提升早园笋的品质和市场占有率，目前已成为全国最大的早园笋产区。2006年种植面积6 700公顷，产量8.2万吨，产值3.6亿元，实现农民纯收入2.26亿元，人均733元，全县农民纯收入的9.8%来自于早园笋，从业农民10万人以上。早园笋已成为德清农村经济的支柱产业和产区农民收入的主要来源。以武康镇郭肇村为例，2006年种植面积520公顷，占村林地总面积的52%，产量6 100吨，产值4 500万元，人均早园笋纯收入5 830元。

（2）壮大竹木加工业，形成企业集群。20世纪80年代，德清县竹木加工企业还处于数量少、规模小状态，形不成产业。90年代中期，县委县政府提出了“发挥‘两头’在外优势、质量兴业、科学布局、作响品牌、做强产业”的发展方针，竹木加工业得到了飞速发展。现有竹木加工企业160多家，企业集群初步形成，年产值约27.6亿元。竹木加工业的发展壮大，促进了山区经济发展，带动了农民增收致富。目前全县有2.4万农民在竹木加工企业务工，占农村劳动力的12.1%，务工总收入达1.9亿元。

（3）培育花卉苗木业，推动农村经济。莫干山现代林业示范园区是德清县实施规模林业、生态林业、精品林业、效益林业的重点工程，园区占地2 600公顷，集花卉苗木生产、原料林基地、休闲观光等为一体，目前累计完成投资1.9亿元，实现年产值3 000多万元。该县以莫干山现代林业示范园区为平台，发挥园区辐射效应，有效带动了花卉苗木产业的发展。现有花卉苗木1 334公顷，具有一定生产规模的企业38家、苗木大户40余户，许多农民走上了花卉苗木生产致富之路。同时，园区建设给周边农民提供了就业机会。2005年近650人全年或季节性地在园区务工，务工总收入达140余万元。

（4）开展森林旅游业，带动关联产业。德清以优越的生态环境作支撑，充分挖掘森林旅游潜力，除莫干山风景名胜区外，近年来新开发了下渚湖湿地公园、碧坞龙潭风景区等景区。莫干山是国家级重点风景名胜区，2005年接待国内外游客50余万人；新开发的下渚湖湿地公园投入运营当年接待游客近10万人次。森林旅游还带动了农家乐、旅游纪念品等相关服务行业的发展，为农民增收拓宽了渠道。

（5）改善生态环境，营造绿色家园。近年来，德清县围绕“创经济强县、建生态德清、构和谐社会”的总体目标，将生态环境建设作为实现目标的基础工作来抓，大力推进林业工程建设，积极实施森林生态效益补偿机制，千里生态长廊、生态样板路、样板航道、示范街、示范村的建设，使生态状况持续改善，全县通道绿化率达90%以上，农村生产生活环境不断美化，营造了环境良好的绿色家园。

二、引入工业化模式，发展效益林业

德清县以工业化模式发展效益林业，现代林业发展实践成效显著。

（1）农户组织化，获取规模效益。德清县在产权到户后，不断培植各种市场经营主体，优化资源配置，推进由“小农”经济向市场经济的转变。一是扶持民营经济，优化经济结构。德清在产权改革基本到位、承包责任制继续巩固的基础上，大力扶持林业民营经济发展。2001年，在全部企业法人单位中，民营企业1 473个，占总数的64.4%，比1996年增长了136%。到2006年，新增规模企业91家，产值21.23亿元，占全部规模企业产值的9.8%，成为德清经济繁荣的重要组成部分。二是采用多种形式，提高农民组织化程度。农民一家一户、家庭作坊式生产一直是农村林业生产的主要方式。德清从抓林业园区、特色基地、专业协会、龙头企业和农民素质着手，持续推进生产专业化、集约化、规模化进程。通过土地流转、资源集聚，建立现代林业示范园区；根据区域特点、项目规划，建立1 933公顷林业特色基地；通过组织领导、培育发展，成立竹木行业协会、花卉苗木产业协会等专业合作组织，联系300余家会员、6 000余户农户，辐射11个乡（镇）；经过组织推荐、专家辅导，扶持命名10多家林业龙头企业；通过科技下乡、进村入户，培训指导农民2万多人次。同时，引导扶持林业生产企业化经营，不断扩大生产规模，目前已有东洲食品有限公司、湖州一品有限公司等林产品深加工企业，形成了产前、产中和产后服务链，林工商一体化的社会化生产，产业链条持续延伸。

（2）商品品牌化，争取市场占有率。德清县发展林业产业的同时，十分注重创立品牌，扩大品牌优势。为培育竹木加工产品“兔宝宝”品牌，德华公司加大研发力度，研制成功具有独立知识产权的仿真珍贵木和E0级、无醛级装饰材料，其技术水平居全球领先地位；为扩大品牌影响，公司前后共投入5000多万元用于品牌宣传，“兔宝宝”牌系列装饰产品历年来荣获“国家免检产品”、“中国驰名商标”、“欧盟市场推荐产品”等多项荣誉称号。为加强品牌建设和标准化管理，1999年，德清县为早园笋注册了“山伢儿”商标，拿到了市场准入的第一张“通行证”。并且积极引导笋农实行无公害生产，“山伢儿”早园笋先后获得“浙江名牌产品”、“浙江省绿色农产品”等称号，保持了较好的市场占有率。

（3）生产园区化，孕育“块状经济”成长。德清县坚持突出特色、围绕龙头、连片开发，统一规划布局的原则，先后建成莫干山现代林业示范园区和万亩早园竹示范园区等4个现代林业园区。不仅催生了高效益林业企业成长，实现了林业企业化经营，加快了主导产业的形成和龙头企业的发展，而且不断扩大“块状经济”效应，先后吸引德华公司、阳光生态农业等多家企业落户园区。

（4）产品标准化，加快企业发展步伐。德清县实施林产品标准化，不仅提高了产品品质和市场竞争力，解决了林产品卖难的问题，而且提高了林产品价值、增加了山区农民收入。德华集团先后参与3项国家标准的起草，并自主开发了无醛级装饰材料标准；“兔宝宝”牌系列装饰产品先后通过ISO 9 001国际质量体系认证和ISO 14 001环境管理体系认证，各项环保指标均达到E0级标准。2005年，德华集团累计完成销售收入13.33亿元，完成出口2 133万美元。

（5）营销专业化，保障流通效益。专业化的交易市场、销售人员和遍布各地的销售场点，形成了一个专业化营销网络，使得德清的林产品市场不断在各地“分蘖发芽”，成为德清林业发展的强大引擎。德清先后建立了早园笋、毛竹两个批发交易市场，还在全国许多大中城市建立销售、服务网络，仅早园笋产品就在北京、上海设立销售处5个，批发窗口10个，流通领域产生的效益每年约5 000多万元。德华集团生产的产品畅销28个省（自治区、直辖市），销售网点遍及全国450多个地区。同时，培育和建立了一支稳定的贩销队伍，全县有近1 000人长年从事林产品销售业务。

三、加大政策扶持，促进现代林业发展

强化政府宏观调控，是推进现代林业发展的重要基础。2002年以来，德清县连续出台4个文件加大政策扶持，积极建立以市场为导向、经营者为主体、政府扶持为助推力的发展机制，推进了现代林业发展。

（1）扶持开展标准化和品牌建设。德清县对标准化和品牌建设实行奖励制度：对制定并发布省级以上标准的单位给予每项标准1万元奖励。对获得国家级、省级、市级名牌产品称誉，国家级优质林产品金奖、银奖、省级金奖、银奖称誉的，也给予不同等级的奖励。对新注册林产品商标的奖励800元，获得中国驰名、省著名和市知名商标的分别奖励50万元、5万元和1万元。对经其分级、整理、加工、包装加贴品牌商标等的林产品，免征增值税。

（2）培育壮大农民专业经济组织。德清县本着“促进不包办，支持不参与，监督不干扰”的原则，以资金扶持和税收优惠为手段，培育壮大农民专业经济组织。一是对农民专业合作社加大财政扶持力度。县财政每年安排20万元资金扶持3~5个农民专业合作社。二是积极鼓励农民专业合作社实现跨

区域、跨乡镇发展，对省、市和县级示范性专业合作社，一次性分别奖励5万元、3万元和1万元。三是对销售产品的扶持。对农民专业合作社销售社员和非社员生产和初加工的林产品免征增值税；对农民专业合作销售的自产林产品，符合政策规定的免征所得税，教育费附加和专项资金。四是对农民专业合作社为林业生产的产前、产中、产后提供的技术服务和劳务所得，免征所得税。

（3）大力发展专业化生产基地。德清县政府通过对农林种养企业给予资金补助等形式，大力发展专业化基地建设。一是对当年新发展集中连片集约化经营，符合优势产品发展规划布局的种植业企业进行一次性资金补助。补助对象包括：发展茶园，早园笋低改，名特优新水果，大棚苗圃、花卉圃，食用菌场等。二是对符合生态养殖和防疫、检疫要求且污染治理达标的养殖企业给予资金补助。三是对列入国家、省级农业标准化示范基地项目建设并验收合格的企业，给予补助5万元。

（4）鼓励科技创新和成果转化。为了增强林业企业竞争力，德清县采取政府奖励、资金补助和贷款贴息等形式，加快推进科技创新和成果的转化与推广。对获得国家级、省级、县级科技进步一等奖的农林业项目，分别奖励50万元、25万元、5万元和1万元；对农林业企业开发新产品，获得国家级、省级新产品奖的一次性分别奖励5万元和3万元；对引进、试验、示范、推广新品种和新技术有突出贡献的农林业企业或其他单位和个人，给予适当奖励。鼓励企业与院校、科研机构及专家教授开展技术合作、开发新产品，经鉴定通过且效益显著的，一次性安排5万~10万元项目补助资金。农林产品加工龙头企业创办农产品加工、储运、保鲜项目，经批准立项后，其当年新增固定资产贷款利息给予20%~40%的贴息补助。

（5）建立健全贷款、担保信用与保险体系。德清县通过建立健全农村贷款担保信用体系和税收优惠，着力解决林业企业和农民贷款难、担保难的问题，为林业发展提供有力的融资支持。一是进一步加大“信用镇、信用村、信用户”的信用工程创建力度，解决农户小额信贷问题。二是采取"政府扶持引导，企业加盟入股"形式，成立农业担保公司。担保公司与金融机构签订贷款放贷担保合作协议，以公司的资本担保，保证金按1∶8的放大比例，为农业企业、农产品加工、种养殖大户和其他农民提供贷款、承兑业务和信用业务担保。三是开展林业政策性保险试点工作，为林业企业和农户的生产发展规避风险。

（6）鼓励发展外向型林业。发展外向型林业是应对加入WTO挑战、增强企业竞争力的内在要求和必然趋势。德清县政府通过奖励和补助等形式，推动林业引进来、走出去，在更宽领域、更大规模、更高层次上参与国际竞争与合作，扶持企业不断开拓国内外市场。一是林业企业获得ISO 9 001系列、ISO 14 000系列、HACCP管理体系认证的分别一次性奖励2万元、2万元和5万元；二是林业企业赴大中城市或境外设立专柜推销本县林产品，且经营期限1年以上的，一次性补助3万~5万元；三是林业企业在农产品批发市场设立固定摊位推销本县林产品，且经营期限1年以上的，一次性补助1万~2万元。

（7）优化企业登记并给予优惠政策。德清县通过优化企业登记服务，降低进入门槛，吸引各方企业落户德清。一是对从事一产的新办林业企业，企业登记时只收取工本费。二是对从事二、三产的新办林业企业，企业登记时除收取工本费外，其余政府行政收费减半收取。三是对新建立的农村专业合作经济组织，其注册资金最低标准不足的部分允许分期到位，变更登记只收取工本费。四是对林业企业销售的自产林产品，符合政策规定的免征所得税、教育费附加和专项资金；对经其分级、整理、加工、包装加贴品牌商标等的林产品，免征增值税。

四、几点启示

德清发展现代林业的效益十分显著，给了我们许多重要启示。

（1）优势得天独厚，发展潜力巨大。森林在利用土壤、太阳能、水分、空气等自然力转化为人们需要的物质产品方面具有得天独厚的优势，并且林产品具有绿色、生态、可再生的特点，与现代人类消费取向高度一致，我国林业现状决定了其发展潜力巨大。一是林地的潜力。我国有43亿亩林地，还有许多可以利用的沙地，目前利用率仅为59.77%，而德清县林地利用率达到96%。目前，全国已利用的林地产值很低，包括加工业在内全国林业产值仅1万亿元，每亩仅400元左右，而德清县61万亩林地，第一、第三产业产值每亩就达3 000多元，若按该县每亩林地实现产值的50%计，全国43亿亩林地可实现产值6.7万亿元。二是市场的潜力。据统计，“十五”期间，全国年均消耗森林蓄积量5.5亿立方米，国内供给量为3.65亿立方米，缺口近2亿立方米。靠大量进口木材支撑国内需求，2005年木材进口已达1亿多立方米。如果我国人均年木材消费达到0.56立方米的世界平均水平，缺口将增至3.63亿立方米，其他林产品的缺口同样很大，我国林产品市场潜力巨大。三是劳动力资源的潜力。我国1.5亿~1.8亿农村富裕劳动力既是经济社会发展一个亟待解决问题，也是加快林业发展一个巨大的、潜在的人力资源。同时，生物产业的迅速崛起，也给林业发展提出了新任务、展示了新前景。

（2）林业是重要的基础产业，对经济发展具有很强的支撑作用。一是提供可再生的战略性资源和能源。森林生态系统是自然界生产力最高的生态系统，不仅可以提供木材等多种再生经济资源，而且可以提供环境友好型的生物质能源和原材料。我国现有林木中，可用作工业能源原料的生物量有3亿多吨，可替代2亿吨标准煤。二是带动国家经济发展和吸纳劳动力的能力。长期以来，许多发达国家把林业当作主导产业，推动私人投资和经济增长，扩大城乡就业。加拿大林产工业总产值一直占工业总产值的15%左右，林产品出口额已超过农业、渔业、矿产和能源的出口总额之和，成为全国第一创汇产业，并为其提供了16.7%的就业机会。芬兰每6个人中就有1人从事林业，GDP总量的38%来自林业。发展林业不仅能获得巨大的经济效益，还能安置大量人员就业，应当成为解决我国就业问题的一个战略选择。

（3）以利益机制为动力，调动经营主体积极性。德清的经验充分证明，只有让农民从发展林业中获得利益，才能充分调动农民的积极性，加快林业发展。兴林为了富民，富民才能兴林，富民和惠民是实现林业发展的动力基础、目标和归宿。构建和谐社会、建设社会主义新农村，山区是重点，更是难点。我国山区面积占国土面积的69%，山区人口占全国人口的56%，在全国2 000多个行政县（市）中，有1 500多个是山区县，而山区又是贫困人口聚集区。在林业产权明晰的基础上，以利益机制调动山区农民以及各种经营主体的积极性，发展林业，促进有农村特色、有市场潜力、农民参与度高、农村受益面大的林业产业发展，繁荣山区县域经济，是加快社会主义新农村建设的战略举措。

（4）适应全球经济一体化趋势，遵循市场经济规律发展林业。充分运用市场经济规律发展现代林业，既是适应社会主义市场经济，又是适应全球经济一体化的必然趋势。德清的成功实践充分证明了这一点。要适应市场经济和全球经济一体化，一是充分发挥市场在产品生产和资源配置中的基础性作用。发展市场经济必然会打破市场的地域界限，全球经济一体化又加剧了这种趋势。应当立足于充分发挥本地林地、树种和劳动力等资源潜力，又不局限本地，积极利用两种资源，开发两个市场，根据比较利益在国内、国际配置资源，生产适销对路的商品。二是充分利用市场机制和林产品巨大市场空间对林业产业发展的强大带动作用，大力发展专业化生产基地，推进生产规模化，构建以优势区域布局的现代林业产业，实现三次产业的协调发展。

（5）按照现代林业思想，发展高效林业。现代林业是充分利用现代科学技术和手段，全社会广泛参与，高效发挥森林的多种功能和多重价值，以满足人类日益增长的生态、经济和社会需求的林业。核心是按照人与自然和谐的要求，实现经济和生态在协调的基础上获得高效。为此，要推进三个方面建设，提高林业生产力。一是调整林业产业结构。根据国内、国际资源状况谋划林业发展结构，把握现实林产品市场基础上，预测未来林产品市场潜力，调整林业发展结构，注重特色、规模与效益的高度统一。二是经营上实现三个转变。由以利用林木资源为主向以利用森林资源为主转变，由粗放型经营向集约型经营转变，由原料加工型向产品创新型转变。三是以工业化模式发展效益林业。努力形成以科技为先导、以品牌、标准为手段，以园区化、规模化、专业化和组织化为保障，林工商一体化的社会化生产，实现生态良好、资源丰富、产业高效的林业发展目标。

（6）强化政府服务职能，推动现代林业建设。德清发展现代林业，实施“主体发动、市场促动、政府推动”的机制。政府所扮演的角色不再是传统的办企业、搞产品和跑市场，而是为经营主体创造适应商品经济、能开拓国内、国际市场的条件和环境，强化宏观调控和公共服务，加大公共投资，协调林业的生态服务与物质生产功能，提高资源配置效率和区域比较优势。民营经济的活力是德清现代林业发展的“内核”。民营企业本身具有“草根经济”特性，政府相对宽松的管理，适时有效的扶持，为德清经济制度变迁营造了良好的市场环境，催生了市场主体，充分释放了个体的潜能。这是实现以人为本的要义，也是现代林业重要的制度标志。因此，政府应当积极推进四个方面的建设。一是制度建设。尊重农民和各种林业经营主体的创新与意愿，无论是哪种形式的林业经营主体，都应允许发展并给予鼓励；推进农村金融与流通体制改革，促进农村各类经济组织的规范化，农村经济的契约化和法律化。二是产业化发展的基础设施建设。提供道路、水、电力、电信、市场服务体系等，为林业工业化发展创造条件。三是促进现代化工业园区建设。有条件的地方应当积极利用现代化手段和方式，包括在山区引入工业园区化，为林业企业成长搭建平台。四是促进产业化、市场化。增加对品牌、标准、专利和技术应用的公共投资，采取多种引导扶持手段，培育具有国际竞争力的林业经营市场主体，促进现代林业发展。

调研单位：国家林业局林业经济发展研究中心
浙江省林业厅
中国绿色时报社
调研组成员：张　蕾　陈铁雄　陈国富　赵金成
孟广芹　王章明　何晓玲　王群超
褚有根　徐柏忠
报告执笔人：张　蕾　赵金成　何晓玲　孟广芹

⊙兴林抑螺工程与新农村建设

实施兴林抑螺工程　推进新农村建设

2006年5月14日至23日，以国家林业局党组成员、中国林业科学研究院院长江泽慧研究员为组长的“兴林抑螺工程与新农村建设”专题调研组，驱车2 000余千米，深入江苏省、安徽省和湖北省血吸虫病重点疫区的区县、乡村和基层林场，对当前林业血防工作情况特别是实施兴林抑螺工程与社会主义新农村建设进行了实地考察研究。现将有关调研情况报告如下：

一、兴林抑螺成效显著

血吸虫病是严重危害人民身体健康和生命安全、影响疫区经济社会发展的重大传染病，被国家列为重大传染病之一，也是全球主要的寄生虫病。我国是受害人数最多、钉螺流行范围最广的国家，遍及南方12个省（自治区），2 000多年来血吸虫病给中华民族带来了深重灾难。新中国成立后，掀起了轰轰烈烈的消灭血吸虫病群众运动，我国血吸虫病防治取得了举世瞩目的成就，流行省（自治区）从12个减少到了7个，发病人数从1 161万减少到了84万，应当说，血吸虫病在我国受到了遏制。

但是，自1980年以来，随着人口流动加剧，局部生态环境恶化，洪灾泛滥，我国血吸虫病疫情在一些地区出现反复，有螺面积扩大，全国血防工作形势严峻，位于湖区的湖北、湖南、江西、安徽、江苏五省为此进一步加强了对血吸虫病的综合治理力度。1998年长江特大洪灾后，湖区五省血吸虫病疫情严重回升，并出现大规模流行趋势，社会反响很大，血吸虫病再次成为公众关注的热点问题之一。目前，全国有螺面积37亿平方米以上，血吸虫病人近百万，受威胁人口达1亿左右，特别是湖北、湖南、江西、安徽等地居民感染率很高，一些沿湖村庄的居民感染率高达80%以上。

20世纪80年代中期，中国林业科学研究院彭镇华研究员在世界血防领域第一次提出了营造抑螺防病林、预防血吸虫病的理论，提出了“兴林抑螺”的概念，并全面总结了兴林抑螺的理论与实践，出版了第一部系统研究生态抑螺机理的专著《中国新林种：抑螺防病林研究》。

“兴林抑螺”，以生态经济学理论为指导，以治理与开发相结合等“六个结合”为技术路线，采用生物技术为主、工程技术为辅的方法，首次将抑制血吸虫中间寄主——钉螺定位为生态问题，作为防治血吸虫病的治本之策，通过营建抑螺防病林业生态工程，改变钉螺的孳生环境，抑制钉螺孳生，最大可能的降低钉螺密度，切断人畜接触疫水途径，实行兴林、抑螺、防病综合治理，实现兴林、防病、富民的目标。

世界卫生组织专家认为，通过造林改善生态环境，达到抑螺防病的目的，是一条集防治血吸虫病、保护生态环境与发展经济于一体的好路子，兴林抑螺研究成果指明了世界血吸虫病综合防治的方向。该项成果先后获得了林业部科技进步一等奖、国家科学技术进步奖，课题组被国家科技部授予’98全国科技界抗洪救灾先进集体。自20世纪末以来，兴林抑螺一直在我国血防工作中发挥着重要的作用。

兴林抑螺在湖区五省发展很快，已从最初的10万余亩试验示范林推广辐射到312万亩，得到了各级领导的重视，群众积极参与，科技部门技术支撑强度大，营造林质量好。安徽省安庆市、湖北省黄州区、石首市等地已形成产业链，林业企业已成为当地经济的龙头。特别是将兴林抑螺工程与退耕还林工程、长江防护林建设工程、野生动植物保护工程、湿地保护工程以及自然保护区建设工程紧密结合、相互促进，取得了许多好的经验。较早建立的16个兴林抑螺示范点，林木已经多次采伐，一棵七八年生通直圆满的杨树价值高的可达近500元，原来有螺滩地经过改造成为林地后，钉螺密度下降了85%～90%，钉螺阳性率基本降为0。这些示范点20年来的社会效益、生态效益、经济效益非常显著，发挥了重要的示范、推广、辐射作用，为综合治理血吸虫病做出了突出贡献，深受广大人民群众的欢迎，“兴林抑螺送瘟神，建设美好新农村”，表达了试验区农民群众的心声。

二、应加快推广兴林抑螺成果

（一）湖区五省血防形势依然严峻

近年来，湖区五省血吸虫病疫情持续回升。病人居高不下，钉螺扩散严重，新疫区不断增加，血吸虫病向城市蔓延，使湖区五省血吸虫病防治工作面临着严峻的挑战。据初步统计，我国疫区2003年急性感染病人报告数为1 114人，较2002年同期上升22%。钉螺面积也呈持续上升态势，2003年钉螺面积较2002年增加了2.68亿平方米，而且主要增加在江湖洲滩地区。钉螺面积的扩大直接导致部分已控制地区血吸虫病疫情迅速回升，近5年已有38个达到血吸虫病控制或传播阻断标准的县市疫情出现了明显回升。血吸虫病向城市蔓延更是一个不容忽视的危险因素，目前部分中小城市相继发现了感染性钉螺和新发血吸虫病病人，少数已消灭血吸虫病的地区发现了外地输入急性、慢性血吸虫病人，输入性病例一直为上升趋势。

究其原因主要是长江流域频发洪涝灾害，使血吸虫流行区钉螺扩散加快。同时国家为根治水患制定的“平垸行洪、退田还湖、移民建镇”措施，使得过去通过围垦已消灭钉螺的地区重新沦为钉螺的适宜孳生地。此外，人口流动加剧，血防专业机构防治能力不适应需要，血防资金投入严重不足，群防群控、联防联控协调不力，也使得预防控制工作难度越来越大。

（二）兴林抑螺是治理滩地、防治血吸虫病的根本举措

造成血吸虫病反复流行的主要原因，是江湖洲滩的开放性、钉螺随水漂移与大面积扩散性，以及钉螺生命力强、繁殖力强的特性。针对成因，兴林抑螺实行“六个结合”和“四高”的技术路线，即：综合治理与综合开发相结合，长期效益与短期

效益相结合，项目与当地经济建设相结合，社会、经济、生态效益相结合，多部门、多学科相结合，科研、教学、生产相结合，以及高起点、高标准、高水平、高效益的要求。成功地实现了化学型灭螺向生态型灭螺、消费型灭螺向效益型灭螺、环境污染型灭螺向环境友好型灭螺的转变，走出了一条具有自主知识产权、适合中国国情的血吸虫病综合治理与科学防治新途径。

20年来，兴林抑螺的理论经过实践反复检验，得到了国内外同行和社会的充分肯定与认可。兴林抑螺是滩地血防的根本性措施，国家相关重大项目应将兴林抑螺放在首要位置，加大实施力度。

（三）兴林抑螺是开发滩地、发展木材资源的重要途径

湖区五省江湖洲滩面积非常大，初步统计约1 000多万亩，因生产力水平低，呈冬陆夏水状态，有些种芦苇，大部分杂草丛生，加之钉螺密布，基本上无人耕种。通过实施兴林抑螺工程，生物措施和工程措施并举彻底改变钉螺孳生环境，消灭钉螺传染来源，将为综合治理血吸虫病打下牢固基础。

同时，营建抑螺防病林主要选择欧美杨，杨树耐水湿，生长速度快，一般七八年一个轮伐期，亩产约20立方米。大面积滩地兴建抑螺防病林，每年可为国家提供上千万立方米商品用材。杨树加工性能好，有多种用途，是当今我国木材加工的主要原料。目前我国每年需向国外进口百亿美元以上的木材和纸浆，同时我国实施天然林保护工程，又实行严格保护农田的政策，开发南方“三滩”造林是弥补当前我国木材资源严重短缺的有效措施之一。

（四）部门支持、群众积极拥护是兴林抑螺的坚实基础

我国林业主管部门一直视血防工作为己任，20世纪90年代初投入巨资上马了兴林抑螺工程，目前又组织制定了《全国林业血防工程规划（2006～2015年）》和《滩地“抑螺防病林”营造技术规程》。自1991年以来，每年都在国家预算内林业基本建设投资计划中面向湖区五省安排兴林抑螺工程项目，并注重发挥项目引导示范作用，以期实现科技向现实生产力迅速转化。

从事兴林抑螺研究工作的林业科技人员，长期坚持在基层蹲点，送科技下乡，对于推广兴林抑螺科技成果的积极性非常高。兴林致富的湖区农民群众也发自内心的称赞兴林抑螺工程是“造福工程”、“惠农工程”，盼望进一步加快兴林抑螺的推广速度。

三、有关工作建议

（一）将兴林抑螺列为湖区五省新农村建设重点内容

血吸虫病防治工作，事关疫区农民群众身体健康和生命安全，事关社会主义新农村建设，事关全面建设小康社会目标的实现，事关和谐发展与社会稳定，是一件大事。为此，必须进一步加强做好血吸虫病防治工作的紧迫感、责任感和使命感。

湖区五省在社会主义新农村建设中，首先要树立以人为本的观念，无论进行通电、修路、盖房、改厕还是产业结构调整、农民素质教育等，农民群众始终关心的第一位的是身体健康问题。必须认真做好血防工作，特别是要实施好兴林抑螺工程，建议把兴林抑螺工程实施情况列为湖区五省新农村建设重点考核的内容。

（二）充分认识林业血防工作的责任与地位

目前，全国血吸虫病尚未控制的110个县（市、区），绝大多数处于江湖洲滩地区，现阶段我国有螺面积90%即分布在江湖洲滩。查螺灭螺是血防工作标本兼治中的“本”，兴林抑螺是江湖洲滩这一复杂环境下防治血吸虫病最根本、最有效的措施，在目前我国血防工作中具有极其重要的地位。林业血防应义不容辞的承担起江湖洲滩查螺灭螺的重任，挑起血防工作中最重的担子，这是对人民的高度负责，也是国务院血吸虫病防治条例赋予的法定职责。

（三）严格执行抑螺防病林营造技术规程

通过调研发现，实施兴林抑螺工程后，一些地方钉螺基本消灭，因此产生了麻痹思想，逐步把目光锁定在三滩开发的经济效益，淡化了兴林抑螺工程的宗旨和出发点。所以，必须强调认真做好血防工作是开发三滩的第一要务，各级林业主管部门应按照《血吸虫病防治条例》的规定切实负起监督管理职责。

当前个别地方实施兴林抑螺工程造林与一般造林在整地、树种选择、营林抚育等各个技术环节，完全混同，如技术规程要求的开沟沥水、林农间种、宽行窄株等规范没有得到执行，因而未达到良好的抑螺效果。因此，还必须依法严格执行有关标准。

（四）加强营建山丘型抑螺防病林的试验示范工作

目前我国血吸虫病流行区除主要疫区即湖区五省滩地类型外，尚有四川省和云南省为山丘型血吸虫病流行区。这些山丘型疫区虽经多年努力，但一直缺乏彻底有效的技术措施，至今难以取得良好的血防效果。为了实现有效控制血吸虫病流行的目标，应当大力加强营建山丘型抑螺防病林的试验示范工作，科学地总结山丘型兴林抑螺的技术与经验，为全面开展山丘血防工程提供有力的科技支撑。

（五）各方面大力协同，共同承担血防重任

加快国家级林业、农业、水利血防重大项目的立项审批工作，并在投资上予以适当倾斜；加强血防机构基础设施建设和人才队伍建设，特别是高度重视农业血防、林业血防、水利血防机构与人才队伍建设。

各有关部门、有关地方应主动做好群防群控、联防联控的工作，认真研究新形势下群防群控、联防联控新机制，确保有效控制血吸虫病流行的目标尽快实现。

调研单位：国家林业局
中国林业科学研究院
调研组成员：江泽慧 彭镇华 靳芳 金旻
任海青 张旭东 孙启祥 刘杏娥

⊙林业科技推广体系与新农村建设

强化林业科技推广工作　促进新农村建设

根据国家林业局“社会主义新农村建设与林业发展问题”调研的总体安排，科技司组织开展了“林业科技推广工作及体系建设”专题调研。本次调研采取点与面调查结合、问卷调查与实地考察相结合、集中座谈与个别访谈相结合的方式。对除香港、澳门、台湾外的31个省（自治区、直辖市）、地（市）、县（市、区）三级林业科技推广机构开展了问卷调查；同时，组织5个调研组分赴浙江、福建、陕西、辽宁、云南和贵州等省（自治区）实地考察，先后召开了20多次各类座谈会，到50多个科技推广项目实施点、科技示范点、科技推广机构调研，与20多个村的40多个农户面对面进行了交谈。通过调研掌握了大量第一手资料，了解到林业科技推广体系通过开展一系列推广活动，为社会主义新农村建设发挥重要作用。现将调研情况报告如下：

一、林业科技推广体系建设的现状

林业科技推广体系是科技成果转化为现实生产力的重要途径，是连接上游科技创新和下游生产应用的重要桥梁。自20世纪80年代全国林业科技推广站建设以来，全国建立了省、地、县三级推广站（中心），尤其是近年来，随着社会化服务功能的需要，林业科技推广体系进一步加强了基础能力建设，各级推广站的基础条件和能力得到了很大的改善和提高。但从总体上看，仍存在基层（县级）建站率较低，科技推广人员素质偏低，经费困难等问题。

（一）机构与编制情况

根据问卷调查的结果，目前全国省（自治区、直辖市）、地（市）、县（市、区）三级共有林业科技推广机构2 296个。其中省级29个，占全国31个省（自治区、直辖市）的93.5%；地级305个，占全国334个地（市）的91.6%；县级1 962个，占全国2 862个县（市、区）的68.6%。

从2 296个林业科技推广机构编制设置看，独立编制独立设置的905个，占39.4%；独立编制混合设置的 1 104 个，占 48.1%；其他方式设置的 287 个，占 12.5%。在 29 个省级推广机构中，独立编制独立设置的 13 个，占 44.8%；独立编制混合设置的 13 个，占 44.8%；其他设置的 3 个，占 10.4%。在 305 个地级推广机构中，独立编制独立设置的有 129 个（占 42.3%），独立编制混合设置的有 145 个（占 47.5%），其他设置的有 31 个（占 10.2%）。在 1 962 个县级推广机构中，独立编制独立设置的有 763 个（占 38.9%），独立编制混合设置的有 946 个（占 48.2%），其他设置的有 253 个（占 12.9%）。

总体来看，省、地级建站率较高，而县级建站率普遍偏低。在省级层次上，除宁夏、西藏外，均建立了林业科技推广总站（中心）。在地级层次上，有 21 个省份的建站率达到 100%，安徽省等 3 个省份为 90% 以上，新疆维吾尔自治区、浙江省为 80% ~90%，山东省等 4 个省份为 50% ~80%，宁夏回族自治区在 50% 以下。在县级层次上，只有甘肃省达到了 100% 的建站率，陕西省等 6 个省份为 90% 以上，山西省等 12 个省份为 70% ~80%，安徽省等 4 个省份为 50% ~70%，山东省等 5 个省份为 20% ~50%，其他省份在 10% 以下。

（二）人员与经费情况

目前，全国林业科技推广机构核定编制总数为 27 423 人，实有在职职工 29 227 人，平均每个机构拥有在职职工 12.7 人。省级推广机构在职职工 638 人，占全国林业科技推广在职职工总数的 2.2%；地级推广机构在职职工 4 045 人，占 13.9%；县级推广机构人员 24 544 人，占 83.9%。人员分布总体比较合理。

在全国林业科技推广人员中，具有高级技术职称 2 270 人，中级职称 7 596 人，其他 19 361 人，分别占在职职工总数的 7.8%、26.0% 和 66.2%。在省级推广机构中，具有高级技术职称 210 人，中级职称 644 人，分别占同级推广人员总数的 9.3% 和 28.4%；在地级推广机构中，具有高级技术职称 166 人，中级职称 1 184 人，分别占同级推广人员总数的 2.2% 和 15.6%；在县级推广机构中，具有高级技术职称 262 人，中级职称 2 217 人，占县级推广人员总数的 1.4% 和 11.5%。

2005 年全国林业科技推广机构总经费为 46 426.31万元，项目经费约 16 516.08 万元。人均事业经费为 1.43 万元，人均项目经费为 0.56 万元。除北京、天津、上海和江苏、浙江、福建、广东等发达省份人均经费较高外，绝大部分省份存在人均经费不足的问题。

乡镇林业工作站是林业部门最基层的管理机构，承担着政策宣传、规划设计、种苗组织、技术指导、资源管护等任务，技术推广是其中职能之一。据了解，目前全国有林业工作站 29 375 个，人员 14.76 万人，在林业生产和新农村建设中，林业工作站组织、指导广大农民植树造林，发展林业生产，开展技术培训，提供产前、产中、产后社会化服务，为增加林农收入、促进林业生产发展和农村经济发展发挥了重要作用。

二、林业科技推广在社会主义新农村建设中的重要作用

通过调研，我们认为林业科技推广在社会主义新农村建设中发挥了重要的支撑、带动和示范作用。

（一）对林业生态建设的支撑作用

“十五”以来，林业推广工作紧紧围绕林业六大工程建设对关键技术的需求，通过建立科技示范区、示范林（点），大力推广林木新品种、新技术，使一大批科技成果迅速进入林业生态建设工程主战场，大大提高了林业生态建设的科技水平。

陕西省通过实施困难立地植被恢复技术推广项目，实现了秦巴山区困难立地造林一次成功；通过实施了抗旱造林综合技术（包括适地适树、抗旱整地、ABT 生根粉与 GGR 绿色植物生长调节剂、保水剂、容器苗、地膜覆盖等技术）推广项目，使造林成活率较一般造林提高 20%，使秦巴和陕北地区成为全省乃至全国退耕还林工程的示范样板。

湖南省针对紫色页岩土壤颗粒粗、蓄水保土功能差、水土流失严重的状况，通过树种选择、结构配置、栽培模式创新等技术综合配套，推广“南方紫色页岩地区综合改造技术”，营造示范林 501.2 公顷，辐射推广 44.8 万公顷，示范点林木成活率、保存率和植被覆盖率分别达到 90%、86% 和 80%

以上，突破了紫色页岩造林绿化的技术瓶颈，为我国500万公顷紫色页岩综合治理提供了技术支撑。

（二）对林业产业发展的带动作用

一个新品种可以形成一个大产业，一项新技术可以拉动一个企业群。“十五”期间，按照“依托先进技术、提升传统产业、拓展新兴产业”的指导思想，通过大力推广林业新技术和先进实用技术，有效地促进了科技与生产的结合，带动了林业产业的发展。

素有“苏北第一树”美称的意杨项目推广，将苏北农民和企业职工引上了致富的道路。目前，江苏省杨树造林总面积达33多万公顷，年产原木达200多万立方米，人造板产量达150万立方米，居全国第一。

陕西省韩城市实施“花椒良种及丰产栽培技术推广项目”，椒区农户每年经营花椒的收入达2 400元，老百姓喜称花椒为“一年苗，二年条，三年四年把钱摇”，是种在山上的“绿色银行”。在韩城项目的带动下，全省发展花椒200多万亩，年产量达3 400万千克，年产值511亿元。

辽宁省葫芦岛市绥中县水口国有林场，原是一个濒临解散的企业。通过实施优良核桃苗木繁育和丰产栽培技术推广项目，建起了年产8万～10万株优良核桃苗木的繁育基地，开展提供优质苗木、技术指导和产品销售服务等，带动周边20多个农户建起了4 000余亩的核桃园。短短6年，核桃平均每亩年收入已达1 668元，林场实现了扭亏为盈。

（三）对新农村建设的科技示范作用

林业科技推广在壮大农村经济，调整产业结构，增加农民收入，扩大社会就业，改善村屯面貌，促进乡风文明中起着重要的科技示范作用。

辽宁省林业技术推广站与建昌县雷家店乡对口开展科技扶贫服务工作，针对该乡发展核桃农民不懂技术，良种接穗不足等状况，引进推广“良种核桃冬季室内嫁接技术”，“良种核桃高接改造技术”，建立良种采穗圃和砧木基地100多亩，培训农民600多人次，发放技术资料900余套。目前该乡种植良种核桃6 000多亩。辽宁省林业技术推广站被辽宁省政府评为“辽宁省科技扶贫先进单位”。

辽宁省丹东市凤城市东汤镇陶李村，通过板栗优良品种及丰产栽培技术的引进和推广，建成优质板栗基地966公顷，全村人均种植板栗1 450株，被称为“中国板栗第一村”。2005年该村人均纯收入为10 010元，其中板栗单项收入就占7 500元，成为当地林农增收的主要经济来源。目前，该村正投资1 000余万元营建板栗饮料加工厂，延伸板栗深度加工的产业链。板栗产业的发展，不仅消化了本村的劳动力，还吸收了周边的剩余劳动力。村里建起了一栋3层楼的板栗科技培训中心，学校、公路等公共设施也得到了改善。2005年，该村获“全国文明村镇”、“全国小康建设十佳村”等荣誉称号，村党支部书记李茂丰被评为全国劳动模范和省级优秀共产党员。

三、主要做法和经验

各地在开展林业科技推广工作的实践中，积累的许多成功的做法和经验，将进一步推动林业科技推广工作的深入开展。

（一）创建科技示范点，加快了林业技术的辐射与扩散

“十五”期间，国家林业局领导率先垂范，在全国林业重点工程建设区不同典型地貌类型，尤其是在西部生态脆弱（退化）区创办了13个科技示范点，亲自为林业重点工程实施提供科技示范模式和经验，大幅度提高了工程的科技含量。浙江、四川、重庆等省（直辖市）林业厅（局）领导不仅领办科技示范园、示范区、示范基地和示范点，而且形成制度，从本区域的实际出发，突出重点，明确目标，提出措施，狠抓落实。青海、黑龙江、重庆、河南、广东等5省（直辖市）建立各种示范点1 923个，示范面积6.9万公顷，形成了不同层次的科技示范网络，为林业科技成果推广提供了很好的平台。实践证明，建立科技示范点是促进技术扩散，带动农民致富的有效途径。

（二）实施林业科技进村入户工程，成为林农与科技人员联系的桥梁和纽带

林业基层单位和广大林农是林业科技成果推广的重点。“十五”期间，各级推广机构开展科技入户工程成效显著。通过科技示范、技术培训和典型辐射等，开展“面对面、一帮一”活动，把科技直

接送到基层单位和广大林农手中，提高了科技的覆盖度和影响力，促进了林区经济发展和农民增收。

2005 年，贵州省黔南布依族苗族自治州林业局率先将林业科技进村入户纳入林业工作考核内容，由州政府资助经费，技术推广站直接承担，首先在10个县、12 个乡（镇）、选择 66 个示范户开展培育笋竹两用林、刺梨丰产技术等试点示范，深受林农欢迎，为当地林农脱贫致富开辟了新的门路。

福建省林业厅在 2006 年 5 月下发了《林业科技入户工程实施方案》，主要围绕林业重点工程、产业开发、助农增收和新农村建设的需求，开展“四个一”活动，即送一批实用技术，培养一批技术人员，带动一批科技示范户，致富一方百姓，使科技成为林业发展、林农增收的助推器。

在实践中，各地摸索出科技进村入户的一整套切实可行、富有成效的做法。由贵州省创造的“现场办点指导、定期技术督导、典型示范引导”和“滚雪球”的经验和做法，实行推广人员与农户面对面，产前、产中、产后全过程，技术培训、现场指导、农资采购、产品销售等项配套科技服务，不仅调动了广大科技推广人员的责任感和积极性，而且增强了林农学技术、用技术的信心和决心，让林农真正得到实惠。

（三）实行科技特派员制度，为新农村建设提供科技支撑

我国“科技特派员”制度最早始于国家林业局林业科技示范区之一的福建省南平林区。经过 7 年的探索已经逐步成熟，成为全国推广的科技与新农村建设、与科技扶贫工作、与全民素质教育紧密结合的一种创新机制和成功模式。1999 年以来，南平市已累计选派科技特派员六批 6 790 人次，进驻1 447个行政村、林场，覆盖面达 88% 以上。广大林业科技推广人员充分利用农村广播、有线电视、手机短信、办培训班、定期简报、刻制技术专题光盘等有效形式，有针对性地报告技术要领、气象服务、市场信息、图片资料等，及时解难答疑，实现农户与特派员双向互动，既经济实用，简单易懂，又解决实际问题。

浙江省是全国试行科技特派员制度最见成效的省份之一。2003 年以来，全省共分三批向全省 25 个欠发达县、101 个乡（镇）选派 424 名农、林科技人员担任科技特派员。由省财政拨出专款，已实施成果转化项目 508 项，引进新品种 1 662 个、新技术 608 项，建立农民科技示范户 9 587 户，培训农民 10.49 万人次，创建了 108 个农民专业技术协会和 157 家农业科技企业，为科技人员在农村施展才能，建功立业搭建了广阔的平台。

科技部于 2002 年启动实施科技特派员试点工作，在人事部、各级政府及社会各界大力支持和积极推动下取得了显著成效。2006 年 7 月，科技部在福建省南平市召开全国科技特派员试点工作会议，国务委员陈至立作重要讲话，充分肯定了“科技特派员制度”，并决定在全国试行。

（四）开展送科技下乡活动，营造科技服务新农村建设的社会氛围

送科技下乡活动是科技人员在从事技术推广实践中创造的一个品牌。广大科技人员坚持“实际、实用、实效”的原则，通过各地、各部门组织开展多种送科技下乡的主题实践活动，形成了科技服务“三农”常流水、不断线，涌现出很多好的典型，创新了很多新的有效形式。如山东省层层开展“科技大集”，广东省组织“科技小分队”，浙江、四川省举办“科技活动周”等，对于在提高劳动者的科技意识、促进科研与生产的结合、加深与农民的感情等方面，发挥了重要作用。据不完全统计，“十五”期间，全国林业部门每年组织 5 000 多次科技下乡活动，参加的专家和技术人员达 1 万多人次，每年培训基层林业技术人员和林农近百万人次。

（五）强化林业实用技术培训，提高林业建设队伍的整体素质

为提高林业从业人员的科技素质、传播实用技术，“十五”期间，国家林业局每年投入 100 多万元开展林业实用技术培训，收到了“四两拨千斤”效果。各地林业主管部门结合各自的重点有针对性地对广大林农和基层技术人员开展技术培训。福建省制定了《全省林业农民技术员培训实施方案》，每年对基层农民林技员进行上岗轮训。据不完全统计，目前全省共举办村级林业农民技术员培训班414 期（次），投入培训经费 142 万元，培训人数

达6 315人，占全省村级林农技术员人数的85.2%。河南、陕西等省每年培训技术人员和林农10余万人次，大大提高了林农的科技素质和劳动技能。贵州省围绕重点林业工程建设，开展林业实用技术推广骨干培训和林农培训，“十五”期间全省共举办各类技术培训班57期，培训技术骨干5 000余人次，培训林农10万人次。

（六）创新林业科技推广机制，拓展科技服务功能

为更好发挥林业科技人员参与科技推广工作的积极性和创造性，2002年福建省出台了《关于调动林业科技人员积极性的若干规定》，鼓励、引导科技人员发挥专业技术特长，积极投身于林业生产建设主战场，推广应用先进实用技术，促进科技成果转化。政策出台后，全省出现了科技人员纷纷领办林业项目、示范工程、经济实体的局面，林业科技人员的积极性空前高涨。几年来，仅科技人员以技术、资金入股等形式建立的科技示范林就有1.3万公顷多，起到了“带着林农干，做给林农看”的示范作用。

为了进一步拓展林业科技服务功能，各地林业部门按照“强化公益性职能、放活经营性服务”的原则，引导和帮助创建区域特色林业技术推广中心、科技专家咨询站、科技网络服务站、专业合作社、农村经济组织、龙头企业和协会等多种形式的推广服务机构，为林业优质增效、农民增收和新农村建设发挥了重要作用。如云南省建立了“省级推广中心站管理信息平台”，实现了信息综合、发布快捷、辐射面广、社会共享的目标。福建省开通的“96355”林业科技服务热线是一种综合性、多功能的林业社会化服务方式。通过电话服务热线，建立跟踪服务网络，直接面向“三农”，无偿为林农、林业生产经营者开展林业科技、信息、政策、法规咨询服务，帮助解决技术、信息难题。目前，林业服务热线已在南平、三明、龙岩等8个市林业局和邵武、永安、尤溪、永泰、云霄等11个县（市）林业局开展试点，直接从事热线服务的人员达300多人，服务内容涉及林业科技、种苗、政策、管理和市场等，受到了广大林农好评。上海、山东、福建等省（直辖市）也相继开通了林科电话服务热线。

四、存在的主要问题

林业科技推广工作和体系建设虽然取得了很大的成绩，但面对林业发展和新农村建设新形势、新任务对科技推广工作的新需求，还存在一定的差距。主要表现在：

（一）推广体系不健全

目前全国虽然已初步形成了以省级林业技术推广中心为龙头，县级推广机构为主体，乡镇林业站为基础的林业科技推广网络。但调查发现，有些省级推广站建设很不完善，混编混岗现象严重。如贵州省遵义市14个县（市、区），仅有8个县级站有独立编制和机构设置，4个混合设置或内设，2个县（区）没有设立，在岗不专职现象也很严重。在云南省126个县（市）中，建立推广站（中心）58个，建站率仅46%。此外，乡镇林业站在不同省份发展很不平衡，尤其在乡镇机构改革后，有些地方取消了乡镇林业站，成立了农业办公室，分管林业的只剩下1人，严重削弱了林业站的技术推广功能。

（二）专项经费严重不足

随着林权制度改革和社会主义新农村建设的不断深入，激发了广大林业劳动者的生产热情，对林业科技的需求更加迫切。但是，各级林业科技推广站现有条件远远满足不了为生产服务的需要：一是开展技术示范、技术培训等推广的专项工作经费严重缺乏，有些推广站不仅没有推广经费，甚至不能按时或者足额发放工资。云南省玉溪市部分县对林业科技人员实行差额拨款（5%～45%）。二是缺乏推广工作必备的仪器设备，一些县林业技术推广站办公拥挤，少数乡林业站没有办公用房，严重制约了基层技术人员的积极性，影响林业技术推广工作的正常开展。

（三）林业科技推广人才缺乏

基层林业科技推广人才普遍存在结构性失调和人才流失现象。一方面由于基层林业科技推广人员的待遇较差，吸引不了高素质人才；另一方面政策机制不完善，挫伤科技推广人员积极性。如广东省22个县级推广站人均年收入低于当地人均水平，月

平均工资约500元。全省113名（不含挂靠）在职推广人员中，工程师以上职称的只有24人，部分地市林科所由于没有课题，科研人员宁愿待岗也不愿从事推广工作。此外，由于经费不足，科技推广人员继续培训和学习机会少，知识更新慢，加剧了科技推广人才缺乏的状况。

（四）部分基层领导对科技推广工作认识不到位

在调研中，我们发现部分基层领导对林业科技推广工作认识不到位。具体表现：一是说起来重要，做起来不要。有的地方党政主要领导认为科技推广是“软件”，看不见、摸不着、见效慢，不如“工程”或“项目”等“硬件”，容易出政绩；二是只要重点工程，不讲科技含量。有什么种，育什么苗，只图完成数量任务，不管质量效益；三是科技与生产严重脱节。思想认识上的差距，导致科技推广与工程建设两张皮。

（五）缺乏激励林农掌握新技术的有效机制

从客观上讲，林业生产周期长，比较效益低，具有经济理性的林农在有其他收入来源的前提下一般不愿接受新技术；从政策上讲，目前缺乏面向林农的小额贷款组织和政策，尤其是偏远山区经济相对落后地区的林农往往因缺乏初期投入资金而难以接受；而现行新技术资金补助政策往往要求具有一定的规模，这对于大多数分散经营的农户来说难以做到，无法通过林地流转方式得以实现。加上培训咨询、试验示范等缺乏对弱势群体帮助，制约了林业科技的推广范围和效果。

（六）推广机制不适应新形势对科技的需求

在林业科研和生产单位，尚没有形成推广科技成果有效的激励机制，科技人员“重科研、轻推广”，生产单位“重数量、轻质量”的现象普遍存在；广大基层林业生产者和林农对技术服务需求量大，但受条件所限，现有的推广、培训面相对较窄，示范点相对较少，未能形成大范围的网络体系。推广模式和机制严重制约了当前林业社会化发展，与新农村建设中林农对科技的需求不相适应。

五、对策和建议

林业又快又好发展和社会主义新农村建设需要林业技术推广强有力的技术支撑，要深化改革，创新机制，构建新型林业科技推广体系，充分发挥林业科技推广体系技术推广的职能。

（一）强化林业科技服务与推广体系建设

进一步强化政府在林业科技服务和推广体系建设中的主导作用，明确省级、县级推广站在林业科技推广工作中的主体地位。建立和完善林业科技推广网络，优化人员配置，发挥其联结上下、协调左右的作用。省级林业科技推广机构主要抓影响面大、示范带动作用强的技术进行推广，形成大示范、大推广。县级林业科技推广站主要面向基层，面向林农，开展新技术培训、科技入户、建立示范点，促进县域经济发展和农民增收。在发挥政府主导作用的基础上，充分运用市场机制，建成以“政府为主、民间为辅”，多元化、多层次、多形式并存的林业科技服务与推广体系，创办林业专业合作组织和协会，以林业骨干企业带动，各类研发机构参与，种养大户示范，形成“公司＋基地＋农户”的技术联盟和经济联合体，共同参与市场竞争。

（二）建立以政府投入为主的林业科技推广投入机制

根据《农业技术推广法》提出“各级人民政府在财政预算内应当保障用于农业技术推广的资金，并应当使资金逐年增长”的要求，建议中央和各级地方财政在确保科技推广的人员经费和专项经费纳入预算，并保持相应增长的前提下，重点加大对林业重点工程和生态公益性项目科技推广、科技示范园区、林业科技入户工程、科技推广网络和示范体系建设的投入，设立林业科技推广专项资金。对于经济效益较高、市场前景较好的技术推广项目，用市场机制配置资源，通过技术承包、技术转让、技术入股等有偿服务，使技术拥有者得到回报。通过市场这只无形的手，实现林业研发与科技推广的良性循环。

（三）加强林业科技推广站（中心）能力建设

按照“完善设施、改善手段、提高服务能力”的要求，进一步加强林业科技推广站（中心）能力建设。重点加强县级林业科技推广站能力建设和队伍建设，改善县级以上林业科技推广站必要的办公设备及培训设施，为开展科技推广工作提供最基本的条件。要在进一步稳定、壮大推广队伍的前提下，建立对基层林业技术推广人员的轮训制度，积极鼓励和支持他们参加各类学历考试，选拔优秀骨干到科研院所培训或跟班学习，通过多种途径和方法，提高他们的业务技能和服务水平。

（四）创新林业科技推广工作机制

进一步贯彻落实国家对林业科技推广工作的各项政策，创新工作机制，是做好新时期林业科技推广工作，调动各类人员和社会力量积极参与技术推广活动的重要保障。建立和完善推广人员激励机制，鼓励科技人员积极参与“科技进村入户”活动或担任科技特派员，建立个人收入与推广绩效挂钩的分配制度；通过技术入股、技术承包、技术转让等多种形式，受聘到农业龙头企业、专业协会、专业大户和千家万户中去，开展有偿服务。科技人员参与科技推广，在职称评定、科技项目安排、奖励等方面不受影响。建立和完善科技推广的考核评价机制，把科技推广纳入地方经济工作和新农村建设的重要内容统一部署，并纳入政府考核指标体系；在应用与开发类研究课题申报立项时，把技术推广、成果转化纳入评审指标，积极引导科研人员从事科技成果的推广；继续实行林业科技推广与工程建设“同步设计、同步实施、同步验收”的三同步方法。在项目的设计、实施、验收工作中，吸纳林业技术推广人员参加，把林业新技术、新品种推广列为工程验收的重要考核指标。

（五）启动“百县千村万户”科技示范和富民工程

随着社会主义新农村建设的全面实施，林业科技在农村发展和农民致富过程中发挥越来越重要的作用。建议适时启动“百县千村万户”科技示范和富民工程（方案另报），提高林业在社会主义新农村建设中显示度和影响力。“百县千村万户”科技示范和富民工程将按照“三个一”的原则实施，即“推广一项技术（或品种），带动一个产业，致富一方百姓”。在五年之内，建立“一百个示范县，一千个示范村，一万个示范户”，做到“一村一品”，“一县一个大产业”。

调 研 单 位：国家林业局科学技术司
中国林业科学研究院
中国林学会
调研组成员：张永利　胡章翠　蔡登谷　尹发权
田亚玲　王登举　宋红竹　林　群

⊙乡镇林业工作站与社会主义新农村建设

乡镇林业站是农村发展林业、建设新农村的重要保证

按照国家林业局关于“社会主义新农村建设与林业发展问题”调研的总体安排部署，“乡镇林业工作站在新农村建设中的地位和作用”调研组，于6月底和7月底，分别赴云南、辽宁、甘肃、青海、重庆、福建、江西等省（直辖市），就乡镇林业工作站在新农村建设中的地位与作用问题开展了专题调研。调研组先后召开有县乡党委、政府、林业主管部门有关同志和村干部、农民代表等参加的不同层次的座谈会，实地考察了林业站帮助指导农民开展的生态建设和发展林业产业的基地。调查的结果和各地实践都说明，贾治邦局长关于“林业站是整个林业工作的基石，是各项林业工作的落脚点，是林业部门加强与农民联系沟通的桥梁和纽带”的论述，是对林业站的地位与作用的准确定位。各地普遍反映，要把林业在新农村建设中的作用充分发挥出来，就必须把林业站建设好，使其成为一个重要抓手。

一、林业站在新农村建设中的独特作用

目前，全国共有29 375个林业站，在岗职工14.76万人。林业站建在农村，面向农民，在农村生态建设、林业产业发展、帮助农民增收致富、提高农民素质、林业科技推广等方面，发挥着不可替代的作用。在调研中，有的农民说：“建设新农村，

栽树是亮点；栽树怎么干，要靠林业站。”

（一）充分发挥职能作用，为集体林权制度改革服务

在集体林权制度改革中，林业站既是管理者，也是服务者，承担着政策宣传、调查勘界、内业整理、配合发证、纠纷调处、档案建立等大量具体工作，发挥了基础保障作用。一是深入宣传发动，培训林改骨干。江西省林业站在林改工作中，共出动宣传人员5 300多人，出动宣传车12 300多车次，出板报14 000余期，张贴标语20多万条，发放《致农民朋友的公开信》400多万份、《林改政策问答》120多万册，通过宣传，使广大群众成为林改的明白人和林改的主人，自觉参与到林改中来。林业站的职工分赴乡、村、组开展林改操作程序、外业勘界勾图、林权登记造册等技术培训，培训了一大批林改技术员和骨干，使林改工作得以顺利开展。二是认真搞好调查摸底，提供林改依据。林业站职工配合各地的林改工作组，深入到各村组，通过走访农户、发放征求意见问卷、召开座谈会、查阅历史资料等形式，查清森林资源现状、森林分类、森林权属等情况，并登记造册，为林改工作打下良好的基础。三是协助乡镇制定林改方案。根据调查摸底掌握的情况，指导、协助村、组制定林改方案，研究确定操作程序，召开村民代表大会或村民大会讨论通过，张榜公示。林业站在参加审核林改方案时，负责把好各项法律法规和技术关。辽宁省本溪县东营坊乡8个村的林改方案，均由该乡林业站指导制定，群众赞同率达到95%以上。四是协助调处林权纠纷，解决历史遗留问题。江西省安福县枫田林业站马人民同志为竹江乡调处林权纠纷10起，面积达70多公顷，该乡村民赠送他一面“临山踏界千辛万苦，签字造册废寝忘食”的锦旗。五是开展外业区划勘界，落实林改宗地。江西省林业站投入3 000余人，仅用半年左右的时间完成了907万公顷林地的外业宗地区划勘界勾图任务，为林改的健康顺利完成做出了重要贡献。六是做好内业资料整理，建立林改档案。林业站职工细致认真地做好每一份资料的整理、宗地资料录入、林权证表格填写和附图绘制等工作，建立健全林改档案，为林改的圆满完成做出了积极贡献。七是在林改检查验收时，林业站职工发挥了确权发证质检员的作用。指导督促各村及集体经济组织开展明晰山林权属，签订、完善承包合同，换发林权证书的工作，务求地表、地图、地界、地名、地积、地被、地主、地证“八相符”。

（二）组织指导农民造林护林，为农村增“绿”

林业站是农村造林绿化的组织者、指导者。全国林业站年均组织指导农民营造林面积占全国的70%以上，年均组织农民完成四旁植树近20亿株。辽宁省本溪县东营房乡林业站，2005年组织指导林农造林400公顷，2006年433公顷；帮助林农制定乡规民约，加强森林保护，减少森林资源消耗。

（三）引导农民发展林业产业，帮助他们增收致富

一是指导林农利用林地资源，发展林业产业。如：帮助农民发展竹藤花卉、庭院经济、建立野生动植物养殖等新兴林业产业，拓宽了农民增收的渠道，增加了农民的收入。辽宁省本溪市拥有丰富的林地资源，是林下人参、细辛、五味子、刺五加等中药材的主产区，乡镇林业站引导该市农民发展以中药材为重点的特色林业产业，发展林下人参2.67万公顷，计划到2010年发展到6.67万公顷，经过8～10年的培育，林下人参每公顷收入不低于150万元。大连市旅顺口区江西林业站通过算经济账、举办现场技术培训班、培植示范村和示范户等方式，动员、引导农民在进行荒山、村屯、道路、沟渠绿化时，大力发展经济林，实现增收致富。2006年上半年，山沟村在江西林业站指导下，发展大樱桃33公顷，5年后进入盛果期，预计每公顷年收入可达30万元。二是指导沙区农牧民利用沙地资源，发展沙区产业。甘肃省敦煌市南湖乡地处沙漠边缘，气候干旱少雨、昼夜温差大，南湖乡林业站利用当地农田灌溉的优势，积极鼓励和引导农户发展葡萄产业，至2005年全乡葡萄种植面积达934公顷，其中挂果面积近800公顷，葡萄总产量达3 100万千克，销售收入4 260万元，占全乡经济总收入的85%以上，农民人均纯收入达到7 000元。三是帮助农民利用森林景观资源，发展生态旅游业，达到不砍树也能致富的目的。四川省彭州市龙门山镇是国家重点风景名胜区，地貌奇异，林木葱茏，花

树摇曳，风景宜人，森林覆盖率86.4%，被誉为成都的“生态肺”。该镇距成都市区只有一个多小时的车程，市林业主管部门、龙门山片区林业站根据当地社情、山情、林情，鼓励支持村民利用良好的生态资源发展“农家乐”和观光林业。为使全镇的农家乐健康有序发展，龙门山片区林业站亲自帮助林农搞绿化设计、景观配置，认真做好各个环节服务工作。2005年，龙门山全镇700余家农家乐接待游客100多万人次，旅游收入5 000万元，农民群众称赞林业站是增收致富的引路人。

（四）广泛开展宣传和培训，培养高素质的新型农民

各地林业站职工对林业法律法规、方针政策，先学一步，学深一点，然后用通俗易懂的语言向农民宣传。他们通过开办宣传专栏、刷写标语、发放小册子、举办实用技术培训班等多种形式，向农民宣传讲解支农惠农的林业政策，传授林业实用技术，使他们树立学科学、学技术、争致富的新观念，把“培养新农民、建设新农村”的要求落到实处。云南省玉龙县太安乡林业站利用“三下乡”的机会，每年都要到地处海拔2 700米的偏远山区，通过放电影、开群众会和现场培训等形式向农民宣传林业方针政策，开展技术培训，近年来，接受培训的农民达到6 000余人次。

（五）加强林业信息交流，促进农村经济社会发展

农民对各种林业信息享有知情权、话语权、利用权，林业站把与村组、农民的信息沟通和交流作为管理服务的一项重要内容，常抓不懈。一是充分发挥护林员传播信息的作用。分布在广大乡村的护林员，既是护林员，又是信息员。林业站通过乡村63万多名护林员队伍，把各种信息送入千家万户，把森林“三防”状况的信息及时地上报林业主管部门。二是林业站根据当地农村对各种信息的需要和经济社会发展的要求，指导农民建立各种经济合作组织，使之成为农民与市场沟通信息的桥梁和纽带。福建省永安市的12个林业站指导、协调各村普遍成立了竹业协会、桉树协会、木竹加工企业协会等各种协会，在此基础上，林业站还组建了林业社会化服务总协会，向林农提供技术和信息服务，带动了竹产业等林业产业发展。2005年，全市竹农实现增收5 300多万元，户均增收2万多元。甘肃省敦煌市南湖乡依托林业站建起了葡萄产业协会，对全乡葡萄生产进行技术培训、病虫害防治、田间管理和销售监管。协会定期发布信息、公布销售指导价，帮助农村培养了50多名本地葡萄经纪人，每年吸引客商100多人。

（六）推广林业实用技术，提高农村林业生产的科技含量

为了满足广大农民对林业新品种、新技术的需求，林业站主要采取以下措施推广实用技术：一是手把手传授。甘肃省天水市秦州区藉口林业站利用自有的40亩苗圃地，推广新技术、引进新品种、培养生产技术骨干；为辖区农民发展以优质苹果为主的经济林提供了强大的科技支撑。自1992年以来，该站先后引进美国、日本、英国等国家培育的纽红、魁红、阿斯、红富士等优质苹果脱毒苗木，繁育优质果树苗木20万株，在太京、西口、店镇、皂郊、关子、中梁等乡推广栽植名优特果品和发展脱毒苗木果园2 000公顷，每年为群众增收400多万元。云南省玉龙县太安乡吉子村位于天保工程区，具有珍贵的林下资源——松茸菌。过去由于乱采滥挖，破坏了植被，影响了产量。从2002年起林业站把群众集中起来培训，指导群众科学采挖，使得农户收入普遍提高，2004年，农户最多的增收达2.80万元。二是建立示范基地。全国林业站共建立各种科技示范基地80万公顷，推广面积167万公顷，充分发挥了示范辐射和带动作用，有近100万个林业专业户和数千万农民从林业科技推广中受益。因此，基层干部和林农称林业站是林业法律法规方针政策的宣传站，森林资源保护管理站，林业产业发展指导站，林业技术推广站，在新农村建设中，林业站就是惠农站、富民站、服务站。

二、林业站在推进新农村建设中的特点和优势

调查显示，林业在推进新农村建设中潜力巨大，作用和优势明显；各地林业站积极发挥职能作用，并提供优质服务，是农村发展林业、建设新农村的一个重要保证。

（一）“服务林业、服务农村、服务农民”是林

业站在新农村建设中的重要职责

农村是新农村建设的主战场，广大农民是新农村建设的主力军。开展新农村建设以来，林业站根据新农村建设的要求，围绕林业发展的中心任务，为乡村制定规划出谋划策，认真履行“服务林业、服务农村、服务农民”的职责，积极开展工作。

（二）加强林业站建设，提高职工的素质和工作能力是新农村建设的客观需要

从调研的情况看，开展新农村建设以来，林业站承担的任务很多，很重要。为了适应工作的需要，必须采取有效措施，全面提高林业站的宣传和组织能力、管理和执法能力、科技推广和服务能力。江西省委、省政府在《关于深化林业产权制度改革的意见》中明确规定：对林业工作站等林业基层执法单位，要严格实行收支两条线管理，妥善解决人员编制，基层站所的人员工资和工作经费必须纳入同级财政预算给予保障，以保证其正确履行职能，公正执法。省林业厅把“是否落实基层林业工作站经费纳入财政预算工作”作为林改检查验收的一项重要内容进行考核，实行“一票否决”。到2005年底，全省有林业局的93个县（市、区）中，林业工作站经费全部纳入财政预算的由10个县增加到85个县（市、区），占总县数的91%；人员由590名增加到4 570名，占编制总数(5 014人)的91%。贵州省在“十五”期间，广辟资金渠道，筹集建设资金，新建林业站用房590个（面积10.9万平方米），维修改造站房100余个，现在全省1 452个乡镇林业站中有690个林业站的用房是新建的，并改善了办公条件。

（三）满足林农的多样化需求是林业站的工作重点

在新农村建设中，广大林农有多种多样的需求，包括村屯绿化美化设计、造林作业设计、育林（苗）技术指导、中幼林抚育、森林“三防”、伐区设计、林产品购销等，林业站把他们工作的重点转移到不断满足广大林农的多样化需求上，用卓有成效的工作实绩，促进林业发展，推进新农村建设。

（四）“两个文明”建设协调发展是林业站做好工作的根本保证

各地在加强林业站物质文明建设的同时，积极加强林业站的精神文明建设，例如湖北省从2000年起连续5年组织开展“十强林业站”、“红旗林业站”和“先进林业站”评比表彰活动，在全省林业站中形成了创佳绩、争先进的良好氛围。2004年，有8个林业站被评选为“全省林业系统先进集体”，13名林业站职工被评为“全省林业系统先进工作者”，林业站已成为群众欢迎、部门放心、政府重视的“文明窗口单位”。

三、林业站建设中存在的问题与建议

（一）林业站机构设置与他在新农村建设中所担负的繁重的林业建设任务不相适应

特别是西部地区，生态比较脆弱，林业建设的任务繁重，而林业站建设相对滞后。据2005年底统计，重庆、四川、云南、贵州、陕西、甘肃、宁夏、青海、西藏、新疆等10省（自治区、直辖市）及新疆生产建设兵团乡镇总数近1.40万个，有林业站10 208个，仅为乡镇总数的73%。一些地方甚至对林业站进行随意撤并，使基层林业管理服务工作薄弱。

（二）林业站现状与新农村建设中林业生产经营的实际需要不相适应

据2005年底统计，在全国林业站142 815名长期职工中，大专以上文化水平的有41 199人，占总人数的28%；初中以下文化水平的有22 785人，占总人数的16%；专业技术人员71 586人，占总人数的50%，其中：中高级技术人员有15 737人，占专业技术人员总数的22%。林业站在岗人员的素质不高、技术人员缺乏、知识老化，组织宣传能力、管理执法能力、推广服务能力较弱，难以提高农村林业生产经营管理水平。

（三）林业站工作手段与新农村建设中广大农民的多样化需求不相适应

据2005年底统计，全国乡镇林业站中，没有办公用房的6 302个，占总站数的22%；没有交通工具的11 715个，占总站数的40%；没有通讯工具的5 773个，占总站数的20%。尤其是在西部地区，林业站工作手段落后的问题更加突出，一些林业站缺乏直接为林农服务的必要工作手段，很难适

应“上山进村入户”进行造林指导、资源管理、森林“三防”、技术推广等工作的需要，工作效率低。

（四）林业站经费无保障、不到位，与服务新农村建设的长期性要求不相适应

据2005年底统计，在全国林业站在岗职工中，仅有81 497名林业站职工为全额财政拨款，占55%；有18 027名职工为财政差额拨款，占12%；有48 128名职工依靠林业经费或自收自支解决人员经费和福利待遇，占33%。中共中央、国务院《关于加快林业发展的决定》中已经明确规定将林业基层机构的经费开支纳入财政预算，但由于一些地方未能落实到位，只能挤占林业经费。例如安徽省黄山市黄山区2005年共计征缴育林基金等各项林业经费160万元，用于乡镇林业站、木材检查站及森林公安派出所等180人的人员经费补助支出120万元；护林防火费支出20万元；森林公安办案经费支出15万元；基础设施维修、交通工具保养等费用支出5万元，育林基金全部用来养人、办事业，没有投入到林业生产经营中。“粮草不足，军心不稳”。如果林业站职工生活无保障，后顾之忧没有解决，很难做好服务新农村建设的各项工作。

加强林业站建设，要认真贯彻落实中共中央、国务院《关于加快林业发展的决定》、《国务院关于深化改革加强基层农业技术推广体系建设的意见》和全国林业站工作会议精神，把贾治邦局长提出的“机构要稳定、队伍要精干、经费要增加”的总要求落到实处。

第一，科学合理地设置林业站机构，核定林业站编制。结合新农村建设和乡镇机构改革的实际需要，按照国务院关于深化改革加强基层农业技术推广体系建设的指示精神，根据森林资源的分布情况和生态建设任务，科学合理的设置林业站机构和核定林业站编制，明确经费渠道和管理体制。对于重点林区、林业生态建设和野生动植物保护任务重的乡镇，应单独设站；在森林资源较少、林业建设任务较轻的平原丘陵地区，可以跨乡镇设立区域站（中心站、片站）。各地应采取有效的措施，对于林业站承担的森林资源管护、林政执法等公益性职能所需经费，要纳入地方财政预算。

第二，切实加强林业站建设，强化“宣传、组织、管理、执法、服务”的职能。不断加强林业站思想政治建设、廉政建设和纠风工作，把林业站建设成为学习型、勤政廉洁型、务实高效型的基层林业管理机构。对林业站培训经费应积极争取财政支持，单独列项，解决培训难的问题，扎实推进林业站岗位培训教育工作。林业站要增强为新农村建设服务的意识，提高组织宣传、管理执法和推广服务的能力。各级林业主管部门应加强对基层林业站的管理和指导，督促林业站做好所担负的各项工作。

第三，进一步改善林业站工作生活条件，强化林业站工作手段。采取切实有效的措施，解决林业站建设投入不足的问题。国家林业局应进一步增加林业站建设投资总量，增加林业站重点县数量，加强林业站基础设施建设，解决办公用房、交通工具和通讯设备，达到“管理规范、设施完善、队伍精干、办事高效、保障有力”的目标要求。各地应把林业站建设纳入当地的国民经济和社会发展规划，各级林业主管部门应把林业站建设纳入林业建设的总体规划，加大投入力度，建立以地方投入为主、中央适当扶持的林业站建设资金保障机制。

第四，深入贯彻落实中央林业决定精神，从法律上明确林业站的地位。按照中共中央、国务院《关于加快林业发展的决定》对林业站职能和作用的明确要求，结合新农村建设赋予林业站新的任务和要求，积极与国务院法制部门协调，将林业站写入《中华人民共和国森林法》之中，明确林业站的法律地位，确保林业站机构队伍的长期稳定。当前，应指导各地借鉴福建等省的经验，把林业站纳入地方法规。同时，国家林业局应加快修订《林业工作站管理办法》的工作进度，对林业站职责、建设、管理等问题作出新的规定，以适应林业建设的新形势新任务的要求，为新农村建设和促进林业又快又好发展作贡献。

调 研 单 位：国家林业局林业工作站管理总站
全国总工会中国农林水利工会
调研组成员：马广仁　李近如　刘季英　侯　艳
邓　侃　王福田　董　原　张明辉

关于退耕还林的后续政策问题

完善政策　稳步推进
巩固和发展退耕还林成果

为切实摸清退耕还林工程建设现状以及国家停止补助后对退耕农户的影响，研究解决补助到期后“稳得住、不反弹”的问题，为国家完善政策提供依据，根据国家林业局关于开展林业重大问题调研工作的统一部署，退耕还林办公室于3月下旬部署各工程省份开展了全面摸底调查，并会同国务院研究室对四川、贵州、陕西、甘肃、青海等12个重点省份进行了专题调研，共调查了22个县、33个乡（镇）、35个村，走访了240户退耕农户，召开了省、地、县、乡、村等不同层次的座谈会。并于4月底和12月初两次召开由国务院研究室、国务院发展研究中心、中国科学院、中国社会科学院、中国国际工程咨询公司、中国林业科学研究院、北京林业大学等单位资深专家及部分工程省、市、县政府代表参加的退耕还林后续政策研讨会，广泛听取意见。

通过大规模的调研，大家普遍认为，退耕还林工程组织严密，政策透明，管理规范，进展顺利，成效显著，得到了社会各界的普遍赞誉。但是，随着退耕还林补助的陆续到期和计划任务的大幅度调整，各地面临着不少困难和问题，尽快完善政策、稳步推进工程建设是人心所向、众望所归。

一、退耕还林工程进展顺利，取得了巨大的综合效益

退耕还林是党中央、国务院站在中华民族生存和发展的全局高度作出的重大战略决策，是我国垦殖史上首次成功实现的重大转折。自1999年以来，经历了3年试点、2年大规模推进和2004年以后的结构性调整、巩固成果三个阶段。1999～2006年，中央累计投入1 304亿元，安排退耕地造林1.39亿亩、荒山荒地造林2.05亿亩、封山育林0.2亿亩。工程范围涉及25个省（自治区、直辖市）和新疆生产建设兵团的2 279个县（包括县级单位）、3 198.5万农户、12 291.1万农民。退耕还林工程是迄今为止我国政策性最强、投资最大、涉及面最广、群众参与程度最高的一项生态建设工程。工程的全面实施，改写了“越垦越穷、越穷越垦”的历史，取得了生态改善、农民增收、农业增效和农村发展的巨大综合效益，得到了各级党委政府和亿万农民的真心拥护和支持。

（一）工程区水土流失大幅度下降，风沙危害明显减轻

各地严格按照国家要求，重点安排长江上游、黄河上中游、京津风沙源、南方岩溶石漠化地区、重要湖库集水区等生态区位重要区域的坡耕地和沙化耕地退耕还林。在重点调研的12个省份中，25°以上坡耕地、15°～25°坡耕地和严重沙化耕地占退耕还林总面积的82.4%，15°以下的退耕地也主要是沙化耕地。

从林种构成来看，各地遵循生态优先的原则，并兼顾农民的经济收益。据统计，12个重点调研省份退耕地还生态林占总任务的91.5%，其中生态经济效益兼顾的兼用林占总任务的21.3%；退耕还经济林占6.6%；退耕还草占总任务的1.9%。

退耕还林工程的实施，使我国造林面积由以前的每年六七千万亩增加到连续4年超过1亿亩。而且，退耕还林工程造林成效与政策兑现严格挂钩，各地工程造林质量大大提高。据2005年全国造林实绩检查，2004年度退耕还林工程面积核实率为97.2%，核实面积的合格率为89.9%；1999～2003年面积核实率为94.1%，核实面积的合格率为94.4%。7年的退耕还林工程建设，大大加快了国土绿化进程，将使占国土总面积82%的工程区森林

覆盖率平均提高2个多百分点，有效减轻了水土流失和风沙危害。据四川省3个水文站监测，实施退耕还林等生态工程后，2004年与1998年相比，长江一级支流年输沙量均有大幅度下降，其中青衣江夹江站减少38.6%，嘉陵江亭子口站减少94%，涪江射洪站减少95.6%。贵州省遵义县松林镇丁台村，退耕还林前5口水井成了枯井，老百姓靠远距离挑水吃，2000年退耕还林1 200亩后，5口水井都涌出了清泉，解决了村民的吃水难题。长江水利委员会的专家认为，退耕还林是长江输沙量减少的主要原因。土地沙化十分严重的内蒙古自治区森林覆盖率由退耕前的13.8%提高到目前的17.7%，全区生态状况实现了由“局部治理、整体恶化”向“整体遏制、局部好转”的重大转变。伊金霍洛旗有林地面积由退耕前的267万亩增加到目前的353万亩，森林覆盖率由27.6%提高到32.6%，扭转了“沙进人退”的局面。回良玉副总理2004年9月视察该旗退耕还林时称赞：伊金霍洛旗可称得上塞外小江南。退耕还林产生的生态效益已经使工程区生态面貌发生了显著变化。国务院研究室原副主任杨雍哲同志经过大量调研后说：“退耕还林这件事确实干对了，目前已经显现的生态效益是显著的，比预料的还要好。”

（二）农民收入普遍增加，部分地区贫困状况开始改变

陕北信天游曾唱道：“开一片片荒地脱一层层皮，下一场场大雨流一回回泥，累死累活饿肚皮，苦日子何时是个尽。”贵州省毕节地区织金县海拔2 000多米的陡峭山体上，老百姓开荒一直开到山顶，多年的耕种使地里遍布着鸡蛋大的砾石，农民辛辛苦苦种一年还不够全家半年的口粮，退耕还林以前一直依靠国家救济生活。退耕还林不仅比较稳定地解决了农民的吃饭问题，而且培育了生态经济型的后续产业，促进了农村富余劳动力的转移，为增加农民收入开辟了广阔的途径。

1. 国家粮款补助直接增加了农民收入

退耕还林后，国家在一定时期内持续提供粮食和生活费补助，增加了农民收入，一定程度上缓解了贫困退耕农户的贫困问题。退耕农户已人均获得粮食和生活费补助900多元，西北等人均耕地面积多、退耕面积大的地区受益更大。陕西省延安市已向退耕农户兑现钱粮补助34.3亿元，人均2 837元。四川省西部高寒民族地区，退耕还林补助占到了人均纯收入的30%左右，部分农户占到一半以上。调研中还发现，一些边远地区的退耕农户过去长年吃粗粮，退耕还林以后，许多农户依靠国家补助吃上了细粮，生活普遍得到改善。专家指出，国家这几年几百万贫困人口的减少，退耕还林起了重要的作用，促进了老少边穷地区的社会和谐稳定。

2. 退耕还林收益成为农民增收的重要途径

在一些自然条件较好的地区，退耕后发展的经济林、用材林、竹林、药材、畜牧、旅游等生态经济产业，成为农民增收的重要途径。甘肃省陇南市依托退耕还林工程新建花椒、核桃、油橄榄等特色林果基地80万亩，成为当地的一大经济支柱，2005年全市农民人均林果业收入达到236元，比退耕前增长59%，近20万户、80多万农民靠林果业实现了脱贫致富。四川省洪雅县大力推广“竹—草—畜”模式，退耕农户在竹子未成林前间种优质牧草，饲养奶牛、山羊、兔等牲畜，达到“以短养长、长短结合”的目的。每两亩竹草间作地每年可养1头奶牛，每头奶牛年纯收入可达四五千元。全县奶牛数量已由1999年的3 000多头发展到2004年的30 000多头。“家养两头奶牛，三年一座小洋楼”成为该县退耕农户的真实写照。基层干部和有关专家指出，由于退耕还林营造的经济林木绝大部分还没有进入盛果期，再过几年，退耕还林对农民增收的贡献将越来越大。

3. 劳务输出收入大幅度增加

退耕还林还使大量农村劳动力从广种薄收的土地上解放出来，促进了农业人口向城镇、向二、三产业转移，大大增加了农民收入。据四川省对丘陵地区的调查，大约每退耕3亩坡耕地可转移1个劳动力，全省丘陵、盆周地区大约有200万个劳动力因实施退耕还林得以转移，年创收约100亿元。据甘肃省统计，占全省农户总数三分之一的退耕农户2005年输转劳动力255.2万人，实现劳务收入65.7亿元，分别占全省总数的62.3%和65.2%。

（三）调整了农业结构，农业综合生产能力显著提高

退耕以前，山区、沙区农民广种薄收，靠天吃饭，农业产业结构单一，许多潜力没有发挥，甚至步入了“越穷越垦，越垦越穷”的恶性循环。基层干部群众即使有调整结构的愿望，但由于短期内没有生计来源，农业产业结构调整一直十分缓慢。退耕还林为调整农村产业结构提供了良好机遇，促进了农林牧各业的健康协调发展。

1. 加快了工程区农业产业结构的调整步伐

退耕还林的政策补助，为农业结构调整提供了良好机遇，搭建了有效的平台。各级政府将退耕还林作为解决“三农”问题的重要措施，积极调整土地利用结构和种植结构，因地制宜地推行各种行之有效的开发治理模式，大力发展生态经济产业，有力地促进了农业产业结构的调整，四川雅安、贵州遵义、陕西延安、甘肃定西、宁夏固原、内蒙古鄂尔多斯和乌兰察布等生态恶劣、经济贫困的地区逐步走上了“粮下川、林（草）上山、羊进圈”的良性发展道路，实现了耕地减少、粮食增产、农业增效。陕西省延安市在退耕492万亩后，新发展经济林果212万亩；通过新修基本农田、增加有效灌溉面积、发展节水灌溉等措施，使全市粮食总产量从以前正常年份的6亿千克左右提高到2005年的7.45亿千克；全面实行封山禁牧、舍饲圈养，2005年全市牲畜存栏达331万个羊单位；建成蔬菜大棚7.4万座，蔬菜种植面积达22.8万亩；农民人均纯收入由1998年的1 356元增加到2005年的2 195元。

2. 保障和提高了农业综合生产能力

退耕耕地属于《中华人民共和国土地管理法》等法律、法规规定的生态用地，原来种粮产量很低。据《西部大开发土地资源调查评价》，西部地区15°以上不宜耕种坡耕地粮食平均亩产111.5千克，其中长江流域亩产147千克，黄河流域亩产55.5千克。按此测算，1999～2005年退耕的1.35亿亩耕地每年减少粮食产量128亿千克，占2005年全国粮食总产量的2.64%。

从近几年全国粮食增减情况来看，退耕还林不是造成粮食减产的主要原因。退耕前历史最高水平的1998年、全国粮食生产低谷的2003年和2005年全国粮食总产量分别为50 122.95亿千克、4 306.95亿千克、4 840.25亿千克。2003年与1998年相比，全国粮食减产816亿千克，总减幅为15.9%。其中，6个非退耕还林省市减产329亿千克，减幅达26.9%；25个退耕还林工程省（自治区、直辖市）减产487亿千克，减幅仅为12.5%。2005年与2003年比，全国粮食总产量增产533.3亿千克，其中6个非退耕还林省（直辖市）增产83.9亿千克，占总增产量的15.7%；25个退耕还林工程省（自治区、直辖市）增产484.4亿千克，占总增产量的84.3%。2005年与1998年相比，全国粮食减产282.7亿千克，其中6个非退耕还林省（直辖市）减产245.1亿千克，25个退耕还林省（自治区、直辖市）实际减产37.6亿千克。内蒙古、吉林、黑龙江、安徽、江西、河南、湖南、重庆、贵州、云南、西藏、宁夏、新疆等13个工程省（自治区、直辖市）1999～2005年累计退耕还林6 553万亩，粮食产量不仅没有减少，反而增产141.1亿千克。可见，退耕还林虽然减少了部分耕地，但由于退耕还林调整了土地利用结构，改善了农业生产环境，促进了集约经营，提高了粮食单产，对全国粮食生产影响不大。

同时，通过退耕还林还发展了大量的木本粮油、水果等林产品及牧草资源，既能增加食物的有效供给，又能调整和优化食物结构，提高农业综合生产能力。工程区已种植2 900万亩经济林和2 600万亩生态经济兼用林，其中一部分已开始有收益。大别山区的湖北省罗田县，通过退耕还林发展板栗17万亩、甜柿0.85万亩，全县板栗产量由退耕前2001年的2 500万千克增加到2006年3 400万千克，甜柿产量由2 000万千克增加到2 400万千克。预计达到盛果期后，全县年可产板栗4 600万千克、甜柿3 250万千克。

（四）促进了农村生产生活条件的改善和思想观念的转变

退耕以前，山区、沙区老百姓祖祖辈辈以瘠薄的耕地为生，广种薄收，靠天吃饭，对生存环境十分无奈。退耕还林不仅改善了生存条件，也使当地老百姓看到了致富的希望，思想观念也因此发生了根本性变化，生态意识明显增强，生产方式向精耕细作转变，生活追求不再仅仅为了解决温饱，大量农民走出大山，开阔了眼界，解放了思想，拓宽了致富门路，逐渐走出了“越垦越穷、越穷越垦”的恶性循环。农村基层干部说，退耕还林给我国农村带来了一场深刻变革，探索了农村经济社会发展和补贴农民的新途径，是最合民意的德政工程、最牵动人心的社会工程、影响最深远的生态工程。

二、退耕还林工程建设中也存在一些突出的矛盾和问题

退耕还林地区是我国“三农”问题最严重的地区，是建设社会主义新农村的重点和难点。退耕还林工程虽然取得了显著的生态效益、社会效益和一定的经济效益，但是目前，退耕还林规划滞后，政策不完善，后续政策不明确，特别是随着退耕还林任务的调整和政策补助的陆续到期，一些矛盾和问题更加突出。

（一）任务调减与各地需求矛盾较大

规划是工程建设的蓝图，是依法行政的基础。造林工作季节性强，需要提前做好作业设计、整地、种苗准备等工作，必须在统筹规划基础上提前确定年度计划。但退耕还林工程实施7年多来，国家规划一直没有出台，省级、县级规划都无法确定，各地心里没底，普遍担心国家政策的连续性；盲目争抢任务，导致重点不突出；难以做到统筹安排和长远打算，“五个结合”配套措施落实不到位；年度计划一年一议，难以有效开展作业设计、整地、种苗准备等工作，造成要么准备不足，要么浪费严重，甚至超计划实施无法兑现政策。

近几年退耕还林任务调减幅度较大，计划下达时间较晚，特别是2006年作为“十一五”开局之年，退耕地造林和荒山荒地造林任务均不及2004年和2005年的一半，任务计划在当年的7月14日才下达，错过了造林季节，与基层的愿望形成了强烈的反差。目前，全国陡坡耕地和严重沙化耕地还较多，一些乡镇、村组还没有实施退耕还林，2004年退耕还林任务调减后，未退耕农户的意见很大。调研组在四川省南江县杨坝镇柏林村调查时，没有实施过退耕还林的村民闻讯赶来，纷纷要求国家继续安排退耕还林任务。甘肃省农牧厅的领导说：“甘肃省特殊的自然地理条件决定了甘肃省不是全国粮食主产区，应充分发挥比较优势，培育特色产业。退耕还林工程国家已经花了这么多钱，经过几年的实践，问题已经发现了，经验已经总结出来了，大家逐步掌握了工程建设的规律，目前正处在节骨眼上，停下来损失太大。”基层干部认为，如果不继续坚持实施退耕还林工程，剩下大量陡坡耕地和严重沙化耕地，就会又出现一个“半拉子”工程，影响工程建设成效。

（二）政策补助一旦停止，退耕农户收入将受到较大影响

1. 政策补助中断，部分退耕农户生活困难甚至返贫

自然条件恶劣、生态地位重要、生态环境脆弱的地区，历来就是贫困人口集中的地区，是国家扶贫开发的重点和难点，也是退耕还林的主战场。退耕还林不仅在一定程度上解决了过去因刀耕火种、广种薄收带来的生态问题，而且还暂时比较稳定地缓解了农民的贫困问题。但国家停止补助，将直接意味着退耕农户从国家获取的那一部分补助的减少。而且，愈是退耕还林的重点地区，退耕还林涉及的面愈广，退耕农户对退耕还林政策补助的依赖程度也愈大。在无其他稳定生计来源的情况下，这些地区退耕农户的收入将会大幅度下降，可能回到退耕前的困难境地，甚至比退耕前更加贫困。据统计，12个重点调研的工程省份补助政策到期后退耕户收入增加的或变化不大的有1 424.2万户，收入明显减少的有706.5万户，分别占总退耕户数的66.8%和33.2%，其中青海、宁夏、四川等省（自治区）退耕户收入明显减少的户数比重分别达到80.2%、68.1%和65.1%。

2. 政策补助到期后，大部分退耕还林成果还没有进入正常收益期

退耕还林的主要目的是解决水土流失和土地沙化问题。退耕还林地主要是生态区位重要、自然条件差的陡坡耕地和严重沙化的耕地，营造的生态林占90%以上，经济收益相对较少。即使是一些可以作为用材林经营的速生树种，从栽种到能够采伐利用，在南方一般需要10年左右的时间，在北方则需要20年左右。就是退耕后营造的经济林，由于部分农民没有种植经济林的习惯，经营管理水平较

低，大部分很难在5年内获得较好的经济效益。因此，大部分退耕农户难以在现行政策补助期限内依靠退耕地的收入解决生计问题。

3. 林草、林药等林下间种模式难以为继

各地在退耕还林中除因地制宜发展林果业外，实行林草、林药等林下间种模式也是一种比较普遍的治理模式。但林下间种有一定的时间限制，随着树木的生长，无法继续间种，如果受利益的驱动，一直间种下去，很可能出现毁林现象。如甘肃省定西市安定区按照“四无一不补，四有二配套”（即对无树、无草、无圈、无羊的退耕户，暂缓兑现补助；对有树、有草、有圈、有羊的退耕户，由区政府配套一台价值800元的铡草机，每户补助1 200元建一口沼气池）的办法，鼓励发展草畜产业，退耕地造林70%实行了林草间种，间种的草以优质牧草——紫花苜蓿为主，草畜业成为退耕还林的主导后续产业。但紫花苜蓿生长量大，耗水耗肥，七八年后也就是刚好生态林停止补助后，紫花苜蓿衰退，加上树木成林，无法再继续套种牧草，预计一半的退耕农户收入将因此而减少。

4. 部分地区退耕还林后确实存在缺粮问题

尽管从总体上看，退耕还林对粮食生产影响不大，部分地区还实现了减地不减收，但从各地实际情况来看，政策补助停止后，少数地区、个别农户还可能会出现缺粮问题。一是个别地方在具体实施过程中，对水土流失严重、陡坡耕地集中的地方采取整流域、整村推进的方式退耕还林，未给退耕农户留足基本口粮田甚至出现了全退户。二是一些地区在退耕前就存在缺粮问题，退耕后依靠国家补助暂时解决了吃饭问题，如不寻找其他出路，退耕还林补助到期后将重新出现缺粮问题。四川省未留足口粮田的农户和全退户涉及18个县的8.5万农户，主要分布在三州地区。贵州省虽然从1998年开始实现了全省农村粮食自给，但由于耕地资源分布十分不均匀，一些地方多数是25°以上的坡耕地，耕地质量差，尤其是喀斯特地形的面积占到全省面积的71%，耕地保水保肥能力极差，一旦遇到持续干旱，没有了退耕还林粮食补助，很有可能会出现缺粮问题。

（三）成果巩固面临不少困难

1. 资源管护任务繁重，资金匮乏

林业的特点是“三分造，七分管”。目前，工程实施后已经形成的退耕还林成果，绝大多数处于幼林和未成林阶段，后期补植补造、抚育管护、经营管理任务很重。同时，随着工程区植被迅速恢复，森林病虫害特别是鼠、兔危害随之加重，部分地区的危害面积达到30%以上，管护任务加重。

2. 确权发证工作滞后

到2005年底，退耕地造林发证率只有62.6%，荒山荒地造林发证率仅有31.4%。有的地区虽然发放了林权证，但未依法办理土地变更手续，出现了一地两证，甚至多证的现象，对巩固退耕还林成果极为不利。

3.“五个结合”的配套措施落实不到位

现有各项支农项目和资金由于来源渠道不同、管理部门不一而且各有侧重，地方政府又无力投入，基本农田建设、农村能源建设、生态移民、农业产业化等配套措施难以与退耕还林工程有效结合，政策补助到期后退耕农户的生计问题还不能得到很好解决。特别是后续产业缺乏投入，已培育的后续产业大多以原料生产基地为主，规模小，档次低，市场竞争力弱，难以成为退耕农户的生计来源。

（四）基层工程管理和实施部门难堪重负

1. 种苗和造林费补助标准偏低

现行的退耕还林工程种苗和造林费补助标准是2000年根据当时的实际情况确定的，近几年物价已大幅度上涨。同时，随着工程不断推进，新造林地块立地条件越来越差，造林难度越来越大，种苗及造林成本不断上升。特别是在农村取消义务工后，配套荒山造林主要由乡村组织专业队完成，成本更高。据实地调查，西北地区人工造林实际成本平均每亩为300元左右。

2. 工程管理经费缺乏

退耕还林工程总投资达2 200多亿元，每年的设计、建档、检查、验收、兑现政策、确权发证、效益监测和科技推广等，都需要大量经费。而退耕还林地区大多是贫困地区，地方财政困难，基层工作经费缺口较大，负担很重，而且随着管理范围的不断扩大，管理内容越来越多，工作经费的缺口越来越大，一些基层林业部门挤占、挪用甚至举债开展各项工作。从2004年开始，中央虽然按退耕地造林每亩1元的标准安排了县级前期工作经费，但远远不能满足需要。2006年，退耕还林累计管理面积达3.64亿亩，但中央仅安排400万元前期工作经费（至今仍未下达）。基层同志形象地说，巨额的工程投入与工程管理经费严重短缺这一现状，就好比“有钱买马，无钱配鞍”。由于工作经费严重不足，各级工程管理机构不健全，管理人员不稳定，特别是作业设计、检查验收、档案管理等很多管理工作不到位甚至无法正常开展，极大地影响了工程建设质量。

（五）生态林与经济林比例及林粮间作限制太严

按现行政策规定，退耕后还经济林比例以县为单位核算，不得超过20%，禁止林粮间作。农民意见很大，地方政府也难以管理。

三、进一步完善退耕还林政策措施的建议

温家宝总理强调：“退耕还林涉及1亿多农民，关系生态安全，关系农村稳定。要巩固成果，确保质量，完善政策，稳步推进。……现在生态林、经济林还没有到收益期，后续产业发展还跟不上，宁可多拿一点钱，也一定要把农民的生计问题解决好，不能降低农民的生活水平。”《国民经济和社会发展第十一个五年规划纲要》提出，要巩固和发展退耕还林成果，并将退耕还林列入生态环境建设重点工程，将全国森林覆盖率达到20%确定为“十一五”时期经济社会发展的约束性指标。为确保退耕农户生计不受影响，确保退耕还林成果得到有效巩固并健康稳步实施，建议进一步采取以下政策措施。

（一）坚持不懈，稳步推进工程建设

退耕还林是党中央、国务院为加强生态建设、治理水土流失而做出的重大举措，是落实科学发展观、构建和谐社会、推进社会主义新农村建设极好的载体，是我国第一次大规模直补农民，真正做到了“多予、少取、放活”，深得民心。工程实施7年来，已取得了巨大的综合效益。目前，我国水土流失形势依然严峻。《2004年中国水土保持公报》显示，全国11条江河流域土壤侵蚀量仍然高达16.22亿吨，水土流失分布范围广，而且主要来源于坡耕地的水力侵蚀和沟道重力侵蚀。据各地反映，由于各种原因，陡坡耕地和严重沙化耕地实有面积远远大于统计在册面积，而且实有耕地总面积也大于在册耕地面积。如：据甘肃省2000年航测，全省耕地达12 820万亩，耕地总面积是全国土地资源调查的1.65倍，陡坡耕地面积是全国土地资源调查的2.72倍；黑龙江省免征农业税后，各县市上报的原来没有计入农业税计税面积的耕地达3 000万亩。据25个工程省区上报，2004年底退耕还林工程县还有陡坡耕地8 500万亩、严重沙化耕地6 400万亩。同时，据第六次全国森林资源清查，25个工程省区仍有宜林荒山荒地和宜林沙荒地7.9亿亩，国土绿化的任务很重。各省规划“十一五”期间退耕地造林1.53亿亩、荒山荒地造林1.23亿亩、封山育林2.14亿亩。因此，坚持不懈、稳步推进退耕还林工程建设十分必要。建议尽快出台退耕还林工程规划，“十一五”期间安排退耕地造林0.35亿亩、荒山荒地造林和封山育林各1亿亩。退耕地造林任务重点安排在长江、黄河中上游地区、北方干旱半干旱的风蚀沙化严重地区、其他一些水土流失严重的重要江河湖库水源地区以及石漠化严重地区，特别是要确保这些地区25°以上陡坡耕地和严重沙化耕地优先退耕还林。

（二）适当延长粮食资金补助年限，对退耕农民给予生态补偿

由于退耕还林工程上马比较仓促，部分退耕农户没有留足基本口粮田，后续产业发展滞后，退耕农户的生计还没有其他来源。而且，越是退耕还林重点地区，退耕农户对退耕还林补助的依赖程度越大。在无其他稳定生计来源的情况下，停止补助后这部分退耕农户收入将会大幅度下降。建议，一是为缓解退耕农民的生计困难，切实巩固退耕还林成果，遵循林木生长的客观规律，在现行粮食资金补助期满后，对退耕后还生态林的粮食资金补助再延长5年，还经济林的粮食资金补助延长3年。二是对退耕还生态林的农民实行一定程度的生态补偿，在延长粮食资金补助期满后，按每年每亩50元的

标准，继续给予长期补偿；或在延长粮食资金补助期满后，将生态林纳入生态效益补偿，将特殊困难地区的退耕农户纳入农村低保。

（三）将每亩20元现金补助作为管护费长期补助下去

退耕还林工程国家一直没有专门的管护经费，退耕户也没有能力自主承担这一费用。停止补助后，由于缺乏约束机制，退耕农户管护动力将大大减小，退耕还林成果保护将受到威胁。特别是国家对农民种粮实行直补政策后，种粮每亩可得到近30元的补贴，农民受利益驱使开始扩大种粮面积，一些地方已经出现了毁林复耕的苗头，给巩固成果带来了更大的压力。在现行政策补助到期后，将原有每亩每年20元的生活费补助作为林木管护费长期补助下去，既在一定程度上解决了抚育管护经费的问题，又有利于落实基层政府和退耕农户的责任、长期巩固成果。

（四）加快确权发证，依法保护成果和保障农民收益

林权证是依法保障退耕农户利益、巩固退耕还林成果的法律凭证。地方各级政府要加强领导，有关部门密切配合，及时依法办理土地变更手续，颁发林权证，杜绝一地多证，确保依法保护退耕还林成果。同时，要加快林权改革，促进林地林木权属合法流转，放活商品林的经营，并落实《退耕还林条例》规定，根据工程区的生态地位和生态脆弱等级、所还林种和树种分类研究制定退耕还林的采伐利用办法，保障退耕农户的收益权。

（五）落实好各项配套措施

落实“五个结合”配套措施是解决退耕农户生计、巩固退耕还林成果的重要保障。建议，一是将国家现有的基本口粮田建设、沼气等农村能源建设、生态移民、农业产业化、禁牧舍饲等支农项目和资金切块安排给退耕还林工程区，分解落实到退耕农户。二是将中央用于新农村建设的水、气、路、电等基础设施建设资金，优先安排退耕还林地区。三是强化地方政府落实“五个结合”配套措施的责任，将各项支农政策切实落实到退耕还林工程区及退耕农户，尽快解决退耕农户的吃饭、烧柴、增收等生计问题。

（六）适当提高种苗造林费标准

为保证退耕还林工程用上良种壮苗，提高工程建设质量，为培育后续产业打下良好的基础，根据实际需要和国家财力，将种苗造林费补助标准由现在的每亩50元提高到每亩100元。

（七）切实解决基层工程管理经费问题

将前期工作费的中央补助标准由每亩退耕地造林补助1元提高到每亩退耕地造林和荒山荒地造林补助3元，省级财政按1∶1配套。同时，在政策补助期内，对已完成的退耕地造林任务中央财政按每亩每年0.5元的标准补助工程管理经费。并专项安排退耕还林工程效益监测经费和科技支撑经费，加强长效机制和治本之策的软科学研究。

（八）放宽生态林与经济林比例限制，允许林农间作

发展经济林，只要措施得当，可获得较好的生态效益和明显的经济效益，促进农民增收致富，同时林粮间作是我国历史悠久而且行之有效的林业经营方式，对巩固成果十分有利。建议调整现行政策，尊重农民意愿，允许地方政府按因地制宜、适地适树并兼顾生态、经济效益的原则确定生态林与经济林比例；允许农民在不造成新的水土流失前提下，实行林农间作，以耕代抚，以耕代管，复合经营。

（九）妥善处理因灾损毁和征占用退耕还林地的问题

对因严重干旱、洪涝等自然灾害损毁的退耕还林地，能通过补植补造恢复的，国家给予种苗造林费补助；对因灾损毁无法恢复的退耕地造林面积给予核销，已发放的粮款补助不再追回，余下的补助不再继续发放。对重大工程建设确需征占用退耕还林地的，由征占用单位在交纳植被恢复费的同时，补偿已发生的种苗造林费和已发放的粮款补助，由地方另行择地退耕还林，实行占补平衡。

调 研 单 位：国家林业局退耕还林办公室
总报告执笔：张鸿文　刘树人　刘再清　汪飞跃
　　　　　　赵玉涛

巩固退耕成果：正视风险、寻求对策

退耕还林工程是富民工程、德政工程，这是自退耕还林工程实施以来上自政府决策层，下至参与工程建设并从中受益的广大农民最广泛认同的评价。然而，最近在调研中，基层领导的一句话深深地震撼着我们并由此产生许多思考。“退耕还林工程是少数让农民发自内心高呼共产党万岁的工程之一，而巩固工程建设成果同样考验着我们的智慧和决心，影响着退耕还林工程的前途，关系着众多参与者的利益”。由此，结合对退耕还林工程的调研、媒体关注的热点及专家学者的研究，围绕八年到期存在的风险、可能出现的问题进行了分析，以探寻可行的政策措施。

“2605”项目：教训十分深刻，经验弥足珍贵

“鉴形之美恶，必就于止水；鉴国之安危，必取于亡国”。尽管已经过去20年，人们对宁夏回族自治区西吉县“2605”项目被毁的过程仍然记忆犹新。1982～1986年，西吉县在世界粮食计划署和国家有关部门的支持下，实施“2605”项目。该项目的宗旨是：通过造林种草，控制水土流失，改善生态环境，促进各业发展，提高人民的生活水平。世界粮食计划署无偿为项目提供了小麦、干面条、牛肉干、牛肉罐头、椰枣等食品援助，其形式与现在的退耕还林颇为相似。

项目提前一年完工，并取得显著成效：土壤侵蚀总量减少，林草覆盖大幅上升，土地利用结构得到调整，农民生活、居住条件明显改善，农村燃料奇缺的状况得到缓和。当地农民对此表现出很高的热情，项目验收官员对此给予高度评价。

这样一个耗时、耗力、耗钱的生态工程，本应倍加爱惜，使之发挥长久的生态效益，但令人遗憾的是，工程完工不久就遭到了毁坏。

工程完工后，由于没有相应的后续扶持措施，工程一停止，破坏就开始了。先是少数，后是多数；先是割草，后是毁林；先是小打小闹地毁，后是大模大样地干。“兵败如山倒”，原来好端端的林地，仿佛在一瞬间就变得七零八落。到1992年，几十万亩退耕地又变成“复耕地”。整个项目建设147万亩，其中造林70万亩，竟有32万亩毁林复耕。保留下来的只有国有林场和部分集体林场的林地，农民承包的土地几乎都复耕了。

农民为什么要毁林复耕？原因在于项目完成后，国内外的援助骤然停止，农民的生活马上就成了问题，而退耕地却产生不了经济效益。随着人口的增加，生活压力的加大，农民把目光又瞄向了退耕地。应该说，“2605”项目是成功的，工程建设的各项目标按预期完成；但政策是失败的，工程完成后，如何巩固建设成果，没有相应的政策和措施；项目的经验是宝贵的，只要方法得当，以工程方式恢复生态脆弱区的生境，不但能够成功，而且效果显著；项目的教训是深刻的，当农民吃饭问题得不到解决时，任何美好的东西都会变的不重要。

退耕还林：八年之期将届，各方关注不一

大家无争议的是，退耕还林“绿了山”，生态环境得到改善，工程区林草覆盖率明显增加，水土流失和风沙危害减轻，自然灾害发生频率逐年下降；退耕还林“富了民”，促进了农村经济发展，工程实施使农民从补助中直接受益，林业的发展为农民提供了就业机会；退耕还林“育了人”，通过工程实施，遏制生态灾难、维护生态安全的全民生态意识明显增强。

八年之期临近，退耕还林建设成果能否巩固，如何巩固？成为社会普遍关注的问题，各自基于考察对象和观察角度的不同，产生的看法、得出的结论也存在较大差异。乐观者有之，忧虑者有之，悲观者亦有之。

乐观者的实证。

通过一些典型案例进行证实，对于八年后退耕还林建设成果能否得到保护，相关实例具有很高的可信度。宁夏回族自治区固原市原州区七营镇高崖

村63岁的退耕农民李文林，退耕还林工程实施前共有11亩地，年均收入不到1 000元，按照老人自己的话说，“每年都是在为嘴巴忙活”，哪里会想到什么经营果林。退耕还林工程实施后，七营镇政府引导群众在盐碱滩上引种了2 000多亩优良枸杞。仅此一项，全村人均年收入就超过2 000元。借助退耕还林的好政策，李文林将11亩地中的8亩河滩地，全部栽上了枸杞。如今，枸杞已经进入盛果期。每到成熟季节，全家人上阵采摘枸杞。收成好的时候，光自家人还忙不过来，只好雇人采摘，最多时竟雇了50人。每采摘1千克，给人6角钱。李老汉做梦也没有想到，自己大半辈子都靠国家扶助过日子，老了竟然能为当地的劳务输出作出贡献。

另一个案例是四川省广元市朝天区等地种植朝天核桃，其中王秀月家退耕8亩多坡地，栽上了500多株核桃。即便雨水太多，初挂果的100多株核桃树依然收获了200多千克核桃，不出门就卖了3 000多元。“过去这8亩多地收成最好也不过1 000千克粮食”。王秀月所在的沙河镇6年间退耕还林种植核桃300余亩，去年全镇人均核桃年收入600元，占到当地农民纯收入一半以上。“有了实实在在的核桃收入，即便没有退耕还林补助，农民也绝不会毁掉核桃林再种粮”。

“八年之后怎么办，关键在于现在怎么干”。陕西省延安市围绕“退得下，还的上、稳得住，能致富，不反弹”的指导方针，从退耕还林伊始就进行精心谋划，采取了符合当地特点的措施：一是按照人均2.5亩基本农田的总体要求，在近村、低山、靠水源的地方和偏远贫困山村新修基本农田64万亩。通过国家支持搞重点，发动群众打小坝“两条腿”走路的办法，建成骨干淤地坝136座，中小型淤地坝565座，新增坝地2.5万亩。建成各类水源工程3万多处，新增和恢复有效灌溉面积17万亩，发展节水灌溉面积27万亩。全市农民人均新增基本农田0.4亩，有力地提高了单位面积粮食生产能力，虽然全市农作物种植面积减少了400余万亩，但农民年均粮食产量仍然稳定在500千克左右，全市总产和过去基本持平，达到了自给有余。二是加快农业结构调整，促进农民增收。在努力做大做强苹果产业的同时，利用退耕还林允许发展20%经济林的政策，发展红枣、仁用杏、花椒、核桃等干鲜果。目前，全市经济林果面积发展到300多万亩，其中苹果163万亩，产量55.4万吨。仅林果业一项给全市农民人均增加了338元纯收入。发展草畜业。把种草纳入了农耕制度，加快草产业的开发和利用，并且大力推行舍饲养畜，初步建成了一批养殖专业村、专业户。坚持大棚蔬菜、弓棚蔬菜、露地蔬菜“三菜”并举，加快蔬菜产业发展步伐。到2005年年底，蔬菜种植面积达到15万亩，总产27万吨，蔬菜已成为农民增收的新亮点。积极发展了二、三产业。在农民家庭经营总收入构成中，来自二、三产业的收入已达到了近1 000元。三是切实减少人为影响，促进植被恢复。实行封山禁牧、舍饲养畜。1999年10月，延安市就做出了除天然次生林区可划区轮牧外，其他区域实行封山禁牧的决定。2002年，在全市范围内全面禁止了放牧。2006年，又出台了封山禁牧管理暂行办法，使封山禁牧工作走上了规范化道路。利用丰富的煤炭、石油、天然气资源，以煤代柴、以气代柴、以电代柴，特别是发展了25 089口户用沼气，积极解决了群众烧柴问题。对深居生态环境恶劣、生存条件极差的15 572个农户实行了生态移民。在农户自愿的基础上，有计划地对25°以上坡耕地逐步实行弃耕封育，验收合格后，每亩市财政一次性补助50元，2006年完成了30万亩。

八年之后不但能够稳得住、不反弹，而且探索了未来可持续发展的可行道路。这样的典型各地都有，并且在退耕还林工程的实施过程中宣传力度较大，因此具有较为广泛的影响。

忧虑者的实证。

如同乐观者的实证一样，忧虑者基于自己对退耕还林的考察和分析，举出了许多值得忧虑的实证依据，并对退耕还林八年到期的前景表示出了合理的担忧。

宁夏回族自治区同心县马高庄乡张岔村马士瑞家有5口人，共30亩地，其中6亩退耕还林。2005年大旱，24亩未退耕地种下庄稼后颗粒未收。全家吃粮全靠退耕还林给的补助。马士瑞说：“在我们这些干旱地区，以前吃饭靠天，天不下雨就吃不起饭；现在吃饭靠退耕，只有退耕还林才是真正的旱涝保收。”

甘肃省东乡族自治县柳树乡柳树村马玉峰家共退了十几亩地，退耕补助解决了一家老小的口粮问题，现在做点小生意，每年有四五千元的现金收入。马玉峰说：“这么多年扶贫来扶贫去，讲得倒是热闹，也只有退耕还林这点补助老百姓是实实在在拿到手里的，所以老百姓最欢迎的也就是退耕还林。如果没有退耕还林，说不定我们一家人还在饿着肚子呢！”

云南省文山壮族苗族自治州西畴县董马乡芹菜塘村村民杨金脉说：“我们家原先有11亩石山地，退了4亩，还有7亩石缝地在种着粮食，但收的粮还不如退耕的4亩国家给的粮多。祖祖辈辈饿肚子，退耕还林后才吃上了饱饭，国家不搞退耕还林了，靠这7亩石缝缝咋填得饱肚子！”

一些地方退耕还林的农民只是靠国家的粮款补助维持生计，没有想五年、八年以后怎么办。“八年满了怎么办？再说吧”。大多数农民对八年后的生活很茫然。有的说“政府让咋办就咋办”，有的甚至说“没粮吃了，把树挖了再种粮”。

部分专家认为，“解决退耕还林工作的稳步推进，关键是要依靠农业产业结构调整，培育发展和壮大后续产业，改进生产技术和配套设施，提高生产效率”。“只有变‘输血’为‘造血’，才能确保农业增效、农民增收和社会稳定。因为生存是第一位的，生存不好，退耕还林、封山禁牧也只能是一句空话”。

悲观者的实证。

对八年后退耕还林成果能否巩固持悲观观点的人不在少数，实证的基础也比较广泛，有些人基于对退耕户的实地访谈，得出“部分农民面临政策到站一夜返贫窘境”的结论，并在陕、甘、宁、青、川、滇等省区贫困地区调研时认为，尽管近年来西部多数贫困农民确实已经衣食无忧，但这些贫困农民温饱问题的解决，实际上很大程度是党的一项惠民政策——退耕还林在支撑。

最近，四川省壤塘县粮食局进行了退耕还林缺粮农户情况调查工作。该县粮食局协助相关单位，把退耕还林缺粮农户情况调查表送到全县11个乡，经过认真细致的调查，调查统计结果为：全县11乡涉及4 904退耕户23 549人缺粮323.6万斤，缺粮人数占全县农牧民人口的80%，人均缺粮137斤。

自国家实施退耕还林开始到2003年底，地处三峡库区的22个区县完成退耕还林总面积为682万亩，其中退耕地造林317.6万亩，荒山荒地造林364.4万亩，涉及185.9万农户，其中人均耕地在0.5亩以下的有16.2万农户，无基本口粮田的有3 120户。

国务院扶贫开发办公室政策法规司副司长苏国霞说，扶贫办曾在重庆武隆的4个村做过一个调查，发现农民的退耕还林地已经占到其耕地的60%～70%，农民一半的口粮靠国家的补贴。随着退耕还林政策结束，光是一个武隆县，粮食缺口就有10万吨，全国退耕还林共涉及到1 800多个县1.3亿人，如果所有的县累计起来，数字就十分大了。“退耕农民有可能再次毁林还耕，致使生态建设成果毁于一旦尚在其次，贫困农民还能不能巩固温饱都成问题”。

青海省共和县元者村的华洛等十几名村民说，他们最大的愿望是国家能够允许复耕土地。“我们重新种地，不但有了口粮，牲口有了草料，国家也可以不用给我们补助，可以说是一举多得”。村民们这样为他们准备复耕的想法作解释。

从大多数退耕还林农户的实践来看，退耕还林地块主要在25°以上，土壤瘠薄的坡耕地，无论是选择纯生态树种，或是生态经济兼用树种，生长都比较缓慢，绝大多数退耕还林农户八年时限期满后，还不能取得良好的经济效益，退耕农户生计无法得到保障，如果国家后续扶持政策不能跟上，很难巩固退耕还林成果。

对于退耕还林八年后怎么办？三种看法，各自都有实实在在说服力很强的案例加以佐证，只注重其中某一种观点和看法，对于政策的制定和选择就会有失偏颇。客观来看，退耕还林工程实施区大多是自然条件差，农民生计困难的地区，一方水土甚至难以养活一方人。国家实施退耕还林工程，这些地区的农民得到了从来未曾想到的实惠，地方政府也将脱贫致富的愿望融入到工程的实施中，创造了许多奇迹，有些成功的范例已经打开了通向可持续发展的大门。但是，我们不能拿成功的典型案例去诠释退耕还林的整体，并以此作为制定政策的依据。八年风险确实存在，复耕的潜在因素会因政策不当变为现实。对于农民而言，任何时候只要吃饭得不到保证，其他选择都是合理的，都是可能发生的。这与责任、认识、觉悟似乎关系并不太大。

成果巩固：准确判断形势，制定可行政策

退耕还林建设成果能不能得到巩固，从根本上还要看在这一过程中谁要什么，以及利益相关方的要求是否得到了满足。

退耕还林各方的目的归纳起来可以表述为：国家要生态、地方要发展、农民要钱粮。国家要生态，是站在全民族的根本利益进行深入思考制定的重大战略决策，是国家可持续发展战略的重要组成部分；地方要发展，是将国家的重大战略与地方的发展结合起来，以此作为重要契机，推进结构调整，加速地方发展；农民要钱粮，是因为国家实施退耕还林工程给定的条件让农民获得了巨大实惠，有足够的吸引力让农民放弃付出巨大所获不多的坡耕地。

不同主体的利益在退耕还林工程实施过程中没有根本冲突。农民过去耕作坡地，付出巨大，所获甚微，为了吃饭，不得不为；如今退耕还林，付出甚少，所获甚丰，得粮得钱，为何不为。地方政府在政策允许的范围内将发展的目标和设想置入退耕过程，发展的愿望得到实现。退耕地确实退了、绿了，国家最终得到改善生态的结果。假如退耕还林如过去承诺的“需要补多少年就补多少年”，所有的问题都会变得简单，成果巩固、反弹等不会跃升为主要矛盾。但是，工程设计的补助期是八年，而且八年之期将近，这是不容置疑的事实。因此，我们必须针对由此引发的矛盾和存在的风险进行客观评估。最大的风险就是复耕，复耕的动力来自吃饭，吃饭问题对稳定退耕成果至关重要。农民复不复耕，在很大程度上并不取决于生态环境有了多大的改善。农民也需要生态，但与之更加迫切的生存与致富目标相比，生态就成了奢侈品。因此，针对退耕还林特定对象、特定时间段的特殊情况，应当采取以下措施：

一是适当延长退耕还林补助时间。西部地区老百姓从内心欢迎退耕还林，以前这些地区的老百姓很多都吃不饱，全靠国家救济，退耕还林政策解决了很多家庭的温饱问题。现在最大的问题是替代产业发展不起来，退耕补助一停，百姓生活就会陷入困难。种经济林就能使农民脱困，就能巩固退耕还林成果的假设并不一定成立，经济林不等于经济收益。不恰当地发展经济林，其结果会更糟。因此，退耕还林补助的时间还需要相应延长。退耕还林后依靠有限的耕地和退耕补助维持温饱的退耕户是最危险的群体，如果停止退耕补助，退耕户不但难以维持生计，而且会恢复退耕前的行为。对此，政策制定必须衡量存量损失与继续投入的关系。从全过程评价，巩固成果的投入产出比可能是最高的。与此同时，延长补助期也为我们探索更为有利的政策赢得了时间。

二是建立退耕与基本农田建设的联系。退耕与基本农田建设相结合，是稳定退耕还林成果的关键措施之一。稳定退耕成果，首先要解决最困难群体的吃饭问题，有效切割退耕地与吃饭田的联系。退耕农民只要不依靠坡耕地吃饭，就在生存层面上奠定了巩固退耕成果的基础。退耕还林区的自然条件、发展历史及现实状况，决定了改变这些地区面貌是一个长期、艰苦的历史过程。如果不能找到解决吃饭问题的有效途径，巩固退耕还林成果就会成为一个长期问题。

三是生态极度脆弱地区实施移民。处于深山区和石质山区的退耕还林区，生态地位重要、生态环境脆弱、交通闭塞，农民生产生活条件非常差，居住分散，搞基础设施建设代价大，效益差。并且由于远离各类要素及商品市场，发展后续产业难度也非常大。对这些地方实施退耕还林的群众，要下决心进行搬迁。使这些群众实现易地安置，易地发展。

四是退耕还林与扶贫开发相结合。贫困地区自然条件本来恶劣，但人们为了生存只有大面积毁林毁草开荒种地，结果不适宜耕种的高山陡坡也变成了垦殖之地，最终造成水土流失，粮食产量日益下降。为了吃饭，人们不得不再去开荒，造成恶性循

环。因此退耕还林工程必须与西部大开发的几项重点工作，如加快交通、通信、能源和水利等基础设施建设、调整产业结构、发展优势产业、优先发展科技教育、培养人才等措施相结合，积极促进贫困地区发展。将退耕还林巩固与扶贫攻坚有效结合，即提高了综合效益也使单向工程的效力得以放大，从而达到巩固工程建设成果的目的。

调 研 单 位：国家林业局经济发展研究中心
报告执笔人：王焕良

关于国有林区改革与发展及天然林资源保护工程方案调整问题

⊙国有林区改革与发展总体思路

关于推进重点国有林区森工企业改革的建议

——从吉林省森工企业改革看我国重点国有林区改革政策

为贯彻中共中央、国务院《关于加快林业发展的决定》精神，探索加快推进我国重点国有林区改革路子，同时，结合落实国务院关于天然林资源保护工程（以下简称天保工程）实施方案调整的精神。国家林业局、国家发展和改革委员会、财政部组成联合调研组，由国家林业局雷加富副局长带队，最近对吉林省国有森工企业改革进行了调研。调研组听取了吉林省林业厅关于改革情况的全面汇报，重点调查解剖了松江河林业局，现场考察了基层林场、改制企业、剥离单位，召开了不同层次的座谈会，最后与吉林省政府交换了意见。吉林省森工企业改革对推进我国重点国有林区改革具有重要的指导意义。

一、吉林省国有森工企业改革进入了全面攻坚阶段

吉林省自1998年实施天然林资源保护工程以来，取得了明显的效果。森林资源得到快速恢复，累计减少木材产量1 032万立方米，森林面积净增117万亩，森林蓄积量净增3 000万立方米；林区经济危困得到有效缓解，2005年实现产值63亿元，比工程实施前增加15%，实现利税3亿元，同比增长36%；林区职工生活有所改善，职工人均年工资达到6 200元，比工程实施前增加近1 600元；富余人员得到妥善安置，累计分流安置富余职工12.3万人，其中一次性安置5.7万人。天保工程的实施，有力促进了林区的生态恢复、经济发展和社会稳定，并为进一步深化国有林区改革奠定了良好基础。

2005年，吉林省在全省开展国有工业企业改革，吉林森工集团紧紧抓住这一契机，充分利用国家天保工程政策的支持，吉林省财政全额补足天保工程以来2亿元配套资金，率先在我国重点国有林区进行了转制重组的森工企业改革。按照全省国有工业企业改革确定的“整体改制到位、债权债务清理到位、职工劳动关系转换到位、国有资本退出到位，基本建立现代企业制度”的总体要求，吉林森工集团结合森工企业的特点和实际，提出了“加工业国有资本全部退出，辅业全部转为民营，社会职能全部移交，职工全部转换劳动关系，对集团进行股份制改造”的改革思路。目前，这一改革已进入全面攻坚阶段，改革成效正在日益显现。

（一）企业组织机构发生重大变化，管理成本明显降低

松江河林业局原来所属的纤维板厂、细木工板厂等9个加工企业，通过改制国有资本全部退出；

职工医院、房地产管理处等7个辅业单位，通过产权整体转让全部转为民营；高中、初中和小学等4所学校全部成建制移交当地政府管理。林业局由改制前的43个所属独立核算的基层单位、2个参股公司和1个托管单位，精简到现在的27个基层单位和3个控股公司；机关管理部门由改制前的26个精简到现在的17个。全局管理成本大大减少。

（二）企业人员得到有效安置，职工收入明显增加

全部职工采取“先全体起立、再分别坐下”的办法，彻底解决了企业职工全民身份。松江河林业局改制前在册职工13 108人，改制后精简到4 202人，精简幅度达67.9%。随着职工劳动关系的转换和民营经济的发展，林区的用工就业制度也发生明显变化，职工分别与新单位和民营企业重新签订了劳动合同，有的自谋职业。松江河林业局分流的7 500多名职工，有85%以上实现了再就业，职工收入较改制前有明显提高。据调查，转制后在民营企业就业职工的收入平均增幅30%左右。

（三）林区经济结构得到有效调整，实现多种所有制共同发展

国有资本全部退出加工业、各种辅业全部转为民营后，使国有林区的经济结构、产业结构发了重大变化，初步打破国有经济一统天下的局面，逐步形成了国有、集体、民营和个体等多种经济共同发展的新局面，投资主体呈现多元化，森工企业精干了主业，经营活力明显增强。松江河林业局改制前国有资本20 123万元，改制后国有资本剩下6 371万元，比改制前下降了68%。企业减少了大量补贴性支出，国有资本无形流失的状况得到根本改变。改革还给林区增添了活力，促进了一些新的经济增长点的形成。松江河松林网络公司，改制为民营企业后总资产由改制前的400万元快速增加到3 200万元。

（四）广大林区职工思想观念有了新的变化，适应能力明显提高

通过加大改革的宣传，以及有效的思想政治工作，使林区广大干部职工更加清醒地认识到，森工企业不改革就没有出路，改革是大势所趋、势在必行。因此，能够正确理解改革，积极支持改革，主动适应改革，依靠国家和企业养老终生的观念逐步淡化，在改革中积极谋求新的生存发展途径的意识不断增强。松江河林业局改革中，没有发生一起因改革上访事件，林区经济社会秩序保持稳定。

目前，吉林省18个国有森工企业中，吉林森工集团所属的8个林业局已基本完成整体转制，集团所属的78家加工企业国有资本已全部退出；各林业局所属的医院、商业、餐饮业服务等65个单位已全部转为民营；中、小学校等社会职能正在移交地方政府管理；林区公检法机构正在按照有关文件规定从企业中分离出来；在册的7.9万名职工有3.6万人与企业解除了劳动关系。延边自治州所属的10个林业局由于受改革成本的限制，目前还处在整体转制的筹划过程中。吉林省森工企业改革，有力推动了“政企分开、社企分开、资企分开”，实现了“还权于政、还利于民、减负于企”，是体制和机制的一场大变革，是林业生产力的一次大解放，从中看到了振兴重点国有林区的路子和希望。

二、推进重点国有林区改革需要把握的几个重要问题

吉林省森工企业改革的做法和经验，给了我们很多启迪。如果说天保工程是缓解国有林区两危（资源危机、经济危困），解决森工企业“救命工程”的话，那么只有深化森工企业改革，才是解决国有林区“两危”的体制性和机制性障碍，走上可持续发展之路的治本之策。目前，吉林省森工企业改革才刚刚开始，还有不少后续配套改革需要进行，深化改革的任务还相当艰巨。从吉林改革的实践看，推进我国重点国有林区改革，需要注意以下几个重要问题：

（一）准确把握好改革的方向和目标

林业既是公益事业也是基础产业，既有生态效益又有经济效益，还有社会效益。重点国有林区，既是我国东北、华北的重要生态屏障，又是我国木材生产的战略基地。森工企业既要保护培育好森林资源，又要经营利用好森林资源，既有资源性资产，又有经营性资产。正是由于国有林区和森工企业的特殊性和复杂性，决定了森工企业的改革与“院墙式”国有工业的改革有着明显的不同。在改

革方向上，不仅要建立现代企业制度，还要实现森林的可持续经营和林区的可持续发展。在改革目标上，既要实现森林资源总量的持续增加，也要实现林区经济总量的持续增长，建立适应社会主义市场经济的运行机制和有效保护科学经营利用森林的管理体制，实现人与自然和谐发展的目标。

（二）正确把握好改革的基本原则

一是要坚持以人为本，依法维护林区职工的权益，特别是贫困弱势群体职工的利益。二是要坚持正确处理好国家、企业、职工之间的利益关系，防止片面倾向。三是要坚持现代企业制度的改革方向，建立科学的管理体制。四是要坚持森林资源的可持续经营和林区的可持续发展，促进林区社会和谐。五是要坚持改革总体设计，重点推进，整体配套。六是要坚持民主、公开、透明，有序运作。

（三）进一步明确改革的主要任务

通过改革，要在明晰产权的基础上，实现森工企业的优化重组。一是要改建一批在国际、国内有竞争力的国有控股的现代化企业，用现代企业制度进行规范管理，提高市场竞争力。二是要培育一批充满生机活力的非公有制企业，增强林区经济发展活力。三是要建立比较完善的社会保障体系，解决老有所养、医有所保等社会化管理问题。四是要扶持一批严格自律的社会中介组织，完善社会服务体系。五是要逐步建立管人管事管资产相结合、责权利相统一的森林资源管理体制，实现森林的可持续经营。

（四）切实加强对改革的组织领导

重点国有林区改革是一项复杂的系统工程，是一项涉及面广、政策性强的工作，必须切实加强领导，明确责任，精心组织，周密谋划，稳步推进。一是要建立由政府领导，国有资产、发展改革、财政、社保、林业等相关部门参加的领导机构，明确职责，加强指导，切实解决改革中出现的困难和问题。二是要抓好改革试点，及时总结经验教训，不断完善工作方法，确保改革稳步推进。三是要高度重视和关心林区职工生活，妥善处理好群众反映强烈的问题，切实维护林区社会稳定。

三、深化国有林区改革的政策建议

总的思路是：把深入推进天然林资源保护工程与森工企业体制改革、机制创新结合起来，以改革为核心调整《天然林资源保护工程实施方案》（以下简称《方案》），真正做到“花钱买机制”，实现林区可持续发展。根据国务院领导关于调整实施《方案》的批示精神，通过这次调研，实施《方案》的调整要着重解决好以下几个方面的问题：

（一）要进一步加大对林区富余人员安置力度

妥善安置森工企业在改革改制过程中以及木材产量进一步调减产生的富余职工，是有效减轻林区资源压力，确保林区稳定的根本途径，也是天然林保护工程顺利实施的关键。为此，建议对这部分职工采用经济补偿的方式，解除与企业的劳动关系，国家给予相应的补助。

（二）要加强森工企业职工再就业技能培训

林区职工技能单一，职工转岗就业困难，掣肘了森工企业的改革。为此，建议采取建设新农村对新型农民培训的方式，国家扶助对林区职工再就业技能进行培训，特别是加强对一次性安置职工的培训，以提高其再就业技能。

（三）要加强对工程区珍稀野生植物的特殊保护

国有林区是我国重要的战略资源基地，珍稀野生植物，特别是大径级木材培育需要几十年，甚至上百年时间。建议国家加大保护力度。

（四）要利用现有的天然林保护工程政策，妥善解决森工企业办教育、医疗和职工社会保障

推进森工企业中小学移交地方政府工作，允许用2006～2010年中央天保工程专项教育经费补助作为企业移交成本。

对森工企业医院已移交给地方统一管理的，允许天保工程医疗卫生专项补助经费划转地方；对医院实行股份制或依法转让的，允许天保工程医疗卫生专项补助经费用于职工安置。

借中央安排职工医疗、工伤、失业、生育4项保险补助之机，地方政府要将林区职工纳入地方社会保障体系，确保职工的切身利益，解决职工的后顾之忧。

（五）要积极推进森林资源管理体制和国有林权制度改革

抓好试点，稳步推进。将试点的国有林管理机

构的人员，统一纳入地方行政或事业编制，其经费列入地方财政和天保工程的管护费解决。同时，在伊春国有林权制度改革试点成功基础上，将处于农林混交、地块分散、不便集中经营的商品林，划出一定比例面积由企业职工长期承包经营。

（六）要大力支持天保工程区后续产业发展

在专项贷款、财政贴息、贷款担保等方面给予政策优惠，大力发展林木产品深加工、林下产业等资源精深加工和新的接续产业，并把发展后续产业与发展非公有制经济紧密结合起来。

（七）要加大林区基础设施建设投入

将国有林区道路、小城镇、给排水、棚户区改造等基础设施建设，分别纳入国家和地方社会主义新农村建设和振兴东北老工业基地建设统一规划。同时国家增加预算内基本建设投资，解决加强森林管护所需的林道、管护站点和防火基础设施等建设。

（八）要加大对中幼林资源的抚育

目前天保工程区森林资源大部分是中幼林，国家应增加森林经营投资，重点用于后备森林资源的培育经营，提高森林质量，加快森林生长，实现森林可持续经营。

（九）要合理调整林区生产力布局

打破天保工程区划的“禁伐区、限伐区、商品林区”，按照全国重点公益林区划办法，实行不同的补助政策和采伐管理政策，凡纳入重点公益林的，享受国家生态效益补助政策。同时根据森林资源状况，对各林业局林场的布局重新进行规划调整，撤并一些分散的小林场，建立中心林场，迁移部分人员到局址城镇，国家给予适当补助。

此外，建议将吉林省作为重点国有林区改革试点省。国家相关政策优先给予相应支持。取得成功经验后，再推广到其他重点国有林区。

调 研 单 位：国家林业局
国家发展和改革委员会
中华人民共和国财政部
报告执笔人：雷加富

在改革中逐步走向和谐

——吉林省国有林区和森工企业改革调研报告

吉林省国有林区是我国天然林资源分布最集中的重点国有林区之一，是我国东北重要的生态屏障。拥有国有林业用地面积 362 万公顷，其中有林地面积360.1 万公顷，森林总蓄积量4.9 亿立方米，分别占吉林省有林地面积的45.6%和活立木蓄积的56.9%，分别由吉林森工集团 8 个局、延边林业集团 10 个局、地方 4 个森林经营局、1 个自然保护区经营管理。

为研究制定《“十一五”林业体制综合改革指导意见》，国家发展和改革委员会综合改革司孔泾源司长和国家林业局政策法规司汪绚司长一行 8 人组成联合调研组，于 9 月 10 ~ 16 日赴吉林省对国有林区和森工企业改革情况进行调研。调研组在三岔子林业局、松江河林业局、露水河林业局、延边朝鲜族自治州林业管理局共召开了 6 场座谈会，听取了与会同志关于森工企业改革情况的汇报，并实地走访了部分改制企业和基层林场职工家庭。

2000 年 10 月，吉林省国有林区，在 1998 年启动改革试点的基础上，全面实施天然林资源保护工程（以下简称天保工程），年木材产量由 1997 年的 390 万立方米调减到 2003 年的 270 万立方米。天保工程累计投资 47.29 亿元。国家已免除金融机构债务 11.7 亿元。按照国家批准的天保工程方案要求，吉林省国有林区木材产量调减到位，天然林资源基本得到了休养生息，初步扭转了天然林逆向演替局面，在完成工程中期目标和任务的同时，吉林森工集团抓住国家实施天保工程的契机，率先在重点国有林区迈出政企分开、企社剥离、转制重组改革攻坚的步伐，整体转制取得实质性推进。他们所采取的做法、遇到的困难和取得的初步成效，发人深省、给人启示。

一、改革动因

吉林森工集团在东北、内蒙古重点国有林区四大家中，是最早在森工集团这个层次实施政企分开的，森林资源行政管理职能，交由省林业厅行使。但是在森工集团以下子公司层次政企并未分开，仍是林业局、分公司合一，森林资源行政管理与企业经营合一。“十五”期间，国家实施天然林保护工程后，吉林森工企业仍然承担着沉重的社会负担和人员分流安置的压力，天保工程投入的各项补贴依然是维系企业运行的重要经济来源；林区产业发展滞后，特别是森工企业的经济活动受体制和区域的局限，举步维艰，多数企业经营不景气，市场竞争力弱，经济效益差；林区劳动力就业不充分，职工收入低于当地农民收入水平，且呈现差距逐年拉大的趋势；木材生产依然是企业生存的重要途径，虽然按照国家批准的天保工程方案要求，吉林省国有林区木材产量已经调减到位，但目前计划内采伐的是正在旺长期的树，还在吃子孙饭，天然林资源保护和培育面临沉重的经济压力。

从深层次分析，国有林区虽然经过多年的改革探索和实践，但改革的重点和难点没有取得实质性突破，主要是五个“不到位”：即企业体制改革不到位，市场主体地位没有确立，企业治理结构陈旧，生存空间狭窄，经济缺乏活力；增长方式转变不到位，经营粗放，管理落后，传统的经营方式严重束缚着林业生产力的发展；森林资源管理体制改革不到位，计划经济以木材生产为主政企合一的组织结构和局场设置，难以适应新形势下木材大幅度减产、人员大幅度分流和以生态建设为主的战略转移；政策支持不到位，森工企业改革成本筹集不足，社会保障制度覆盖面窄，社会负担剥离的接收度低，严重制约着改革的深化和实施；森工企业思想观念不到位，旧的经营理念依然羁绊着林区改革发展的推进。

正如在谈到深化改革的动因时，吉林省林业厅王玉明副厅长所说：从表象看，国有林业企业是个弱势企业，360多万公顷优质林地，养活不到80万人；而实质上林业企业是一个高效益但却效益外溢的企业。现在的森林管理体制，仍是计划经济围绕“砍木头”建立的组织结构、管理方式和经营机制，如果“十一五”时期仍然如故，天保工程的实施反而会固化旧体制。这种“工不工、农不农、政不政、企不企、社不社”的“四不像”体制，应该到了寿终正寝之时。只有变则通、变则活、变则兴，改革体制、创新机制势在必行。

二、主要做法

吉林省委、省政府把2005年作为全省改革攻坚年，提出了“整体改制到位，债权债务清理到位，职工身份转换到位，国有资本退出到位，基本建立现代企业制度”的总体要求，实行森林经营业与加工业分离、主业与辅业分离，推进体制创新、机制创新和管理创新，完善法人治理结构，建立现代企业制度。要求全省816户国有工业企业年内全部完成改制。吉林省国有林区森工企业按照吉林省的统一部署和要求，充分利用国家实施天保工程的有关政策，抓住全省推进国企改革的良好机遇，把天保工程与深化林业改革紧密结合起来，制定了创新国有林区体制和机制，加强森林资源的保护、经营与培育，强化主业，坚持森林可持续经营，实现资源和经济增量、职工就业和收入增加，实现林区人与自然的和谐、林区社会的可持续发展的目标。在改革的具体操作中，吉林国有林区森工企业从实际出发，按照分类指导和有利于社会稳定、经济发展、循序渐进的基本原则，汲取近几年改革的经验教训，主要把握以下几个问题：

（一）在改革政策上，坚持从实际出发，一企一策

在改革中，吉林森工集团提出了“加工业（除上市公司）国有资本全部退出，辅业全部转制民营，社会职能全部移交，职工全部转换劳动关系，对吉林森工集团进行股份制改造”的“四全部、一改造”目标，对所属二、三级单位主要采取了资产重组、管理层收购、转制民营、股份制改造、剥离移交、合并撤销、破产等形式进行改制，建立产权多元、主业突出、结构优化的具有国际竞争力的大型森林工业集团公司。延边林业集团提出了林业与工业分离、生态与产业分离、主业与辅业分离的改

革思路，推进产权制度创新、改革模式创新、改制途径创新，促进林业企业的发展。

（二）在改革设计上，坚持整体推进，综合配套

在改革中，做到统筹全局，多策并施，重点突破，彻底打破森工企业原有组织体系，实现体制机制再造。一是实施产权制度改革，对加工业国有资本实行全部退出，两大企业集团整体进行股份制改造；二是落实政企分开，减轻企业负担，移交社会职能，推进辅业民营化；三是重造管理机制，突出用工制度改革，借助国家政策，妥善分流安置富余职工。同时，克服了重重困难和阻力，做好耐心细致的思想工作和政策解释工作，赢得广大职工的支持和理解，保证了国企改革的顺利进行。深化改革成功的关键是转制职工安置问题得以妥善解决。如改制前松江河林业局（有限公司）在册总人数已经达到13 108人，生产规模的缩减使6 398名林业职工成为有职无岗的企业在册职工。在改革中，要求转制单位优先聘用原转制单位的职工，聘用率要达到70%，这为转制职工实现二次就业提供了合同保障。

（三）在改革目标上，坚持扩大就业，促进发展

在改制中，着眼于产业发展，着眼于搞活经营，对退出的加工业和剥离的辅业，采取有针对性的措施，加大扶持力度，使其发展壮大，扩大就业机会，力争使经营者和从业员工收入增加。在改制中，对改制企业和单位不搞“拆机器卖零件”，采取“带着嫁妆出门”、“带着师傅卖机器”等办法，本着人随资产走的原则，以量化资产形式实现了国企职工身份转换。注意选好人、定好制、量好股，依据职工意愿和经营者业绩、实力、品行选择企业法人代表，尽量让参与改制职工持股，在生产、经营资金、资源上给予支持。坚持“扶上马、送一程”，得到了绝大多数职工的认可和支持。松江河林业局还成立了民营企业协调办公室，帮助原林业局职工在解除劳动关系后，顺利进入民营企业实现二次就业。

（四）在改革程序上，坚持循序渐进，先易后难

从2000年开始，首先在规模较小、包袱较轻、情况较好的辉南森林经营局实施整体转制改革，积累改革经验。此后，积极创造条件，多方工作，较好地解决了多年停产的8个林业围墙加工企业，妥善安置林业职工2万人。在各个森工企业，采取抽丝剥茧的方式，开展了较大规模的富余人员分流安置工作，为较彻底进行经营机制改革创造条件。在推动全省森工企业整体转制上，分批推进，先从条件成熟的吉林森工集团所属的8个林业局入手，大力度推进整体转制，取得很好的改革效果和经验。目前，正在对延边朝鲜族自治州林业管理局的10个林业局进行转制改革，加大力度，争取更好效果。

（五）在企业功能重建上，力求主业回归，改变森林经营方式

在改革中，把精干主体、回归主业作为天保工程改革重要目标，制定相关政策，变革林区生产关系，引导国有森工局把主要精力投入到森林经营上来。在剥离辅业、减轻社会负担后，目前各森工局加大森林培育力度，提高森林资源规模和质量。从2005年开始，吉林省实施了东部山区速生丰产林建设工程，计划用10年时间，改培低质天然林300万公顷，届时可年增蓄积1 500万立方米，新增林木价值75亿元，直接增加林区就业2万人。

三、改革进展和初步成效

（一）改革进展情况

吉林省国有林区和森工企业改革，主要在吉林森工集团、延边林业集团、4个地方森林经营局进行，由于行政隶属关系不同，企业资源状况、经济基础和经营管理水平等存在差异，森工企业改革进展也不平衡。大体可分为三种类型：

1. 吉林森工集团所属8个森工局

从2005年初开始，吉林森工集团所属8个森工局改革的步子较大，已基本完成整体转制。所属的78个加工企业除上市公司外，国有资本全部退出；森工局的医院、供水、供电、商业、餐饮服务业等65个单位全部转为民营；具有社会公益性职能的中小学校、公检法机构及离退人员（36 444人）等，全部移交给地方政府管理；企业职工除老

弱病残外，全部转换劳动关系。目前看改革比较平稳，转制后的主业（加工业）、辅业都焕发了生机，增添了经营活力。

2. 延边朝鲜族自治州所属10个森工局

延边朝鲜族自治州所属10个森工局改革起步较早，由于受制于改革成本，尚处于整体转制的筹划运行中。目前，受吉林森工集团改制效应的激励和影响，在得到国家和省政府改制成本支持承诺后，企业和地方政府改革积极性很高，拟实施“四分离、四到位、一基本”改革思路，初步形成了比吉林森工更为彻底的改制方案。

3. 4个地方森林经营局

4个地方森林经营局的改革负担较轻，国家又单独下达了一次性安置指标7 805人，地方政府和部门对森林经营局改革发展比较重视，改革较彻底，总体形势较好。其中，辉南森林经营局从2004年开始实行整体转制，对企业职工除老弱病残实行退养，保留少量的管理人员（纳入财政事业开支）外，其余2 600余人全部转换劳动关系，其中一次性安置与企业彻底解除劳动关系自谋职业1 680人，还有近千人，转换劳动关系，领取一次性安置费后，与企业重新签订了劳动合同。局办中小学和医院等都整体移交当地政府。通过改革，目前全局（与保护区管理局合署办公）只剩下不到400人没有转换劳动关系（其中含政策性供养人员140人）。其余3个局（吉林市所属的上营森林经营局、延边朝鲜族自治州所属的安图森林经营局、长白朝鲜族自治县所属的长白森林经营局）也都进行类似改制，都实现了精干主业，剥离辅业，社会性职能单位均移交当地政府。

（二）改革初步成效

虽然国有林区的改革还在进行中，一些森工企业整体转制时间较短，但改革成效已初步显现：

1. 森工企业经济状况好转

改革使森工企业成为最大受益者。通过落实改革相关政策，2005年全省森工企业共核免金融机构债务11.7亿元，争取省政府注入改革成本2亿元。到2005年底，全省天保工程区包括一次性安置富余职工在内，共彻底转换劳动关系12.3万人，相当于2000年在职职工的44%，每年森工局减少工资性支出9.8亿元；通过教育、医院移交地方、辅业转制民营，年减少企业社会公共费用支出2.5亿元。由于企业经济压力和社会负担大大减轻，为从根本上减少森林采伐、有效保护森林资源创造了条件。

2. 企业发展活力增强

改制后的森工企业经营体制发生深刻变化。如吉林森工集团实现整体股份制改造，国家出资的全资和控股子公司由原来的23个减少到11个，三级单位由300多个减少到100多个，加强了经济实力和国有资本控制能力，企业初步实现产权多元、主业突出、结构优化的发展态势。特别是经营性组织的市场竞争力增强，经济效益明显提高。松江河林业局通过改革改制，2006年1～6月营业收入比去年同期增长6.7%，实际净利润同比增长108%。

3. 职工整体就业状况改善

由于实施较为彻底的劳动用工制度改革，从根本上解决了长期以来林业职工人满为患、隐性失业这一突出问题。与企业解除劳动关系的职工，开始积极寻求就业门路。据调查测算，现在一次性安置职工到转制民营企业就业的占30%，利用自身优势搞资源综合开发的占20%，参与旅游产业的占10%以上，用安置费搞经商服务及举家迁出林区到外地打工和自谋职业的占15%以上。目前一次性安置职工再就业率平均达到80%以上，整体就业状况得到改善，就业结构日趋合理，实现了林业职工社会化就业。职工收入较改革前有较大增长，与2000年相比，林业职工年收入由4 106元增长到8 050元。

4. 企业保护培育森林的积极性提高

通过改革，使国有林业企业主体精干，回归主业，为保护天然林提供了组织保障。在经历了超强度采伐带来的资源危机困境后，各企业对森林资源价值有了更全面深刻的认识，“森林资源是企业生存发展之本”的意识普遍增强，营林生产得到了强化。相当一些企业主动提出减少木材采伐量。辉南森林经营局改制后，木材采伐量由5万立方米，调减到3.7万立方米，2006年又主动减少到1.8万立方米。松江河林业局木材采伐量从最高年份的55万立方米，减少到现在的12.3万元立方米。速生丰产林、红松果林以及中幼林抚育项目正在各森工局得到实施。延边朝鲜族自治州林业管理局拟在改革后，组建与其分离的营林公司和采运公司，使森林经营真正实行专业化分工、社会化协作、多元化经营、市场化运行。

5. 促进林区经济发展

以劳动用工制改革为前提，以产权制度改革为主导，使林业企业的市场化、社会化程度大大提高，加速了林区与地方经济的融合，生产要素更加活跃，各种人才、资金、技术走进林区。产权明晰后，新的经营主体以新的身份亮相林区，以林地经济开发、森林资源利用为主的民营经济发展迅猛。产业发展领域不断拓宽，加工水平提升，形成了许多新的产业和新的经济增长点。林业人摆脱了原有劳动关系的束缚，走出林区，到外地发展，参与地方建设，推进了林区城镇化步伐。改革后的林业职工，思想观念、就业观念都发生了深刻变化，建立在市场经济基础上的新林区呈现出社会稳定、人际关系更加和谐的良好态势。

四、对改革的思考与建议

东北、内蒙古林区有林地面积 3 727.72 万公顷，活立木总蓄积量 348 731.97 万立方米，分别占全国的 22.05% 和 26.30%。大小兴安岭、张广才岭、老爷岭、完达山、长白山脉，森林集中连片，绵延数千千米，森林覆盖率 62.17%，是我国面积最大、天然林资源分布最集中的重点国有林区，是松辽平原、三江平原大粮仓和呼伦贝尔大草原的重要生态屏障，是国家物种资源基因库和国家战略资源储备基地。要从国民经济战略性调整、保障国家生态安全和建设林区和谐社会的高度，充分认识国有林区和森工企业改革的重要性，确定改革的目标和路径。

启示一：木材产量应进一步调减，但森林抚育管理必须全面加强；天保工程期应进一步延长，但森林资源经营管理必须在新体制下实施。

吉林森工改革攻坚迈出了最艰难的一步，但不是最后一步。没有可持续经营的森林资源就不可能有可持续发展的林业。吉林森工集团在东北四大家森工集团中，无论是森林资源经营管理水平和经济状况，还是改革程度都名列前茅。即便如此，按照可持续发展的要求和森林休养生息的规律，以及森林资源的实际承载力衡量，目前采伐的是正在旺长期的树，还在吃子孙饭；黑龙江、大兴安岭林区森林过量采伐更为严重。因此，天保工程期间木材产量应进一步调减，天保工程期应进一步延长。一方面，强化森林资源抚育，促进林分结构调整，提高林分生产力，提高森林资源质量；另一方面，新的森林资源管理体制和新的企业经营机制的建设，新的产业发展和新的就业市场形成，新的经济增长方式的塑造和市场主体的确立与成熟，都需要一个构建的平台和改革的过程，不可能一蹴而就；林场的撤并与城镇建设结合，改革与发展结合，下岗分流与非林产业发展和自谋职业结合等，都需要工程建设推动和资金与政策的支持。

启示二：吉林森工集团改革的路径带有一定的方向性，可以借鉴。

在改革攻坚中，森工企业面临的突出难题，一是企业富余人员众多，如何妥善分流安置；二是社会职能负担沉重，能否成功移交；三是职工解除与企业的劳动关系后，养老统筹问题如何解决？对此，吉林森工集团的改革路径是：首先“由内向外改革”，先行企业自身主辅分离，减负、瘦身、整体转制；其次“由外向内剥离”，先行剥离企业社会负担，继而进行非资源性资产转制，政企分开，建立和完善社会保障制度，调整森林资源经营生产力结构布局。改制后的森工企业将原来承担的社会职能、辅业等都从企业剥离出去，企业的主业就是培育、管护和利用森林资源；政府深化改革的核心就是森林资源管理体制。从国有资本有进有退来讲，非资源性、非命脉性资产转制退出国有经济，进行得越早越彻底，越有利于保护和培育森林资源。

启示三：坚定不移地推进改革，森工企业不能丧失机遇，政府也不能丧失机遇。

“十五”期间，天保工程是国家救森工企业于“两危”之中，政策实施属于普遍受惠式，在既得利益的分割中，国家补一块、让一块，是合情、合理、合适的。然而“十一五”进入改革攻坚阶段，天保工程的延续，战略重点应转向着力于体制改革和机制创新。所谓“花钱买体制”，天保工程的实施政策和投资应重点支持能够抓住机遇的改革者，而抱残守缺，一味强调困难、不思改革进取、错失机遇者定会吃亏。

吉林森工集团改革启示我们，当企业完成了“由内向外改革”和“由外向内剥离”之后，对于最终突现出来的森林资源管理体制改革这一核心问题，国家必须果断决策，抓住机遇明晰中央和地方政府之间、地方政府和企业之间，国务院林业主管部门和地方政府之间、企业之间的产权权益关系，建立权责统一，管人、管事、管资产相结合的国有森林资源管理体制，这是国家付出千亿元巨额投资和多项配套政策以实施天然林保护重大工程的初衷和责任。从国家的大局利益和基层林业职工的利益出发，找准利益结合点，坚持以人为本，调动各方积极性，抓紧改革措施的制定和政策的落实，实现社会公正、林区和谐。

启示四：从国家大局考虑，中央政府有必要拥有一定数量的国有林，并确立重点国有森林资源垂直管理体制。

据中国林业科学研究院林业科技信息研究所的研究成果表明，经济发达国家的国有林在森林资源总量中都占有一定比例，而国家对大部分天然林实行了保护；经济转型国家和发展中国家的国有林比例普遍较高，波兰为79%，其他国家均在90%以上（见表1）。

表1　各国国有林在森林资源中所占比例

国　家	比例（%）	国　家	比例（%）
德　国	34.0	俄罗斯	94.0
奥地利	20.0	波　兰	79.0
日　本	31.2	马来西亚	所有天然林
美　国	34.1	印　度	95.9
新西兰	63.5	巴　西	所有天然林

近年来，德国、奥地利、日本、俄罗斯等许多国家都进行了关于国有林私有化的讨论，但最终结论都是必须保留国有林，都将国有林作为维护国家生态安全和保障木材等林产品稳定供给的主体，摆在一个非常重要的位置。

从长远考虑，在我国重点国有林区森工企业改革中要防止国有林私有化，天然林人工化的倾向。我国国有林的基本定位应该包括三个方面：一是作为维护国土生态安全的骨干，发挥涵养水源、保持水土、保护生物多样性等生态功能；二是作为国家战略性的后备资源基地，通过天然林保育，逐步恢复国有林区在木材供应方面的重要地位；三是作为发展区域经济的重要依托，通过调整产业结构，提高林业产业实力和水平，在林区经济振兴的过程中发挥作用。

因此，建议按照党的十六大提出的“关系国民经济命脉和国家安全的大型国有企业、基础设施和重要自然资源等，由中央政府代表国家履行出资人职责”的要求，中央政府掌握至关国家生态安全和国民经济发展全局的重点国有森林资源的所有权，确立重点国有森林资源垂直管理体制，明确重点国有林区的范围，确定森林资源垂直管理机构的布局；确定重点国有森林资源分类经营方向，建立委托经营、承包经营和市场化契约经营机制；建立国有森林资源有偿使用机制，解决森林资源管理体制改革所需要的外部环境。按照“国家所有、分级管理、分类经营、依法流转、有偿使用”的原则，探索不同类型的经营模式，确保生态功能和经济效益协调发挥，确保国有森林资源资产保值增值。对生态区位重要，关乎国家生态安全和国民经济发展全局的极为重要的国有森林资源由国务院确定公布，由中央人民政府直接管理；其他国有森林资源由省、县两级人民政府分级管理。

加快国有林区改革是国有林区自身发展的必然选择，更是实现中国林业发展战略目标的必然要求、构建林区和谐社会的必由之路。我国林业改革进入了攻坚阶段，国有林区是改革的重点、难点。在新的形势下，应当抓住历史机遇，充分认识深化改革的紧迫性和重要性，从森林资源可持续经营与林区经济社会和谐发展、国家生态安全和振兴东北老工业基地的战略高度，积极推进重点国有林区和森工企业改革，进行体制机制的改革转换，从根本上解决发展中的各种困难和问题，促进重点国有林区林业的建设和发展，在我国经济社会发展中发挥应有的作用。开创重点国有林区和森工企业实现历史性转轨的根本路径，逐步达到增加森林资源总量，实现森林资源可持续经营；增加经济总量，实现林区经济社会可持续发展；增加林区就业途径，实现林区社会稳定；增加林区职工群众收入，实现林区职工群众生活走向富裕的“四增”目标，建立巩固和发展天保工程建设成果的长效机制，再度振兴国家重要的生态屏障和战略资源储备基地。

启示五：深入推进改革，彻底解决遗留问题，重要的是要解决好改革成本问题。

吉林森工企业改革能够取得突破性进展，很重要的是有天保工程政策、国家和省的财政支持，以及森工企业的自身努力。

吉林森工企业截至2005年末，共一次性安置富余职工5 470人，发放安置费10 710万元，其中国家天保资金6 144万元，安置2 859人，企业自筹资金4 566万元，安置2 611人。引导富余职工参与民营和股份经济。在分流安置富余人员中，坚持“先挖沟后放水”办法，对资产整体出售，实行民营经济的企业，把安置职工作为出售价格的条件来协商，对能接纳原企业职工的，在该企业资产整体出售时，给予优惠政策。计划2006～2008年每年天保工程财政专项补助资金96 229万元，其中混岗职工安置一次性补助24 072万元，再就业服务中心协议期满职工一次性安置7 910万元，预计2006～2008年分流安置混岗职工11.3万人，再就业服务中心职工2.5万人。但在后续的企业改革中，吉林省森工企业在册全民职工20.8万人，其中需发放安置费转换劳动关系人员12.4万人，按每人平均2.23万元计算，大约为27.65亿元，目前改革成本缺口较大。国家已投入医疗、工伤、失业、生育“四险”及混岗大集体和进入再就业中心人员补助费15.1亿元，其中真正能用于职工劳动关系转换的大约不到8亿元，最终还有8亿元的缺口，同时还应明确发放范围，特别是医疗保险。由于历史原因，林区的非城非乡、非工非农特点，导致林区基础设施建设投入不足，国家虽然给予很大支持，但改制中需剥离移交的基础设施欠账较多。还有，随着林业局内部结构调整，一些林场要整合，有的要整体迁入城镇，也需要一些补助资金。解决这些改革成本，需要采取多渠道筹集落实，应当按照事权划分的要求，明确各级各部门的责任，不能过多依赖于国家，同时要用好这些资金。

通过调研，使我们看到了吉林国有林区和森工企业改革带来的可喜变化，看到了天然林复兴的希望，同时也发现了改革存在的一些困难和问题，改革仍然任重道远。

启示六：重组改制的森工企业必须重新调整以“砍木头”为主的林区生产管理布局，构建以生态建设为主的新林区。

随着可采资源的逐步减少，天保工程下一步还将进一步减产，庞大的林区机构运转成本较高，大量的基础设施浪费闲置，而必要的基础设施建设又无力投入，林区职工人口居住分散，生活饮用水、冬季供暖、通讯、职工就医、子女上学等问题困难重重。调整重构布局，就是要根据森林资源状况和经营发展方向，实行撤场并局，将无林可采的林业局和规模过小的林业局合并起来，组建新的林业局，将分散的小林场归并组建成中心林场，大大减少局场数量。以新的林业局为基础，加强局址小城镇建设，大量人员从山上转移下来，集中居住，实行统一供水、供电、供热，重构社会主义新林区风貌，不断改善林区职工生活环境，提高生活质量。同时将中间管理层次的林业管理局撤销，对林业局内部管理机构进行精简重组，大大精简管理层次和管理人员，降低管理成本。

启示七：只有在“增”上下功夫，“减”才能减得下。

要把加快林区发展与转换机制紧密结合起来，通过加快国有林区新兴产业发展，增加经济总量，扩大就业渠道。在产业发展方向上，要更新传统产业发展观念，全面综合开发利用林区各种资源，既要开发利用林区自然资源的经济产品，又要开发利用森林资源的生态产品，实施林业产业的多目标复合经营，实现林业产业发展的战略转型。在产业发展布局上，要根据不同林区的自然资源优势，突出发展区域特色产业，形成规模经济，打造一批木材精深加工为主的优势产业，打造一批以非林非木为主的林区特色产业，打造一批以森林旅游业为主的新兴朝阳产业，增强市场竞争力。

在产业发展机制上，在对林区企业进行资产清查评估的基础上，将具有优良资产的优势企业组合在一起，形成核心龙头企业，组建新的集团公司，以此带动一大批中小企业，带动森林资源培育和各种基地建设的发展，使各类加工企业与森林资源培育和基地建设形成一种相互促进、共同发展的新型关系，使市场机制配置资源真正发挥作用；积极引进战略投资者，进行股份制改造，形成产权多元化、管理科学化的现代化大型企业集团，参与国际市场竞争；大力发展林区非公有制经济，发展适宜家庭经营的种养加经济，承包国有森林管护和各类基地建设，充分发挥非公有制经济在林区产业发展中的积极作用。在产业政策支持上，争取国家设立天保工程后续产业援助专项资金，支持森工企业发展非林非木产业，中央在财政贴息贷款方面给予更优惠的政策。

启示八：完善天保工程配套政策，为创建长效机制打好基础，支付必要的改革成本。

天保工程作为特定时期的特殊政策，对保护森林资源，促进改革和发展起到了明显作用。要依托天保工程这个平台，继续深入推进改革和发展。一是解决改革中富余人员的分流安置，支付置换职工身份的补偿资金，可以用国有资产转让收益支付，也可以用国有资产股份量化支付，不足部分国家再安排补助资金予以解决。二是国家继续安排养老、医疗、工伤、失业、生育等保险补助，解决改革中职工的后顾之忧，为深化改革创造良好的外部环境，人员分流到位后，执行相应的社会保障政策。三是对移交给地方政府的中小学等机构，中央财政对困难地区给予一定年限的补助，确保移交后的正常运转。四是增加下岗职工再就业技能培训补助，针对天保工程森工企业职工技能单一，转岗就业比较困难的实际，比照社会主义新农村建设国家对新型农民科技培训方式，以森工企业为基本单位，由专门培训机构负责组织培训，中央财政资金直补职工，使受训职工能够基本掌握从事新兴产业的生产技术及相关知识，促进生产发展，增加经济收入。五是对林区撤场并局后的基础设施和森林管护站点建设给予必要的资金支持，增加森林经营抚育投入，提高森林资源保护能力，改善职工生产和生活条件，为构建社会主义新林区提供必要的环境条件。

调研单位：国家发展和改革委员会
国家林业局
调研组成员：孔泾源　汪　绚　彭绍宗　张厚武
韩　华　段亮红　薛行忠　龚群龙

⊙伊春林权制度改革试点

勇于创新　大胆实践
全力推进国有林区林权制度改革试点

2006年3月20～25日，国家林业局与国家发展和改革委员会有关司局的同志，对黑龙江省伊春国有林区林权制度改革试点工作进行了专题调研。调研组听取了黑龙江省、伊春林业管理局关于国务院119次常务会及国家林业局和黑龙江省第一次联席会议精神的落实情况的汇报，与5个试点局和部分林场的职工群众进行了座谈，并先后参观了乌马河、翠峦林业局的林权制度改革服务中心，察看了两局拟进行承包经营的林地。通过调研，我们深深感受到，这项改革试点受到了广大职工群众的欢迎，得到了基层干部拥护，只要按照国务院119次会议精神，以科学发展观为指导，解放思想，更新观念，全力推进林权制度改革，大胆进行体制和机制创新，重点国有林区就能够尽快摆脱资源、经济“两危”的局面，就能够为建设社会主义新林区奠定坚实的基础。

一、伊春林权制度改革试点工作的前期准备情况

国务院第119次常务会确定在黑龙江省伊春林区开展林权制度改革试点后，黑龙江省和伊春林业管理局十分珍惜这一历史性的机遇，结合省情、市

情、林情，认真研究、周密部署，做了大量工作，为开展改革试点创造了有利条件。

（一）加大领导力度，积极稳妥地做好试点的前期工作

2006年2月23日，黑龙江省政府召开了省长办公会议，专题研究了伊春林权制度改革试点方案，并原则同意经修改后上报国家林业局。伊春市早在2004年8月就成立了以市委书记和市长（林管局长）为组长，市直相关部门和金融、保险等单位为成员的试点工作领导小组。两年来，领导小组先后召开9次会议研究，并组织工作组先后深入基层20余次，面对面地指导试点的准备工作；伊春市主要领导还带队到福建三明市、吉林延边朝鲜族自治州、内蒙古牙克石参观学习，借鉴他们的经验和做法。同时，各试点局也都成立了专项领导工作机构，具体承担试点的各项工作。

（二）强化宣传引导，形成推进林权制度改革的良好氛围

在加强组织领导的基础上，伊春林业管理局充分利用座谈、研讨、宣讲等形式，多层面、多角度地对林权制度改革试点的重大意义、深远影响、政策保障等方面进行宣传。乌马河林业局副处级以上干部都落实了到基层宣传林权制度改革的任务；在三个试点林场还建立了咨询站，随时解答职工群众的疑难问题。翠峦林业局先后召开群众座谈会9次，发放宣传资料2000余份，宣传单1万余张。通过宣传，在伊春林区形成了一个全市上下齐心推进改革试点，职工群众踊跃参与的良好氛围。

（三）开展区划界定，进一步落实拟承包经营的林地

伊春市根据国务院常务会议和国家林业局与黑龙江省第一次联席会议精神，对5个试点局15个林场（所）的资源、社会、经济、人口状况进行了广泛的调查；并对拟承包经营的8万公顷林地进行了实地区划调查。目前，已完成了5.04万公顷林地的外业区划调查、挂牌落界、定位上图、建档立册等项工作（双丰1.2万公顷、铁力1.03万公顷、桃山1.85万公顷、翠峦0.5万公顷、乌马河0.46万公顷）。乌马河林业局共抽调100人分为10组，历时120天，对伊东、伊林、乌马河经营所进行了外业调查，完成区划小班456个，面积4 620公顷。

（四）加强服务指导，方便职工群众参与承包经营

伊春市为使试点顺利启动，探索承包经营的经验，按照“承包不签证，收入不动用”的原则，率先在桃山、铁力林业局选择1.25万公顷拟承包地块进行了模拟承包。乌马河林业局和翠峦林业局为方便职工群众参与承包经营还分别成立了林权制度改革服务中心，严格规定了林地承包经营程序，中心内实现专业人员上岗、“一站式”办公。乌马河林业局三个林场的咨询站，还对每一林班、小班的资源及林木售价张榜公布，让每一位林场职工做到心中有数。

尽管黑龙江省和伊春市在林权制度改革试点工作上做了大量工作，但也存在着一些问题：一是职工群众对林权制度改革试点的目的了解不够，相当一部分人存在着林权制度改革试点就是出卖林地的模糊认识；二是有些经济较困难的职工，有急于流转将林权变现的倾向，试点单位有急于流转引进战略投资者的倾向；三是一部分职工认为，承包经营后，国家应完全放开，不应再对森林采伐进行限制。存在这些问题的原因主要是对改革的认识上存在误区。澄清这些认识，有助于人们深化对改革的认识，有助于促进这些问题的有效解决，也有助于在试点过程中及时调整政策，确保改革试点取得成功。

二、伊春林权制度改革试点中需要把握的几个问题

国有林区的林权制度改革是整个国有林区改革的难点、焦点和热点问题。涉及到整个国有林区的改革，涉及到生态安全、经济发展、职工利益。这项改革关系重大，既要积极又要慎重向前推进。

（一）必须明确改革试点的目的

伊春林权制度改革试点是充分借鉴农村土地联产承包的成功作法，对浅山区、农林交错、相对分散、零星分布、易于分户经营的商品林实行职工家庭承包经营；对大面积的、集中连片的、深山区的公益林，主要是天然林，由国有森林管理机构集中管理，建立起统分结合的国有森林管理新机制。改

革主要目的：

一是使“山定主、人定心、树定根”，充分调动林业职工保护、培育和经营森林资源的积极性，提高林地的生产力，提高森林资源的集约经营水平，实现森林资源可持续经营，青山常在、永续利用。

二是通过改革，进一步拓宽就业渠道，解决有家无业的问题，使林业职工依托林地资源，摆脱贫困走上致富之路。

三是以林权制度改革为突破口，推动林区整体改革，从根本上解决体制性、机制性障碍，为实现经济发展、生态良好、人民安居乐业的社会主义新林区目标奠定坚实的基础。

由此可以看出，这次林权制度改革，是建立统分结合的国有森林资源经营管理新体制、新机制，不是简单的一包了之、一卖了之。从法律的意义上讲，法定的性质是承包经营，是一种经营机制的重大转变、重大改革、重大突破，其意义绝不亚于当年的土地联产承包责任制。

（二）改革必须把握好几个问题，处理好几个方面的关系

为了达到上述目的，必须按照国务院纪要精神，扎扎实实地组织实施好林权制度改革。

一是要坚持生态优先，正确处理好保护经营森林资源和合理利用森林资源的关系。要积极地引导经营承包者依法科学经营森林资源，要编制森林经营方案，把着力点放在保护培育和合理利用森林资源上来，提高林地的生产力。在保护和持续经营的基础上，合理的利用森林资源，最大限度地发挥森林生态系统的生态效益、经济效益和社会效益。对林区职工来说，主要是利用森林的多种产品；对政府来说，在满足国民经济和社会发展需要的同时，更要发挥其生态效益、社会效益。

二是要坚持承包主体必须是林区职工，正确处理依法维护职工权益和引进战略投资者的关系。这次试点，必须是在林场职工自愿的基础上，做到均林到户，而且要留有足够的林地，保证他们今后的长远发展，保障林区职工的生存权和发展权。战略投资者的引进是必需的，但是，在改革的初期不宜过早地引入，否则会直接导致林场职工成为“耕山无地，上班无岗，有家无业”的“三无”职工。在承包经营稳定一段时间后，再逐步引入，林业职工承包者以林地通过评估后入股，与战略投资者之间形成合伙、合资或者是合作的关系。

三是必须坚持责权利统一，正确处理好责任和权利的关系。在承包合同上要严格界定经营承包主体的责任和权利，明确他的义务和责任。要保证义务、责任与权利对称、平衡。要明确承包经营的“四权四责”。所谓“四权”就是，承包者林地的使用权和林木的所有权、处置权与收益权。所谓“四责”就是，保证林地不能逆转，不能变成非林地的责任，荒山、荒地和采伐迹地及时更新的责任，防火、防虫、防盗的责任，追求经济效益的同时兼顾生态效益的责任。也就是说，在明确权利的同时，也要把责任落实。

四是坚持国有森林资源依法有偿使用，正确处理国家、企业和职工个人利益的关系。森林资源是国有资产，对其实行有偿使用制度是国家利益的具体体现，不能无偿地划拨给职工，必须收取一定的费用。但是，这次林权制度改革，还必须惠及最弱势的职工，要正视他们的现实购买力，让他们接受得了，承包得起。承包经营的费用，可以采取拖欠工资抵扣、分期来支付和延期支付等形式缴纳。

五是要坚持公开、公平、公正，正确处理好公平与效率的关系。改革的方案要经过各级职工代表大会通过，然后还要公示。对拟承包的职工做到机会均等、平等竞争，体现公平优先，兼顾效率的原则。为使职工有更多机会，在第一轮的承包过程中从上级领导到一般干部都不要参与，战略投资者更不要参与。对拟承包的林地，要按级差地租来分类，不能搞平均主义，这样效果会更好、效率更高。

六是要坚持既积极又稳妥，正确处理好改革、发展和稳定的关系。改革是动力，发展是目的，稳定是前提。要在稳定当中推进改革，通过改革促进经济发展，确保林区稳定。没有改革，就不可能使国有林区走出“两危”的困境；没有发展，就不可能保持林区的和谐稳定，也不可能实现建设社会主义新林区的目标；没有稳定，改革和发展都无从进

行。在改革中要把人民群众的利益实现好、维护好、发展好，不断改善人民生活是正确处理改革发展稳定关系的重要结合点。

三、在改革试点中需要继续研究做好的几项工作

国有林区林权制度改革是一项全新的事业，没有现成的经验可以遵循，在具体实施过程中还面临着很多问题，必须在试点开始前加以明确，避免走弯路，避免出现大的问题。

（一）关于承包费确定的问题

一是要结合区划调查，按照不同的林相和立地条件，对每一块拟承包林地进行分类定级；二是根据评估办法对拟承包林地进行实事求是的评估，并兼顾市场规律和职工的承受能力，把拟承包林地的价值算准；三是试点单位要制定出一个政策优惠方案，交由职工代表大会充分讨论，要让这一政策惠及林场最弱势的职工群体，优惠方案要上报国家林业局，国家林业局会同有关部门批准；四是职工可用拖欠工资抵顶、分期付款、延期付款及银行贷款等多种形式来交纳承包费。要做到林场职工人人有其林，户户有其山。

（二）关于承包收益管理和使用的问题

承包收益使用，总的原则是收支两条线，并纳入财政管理，全额返回伊春林区，主要用于抵扣工资、资源经营培育、承包经营区基础设施建设等。按照上述原则和要求，一是伊春市要抓紧起草承包收益管理办法，国家林业局与有关部门进行协调，使其尽快出台；二是承包收益使用要公示，要让职工群众进行监督；三是财政要加强监管，原则上收益上缴到哪一级，就由哪一级来监管。

（三）关于采伐政策的问题

林木采伐必须依法进行，加强管理，承包经营者也必须依法采伐。伊春市要尽快制定一个采伐更新管理办法，报国家林业局认定后，即可在试点局实施。原则上采伐林木的年龄和强度，由承包户自主确定；承包户的采伐指标，纳入试点局总的限额之内，不能突破“十一五”的采伐总量。为了使采伐既有利于林木的生长，又有利于更新管理，需要采伐更新的林木由承包户申报，在各试点局没有成立国有森林资源管理机构前，由伊春国有森林资源管理机构审批。伊春市国有森林资源管理局要充分利用区划调查的资料，指导承包经营者编制经营方案，引导他们逐步实现按经营方案开展采伐利用林木等经营活动。

（四）关于金融财政支持的问题

建议黑龙江省政府要给予相关金融财政方面的支持，伊春市要建立支持承包职工发展多种经营的基金，用于贴息贷款统贷统还。各试点局和试点林场要发挥组织化的作用，将承包职工经营项目整合，形成一定规模，然后由省里统一上报，申请贴息贷款。目前，贴息贷款已经打破了所有制界限，只要项目安全，是完全可以申请到的。通过这种方式，逐步解决承包职工的后续发展问题。

（五）关于承包经营后加强管理和服务的问题

承包经营后，必须加强管理，并做好服务工作，不能放手不管，不能一卖了之。一是在林区道路建设、排水设施、防火防病防虫监测上试点局要统筹考虑；二是统一编制产业发展规划，将承包职工经营项目纳入其中；三是引导承包职工建立各种协会，并统一管理；四是在引进良种壮苗过程中，试点局要统一把关，做好检疫工作，防止有害生物物种的侵入。

（六）关于承包经营后森林保险的问题

保险属于市场经济行为，黑龙江省政府和伊春市政府要积极想办法，主动与保险公司商量和协调，充分借鉴南方开展森林保险的经验，逐步解决承包经营者的后顾之忧。保险的范围、保额怎么定，既要考虑与国家政策对接，又要充分考虑职工的承受能力。

（七）关于社会保障和服务体系问题

要借天保工程方案调整的机会，把承包职工的医保、养老、失业等社会保险纳入试点的大盘子统筹考虑。要组建林权制度改革服务中心、林业法律咨询中心、林业科技服务中心、劳动力培训中心等，有针对性地解决承包经营后的森林资源培育、规模化经营、法律纠纷、劳动者技能提高等问题。做到凡是涉及职工经营的问题都可以通过各种服务中心得到解决。

（八）关于承包经营后林权证发放的问题

由于国有林区林权制度改革试点不涉及产权变动，并且现有林权证已核发到每一个林业局，因此，不宜再发新的林权证。承包经营合同在法律上与林权证具有同等的效力。是不是可以发一个林地承包经营权证，涉及法律问题，我们再进一步研究，也希望通过试点逐步探索解决。

（九）关于原“民有林”的问题

拟承包林、管护承包林、“民有林”，这“三林”是不同的概念，必须严格进行区分和界定。尤其对“民有林”的概念、内涵，要依法提出确定的标准和办法，在界定过程中要严防弄虚作假，特别对过去曾经是领导干部的“民有林”要从严掌握，而且对确定的“民有林”一定要公示。公示以后符合条件的可纳入承包经营的范畴，不符合条件的要在政策上、措施上严格区分开来。能否实行“三林”变一林，要在试点过程中逐步加以解决。

（十）关于承包以后税费的问题

各试点局要对现行的税费种类进行认真的梳理，特别是承包经营后，需要经营者承担的税费，对合理的要保留，对不合理的要坚决取消，黑龙江省森工总局对此要进行监督。育林基金收取后，原则上大部分返还经营者。2006年年内将实行育林基金改革，届时，收缴比例按新的规定执行。

（十一）关于放活经营权的问题

承包经营后，在符合林业总体规划的前提下，充分尊重经营者的意愿，可以自主选择经营方式，林业部门要积极引导、搞好服务，加强采伐迹地更新管理，林木采伐后要限期造林更新，要引导和帮助林农编制好森林经营方案。对人工商品林要依法放活、集约经营，最大限度地发挥其经济效益。人工商品林特别是速生丰产林和短周期工业原料林的采伐年龄由经营者自行确定，采伐限额按照批准的森林经营方案编制和执行。这里需要特别强调的是，人工用材林和商品林是指在无林地上新造林，而不是将原有林木的简单划分。

（十二）关于产业发展问题

试点局要制定一个完整的产业发展规划，承包经营以后千家万户的产业发展，还得靠产业和龙头企业的带动。要根据职工群众的意愿，与龙头企业、加工企业签订合同，确定相关合作方式，在合理布局的基础上通过产业发展来带动千家万户进入大市场，达到林业职工致富的目的。

调 研 单 位：国家林业局
国家发展和改革委员会
调研组成员：雷加富　吴晓松　张志达　王前进
王祝雄　潘世学　王焕良　许传德
李淑新　冯晓东

国有林区改革的积极探索

——关于伊春国有林权制度改革试点调研报告

今年国务院第119次常务会议做出了在黑龙江省伊春市开展国有林区林权制度改革试点的重大决策后，各有关部门抓紧部署，改革工作全面启动。

2006年7月24～26日，受国家林业局局党组委托，由雷加富副局长带领有关司局单位的同志，与黑龙江省政府、森工总局、伊春市的同志组成调研组，对伊春国有林区林权改革试点情况进行了调研。分别到伊春市翠峦、乌马河、双丰、铁力、桃山5个试点林业局下属的15个林场，听取了林改实施情况介绍，实地考察了职工承包的林地，深入职工家庭进行座谈，并对100户职工进行了问卷调查。从调研的情况来看，伊春林权制度改革试点工作进展顺利，发展态势良好，为深化国有林改革探索了路子。但也出现了一些新情况和新问题，亟待研究解决。

一、对伊春林权制度改革试点的总体评价

目前，伊春林权制度改革工作进展顺利，开局良好。

（一）建立机构，加强领导，为改革试点提供了组织保证

黑龙江省政府成立了由副省长任组长的领导小组，多部门参加，分工负责。试点区（局）也都相应成立了领导小组和林权制度改革办公室，配备了专人开展工作。组织机构的建立和完善，保障了改革顺利进行。

（二）丰富思路，统一认识，牢牢把握了改革的方向

这项改革开始以来，各级领导不断统一对改革的认识，不断丰富和完善改革的思路，使改革始终按照国务院119次常务会议纪要实施方案的要求和进行。

（三）完善方案，配套政策，规范了改革试点工作

为了使改革试点规范有序进行，根据试点实施方案，完善了试点《黑龙江省伊春林权制度改革试点实施细则》，并先后起草了伊春林权制度改革试点森林资源资产管理办法和资产收益管理办法，进一步规范森林资源资产评估、收益行为以及合同文本。

（四）政策宣传，思想发动，调动了职工群众投身改革的积极性

为了真正让广大林业职工了解林改的意义、吃透政策，调动职工积极投身林权制度改革的积极性，伊春采取了入户调查、领导包点、专人驻场、召开大会、新闻宣传等多种形式，宣传发动，消除职工心中的疑虑和担心。

（五）明确程序，细化办法，林权制度改革方案得到有效落实

为确保试点不出现失误和偏差，严格设定了改革试点的基本程序。切实做到了程序严密、规范有序、积极稳妥、环环相扣。

（六）兼顾效率公平，明确权利责任，林权制度改革工作得到职工拥护

坚持做到对试点林场职工一视同仁，千方百计保证每个职工拥有一块属于自己承包经营的林地，坚决避免暗箱操作等破坏公开、公平、公正现象发生。

目前，已签订承包合同的林地31 570公顷，实际承包林地和购买活立木的1 965户、面积将近20 000公顷。承包后，2006春完成造林5 000公顷，其中退耕还林地500公顷。

通过改革，已经初步显示了三方面的效应：第一，调动了林业职工保护、培育和发展森林资源的积极性。伊春2006年造林比2005年造林同期增加了30%左右，职工群众保护、培育森林资源的积极性高涨。第二，拓宽了林业职工就业渠道。实现了一人承包全家就业。承包职工依托森林资源，搞林下资源开发，以短养长，开展以林为主的多种经营等，逐步增加了收入。第三，创新了管理体制和机制。通过林权改革，要实现林子长起来、职工富起来、机制活起来。从改革试点的情况来看，正在朝着这一目标迈进。

二、承包职工积极参与林改，也反映了有关问题

为了深入了解伊春林改的真实情况，这次调研还开展了百户承包职工问卷调查。选择5个试点林场，每个林场随机抽取20户作为调查对象，实际问卷为103份。从问卷统计分析看，承包职工有喜有忧。

（一）承包职工参加林改的情况

（1）职工家庭平均承包林地面积为9.95公顷。103户职工总承包林地985.29公顷，每户职工家庭平均承包林地面积为9.95公顷，人均承包林地面积为3.31公顷；每公顷蓄积量为43.93立方米。

（2）职工承包的林地80.04%为有林地。承包的疏林地、无林地和采伐、火烧迹地分别占9.91%、4.67%和2.78%。

（3）承包的有林地51.96%是针阔混交林。其次是针叶林，占27.45%。62.63%的承包林地为天然次生林，人工林其次，占29.29%；每户职工承包蓄积量为432.48立方米。百户承包总蓄积量为44 544.96立方米。

（4）林地承包费户均每公顷每年60元，高的达到每年每公顷75元，低的每年每公顷45元；林木流转费户均每公顷3 449元。

（5）60%～80%的职工依靠借钱购买承包林地和林木。承包林地距离职工住家平均为8.28千米。

（6）90%以上的职工对林改试点实施情况较为满意。对林改各项政策的评价均在 8 分以上（满分 10 分）。

（二）承包职工的困难和需求

（1）72.34%的职工家庭储蓄额不足 5 000 元。储蓄额在 0.5 万～1 万元的职工户仅占有效样本量的 21.28%。66.67%的家庭表示由于家庭经济困难而无法正常开展生产；高达 35.80%的家庭表示家庭成员曾经放弃医疗，更有 9.88%的家庭迫使子女辍学。

（2）74.26%的职工急需资金支持。调查显示，目前承包家庭最急需的支持包括资金、采伐指标、技术、信息和劳动力等，列为第一需要达到 65.75%。

（3）64.36%的承包家庭急需采伐指标。其中有 21.92%的职工将采伐指标列为第一需要。

（4）担心森林防火和病虫害防治困难。这类问题占有效问卷量的 11%左右，在座谈中反应强烈。

（三）承包职工的打算

（1）91.09%的职工家庭将木材生产作为主要目的，有 48.51%的家庭计划开发采集业，规划林下种植的占 22.77%，林下养殖的占 14.85%，单选木材生产占 41.43%，计划综合利用林地的占 58.57%，有 40%的职工家庭需要引导林地的经营利用方式。

（2）69.9%的职工需要在 10 年内采伐林木。职工承包林地采伐期在 1～5 年的占总量的 42.72%；采伐期 5～10 年的占 27.18%。

（3）44.21%的职工家庭明确表示不转让所承包林地，50.53%的被访户表示需要等待出台的配套政策，根据承包林地的收益决定；5.26%职工表示会将承包林地转让出去。

（四）承包职工意见和建议

（1）尽快出台相关政策。许多职工由于对改革政策不托底，没有承包林地。已经承包的职工希望在自主经营和采伐政策、林地经营方式等方面，尽快出台明朗的政策。

（2）亟待加强营林道路维护、森林防火、病虫害防治等方面的社会化服务，排除其后顾之忧。

（3）70.59%的职工要求减免或降低林地承包费。职工要求相关部门考虑林区职工的实际经济能力，减免或降低林地承包费。

（4）着力解决弱势群体的问题。有 20%左右的职工没有承包林地，主要是经济困难。要求尽快研究出台相关政策，以解决贫困职工购买难问题，让贫困职工充分享受林权制度改革的成果。

（5）解决林权证发放问题。32.35%的被调查职工明确提出了林权证的要求，26.47%的职工表示对承包林地自主经营权的需求。承包职工户渴望及时获得充分自主的经营权和保证他们的林木所有权。

三、关于国有林区改革的几点启示

林权制度改革是调整林业生产关系，消除体制机制性障碍，促进林业生产力发展的重大举措，实质上是一场重大变革。伊春林权制度改革试点，肩负探索路子、积累经验、建立和不断完善相关政策的任务，对于推动国有林区的总体改革意义重大。

启示一：改革是国有林区发展的希望。

国有林区在我国林业发展和生态建设中占据重要的战略地位，50 多年来为国家经济社会发展做出了重要贡献。但是，20 世纪 80 年代初期国有林区陷入“资源危机、经济危困”，其生存与发展举步维艰。为了解决国有林区的“两危”，国家采取了多种措施，包括给予多种经营贷款、承包资源管护、实施天然林资源保护工程等。这些措施在很大程度上缓解了国有林区的矛盾，但是由于改革不到位，国有林区至今没走出困境。实践证明，只有深化改革才能从根本上解决国有林区的生存与发展问题。因此，改革才是国有林区发展的治本之策。

但同时，我们也应该认识到，国有林区改革涉及面广，社会性、政策性很强，不同于院墙式工业企业改革，也不同于农村土地经营体制改革，需要积极探索，不断创新。伊春的改革试点，对商品林实行林地所有权和使用权分离，以家庭承包经营为突破口，逐步实施整体改革，力图探索改革路径，减少改革失误，稳步推进整个国有林业体制改革，意义重大。

启示二：必须坚持以人为本，使广大林区职工成为改革的直接受益者。

伊春的改革实践显示，国有林区改革，无论采取什么方式，探索何种路径，只有坚持以人为本，让林区广大职工群众真正成为改革的主体、改革的受益者，才能充分调动广大林业职工发展林业生产的积极性，改革才能成功。林权制度改革必须坚持初始分配以职工为主体，不能使林地流失，导致林业职工失地，失去仅有的生产资料。

启示三：摸清情况，细化政策，是推进林权制度改革的重要基础。

林权制度改革是利益大调整，涉及到国家、企业和职工的利益，是一项复杂的系统工程，必须针对实际情况，探索可操作的办法稳步推进，才能保证改革顺利进行。确定伊春市为林权改革试点两年以来，国家林业局先后组织了多次调研，对伊春的森林资源、经济社会发展、职工生活状况、职工的愿望和要求进行了详细的摸底，自上而下、自下而上反复研究，确定了试点范围、规模和改革思路，出台了操作性、针对性非常强的实施方案，保证了改革沿着正确的轨道发展。实践证明，每一项改革如果情况摸不清，政策细节设计得不周密细致，改革就容易出现大的问题。八十年代初，集体林区林业“三定”就是前车之鉴。

启示四：加强领导，周密组织，是保障林权制度改革顺利实施的关键。

伊春林权制度改革试点是一项全新的探索，任务艰巨而复杂，需要对整个试点工作进行全方位的组织领导。为加强对改革试点的组织领导，伊春市委市政府形成了上下贯通、协调一致的组织体系。在试点全过程，一抓落实，就是把林权制度改革试点工作作为当前党政工作的重中之重，确保宣传到位、工作到位、措施到位，及时解决试点中出现的新情况和新问题；二抓监督，就是准确把握试点的方向和进程，保证改革平稳推进。

启示五：林权改革为探索国有林区长效发展机制提供了契机。

伊春国有林权制度改革的目标，是建立起“产权归属清晰、经营主体落实、责权划分明确、利益保障严格、流转顺畅规范、监管服务到位”的现代林业产权制度，为国有林区建立长效发展机制探索路子。通过伊春国有林区林权制度改革试点，为改变国有森林资源国有国营的单一模式提供了契机，有利于形成多元化投入、社会化服务、产业化经营的新机制，有利于建立森林资源统分结合、适应社会主义市场经济的经营管理的新体制。

启示六：必须加快整体改革步伐。

林权制度改革是国有林区改革的基础，要以此为突破口，推进国有林区的全面改革。一是在林权改革的基础上，必须进一步转换机制，通过剥离企业办社会，加速企业资产优化重组；二是进一步推进资源管理体制改革，加大政企分离，建立健全新型国有森林资源资产管理和运行机制；三是加快国有林场所等机构撤并整合，发展林区中小城镇，为林区多资源多产业发展、要素交易、商品流通提供平台，培养地方税基，提高政府执政基础；四是适时启动现代企业制度建设。要加快林区发展，必须利用林权制度改革解决历史欠账、分流人员，轻装上阵，按照现代企业制度的要求，加快国有林业企业改制，形成林业发展的航母，带动林区经济社会可持续发展。

四、进一步做好林权制度改革的几点建议

（一）积极稳妥地推进改革试点

党中央和国务院高度重视伊春林权制度改革试点。国务院119次常务会议，专题研究伊春林权制度改革问题，这在新中国林业发展史上还是第一次。会议指出，国有林区改革是一件大事，伊春林权制度改革是国有林区改革迈出的关键一步，对深化林业体制改革，促进林业可持续发展具有重大意义。为了落实中央领导同志的指示精神，在2006年初的全国林业厅（局）长会议和7月中旬的厅（局）长电视电话会议上，贾治邦局长对国有林区等改革提出了明确的要求，并做了统一部署。从调研情况看，伊春林权改革开局良好，推进平稳，在此基础上要继续扎扎实实地做好工作，坚定不移地推进改革。充分考虑到试点工作中可能遇到的各种困难和问题，分清难易、主次和轻重缓急，切实解决好，确保改革试点顺利进行，取得预期成效。

（二）尽快出台国有林区整体改革指导意见

多年来，国有林区的改革始终在不断探索中，

各地都有一些成功的经验。当前，要在总结经验的基础上，出台一个文件，抓好四个试点。出台一个文件，即理清思路，抓住关键，形成国有林区改革的指导意见，争取以国务院的名义下发执行，整体推进国有林区改革。抓好四个试点，就是吉林森工作为林区企业改革的试点，伊春作为林权改革的试点，漠河等 6 个林业局作为森林资源管理体制改革的试点，清河林业局作为林区管理体制改革的试点，拉开国有林区改革的序幕。

（三）尽快制定林地保护利用规划和森林资源经营方案

为了规范国有林区改革工作，应当尽早出台《全国林地保护利用规划》，把林地利用要求落实到山头地块。同时，要按照不同地块的林分因子、立地条件，结合承包职工的意愿，合理编制森林经营方案，积极引导职工科学经营。不能一卖了之。要指导和督促职工严格执行森林经营方案，科学安排森林采伐，既妥善解决短期内职工生计问题，又提高长远发展能力，最大限度地发挥林地生产力，达到最大的经济效益和生态效益。

（四）出台配套政策，加快非公有制林业的发展

林地承包经营后，由于生产资料占有、使用形式发生变化，非公有制林业将成为国有林区重要的经济主体，无论在森林资源培育、加工以及第三产业都将呈现出蓬勃发展的势头。因此，必须从现在开始，适应改革的需要，为非公有制林业发展提供必要的制度条件。一是争取尽快实现林权证的发放。承包合同属于债权性质，林权证属于物权性质，对长周期经营林木这种不动产的权利人，物权保护更重要。要根据林权改革试点实际，参照有关法律规定，进一步加强与有关部门的沟通，争取尽早以林地经营权和林木所有权证的形式发放，立法和政策要为实践服务；二是继续帮助承包职工与保险公司协调森林保险问题，最大限度地降低保险费用；三是对承包经营职工给予相关的资金和金融支持。要着手建立专项林业发展基金，资金来源主要从改革收益中提取、中央财政贴息等方式解决；四是要引导林业职工开展森林防火和病虫害防治合作；五是要不断创新社会化服务体系。积极建立森林资产评估中心、伐区调查设计中心、科技服务中心、法律服务中心等社会中介组织，全方位为职工提供服务，促进非公有制林业发展。

（五）基层林业管理部门要转换职能，积极引导林业职工组建新型合作组织

林权制度改革后，基层林业局要转换工作重点，从生产管理向管理和经营服务并重转换。一是在营林道路维护、森林防火、病虫害防治等方面提供必要的保障。加快林区道路等基础设施建设。国家林业局要将其纳入“十一五”森林防火道路专项规划，重点支持；二是要积极引导承包经营职工组建股份林场、合作林场、家庭林场、农林合作社、经营公司等新型经济合作组织，提高林业职工经营林业的组织化程度；三是要建立基地 + 合作组织 + 企业的经营模式，促进产、供、销一条龙，成立各种专业协会，统一技术，统一标准，统一价格，统一进入市场。通过这些组织形式，解决一家一户办不了、也办不好的问题，从而提高森林规模化、集约化经营水平，促进林业发展。

调 研 单 位：国家林业局森林资源管理司
国家林业局政策法规司
国家林业局发展计划与资金管理司
国家林业局经济发展研究中心
调研组成员：雷加富　肖兴威　徐济德　江机生
刘金富　张　蕾　刘国强　王森业
许传德　冯晓东　王晓丽　王月华
周少舟　陈学群　张　升　张　坤
韩　华

⊙天保工程方案调整研究

从内蒙古森工集团看重点国有林区存在的问题及政策建议

根据国务院领导和国家林业局领导的批示，国家林业局天然林资源保护工程管理办公室和发展计划与资金管理司组成联合调研组，于2006年10月25日至11月2日对内蒙古森工集团（亦称内蒙古大兴安岭林业管理局）改革、发展和稳定问题进行了专题调研。听取了森工集团的汇报，现场考察了克一河、阿里河、金河3个林业局，深入到林场、木材加工厂、森林公安局、森林管护站等基层单位和职工家庭进行了访问，分别召开了不同类别人员的座谈会。在广泛深入调查的基础上，与有关领导共同研究了深化改革、完善政策的建议。

一、内蒙古大兴安岭林区概况及特点

内蒙古大兴安岭林区是我国东北、内蒙古四大重点国有林区之一，地处内蒙古自治区东北部，东连黑龙江省，西接呼伦贝尔大草原，南至吉林省洮儿河，北西部与俄罗斯、蒙古国毗邻，边境线长440千米。内蒙古森工集团负责经营管理内蒙古大兴安岭林区的国有森林资源，施业区地跨呼伦贝尔市、兴安盟的9个旗（市）。经营总面积10.67万平方千米，森林面积800万公顷，森林蓄积7.06亿立方米，森林面积、森林蓄积居四大林区之首。

内蒙古大兴安岭林区是1952年开发建设的。50多年来，内蒙古森工集团累计为国家生产木材1.7亿立方米，上缴利税及各种费用160亿元，是国家同期投资的3.8倍。累计人工造林1 796万亩，森林覆盖率由建局初期的60.1%提高到目前的75.68%。集团下设17个森工公司（亦称林业局）、2个营林局、1个原始林区管护局、2个国有林管理分局、9个建筑等企业单位、22个直属单位。林区林业人口50万人，职工21万人（其中全民职工12.5万人，集体职工8.5万人）。

内蒙古大兴安岭林区生态位置十分重要。大兴安岭山脉纵贯全林区，东陡西缓，境内主要有额尔古纳河、嫩江两大水系，河流纵横交错，大小支流密布，水资源丰富。额尔古纳河是我国与俄罗斯相邻的河流，嫩江是松花江的源头。林区维系着我国东北、华北地区的生态安全，是呼伦贝尔大草原和东北平原的绿色屏障。林区自然条件十分恶劣。地处寒温带，冬季漫长而寒冷，昼夜温差大，年平均气温－3.5℃，最低气温－50.2℃，无霜期从北到南为80～120天，树种单一，林木生长缓慢，很多粮食作物和蔬菜在此都无法生长。地理位置的边缘化，恶劣的自然条件，导致了林区经济的边缘化，林区发展受到很大制约。林区管理体制几经变化。从建立森林工业管理局，由内蒙古自治区政府管辖，后由林业部、森工部直属，又下放内蒙古自治区政府，再下放呼伦贝尔盟、自治区林业厅管辖。接着，再上收归东北林业总局，跟着又放给内蒙古自治区政府，再后来随呼伦贝尔盟一并划归黑龙江省领导。过了10年又收归林业部管理，1980年国务院决定再次下放给内蒙古自治区领导，一直延续至今。林管局管理机构名称也不断更换。1995年国务院确定全国首批57户试点企业集团，内蒙古大兴安岭林业管理局改制组建为内蒙古森林工业集团，为内蒙古自治区直属大型企业。

二、天保工程带来了林区发展新变化

经过几十年的大规模开发利用，内蒙古大兴安岭林区森林资源状况急剧逆转，天然林成过熟林面积由350.8万公顷下降到206万公顷，可采蓄积由4亿立方米下降到2.2亿立方米。有林地单位蓄积量由每亩6.3立方米下降到5.3立方米，单位出材量由每亩2.8立方米下降到1.5立方米。伴随森林资源危机的产生，林区经济也开始出现危困，生产能力下降，经济状况恶化，社会负担加重，富余人员增多，生存和发展面临严峻挑战。

1998年，国家启动天然林资源保护工程，内蒙古森工集团紧紧抓住机遇，转变经营观念，确立以生态建设为主的林业发展战略；狠抓产业调整，大力发展林区特色新兴产业；深化改革创新，提升森工企业发展活力；全面推进建设，林区各项社会事业得到长足发展。特别是近5年来，成效更加明显。“十五”期末与“九五”期末相比，在木材产量由380.6万立方米减少到215.8万立方米（天保工程方案核定产量为229.6万立方米）的情况下，林区产业总产值由28.9亿元提高到50.1亿元，增长73.4%，企业总资产由79亿元增加到120亿元，增长51.9%，实现了新的突破，迈向了一个新的台阶。

森林资源不断恢复增长。根据森林资源连续清查（1998~2003年）结果，与上一次清查结果相比，森林蓄积增加6 468.27万立方米，年均增长1 293.65万立方米；有林地面积净增61.21万公顷，年均净增8.74万公顷；森林覆盖率从69.95%提高到75.68%。林分单位面积蓄积量、株数增加，针叶林比重上升。增加森林蓄积6 468万立方米，按61%的出材率可生产商品材3 945万立方米，木材剩余物670万立方米，商品材按平均售价500元，剩余物按120元计算，经济价值为205.3亿元，相当于国家天保工程投入的5.2倍。

产业结构不断调整优化。木材采运产值比重显著下降，林产工业、非林非木等新兴产业异军突起，在经济增长中的份额逐年提高。营林生产、木材采运、林产工业、非林非木四大产业结构比重由天保工程初期的10∶40∶15∶35，逐步调整到现在的6∶20∶21∶53，一个新的经济结构正在形成。一是在林产工业精深加工上下功夫。先后与中国国际海运集装箱集团合作组建了内蒙古中集木业公司，建设年产60万~80万立方米集装箱底板项目，一期10万立方米集装箱底板生产线已投产，填补了国内落叶松精深加工项目的空白。与美国中南投资公司合资组建了玖龙兴安浆纸公司，一期10万吨扩建工程已于去年8月正式竣工投产。整合资源组建了年产30万立方米的根河人造板公司。改扩建了阿里河森工公司层压木生产线，其电工层压板产品在国内市场占有率达61%。全林区工业产值由“九五”期末的4.47亿提高到“十五”期末的10.48亿元。二是在非林非木产业上做文章。以克一河食用菌加工厂为龙头，建设年产400吨的食用菌基地。以大兴安岭绿色产业开发公司为龙头，建设年产7 000吨的山野菜基地。以图里河森健药业为龙头，种植面积3 500亩的中草药基地。还有奶牛1万头、肉牛3.8万头的养牛基地，年产100万只的大鹅养殖加工基地，年产狐皮4.8万张、貂皮3.2万张、出栏10万只的特种动物养殖加工基地。开发国内知名的阿尔山—柴河旅游景区。以及正在建设年产30万吨的绰尔铁矿，年产18万吨的得耳布尔二道河子铅锌矿，还有万年青铜锌矿、金属冶炼厂等项目建设。非林非木产业产值由“九五”期末的11.9亿元提高到“十五”期末的24.1亿元。

职工生活不断改善提高。先后投资12亿元用于交通、供热、医疗、学校、饮水、住房、防火等基础设施建设，改善了职工生活条件。连续6年累计拿出资金5亿多元为职工增长工资，职工工资比“九五”期末翻了一番，2005年在岗职工平均工资7 733元，2006年预计达到9 327元，明年将超过万元。许多职工通过森林管护承包、家庭经济、劳务输出、森林旅游等途径增加了收入。其中，家庭生态林场户最高年收入可达20万元，赴俄采伐的劳务工人年收入达2万~3万元。此外，积极争取自治区支持，将企业职工养老保险纳入省级统筹，2005年又将7家事业单位离退休职工纳入自治区统筹，确保了职工老有所养。

企业改革不断深入推进。以产权制度为核心的改革正在逐步推开，林区单一的国有经济正在改变。引进外资改造了重点林产加工企业，对森源公司、光明机械厂、伊图里河兴林公司、森天公司等围墙企业进行了整体改制，完成了82户中小企业改制重组。对事业单位实行企业化管理，组建了全国林业系统首家林业医疗集团。将林业设计院进行了规范的股份制改造。将四所大中专学校和林业电业局整体移交给地方政府和自治区电力系统。将158所林业中小学整合为78所。撤并了18个林场和17个贮木场，将50多个林场转为森林管护站。成立了两个国有林管理分局，进行了资源管理体制改革试点。改革大大增强了林区发展活力，呈现出良好的发展态势。

内蒙古大兴安岭森工集团总结天然林资源保护工程带来的变化时说，这是林区森林资源恢复最好、经济增长最快、在岗职工工资及收入增加最多、招商引资力度最大的时期，也是基础设施条件改善最快，争取政策最多，内外部发展环境最好的时期。现在是林区政治稳定，经济发展，民族团结，治安良好。

三、当前林区存在的主要问题

天然林资源保护工程的实施，为林区注入了新的活力，有效缓解了林区“两危”。但由于工程建设的局限性，投入资金的不足，不可能解决国有林区的所有问题。林区历史遗留的问题还不少，林区发展的速度还不快，林区贫困人群的数量还很多。特别是体制性、社会性、政策性深层次的矛盾逐渐凸显，与全国经济和社会快速发展的形势相比，林区差距在扩大，林区资源、社会、经济可持续发展面临许多困难和问题。

（一）社会负担包袱沉重

在林区自成体系的小社会中，囊括了教育、医疗、防疫、公安、消防、广播电视和生活保障等各类社会性、公益性设施和单位。到现在，内蒙古森工集团仍设有全国唯一的企业武装部，承担着民兵预备役训练和征兵等国防事务。森工集团所属53个企事业单位中，承担社会职能的单位就有22个，总人数达34 943人（其中离退休11 652人），占林区全民职工的28%。每年支付的社会负担费用高达4.63亿元，天保工程专项补助仅解决1.32亿元，其余的3.31亿元仍需由企业承担。社会负担几乎吃掉了企业的全部利润，削弱了企业竞争力和扩大再生产能力。即使近两年开展的森林资源管理体制改革试点，森林资源管理分局经费，也是来自于企业经营收入的上缴，源头还是花采伐森林资源的收入。随着社会性工作的加强，社会性支出越来越多，对森林资源的压力越来越大。

（二）基础设施欠账严重

林区开发建设以来，国家投资大部分用于直接采伐木材生产上，尤其是总体投资不到位，使得许多生产生活配套设施建设严重滞后，一直遗留到现在。以金河林业局为例，国家规划投资1.5亿，实际累计投资仅7 000万元，不足一半。林区公路、住房、饮水等基础设施和生活设施欠账严重。林区道路网密度仅为1.4米/公顷，不到标准密度的一半。目前，全林区仍有2.4万户居住在没有供暖、供水的“板夹泥”平房里，透风漏雨，靠烧柴、取井水生活，许多职工一住就是几十年。有88%的居民还在饮用不卫生的浅层地表水，潜在发生疾病的危险。克一河林业局32个森林管护站中有30个是“三无”站，即无电、无交通、无通讯条件，职工远离居住区，看不到电视，通不上电话，吃不上干净水，又提心吊胆害怕发生森林火灾。

（三）富余人员就业困难

天然林资源保护工程木材产量大幅度调减，相关加工企业因缺少原料陆续关停，相关服务业萎缩，导致职工下岗失业人员增多。近几年采取一次性安置办法，分流了35 359人。同时通过森林管护、劳务输出、发展种植业、养殖业等多种途径，先后使8万人实现了再就业，但仍有5万多人没有工作岗位，处在失业状态。即使是在岗职工，许多是工作时间不饱满，一年干几个月的活。金河林业局测算，按目前木材产量，仅需要2 000人就足够了，但全局职工有4 400人，只好一个人的饭两个人吃。全林区从1992年以来基本上没招过工，大批的初、高中毕业生闲散在林区社会，无业可就，增加了林区社会不稳定因素。由于林区就业率低，有的职工一家三四口人仅一人就业，加上长期以来林区工人的工资水平低，使许多贫困职工难以脱贫。仅工资与地方相比，差距悬殊。内蒙古自治区2005年平均工资为15 985元，呼伦贝尔市为13 971元，而森工集团仅为7 733元，分别低106.7%和80.7%，随着地方经济建设的发展，收入差距进一步扩大。

（四）后续产业发展受制

随着林区社会负担支出的不断增加，更缺乏资金发展后续产业。传统产业设备老化，技术落后，无力更新改造，产业效益不高。新兴产业难以发展壮大，林区资源优势不能转变为经济优势。由于林区历史债务尚未全部解决，企业银行贷款资信等级下降，银行商业化运作后基本上贷不到款，即使是国家出台的贴息贷款优惠政策也落实不了。发展职工家庭经济，银行又不对职工个人，要求龙头企业承贷，但林区新兴产业龙头企业尚未形成。金河林业局发挥天气寒冷的“冷资源”优势，找到了发展北极狐的路子。刚发展时他们找关系向农村信用社贷款1 000万元，利息高达8%。由于养狐经济效益高，该局规划进一步扩大养殖规模，需要2 000万元资金却无法解决。阿里河林业局2002年以来，将工会送温暖资金变为无息贷款，放贷80万元扶持贫困户发展家庭经济，取得良好效果，但申请户需600万元资金，找不到贷款门路。此外，在某些政策上享受不到优惠支持，克一河林业局近几年探索了培植木耳安置富余职工的有效途径，木耳作为农业特产品免了税，外销需压缩加工简易包装，则要缴纳增值税，影响职工培植木耳的经济效益。

（五）社会保障制度不全

尽管林区退休职工养老保险纳入了自治区统筹，但仍由企业负责承担档案管理、党组织管理、生活救助、丧葬等社会化管理工作，经费由企业支出。一次性安置职工也由企业代管，林场退休职工由单位代发养老金。林区混岗职工尚有1.7万人未缴费参加当地养老统筹，如要迈进“门坎”，每人需要1.1万元，因无经济收入来源，导致部分人员放弃统筹。基本医疗保险，按内蒙古自治区规定实行双基数缴纳费用，即按在职职工6%和退休职工6%缴费，而林区退休职工比重大，致使多数企业无法参加基本医疗保险。2006年国家天保工程对森工企业职工医疗保险补助也仅补在职职工6%，没有包括退休职工。一次性安置人员与企业解除了劳动关系，这部分人又不能享受失业保险。阿里河林业局反映，该局所在地呼伦贝尔市地方职工医疗保险参保月平均工资标准为1 164元，而林区职工工资与地方差600多元，如果参保，企业和职工每年将增加支出643多万元，难以承受。另外，离休干部、工伤、独生子女、落实政策人员等不在医保范围，企业每年要支出150多万元医疗费。社会保障制度不健全，一定程度上影响了林区社会稳定和深入推进改革。

（六）烧柴消耗资源严重

林区冬季取暖期长达7.5个月，林区职工群众生活和取暖主要以木材为主，由木材堆积成的“拌子墙”随处可见，一旦发生火灾往往是火烧连营，难以扑救。据统计，除集团所在地牙克石外，17个林业局共有居民近10万户，目前只有1.2万户实行了集中供热，占12%。其余8.8万户（其中山上林场1.6万户）大部分居住在“板夹泥”和简易的平房，平均每户一年要烧掉耗材15立方米，折算起来高达132万立方米，相当于现有木材产量的61.2%，超过林产工业加工用材的数量。阿里河林业局森林公安局介绍，靠烧柴取暖的户，多数是贫困弱势群体，点多面广，但每次砍伐量少，往往构不成案件，执行中不好处理，这种细水长流式的消耗，对森林资源破坏性很大。为了解决林区烧柴问题，1985年国家出台了“以煤代木”政策，每年单独下达20万立方米“以煤代木”专项木材生产计划，木材销售利润用于补贴职工取暖烧柴费用，取得了一定效果。天保工程实施后停止了“以煤代木”政策。一家一户烧煤的职工，经济上也难以承受。克一河林业局采取给每户每年补贴2吨煤320元的费用，但实际一户一年要烧6吨煤，每吨煤市场价250～300元，需支出1 500～1 800元，扣除补贴外，个人还要承担1 180～1 480元，这对于低收入的职工来讲是一笔巨大的负担，很多职工不得不取向烧柴。

此外，在天保工程实施中，国家财政给予了有力支持，确保了森工集团木材减产后相关政策的落实。由于地方财政未能按天保工程规定的20%配套资金，2000～2006年地方财政累计应配套而未配套的资金近10亿元，造成了森工集团在实施天保工程中的困难，有些应该解决的问题由于缺少资金无法解决。

四、存在问题的深层次原因

当前林区存在的问题，主要是历史积累的深层次矛盾在新时期的集中反映，同时也是随着市场经济体制的逐步完善在新形势下凸显出来的。

（一）以木材生产为主的经营方针是林区存在问题的思想性根源

20世纪50年代初期，国家投资开发国有林区的主要目的，就是为了提供国民经济建设需要的木材，当时所有的生产设施建设都是围绕木材采运而进行的，一切生产经营活动都是围绕木材生产展开的，贯彻的是“先生产，后生活”的指导思想。很多林业局都是只具备了最简单的生产、生活设施后，就开始进行木材生产，林区道路、居民住房、供暖供水等建设没有及时跟上，积累下来的欠账至今仍未解决。在大木头挂帅的思想下，不顾森林资源承载力，不考虑森林可持续经营，木材产量呈现“大跃进”上升，各林业局木材年产量少则三四十万立方米，高的达七八十万立方米，甚至上百万立方米，导致了森林资源过度消耗，可采资源蓄积急剧下降，生存基础逐步减弱。进入80年代后，林区因可采资源危机，开始出现经济危困，各种矛盾开始显现。加上“重采轻育”的经营思想，森林培育措施乏力，后续森林资源跟不上，森林生态功能下降。以木材生产为主的产业格局，造成林区经济结构单一化，使得林区难以摆脱对森林资源的依赖，随着木材产量的不断减少，林区经济单一化的状况难以有效改变，经济危困更加剧了对森林资源的消耗。

（二）以产权为核心的国有林管理体制不顺是林区存在问题的体制性根源

主要表现为重点国有林区森林资源产权虚置，责权利分离。内蒙古大兴安岭国有林区作为国务院确定的国家所有的重点林区，与四大森工集团公司一样，其森林、林木和林地使用权由国务院林业主管部门核发证书，表明了中央对国有林区森林资源法律上的拥有。内蒙古大兴安岭林业管理局改建为森工集团后，林业部（国家林业局）仍然作为出资人。几十年来国家一直承担林区的基本建设投入，木材生产任务由国家统一下达，计划经济时期木材产品由国家统一调拨，现在由企业自产自销。自治区负责管理企业和任命干部．集团作为地方企业，其生存发展靠自负盈亏，经济效益主要取决于木材产量。实际上集团和各林业局又承担着森林资源执法和管理职能，集管理者与经营者为一体。即使是森林资源监督体系，国家仅派驻到自治区一级，森工集团以下的森林资源监督体系则由集团内部派驻到林业局，自己经营，自己监督，既当“运动员”，又当“裁判员”。加上国有林区管理体制不断变更，对森林资源的消长也产生一定影响。这种森林资源名义上属国家所有，中央既管计划，又管投资，缺乏国有林管理机构代表国家行使，并履行出资人职责，享有所有者权益。体制上形成的国有森林资源产权虚置，管理监督缺位，责权利分离，是造成国有林区许多问题的根源所在。

（三）国有林区封闭式管理是林区存在问题的社会性根源

森工企业的建立是新中国经济建设的产物，伴随着木材生产和林区建设的展开，逐步形成了相对独立的生产、生活区域，林区人口逐渐增多。因此在森工企业的基础上，便产生了林区政府，这就是“先有企业，后有政府”的来历。而林区政府大部分是建立乡镇一级的政府，这也是所谓的“大企业，小政府”。乡镇政府一般只负责林区人口的户籍管理，其他政府职能全部由林业企业自行管理，从而形成了林区管理职能的社会化，也就是今天所说的“政企不分”。森工企业发展“进化”的结果，一方面，自身的“体细胞”分裂越来越多，各种机构越来越庞大，形成了一个无所不包的林区社会。既承担政府职能，自办林区中小学、林区医院，管理森林公安、林业法院、林业检察院。又履行社会服务职能，供水供电、供气供暖、环境卫生、商业服务、电讯电视，自成体系。甚至连幼儿园、敬老院、殡仪馆，一应俱全，职工从出生到死亡，企业一包到底。另一方面，企业的生产经营活动也在不断扩展，形成了一个无所不及的林业企业。从森林采伐、木材加工、造林营林，到机械制造、矿产开发、土木建设、林副产品，乃至五金交电、针织制品、老保用品、三产服务等，辅业不断壮大，森林培育主业不断弱化。

当前国有林区不仅是一个森工企业的问题，而是一个综合性的社区问题，企业仅是整个社区中的一部分。在深化改革中仅对森工企业改革是不够。正是林区开发形成的这一历史产物，使得解决林区政企不分这一命题十分困难。由于林区小政府，财政十分薄弱，很大程度上依赖林区企业而生存，企业庞大的社会负担难以剥离的根源，正是缺乏支撑点和社会基础，政府无力接收和管理。自治区政府早在前几年就组织研究剥离森工企业办中小学问题，由于地方财力所限，一直未能解决。相反，有的地方政府却把相关的职能和机构反向交给林业局。金河林业局所在地金河镇，林区社会总人口1.9万人，林业人口占到1.7万人，地方居民和农业人口仅占0.2万人。当地政府无力管理，只好把局址所在镇的环境卫生管理职能交给林业局。该局牛耳河经营林场所在的牛耳河镇2002年在撤乡并镇中归并到其他镇，镇派出所只得交给林场派出所统一管理。据集团有关方面介绍，满归镇和得耳布尔镇也都因无力支撑，将地方小学交给满归林业局和得耳布尔林业局。在林区撤乡并镇改革后，森工企业管理更加社会化，不但不能剥离社会职能，反而承担了更多的社会职能，进一步巩固了承担社会职能的地位。

（四）国有林区综合性与森工企业政策缺位是林区存在问题的政策性根源

森工企业承担政府和社会管理职能，但又不是政府，既没有政府的行政权力，又无财政收入来源，享受不到政府的相关政策，还要为承担政府性和社会性支出筹集资金，加重企业经济负担。在森工企业从事教学工作的教师，也因此与地方教师收入相差很大。以克一河林业局为例，林业小学教师2005年平均工资600元，而地方小学教师为1 600元。学校、医院以及许多社会性管理工作，职工同工不同酬的现象十分突出，职工心里很不平衡。由于森工企业待遇低，全集团从2000年以来仅初中高中就有500多名骨干教师流向京津和沿海等发达地区。林区教育水平潜在下滑趋势，人口素质也潜在下降趋势。20世纪90年代以来林区报考出去的大中专毕业生几乎没有回到林区，林区人才只出不进。近年来，一些懂技术、会管理和拥有一定资金的个体经营者大量外流。林区工人老龄化，技术工人更是严重缺乏。此外，国家出台很多关于职工和退休人员的调资政策，也由于企业因资源限产、配套资金不到为而未能兑现。特别是退休人员养老保险已纳入自治区统筹，工资增长机制不能与在岗同步，以及有关津贴补贴不能执行相关政策，导致部分退休人员上访，影响社会稳定。2006年就有34名森林公安干警因不同意按企业待遇纳入自治区统筹而退出，强烈要求执行国家机关人员退休待遇。由于叫森工企业，加上长期以来客观上形成的系统封闭式管理体制，林区的大量基础性和公益性建设列不上国家和地方规划，企业也得不到财政资金政策的支持，林区许多困难难以解决。

五、改革思路及政策建议

东北、内蒙古重点国有林区作为我国重要的生态屏障和重要的木材生产基地，历史上作出了重要贡献，今后还将发挥重要作用。国家应更多关注国有林区的发展，给予更多的政策支持。解决国有林区存在的问题已经历史地摆在了我们面前，成为一道迈不过去的“坎”。必须尊重历史，面对现实，着眼长远，进一步深化改革，不断完善政策措施，大力加快发展速度，努力构建生产发展、生活富裕、生态良好的社会主义和谐新林区。

（一）加快剥离政府职能，彻底解决森工企业办社会负担

实行政企分开，是建立社会主义市场经济体制的必然要求。国有林区应由政府承担的公益事业和社会管理职能应该尽快到位，不能也不应该再让企业承担下去了。按照事权统一原则，应由自治区政府统一规划，负责协调，解决林区社会公共资源重复建设问题，将森工企业中的教育、医疗、防疫、计划生育、武装、城市消防等政府职能剥离出去，纳入地方统一管理，经费纳入财政预算。森工企业分离办中小学，比照中央企业分离办中小学相关政策，在移交过渡期内，将中央财政专项用于天保工程补助教育资金，以及养老统筹补助资金，按移交人数比例一并划转给地方政府。不是部分由中央财政增加专项经费。过渡期后，由中央财政按核定基数通过转移支付办法划转地方财政。对地方政府暂时无力接收的，也应由财政按实际支出给予森工企业专项补助。加快解决林区森林公安、检法编制和经费的实施进度。建立和完善林区社会保障制度。

（二）加快森工企业重组，建立国有资产经营和国有林管理新体制

在剥离政府社会管理职能的基础上，森工企业要进行改制重组，将森工企业中的经营性资产剥离出来，对具备改制条件的，能转为民营的转制为民营；对资不抵债，符合破产条件的，依法实施破

产；对适宜股份制改造的，改制为股份制企业，真正使改制后的企业按市场机制运作。集团改制为以资产为纽带的母子公司体制，积极引进战略投资者，进行股份制改造，建立现代企业制度。自治区要支持森工企业改革，在改制重组中，依法对资产采取授权经营方式，给予集团更灵活的国有资产处置权，确保国有资产保值增值。

完成社会职能和经营性资产剥离后的森工企业，将转变为国有林管理机构，隶属自治区，实行事业化管理，全面负责国有森林资源保护、经营和管理，经费收支两条线。国有林管理机构代表国家行使，并履行出资人职责，享有所有者权益，作为国有森林资源所有者的代表，组织森林生产经营活动的发包，与森林资源使用者建立林价制度，实行林木买卖关系，真正实现森林资源所有者权益的统一。

（三）加强林区基础设施建设，改善森林保护和林区职工安居环境

结合东北、内蒙古国有林区木材产量进一步调减工作，根据森林资源状况和经营方向，以保护生态和森林资源为目的，以林场撤并，职工移居为载体，将山上林场职工移居到山下城镇所在地。结合林区危房改造，集中供热、给排水、城镇化建设等，以局址为核心，全面改善林区职工生存环境，全面加强森林资源保护，从根本上解决长期困扰林区的森林资源隐性消耗问题。将林区生态移居和“板夹泥”房改造纳入东北老工业基地棚户区改造规划中，享受相应政策，由国家拨付专项治理（建设）资金，地方政府或企业配套建设，职工个人根据实际用少量资金购买。将林区公路新建和改造、饮水安全建设、林产品交易市场等纳入新农村建设项目中。把林区企业职工再就业培训纳入农村劳动力转移培训计划中。让国家阳光政策播撒在社会主义新林区中。

（四）加强后续产业建设，提高林区可持续发展能力

加快后续产业发展，是保护森林资源，增加林区经济总量，扩大就业渠道，提高林区职工群众收入，改善生活质量的根本途径。在振兴东北老工业基地建设项目中，把林区重点龙头项目纳入国债资金重点扶持项目和高新技术产业扶持项目。争取国家财政安排专项开发式扶贫资金，有偿周转使用。进一步落实林业贴息贷款政策，放宽林区贴息贷款条件，优惠土地、税收政策。大力支持林业职工发展特色种养业、从事林区资源开发利用，发展新兴产业，尽快脱贫致富，为构建和谐林区社会，增强林区可持续发展能力，奠定坚实的经济基础。

调 研 单 位：国家林业局天然林资源保护工程管理办公室
国家林业局发展计划与资金管理司
调研组成员：张志达　韩　华　段亮红

关于集体林区产权制度改革问题

深化改革　再度解放林业生产力
兴林致富　建设社会主义新农村

为了贯彻落实2006年中央1号文件和全国林业厅（局）长会议精神，研究推进集体林权制度改革工作，国家林业局邀请国务院研究室、国家发展和改革委员会、财政部、国家税务总局、中国人民大学和国家林业局集体林权制度改革指导小组成员单位组成9个调研组，于2006年3～4月赴福建、江西、辽宁、湖南、贵州、河北、山东、山西、内蒙古、陕西、甘肃、安徽、浙江、云南、四川、湖北、重庆等17个省（自治区、直辖市），对33个地级市（州）、近50个县（市、区、旗）开展了集体林权制度改革联合调研。调研期间，调研组听取了省级林业主管部门的汇报，采取实地考察，召开

座谈会，走访乡（镇）政府、村委会、村集体林场、村民小组以及林农家庭和承包大户等形式，进村下寨、直面林农，聆听了他们对集体林权制度改革的真实想法，感受到他们在社会主义新农村建设中的愿望和需求。

总的来看，林业“三定”以来，很多地区在林权制度改革方面做了大量探索和实践，特别是福建、江西、辽宁等省创造了值得借鉴的典型经验和做法。可以预见，林权制度改革将使林业潜在的能量得到充分释放，将成为建设社会主义新农村的重大举措，并大有作为。国家林业局抓这项改革，抓住了当前加快林业发展的关键。中央农村工作会议和全国林业厅（局）长会议之后，各地都把林改作为2006年乃至“十一五”时期加快林业改革和发展的重要工作。通过调研，我们认为，全面深化集体林权制度改革势在必行，改革时机已经成熟，条件已经具备，受到了林区广大林农的欢迎和拥护。同时也发现了一些值得重视和思考的新情况、新问题。在各调研组提供情况的基础上，形成总报告如下：

一、集体林业基本状况

这次调研的17个省（自治区、直辖市），从自然条件、林业经济发展、森林资源、山林权属、经营管理等状况分析，主要体现以下几个特点：

（一）集体林区是中国林业的大半壁江山

根据“六五”资源清查，集体林业用地面积1.699亿公顷，占林业用地总面积的60.07%；集体森林面积0.995亿公顷，占森林总面积的57.55%。这次调研的17个省（自治区、直辖市）中，林业用地面积共19 233万公顷，其中国有占29%，集体占71%；有林地面积中，国有林占31%，集体林占69%。浙江省的集体林比重最高，其集体林地和集体林的面积比重均占97%。从全国分布区域来看，东部地区比西部地区的集体林比重更大。

（二）自然条件和改革环境差异大，林改滞后地区存在“五难”现象

东部地区经济发达、大中城市聚集、社会条件优越，改革开放相对超前，正在拓展平原林业、城镇林业发展空间，延伸农区林业、城区林业和下游产业发展领域，建立健全发展开放型市场经济体制和良性机制，有望率先实现林业现代化；西部地区生态区位十分重要，生态状况十分脆弱，改革相对滞后，按照沙化土地治理区、水土流失治理区、退化草原治理区的布局，实施风沙源治理防护林体系建设工程任务重大；南方地区是我国重点集体林区，山地面积大，森林覆盖率高，光热水土等自然条件好，中小城市发展较快，市场活跃，正在进行深化集体林区产权制度改革，对林业所有制结构和利益分配结构实行战略性调整；北方地区曾是我国传统的重要木材生产基地，当前国家实施天然林资源保护工程和振兴东北老工业基地的战略已进入中期，其中辽宁省作为东北集体林区面积较大省，正在全面推进集体林权制度改革。

通过调研，我们发现西北和西南地区集体林除自留山外，大部分山林还是由村集体统一经营管理，有的组建“县乡（村）联营林场”进行统一经营。集体林区普遍存在“五难”现象：一为造林难：群众不愿造林，集体无力造林，林业部门没钱造林；二为护林难：群众护林积极性不高，盗砍滥伐屡禁不止，森林资源人为破坏较严重；三是防火难：群众对森林防火漠不关心，一度是“干部打火、群众观火、领导恼火”，森林火灾时有发生；四为科技兴林难：林农作为经营主体的收益权和处置权没有落实，对提高森林经营效益不关心，对科技无需求，造林不讲质量，经营不讲抚育，生产不学技术，产品不连市场，管理粗放，林地生产力低下，大资源、小产业、低效益的现象普遍；五为民主和谐难：一些地方村干部把集体山林当作自己的私有财产暗箱操作，滥砍、乱卖、乱花，造成森林资产流失、利益分配不公、干群关系紧张。

（三）重视生态建设，公益林比重较大

全国公益林面积6 112.65万公顷，其中国有占54.58%，集体占45.42%。而由于生态区位的特殊性和重要性，中西部地区林业重点工程成效显著，公益林区划比重较大。如陕西省公益林比重占到77%左右，在集体林中公益林占70%以上。甘肃省集体林中公益林比重高达86.1%。辽宁省公益林占林地面积的50.5%，该省本溪市达到了78.4%。

从公益林的现状看，集体林中划入公益林的林木是当地农民生产生活的主要物质基础，划为公益林后，在一定程度上影响了林农生活，挫伤了林农造林、护林、育林的积极性。在生态脆弱而又十分重要的区域进行林权制度改革，在重视商品林改革的同时，更要积极探索公益林的保护管理途径，正确处理好保护与发展的关系，生态建设与产业发展的关系，做到商品林与公益林协调发展，真正实现林业三大效益的协调统一。

（四）南方集体林区经营活力增强，经营效益提升，主体地位提高

集体林业在农村发展和农民生产生活中发挥着重要作用。“十五”期间，伴随着市场经济发展和改革的推进，南方集体林区在生态建设、资源保护、产业发展等方面都取得了显著成绩，尤其突出的是森林资源大幅度增加。浙江省森林面积从553.93万公顷增加到584.4万公顷，活立木蓄积量从1.38亿立方米增加到1.94亿立方米，森林覆盖率从59.4%提高到60.5%，林分质量逐步提高，结构不断改善，到处是青山绿水。我国林业用地2/3以上是山区和丘陵地区，对广大山区农民群众而言，解决温饱主要靠农业，解决致富主要靠林业。林业除了直接提供木材等工业原材料外，还向市场提供水果、干果、森林药材、蔬菜、花卉、野生菌等大量丰富的林副产品，是山区群众增收的重要渠道。在南方集体林区，集体林业已成为山区农民增收的主要来源。2005年，浙江省开化县农民年人均林业收入1 822元，占农民人均纯收入的42%。安徽省宁国市全市经济林、竹林面积超过100万亩，农民增收的60%来自特色林业产业，人均年林业纯收入超过万元的林业大户有1万多户。在西北、西南地区，由于自然条件差、生态脆弱，集体林业为改善生态状况、维护生态安全发挥着重要的作用。但农民人均纯收入中来自林业的收入不到10%。集体林业长期处于粗放经营，产出效益与林地规模、资源总量极不相称，林业比较效益低，徘徊于低位态势。

二、改革发展历程及实践成效

（一）集体林权制度改革历程

建国初期，通过土地改革农民分得了属于自己的山林。从1953年开始合作化，经过互助组—初级社—高级社—人民公社几次大的变革，到1958年农民的山林统归公社集体所有。此后，在农村“一大二公”的体制下，集体林区私有林几乎被完全取消，集体林实行“两权合一、统一经营”的管理体制。从20世纪80年代以来，围绕如何管好集体林，开创集体林有效经营的新路子，促进集体林业发展，各地一直在进行改革探索。20多年来，主要经历了三个时期：

1. 林业“三定”政策落实时期

1981～1983年，在农村联产承包的影响下，以及随着中共中央、国务院《关于保护森林发展林业若干问题的决定》的贯彻落实，在全国实施了“稳定山权林权、划定自留山和确定林业生产责任制”为内容的林业“三定”政策，广大农民分到了自留山，承包了责任山，长期受“一大二公”体制束缚的林业生产力得到了初步的解放。当时，在南方的湖南、江西等一些集体林区，采取了分山分林到户，对宜林荒山荒地实行“谁造谁有”的政策。山西等中西部省份创造了农户承包治理小流域的经验。应该说，通过林业“三定”工作，稳定了山权林权，为林业依法、有序管理奠定了很好基础，取得了较大成果。但是，当时由于大环境——社会主义市场经济体制尚待建立，多年的计划经济色彩尚未消除，林业“三定”配套政策和操作指导不到位，观念转换和政策宣传不到家，农民对林改缺乏认识和信任，政府部门工作量大，确权发证工作粗放，简单照搬农村家庭联产承包责任制的做法，忽视了当时的社会经济条件和林业生产规律，加上配套措施没有跟上，因而并没有像期望的那样激发林农造林育林的积极性，出现了“山分到哪里就砍到哪里”的现象，森林资源遭到严重破坏。

2. 完善林业生产责任制探索时期

1987年中共中央、国务院发布了《关于加强南方集体林区森林资源管理坚决制止乱砍滥伐的指示》，要求“集体所有集中成片的用材林，凡没有分到户的不得再分”。在江西等省采取了立即停止分山到户，实行“两山并一山”，鼓励各地将部分山林收归乡村集体统一经营，大办乡村林场等措

施。90年代初开展“消灭荒山”运动时，对分到户尚未绿化的荒山收归集体统一造林，然后创办乡村林场统一管理。福建省注重改革创新，早在1987年，三明市就被国务院批准设立为全国南方集体林区改革试验区，并创造了“分股不分山、分利不分林”的林业股份合作制，被誉为“中国农民的伟大实践”。90年代又开展了以“明晰产权，分类经营，落实承包，保障权益”为主要内容的集体林经营体制改革，开展了商品林林政资源管理、木竹税费、木材林产品流通、林业分类经营、国有林业企业等一系列改革。山西、内蒙古等省（自治区）于90年代初开展拍卖荒山、荒坡、荒滩、荒沟（简称“四荒”）使用权，加速小流域治理。辽宁省1997~2000年在本溪市开展了以办好“两场”、完善“两包”、放活“两山”、规范“两卖”、减轻林农税费负担、大力发展林业产业化为主的集体林经济体制改革。湖南、贵州等省因地制宜，采取多种措施，积极引导兴办股份制合作林场，促进联合经营。四川省、云南省有不少地方山林或由县、乡、村联办林场经营或由集体经营，没有到户。

3. 深化林业产权制度改革时期

2003年，中共中央、国务院《关于加快林业发展的决定》颁布后，促进了以产权制度为核心的林业各项改革。福建省在全国率先开展了以“明晰所有权，放活经营权，落实处置权，确保收益权”为主要内容的集体林权制度改革，为南方集体林区改革和发展创造了许多新的经验。2004年，江西省开展了以“明晰产权，减轻税费，放活经营，规范流转”为主要内容的集体林业产权制度改革。2005年，辽宁省开展了以“明晰产权、放活经营、规范流转”为主要内容的集体林产权制度改革。其他各省（自治区）也开展了各种改革。如浙江省开展了延长山林承包期工作。山西省、内蒙古自治区采取了丘陵山区集体林均分到户、平原农田林网竞价拍卖、沟壑纵横区“四荒”拍卖等做法。天然林资源保护工程实施后，一些地方实行了集体天然林委托家庭管护等做法。为发展非公有制经济，一些地方鼓励以木材为原料的企业自办基地造林和大户承包造林，推动活立木拍卖招标竞买经营等。

（二）试点省先行深化集体林权制度改革的成效

福建、江西、辽宁等省从2003年后相继开展的林改，充分调动了社会发展林业的积极性，极大地解放和发展了林业生产力，使集体林业焕发出新的生机与活力，有力地推进了社会主义新农村建设。其主要成效：一是机制激活了。改革实现了“山定权，树定根，人定心”，调动了林业经营主体的积极性，激活了林业发展机制。一方面，林农造林育林积极性高涨，造林由过去的“要我造”变为现在的“我要造”，出现了“争山争苗”造林的喜人现象。另一方面，林农资源保护意识明显增强，“管好自家山，看好自家林”已成为自觉行动，许多地方还自发成立了各种各样的护林防火协会，林改到位的地方，森林火灾明显下降，盗伐、滥伐林木现象大幅减少。二是林农满意了。土地是农民安身立命之本。林改还山于民，还利于民，“公家林”变成了“自家林”，百姓成了集体山林真正的主人，广阔的山地成为山区百姓兴林致富的舞台，林农敢于投入，舍得投入，“把山当田耕，把林当菜种”，忙完农田忙山上，忙完山上忙加工，不离家门就能增收致富，圆了几代山区农民耕山致富的梦想。三是资源盘活了。林改后，林农在依法、自愿、有偿的基础上，可以通过森林资源流转市场，将林木所有权和林地使用权进行流转，也可以以林权证抵押进行贷款，促进了林业生产要素的合理流动和森林资源的优化配置，盘活了森林资源，吸引了社会资本和金融资本向林业集聚，使林业经营开始从资源经营向资本经营转变。四是村级财政收入增加了。福建省通过林改，一方面，村集体减少了集体山林管护的费用和造林的开支；另一方面，在村民会议讨论通过的前提下，通过收取适当林地使用费和现有林发包的收益分成，确保了村集体有持续稳定的收入来源，用于集体公益事业和基层政权运转。五是职能转变了。林改后，新的林业合作经济组织、社会化服务组织和农民协会等自律组织应运而生，替代了过去由乡、村和林业部门管不了、管不好的职能，促进了林业部门和基层组织职能的转变。六是社会和谐了。这次林改，是一次全面、深入、生动的民主法制教育活动，干部懂得了依法行政，群众懂得了如何依法维权，农村民主化进程得到加快。同时，林改从源头上铲除了村官腐败的土壤，有效地杜绝了村干部“暗箱操作”乱卖山乱花钱的现象，涉林腐败案件明显减少，改善了干群关系。

三、改革面临的主要困难和问题

从各地调研情况反映，开展集体林权制度改革确实是集体林区社会经济发展的一项重大变革。改革到位的地方，有力地促进了林业生产力的大发展，带来了兴林富民的希望。但是，我国林业几十年沉积下来的各种矛盾和问题，使改革面临着极其复杂的局面，推进改革存在着不少的困难和问题。

（一）思想认识不统一，改革的自觉性、主动性有待增强

人们对改革的思想认识，随着改革的深入，经历着一个逐步提高、发展的过程。从调研的省份来看，在福建、江西、辽宁等已经全面推进集体林权制度改革的地方，大部分地方干部群众对开展林改是支持和拥护的。但对于尚未全面开展改革的省份，各方反映往往不一，认识不同。如有的地方领导对林改有担忧和顾虑，怕产权难以明晰，怕改革引发矛盾，怕减轻税费加重县乡村财政经济困难，甚至可能影响基层政权的正常运转，工作中出现“讲起来重要，干起来不要”；一些地方的林业部门也有畏难情绪，认为改革涉及面广，业务量大，需要大量经费，且面对众多的林权遗留纠纷，如果没有政府推动和各种保障措施，很难确保成功；有的村级组织抱着等待观望的态度，存在等、靠、要的思想，对如何改革，如何协调林农与村集体利益的关系，动脑子不多，下力气不够。一些村干部认为，尽管当地农民收入中林业收入所占比重不高，但林业对村级财政收入的贡献还是很大，如果将山林分到户，村级财政将更加困难，尤其是贫困村困难更大。也有的干部认为，不可过高地估计群众的素质，如果将山林直接落实到户，未必会有效的调动群众营造林积极性，森林资源管理难度将会更大，资源破坏在所难免。甚至有些地方领导主张维持现状不变，或者统一收归集体所有，统一经营。还有的地方认为过去林改都已经改好了、到位了，现在不需要深化改革；也有的地方认为林改仅仅是“确权发证”，对林改的做法、目的意义和作用认识不够。大部分农户了解到改革的目的和政策后，对林改表示赞成和欢迎；但在改革基础较为薄弱地方，一些农户对改革麻木不仁，抱着无所谓的态度；也有群众片面认为林改是“开口子、卖林子、砍树子、修房子”，落实林权的实质就是分享集体公共资源的“最后晚餐”。

（二）“三定”遗留问题较多，推进改革具有较大难度

在林业“三定”时，有的地方山林承包合同存在不够规范、权责利不统一等；有的山林在划定自留山、责任山时，四至不清、界线不明、面积不准等；由于技术条件的限制，有些承包山林面积与“林权证”记载不符，造成新的山林权争议。林业“三定”以后，一些地方后来由于撤乡并镇等原因，部分“三定”档案资料丢失；一些村民保管不善，遗失了林权证明等材料；由于林地林权管理没有跟上，现有的山林权属状况发生了很大变化，但却始终没有进行及时变更；20 世纪 80 年代第一轮山林承包以来，各地人口发生较大变化，造成“人山矛盾”突出，多山与少山的林农矛盾，特别是在一些竹山较多的地方，解决这些问题的难度很大。这次林权登记发证，实际上要对所有山林重新勘界、确权发证，要对大量的林权纠纷进行调处，工作量巨大，需要大量的专业技术人员和资金投入。如福建、江西两省在林改过程中调处山林纠纷分别为 4 973起与 54 761 起。浙江省衢州市在山林延包工作中，仅解决以界址为主的山林纠纷达 230 起，落实争议面积 6 660 亩。在确权发证工作中，一些地方由于村民出外务工甚至不少举家外出，在家的农民有的不愿配合林业部门指认山界等，致使工作进展缓慢。

（三）一些地方山林流转亟待规范

改革开放以来，国家对森林、林木和林地使用权流转的办法还没有出台，对流转程序、范围、资产评估资质等问题缺乏具体明确的规定；评估机构和有执业资质的森林资产评估人员，流转机制尚未建立健全。森林资源评估服务的对象主要是广大林农，点多、面广、低收费是当前森林资源评估的主要特点。而目前注册的资产评估机构在山区点少、面窄，注册资产评估师的收费高，林农普遍反映不

能接受。此外，《森林资源资产评估技术规范（试行）》虽然提供了评估测算、核查的技术方法，但主要是针对用材林林木资产和林地资产，对经济林、竹林、防护林等森林资源资产评估未作规范。由于缺乏健全的林权流转政策、法规，一些地方出现了山林归大户、流转价格偏低、权力寻租等问题，留下隐患。在实际工作中，大部分地方评估价确定得不够科学合理；有的仅经少数村组干部同意便进行流转；有的地方故意抬高门槛，将大片山林集中流转到少数的大户手里，大多数群众终因缺乏资金靠山致富无门；有的地方流转后山林重采伐轻培育，有的农户急于山林流转，并采取一次性收回转让费，成为新的失地农民。

（四）由于政府行为造成林农合法权益受损

在集体林区，公益林占相当大的比重，由于国家和地方财力所限，每亩重点公益林只有国家 5 元的补助，标准低，渠道窄。西南地区有些县以政府行为将集体林全部纳入了“天保”工程，其中甚至包括世行贷款造林。对纳入“天保”工程的集体林，农民不但丧失了经营权和收益权，而且其补偿政策也大大低于国有林，每亩一年只有 1.7 元的管护费用。即使是这一点优惠政策，也大部分落实到看管林子的森工企业职工或联营林场的护林员身上，农民基本上没有得到任何补偿。这不仅极大地影响了农民护林爱林的积极性，影响到“天保”工程和重点公益林补偿政策的实施，而且也增添了推进集体林权制度改革的复杂性和艰巨性。商品林放开搞活后，群众看到了经营山林的效益，部分林农提出要求退出公益林改为商品林；还有一些地方商品林和公益林的区划界定，还没有真正落实到山头地块，投资者对政策缺乏安全感，湖北省的一些大户甚至担心林地大量投入后再次被划为公益林，造林经营的积极性不高。各地都希望国家能在提高公益林管护补助标准的同时，全面落实公益林补偿制度，并对公益林的经营、管理与合理利用制定出明确的、可操作性强的政策，实现生态效益和经济效益的“双赢”。

（五）由于历史遗留问题造成林权纠纷

在过去的改革中，对于如何落实权益平等、耕者有其山等做得不够，没有充分考虑到大多数群众利益，改革缺乏全局性、系统性考虑。如西北地区 20 世纪 90 年代开展的“四荒”拍卖，在一些地方出现“低价圈地”、“以林抵债”和买而不治不造的现象，到2005 年山西省6 000 万亩“四荒”地拍卖了4 000 万亩，据反映有 80% 没有得到治理，造成土地资源浪费，不利于加快“四荒”治理进程。有些地方的改革，由于法律意识不强，具体操作不规范，合同手续不全，流转后林权没有及时变更，使之得不到法律保护；有的林农承包荒山造林，由于当时承包合同不完善，“山绿了，眼红了”，出现了随意违约现象，使承包者的合法权益得不到有效保护；有的企业办基地租赁林农承包山时，只与乡、村干部商定并签订租赁合同，林农在毫不知情的情况下失去了赖以生存的山林，合法权益受到侵犯，造成林权纠纷不断。

（六）相关政策滞后，亟须进行配套改革

调研中，各地较多的反映：一是现行的森林采伐限额政策，制约和影响各种社会主体投资林业的积极性。林农普遍反映林木采伐申请程序繁琐，采伐内容限制复杂，下达指标较晚，对农村群众来讲，在具体操作中实在难以准确把握，出现林农生产需求和采伐限额控制的较大反差，影响群众再造林的积极性。如贵州省全国劳模林跃和省劳模尹松柏承包营造的15 万亩用材林，大部分已到采伐期，每年需要 4 万立方米的指标，但按“十五”期间的限额，每年最多只能安排 0.4 万立方米，至少需要两代人才能兑现全部的收益。基层普遍反映，目前国家对商品林采伐政策管得过严、过死，不利于促进林业发展。经营者对承包的商品林，不能按照木材市场的价格情况进行采伐销售，达不到利益最大化。一些经营大户投资林业，大片商品林进入成熟期后，由于采伐指标不足，承包期满时还不能采伐完，影响其再投入。由于采伐限额的限制，大量需要抚育的中幼林得不到抚育，影响林木的生长成材，不利于森林的科学经营。二是林业信贷融资渠道不畅，群众林业经营资金筹集困难。在经济发展水平相对落后的地区，林业经营的自然条件相对较差，农户自身的经济能力有限，发展林业资金紧缺，通过金融机构贷款融资，显得尤为重要。山西省吕梁市石楼县的辛生发老汉，从 20 世纪 80 年代初开始，积极响应政府号召，投身小流域治理，修筑拦泥石坝，栽植各种树木，将一条面积达 1 600 多亩的不毛荒沟改造成绿荫遍野、果实飘香、农地平沃的乐园，不仅为减少水土流失做出巨大贡献，而且实现经济价值高达 30 多万元。但由于得不到国家必要的融资支持，当年投入的资金是靠民间高利借贷，月息 5 分。这位年近 70 高龄的造林英雄至今仍债务缠身，身陷贫困，住的窑洞生活用品价值只有数百元。这种例子越是普遍，就越发使其他林业投资者望而却步。因此，在建立与拓宽林业融资渠道方面，国家应当研究和出台切实可行的措施，扶持林农发展生产，使得他们经营有道、贷款有门、流通有市、收益有期。否则，在一些落后地区，即使改革后山林落实到户，由于社会化服务体系不到位，林农无力经营，照样不会实现改革的预期成效。

（七）林业基层机构经费严重不足，育林基金成为“养人经费”

从调研的 17 个省（自治区、直辖市）来看，普遍存在基层林业机构经费严重不足，越是重点林区越是突出。浙江省、安徽省以乡（镇）林业站为例，共有乡（镇）林业站 1 961 个，职工 7 914 人，其中全额拨款的仅 4 303 人，占 54.4%；财政差额拨款的 1 923 人，占 24.3%；由林业经费支出的 1 028人，占 13 %；自收自支的 660 人，占 8.3%。安徽省黄山市黄山区 2005 年共征缴育林基金等各项林业规费 160 万元，用于乡镇林业站、木材检查站及森林公安派出所等 180 人的人员经费补助支出 120 万元，护林防火费支出 20 万元，森林公安办案经费支出 15 万元，基础设施维修、交通工具保养等费用支出 5 万元，育林基金全部用来养人、办事业。在当地财政无法承担林业部门足额经费的情况下，将难以按照中央 9 号文件要求将育林基金返还给林业生产经营者。

（八）全国各地情况复杂，改革进展不够平衡

从全国来看，由于自然和历史、体制方面的原因，导致各地林地生产力、林业经营效益、林农对山地依赖性等方面都有很大不同，如何因地制宜，从实际出发，选择合适的改革措施和办法，确实有不少难度。如重庆市山高坡陡，人均林地面积只有 2 亩左右，巴南区界石镇人均林地面积仅 3 分左右，林业收入多少对农民影响不大。2006 年 2 月全国林业厅（局）长会议后，各地采取积极有效措施，大力推动集体林权制度改革，但总的来看，调研的 17 个省（自治区、直辖市）中，改革进展还不够平衡。目前，福建省、江西省、辽宁省已全面推开，福建省已有 99.5%村完成明晰产权，主体改革已经基本完成；其他省（自治区、直辖市）改革进展不一。

四、全面推进林权制度改革的时机已经成熟

集体林权制度改革是一项十分复杂而艰巨的系统工程，但是，这次的林改与林业“三定”以后的历次改革，在社会经济发展的外界条件、政策环境、政府职能、思想观念、群众基础、改革对象和推动力度上都有很大不同。现在开展集体林权制度改革面临着良好机遇，具备了主客观条件：

（一）林业形势和政策环境更加有利

今天的林业发展形势有别于历史上的任何时期，从法律、政策等方面来看，为推进改革提供了可靠依据，减少和避免“摸着石头过河”的盲目改革尝试。一是《中华人民共和国森林法》颁布实施后，根据新形势林业发展的需要，1998 年又进行了修订，法律制度更加健全完善，使之更加有利于保护、培育和合理利用森林资源。二是 2003 年 3 月颁布实施的《中华人民共和国农村土地承包法》，明确要求通过承包、拍卖等方式赋予农民长期而有保障的土地使用权，实现山有其主、林有其主，为落实以林地承包为基础的林权制度改革提供了法律依据。三是《中华人民共和国村民委员会组织法》的颁布实施，确保改革重大事项严格按程序经村民会议或村民代表会议讨论通过，保证村民的知情权、参与权和决策权，防止暗箱操作、以权谋私，做到公平、公正、公开。四是 2003 年 6 月中共中央、国务院《关于加快林业发展的决定》和 2006 年中央 1 号文件，为集体林权制度改革提供了强有力的政策保障。五是发展林业、保护生态日益引起社会各界的重视。党的十六大提出全面建设小康，将“可持续发展能力不断增强，生态环境得到改

善，资源利用效率显著提高，促进人与自然的和谐，推动整个社会走上生产发展、生活富裕、生态良好的文明发展道路”作为全面建设小康社会的重要目标之一。党的十六届五中全会提出了“生产发展、生活宽裕、乡风文明、村容整洁、管理民主”的社会主义新农村的宏伟目标，赋予林业新的历史使命和要求。在社会主义新农村建设的进程中，客观上要求加快林权制度改革的进程，进一步解放林业生产力，建设生态效益与产业效益兼容的现代林业。

（二）具有较为成功的改革实践经验

福建、江西、辽宁3省在全国率先开展集体林权制度改革，深受群众拥护，成为活力之源、潜力之源、动力之源，带来了许多可喜变化，创造了可供借鉴的改革经验和路径，坚定了各地推进改革的信心和决心。一些尚未全面铺开或正在开展的省份，近年来陆续组织到福建、江西等地学习考察，并联系实际，理清了深化改革思路，有的省正在着手制订改革方案。部分地区改革试点也创造了多种典型经验。如山西省20世纪80～90年代在全国率先开展了小流域治理和四荒拍卖，为群众提供可供选择的各种经营模式；内蒙古自治区2个试点市近两年来，在巩固宜林荒地治理成果的基础上，对当地农田防护林网由单一生态利用向生态经济型利用的转变进行了有益的尝试。

（三）具有改革的群众基础

林改也有一个时机问题，早改行不通，一是群众怕变，担心政策像月亮，“初一、十五不一样”，分林到户容易出现乱砍滥伐。二是群众没要求。林改前税费很高，“砍下一根竹子，得到的是一双筷子”，由于得不到利益，老百姓不想要山。但现在20多年的事实证明党的政策不但不变，而且越来越好。特别是近几年来，有关林业分类经营、集体林木材流通体制、林业税费改革等政策措施，极大地调动了林农以及社会各个方面参与林业建设的积极性，为集体林权制度改革奠定了坚实的群众基础。务林有利，“吃饭靠田，致富靠山”，群众对山林更加重视了，要求耕山的愿望也更加强烈，如再不改革，就会丧失时机、丧失民心。

（四）税费改革还利于民，提高了林业经营回报率

如福建省税改后，全省每年共减轻木材税费负担88 420万元。福建省永安市通过税费改革，林农经营木材每立方米减轻负担65～110元不等。江西省2004年全省林改政策性让利7.52亿元，林农每销售一根标准竹比林改前多得5元，每销售1立方米木材比林改前多得150元。山西省、内蒙古自治区均已取消了农林特产税，除育林基金外，农户采伐木材基本上不需交纳其他税费；而对于木材加工领域，综合利用产品生产已经实行即征即退办法，所有企事业单位种植林木、生产种子和苗木以及从事林产品初加工所得，暂时免征企业所得税。从税费改革来看，“多予少取”的林业税费环境基本形成，切实提高了林业经营者的投资回报率，为林权制度改革创造了有利的条件。

（五）林业产业得到较快发展，为林改后产业带动打下基础

“十五”期间，各地认真贯彻中央林业决定精神，坚持以科学发展观统领林业工作全局，努力推进生态和产业两大体系建设，林业产业得到加快发展，特别是东部沿海的一些省份，发展更快，拉动作用明显。到2005年，浙江省林业产业总值达到1 060亿元，比“九五”期末翻了一番；全省已发展不同类型的林业龙头企业500多家，年销售收入超过150亿元，建立各类基地500多万亩，带动农户180多万户。福建省年商品木材产量500多万立方米，毛竹2亿根；全省人造板、制浆造纸、林产化工、家具制造业初具规模，以上林业工业企业达740多家；森林旅游业和花卉等新兴产业方兴未艾，全省已建成省级以上森林公园46个，花卉种植面积达19万亩，销售额20亿元；全省2005年林业产业总值920亿元。林业产业的快速发展，为林改后解决千家万户经营和千变万化市场的链接奠定了基础。

五、全面推进林权制度改革的启示和建议

开展集体林权制度改革，是我国继林业“三定”之后改革的深化和发展，是林业生产关系的又一次重大调整。随着改革的不断深入，遇到的问题会越来越多，解决问题的难度也会越来越大。从国家层面上，要加强引导、积极协调，尽快出台相关指导意见，确保林权制度改革顺利推进；从地方来

看，要根据当地实际，大胆探索，把准方向，确保改革健康有序进行。

（一）改革实践的启示

福建、江西、辽宁等省的林改实践已取得了初步成效，走出了一条集体林区发展的新路子，给我们许多启示：

一是要充分认识改革的复杂性和艰巨性，因地制宜地推进林权制度改革。与其他行业相比，林业改革相对滞后，现行的管理体制和经营机制已经不适应林业发展的要求。集体林业要发展，必须加快推进改革，通过改革寻求新的出路。改革已成为林业必须跨过的一个坎，势在必行。从全国而言，各地的情况虽然有所不同，但林业生产关系适应生产力发展的要求相同，都要进行改革，有着同样的改革目标，只是改革的进程、做法和要求不同。集体林权制度改革影响深远、涉及面广，既是农村生产关系的调整，也是农村上层建筑的重塑，除了要调整产权关系，更需要一系列的配套政策和政府职能的转变，推进改革的任务十分繁重。对此，一定要有清醒的认识，要制定周密详细的工作方案，稳步推进，确保工作质量。改革不能照搬照套或搞“一刀切”，必须坚持因地制宜，从实际出发，采取相适应的改革措施和办法，以期最大限度地发挥改革效应，实现改革的总体目标。对改革时机和条件不成熟的地方，不要强迫命令，更不要急于推进。

二是无论何种形式，关键要以人为本，让农民得到直接利益。集体林权制度改革的目的是为了森林资源可持续增长，林业又快又好发展，农民兴林致富。林改过程中，应当遵循“相对公平”的原则，按照广大村民普遍意愿，合理地分配林地使用权，给予集体经济组织每个成员同等的发展机会。林改将林地使用权、林木所有权、经营权和收益权落实到农户，通过实物分配或者货币分配的形式，保障林农的权益。有的集体林场办得非常好，村民受益并且满意，就应该保持原有经营形式不变。因此，无论何种形式，必须根据当地森林资源状况和经济发展水平，依据社情民意、村情林情，因地制宜，分类指导，一村一策，确保生产资料第一次分配的公平，实现实物意义上的“耕者有其山”，保证农民有必要的生产资料，解决其就业和持续增收问题，也可以经村民会议或村民代表会议，通过林改二次分配，保证村民实现货币形式的“耕者有其山”。在收益分配上，正确处理集体和个人的关系，坚持把大头留给林农，在村集体收入二次分配中也要保证把大部分的收益分配给集体经济组织内部成员，关键在要让农民得到直接利益。

三是在改革探索过程中，必须重视改革理论的研究和实践经验的总结，着力提高改革队伍的政治素质、理论政策水平和实际操作能力。做到改革不偏离方向、不走样，真正把改革这件好事办好。必须从解决“三农”问题、加快农村小康社会和社会主义新农村建设的高度，充分认识集体林权制度改革的重要性、复杂性和艰巨性，统一思想，切实增强改革的责任感，毫不动摇地推进林权制度改革。

（二）推进改革的建议

1. 切实加强政府组织领导，加大综合改革推进力度

要把改革摆上政府重要议事日程，与推进社会主义新农村建设结合起来，成立以政府为主导、部门为成员的综合协调、组织领导机构。林业、发改委、财政、国土、农业、税务、金融等部门，落实工作责任、密切配合，共同推进集体林权制度综合配套改革。林业部门要当好当地党委政府的参谋，全力以赴，尽职尽责，进村入户，全面掌握改革进程，及时提出建议意见，积极推进改革工作。为此，建议：一是以国务院名义尽快下发《关于推进集体林权制度改革的指导意见》，有针对性地提出相关意见，指导全国集体林权制度改革健康、有序地进行。二是扩大林权制度改革试点范围。每个省（自治区、直辖市）再选择数个试点县，作为全国林权制度改革的试点单位，先行开展改革工作。三是抓紧召开全国性的高峰论坛、总结改革实践经验、升华理论认识，全面推进改革工作。各省（自治区、直辖市）应成立党委或政府领导任组长的改革领导小组，出台相关文件，积极推动这项改革。

2. 抓住重点工作和关键环节，稳步推进各项改革

一是各地都要选择具有一定代表性的村，先行开展试点工作，制定周密详细的工作方案，稳步推进，确保工作质量。对改革时机和条件不成熟的个别地方，要做好准备工作，不要强迫命令，仓促推进。

二是坚持因地制宜，从生态区位、森林资源、经济发展水平和多数群众意愿等实际出发，合理选

择改革的形式和方法。

三是依照《中华人民共和国村民委员会组织法》，由村民民主决策，建立林地有偿使用制度。分林到户后，对于以公有制为基础的集体土地，应当根据公平合理的利益分配原则，建立有利于林业发展和林区稳定的林地有偿使用制度和村财公开、使用监管制度，确保基层组织的正常运转和村公益事业的开展。

四是建立林改层层指导网络。开展层层培训，提高林改队伍素质，明确责任，抓好落实。

五是加强改革的业务建设。改革是全方位、系统性的，具体操作应做到规范化、标准化，严格检查验收标准，健全档案管理，为今后林业管理打下坚实基础。

六是重视改革的理论研究和实践总结。

3. 完善林业政策法规，为林权制度改革提供支撑和保障

一是尽快出台《森林、林木和林地使用权流转条例》，明确流转的原则、范围、程序、资质、监督、管理等相关规定，促使流转依法健康有序进行。二是在广泛调研的基础上，抓紧修订完善《森林资源资产评估管理办法》，尽快建立健全森林资源资产评估体系，建立森林资源评估师资格认证制度，规范森林资源资产评估行为，为森林资源流转提供规范性的制度平台。建议以国务院行政法规形式出台相关规定，授权地方解决森林资产评估机构与评估人员的资质问题，或由国家林业局与国有资产管理部门定期组织全国性的森林资产评估技术培训，通过考试取得国家颁发的资质证书。同时，出台森林资源资产评估、伐区调查设计、木竹检验等中介服务机构的市场准入政策。三是改革采伐限额管理制度，修订林带更新规程。积极探索市场经济条件下商品林管理的有效形式，在不同区域开展试点，逐步实现经营者按森林经营方案培育和采伐利用森林、林木，促进森林的可持续经营。要充分考虑到农田防护林网已有相当部分进入成过熟阶段的实际情况，对能保证及时更新以及由农户个体投资所营造的林带或林分，采伐年龄和采伐时间应由林木所有者自主决定。国家林业局要根据各地实际，及时修订不同林种、不同树种的更新年限，从制度上为防护林发挥生态与经济功能，进一步提高林地生产力创造宽松的条件。四是根据林权制度改革的总体要求，进一步完善天然林资源保护、退耕还林和京津风沙源治理等林业重点工程的相关政策，建立有利于发展的产权制度。五是争取将涉林税费改革纳入国家农村税费改革的范围，同等享受国家财政转移支付政策，确保基层组织的正常运转，有效防止林农负担的反弹。六是集体林区林业生产“三防体系”和林道等基础设施建设争取纳入政府新农村建设规划，把改善集体林区生产生活条件作为今后一个时期国家基础设施建设的重点，在制定发展规划、安排建设项目、增加资金投入等各方面向集体林区倾斜，推动交通、供水、电力、通讯等基础设施网络向林区延伸，加大投资力度，扩大实施规模，充实建设内容，加快集体林区基础设施建设。

4. 规范流转行为，切实防止集体资产不当流失

在林改中，要切实防止少数人借改革之机，暗箱操作，以权谋私，随意或不当处置集体山林，造成集体资产的大量流失，损害村集体和大部分村民的利益。在群众对山林依赖程度强的地方，要正确处理好森林、林木和林地使用权流转与“耕者有其山”的关系，根据林业生产发展的需要，既要支持森林、林木和林地使用权流转，又要防止过度炒作，把握好“度”，把各项工作做实做细。为此，必须进一步加强对森林、林木和林地使用权流转行为的引导和管理，促进依法、有序、规范流转。由于林木林地的特殊属性，为了确保森林生态功能的充分发挥，森林、林木和林地使用权流转市场应当由政府主导，由林业主管部门具体指导，做好监管引导工作。

5. 加强公益林管理，探索公益林保护利用新机制

林权制度改革后，公益林的管护面临着新的挑战，必须积极创新公益林保护和合理利用的新机制，逐步缓解公益林区群众生产生活与资源保护之间的矛盾。建议：应研究探讨公益林的林权制度改革问题，同时，要加强引导，鼓励群众发展林下种植业和养殖业，并根据生态区位的重要性，对生态公益林实行分区分类管理。同时，真正落实公益林补偿制度，鼓励和支持有条件的地方，按照“政府为主负责，受益者合理负担”的原则，从饮用水、水电和旅游门票收入中划出一定比例用于生态公益林补偿，弥补林木被划为生态公益林后给农民造成

的损失。

6. 重视林权问题研究，依法开展林权登记发证工作

一是各级政府均应成立专门的林权管理机构，集体林权登记发证、承包（流转）管理、林地承包仲裁、山林权属争议调处、林权档案管理等行政职能于一体，落实法律赋予的职责，以适应新形势下林权动态管理和林业发展的需要，防止明晰的产权再次模糊化、纠纷化，巩固林改成果，使林权管理逐步走上规范管理的轨道。二是抓住国家正在起草《中华人民共和国物权法》的时机，将涉及林权的一些重要问题提请全国人大常委会予以关注，争取以法律形式予以明确。三是把依法发放林权证作为一项重要工作来抓，制定详细规范的林权登记细则，确保高质量地完成辖区内林权登记发换证工作，做到人、地、证相符，图、表、册一致。同时，建立林权动态管理制度，提高林权证的管理水平，巩固林权登记发换证工作成果。

7. 同步推进配套改革，加快林业社会化服务体系建设进程

林改后，要明确林农对于森林资源的经营责任，建立由林业主管部门指导、乡政府领导、村民自治基础上的乡村联合、村组互动的林业“三防体系”。要从农民的利益出发，着力于培养、扶持农民自发组织的各类专业合作社和行业协会，发挥其中介作用，使其成为政府与经营者之间的桥梁，成为农民参与民主决策、开展科技活动、切磋经营技术、研究市场营销、维护群体利益，以及解决内部纠纷和维护合法权益的自治组织，使其成为政府宏观调控、指导和服务的上传下达的载体。要发挥大专院校和企业在科技推广和教育培训方面的作用，提供信息和技术。各级林业主管部门和以林业工作站为主的基层林业组织，要转变职能，明确职责，以优质服务为宗旨，林业技术推广和普法培训要强化普及到乡村，着力提高林农综合素质，引导他们进行集约经营，实现林业可持续发展。

8. 夯实基础，加强基层林业管理机构建设

集体林权制度改革是一项业务性、技术性很强的工作。乡镇林业工作站作为林业生产经营组织管理的最基层机构，直接面对广大林业经营者，在集体林权制度改革中发挥着重要作用。在乡镇机构改革中，应按照“机构要稳定，队伍要精干，经费要增加”的要求，稳定林业工作站机构队伍，确保人员经费纳入财政预算。要强化服务职能，大力开展林业科技培训、咨询活动，采取示范与实地教授相结合，提高群众生产技能，抓好采伐管理、技术指导、苗木服务、质量把关、档案管理等工作，积极为林农提供产前、产中、产后服务。同时，要加强森林防火、病虫害防治、林权登记、市场信息化服务，充分发挥林业站的作用。

9. 加快林业产业发展，不断提高林业经营效益

统筹林业产业发展，整体构建区域林业产业发展战略。一是在规模布局上，打破区域界限，因地制宜，合理布局，实行大规模、集约化经营。二是在所有制形式上，打破门户之见，鼓励跨行业、跨部门、跨所有制形式，全方位发展林业产业，做到地上地下产业、非林非木产业、种养加一齐上。三是实施扶强限劣战略，提高森林资源的综合利用率。通过市场经济手段限制高耗材、低效能、低附加值的企业发展，依靠龙头企业带动，加快资源优势向产品优势、产业优势和经济优势转化，提升林业产业发展水平。四是以重点工程、“龙头”企业带动林业产业发展，推进林业产业向规模化、集约化、工业化方向发展。五是招商引资项目应选择高附加值、高新技术的企业，大力引进现代林业高新技术，加快林产品深加工企业的技术改造升级，提升产品质量和产品知名度。

调 研 单 位：国家林业局政策法规司
报告执笔人：汪　绚　江机生　李淑新　薛行忠
翁贤忠　颜国强

关于国家直接收购个人营造重点公益林试点问题

进一步完善试点方案　尽快启动收购试点工作

——赴内蒙古自治区专题调研报告

为广泛听取各方面对收购试点的意见和建议，深化对收购试点必要性、重要性的认识，全面了解开展收购试点需要解决的问题，进一步督促试点省（自治区）积极开展试点准备工作，确保收购试点工作尽快启动、顺利推进，2006年8月15～21日由国家林业局森林资源管理司肖兴威司长带队赴内蒙古自治区阿拉善盟、鄂尔多斯市进行了调查研究。调研组采取实地考察、走访农户、召开座谈会以及听取情况介绍等形式对内蒙古自治区重点公益林管理中存在的问题、收购试点准备情况、收购试点应特别注意的问题等进行了深入、细致的了解，并对有关问题形成了初步的解决思路。现将有关情况报告如下：

一、试点准备工作基本就绪

内蒙古自治区位于我国北部边疆，横跨三北，全区地域辽阔，东西长2 400多千米，南北宽1 700多千米，国境线长4 200千米，土地总面积为118.3万平方千米，约占我国国土面积的1/8。行政区划为9市3盟101个旗（县、市、区），总人口为2 379.6万人。自然地理属内蒙古高原，平均海拔在1 000米以上，山地主要有大兴安岭、阴山山脉和贺兰山等，全区有呼伦贝尔等四大高平原、西辽河等四大平原、鄂尔多斯高原和巴丹吉林等五大沙漠、毛乌素等五大沙地，是全国沙化最严重的地区之一。全区林业用地面积4 400万公顷，森林覆盖率17.7%，活立木总蓄积量12.9亿立方米。

（一）重点公益林区划界定情况

内蒙古自治区2004年森林分类区划界定（不包括内蒙古大兴安岭林业集团公司）公益林面积2 570.40万公顷，其中区划界定重点公益林面积1 056.37万公顷，占公益林面积的41.1%。全区个人投资营造的重点公益林有125.74万公顷。

内蒙古自治区试点区涉及鄂尔多斯市的乌审旗，通辽市的扎鲁特和库伦旗。三个试点旗区划界定公益林面积154.91万公顷，占林业用地面积的90.10%。其中重点公益林面积71.69万公顷，占公益林面积的46.3%。三个试点旗个人投资营造的重点公益林面积25.05万公顷，其中：乌审旗23.77万公顷，扎鲁特旗0.52万公顷，库伦旗0.77万公顷；按生态区位分，江河两岸1.66万公顷，其余23.39万公顷均属于荒漠化和水土流失严重地区。三个试点旗的试点工作共涉及19个乡镇、59个行政村（嘎查）、627户林农、105个小班，拟收购重点公益林面积2 333.33公顷，其中按收购林木经营权方式收购1 800.00公顷，按收购林木所有权、林地使用权方式收购533.33公顷。

（二）收购试点准备情况

根据2005年11月8日国家林业局与国家发展和改革委员会、财政部关于收购试点座谈会精神，增加内蒙古自治区作为收购试点省（自治区）。在确定为收购试点省（自治区）后，内蒙古自治区各级领导对收购试点工作高度重视，认识深刻；政策宣传到位，准备工作较为扎实；林农对收购给予了很大希望和信心，普遍欢迎、拥护，期盼国家尽快实施收购的心情非常迫切，试点条件基本具备。

1. 成立试点工作组织机构，初步拟定了试点单位

为确保收购试点的组织领导，自治区政府成立了以分管副主席任组长，林业厅厅长任副组长，财政厅、农牧业厅、发展改革委员会、国土资源局、物价局、工商局等负责人为成员的试点工作领导小组，负责全区试点工作的统一组织、领导、协调和监督。同时，自治区林业厅成立了以分管副厅长为主任的试点领导小组办公室，负责试点日常工作。按照试点工作要求，从重点公益林的生态区位重要

性、代表性、典型性以及盟市、旗县林业发展水平，特别是非公有制林业发展程度等方面综合考虑，内蒙古试点领导小组选择天保工程区的鄂尔多斯市乌审旗，非天保工程区的通辽市扎鲁特旗、库伦旗为收购试点单位。试点单位也按照要求，相应成立了试点领导小组及其办公室，为确保试点顺利开展奠定了组织保障。

2. 组织调研，明确思路，初步拟定自治区试点实施方案

自治区林业厅由两位处级领导带队，抽调精干专业技术人员赴试点单位进行调研。另外，还由分管厅长带队，组织两个督查组，深入到试点旗县对试点工作进行督查、指导和调研，召开会议，座谈研讨收购事宜，倾听多方意见，研究和解决试点工作中存在的问题，提高各级政府、部门和各级人员特别是造林大户对试点工作的认识，以顺利推动试点工作。在充分调研、论证的基础上，形成了收购试点基本思路，拟定了《内蒙古自治区国家直接收购个人投资营造的重点公益林试点实施方案》。

3. 开展调查，落实方案，编制了县（旗）级收购试点实施方案

在原有重点公益林区划界定基础上，根据自治区试点实施方案，试点旗县和自治区林业勘察设计院专业技术人员共同对拟收购的重点公益林，逐小班进行了调查，逐小班进行了森林资源价值评估，将收购试点落实到小班地块、到户到人。在此基础上编制了以小班为单位的试点旗县试点实施方案，为试点正式启动后的顺利实施奠定了良好基础。

4. 积极研究制定收购试点配套办法

结合试点工作进展需求，为增加试点工作的科学性和可操作性，自治区林业厅在广泛调研、征求意见的基础上，组织草拟了试点收购办法、试点旗县收购评估管理办法和收购协议书，以确保试点工作依法规范有序运作。

二、试点应特别注意的几个问题

（一）关于收购对象、范围和条件

收购对象、范围和条件的确定是收购工作面临的首要问题，除了考虑生态区位的重要性和个人所有外，还必须对所有者意愿和职业以及产权是否清晰等严格进行限定，体现公平、公正，避免埋下不公正、不稳定甚至产生腐败现象的隐患。因此，在试点收购对象确定时首先应坚持“五不”原则：一是非个人投资营造并区划界定为重点公益林的不予收购；二是林权所有者不愿出售的，不予收购；三是权属不清、界线不明的，不予收购；四是地块零散、面积偏小的，不予收购；五是近期可能发生征占用林地的，不予收购。第二，在现行实施方案关于“收购对象主要指由个人以各种方式投资营造，产权清晰，债权债务独立，完全拥有投资收益分配权，且位于生态区位十分重要地区，分布相对集中连片（面积20公顷以上），并根据重点公益林区划有关标准、办法界定为重点公益林范围内的人工林”的基础上，在试点阶段，对国家公职人员以及离退休公职人员投资营造的重点公益林，暂不作为收购对象，以避免以权谋私等现象发生，消除广大林农的疑虑和担心。第三，为保证试点效果，并使收购政策尽可能多地惠及广大林农，避免收购资金过分集中于少数人手中，试点阶段，对每个林农的收购面积还应规定一个上限。

（二）关于收购方式问题

国家林业局收购试点实施方案拟采取“收购林木经营权”、“收购林木所有权、一定期限的林地使用权”、“收购林木、林地所有权”三种收购方式。通过调研，我们认为，从试点目的出发，采用多种收购方式是非常必要的，但实施收购的最终目的是为了追求所收购重点公益林的生态效益持续发挥，给林农兑现政策，具体采用收购方式时，既要考虑林农意愿，保护林农利益；又要考虑到国家财政承受能力，方便收购后重点公益林的经营管理。“收购林木经营权”这种收购方式简单，易于操作，不需要国家再增加管理成本，而且造林户出于对自己辛勤造林成果的热爱，大多数愿意接受这种方式，应以“收购林木经营权”为主，适当兼顾其他两种方式。“收购林木、林地所有权”方式，成本高，应特别针对国家级自然保护区、水源集水区等生态地位极端重要的地区，以切实提高资金使用效率。收购林木经营权和收购林木所有权、租用林地使用权要合理确定收购期限。收购期限过短或过长都不利于培育、保护和发展森林资源，而且还会涉及到

农村社会稳定和相关法律问题。收购期限确定要符合国家农村土地承包的大政策，收购林木、林地期限要和土地延包期相一致，并结合林种、林龄、树种和树木成熟情况确定，而且需要法律界定。

（三）关于收购价格确定问题

收购价格确定是收购试点工作中一项十分重要而且十分敏感的工作，把握不好，容易引发各方面矛盾，甚至关系到试点工作的成败。试点过程中应把收购价格确定作为重点，研究搞清价格构成的政策、法律、理论依据和确定程序等。调研中，有的主张在国家确定合理基价的基础上，根据拟收购重点公益林的树种、造林年限、管护以及林分质量等情况进行评估测算，确定成交价；有的主张完全由市场评估定价。调研组认为，对不同的收购方式可以采取不同的收购定价方法，核心是符合法律法规规定，符合国情林情，收得起、管得住、林农得利、国家得益。对"收购林木经营权"方式，由于不涉及所有权的变更，实际上是收购了一定期限内的林木的处置权，使其在一定期限内不得随意采伐而且要经营管护好，该价格的测算可参考目前当地实际造林成本加部分经营成本，并适当考虑延长采伐期带来的经济损失，得出合理基价，再根据拟收购重点公益林的树种、造林年限、管护以及林分质量等情况进行评估测算，确定成交价。"收购林木所有权、一定期限的林地使用权"、"收购林木、林地所有权"两种收购方式，由于涉及所有权的变更，定价比较复杂，收购价格构成涵盖造林成本、管护费用、平均收益、林地租金、征用土地费用等等，在此基础上，还要由供求关系决定收购价格。应在综合考虑国家、林农利益以及试点目的的基础上，由评估机构规范评估，按一定程序合理确定收购价格，实行"阳光定价"制度，以体现公平、公正原则。

（四）收购涉及的有关政策优惠等问题

收购实施后，将涉及到许多配套政策问题，如税收优惠、天保工程区重点公益林收购后是否继续实行财政转移支付等。如按现行税务法，对个人出售公益林的收入可能要按规定征收5.4%的不动产交易营业税。调研组认为，鉴于国家直接收购是一项公益事业，国家收购价定位在投入补偿上，不能等同于一般的市场交易行为，对个人出售公益林的收入应实行免税政策，并出台相关优惠政策。因此，在试点过程中，国家有关部门应指导试点省区认真研究收购涉及的关于税收优惠、财政转移支付等各方面的问题和对策，界定国家直接收购是否属于市场交易行为，及时出台有关意见办法加以明确。

（五）试点工作经费问题

国家收购个人投资营造的重点公益林试点是一项全新的工作，涉及面广，业务量大、政策性强，工作质量要求高。试点工作从安排部署直至具体落实到小班地块、落实到户，工作量巨大；操作过程中从召开会议、专题调研、编制方案，到调查测量、测算评估、林权确认、档案建立等各个环节都需要一定的经费支撑。为避免出现退耕还林（草）工程实施中因无工程管理经费，导致地方财政担负巨大压力，甚至出现林业部门负债组织实施工程的局面，在收购启动前一定要明确将调查设计费和管理费列入收购资金估算，可以考虑在收购所需资金测算中按收购资金的3% ~5%列支项目管理经费。

三、收购试点工作启动宜早不宜迟

内蒙古自治区生态环境恶劣，但其生态地位十分重要，是祖国北方重要的生态屏障。多年以来，在"允许个人承包荒沙，所造林木谁造谁所有"政策的激励下，内蒙古各地涌现了许多个人等非公有制主体投资治沙造林并取得显著成效的典型事例，为内蒙古和全国生态建设作出了贡献。

开展国家直接收购个人投资营造的重点公益林试点，不仅意义重大，而且非常必要、迫切。沙区造林生态效益显著、经济效益相对较低下，特别是在实行森林分类经营后，这些林子划为公益林，林农的经营行为局限性很大，林农多年付出得不到回报，加上还贷、还债压力，大多守着"金饭碗过穷日子"。如乌审旗的殷玉珍等治沙英雄大多生活贫困拮据，艰难地维持着她们的"治沙工程"。虽然我国从2004年开始正式启动了森林生态效益补偿制度，但由于范围窄、补偿标准低，未能从根本上解决林农的压力和困难，未能从根本上解决重点公益林经营管理中的深层次矛盾，无法最大限度调动林农造林护林的积极性。另外，目前我国实行单一的政府投资、部门组织造林的造林模式，这种模式造林主体压力较小、责任心不强，缺乏管护的积极性，造林投资效益不高。探索直接收购非国有公益林具体方法，改变造林投入和管理方式，变“事前投入”为“事后投入”，变“要我造”为“我要造”，对于彻底化解非国有公益林经营者追求经济利益与国家需要生态效益之间的矛盾，从根本上解决公益林经营者的压力，维护广大林农和各种社会主体投资林业的利益，巩固和促进林业发展，意义重大，影响深远。

收购试点工作应尽快启动。试点省（自治区）各级政府及广大林农在得知国家将对个人投资营造的重点公益林实行收购政策后反响强烈、积极拥护，并主动配合政府有关部门做好相关准备工作。试点前期准备工作至今已一年多，条件具备，尽快实质性启动试点工作，是落实中央林业决定的需要，也是广大林农的迫切愿望，有利于维护政府工作的严肃性和权威性，有利于取信于民。在相关政策宣传过后，在林农满怀期盼之时，收购试点工作迟迟不见实质性进展，试点地区林农对国家政策已开始产生怀疑，电话或上门询问的林农日益增多，地方林业部门压力很大。

为推动收购试点工作能够顺利启动、实施，对下步工作提出如下建议。

一是根据国家林业局7月31日与国家发改委协调意见，充分吸纳本次调研成果，进一步修改完善收购试点实施方案，抓紧协调，上报国家发展和改革委员会批复，促使收购试点早日实质性启动。

二是指导督促试点省区，按照满足收购需要、实现试点目标的原则，把问题想透、想深、想全，把工作做细、做好，扎实地将拟收购的重点公益林落实到山头地块，落实到户，全面掌握拟收购重点公益林资源数量、质量等情况，进一步修订完善省（自治区）级和县（旗）级实施方案，待试点实施方案批复后，稳步抓好收购试点工作。

三是协调有关部门单位和试点省区，加紧研究拟定收购工作的配套规范和工作程序。在充分调研的基础上，提出收购试点工作所需的相关配套规范、办法、制度等，有计划、有步骤地开展研究、拟定工作。

四是加强对试点工作的调研、指导、信息沟通工作。试点领导小组办公室协调有关单位加强对试点省区实施方案的落实和执行情况进行调研、指导和督查，在试点领导小组办公室和有关单位、试点省区进一步建立健全试点工作信息沟通制度，设立信息员，做到上传下达，快捷高效，并注重研究和解决试点工作中出现的新问题，总结经验，培养典型，全面推动试点工作规范运作。

调 研 单 位：国家林业局森林资源管理司
调研组成员：肖兴威　陈雪峰　蒋成乡　胡长茹

开展国家直接收购个人投资营造重点公益林试点工作
积极探索营造林机制改革

——赴贵州省专题调研报告

根据国家林业局局领导的指示精神，以及开展国家直接收购个人投资营造的重点公益林试点工作安排，为全面掌握贵州省开展重点公益林区划界定的情况，广泛听取各方面意见，研究开展试点工作的可行性和可操作性，进一步调整和完善试点方案，确保试点工作顺利实施并取得预期效果。2005年6月25～30日，以国家林业局森林资源管理司王祝雄副司长为组长，由森林资源管理司、发展计划与资金管理司、经济发展研究中心等单位同志组成的调研组在贵州省进行了调研。

调研期间，我们听取了贵州省开展国家直接收购个人投资营造的重点公益林工作情况，与省里派出的4个调研组的同志进行了座谈，深入到六盘水市的盘县、黔南布依族苗族自治州的三都水族自治县及其部分乡（镇）、村、农户进行了调查讨论，与县、乡（镇）领导和林业、财政、国土等部门的有关同志，以及部分村干部和14个造林农户广泛交换了意见，并到盘县平关镇岩上村现地考察了部分重点公益林。沿途还考察了天然林资源保护工程、退耕还林工程、喀斯特地貌区封山育林工程造的林。现将有关情况报告如下：

一、“收购”受到普遍欢迎和重视

贵州省重点公益林的区划界定工作比较扎实，各级党政领导、林业等有关部门对国家开展收购个人投资营造的重点公益林试点认识明确、高度重视，广大造林农户对国家收购重点公益林的愿望迫切、态度积极，开展试点工作的条件基本具备。

（一）重点公益林的区划界定工作基本完成

按照《国家林业局 财政部重点公益林区划界定办法》（林策发［2004］94号），贵州省2004年完成了非天保工程区重点公益林的区划界定工作。目前，初步统计（包括天保工程禁伐区）的结果是，全省重点公益林中属个人投资营造的面积约18.26万公顷，占全省重点公益林面积的6.01%。从调查的盘县、三都水族自治县的情况看，其中盘县个人（含部分集体经济组织）投资营造的重点公益林为1.15万公顷，占全县重点公益林面积的24.3%；三都水族自治县个人投资营造的为2.2万公顷，占全县的56.4%。

通过座谈了解，查看造林贷款合同，贵州省个人投资营造重点公益林形式多样，主要为以下几种：

1. 个人投资造林

农村能人向村、组集体租用（承包）林地，向林业部门贷款或自筹资金和投工投劳进行造林、管护。林木收益时投资造林者与林地出租（发包）方按合同比例分成。后者获得的收益相当于地租。

2. 联户投资造林

由一户牵头，几户甚至几十户联合向村、组集体租用（承包）林地，向林业部门贷款或自筹资金和投工投劳进行造林、管护。林木的收益分配按有关合同兑现。

3. 联户林场

农户利用“林业三定”划分的可长期自主经营的责任山或自留山，自由组合，共同投资（贷款或自筹资金、投工投劳）造林，组建林场。风险共担，利益均摊，与村、组集体不发生经济关系。

4. 联办林场

林地属于村集体，若干农户联合承包造林，办林场，投资风险、经济利益均属联合的农户，按承包合同向村集体缴纳林地使用费。

5. 联营林场

造林投资者与拥有林地使用权的农户联合造林，农户以林地入股的方式参与，造林投资者负责经营、管护，林木收益时按联营合同分配。

此外，还有个人投资购买活立木；外商或台商投资，租地造林等形式。

（二）各级党政领导和造林农户对国家收购个人投资营造的重点公益林反响积极

贵州省各级党委、政府、有关部门和林农对国家直接收购个人投资营造的重点公益林反响强烈，积极拥护。普遍认为这是国家改革造林投资体制，建立和完善生态公益林建设的投入机制，鼓励和支持非公有制林业发展，充分调动林农和各种社会力量投资造林积极性的又一重大举措。

1. 省委、省政府高度重视，还就抓好收购试点工作专门听取汇报，作出指示

据贵州省林业厅介绍，自1998年天保工程实施后，虽然个人投资造林的重点公益林数量不多，但矛盾日渐突出，社会影响较大。特别是20世纪80年代中期贷款或集资造林的农户经济困难，生活维艰，为其担保贷款的林业部门包袱沉重，压力很大。现在国家除了对重点公益林逐步进行生态效益补偿外，又投资收购，有利于缓解个人营造重点公益林及其带来的种种矛盾和压力，有利于改革生态公益林建设的投入方式，也有利于推动林业投资体制和森林经营管护机制的创新。对在贵州开展收购试点，贵州省委、省政府领导极为重视。5月27日，省长石秀诗、副省长禄智明召开会议，专门听取了省林业厅的汇报，并作出明确指示，要求各级政府和林业等有关部门，要以中央直接收购个人投资营造的重点公益林试点为契机，以高度积极的态度，增强责任感和紧迫感，把试点工作摆上重要议

事日程，周密组织，狠抓落实，保障试点工作顺利实施。

2. 县委、县政府领导态度积极，明确表示要认真抓好收购试点各项工作的落实

我们调查所到的盘县、三都水族自治县和省调研组调查的湄潭、织金、锦屏、乌当等县（区），当地党政领导普遍认为收购工作是一项德政工程。三都县委书记韦绍凯说，国家直接收购个人投资营造的重点公益林不仅增加了当地林农的经济收入，实现林区林农脱贫致富，而且使分布在江河两岸和严重水土流失区域的国家公益林的保护得到了有效保障，为经济社会发展提供了生态条件，这对促进生态安全、维护社会安定具有重要的战略意义，县委、县政府衷心拥护，积极支持，希望中央尽早出台政策，这也是林农的希望。盘县县长和县委王时明副书记代表县委、县政府表示，这是一项好政策，国家收购后对地方财政影响甚微，有助于全县农业产业结构的调整，有决心把试点县的工作做好，请上级放心。

3. 个人投资造林户普遍欢迎，积极拥护，有的还期盼国家尽快实施收购

中国广大的农民是淳朴、善良的，但也不失为拥有智慧的群体。从我们调查期间与之座谈的14位农户代表的言谈和省调研组反馈的意见看，林农对生态建设政策表示了充分的理解和支持，特别是一些贷款造林的农户急切盼望国家收购重点公益林的政策出台。他们认为国家建设公益林也是为了改善他们的生存环境和生活条件，当时为了响应政府号召积极投入造林，也想在造林后能增加更多的经济收益，现在有一部分林子被划为公益林，由于不能自主采伐利用，造成了一定的经营利益损失，银行还贷压力增大，经济状况危困，国家来收购这部分林子，是帮助解决困难、脱贫致富，体现了中央对广大林农的关怀。盘县的一位造林农户代表李小刚说，国家来收购林子是对我们农民的照顾，坚决拥护，定的收购价格只要不让我们吃亏就行。当然，也有的造林户担心国家收购价偏低，会挫伤个人投资造林的积极性。

（三）贵州省有关试点的准备工作正在抓紧进行

国家直接收购个人投资营造的重点公益林试点工作领导小组第一次会议后，贵州省积极开展工作，成立了省试点工作领导小组和专门工作机构，制定了试点工作方案，编制了调研提纲，组织开展了调研活动。

1. 成立了省级试点工作领导小组

贵州省政府成立了贵州省收购个人投资营造的重点公益林试点工作领导小组。副省长禄智明担任组长，省政府副秘书长、林业厅厅长、国家林业局驻贵阳专员办专员、省发改委副主任、省财政厅副厅长、省物价局局长、省委政策研究室副主任、省政府政策研究室副主任、省林业厅副厅长为领导小组成员。领导小组下设办公室。办公室设在林业厅森林资源和林政管理处，副厅长金小麒兼任办公室主任。省林业厅已从相关处室和林业规划院抽调6名精干人员充实到办公室工作。

2. 初步拟定了省级试点工作方案

按照国家林业局制定的《国家直接收购个人投资营造的重点公益林试点方案》和试点工作安排，结合省里实际，贵州省林业厅会同有关部门拟定了《国家直接收购个人投资营造的重点公益林试点工作方案》。这个方案明确了实施试点工作的指导思想、基本原则、试点的主要内容和任务、组织领导、试点时间和步骤、试点县备选方案，以及试点工作的保障措施。

3. 编制、下发了调研提纲，派出了专题调研组

为准确掌握个人投资营造重点公益林情况，广泛听取各方对国家收购的意见，省林业厅认真编制了调研提纲，6月20日印发到拟开展试点工作的9个县（区）进行调研。省政府从省委政策研究室、省政府研究室、发展和改革委员会、财政厅、林业厅、物价局等相关部门抽调了12名干部，组成了4个调研组。6月21日，调研组同志进行了集中学习，统一思想认识，统一方法和步骤。6月22～29日，分别在湄潭县、乌当区、织金县和锦屏县，就各级政府、有关部门和林农意见、收购对象、收购方式、收购价格、收购程序，以及收购后重点公益林的经营管护等问题展开了重点调研。

二、实施收购的基本设想

通过深入调研，反复讨论，对国家直接收购个

人投资营造的重点公益林的收购内容、收购方式和收购后的经营管护等问题，形成了以下三种设想：

（一）收购林木和林地所有权的方式

即由国家出资，买断个人投资营造的重点公益林的林木所有权和林木所覆盖的集体经济组织林地的所有权，林木、林地均归国家所有。实施收购后林木、林地所有的产权都归属国家，林木、林地经营、管护的收入和支出也都是国家的。林木生长期间的一切自然灾害、人为破坏的风险均由国家承担。即使是那些繁杂的经常发生的森林经营，包括补植、抚育、间伐、更新采伐等每一项林业生产活动，护林防火、病虫害防治、制止偷砍盗伐林木和乱侵滥用林地等管护工作，也都要由国家包揽实施。特别是，农民将部分失去赖以生存和发展的土地资源，国家还要负责解决失地林农的就业安置，转移支付地方减少税费等财政收入。而且，有的地方还提出，国家采伐收购的林子销售木材所得的收入要留给地方一部分。如，三都县政府就要求把木材销售收入的50%留给地方政府、10%返还给林农作为失地的补偿。

采取这种收购方式，购买林木和林地所有权的评估作价十分复杂，操作困难。既要考虑林地的立地类型、交通条件、级差地租等因素，还要考虑立木树种、林龄、林分质量、立木蓄积、出材率、出材量、木材规格、当地木材市场价格、盈利率和相关税费政策等诸多因素。即使通过分类评估，能够测算出一个社会平均的市场收购价格，也还需要分别同林木所有者、林地所有者进行一对一谈判确定，而不能强制执行。三都县三合镇三合村造林户代表黄泽忠说，他牵头联合37户农民造的20公顷林子，松杉混交，松多杉少，已经管护了25年，林子长得很好，都是投工投劳营造的，没有贷款，要是全买死，一亩给6 000元也不同意。

为保证收购行为的合法有效、出让主体明确、收购对象无权利瑕疵，不因收购行为的不严谨而留下法律上的隐患，还涉及到大量错综复杂的法律关系和相关法律法规，需要制定极为完善和规范的操作程序，并引入专门的法律服务机制，由专业的法律服务人员对收购中各个环节进行法律审查。

即使国家成功收购后，也还需要继续投资，特别是要解决好管护问题。有的提出雇请原造林投资者管护；有的提出聘用专职护林员；有的提出组建公益林林场，或把国家收购的林木、林地就近划拨给国有林场经营管理；还有的提出为加强对重点公益林的经营管理，应当建立常设机构。国家要在县级以上林业主管部门设立重点公益林的管理机构，经费全部由中央财政负担。管理机构负责对辖区内重点公益林收购资金的拨付兑现，组织实施森林防火、森林动态监测、病虫害防治，补植补造、抚育采伐、更新采伐、管护人员培训等。如果不独立设置机构，省级公益林管理机构可与国家林业局驻省专员办合并，成立国家重点公益林管理办公室，在地、县林业主管部门加挂一块牌子，抽调若干人员来负责，组织实施国家收购的重点公益林的经营管护工作。对此，中央财政要给予一定的工作经费保障。

调研中普遍认为，这种收购方式成本太大，恐怕国家财力难以承受。收购农民的土地所有权，应当按照国家现行征收征用土地的政策或者林地征用的相关补偿费用的标准，予以补偿。这就需要国家拿出巨额资金，否则收购工作势必落空。粗略测算，林地收购价，暂按租山造林的租金，每年每公顷150元；林木收购价，每年每公顷为750～1 050元；收购后国家支付管护费，每年每公顷约90元。贵州现有个人投资营造的重点公益林平均按林龄15年，第31年可更新采伐，每公顷收购价最低也要15 090元，高的则为19 590元。也就是说，国家收购1公顷林子至少要支付15 090元。仅贵州18.27万公顷个人投资营造的重点公益林，国家就要拿出27.56亿元资金。全国将超过1 000个亿。

（二）收购林木所有权、一定期限林地使用权的方式

即由国家出资，只买断个人投资营造的重点公益林的林木所有权，并向集体经济组织支付一定期限的林地使用费（租金），林木所有权和林地使用权归国家。其林木收购价格的确定、收购后经营管护等问题的解决，与上一种方式基本上是一样的。稍有不同的是，林地所有权归属不变，收购林木时，支付林木所覆盖的林地租金给林地所有者即可。国家投入收购的资金总量明显减少。但是，林地租金的确定，也要考虑其立地类型、交通条件和

级差盈利等因素，并分别与相关集体经济组织进行逐山逐块商定。

（三）收购林木经营权的方式

即由国家出资，以一定的造林成本价格购买个人投资营造的重点公益林的林木经营权，林木所有权、林地的所有权和使用权都不变，经营和管护林木、林地的所有开支与收益仍归原投资造林者。国家不必考虑林地租金问题，林地租金仍由林木所有者和林地所有者按照双方的协议执行，或定额交纳，或按林木收益比例分成。国家购买林木的经营权后，林木所有者要按国家的要求实施经营管护，特别是更新采伐这部分林木的期限要比用材林延长1～2个龄级。如，其中的杉木要由25年延长到31～36年；松类要由30年延长到41～51年。这样才能更好地、持续地发挥森林的生态功能。

国家出资购买林木的经营权，是一种形式，就其实质来说，是购买了生态功能，是为了能够确保延长这些林木的采伐时间，以便让森林持续地发挥生态效益。国家之所以出资购买林木经营权，是因为国家需要森林生态效益，是为了鼓励和支持林农个人及各种社会力量积极投资造林、经营林业，同时也因为要限制林木所有者对林木的采伐时间、采伐方式和采伐强度，造成了他们一定的经济收益损失。采取这种收购方式，尝试改革林业投入方式，即由以往政府投资、部门组织造林模式为个人或集体先造林，造林后部门验收、政府收购的模式，是投入方式、造林模式和森林资源经营管理体制的一项重大创新。

由于国家只购买林木的经营权，林木所有权不变，始终归属造林者，林木、林地的经营和管护依然是林农自己的事情，只要在收购协议中明确相关的责权利关系，就能够很好地调动林农育林护林的积极性。对此，林农也普遍表示欢迎。盘县平关镇岩上村肖成邦说："林子是我们造的，对它有感情，由我们自己继续管。"

按照造林成本计价，来收购现有的林木经营权，测算其收购价格时可参考这样几个标准：一是参照珠江流域综合治理防护林体系建设工程造林成本定额1 800元/公顷；二是省林业厅根据造林地区的立地条件、交通条件、近年苗木材料费、工时费有所增长的实际，调查测算的造林成本（含幼林抚育）为3 000元/公顷；三是我们这次调研计算的造林成本约为3 180元/公顷。我们认为按3 180元/公顷计价比较切合实际，因为目前的重点公益林补偿费是每公顷75元，如果收购期限为31年或41年，其补偿费也达到每公顷2 325～3 075元。而且林地租金是由造林者承担的。照这个价收购，可以让农民不吃亏，国家财力也承受得了。对下一轮更新造林、经营、管护，原则上由现林木所有者负责。当地县级林业主管部门负责指导其按照"乔灌结合、多层异龄、针阔混交"的要求进行造林更新，加强科学经营和培育管护，促进重点公益林的经营管理向生态功能和综合效益最佳状态发展。在新的一轮造林成林后，经验收合格，再由国家按此方式进行收购。

综上所述，对三种方式的利弊权衡比较，我们调研组和地方同志的意见比较倾向于收购林木经营权的方式。这既可以解决重点公益林经营、管护中的现实矛盾和潜在问题，也维护了个人投资者的权益，又保障了国家所需的生态效益。同时，还充分考虑了国家现行对重点生态工程营造林建设补助和投资政策的衔接，有利于调动广大投资者造林、育林、护林的积极性和责任感，对稳固和加强重点公益林的保护、管理，以及创新森林资源经营管理方式，推进我国造林投入和管理体制改革有着积极的意义。从可操作性来看，与当前国家的财力和林业政策相适应，是比较切合实际，而且简便易行的。国家委托县级林业主管部门与农户签订协议，明确重点公益林经营、管护和更新造林的权利与义务，并负责监管落实。在试点中，对这种收购方式进行探索总结，形成指导性意见，为大面积推开奠定基础。

三、近期的主要工作和建议

为尽快实施国家直接收购个人投资营造的重点公益林试点工作，我们调研组建议，近期要抓好抓实以下几项重点工作：

（一）贵州省要抓紧完成的工作

一是按照周生贤局长、雷加富副局长在第一次领导小组会议上的讲话精神，充分吸收调研成果，抓紧编制贵州省《关于开展国家直接收购个人投资营造的重点公益林试点实施方案》，经省试点工作领导小组审定后，上报国家林业局批准执行。

二是全面做好重点公益林的区划界定工作，特别是要严格按照林策发［2004］94号文件的规定，抓紧做好分布在天保工程区内的公益林的区划界定工作。对已经区划界定的重点公益林，要进一步明晰地分清国有、集体，尤其是个人投资营造重点公益林的面积、蓄积等基本情况，逐一落实到山头地块、落实到农户，并建立明细档案，为实施收购提供准确、可靠的依据。

三是林业厅要抓住机遇，加强与相关部门的沟通和协调，抓紧申请办理相关手续，成立贵州省森林资源资产评估管理中心和森林资源资产评估事务所，为规范和促进森林资源合理流转提供条件。

以上意见，我们已向省林业厅作了初步交代。建议在国家林业局下发的确定在贵州省开展试点工作的通知中，再予以明确和强调。

（二）国家林业局需要抓紧完成的工作

一是以局名义尽快下发试点文件。为使贵州省开展试点工作有所遵循，便于其协调相关部门工作，建议由国家林业局下发确定贵州省为开展国家直接收购个人投资营造的重点公益林试点单位的通知。同时，考虑到这项工作是胡锦涛总书记4月3日指示、周生贤局长4月4日批示、雷加富副局长4月12日召集有关司局研究确定贵州省为试点单位的，建议明确贵州省试点工作的起始时间为4月12日。（森林资源管理司牵头完成）

二是进一步完善试点方案，调整试点工作安排。按照局领导的指示精神，结合此次调研，对《国家直接收购个人投资营造的重点公益林试点方案》中收购对象和范围、试点内容和任务，以及试点工作的具体安排等进行适当调整和完善。（森林资源管理司牵头完成）

三是起草国家直接收购个人投资营造的重点公益林的协议文本。明确由县级林业主管部门代表国家与个人投资造林者签订收购协议，双方在重点公益林的经营、管护、更新造林等方面的权利和义务关系等等。（经济发展研究中心牵头完成）

四是研究制定《国家直接收购个人投资营造的重点公益林林木经营权的政策意见》和《重点公益林经营管理办法》。明确和规范重点公益林的收购政策、经营和管护的具体措施。（政策法规司牵头完成）

五是全面测算收购个人投资营造的重点公益林所需资金，向有关部门申报落实此次试点收购的投资和实施收购重点公益林的相关工作经费。建议在此次试点中，先期收购2.67万公顷个人投资营造的重点公益林林木的经营权，并按3 180元/公顷的价格实行一次性支付，所需国家投资为8 480万元。另外，调研中普遍反映，还应当把为完成试点工作任务所需的工作经费一并考虑进去。一是为保质保量地做好实施收购的基础工作，包括进一步认真细致地做好明晰界定、现地测量、查对核实、落户建档等，需要有一定的工作经费作保障。建议参照退耕还林工程工作经费补助标准15元/公顷进行测算。确定试点收购2.67万公顷，则需安排工作经费40万元。二是支持试点县开展试点工作的补助经费，按5个试点县每县30万元计，需要150万元。三是国家林业局局试点工作领导小组办公室在抓好试点的工作中，要开展调研、组织研讨、阶段总结、起草相关制度规范及其论证，组织召开有关小型会议等，还需要工作经费230万元。这三项合计为420万元。这笔经费，建议向有关部门申报国家收购资金时一并落实。（发展计划与资金管理司牵头完成）

（三）力争9月底在贵州省召开试点工作会议

在全面完成上述工作的基础上，建议9月底在贵州省召开试点工作会议。由国家收购个人投资营造的重点公益林试点领导小组成员单位、贵州省试点工作领导小组成员单位、试点县，以及实施收购的5名农户代表参加。会议主题是深入贯彻胡锦涛总书记指示和中央林业决定精神，全面部署实施重点公益林收购试点工作。会上，拟请试点县林业主管部门的负责人与农户代表签署收购协议，兑现收购资金。（国家林业局、贵州省政府共同筹备）

调 研 单 位：国家林业局森林资源管理司
调研组成员：王祝雄　陆诗雷　张　敏　张晓静
王亚明

关于森林资源资产评估问题

规范森林资源资产评估　推进集体林权制度改革

——关于福建省森林资源资产评估工作的调研报告

为了研究解决当前集体林权制度改革中森林资源资产评估存在的问题，加快和规范森林资源资产评估工作，国家林业局由国家林业局计划发展与资金管理司刘金富副司长带队和中国资产评估协会组成联合调研组，于2006年6月5~10日赴福建省开展森林资源资产评估专题调研。从调研的情况看，随着集体林权制度改革的不断深化，森林资源资产评估事业蓬勃发展，业务领域和服务对象不断扩大，社会尤其是广大山区农民对森林资源资产评估有着巨大的需求。但是，森林资源资产评估工作存在从业人员资质政策缺位、评估业务现实需求与现有政策冲突、评估技术规范需要修订完善等问题，亟须对其进一步规范管理。现将调研的情况报告如下：

一、森林资源资产评估发展状况

（一）评估总体状况

福建省森林资源资产评估工作起步较早，发展较快。2003年，福建省在全国率先开展集体林权制度改革，通过改革，森林资源资产租赁、转让、入股、合资等产权流转行为以及森林资源资产抵押贷款日趋频繁，森林资源资产产权交易市场与林区融资市场空前活跃，森林资源资产评估业务迅速增加。据不完全统计，从2003年至2005年，福建省共完成森林资源资产评估项目3 837项，评估值累计达57.67亿元。从业务类型上看，抵押贷款评估业务占大部分，以福建省三明市为例，从2003年至2006年5月份，共完成365起森林资源资产评估业务，其中抵押贷款评估为297起，占所有资产评估业务的81.4%。实践表明，福建省森林资源资产评估工作，为当地流转市场提供价值分析、估算等中介服务，进一步活跃了森林资源资产产权交易市场，盘活了森林资源资产存量，有效防止了公有资产流失，保障了务林人利益不受损失，对进一步深化集体林权制度改革起到了积极的促进作用。

（二）评估机构状况

目前，福建省从事森林资源资产评估业务的机构大体分为两类，一类是由福建省林业厅依据1997年《福建省森林转让条例》批准成立的森林资源资产专职评估机构，现在共有37家，这些评估机构主要挂靠在森林资源调查规划设计、林业科研、教学等事业单位，没有实行脱钩改制；另一类是由财政部门批准成立的综合评估机构，兼做森林资源资产评估业务。从实际情况看，专职评估机构是森林资源资产评估的主力军，承担了绝大部分的森林资源资产评估业务，而综合评估机构却很少涉足森林资源资产评估业务。

（三）评估人员状况

福建省森林资源资产评估从业人员大部分是事业单位工作人员，现共有584人，其中专职人员379人，兼职人员205人；专职人员中具有高级职称的97人，有中级职称的253人。目前，专职评估机构中只有3人取得中国注册资产评估师资格，分别是福林咨询中心1人和福建林业调查规划院2人。另有20多人参加过国家林业局和中国注册会计师协会举办的培训班。

二、森林资源资产评估存在的问题

在20世纪90年代，国家在森林资源资产评估方面做了大量富有成效的工作，相继出台了《关于森林资源资产产权变动有关问题的规范意见》（林财字［1995］67号）、《森林资源资产评估技术规范》（国资办发［1996］59号）和《关于加强森林资源资产评估管理工作若干问题的通知》（国资办发［1997］16 号）等 3 个文件，培训了森林资源资产评估专业人才 387 人。这些文件对当时刚处于起步阶段的森林资源资产评估工作进行了规范，对其今后的发展起到了重要的指导和推动作用，许多经过培训的专业人员至今仍是从事森林资源资产评估工作的主力。但随着社会主义市场经济的发展，以及集体林权制度改革的不断深化，森林资源资产评估现行政策已不太适应林业改革发展的现实需要，主要存在以下三方面问题：

（一）从业人员资质政策缺位

森林资源资产是一种特殊的自然资源性资产，其评估具有较强的专业性和特殊性，需要评估人员同时具备资产评估和林学方面的专业知识。而现实情况是，我国至今没有建立森林资源资产评估师资格认证制度。国务院 2003 年转发财政部《关于加强和规范评估行业管理意见的通知》（国办发［2003］101 号）中规定的六类资产评估专业资格没有森林资源资产评估师；另外，在注册资产评估师执业资格中也未增设森林资源资产评估专业。

由于以上情况，现有的综合资产评估机构没有森林资源资产评估专业人员，无法受理森林资源资产评估业务；或者勉强受理，由于其不熟悉森林资源资产的特殊性及其评估业务，评估风险难以控制，评估质量得不到保证，评估结果受到当事人和社会的质疑。而森林资源资产评估专职机构虽然承担着大量森林资源资产评估业务，但其从业人员基本未取得注册资产评估师资格，按现行规定，其出具的资产评估报告不具有法律效力。所以，森林资源资产评估人员的缺位已经影响到森林资源资产评估业务的开展，成为影响我国当前林权制度改革的主要障碍之一，必须尽快加以解决。

（二）评估现实需求与现行政策冲突

随着林权制度改革的不断深入，森林资源资产产权交易行为迅速增加，社会对森林资源资产评估的需求也越来越大。但与一般资产评估相比，森林资源资产评估有以下三个特点：一是评估项目规模小、单笔资产价值低，基本上都在百万元以下；二是评估对象远离城市，地点分散，资产核查工作量大，但评估收费低，单笔评估收费多在千元至万元之间，低的甚至只有几百元；三是评估服务对象主要是广大山区农民，评估具有公益性、社会服务性的特点。

而目前，综合评估机构主要在城市服务，评估收费高，林农普遍反映不能接受。因此在福建省，现在为山区农民提供森林资源资产评估服务的主要是林业主管部门设立的 37 家森林资源资产评估机构，其评估结果能得到山区农民及金融、法院等相关部门的认可。但这些评估机构都没有脱钩改制，且评估人员基本没有取得注册资产评估师资格。

（三）评估技术规范需要进一步修订完善

2001 年，财政部对国有资产评估行政管理方式进行改革后，国家国有资产管理局和林业部 1996 年颁布的《森林资源资产评估技术规范》的部分条款已经不适应当前的需要；另外，《森林资源资产评估技术规范》中的一些评估方法、计算公式以及评估参数体系还有不完善的地方，一定程度上影响了评估结果的质量，亟须对其修订完善。

三、进一步规范集体林区森林资源资产评估工作的建议

目前，国家林业局正按计划将集体林权制度改革推向更大范围和更深层次。经国务院批准，国有林权制度改革也于 2006 年 6 月在黑龙江省伊春市开始了试点。针对目前森林资源资产评估出现的问题，结合我国当前林权制度改革的形势，为进一步促进和规范森林资源资产评估工作，现提出如下工作建议：

（1）会同财政部制定并出台《森林资源资产评估管理暂行规定》，规范森林资源资产的评估范围、评估机构、评估人员，核准和备案等。

《国有资产评估管理办法施行细则》（国资办发［1992］36 号）第十一条规定：对特定行业的国有资产评估，其评估办法由国务院另行规定。但我国至今尚未制定全国性的森林资源资产评估管理办法，特别是实行集体林权制度改革以来，非国有森林资源资产评估业务逐渐增多，但没有相应文件对其进行规范。为解决集体林权制度改革对森林资源资产评估的急需，国家林业局拟会同财政部制定和出台《森林资源资产评估管理暂行规定》，对评估范围、评估机构和评估人员等当前急需解决的问

题予以规范。为解决集体林权制度改革中森林资源资产评估问题寻找一个合理的途径。

（2）加快《森林资源资产评估技术规范》的修订进程，规范森林资源资产的评估技术操作行为。

就此问题，国家林业局已与中国资产评估协会达成初步意见，将技术规范纳入到资产评估的准则体系。为此，中国资产评估协会和国家林业局已分别从综合资产评估机构和高校物色了6位森林资源产评估专家，负责下一阶段《森林资源资产评估技术规范》的修订工作。为加快其修订进程，计划近期会同中国资产评估协会将6位专家集中到北京，对其进行修订。

（3）加大对森林资源资产评估从业人员的培训力度，提高森林资源资产评估工作质量。

在国家尚未实行森林资源资产评估师资质认定的情况下，为适应当前林权制度改革对森林资源资产评估的急需，会同中国资产评估协会先培训一批森林资源资产评估从业人员，特别对正在从事森林资源资产评估的人员要优先培训。经过培训、考试合格的，颁发证书，作为过渡时期可以从事森林资源资产评估业务的资格证明。

与中国资产评估协会共同筹划成立中国资产评估协会森林资源资产评估专业委员会，条件成熟时再制定《注册森林资源资产评估师执业资格认定办法》，近期先认定一批具有执业资格的森林资源资产评估专家。

从长远看，国家林业局应会同财政部、人事部争取在注册资产评估师执业资格中增设森林资源资产评估专业，开设注册资产评估师（森林资源资产评估专业）执业资格考试。

（4）对现已存在的森林资源资产评估机构进一步规范完善。

目前，森林资源资产评估还处于起步阶段，森林资源资产评估市场还不成熟，特别是在当前林权制度改革的过程中，森林资源资产评估的服务对象主要是山区农民，带有公益性质。为此，国家林业局应向财政部建议，对于现已存在的、由林业主管部门批准设立的森林资源资产评估机构首先应该进行积极培育和鼓励扶持，允许其在一个过渡期内进行整顿规范，规范期间评估人员必须参加培训，持证上岗。今后森林资源资产评估市场发育成熟、规章制度比较健全以后，再对这些机构进行脱钩改制。如果现在要求其立即停业，势必会影响到林权制度改革的顺利进行。

调 研 单 位：国家林业局
中国资产评估协会
福建农林大学

调研组成员：刘金富　蓝增寿　杨松堂　李挺伟
王常青　闫宏伟　王　强　吴柏海
陈平留　霍振彬　黄选瑞　郭罗生
王富炜

关于速生丰产林建设与产业发展战略问题

⊙速生丰产林建设问题

实施速生丰产用材林基地建设工程 保障国家木材供给安全

为促进我国生态建设，减轻对国际木材资源消耗的压力，2002年，国家发展和改革委员会正式批复了《重点地区速生丰产用材林基地建设工程规划》，速生丰产用材林基地建设工程（以下简称速丰林工程）启动实施。2005年8月，国家林业局印发了《关于加快速生丰产用材林基地工程建设的若干意见》，有效地推动了全国速丰林工程建设。随着我国经济社会的快速发展，对木材需求量的逐年增加，速丰林工程不仅在缓解国内木材供需矛盾方面发挥着不可替代的重要作用，而且在巩固林业生态建设成果、发展林业产业以及社会主义新农村建设中日益发挥着重要作用。

按照国家林业局局党组的统一部署，调研组于2006年5~10月期间，先后赴江西、湖北、广东、湖南、海南、黑龙江等地，就速丰林工程建设的发展现状、存在问题等进行调研。在认真听取基层意见的基础上，深入分析了速丰林工程建设中的重大问题，现将调研情况报告如下：

一、基本情况

按照《中华人民共和国森林法》规定，森林分为防护林、用材林、经济林、薪炭林和特种用途林五类。其中用材林是指：以生产木材为主要目的的森林和林木，包括以生产竹材为主要目的的竹林。速生丰产用材林的内涵为：通过使用良种壮苗和实施集约化经营，缩短培育周期，提高单位面积产量，获取最佳经济效益，为制浆、造纸、人造板等林产工业和建筑、家具、装修等行业提供原料或大径级用材的林分。其中原料林要求培养目标明确、生长周期短、高产量，大径级用材要求材质好、产量高。考虑到基地建设内涵丰富，南北方水热条件差异较大，原则上速生丰产用材林每公顷年蓄积生长量达到15立方米以上。

我国速生丰产用材林基地建设起步于20世纪70年代初，到了80年代中期发展加快。1988年国家计划委员会批准了林业部制定的《关于抓紧一亿亩速生丰产用材林基地建设报告》，1989年国务院批准实施《1989~2000年全国造林绿化规划纲要》，将速生丰产用材林基地建设推向一个新的高潮。截至1997年，我国速生丰产用材林基地建设累计保存面积约533.3万公顷，其中1989~1997年间共建速生丰产用材林416.7万公顷。浙江、安徽、福建、江西、湖北、广东、广西、四川、贵州、湖南等10省（自治区）造林面积较大，占总面积的70%以上。

速生丰产用材林基地建设初期，基地建设布局限于南方12个省（自治区）的212个县，在造林树种的选用上，以杉木为主，树种比较单一。随着我国速生丰产用材林经营目标的多样化，目前的造林树种也逐渐丰富起来，主要包括杉、松、杨、泡桐和桉树等树种，这些树种占速生丰产用材林造林总面积的70%~80%左右。

进入新世纪，我国经济社会呈现高速发展的态势，原有速生丰产用材林的发展规模已难以适应经济社会发展对木材的强劲需求。为有效缓解国内木材供求矛盾，2002年7月，国家发展和改革委员会正式批复了《重点地区速生丰产用材林基地建设工程规划》，作为六大林业重点工程之一的速丰林工程启动实施。

工程实施范围：根据森林分类区划的原则，在现有速生丰产用材林基地建设的基础上，主要选择在400毫米等雨量线以东，优先安排600毫米等雨量线以东范围内自然条件优越，立地条件好（原则上立地指数在14以上），地势较平缓，不易造成水土流失和对生态环境构成影响的热带与南亚热带的广东、广西、海南、福建等地区、北亚热带的长江中下游地区、温带的黄河中下游地区（含淮河、海河流域）和寒温带的东北、内蒙古地区，具体建设范围涉及河北、内蒙古、辽宁、吉林、黑龙江、江苏、浙江、安徽、福建、江西、山东、河南、湖南、湖北、广东、广西、海南、云南等18个省（自治区）。

工程建设的总体目标是：工程规划总规模为1 333万公顷。其中，工业原料林基地1 082.9万公顷，占81.3%，包括浆纸原料林基地586万公顷，占44.0%，人造板原料林基地496.9万公顷，占37.3%；大径级用材林基地249.7万公顷，占18.7%。

到2015年，建设速生丰产用材林基地1 333万公顷，完成南北方速生丰产用材林绿色产业带建设。全部基地建成后，每年可提供木材13 337万立方米，可支撑木浆生产能力1 386万吨、人造板生产能力2 150万立方米，提供大径级材1 579万立方米。能提供国内生产用材需求量的40%，加上现有森林资源的采伐利用，国内木材供需基本趋于平衡。

由于速丰林工程是兼有生态功能的基础产业工程，它具有几个方面的特点：在建设目标上，追求经济效益的最大化；在经营方向上，突出市场经济规则；在资金来源上，以市场融资为主；在管理方式上，突出政府协调和服务职能。

二、成绩和经验

“十五”期间，统计结果显示，18 个重点省（自治区）已经营造速丰林 348.13 万公顷，改造低质用材林 22 万公顷，共 370.13 万公顷。其中，纸浆原料林占 34.66%，人造板原料林占 43.13%，大径级用材林占 8.77%，竹材占 4.26%，珍贵树种和特种用材林占 2.02%，其他工业原料林占 7.16%。工程建设虽然起步较晚，但是发展迅猛，势头强劲，呈现出良好的发展态势。龙头企业带动作用明显，“公司 + 农户 + 基地”成为工程建设的新亮点；非公有制经济成为工程建设的主力军；多主体、多元化投入工程建设的格局已经初步形成。经过几年的实施，工程取得了一定的成绩和经验，主要体现在：

（一）完善政策，优化环境

中共中央、国务院《关于加快林业发展的决定》的颁布，进一步加快了与速丰林建设有关政策的调整、改革步伐。工程启动以来，国家先后在投入、融资、资源管理等重要方面，制定出台了一系列政策文件，为速丰林工程发展创造了良好的外部环境，极大地调动了各方面参与工程建设的积极性。

1. 投入政策

“工程规划”的批复文件和中央 9 号文件都明确，国家投入一定的扶持资金，用于森林防火、病虫害防治和优良种苗的开发和推广。2003、2004 年国家林业局给予了速丰林项目优良种苗专项补助。

2. 优惠的信贷政策

将速丰林建设项目纳入国家政策性贷款的范畴，放宽贷款期限和担保条件。2004 年 2 月，国家林业局与国家开发银行签订了《开发性金融合作协议》。根据协议，国家开发银行在 2004 ~ 2005 年提供总量为 80 亿元的贷款规模，用于林业重点项目建设，重点扶持速丰林工程和林纸（林板）一体化工程项目等。

3. 财政贴息

一个是林业治沙贴息贷款的贴息；二是基本建设贷款的贴息。财政部修订出台了《林业贷款中央财政贴息资金管理规定》（财农［2005］45 号文件）。现行贴息政策在稳定财政贴息政策，取消了对银行的限定和造林贴息对象的限定，并在扩大贴息范围、解决足额贴息等问题上实现了突破。

4. 资源管理政策

国家林业局先后出台文件，对森林资源管理政策进行了调整，主要有：2002 年发布了《关于调整人工用材林采伐管理政策的通知》，2003 年又出台了《关于完善人工商品林采伐管理的意见》，进一步放宽了人工用材林的采伐限制。2006 年发布了《国家林业局关于加强工业原料林采伐管理的通知》，促进了工业原料林的有序发展和合理利用。

5. 森林资源资产抵押登记办法

国家林业局于 2004 年出台了《森林资源资产抵押登记办法（试行）》，规范了森林资源资产抵押登记操作程序，为拓宽速丰林工程融资渠道创造了有利条件。

6. 出台《国家林业局关于加快速生丰产用材林基地工程建设的若干意见》

2005 年国家林业局出台了《国家林业局关于加快速生丰产用材林基地工程建设的若干意见》（以下简称《意见》）。《意见》明确了加快速丰林工程发展的国家扶持政策，并提出了加快工程建设的六项措施。《意见》是我国速丰林工程建设史上第一个全面阐述工程建设和发展思路与政策、措施的重要文件，它的出台，标志着速丰林工程建设向规范化的方向迈出了重要的一步，对于全面推进工程建设与发展，提高工程建设质量，推动工程建设持续快速协调健康发展具有重要意义。

7. 列入鼓励类产业

在国家《产业结构调整指导目录》中，速丰林基地建设被列入鼓励类。

8. 地方出台政策

工程启动后，辽宁、福建、广西、湖南、江西等省（自治区），相继出台了鼓励速丰林发展的优惠政策。

9. 林权制度改革

以福建、江西等省为代表的林权制度改革，对林业发展中的产权不明晰、税费负担重、计划经济色彩浓厚等重要问题，进行了改革。这些问题也正是制约速丰林工程发展的主要问题，以明晰产权、减轻税费、放活经营、规范流转为主要内容的林权制度改革必将对速丰林的发展起到巨大的推动作用。

（二）科学指导，认真落实

速丰林工程启动以后，国家有关部门积极支持，国家林业局领导高度重视，在工程规划、宏观指导、政策出台和落实、科技支撑等方面做了大量有成效的工作。

地方各级政府积极行动，切实加强对速丰林工程建设的组织领导，把工程纳入当地经济社会和林业发展的整体规划中具体实施。各省（自治区）林业厅（局）都设立了专门的管理机构，先后召开了速丰林工作会议、现场会、经验交流会、研讨会等多种形式，对工程建设进行专题研究部署，扎实推进工程进展。河北、浙江、安徽、河南、辽宁、湖南等多数省编制了本省《速生丰产用材林基地建设工程规划》，明确了目标任务，制定了相关措施；广西、湖南、河南、福建等省（自治区）出台文件，给予速丰林工程造林直接补助；福建、广西、江西等省（自治区）专门召开了速丰林工程工作会议；广东、江苏、海南、山东等省专题召开有关速丰林发展的研讨会；等等。

（三）创新模式，注重科技

调动社会各方面造林积极性，鼓励适应市场经济的工程发展模式，是促进速丰林工程发展的重要基础。各地在发展速丰林建设中，根据实际情况，组建规范的公司制、股份制、股份合作制等经营实体，一些大型林纸（林板）企业充分认识到建设原料林基地的重要性，积极建设速丰林基地。在已造林面积中，龙头企业、林场和农户成为速生丰产用材林建设的主体，占造林总量的80%以上。初步形成了速丰林建设投资主体多元化、"公司+基地+农户"等适应市场经济要求的经营机制。福建、湖南、江苏、山东等省通过大力培育龙头企业，形成了市场牵龙头、龙头带基地、基地联农户的产业化经营模式，不仅较好地解决了工程建设中普遍存在的资金短缺和发展用地匮乏问题，而且提高了抵御市场风险的能力，实现了投入与产出、栽植与管护、管理与经营的有机结合，实现了社会得绿、政府得税、农民得益、企业得利，使工程建设质量和效益显著提高。

制定标准，注重科技，是提高工程建设质量的重要保障。生产优质、高效的速生丰产林，必须要强化科技支撑，以保证实现高收益、高产出。国家林业局正式发布了《速生丰产用材林基地建设导则》，完成了《速生丰产用材林基地设计通则》报批和《速生丰产用材林造林技术规程》起草编制工作。组织技术力量编制"桉树速生丰产用材林"、"马尾松速生丰产用材林"等一系列技术标准。积极申报《相思速生丰产用材林定向培育技术规程》、《楠竹速生丰产用材林定向培育技术规程》等相关技术标准。可以说，随着这些标准的相继立项和完成，一套涵盖速丰林建设全过程、覆盖速丰林建设主要树种、兼有基础性通用规范和专门性特别规范的技术标准框架体系将初步形成。

近年来，各地林业主管部门先后引种推广了很多优良速生树种，取得了明显的成效。例如，广西壮族自治区东门林场下大气力抓良种选育和组织培养繁育，建成了目前亚洲最大的桉树基因库和良种繁育生产基地，同时成功引进了马占相思等新的速丰林树种，积极发展大叶栎、西南桦等乡土速生树种，工程质量得到了可靠保证。

山东省重点开展了杨树优良品种区域化试验工作，先后推广应用了一批优良杨树品种，为全省工程建设的种苗生产奠定了良好的基础。

（四）林纸结合，初见成效

随着2004年初国务院对《全国林纸一体化工程建设"十五"及2010年专项规划》的正式批复，为速丰林工程发展创造了更好的外部条件，工程发展迎来了新的机遇，展现了更大的活力，全国有十几家大型纸业集团申报了建立原料林基地的林（浆）纸一体化项目。这些项目以市场为导向，以资本和经济利益等多种形式为纽带，初步形成了集制浆造纸与原料林基地建设于一体的新格局。国家林业局先后对湖南泰格林纸集团、宁夏美利纸业、山东华泰纸业股份有限公司、山东纸业股份有限公司、河南濮阳龙丰纸业股份有限公司、广西金桂浆纸集团、安徽皖西南公司、沈阳金新集团等近10个林纸一体化项目的原料林基地建设项目进行了现场考察和深入调研。按照项目文件，这些林纸一体化项目将建设近1 000万亩规模的原料林基地，既是林纸一体化工程的主要建设内容，也是全国速丰林工程建设的重要组成部分，必将对整个速丰林的建设和发展起到带动作用。

三、主要问题

通过调研，我们也清醒地认识到，速丰林工程在快速发展的同时，也存在着一些不容忽视的问题，这些问题应该也必须引起我们的高度重视，进行认真研究，切实解决。这些问题主要表现为：

（一）规划落实不到位，使速丰林在建设数量上达不到要求

进入新世纪，我国林业建设的重点由以木材生产为主全面转向了以生态建设为主，国家用于生态建设的投资不断增加。天然林资源保护工程、退耕还林工程、野生动植物保护及自然保护区建设工程相继启动，部分已经营造速生丰产用材林的经营区因生态区位重要，被国家划定为生态公益林区。一些地区则出于争取国家投资的考虑，也将部分商品林经营区划为生态公益林区。部分地区对国家投资落实不到位的速丰林工程缺乏应有的重视，导致工程在一些地区进展缓慢。工程规划“十五”期间应完成7 035万亩的建设任务，截至2005年底，按照速丰办统计结果实际完成5 552万亩，占应完成任务的79%，有21%的任务量没有完成；如果按照国家林业局正式对外公布的统计数据，则远远低于规划的任务量。

（二）建设质量有待提高

20世纪80年代末90年代初，受科技发展水平的限制，速生、优良树种使用率较低，且经营相对粗放，导致林木生长量低而不稳。近年来，随着科技的进步和经营方式的转变，速丰林的经营水平有了明显提高，国内集约经营的速丰林年生长量平均达到了1立方米/亩左右，普遍高于其他人工林，但与世界林业发达国家相比仍有较大差距，仍处于一个相对较低的水平。

（三）建设结构不合理

近年来，国家对林业的投资大多用于生态建设，《重点地区速生丰产用材林基地建设工程规划》批复中明确的森林防火、森林病虫害防治、优良种苗开发与推广等公益性国家扶持补助资金一直未能得到很好的落实。出于眼前经济利益的考虑，经营者大多营造大面积的纯林，在树种上以常规树种、短周期工业原料林为主，对于培育周期较长、国内进口量较大、具有木材战略储备意义的大径级珍贵树种用材林则营造得很少，从而导致了国内木材供给出现了结构性短缺，森林病虫害和森林火灾隐患不断加大，严重威胁了林木自身安全。

造成上述问题的原因：

一是国家扶持政策落实不到位。近年来，国家对林业的投资大多用于生态建设，对作为林业产业建设主体的速丰林工程直接投资很少。在整个“十五”建设期间，仅在2003年和2004年安排了1 850万元的优良种苗应用和推广补助资金，而且不能保证资金来源的连续性和资金渠道的稳定。《重点地区速生丰产用材林基地建设工程规划》批复中明确的森林防火、森林病虫害、优良种苗开发与推广等公益性国家扶持补助资金一直未能得到很好的落实。

二是融资渠道匮乏。速丰林是高投入、高产出行业，投资较大，加之林业生产周期相对较长，目前经营者除利用部分自有资金外，大部分资金要靠银行贷款解决。其中，国家开发银行作为扶持速丰林工程的政策性银行，贷款对象主要是大型企业，要求投资规模至少1亿元以上，对贷款抵押要求严格，贷款宽限期较短，贷款程序复杂。作为单纯营造速丰林的企业，从国家开发银行贷款具有相当的难度。中国农业银行的林业治沙贴息贷款也存在着程序复杂，贷款指标落实困难等实际问题。

三是资源管理尚需进一步放开。虽然国家林业局先后出台了文件，对人工商品林、工业原料林的资源管理办法进行了改进，但是木材采伐限额仍然是制约速丰林发展的主要因素之一。受采伐限额指标和木材生产计划的限制，经营者对自己经营的商品性林木没有完全的自主权，不能按市场需求安排

采伐，实现最大的经济效益，在一定程度上影响了投资营造速丰林的积极性。

四是税费征收不合理。税费问题涉及林农、企业、地方财政等方方面面，是带有普遍性、全局性的问题。据统计，我国木材税费项目多达20多种，占一次性销售价的50%以上。有的地方搭车收费、乱收费严重，木材税费高达木材销售价的70%以上。近年来，随着中央对“三农”问题的重视，税费问题已有明显好转。但对于速丰林来说，有些税费征收仍然不合理。比如育林基金，原本是按采伐天然林情况设定的收费，用于采伐没有造林成本的天然林后的更新造林，而营造速丰林本身投入已经很大，在采伐时还要收取育林基金，明显不合理。

四、政策建议

木材是经济社会发展中不可或缺的物质资料。在全球可持续发展战略中，木材问题已由一般的经济问题逐步演变为资源战略问题，越来越引起世界各国的高度重视与普遍关注。进入新世纪，社会对木材的需求将继续呈现逐年上升趋势，预计到2015年，我国生产建设用材需求量约为3.3亿～3.4亿立方米，而国内仅可提供1.95亿立方米，缺口将达1.4亿～1.5亿立方米。

木材短缺是世界范围内的问题，传统出口木材的国家基于环境保护、生态平衡和发展本国经济等多方面原因，对木材出口都在逐步采取越来越多的限制性措施。今后，作为工业原料的原木进口将会变得越来越困难，并且只能作为一种补充和调剂手段。从长远计，从确保我国资源安全的高度考虑，必须积极采取有力措施，制定适合我国国情的木材资源供需平衡发展战略，走立足国内保障木材供给之路，把木材工业的发展建立在国内木材资源增长的基础上，满足经济社会发展对木材日益增长的需求，为全面建设小康社会提供有力的物质保障。

在《林业发展“十一五”和中长期规划》中提出，努力实现我国由林业产业大国向林业产业强国的跨越，为发展农村经济，增加农民收入，解决我国“三农”问题做出贡献。发展战略目标是：到2010年，商品材年产量9 980万立方米，人工林商品材供应率达到70%以上，木材综合利用率达到70%，基本实现由采伐天然林为主向采伐人工林为主的转变；2020年，人工商品材供应率达到80%。

按照速丰林工程规划，到2010年，建设速丰林基地920万公顷，基地建成后，每年可提供木材9 670万立方米，可支撑木浆生产能力1 190万吨、人造板生产能力1 315万立方米，提供大径级材732万立方米；到2015年，建设速丰林基地1 333万公顷，提供国内生产用材需求量的40%，完成南北方速丰林绿色产业带建设，加上现有森林资源的采伐利用，国内木材供需基本趋于平衡。全部基地建成后，每年可提供木材13 337万立方米，可支撑木浆生产能力1 386万吨、人造板生产能力2 150万立方米，提供大径级材1 579万立方米。

为了实现上述目标，完成速丰林规划的建设任务，提出加快速丰林工程建设的措施和政策建议如下：

（一）促进速丰林工程发展的主要措施

一是调整速丰林工程的发展模式。正确把握速丰林的培育方向和重点，统筹兼顾眼前效益和长远效益。从保障我国木材供求战略需要的角度，坚持培育中短周期工业原料用材林为主、长周期珍贵树种大径级用材林为辅，长短结合的发展思路。通过落实扶持政策，加强示范引导，科学规划，引导经营者合理调整树种和林种结构，积极推进发展珍贵树种大径级用材林基地。

二是集约经营，努力提高林地生产力。尽快落实优良种苗补助资金，加强优良种苗的开发和推广应用。对已营造的速丰林，在经营管护、森林防火和病虫害防治等各个方面加强管理，提高速丰林基地的林地生产力。同时，抓紧制定适用速丰林的人工低产商品林改造管理办法。在分类经营的基础上，鼓励将政策允许、条件具备的残次林按照现有法律法规和技术规程改造为速丰林。

三是调整完善森林资源管理政策。在明晰森林资源资产权属与森林分类区划界定的基础上，按照“合理经营，持续利用，分类施策”的原则，继续调整完善现有的森林资源管理政策，尽快制定出一套符合我国速丰林发展需要，最大限度地保障经营者权益的森林资源管理政策。同时，按照“稳定所有权、放活使用权、尊重经营权、保障收益权”的原则，建立林地使用权流转及活立木转让交易平台，积极稳妥地推进林地使用权流转。

四是发挥示范辐射带动作用。建立示范基地。一方面，按照整体推进、分步实施的原则，树立一批集约化程度较高、一体化程度衔接良好的龙头企业作为示范，通过龙头企业与基地的紧密链接，定向培育森林资源，发展订单林业生产，巩固并不断扩大市场牵龙头、龙头带基地、基地联农户的产业化经营模式。另一方面，正式出台《重点地区速生丰产用材林基地建设工程示范项目管理办法》，在速丰林工程规划区内，由国家林业局正式认定一批具有一定规模、管理规范、品种优良、技术先进、经营水平较高、具有示范作用的速丰林工程基地，以充分发挥典型引导和辐射作用，带动工程建设整体质量和水平的提高。

五是强化科技支撑，加大培训力度。要围绕提高质量和效益这一中心，在良种繁育、林木栽培管理、病虫害防治、木材加工利用等方面集中力量开展技术研究，选育出一批优良品种和无性系。逐步引导工程建设主体尤其是龙头企业成为创新的主体，与科研院所、高等院校、技术推广部门建立长期稳定的协作关系，走产学研、林科教一体化的路子。抓紧组织修订主要造林树种的速生、丰产标准和造林技术规程。加大培训力度，对工程建设的各级管理和技术人员，进行不同层次的培训，提高工程建设者的整体素质。

（二）促进速丰林工程发展的政策建议

一是建立稳定的国家投入机制。落实国家对速丰林工程扶持补助资金，明确投资渠道和保证投资来源，重点用于森林防火、森林病虫害防治、优良种苗的开发与推广。加强示范，引导社会力量投入工程建设，逐步建立起以市场调节为主、政府适当扶持的速丰林工程投入政策体系，从根本上解决工程发展的基本动力问题。

二是建立享有长周期、低利息、政府贴息扶持的信贷政策。建议按照2004年签订的《开发性金融合作协议》，继续发挥国家开发银行作为政策性银行的优势，每年确定一定比例的贷款规模和指标用于支持速丰林建设。同时放宽担保条件，允许以林地、林木资产作为抵押贷款。在安排农业银行林业治沙贴息贷款时，优先考虑符合条件的速丰林工程项目。中央和地方财政每年确定一定比例的资金用于贷款贴息，扶持速丰林工程。

三是建立珍贵树种大径级用材林资源储备制度。建议尽快建立珍贵树种大径级用材林资源战略储备制度，设立专项储备基金，与解决国有林场和国有森工企业脱困结合起来，对培育珍贵树种大径级用材林的经营者按照造林面积给予一定比例的补助资金，以缓解我国珍贵树种大径级用材林严重短缺的局面。

四是改革税费政策。建议对于新建的速丰林基地，育林基金由企业、林农自提自用，专项用于基地建设；取消维简费和林业建设保护费。

调 研 单 位：国家林业局速生丰产用材林基地建设工程管理办公室
调研组人员：王成祖　王连志　石　敏　崔海鸥等
报告执笔人：石　敏

⊙林业产业发展问题

关于加快林业产业发展的几点意见

林业是一项重要的公益事业，也是一项重要的基础产业，承担着生态建设和提供林产品及服务的双重使命。生态和产业是林业建设一个问题的两个方面，生态是产业发展的基础，产业是生态建设的动力，只有生态与产业相辅相成、相互促进，才能建设协调林业，服务和谐社会。林业产业具有领域宽、产业链长、资源可再生、绿色无污染、惠及亿万群众等优势，但目前存在着结构不合理、产业素质差、科技含量低、发展不充分等问题，难以适应国民经济和社会发展的需要，也从根本上制约了林业的健康、持续发展。发展短腿的林业产业是今后一个时期林业工作的重心之一，必须充满紧迫感，必须要有战略性、前瞻性和全局性，必须采取切实可行的措施和扶持政策。

一、当前林业产业发展的特点和趋势

林业产业是一个涵盖范围广、产业链条长、产品种类多的复合产业群体。近年来，林业发展的内外部环境不断得到改善，各种经济成分参与林业建设积极性进一步提高，林业产业发展势头迅猛，到2005年，林业产业总产值达到8 485.7亿元，是1999年的2.7倍，比2004年增长22.7%，在促进国民经济发展和社会进步中发挥着越来越重要的作用。

（一）新兴产业迅速崛起，产业结构不断优化

随着花卉、森林食品和药材、生态旅游等一大批新兴产业迅速崛起，林业产业的内涵不断扩展。进入21世纪以来，这些新兴产业产值以超过10%的速度逐年递增。全国竹产业年产值已达到400多亿元，6年间增长了2倍。森林旅游业的发展速度更加迅猛，生态旅游人数自1990年以来每年都保持30%的高增长率，2005年达到了1.7亿人次，占国内旅游总人数的14.3%；以门票为主的直接旅游收入达83.9亿元，比2004年增长了213%。

新兴产业的发展，推动着产业结构优化的步伐，林业第一、二、三产业的比例从1999年的67∶29.2∶3.8发展到2005年的51.5∶41.2∶7.3，第二产业正成为新的经济增长点。

（二）加工企业集中度有所提高，竞争力逐渐增强

随着林业产业的蓬勃发展，加工企业规模不断扩大，集中度越来越高。按产量大小排序，纤维板行业前10名企业所占份额近几年保持在30%以上。2002～2004年间投产或在建的中密度纤维板生产线平均单线生产能力为6.2万立方米，是2001年以前投产的2.1倍；地板行业前10名企业的集中度到2004年上升到50.1%；人造板生产大省的山东、江苏、河北和浙江4省，到2004年，其产量占全国的63.5%；造纸业呈现出强者恒强的特征，从1995年至今，原有的7 000家企业已缩减到3 500家。

（三）非公有制林业发展迅速，投资主体多元化

股份制、民营、外资、合资企业正在成为林业产业发展的主导力量，林业投资主体多元化格局初步形成。目前，非公有制林业产值占总产值的比重已经达到50%以上。截止2004年底，全国林业第二产业的非公有制企业占全国林业企业单位的90%以上，产值占林业第二产业总产值的82%。从非公有制投资造林情况看，2005年达到207.9万公顷，占全国造林总面积的57.1%，比2004年高出6.2个百分点。外资参与我国林业产业建设的规模也在逐年增大，仅2005年，林业利用外资就达为11.6亿美元，比2004年增长了82.6%；截止2004年底，仅占全国总数的8%的外资造纸企业，其产值和利润则分别占到29%、46%。

（四）与全球经济联系日趋紧密，外向型特征明显

在全球经济一体化的大背景下，我国林业产业与世界经济相互依存的关系愈加密切，林产品进出口贸易显示了强劲的势头。2005年，我国林业进出口贸易额达到412.9亿美元，比2004年增长18.1%。其中，出口胶合板558.4万立方米，木家具68.4亿美元，干、坚、鲜果22.7亿美元，分别比2004年增长29.7%、30.9%和22.0%；出口松香34.8万吨，占全球份额的比重高达50%以上。花卉产业参与国际贸易也呈现出前所未有的良好态势，广东省的鲜花和盆景已经畅销全球100多个国家和地区，每年创汇在5亿美元以上。

（五）产业区域分工态势初步形成，区域优势开始显现

随着国际、国内市场的逐步细化，林业产业分工也随之加快。目前，中东部地区已成为人造板生产中心，占全国产量的74.4%；浙江和东北等地逐渐成为地板行业生产基地，浙江、黑龙江、福建等8省产量占全国的90%左右；东北仍然是主要原木生产基地，尽管比重逐渐下降，但目前仍占全国的26.7%；浙江、广东、江苏、河南和福建5省的花卉产值占全国的52.8%；竹藤棕制品的生产则集中在经济相对发达的浙江、福建、广东、江苏4省，

其产值占全国的66.7%；湖南省、浙江省、福建省和重庆市占据了森林旅游产值的前4名，占全国的60.2%。

二、林业产业发展存在的主要问题

我国林业产业属于国民经济中的弱质产业，在发展中面临错综复杂的体制、资源、管理、政策等问题，一产基础不稳、二产素质不高、三产发展滞后问题尚未得到根本解决。

（一）思想认识不到位，产业管理工作弱化

近年来，我国林业发展重点由木材生产向生态建设转变。1998年改革，撤消了林业产业发展司，产业管理职能分散到各司局，各省也予以仿效，而农业、质检、环保、旅游等多个部门又从不同方面争取对林业产业的管理权，在林业内部和外部都形成了多头管理的局面，产业管理职能不清、关系不顺、指导和服务缺位的问题相当突出，林业企业无所适从。

（二）森林资源严重短缺，产业政策有待优化

森林资源短缺是制约当前我国林业产业发展的最突出矛盾。近年来，我国年均消耗资源3.65亿立方米，实际年净进口木材1亿立方米左右，占总消耗量的27%。虽然我们的人工林面积达7.9亿亩，但蓄积仅为15.1亿立方米，短期内难以支撑林业产业发展的需要。目前，浙江、江苏、山东、河南等地木材加工能力已远远超过本地商品材供应能力。随着国际社会对原木出口的限制，木材供应缺口将不断加大，森林资源短缺已成为林业产业发展的重大瓶颈。

目前，林业产业发展相关政策也存在一些问题。分类经营、集体林权制度改革还没有完全推展到位，森林资源培育的制度性障碍还没有完全消除；现有资源管理政策尚未赋予生产和经营者在采伐、利用上的合理自主权，难以调动全社会发展林业积极性；缺乏有利于发展的投融资、税费、扶持等配套政策措施。

（三）产业整体素质不高，行业竞争力不强

总体看，我国林业产业整体素质不高的局面尚未得到根本改善，生产规模小，低档产品多，精深加工产品少的问题仍然普遍存在。我国的木浆造纸、刨花板和中密度纤维板的企业平均规模分别仅为世界水平的33.3%、13%和35%，技术装备多处于国际上20世纪六七十年代水平；木材综合利用率仅为60%左右，与世界发达国家的差距较大。从业人员的整体素质不高、科技成果转化率低也制约着行业竞争力。全国林业系统各类专门人才仅占职工总数的25%，林业产业科技贡献率仅为20%。

（四）产业结构不合理，经济效益不高

2005年，我国林业产业中第一产业产值4 355.6亿元，占林业总产值的51.5%；第二产业产值3 486.5亿元，占总产值的41.2%；第三产业产值616.6亿元，占总产值的7.3%。一、二、三产业的产值比重表明，我国林业产业还处于国民经济发展格局中较低层次。据FAO统计，在全球总产值中，林业产业所占比重为7%，而我国林业产业在GDP中所占比重仅为0.97%。在林业总产值中，发达国家第二、第三产业产值所占比重一般超过70%，而我国仅为48.5%，其中第三产业产值所占比重不到7%。

三、林业产业发展的潜力和空间

构建和谐社会、建设社会主义新农村的战略决策，给林业产业发展带来了前所未有的机遇，也提出了更新、更高的要求。在新的历史时期加快林业产业发展，有着巨大的潜力和空间。

（一）林地资源的潜力为林业产业发展提供了广阔空间

我国林业用地面积2.87亿公顷，利用率仅有59.77%，林地的潜力还没有得到充分发挥。不仅林地利用率低，林地产出率也不高。我国森林每公顷蓄积只有84立方米，人工林仅为46.5立方米，与世界平均水平有很大差距。我国还有可利用的沙地5 300万公顷。如果使现有的林地资源都能得到科学规划和充分利用，林地使用率将大幅度提高；如果采取集约经营，提高森林质量，林地产出率也将大幅度提高。林业产业发展所遇到的森林资源短缺问题就必将迎刃而解。

（二）市场需求的潜力为林业产业发展提供了广阔空间

我国是林产品生产大国，但林产品人均消费远

未达到世界人均水平，市场潜力很大。目前，我国每年木材供给缺口达1亿~1.5亿立方米。而且随着经济的快速发展和人们消费观念的不断变化，社会对林业和林产品的需求呈日益增长趋势，林业产业发展的市场空间和领域将越来越大。同时，随着经济全球一体化进程的加快，我国由“世界加工厂”向“世界制造中心”的过渡，为林业产业发展增添了原动力。如果能将市场潜力充分发挥出来，必将对林业产业产生强大的拉动作用，林业产业也必将依据市场的需求走上规模化、专业化、集约化的健康发展之路。

（三）劳动力的潜力为林业产业发展提供了广阔空间

我国是一个人口大国，劳动力资源丰富，仅农村就有大约有1.2亿剩余劳动力和1/2的剩余劳动时间。目前，发展林业产业已经成为许多地区解决剩余劳动力的重要途径。据统计，全国林业产业每年可带动4 500多万农民就业，相当于农村剩余劳动力的37.5%；在南方集体林区158个林业重点县，农民收入40%以上来自于林业产业。林业产业也正成为许多农村地区经济发展的主导产业和经济支柱，成为农民新的增收渠道。丰富的劳动力资源，使林业产业发展的后劲十足。

（四）物种资源和生物质能源的潜力为林业产业发展提供了广阔空间

我国是一个生物物种资源十分丰富的国家。全国有木本植物8 000多种、陆生野生动物2 400多种、野生植物30 000多种，有1 000多种经济价值较高的树种，许多物种都可能开发出一个新兴的大产业。林业生物质能源是典型的绿色能源，据估计，我国生物质能源至少有相当于7个大庆的能源产出量。全国每年森林采伐、木材加工等生物质废弃物约1.4亿吨，林木修枝等产生的生物质量有1亿吨，将这些资源的50%开发成能源，可以替代6 500万吨的石油能源。目前，我国尚有不适宜农耕的宜林荒山荒地沙荒地8.2亿亩，如果利用其中的20%来种植麻风树等木本能源植物，每年可生产的生物质原料2亿吨，相当于1亿吨标准煤。开发和利用林业生物质能源，是最有前途的林业产业。

四、林业产业发展的方向和布局

林业产业发展要以科学发展观为指导，以建设比较发达的产业体系为目标，以产业结构战略性调整为主线，以体制、政策和科技创新为动力，突出区域特色，加快建设产业带、龙头企业群，全面提高林业产业国际竞争力。

（一）林业产业的发展方向和目标

当前，我国林业产业正处于工业化中期，要大力发展第一产业，培育壮大第二产业，积极发展第三产业，坚持产业发展与生态建设相互促进，充分发挥资源优势的生态型产业发展方向，实现林业经济结构由资源主导型向技术主导型转变，资源配置方式由政府主导型向市场主导型转变，经济增长方式由粗放型集约型转变，发展模式由单一国有型象多元混合型转变。力争到2010年，林业产业总产值达到1.2万亿元以上，商品材产量增加到1.6亿立方米，其中人工商品材供应率达60%以上，木材综合利用率提高到70%以上。，实现林业产业资源基础初步巩固，主导产业逐步显现，新兴产业稳步壮大的目标。

（二）发展林业产业的基本原则

林业产业发展必须选择循环经济发展的途径，建立起和睦型、协调型、恢复型、闭合型的生态产业发展模式，在保护生态、节约资源中促进产业发展。一是要坚持生态和产业两大体系协调发展，加快产业的发展进程。生态建设应充分考虑产业发展的需要，为产业发展创造丰富的原料资源；产业发展要以促进生态建设为己任，为生态建设提供更多的动力。逐步形成林业生态建设和产业建设相辅相成、相互促进、共同发展的态势。二是要坚持调整林业产业结构，构建新型区域布局。正确把握林业产业区域分布和结构，构建布局合理、优势明显、特色鲜明的区域布局，使各种生产力要素充分发挥作用。逐步形成以优势主导产业为特征、以名牌产品为代表的产业带，发挥林业产业的聚集和辐射效应。三是要坚持发挥市场配置资源的基础作用，强化宏观引导和协调。在充分考虑市场导向、资源约束条件的基础上，促进生产要素合理流动，加强对林业产业发展的宏观调控和协调，规范各投资主体行为，为企业发展创造公平的竞争环境，促进林业产业的规范、有序、健康发展。四是要坚持“两头在外”，充分利用国内外两种资源两个市场。要积极推行“两头在外”的战略，充分发挥区域经济优势，把在国外开发和培育森林资源，作为实现国内木材供需平衡的重要途径，给予必要的扶持与保障条件，逐步增强一些优势企业的国际竞争力，扩大生产规模，提升经济效益。

（三）林业产业的重点发展领域

要通过鼓励与限制措施，促进产业结构的优化升级，重点在四个领域发展林业产业。一是大力开展工业原料林基地建设、大径级和珍贵树种基地建设，重点鼓励林产品加工企业自建原料林基地；二是发展规模大、技术新、加工深、附加值高的二产木材加工业，限制新建生产能力小的单板项目，淘汰环境污染大和木材综合利用率低的小人造板企业；三是建设名特优新经济林基地，积极推进森林食品、药材、香料、花卉等特色产业的培育和开发，鼓励精深加工，大力发展森林旅游业；四是培育林业高新技术产业，重点发展以森林植物种质资源为依托的生物制药产业和生物质能源产业。

（四）林业产业发展的战略布局

我国森林资源分布不均衡和林业生产力水平的多层次性，决定了林业产业区域发展的差异性和递进性，也决定了林业产业集群的异质性和林业产业带的特色性。综合各地的资源禀赋和经济发展特点，新时期我国林业产业的布局分五大区域：

第一，东北、内蒙古地区——主要以木材精深加工为主，林下种养为辅。这是我国森林资源分布最为集中的地区，森林采运和林产品加工等产业体系完善，从业人员素质较高；拥有全国森林面积的25.66%和全国森林蓄积的31.52%，林业产业发展的资源供给充足；人均林地资源极为丰富，适宜发展林下种养业。这一地区林业产业的发展方向是：在强化森林经营，加强低产林改造和抚育，大力培育大径材和珍贵树种的基础上，对原有生产锯材、集成材、定制材、地板、刨花板等初级产品加工业进行产业升级，向木材精深加工业发展，生产高附加值和市场竞争力强的产品；充分挖掘林地潜力，大力发展林下种养业，积极开发森林食品、森林药材及森林旅游等非林非木产业。

第二，中东部地区——主要以林板一体化为主，花卉生产为辅。这是我国经济最发达的地区，也是我国平原林业为主的地区。森林资源少，人口密度大，经济较发达，林业产业已初步呈现出特色化、基地化、规模化趋势。这一地区林业产业的发展方向是：以发展平原林业为主，拉动工业原料林基地建设，着力加大技术改造力度，培育一批技术设备先进，有相当规模和效益的大型集团，形成林板一体发展的态势。同时，加大花卉、经济林的开发力度，把花卉等产业做大做强。

第三，南方地区——主要以林浆纸一体化为主、经济林种植为辅。这一地区山地面积大，森林覆盖率高，水热条件好，市场活跃，是我国的重点集体林区，林业产业发展优势明显。这一地区林业产业的发展方向是：充分利用南方较好的自然条件，加速培育短轮伐期原料林，加快发展制浆造纸业、人造板、竹材加工和林化产业。同时，将已有的经济林主产区的优势扩大，科学合理地利用丰富的山地资源，提高经济林生产集约化程度。

第四，西南地区——主要以森林旅游为主，生物资源开发为辅。这是我国生物资源最为丰富的地区，少数民族聚集，自然风光秀丽。其产业发展的比较优势是宜林地多，生物资源、森林景观资源丰富，名特优经济林产品多。根据资源禀赋，这一地区林业产业的发展方向是：继续强化经济林种植，大力发展森林旅游，将森林旅游与民族风俗相结合，全方位、多角度地开发森林旅游的服务功能。同时，要在生物多样性丰富上做文章，重点加强植物活性提取物以及植物源新药的种植开发，扩大深加工产品规模，逐步实现林业生产高科技、高附加值和绿色、有机目标。

第五，西北地区——主要以林果种植加工为主，薪炭林培育为辅。这一地区经济社会发展相对落后，自然条件差，森林资源贫乏，生态脆弱。但地域辽阔、人口较少，日照充足，昼夜温差大。根据生态环境的特殊性，这一地区林业产业的发展方向是：在发展和巩固生态建设成果基础上，大力发展林果业，全面保持和打造西北特色，以提高林地产出效率为核心，不断强化果品质量和提高科技含量，加快储运加工能力建设和时令差异产品开发，切实解决经济林产品外销问题。同时，大力发展薪炭林、灌木林，实现“大地增绿，农民增收”。

五、发展林业产业的政策措施

林业产业既是资源依赖型产业，又是发育相对滞后的弱质产业，在坚持市场配置资源的基础性地位的同时，要加强宏观调控和政策扶持，促进林业产业健康有序发展。

（一）加大森林资源的培育力度

林业产业是资源型产业，森林资源培育既是林业的第一产业，也是二、三产业发展的根本依托。一要抓紧协调落实国家林业局和国家开发银行达成的80亿速丰林建设贷款协议，制定出切实可行的操作办法；同时要真正落实并逐步增加国家林业局对速生丰产用材林基地建设的种苗补助资金，努力争取国家珍贵用材林培育专项资金，大力推进工业原料林和大径级材基地建设，扩大森林资源总量。二要抓紧调整完善低产林改造和人工林抚育采伐限额政策，以提高林分质量和林地生产力为重点，采用推广先进科技成果和技术，实行良种化、科学化、优质化经营，走内涵式扩大再生产之路。三要完善人工商品林采伐政策，尊重森林经营者的意愿，尽快出台《森林、林木和林地使用权流转条例》，从根本上调动造林者积极性。

（二）强化政府宏观引导和协调服务

林业是弱质产业，必须强化宏观引导和协调服务。一要切实加强全国林业产业管理机构建设，国家和各省、市、县林业主管部门要专门成立林业产业管理机构，落实人员编制，理顺管理职能，强化管理手段，全面负责对林业产业的宏观引导、政策制定和服务工作。二要大力强化中国林业产业协会工作，整合协会资源，明确和理顺各自职能，同时要积极扶持和发展各种林业经济合作组织，按照市场经济的要求，充分发挥其在规范市场秩序、维护公平竞争、保护生产经营者合法权益的作用。三要根据各地林业产业发展基础、优势和潜力，制定《全国林业产业发展规划》，形成合理的区域发展布局，推进林业产业聚集和产业带的形成。

（三）积极培育林业产业市场体系

完整、开放、竞争的市场体系是产业发展最重要的外部环境。一要建设和完善林产品流通市场，加强对市场的规划、建设和管理，修改和完善木材和林产品运输和管理制度，改善林产品的流通环境。二要建立国家及地方林业产业信息网，建立和完善市场预测系统，及时掌握供求信息，为经营者提供政策、市场需求、生产要素等方面的信息服务。三要发展林产会展经济，从产品特色、筹展档次、规模、等方面着力体现林业特色，不断增加会展的辐射功能。四要积极推动林木资产评估流转市场的形成，组织专门机构队伍，制定评估标准和流转程序，公开信息，竞价转让，实现林木商品化经营。五要加强技术市场培育，通过建立科技示范点、科技承包和技术咨询、服务等形式，实现科研与生产相结合、技术与经济相结合、开发与市场相结合，提高林业产业化水平。

（四）着力推进优势产业发展

一要不断强化科技成果的系统集成和推广应用，重点加大对新材料技术、木材改性技术的研发和推广，改造锯材、人造板、高档家具、装饰材料等传统产业，使传统产业焕发新的活力。二要充分依托林区自然资源优势，积极开展森林生态旅游，着力提高森林食品、干鲜水果、木本粮油、食用菌、中药材和特色养殖等种养业生产加工水平，制定林业有机产品和绿色产品技术标准，积极开展国际认证工作，建立健全林产品质量检验监测体系，推动森林食品向标准化、品牌化、产业化发展，把资源优势转化为经济优势。三要依靠生物工程技术，下力开发以森林植物种质资源为依托的生物制药产业，积极研究探索生物质能源，加快高能量生物质树种的选育及加工研究，推进高科技林业产业的发展。四要强化对新品种、新产品、新工艺的知识产权保护，维护企业的知识产权。

（五）打造龙头企业和名牌产品

龙头企业是连接基地与市场的纽带，精心培育龙头企业和名牌产品，是壮大林业产业的关键。一要根据产业区域布局，按照“大、优、强”的原则，精选一批技术装备水平高、具有较强市场开拓能力和辐射带动作用的龙头企业，制定出台《扶持国家林业重点龙头企业的意见》，建立发展扶持机制，在资金、技术、人才、采伐指标等方面给予一系列优惠，形成以市场牵龙头、以龙头带基地、以基地连林农，林工贸一体化、产加销一条龙的经营格局。二要制定《林业名牌产品认定办法》，加快实施创立林产品名牌的发展战略，及时进行商标注册，加强产品认证工作，加大对外宣传力度，打造一批在国内外有影响的名牌产品、名牌企业。三要下力抓好人才经营，建立优胜劣汰的用人机制，强化队伍培训，不断提高职工素质。

（六）加大优惠扶持力度

一是国家每年要安排一定数额的林业产业发展专项资金，作为资源培育、加工龙头企业的贷款贴息、科研开发和示范基地的建设经费。二是逐步把林业产业发展贷款纳入国家政策性银行贷款范围，实行优惠利率，适当延长贷款期限，稳定财政贴息政策。三是继续完善并实行优惠的林业税费政策，利用“三剩物”及次、小、薪生产的产品继续实行增值税即征收即退政策，对从事种植、养殖业和林产聘初级加工所得免征所得税。四是进一步调整完善育林基金制度，对在非规划用地上营造的人工商品林免征育林基金；征收的育林基金逐步全部返还林业生产经营者。

为切实推进林业产业快速发展，建议明年重点抓好三项工作：一是抓紧出台《林业产业政策要点》和《林业产业结构调整指导目录》，明确林业产业发展相关政策和重点领域。二是制订《木材经营加工管理办法》，建立完善木材经营加工许可制度，杜绝森林资源浪费。三是适时召开全国林业产业工作会议，明确林业产业发展的方向、目标、布局和政策措施，形成全国上下联动，行业内外共推的产业发展态势。

调 研 单 位：国家林业局木材行业管理办公室
国家林业局速生丰产用材林基地建设工程管理办公室
国家林业局发展计划与资金管理司
国家林业局林业基金管理总站
国家林业局经济发展研究中心
调研组成员：雷加富　杨　超　张艳红　王志高
苏宗海　彭华福　孙志强　孔　卓
赵　戈　缪光平　王　丽
报告执笔人：王志高　王月华　李天送

加强机构建设　提高服务水平
促进林业产业又好又快发展

按照国家林业局林业重大问题调研活动协调小组办公室统一部署，2006年7～10月行业管理办公室和发展计划与资金管理司组成联合调研组，分赴黑龙江、吉林、辽宁、福建、浙江、广西等6省（自治区）进行了林业产业发展调研。调研组在各省（自治区）深入到一些重点县（市）及有关林业企业进行了实地考察和座谈，听取了对当地乃至全国林业产业发展的意见和建议。现将有关情况报告如下：

一、6省（自治区）林业产业发展基本情况

从调研情况看，各地立足资源优势，积极推进林业产业发展，结构不断优化，机制不断创新，在带动农村经济发展、农业结构调整、农民收入增长等方面越来越显示出积极和活跃的作用，显现出良好的发展态势。但区域发展不平衡，福建、浙江、广西3省（自治区）借助各种优惠政策，通过不断加强政府引导，扶持主导产业和培育优势产业，林业产业发展势头良好，有力地推动了林业生态建设和地方经济的发展。但东北地区林业产业发展与资源现状不相称，资源优势没有得到充分发挥，整体上还处于初级发展阶段，还没有在区域经济发展中发挥其应有的作用。

（一）林业产业总体发展态势良好

1. 以木材加工、人造板制造等为主的传统产

业得到巩固和提高

各地采取有效措施，鼓励木材加工、人造板加工等传统优势产业发展，形成了以制材、人造板为基础，以家具、木制品为骨干，制浆造纸、林化产品竞相发展的林产工业体系，初步实现了由原木生产和木材初加工向木材精深加工转变。

2. 林业新兴产业蓬勃发展，资源综合利用率不断提高

在木材减产的大背景下，各地资源开发重点已由单一利用木材资源向林区资源综合利用转变。通过综合开发森林资源，扩大外延再生产，形成了工艺品、森林食品、药材、野生动植物种养殖、森林旅游等一批新兴产业，许多地方新兴产业产值已占林业总产值50%以上，成为主导产业，部分地区的林业产业可以不靠木材就能够实现快速发展。如一些地方用核桃皮制作的花瓶、树皮制作的工艺画、树枝编制的工艺品，都已经走向了国际市场；黑龙江省勃利县通过发展红松兼果林、森林旅游等非木产业，2005年非木产业产值实现2 500万元；黑龙江省鹤北林业局2005年地栽木耳800万袋，山野菜1 300吨，养牛6 850头，养羊15 000只，养猪4万头，非木产业产值达到2.2亿元；吉林省通化市2005年非木产业产值近20亿元，占全市林业总产值的67%以上；辽宁省桓仁县仅森林药材业，2005年增加值就占全县GDP的10%，财政贡献率达9%，成为当地的主导产业；浙江省云和县木制玩具生产企业195家，约占全国木制玩具产量的30%；广西壮族自治区八角、肉桂产量居全国第一，茶油、桂油产量列全国前五名，茶油、桂油贸易量占世界贸易量的80%和30%以上，森林旅游景区接待游客325万人次，收入达2.3亿元。

3. 非公有制经济已成为林业产业发展的主力军，林业产业发展活力进一步增强

近年来，各地在林业生产经营活动中，通过租赁、承包、股份合作、变卖等方式，加快推进市场化进程，初步实现了由单一公有制向多种所有制经济发展的转变，激发了林业产业发展活力。如黑龙江省伊春市通过对国有企业实行股份制、股份合作制、兼并、破产、租赁等形式，使全市168户国有、集体林产工业企业中的161户进行了产权制度改革或经营机制转换；黑龙江省鹤北林业局林产工业企业，经招商引资后，基本实施租赁经营，现有的74家企业都属于集体和个体企业；各地的林地资源开发，基本属于个体经营。例如浙江省2万多家林产工业企业中有98%以上为民营企业，福建省1 006家规模以上林业企业中非公有制企业占80%。

4. 林业产业集群初步形成

在我国市场发育较为完善的地区，随着经济的快速发展和市场的不断完善，林业产业已完成了梯度转移和市场分类，具备了较强的实力，形成了生产、流通、科研、教育、设计等专业比较完整的产业体系，结构和布局日趋合理，产品数量和质量大幅提高，产业聚集效应明显。浙江省仅木竹及人造板加工业就形成了以人造板、实木地板、家具、木竹工艺品等为主的多个全国有影响力的生产基地和产业集群。如嘉善、湖州的胶合板、丽水中高密度纤维板、南浔实木地板、东阳木线、温州和玉环木制家具等在全国有影响力的生产基地；福建省根据区位特点和资源优势，通过实施项目带动和龙头企业带动战略，初步形成了以森林资源为依托的闽西北林产工业加工中心，两头在外的林产品深加工中心，以建瓯、永安为中心的笋竹加工产业集群，以厦门、漳州为中心的家具产业集群，以木材为主要原料的闽北造纸产业集群，以废纸和桉树速生丰产林为主要原料的闽南造纸产业集群。

5. 林业产业在农民（林业职工）增收致富中发挥了重要作用，林业地位提高

随着林业改革进程和产业发展步伐的加快，农民和林业职工发展林业产业的积极性空前高涨，许多地方林业产业收入已占当地农民收入的30%以上，成为他们增收致富的重要渠道。黑龙江省鹤北林业局的林产工业企业安置下岗职工和待业青年达3 000多人，从事森林食品、药材、养殖等多种经营的人员达5 029人，占全局职工总数的68.50%；吉林省通化市林业产业从业人员达58万人，农民人均林业年收入达1330元；辽宁省桓仁县实现了全县人均2亩经济林、2亩工业原料林、1亩中药材的“221”工程，2005年全县实现林业产值15亿元，占全县GDP的39.20%。2005年广西壮族自治区名特优经济林产品产量超过500万吨，农民从经

济林产品直接收益超过百亿元，其中农民从八角、桂皮等香料直接收益超过10亿元，松脂收益约15亿元。

（二）林业产业发展存在的主要问题

1. 企业规模不大，技术装备水平普遍偏低

我国林业产业企业规模普遍偏小，企业不仅规模小、技术装备水平也普遍偏低。国内中密度纤维板单条生产线的平均年生产能力约为4.23万立方米，仅相当世界平均的35%左右。锯材、胶合板、家具等行业，其生产更为分散。如福建省共有林业企业8 000多家，但规模以上1 469家，仅占18.40%。

2. 产品质量差

除少数外资企业和以进口设备为主的国内大型企业外，一些乡镇和农民个体小厂，因其设备陈旧、技术落后，产品质量无保证，大多达不到国家标准，更无法与进口产品抗衡。

3. 深加工产品少

从木材类产品看，中间产品多，终端产品少，初级产品多，深加工产品少，加工方法单一，产品趋同化。企业技术创新能力差，缺乏核心竞争力，许多企业因产品市场竞争力弱，成为国内外知名品牌的“贴牌加工”企业，产品卖给委托企业的价格仅为其市场售价的1/3，企业只赚取少量的加工费用，大部分利润让委托企业拿走。

4. 资源浪费严重

由于管理体制和投入机制的影响，各地在林业产业发展中，一直是在围绕争取国家政策和资金支持方面做文章，为上项目而上项目，致使一哄而上，产品结构雷同。这既造成了企业之间为争夺产品市场竞相压价，也造成了原材料的惨烈争夺，进而形成了林业产业低层次的恶性循环。

二、6省（自治区）林业产业管理的基本情况

林业产业发展存在的诸多问题，究其原因主要是缺乏有效的监管和宏观政策引导。虽然各地林业行政管理部门采取了一定的措施，加强了林业产业管理与服务，但由于管理机构弱化、宏观调控手段缺乏等问题，致使管理工作很不适应产业发展的需要。

（一）管理机构建设情况

1. 机构设置情况

6省（自治区）产业管理机构的设置分为四种情况：一是在历次机构改革过程中一直保留了相对独立的林业产业行政管理机构，如福建省的产业发展处、广西壮族自治区的森林利用管理处。二是在机构改革过程中虽保留了林业产业管理职能，但没有独立的林业产业行政管理机构，由计财处负责。当国家林业局行业管理办公室成立后，于2002～2003年又陆续从计财处分离出来，成立单独的产业管理办公室，如辽宁和浙江2省的产业管理办公室。三是机构改革过程中取消了林业产业管理职能和机构，后又恢复了产业管理职能，没有独立机构，如黑龙江省在森林公园管理站增加了林业产业管理职能。四是改革时保留产业管理职能但至今没有设置独立机构，如吉林省的科技产业处。

6省（自治区）的市（地）县级及以下林业部门参照上一级机构设置情况设置了相应的林业产业管理部门，负责本辖区林业产业管理工作。在产业管理机构一直保留的省（自治区），市（地）县级及以下林业产业管理机构相对比较健全和规范。后成立产业管理机构的省由于没有统一的要求，挂靠单位和部门名称五花八门，形式多样，有大部分没有经过同级编制管理部门批准，属于内设机构。

2. 职能落实情况

至今没有独立产业管理机构的省（自治区），对产业管理职能只是做了“拟订产业政策、负责林业产业管理”等原则性的规定；有独立机构但作为内设机构的省（自治区），产业管理职能大多没有经过编办批准；既有独立机构又有明确职能的省（自治区），产业管理职能大部分停留在服务方面，缺乏可操作性和实施性。

3. 人员编制情况

吉林省林业厅科技产业处编制4人，分管产业的人员只有1人，属行政编制；福建省产业发展处编制7人，属行政编制；广西壮族自治区森林利用管理处编制5人，属行政编制，经费由自治区财政支付；辽宁省林业厅产业办编制3人；浙江省产业办编制3人，属行政编制；黑龙江省林业厅森林公

园管理站编制7人，属事业编制。

各地市、县级林业产业管理人员多为兼职或借用，经编办批准成立的机构，人员编制也很少，多为事业编制。

4. 产业管理机构与林业产业发展关联情况

从调研情况看，产业管理机构愈健全，产业发展态势愈好，相反，没有独立的产业管理机构的省（自治区），产业发展则相对滞后。从6省（自治区）林业产业总产值排序看，2005年福建省、浙江省林业总产值分别为919.48亿元、917.98亿元，分列全国第一、二位，2省林业总产值之和占全国林业总产值的五分之一强，而吉林、黑龙江2省的林业总产值仅分别为236.01亿元、235.52亿元，均不足全国林业总产值的3%。

（二）产业管理工作存在的问题

1. 林业产业行政管理机构建设障碍重重

各省（自治区）行政管理部门的机构设置主要根据中央各部门机构设置情况而定，也就是说，中央部门设置什么机构，各省（自治区）行政管理部门就对应设置什么机构。由于国家林业局没有专门的林业产业行政管理机构及其明确的管理职能，各省（自治区）林业行政管理部门在争取成立该机构时，难以得到省（自治区）编办的同意和批准。

2. 管理工作缺乏宏观性

由于国家缺乏统一的宏观管理政策，各地对相关领域的管理只能根据当地实际，采取相应的管理方式和扶持政策。一方面只对产业链的某一个环节进行鼓励，也容易造成链条脱节；如果只对种养殖业进行了扶持，缺乏对加工业和服务业的鼓励，容易造成产品积压，进而影响农民收入。另一方面造成了各地产业布局分散、结构雷同，难以做大做强。

3. 产业管理的权威性受到挑战

一方面是国家林业局的产业管理职能分散在各部门，造成了各省厅林业产业管理职能的分散，既没有形成管理合力，也缺乏权威性。另一方面，在林业部门没有对产业发展形成有效管理的情况下，各省（自治区）农业部门成立了相关的产品管理部门，形成了农林矛盾，影响了林业产业发展。

三、关于加快林业产业发展的思考

（一）林业产业发展的制约因素

1. 认识问题

部分省（自治区）林业管理部门，没有真正认识到林业产业在提高林业地位、促进区域经济发展中的重要作用，没有形成抓产业、促发展的意识，对产业的重视还只是停留在口头上，没有真正落实到行动上。部分同志特别是一些林业部门的主要领导，思想观念还停留在计划经济时代，认为抓产业就是政府参与投资办厂、上项目，没有钱无法抓产业。

2. 监管指导问题

虽然各省林业主管部门都有一定的产业管理职能，但由于机构弱化，职能不明，宏观调控手段缺乏，无法形成对产业发展的有效管理。

3. 政策问题

林业税费过重，森林资源管理体制、林权制度改革速度与产业发展速度不相适应，信息渠道不畅等问题一直阻碍着林业产业的进一步发展。已经出台的政策措施，可操作性不是很强，鼓励政策还不够具体，缺乏相应的法律保障。

（二）加快林业产业发展的重要性和必要性

1. 林业产业是一项富民产业

在我国，没有农民的小康就不可能实现全社会小康。目前，我国粮食价格高于国外，光靠农业的发展来增加农民收入空间已不大，就农业谈农业来解决“三农”问题不现实。我国28 280.34万公顷林地，加上可治理的沙地和可利用的湿地，大约是农田的3倍，潜力很大，林业和林业产业大有可为，林业产业能够在解决“三农”问题中发挥重要作用。

2. 林业产业是一项极具发展潜力的朝阳产业

2005年，我国进口原木、锯材、人造板、木浆及纸和纸板耗汇154亿美元左右，较大的林产品进口替代潜力和较低的人均林产品消费水平为林业产业提供了广阔的发展空间。尤其是全球经济一体化和循环经济的发展需要并带动了林业产业快速发展，使其成为朝阳产业。

3. 林业产业的发展有利于林业生态建设成果

的巩固，并能减轻生态建设的压力

首先，产业发展可以为生态建设提供资金。只有加快林业产业的发展，增强内部造血机能，才能通过林业自身发展，保证生态建设长期稳定的资金来源。其次，由于产业的发展使农民和林农生活水平有所提高，不再打砍树卖钱的主意，有利于保护森林资源和巩固生态建设成果。

人们对木材及其产品的需求是刚性的，只能依靠林业及其产业的发展来满足这种需求。例如，发展人造板工业，一是扩大了原料来源，可以利用次小薪材和“三剩物”，；二是提高了木材综合利用率，一般情况2吨次小薪材可以生产1立方米人造板，而1立方米人造板可以相当于3～4立方米木材的使用。

4. 林业产业的发展有利于提升林业整体地位

林业既是一项公益事业，又是一项基础产业。承担着改善生态面貌、维护生态安全和满足社会林产品的需求，促进国民经济发展的任务。但目前林业总产值在国民经济中所占比重较低，只有加快发展林业产业才能更快更好地发展林业，有效地提高林业在国民经济中的地位。

（三）加快林业产业发展的基本途径

林业产业的发展受资源约束，原材料已成为制约林业产业快速发展的瓶颈。未来林业产业的发展必须进行林业产业生产技术和工艺及其产品的更新换代，必须推进技术自主创新，不断提高企业竞争力。一是原料基地化，这有利于保证生产企业有稳定的原料来源，同时，有利于原料的定向培育，提高土地产出率；二是生产规模化，要促使企业上规模、上水平；三是管理现代化，就是要用计算机信息技术等改造传统产业；四是经营国际化，就是要利用两种资源、两个市场，提高产品国际竞争力；五是产品品牌化，要加大培育行业名牌、国内名牌和国际名牌。

（四）加快林业产业发展的政策需求

1. 市场准入机制

要按照《中华人民共和国森林法》规定，建立林业产业行业准入制度，制定和完善相关法规，加强林业产业监督管理，控制森林资源过量消耗；要强化林业企业合理规模和基本生产条件研究，按照技术上可行、经济上合理的原则，确定产业规模和生产条件；要参照国际标准，抓紧制定（修订）和健全林产品的质量安全标准和技术规范；要完善林产品质量安全检测手段，抓好质量认证工作；要加强林产品加工质量安全的监督、检测和检查，完善有关法规并严格执法。

2. 龙头扶持政策

对有市场、有潜力的企业要进行重点扶持，并积极培育龙头企业，增强规模效益。要通过龙头企业，带动基地建设，拉动上下游产业发展，形成分工协作的产业聚集区，充分发挥聚集效应。

3. 信息服务平台

为加强林产品市场的宏观调控，促进林产工业健康、有序发展，应建立全国林业产业预测预警信息系统，从而加强信息服务，为政府决策和企业发展提供依据。

4. 深化林业改革

加强资源管理体制和林权制度改革，明晰产权，放活经营权，形成责权利相统一的管理制度，增强全国林业产业发展活力和后劲。

5. 宏观调控手段

主要包括经济、行政和法律手段。通过财政、金融、税收等经济手段（包括企业技改资金、贷款贴息、优惠税费等政策），鼓励各地发展有市场需求、有规模效益、产品质量好、经济效益高的产业和产品，创新产业发展模式。通过建立和完善木材经营加工许可证制度等行政手段，杜绝资源浪费严重、产品质量低劣、环境污染严重的加工企业设立，对设立的实施关、停、并、转。要通过完善林业立法，建立健全林业各项法律法规，形成林业法律、法规、规章以及地方性法规和地方政府规章相配套的法律体系，使林业产业管理有法可依、有章可循，为依法行政提供依据。同时，要增强法律法规的针对性和可操作性，不断提高执法效率，为经济和行政管理手段提供依据。

（五）有关配套政策建议

尽快设置林业产业管理机构，明确管理职能。各省（自治区）一致认为，只有在各级林业管理部门设置专门的林业产业管理机构，加强领导，并根据林业产业特点和发展需要，制定相应的政策措施，才能规范和促进林业产业快速发展。为此，建议国家要在各级林业行政管理部门建立和完善林业产业行政管理机构，明确职能，落实编制，稳定队伍。在正式机构成立前，国家林业局应成立由局领导担任组长的产业领导小组，以便指导各省（自治区）已成立的产业机构的工作开展。

在市场经济条件下，政府的管理职能主要是经济调节、市场监管、社会管理和公共服务。针对林业产业作为资源约束型产业的特点，林业产业管理职能应包括以下几个方面：

（1）制定切合实际的发展规划，指导林业产业发展。

（2）制定林业产业政策，明确发展的重点和方向。

（3）制定和完善相关法律法规及行业标准，整合林业行政管理手段，规范产业发展。

（4）负责落实扶持政策，强化基础设施建设，培育林业龙头企业，推进产业聚集，鼓励资源综合利用、名牌产品和新兴产业、特色产业发展。

（5）加快森林资源管理体制、林权制度和税费政策改革，增强产业发展活力。

（6）加强信息服务，为政府决策和企业发展提供服务。

（7）负责指导协会等社会中介组织发展，强化行业自律和服务。

调 研 单 位：国家林业局木材行业管理办公室
调研组成员：孙　建　董新民　付建全　彭华福
杨万利　赵　戈　刘国珍　田　禾

⊙林业统计指标改革问题

深化林业统计制度改革　真实反映林业经济贡献

为落实全国林业厅局长会议精神和国家林业局领导关于深化林业统计改革的指示精神，计资司立项《改革和完善我国林业统计指标体系的研究》，成立课题组对我国林业统计改革进行专题研究。针对基层林业统计工作现状特别是林业产业产值统计工作中存在的问题，由国家林业局发展计划与资金管理司、经济发展研究中心、国家统计局设管司、北京林业大学等单位组成的调研组，于 2006 年 7 ~ 10 月先后分赴内蒙古自治区、浙江省和湖北省进行专题调研，选择了分属第一、二、三产业的部分案例单位进行了企业层次的产值试算，组织福建省、浙江省、甘肃省等地区及龙江森工集团共 12 县（林业局），按新的林业产业产值计算方案进行 2005 年度县级层次的试算。通过调研和试算，调研组认为，基层林业统计在人员、条件、统计数据收集等方面存在诸多问题，新的林业产业产值统计方案要有条件地逐步实施。

一、调研的目的和内容

自本课题组开展工作以来，经过参与专家的共同努力，已经形成了新的林业行业分类和产品目录，设计了林业总产出及增加值的计算方法。本次调研在对调研地区林业发展和林业统计情况调查了解的基础上，对前期所进行的有关理论设计成果在实际林业统计工作中的应用情况进行调查分析，并通过部分省份的试算，进一步完善现有理论设计，提高设计成果的现实操作性和实用性，以达到真实客观反映当前我国林业发展的情况。具体调查内容如下：

一是了解当前我国林业发展的基本情况，尤其是林业系统中新兴产业发展情况和社会中涉林产业的具体构成情况。

二是对所设计的林业总产出及增加值计算方法进行试算，并征求基层统计部门对所设计上林业总产出及增加值计算方法的意见。

三是对所编制的林业产业和产品目录查漏，以及目录的科学性和结构的合理性进行实地调研。

四是了解基层林业产值计算的工作经验及其基层林业统计数据收集渠道和数据处理等基础性统计工作状况。

五是了解基层统计队伍建设和统计人员业务素质状况等。

二、调研地区的林业统计概况与新方案的试算结果

（一）调研地区林业发展概况

本次调研地区分别位于我国的东、中和西部地区，虽然林业发展条件存在很大差异，但各地的森林资源和林业产业都有长足的发展。主要表现在：

一是森林资源持续增长，生态建设成效显著。鄂尔多斯市是我国生态治理重点地区之一，经过50多年坚持防沙治沙、植树造林，生态状况有所改善。据2005年统计，鄂尔多斯森林总面积达141.34万公顷；浙江省湖州市大力开展山区绿化、平原绿化、城镇绿化和村庄绿化，全市林业用地面积已达28万公顷，森林覆盖率48.7%。湖北省十堰市位于湖北省西北部的大巴山系，全市有林地面积109.5万公顷，森林蓄积3 260万立方米，森林覆盖率达45.65%。

二是林业产业实力不断壮大，经济总量明显增长。鄂尔多斯市林业总产值2005年底达到6.9万元，其中：第一产业占57%，第二产占24%，第三产业占19%；湖州市2005年林业行业总产值达到161亿元，位居浙江省第一，其中第一产业占17%，第二产业占65%，第三产业占18%。

三是依托当地优势资源，大力发展特色产业。鄂尔多斯市依托沙柳、杨柴、柠条、沙棘、甘草、麻黄等六大优势资源，已经形成东达蒙古王集团纸业公司、宏业人造板、天骄人造板、天骄资源、通九饲料、晨鹤枸杞等一批林产加工骨干企业；浙江省湖州市依托当地丰富的竹资源和区位优势，竹产业、花卉苗木、森林旅游等已成为特色林业产业发展的一大亮点，目前林业及相关产业产值约4.5亿元。湖北省十堰市根据当地的资源优势，大力发展以耳菇林培育、山野菜套种、香椿集约矮化密植为重点的森林食品产业，中药材产业，以传统的核桃、板栗、柑橘、小杂果为重点的干鲜果茶产业，苗木花卉产业，森林旅游业等特色林业产业。

（二）调研地区林业统计情况

1. 统计机构和人员情况

在机构设置方面，目前调查地区从市到区、县、地都没有专门的林业统计机构，林业统计工作主要是由相关部门兼职人员完成。如内蒙古自治区鄂尔多斯市林业局一级的科室设置包括办公室、发展规划科、治沙造林科、森林公安局，没设统计科，林业统计业务由发展规划科负责；在湖北省十堰市林业局，林业统计业务由财务科负责。

在人员安排方面，具体统计工作在市林业局由专门的统计员负责，在区（县）林业局及乡（镇）林业站，一般只有兼职统计员。如内蒙古自治区鄂尔多斯市林业局在发展规划科有1名专职统计员。在下辖区（旗）林业局、乡和苏木林业工作站中均由财务工作人员兼管；在湖北省十堰市，各区（县）林业局、基层林场、林业站的统计工作由财务人员兼管；在浙江省湖州市，各区（县）都配备了一名业务骨干兼管统计工作。总之，统计专业人才较少，湖州市各区（县）的林业统计人员中，只有统计师1人。

为提高基层林业统计人员的业务水平，各地注重加强统计人员业务培训。如，内蒙古自治区林业厅计财处计划统计科根据国家林业局林业统计报表制度，结合本地区林业统计的实际，专门编制了用于基层林业统计人员业务培训的资料；又如，浙江省湖州市，对统计人员外出参观学习、统计例会、统计人员下基层调研等各项统计工作，在经费上予以保障。但基层统计人员统计素质总体偏低，而且人员不稳定，这些都制约了统计工作的开展。

2. 统计工作的软硬件条件建设情况

随着各地林业的发展，林业统计工作的软硬件条件也得到了一定程度上的改善。在内蒙古自治区鄂尔多斯市，建立了统计资料直报计算机网络系统，还根据地方林业特点开发了地方林业部门专门的统计软件。在浙江省湖州市，目前市属各区（县）林业局都配置了统计专用计算机，并借助局域网、远程通讯及专用统计数据交换软件实现了

省、市统计信息的即时交换。

同时也应看到，各地林业统计工作的硬件条件相对落后，有的地方、特别市乡镇林业站没有配备计算机，林业统计工作仍然停留在手工操作的水平，工作量大，任务繁重。

3. 林业统计调查实施情况

调查的情况表明，各地在林业统计数据的收集过程中，在数据渠道、调查方法、数据校验等方面积累了一些经验。

（1）多渠道收集数据。各地林业统计数据的采集渠道：一是通过基层单位直报方式；二是通过抽样调查等方式进行估算；三是区（县）林业局各科室的业务统计数据；四是统计局系统之外有关职能部门的二手资料。如，在浙江省湖州市，抚育、林业收入、林产品种类与林产品产量等数据通过基层单位直报方式直接采集。区（县）林业局的造林、封育、更新、低产低效林改造等统计数据均从造林科获取；采伐、野生动植物、自然保护区相关数据从资源科获取；从业人员及劳动报酬的统计数据来自人事部门；固定资产、资金管理、重点工程等方面的统计数据由财务和造林科共同提供。森林旅游、农业劳动力及农业收入、规模以上企业产值、出口创汇等指标主要都是从统计局、农业局等系统外有关职能部门获取。又如，在湖北省，由于林业部门对全省木材加工企业实行木材消耗许可证管理制度，有关木材加工企业的统计数据可通过企业直报的方式获取。

（2）拓宽统计工作领域，改进统计工作方法。如浙江省湖州市，从1998年开始，根据省林业厅统一布置，由以往的单一系统内统计扩大到林业全行业统计。对国民经济行业分类中属于林业行业的17大类28个中类35个小类进行了统计。根据林业行业特点，将林业总产值报表重新分解，制成过录表，并将区（县）内的林业企业列入表中，为区（县）、乡（镇）统计提供依据，以防遗漏。另外还专门设计一张第一产业计算表，在表中详细列出全市所有的林业生产项目，让基层一一对照计算。

（3）多方校验，核定数据。在林业统计数据收集过程中，对有些从不同渠道收集的数据，需要通过相互校验、调整和核定，从而保证数据的质量。如浙江省湖州市南浔区，根据木业生产企业的生产线能力推算和准运签证点取数相结合的方式计算不易获取数据的系统外涉林产业统计数据。

各地的林业统计数据调查工作，也面临一些困难和问题。主要是系统外数据收集困难，加上林业生产具有小规模和分散化特点，造成统计数据失真、统计范围遗漏。

（三）新的林业产业产值统计方案县级试算结果

通过对各地试算情况的总结，可以得出以下几点结论：

一是不同地区对试算工作的重视程度不同，试算工作质量也存在地区差异。试点地区中，福建省和浙江省的试算工作做得认真、细致，特别是福建省在现有统计资料的基础上，根据需要重新进行补充调查，并充分利用统计局和其他相关部门的统计资源，进行了较为详尽的试算，并对试算过程进行了说明和总结。福建经验表明：只要地方林业统计部门本身重视林业统计工作，在现有统计资源条件下，大部分林业产业的产值统计是有数据资源保障的。

二是从产值指标看，对于总产值指标，试点地区都能较好的完成指标计算；对于增加值指标，由于是新增指标，部分地区统计人员对指标及其构成项目的理解错误，造成计算结果的错误。因此，加强对统计人员的业务培训，仍然是今后全面实施新的林业产业产值统计方案过程中的一项重要任务。

三是从各产业看，各试点地区没有完成产值（包括总产值、增加值）试算的产业主要有：林木蓄积增量产值的计算、除湿地旅游外的其他湿地产业、森林固碳效益、城市林业管理等。另外，由于系统外单位的数据收集问题，第二产业中木质文教体育用品产值基本上也未完成产值试算。

四是从核算方法看，各地区对增加值的核算基本上采用行业增加值率进行推算。行业增加值率指标的获得主要途径有：一是直接采用地方统计局提供的相关行业的增加值率（主要用于第二产业）；二是通过抽样调查区的有关产品生产的投入产出数据，在据此计算增加值率（主要用于第一产业）。

三、林业统计中存在的主要问题

通过3次调研和新的林业产业产值统计方案的地区试算结果分析发现，目前林业统计中主要存在以下一些问题：

（一）基层统计数据来源困难

虽然各地林业统计部门根据地方林业特点做了许多额外的基础工作，但在统计软环境方面难以突破，造成统计工作的难度加大。农户、个体小企业等往往不进行专业的会计报表填报工作，没有详细的数据记载，加之数量多而散更加难以统计；由于林业生产管理职能未全部归入林业部门，林业统计数据一部分来自于林业局自身，一部分来自于农业局、畜牧局等部门，这些都给统计数据取得带来很大困难。从林业产业目录来看，林业系统内部的企业经营状况和财务状况资料的获得相对比较容易，但是林业系统内部的企业对于有些数据资料并没有进行完全统计，对于一些费用的支出也并没有列出详细的支出明细，所以，这使得对于增加值的计算只能是一个估计数。特别是林业系统非林产业，其企业经营状况和财务状况资料的获得更加困难。

（二）统计数据准确性不够，瞒报漏报现象时有发生

我国目前实行的造林检查制度规定，对于地方统计上报的造林面积，不区分造林投资主体，国家都要按造林技术规程标准严格检查，并对检查结果中出现不符合造林技术规程标准的县市进行通报。一些地区为了尽量减少被通报的风险，在统计上报本地区当年造林面积时，往往瞒报国家投资以外的其他资金来源的造林面积，从而使用可以获得的资料计算出来的林业产值小于实际情况。一些地方还存在编造数据现象。在乡镇一级，先由乡镇按照产值增长目标提出全乡镇的产值总数，然后分解到各村，由村级在总量控制下进行各行业产值的数据编造。

（三）统计方法有待改进

由于林业生产的特殊性，林业统计的计算方法有时难以直接采用一般的产值计算方法，应该按照林业的生产特性，设计符合林业经济产出特点的统计方法。调研中发现林业事业单位经营的林业项目，兼营收入和兼营规模较大，例如浙江省湖州市的扬子鳄保护区门票收入已经达到了总收入的相当比例，对这样的事业单位按行政事业单位或企业单位核算总产出及增加值都不是太适宜，应该设计新的核算总产出及增加值的方法。另外，林业旅游与休闲已经成为许多地方林业发展、乃至地方经济发展的支柱产业，但由于对林业旅游与休闲业的产值计算没有一个统一的规范方法，造成各地区对这一产业产值的计算缺乏方法依据，往往运用统计人员自身理解的方法进行实际统计，如，有的地区将森林旅游对其他产业的带动贡献计入森林旅游产值，这显然扩大了森林旅游业的实际产值。另外，对于营林产值的计算，目前仍然在沿用费用投入替代产出的产值计算方法，不能反映林木蓄积增加的实际产出。在苗木产出计算的中，通常直接采用当年苗木的实际销售额替代产值，没有考虑留圃苗木结存的因素，从而使苗木产值统计值与实际苗木生产成果之间存在偏差。

（四）实际统计核算范围和统计口径不够全面，没能反映林业的全部经济产出

其原因：一是数据收集困难造成统计遗漏。尽管现行林业统计制度设计中将各涉林产业的统计范围扩大到全社会，即以行业口径进行统计，各地也尽可能按行业的实际范围采集数据，但是由于林业部门经济体制的改革和管理职能的转变，一方面，大量林业产业活动在林业系统外进行，另一方面，林业管理部门不能直接干预许多经营性的林业经济活动，林业管理部门与林业生产单位之间没有直接的隶属和管理关系，对许多林业经济活动单位来说，报送林业统计数据并非其法定义务，因此在林业统计人员直接调查时，企业由于商业秘密或其他各种原因，往往不会配合，从而导致部分林业经济活动单位遗漏在统计范围之外。另外，实际林业统计中通常从统计局系统获取数据，但由于统计局只对产值500万元以上规模的企业进行统计，而对产业在500万元以下的企业，而且分散经营，按目前林业系统统计人员的力量是无法将这些产值全面统计上来的，从而造成大量中小规模的林业经济活动单位遗漏在统计范围之外。二是在统计口径上，由于缺乏明确的林业产业范围界定，导致部分林业经

济活动的统计遗漏。如，中药材产值统计中，有些地方只统计木本中药材，而将草本中药材排除在外；有些地方对中药材就没纳入产值统计范围。三是由于认识上的偏差导致部分林业经济活动的统计遗漏。在林业第三产业统计中，特别是在自然保护区管理、野生动植物管理领域，由于其经济活动主要表现在保护活动的投入上，直接的经济产出很少，有些地方认为这种保护活动没有产出，因而不进行产出统计。

（五）基层统计力量薄弱，人员缺乏，兼职人员多，是各地林业统计部门的普遍现象

浙江省湖州市全市林业统计部门都没有配备专职统计人员，人员也不稳定，调动频繁，素质偏低，基础知识掌握不够，对统计指标的理解存在偏差，这些都制约了统计工作的开展。

（六）新的林业产业产值统计方案的实施条件不完全具备

试算结果表明，在现有统计资源条件下可以满足除林木蓄积增量产值、湿地产业、森林固碳效益、城市林业管理、中药材加工、木质文教体育用品等产业之外的其他产业的总产值统计；森林蓄积增量产值和林业产业增加值统计可以通过进一步的研究和调查，在近期内（1～2 年）争取实现；森林固碳效益产值和湿地产值统计在近期内难以全面实施，需要进一步的研究和探索。

四、建议和对策

（一）采取综合措施，拓宽统计数据收集渠道

一是加强部门合作。从部门管理角度看，对林业产业的经济活动的管理，除林业部门本身以外，还涉及到农业、工业、中医药、旅游等许多管理部门，通过加强与相关部门合作与协调，可从相关部门获取涉林产业统计数据；特别通过与地方统计部门建立良好的合作机制，不仅规模以上的企业统计数据可从统计部门直接获取，也可通过统计部门为实施规模以下和系统外的林业经济活动单位的统计调查提供一定的条件。据了解，黑龙江省、福建省、浙江省等在这方面进行了有益的尝试，并收到了一定的效果。另外，加强与造纸协会、家具协会、地板协会等专业协会的合作和交流，通过他们获取相关行业的统计数据。二是综合运用各种调查方法来获取数据。林业统计数据的收集除运用报表以外，还可结合使用抽样调查、重点调查、典型调查等多种统计调查方式。特别是抽样调查方式可以运用在林产品产量、价格、增加值率及其他相对指标等许多林业统计调查领域，而且具有调查成本低、误差可控的优势，可推广运用。如在林果、茶叶、灌木枝条等林产品产量的调查中，可运用抽样调查方式获取单位面积产量指标，在通过种植面积即可推算出总产量，再结合价格资料即可推算出总产值指标。三是通过将林业统计工作与其他行政管理措施有效结合的方式来获取林业统计数据。如，湖北省通过省人大立法，对以木材为原料的经济活动实行许可证制度，所有省内木质林产品生产企业必须到林业主管部门办理生产经营许可证，每年进行审核。林业统计部门可以结合企业年审所提交的材料收集所有木质林产品生产企业的统计数据。

（二）规范和改进林业产业产值统计计算方法

通过加强林业产业产值计算方法的研究，一方面，对诸如森林旅游业等缺乏统一的产值计算方法的产业，要规范其产值计算方法，并要求各地区采用统一的计算方法进行产值计算；另一方面，在林业总产值计算方法方面，重点加强活立木蓄积增量产值的计算方法的研究和简化，最终目标是保证各地区或县一级林业统计部门，通过资源变动数据和木材价格数据即可计算出本地区活立木蓄积增量产值；对于增加值计算，在具备健全的财务核算条件的本系统内单位，可以采用标准的增加值核算方法计算林业增加值，而对于财务核算条件不健全的单位和系统外单位，由于数据采集困难，需要对增加值核算方法进行简化和变通，以适应其核算数据条件的要求。如通过采用行业增加值率折算方法计算增加值，或通过简化、归并增加值计算项目，使其尽量与企业或事业单位财务报表中的会计科目直接对应，以便直接从会计资料中获取林业产值计算所需数据。

（三）建立和完善林业统计数据质量控制机制

统计数据的真实与准确是林业统计数据质量的核心，从统计调查、统计整理到数据上报这一过程的每一环节的工作都会直接影响林业统计数据的质

量，其中有统计技术等客观因素，也有统计工作条件、管理等主观因素。为保证林业统计数据质量，在一定的统计技术条件下，重点是加强对林业统计工作管理，制定相应的林业统计管理制度，从制度上明确和规范从统计调查到数据上报整个过程各环节工作人员与责任人员的统计活动行为及其权、责、利关系，建立权、责、利对等的激励机制和约束机制，为林业统计数据质量提供制度保障。

（四）编制和完善林业产业和产品目录，明确界定林业产业的统计范围和口径

为全面系统、客观真实地反映林业产业活动的情况，林业产业的统计范围应为全社会范围内的林业产业活动单位，既包括林业系统内，也包括林业系统外的林业产业活动单位；林业产业统计口径应包括森林资源产业、湿地产业和沙产业。为了保证统计数据的准确性和代表性，除了解决数据收集渠道对实际统计范围的影响外，还必须编制和完善林业产业和产品目录，明确界定林业产业的统计范围和口径，为基层林业统计人员提供工作依据，这也是林业统计的一项必不可少的基础工作。

（五）提高林业统计人员素质，造就一支求真务实、恪守职业道德的统计队伍

现有林业统计人员力量薄弱。保障现有林业产值统计尚有难度，对于新的产值计算方案，现有统计人员配备难以满足需要，因此如何加强林业基层统计部门的力量和提高统计人员的素质将是一个应予以重视的问题。强化统计队伍建设是提高统计工作整体水平的根本保证，没有一支业务过硬、求真务实、恪守职业道德的统计队伍，就很难做好任务繁重的统计工作。林业管理各项工作就不能准确反映。为此，需要做好以下几方面工作：一是各级林业主管部门应该高度重视统计工作，根据地区实际，充实统计力量，配备专职统计人员，给各级统计人员以应有的地位与待遇，对林业统计工作的软硬件条件予以必要的支持与保障；二是加强对各级林业统计人员，特别是基层统计人员的业务培训。培训内容不仅包括统计学的基本知识、林业统计的专业知识，还应包括经济学、社会学等与林业统计工作紧密相关的其他学科知识，不断提高统计人员的综合素质；三是加强各级林业统计人员的业务交流。通过交流活动，推广提高林业统计工作中积累和总结的好的经验和做法加以推广，另一方面可以使各地区和基层单位在林业统计人员自身的业务水平和工作能力，从而保障各项林业统计工作的顺利进行。

（六）进一步对以下几方面问题进行研究

（1）做好开展简化林业增加值计算方法的研究，研究一个直接将林业总产值调整为林业增加值的调整系数。

通过对不同林业产业的企业的抽样调查，结合经济普查数据、统计局相关行业增加值计算的调整系数，核定各地区林业产业增加值计算的调整系数，这样各地区可以在总产值统计基础上，利用调整系数推算出各产业增加值。

（2）进一步加强森林资源统计，开展各地区主要用材树种的林价研究，利用森林资源清查数据开展立木蓄积增量产值的试算。

调 研 单 位：国家林业局
国家统计局
北京林业大学
调研组成员　刘金富　刘建杰　于百川　张晓静
巴运红　刘俊昌　胡明彤　戴鸿斌
王红英　赵　姜　尹　旻

⊙林业市场建设问题

加强林产品市场建设　促进林业产业健康发展

为全面贯彻落实中共中央、国务院《关于加快林业发展的决定》和2006年全国林业厅局长会议精神，推进林业生态建设与林业产业协调发展，根据国家林业局林业重大问题调研协调小组的安排，

全国木材行业管理办公室就林产品市场建设，特别是木材及其制品的市场建设问题，于2006年8月份对江西、江苏、山东、河北4省进行了调研。调研组听取了4省林业主管部门的汇报，并通过座谈和实地考察，对4省近20个市（县）的林产品市场建设情况，进行了调研。现将有关情况报告如下：

一、林业产业的基本情况

近几年来，江西、江苏、山东、河北4省林业产业发展迅猛。一是林业产业经济总量增长迅速，2005年4省的林业产业总产值分别为384亿元、651亿元、621亿元、453亿元，从2001年算起年递增分别为25.9%、50.5%、18.8%、15.6%；二是人造板产量增长迅速，2005年4省的人造板产量为3 430万立方米，从2001年起年递增速度为40.2%；三是龙头企业不断涌现，带动了产业的快速发展。江西省的宜春罗宾、江西大亚、江西晨鸣等大公司形成了新的一批龙头企业。江苏省仅邳州市就有2 900家板材加工厂，形成了产业集群。山东省有30家林产企业获得了省局命名的龙头企业称号，形成了一批木制品加工园区。河北省建成了文安、正定、邢台3大人造板加工企业集群。四是新兴产业不断涌现。江苏省发展银杏成片林50万亩，白果产量1.2万吨，银杏产量和产值居全国第一；种苗产业年销售额居全国第二。山东省2005年果品产量149亿千克，花卉种植面积40多万亩，建成森林公园144处。河北省果树总面积2 270万亩，果品产量达93亿千克。

二、林产品市场建设情况

（一）林产品市场网络逐渐形成

近年来，我国的木材加工业快速发展，带动了各种规模的林产品市场的发展，逐渐形成了由集中的大市场和众多分散的小市场组成的林产品市场网络。一是在林产品的主产区、集散地形成的以产业集群为依托的林产品专业市场。如山东省临沂市的华东胶合板专业批发市场占地300多亩，经营商家1 000多个，年交易额60多亿元，日照市的国际木材物流园占地3 000多亩；河北省的文安人造板专业市场、正定恒山板材市场等。二是在大中城市等主要销区建立的综合性建材与林产品市场，如江西省南昌市装潢大市场等。三是以传统农贸市场为依托形成的初级林产品市场，这类市场数量众多、分布面广，如山东省有此类市场5 000多个。

木材制品的交易形式有三种：一是大宗的木材制品直接销售给用户，如江苏省常州市的强化地板生产企业直接从大亚集团采购中密度纤维板（薄板），这种交易方式已经脱离了有形的市场模式；二是通过建材市场进行木材制品交易，如山东省临沂市华东装饰板批发市场，年交易额60多亿元；江西省南昌市装潢大市场在林产品方面经营三板、木线条、地板等；河北省正定恒山板材市场，年交易额70多亿元；三是家具专门市场。

（二）4省的木材及木材制品交易情况

在所调研的4个省中，江西省是产材省，其木材的交易方式有其自身的特点。大多数产材县在进行木竹交易时，一般都先进行活立木评估，然后进行招标采伐，生产的木材按照供货合同直接被运往用户单位。2004年8月，江西省开始进行全面深化林权制度改革及相关配套改革，以健全林业服务体系，市场建设以加快建设林业产权交易中心（林业要素市场）为主。到目前为止，已在铜鼓、遂川等7个林改试点县（市）建成林业产权交易中心，实现林业生产要素以及林产品的竞标拍卖。按规划到2007年，在资源丰富、人流物流量大的地方将建30个区域性林业产权交易中心，实现跨区域的森林资源交易。

为适应生产厂家大量的原料需求，江苏省出现了较多被称为“木材停车场”的小型原木批发市场。木材供应商将原木运往“木材停车场”，买方（林产品生产厂家）与卖方在现场完成交易，然后将木材运往买方企业进行交割。如江苏省邳州市的“木材停车场”已吸引安徽、山东、河南等省以及本省200千米运输半径内的木材。

山东省众多的初级林产品市场大大加快了木材制品的交换和流通，在林产品的主产区建立的大型林产品专业批发市场，市场功能强，辐射面广，带动了林产工业的发展与升级。

河北省木材及产品经营单位2 000多家，专业市场76个。其中，正定恒山板材市场、文安左各庄国际人造板交易中心、冀东建材市场、邢台东旺人造板市场均为全国性人造板专业市场。人造板产品行销全国，在北京市、天津市两地占据了三分之一的份额，远销世界20多个国家和地区。

（三）苗木花卉与果品市场发展迅速

近年来，苗木花卉市场发展迅速，江苏省武进、如皋、江都、沭阳、吴江、浦口、邳州等苗木重点产区，建成及自发形成的大型苗木交易市场200多个。对解决苗木购销两难、带动千家万户致富发挥了巨大作用。如江苏省如皋花木大世界总投资6 000多万元，设有标准摊位1000多个，2005年苗木成交额16亿元；武进夏溪花木市场投资8 500万元，联系当地14.2万亩苗木生产基地，2005年苗木成交额17亿元。

近年来果品市场发展也很迅速，对推动产业发展起到巨大作用。如江苏省徐州市依托该市160万亩苹果、梨等水果基地，建立了数十个果品批发市场，果品年交易量60多万吨；泰兴市银杏交易市场是全国最大的银杏交易市场，占地近100亩，建有门面房250间，大棚摊位500个，年白果交易量超过2 000吨，占全国白果年产量的近十分之一。山东省日照市把果品流通作为特色产业来抓，积极引导农民成立果品流通协会，培育果品流通组织500多个，年销苹果6 000余万千克，销售收入1.2亿多元。河北省有果品专业批发市场52个，季节性果品市场800多个，创出了国家级和省级名牌果品100多个。

三、木材经营加工监督管理的有关情况

自2002年国家林业局等四部委办局部署和开展对木材经营加工企业进行清理整顿后，各省都能够定期或不定期的开展对木材经营加工企业的专项整治活动，对规范木材经营加工企业的经营活动，保护森林资源起到了一定作用。

从分省情况看，江西省对木材经营加工的监督管理工作主要体现在加工项目的批准、清理整顿以及有关专项整治行动中。2000年，江苏省政府办公厅下发了《关于对淮北地区木材加工业进行清理整顿的意见》，对木材加工行业进行了清理整顿。对生产规模小、产品档次低的中小企业进行关停并转，对保留下来的企业统一实行木材加工经营许可证制度。山东省2003年颁布实施了《木材经营加工管理办法草案》，由于该《办法草案》是省林业局制定的，法律效力低，监督管理力度小。河北省深入开展木材行业管理工作，一是制定了《河北省木材经营加工管理办法》，以省政府规章形式颁布实施；二是开展了木材经营加工单位清理整顿工作，取缔违法单位2 693家，占总数的26.3%；三是开展木材经营加工许可证发放和年度审查工作；四是积极参加河北省建材市场专项整治活动，配合国家整治办到邢台、平山、正定进行专项整治检查。

四、存在问题

总体上看，我国林产品市场还处于盲目发展的市场建设初级阶段，充分发挥市场对生产的促进作用还需要一段时间，还需要加强政府指导。存在的具体问题主要有：

（一）市场规模小，管理松散

以农贸市场为依托形成的初级林产品市场管理松散，以出租摊位为主，规模较小，知名度低，辐射能力差。

（二）服务功能缺乏，信息不畅

市场的经营管理者对市场的运营管理是物业式管理，即提供仓储、交易场地、负责安全防火卫生等。大部分市场都没有信息的收集、传递和发布的服务功能；金融、通讯、结算、技术等综合服务功能也不具备。而企业对市场提供的综合服务特别是对市场供求、交易品种及数量、商品价格波动规律等信息的需求是迫切的。

（三）对木材经营加工单位进行监督管理工作缺乏过硬的法律依据

《中华人民共和国森林法》中规定“林区木材的经营和监督管理办法，由国务院另行规定”，到现在为止，尚未出台具体的管理办法。因此，对木材经营加工单位进行监督管理缺乏常规性法律手段，只能依靠国家有关部门或省政府下发的通知，表现出临时性、阶段性，难以做到常抓不懈。

目前，有些省份虽然也颁布了《木材经营加工管理办法》，如山东省、河北省等，但由于其为地方部门规章，法律效力低，执行力度小。

（四）林业产业管理机构不健全，管理乏力

国家林业局成立全国木材行业管理办公室后，

大部分省份也相应地成立了林业产业管理机构。由于现在的名称是“全国木材行业办公室”，而不是产业办、产业司，致使其职能范围窄、分散，并与相关司局交叉。相对应的各省林业厅（局）的产业管理机构也由于职能不清，在工作上与相关部门存在扯皮现象。如江西省在20年前营造了大量湿地松，现在已到了采脂期，省林业厅欲制定本省的采脂规程，由于产业部门和林政部门在采脂径级问题上争论不休，致使此事耽搁两年多，到2006年8月才在林业厅内达成一致意见。江苏省在林政处设立了“木行办”，在计财处设立了“产业办”，形成了两张皮。

五、相关建议

（一）加强林产品市场建设，促进林业产业快速发展

加大政府对林产品市场的管理力度，制定《林产品市场建设发展规划》以及相关政策，统筹规划、合理布局、发挥优势，提高林产品市场的管理水平，从而进一步促进林产品初级市场向专业化市场转变，逐渐形成以现代化管理的大市场为核心、以管理规范的中小市场为网点的林产品市场网络。充分发挥林产品市场对林产工业发展的反馈作用，加速我国林业产业的快速发展。

借助目前正在进行的集体林权制度改革的东风，加快培育、完善和规范林业要素市场（包括木竹交易市场、活立木流转市场等），规范交易流转程序，加强市场管理，使林业要素和林产品在市场中合理流转、物畅其流，增强林业产业的快速发展的活力。

（二）制定相关政策，规范管理

按照《中华人民共和国森林法》的有关规定，国家尽快出台《木材经营加工监督管理办法》，规范木材经营加工行为，统一规范项目准入、市场准入，对木材经营加工进行日常监督管理提供法定依据。

（三）健全林业产业管理机构，整合充实其职能

建议国家林业局成立产业司或产业办，按照事权一致原则调整充实林业产业行业管理职能，切实解决林业产业管理各自为政、职能分散、手段乏力等问题。

（四）尽快建立全国林业产业管理信息系统，突出信息服务功能

建立全国林业产业管理信息系统，可为林业企业提供政策发布、信息发布与咨询、新技术介绍、林产品网上交易、政府和企业间的网上办公等提供服务。

建立林产品交易预测预警系统，根据信息系统收集的林产品交易数量、价格以及供求状况，及时发布预测预警报告，供相关企业经营决策参考。

（五）建立国家林业局重点联系市场制度

通过与重点林产品市场建立起联系制度，加强对重点市场的建设和引导，并给予政策扶持，形成一批综合功能全面、管理先进的现代化市场，发挥其服务和带头作用。

调 研 单 位：国家林业局木材行业管理办公室
调研组成员：孙　建　董新民　王志友　孔　卓
李平先

⊙林业产业发展中的专利和标准化问题

积极制定林业知识产权战略 全面提升林业产业竞争力

专利是知识产权保护的一种主要形式，是激励和保护技术创新、促进科技成果产业化、维护市场公平有序竞争有效的法律保护制度。随着我国社会主义市场体制的不断完善和知识经济时代的到来，专利将成为我国产业发展、企业参与竞争的核心力量。林业专利的创造和实施，可以有力推动林木种植、森林培育、林果林药培育与开发、木材加工、林产化工等林业产业的发展，在建设现代林业中将

发挥出非常重要的作用。

根据国家林业局对林业重大问题调研的统一部署，科学技术司、科技发展中心于 2006 年 6～9 月，组织开展了林业产业化专利问题调研活动。通过向各省（自治区、直辖市）林业部门和有关直属单位发文认真总结各地、各单位林业专利工作，向林业科研单位和企业发放《林业专利调查问卷》，并派出调研组先后深入到江苏、上海、浙江、福建、广东、云南等省（直辖市），围绕林业产业发展中的专利问题，走访了林业主管部门、林业科研单位和重点企业，召开了有行业主管人员、科技人员和企业家参加的多种形式的座谈会，广泛征求意见和建议，对林业产业化专利问题进行了深入调研。

通过专题调研，可以看出我国林业专利数量在逐年增长，林业专利质量在逐年提高，专利实施对林业产业发展贡献越来越显著。但总体来看，林业专利工作还比较薄弱，迫切需要尽快制定林业知识产权战略，进一步强化林业专利工作，发挥专利在激励林业自主创新、培育新兴林业产业、推进林业产业结构升级方面的促进作用，加速专利技术的创造和实施，努力提升林业企业和产业发展市场竞争力。

一、林业专利促进了产业的发展

（一）林业专利创造和授权逐年增加

随着科学技术不断进步，特别是生物技术快速发展，以及实施“科教兴林”战略，林业技术新领域的拓展，林业技术创新新的进展，在森林培育、森林资源开发与利用、信息科学、遥感技术、转基因动植物研究等领域取得可喜进展，拥有自主知识产权的林业新技术新成果不断涌现。自我国实施专利制度短短 20 多年来，与林业有关的专利技术已达 47 300 多项，并且呈逐年增加的趋势（见表 1，资料来源：中国林业专利技术库）。

表 1　近 10 年与林业有关的专利年度授权数量表

年份	1995	1996	1997	1998	1999	2000	2001	2002	2003	2004	2005
数量	1677	1750	1946	2153	2951	3263	3898	4858	5384	3554	5389

从林业专利地域分布来看，林业专利数量与地区经济和社会发展整体水平密切相关。地区经济发达、科技社会发展整体水平高的地区，林业专利数量也多。反之地区经济欠发达、科技社会发展整体水平比较落后的地区，林业专利数量就少。如北京市（含驻市中央单位）林业专利数量达到 3 338 项，上海、山东、江苏等华东地区和广东省林业专利数量都在 1 000 多项，河北、辽宁、湖南等林业产业规模较大的省份林业专利数量也都在 1 000 项以上。而西部地区一般只有几百项林业专利，如内蒙古自治区只有 407 项，甘肃、宁夏等省（自治区）只有 200 多项。

据对林业专利权所有人的初步统计，大量林业专利权所有人是林业行业的企业和其他组织。中国林科院等 72 家林业科研单位共有专利 462 项，南京林业大学、东北林业大学、北京林业大学等 14 所林业大专院校共有专利 430 项（见表 2）。

表 2　有关林业科研教学单位专利数

单　　位	专　利　数
中国林业科学研究院	226
南京林业大学	142
东北林业大学	111
北京林业大学	73
西北农林科技大学林学院	27
中南林业科技大学	22
西南林学院	

（二）林业专利管理体系初具规模

目前林业行政主管部门专利管理工作一般都由林业科技管理部门负责，由工作人员兼管。林业科研单位和企业的专利工作一般由科技处或者总工办负责，管理力量相对较强。如宁夏林业研究所（有限公司）设有专利工作领导小组，有组长 1 名、副组长 1 名、秘书 1 名、组员 3 名，目前已拥有国内专利 10 项，另 有 7 项正在申请审批中。

国家林业局在 2001 年下发了《加强林业专利等知识产权保护工作的通知》，要求各级林业主管部门、林业科研单位和林业企业要加强林业专利知识产权管理，充分发挥专利等知识产权作用；明确提出改革林业科技计划管理体制，把知识产权管理纳入林业科技计划管理、科技成果管理、科技成果转化及产业化和科技体制改革等科技管理各个环节、全过程；要求林业科研单位要兑现各项奖励政策，保障科技成果完成人员取得相应的经济利益；对于国家林业局下达的应当产生自主知识产权的科研项目，国家林业局从项目总经费中预留3%经费，用于补助项目承担单位取得相关知识产权的申请费用和维持费用。这些政策措施有力地促进了林业行业专利等知识产权工作的开展。

地方林业主管部门、科研单位和企业为鼓励科技人员积极投入发明创造，申请更多专利保护，也出台了各种各样的激励和扶持的政策措施。如黑龙江森工总局为支持科技创新，鼓励专利申请和专利实施，制定了具体的奖励政策，对获得专利的科技人员，给予一定的奖金，调动了广大科技人员积极申报专利的积极性和主动性，提高了科研人员申请知识产权保护的意识。北京林业大学结合自身实际制定了《北京林业大学知识产权管理办法》。由于宣传到位，奖励措施得力，使广大师生员工逐步意识到知识产权保护的重要性和必要性，极大地调动了广大科技人员申请专利的积极性，使学校的知识产权保护工作进展顺利，专利申请工作也呈现出良好的发展态势，2004～2005年共申请专利15项，其中发明专利12项，实用新型3项。江苏林海动力集团公司制定了《发明创造专利奖励办法》，对承担技术含量高、效益显著的项目骨干人员进行重奖，从而有效调动了技术人员的积极性和创造性。

（三）林业专利实施成效显著

林业专利技术产业化开发由于其具有较高的科技含量和物化了大量的人工智能而具有更高的品质和更高的市场竞争力，市场前景广阔，产业化辐射示范效应明显。林业专利的广泛实施，为林业生态建设和产业发展提供了大量先进、成熟的实用技术，加速了林业专利市场化、商品化、产业化，迅速形成了市场竞争力，改变了林业产业发展素质低下、优势不明显的落后状态，极大地促进了我国林业生态建设和产业发展，产生了良好的生态、经济和社会效益，为“三农”问题的解决作出了应有的贡献。

如中国林业科学研究院紧密结合林业生产实践和国家林业建设需要，瞄准国际先进科学技术，研究开发由“一种复合人造板生产工艺”、“环保型胶合板生产工艺”、“一种复合水泥模板”等3项专利集成的木塑复合材料板材制造技术，在2003～2005年期间签署了7项技术转让合同，技术转让收入达40余万元。由“轻基质袋育苗容器机”、“全光自动喷雾扦插育苗装置”等多个专利集成的整套林木工厂化育苗技术与设备，每年可给专利产出单位创产值200多万元，在全国广泛应用后建成了100多个“轻基质纤维网袋容器”育苗示范生产线，每年可创产值数亿元。

南京林业大学科技人员为了合理利用农作物秸秆（主要为麦秸和稻秸）资源，弥补木质中密度纤维板和刨花板原料供应不足，通过近10年来的研究试验，先后申请了“中密度稻草板的生产方法”等农作物秸秆人造板制造技术专利15项，其中发明专利为9项。应用这些专利技术，可以将麦秸或稻秸制成碎料板、高中密度纤维板、轻质墙体材料和包装材料等，产品性能可达到有关产品标准的要求。目前，这些专利已陆续进入产业化，全国已建成2条年产50 000立方米秸秆板生产线。利用农作物秸秆制造人造板，可以使农民每亩地增收100多元。

二、专利工作与林业又快又好发展要求不相适应

（一）林业专利管理体制尚不健全，措施不到位

由于对林业专利保护认识不足，意识不强，当前林业主管部门、科研单位和企业在专利管理上并不到位，工作体系不健全，工作机构和行政能力薄弱，人才队伍严重不足，缺少知识产权保护工作经费，中介服务机构发育不成熟，专利创造、保护与利用的规章制度不健全。大部分林业科研单位和企业还没有制定包括专利在内的知识产权管理办法，很多单位没有设立专利申请基金，设立专利实施基金的单位就更少 。有的单位既没有专门负责处理知识产权事宜的部门和人员，也没有制定相应的知识产权管理、保护的规定，专利激励机制不够完善，个人价值得不到充分回报，专利申请积极性不够高，普遍存在重成果奖励、轻专利的现象。

（二）林业系统专利数量少，质量不高

通过对林业科研单位和林业企业的调查发现，由于林业科研成果的公益性很强，科研成果大多是无偿转让，没有经济回报，所以林业科技人员对专利重视不够，大部分林业科研单位和企业专利数量很少，市场竞争的紧迫感不强。省级林业科研单位专利数大多只有几项，甚至是空白。多数林业企业也不太重视自主知识产权的创造，专利数量均不多，专利数量空白的不在少数。在现有林业专利中，由于林业创新能力不足，发明专利少，专利申请多集中在实用新型和外观设计上。如我们实地调查的福马集团 2 家主要企业，分别有 10 项和 12 项专利，但都是实用新型和外观设计专利，专利创造性低，质量不高，专利申请即使有数量上的优势也并非是真正的竞争优势。而且林业产业关键领域的核心专利少，制约了林业优势产业做大做强。

（三）专利实施不充分，严重制约了林业产业化发展

专利实施程度是评价一个行业创新能力高低、评价行业产业化发展水平的重要指标，专利通过实施才能形成产品和品牌，形成生产力。目前，林业专利实施不充分，专利技术产业化率较低，实施规模大、效益好的林业专利不多，林业产业大多还是靠资源消耗型扩充和发展，专利对林业产业化发展贡献不够。

（四）专利意识淡泊，影响林业企业发展

林业行业专利保护和运用的意识不强，特别是林业科研单位和企业不注重专利的保护，出现的专利纠纷影响了林业产业化发展。如浙江省安吉县是我国著名的十大竹乡之一，也是竹材加工的重点县，有林业产业企业 1 600 多家，竹产品广销国内外。但由于竹材加工企业专利意识不强，自主开发的新技术、新产品没有及时申请专利保护，被别人抢先申请了专利，安吉县的多家竹产品企业生产的涉嫌侵权产品，陆续被上海、杭州等地海关查扣，导致产品销售受阻。专利侵权纠纷，已让安吉县整个产业链陷入困境，毛竹收购价格也出现下滑，从原来的每 100 千克 60 多元下降到目前的 40 多元，竹农的收入受到影响。经过专利官司的教育，目前，安吉竹材加工企业专利保护意识明显增强，2005 年专利申请量达 820 件，出现专利申请“井喷”现象。

（五）林产品出口遇到国外专利壁垒阻击，出口难度增大

随着林业产业技术进步、质量不断提高，与林业有关的产品出口越来越多，出口规模越来越大。我国加入世界贸易组织后，国外不能利用关税保护本国企业，但是越来越多采用专利、标准等壁垒措施阻挠我国产品的出口。如 Unilin Beheer 公司依据美国“337”条款状告我国 18 家地板生产企业地板锁扣侵犯了其在美国的专利权，要求禁止这些企业产品进入美国市场，涉及我国企业每年 300 多亿元的出口额，是我国最大的专利官司。在中国林产工业协会等单位组织和牵头，我国企业积极应诉，力争到比较理想的结果，但专利壁垒对我国林产品出口造成的影响不可低估。

三、制定林业知识产权战略，加快林业产业化发展

根据有关资料统计，近 20 年来，对我国经济增长的贡献，资本和劳动力投入占 72%，技术进步占 28%；而在发达国家，知识在经济增长中所占的比重已达到 70% 以上，在生物技术、信息技术、新材料等对经济发展产生重大影响的领域中所拥有的专利数量，大约占全球同类专利总量的 90% 左右，如美国就拥有世界范围内生物技术领域专利的 59%，拥有世界范围内药物领域专利的 51%，拥有世界范围内人类基因领域专利的 40%，这样大的差距正是我国经济增长的新的发展空间。相比较，我国林业科技进步的贡献水平、林业专利在产业化发展中的作用还达不到国家的平均水平，林业专利在产业化发展中的贡献潜力巨大。要采取有效措施，尽快扭转林业专利工作薄弱局面，积极发挥专利在林业产业化发展中的引领和推动作用。

（一）尽快制定林业知识产权战略，全面提高林业专利创造、管理和实施水平

为贯彻落实党中央、国务院关于加强专利等知识产权工作的一系列重要指示，适应经济全球化形势发展的要求，实现知识产权强国的目标，国务院正在组织国家知识产权战略制定工作，对知识产权

创造、管理、实施和保护等方面的工作作出重大部署。我们要利用这个契机，在国家知识产权战略框架下，组织制定具有林业行业特色的林业知识产权战略，明确林业专利工作目标和重点任务，每年推出具体的行动计划，使林业专利等知识产权资源得到优化配置、有效利用、全面实施，营造良好的林业专利创造和实施的环境。

（二）重视专利等知识产权的宣传和培训，加快林业专利人才队伍建设

在科学技术快速发展和经济全球化步伐不断加快的新形势下，专利等知识产权保护在推动技术进步、提升市场竞争力的重要性是越来越显著，但林业行业许多科技人员、许多企业对此没有足够的重视，知识产权保护意识淡薄。要在全行业加大专利等知识产权的宣传和培训力度，使广大林业科技人员、管理人员和企业经营者认识到在经济领域占主导地位的资源和生产要素不再是一般劳动力，也不再是资本，而是知识和技术，拥有和运用知识和技术已成为这个时代的真正动力，产业的发展和经济的竞争在很大程度上体现的是对知识和技术的创新和占有，林业系统应尽快提高专利的创造和实施能力，要将专利工作贯穿于林业科技创新和产业化发展全过程。要加快林业专利人才队伍建设，创造熟悉专利知识、能够积极有效运用专利等知识产权战略的良好氛围。

（三）建立和完善专利工作激励机制，提高林业专利创造水平

林业科研单位和林业大专院校是科技自主创新的重要力量，企业是技术创新的主体。各级林业主管部门要建立和完善专利工作激励机制，将获得专利的数量与质量作为科技人员和经营管理人员业绩考核、职称评定、晋级晋升和推荐拔尖人才的重要依据。鼓励、引导林业科研单位、大专院校、企业积极开展自主创新，加大林业专利创造力度。林业科研单位、大专院校和企业要采取切实有效措施，建立林业专利申请基金和林业专利实施基金，落实奖励政策，鼓励和刺激科技人员申请专利的积极性，让科技人员从申请专利中得到奖励，从实施专利中获得收益，不断提高林业专利的申请数量和质量，依靠开发自主知识产权形成企业的核心竞争力。

（四）加强转化扶持力度，抓好林业专利技术产业化

加大林业专利实施力度。设立林业专利专项资金，对优秀林业专利的实施给予政策优惠，扶持一批拥有自主知识产权、具有发展前景和一定市场占有率的林业专利技术形成产业化、规模化、市场化，并以此作为示范，带动越来越多的林业企业自觉依靠专利制度，抓好林业专利技术产业化工作，从根本上提升林业产业国际、国内市场竞争能力，加快林业产业化发展。

（五）推动专利信息传播，建立林业产业重点领域专利预警系统

林业专利保护和信息的传播是专利制度具有的两大功能。保护是保护专利权利人的利益；而信息是针对社会公众，要将专利技术信息让公众知晓。专利技术一般具有技术含量高、市场化程度高等特点，因此，要努力推动专利信息传播和利用，一方面可以及时跟踪专利保护期，在专利权失效后该技术就为社会所共有；另一方面可以在专利技术基础上进行高起点研究和开发，从仿制走向新产品自主开发，避免低水平重复，创造更高水平的专利技术和竞争优势。要通过建立方便检索查阅专利文献的林业专利技术信息平台，加强林业专利技术基础文献的加工和公开，让林业专利技术信息便利、快捷、低成本为公众所知晓和利用。要吸取竹材加工专利纠纷和地板锁扣国际专利纠纷的经验教训，在林业产业重点领域建立专利预警系统，通过监测和预报林业产业重点领域的专利情况、发展趋势和竞争势态，对即将、正在和已经发生的林业专利争端跟踪分析并快速反应，向林业主管部门、有关行业组织、林业企事业单位发出预警预报和对策建议，预防和解决专利的争端，全面提高林业行业专利运作能力，掌握市场竞争的主动权。

调研单位：国家林业局科学技术司
国家林业局科技发展中心
调研组成员：李　兴　龙三群　马启升　黄海蓉

标准化是林业产业可持续发展的助推器

党中央、国务院对标准化工作历来十分重视。“十五”期间，将标准与人才、专利一起确定为我国科技发展的三大战略。在2006年年初召开的全国科技大会上，胡锦涛总书记强调指出“要加强重要技术标准制定的指导协调”。温家宝总理在2006年的政府工作报告中也明确提出“要形成一批拥有自主知识产权的技术、产品和标准”、“要抓紧制定和完善各行业节能、节水、节地、节材标准”。中共中央、国务院《关于加快林业发展的决定》强调指出：“积极推进林业标准化工作，建立健全林业质量标准和检验检测体系。”标准化工作对林业产业发展到底有多大影响，根据国家林业局党组的统一部署，我们于2006年6～10月，就我国林业产业发展中的标准化问题进行了专题调研。调研结果表明：标准化是我国林业产业可持续发展的助推器，必须予以高度重视，丝毫不能放松。

一、标准化促进了林业产业的快速发展

改革开放以来，随着我国经济社会的快速发展和科学技术的不断进步，我国林业产业发展由小到大，由弱变强，已形成涉及国民经济第一、二、三产业的多个门类、多种产品的复合产业群体，2005年林业产业总产值已达8 459亿元。我国已成为世界人造板、脂松香、花卉、竹制品等生产大国。林业产业的快速发展，标准化工作功不可没。

（一）林业技术标准为林业产业的发展提供了强有力的技术支撑

据调查统计，截至2006年9月底，国家已颁布和实施林业国家标准和行业标准985项（其中国家标准318项，行业标准667项），省级地方标准1 300多项，涉及林业产业发展的标准约占70%以上，涵盖了林木种苗、营造林、速生丰产林、花卉、竹藤、经济林及森林食品、木材采伐运输、人造板、林产加工产品等各个林业产业领域。此外，还有为数众多的企业标准。这些标准对规范木质和非木质林产品的生产、流通、销售和出口发挥了巨大作用，提升了产业的技术水平，引领了产业发展的方向。如没有一批与世界接轨的技术标准，就没有我国人造板生产大国和出口大国的地位。

（二）标准化示范区为林业产业的发展提供了示范辐射作用

自1997年以来，林业部（国家林业局）会同原国家技术监督局、国家标准化管理委员会先后四批共启动97个国家级林业标准化示范区，其中与林业产业相关的标准示范区达40多个。北京、浙江、广东、河北、河南、湖北、湖南等省（直辖市）还分别建立了242个省级和市县级林业标准化示范区。这些示范区的建设较好地推广和实施了一批林业标准，发展了一批拳头林产品，探索出“企业＋基地＋农户”等多种示范模式，并实行公司化运作，标准化生产，大大提升了林产品的技术含量，促进了地方经济的发展，加快兴林富民的步伐。如四川省北川县辛夷花标准化示范区项目实施后，参与标准化示范的林农年均纯收入达3 000元。陕西省榆林市开展大扁杏标准化种植后，示范区户均增收达3 000元。河北省迁西县2004年人均果品收入突破800元，11个示范区样板户人均增收2 000～3 000元。

（三）名牌产品的创建为林业产业的发展插上了腾飞的翅膀

林业标准化示范活动的普及，特别是标准化示范区建设与本地拳头林产品的发展紧密结合，培育和发展了一大批优质名牌林产品。据调查统计，截至2006年，全国林业行业在实木复合地板、强化木地板、中密度纤维板、刨花板等领域已有16种产品被中国名牌战略推进委员会评为“中国名牌产品”；各省（自治区、直辖市）林业主管部门也积极组织企业和生产单位参与名牌产品创建活动，据不完全统计，吉林、浙江、福建、广东、河南、黑龙江、北京、湖北、辽宁、广西等省（自治区、直辖市）及龙江森工集团共有375个产品被评为省级

名牌。知名品牌代表着企业的形象、产业的灵魂，通过这些名牌产品的创建，极大的提高了企业自身的价值，创造了巨大的经济效益，推动了我国林业产业的快速发展。

二、标准化工作滞后于快速发展的林业产业

当今世界，标准已成为促进科技成果转化、提高产品市场竞争力、促进经济增长与产业发展的主要推动力之一，是建设创新型国家的重要因素。标准化极大地促进了我国林业产业的发展，而快速发展的林业产业又必然要求标准化工作与之相适应、相配套。但调研结果表明，当前我国林业标准化工作存在诸多问题，已经严重制约了林业产业的可持续发展。主要有以下几个方面：

（一）标准制定（修订）进展慢，不适应林业产业发展的要求

一是标准数量不足，结构不合理。特别是花卉、竹藤、森林食品、生物质能源、生物质材料等一些林业新兴产业方面的标准数量少，且大多是产品标准，管理类、检测方法类和贸易类的标准数量极少，尤其是林业高新技术方面的标准制定（修订）工作滞后，严重影响了我国林业产业的发展。

二是标准标龄老化，更新速度慢。据统计，我国林业行业标准平均标龄长达10年，平均研制时间为5年，其中标准在5年以上需要修订的多达492项。按照要求，标准发布实施后3~5年就应复审、修订。标龄的老化和更新工作的滞后，导致标准中的技术陈旧，使得一些林业企业经常出现“超标”生产的现象，甚至“超标”生产的产品仍达不到市场要求。据统计，与产业相关的标准中有一半以上需要作废，不能使用。

三是标准水平不高，缺少具有自主知识产权的核心技术。由于林业企业自主研发能力弱，生产的产品绝大多数缺少具有自主知识产权的核心技术，这些没有自主知识产权的产品一旦进入国际市场，就要支付高额专利使用许可费，从而提高了产品生产成本，削弱了企业竞争优势，使产业发展受制于人。

四是企业参与国家标准、行业标准、地方标准的比重很低，参与国际标准制定（修订）工作仍是空白。目前，国外的一些大型企业、跨国公司及企业联盟等，不仅积极参与本国标准的制定（修订），还积极参与国际标准的制定（修订）工作，并将拥有自主知识产权的技术纳入国际标准中，即“技术专利化、专利标准化、标准国际化”，以期获得全球范围内的技术垄断优势和贸易竞争优势，占领国际市场。而我国林业企业绝大多数未参与国内相关标准的制定（修订）。此次调研中有回复意见的70家大中型企业中，参与国家标准、行业标准、地方标准制定（修订）的分别占34%、38%、20%，没有一家企业参与过国际标准的制定（修订）工作，甚至参加国际相关标准化活动的都很少，这已经成为制约我国林业企业进入国际市场的瓶颈。

（二）林业质检机构建设严重滞后，林产品质量监督检验乏力

随着我国林业产业的快速发展，林产品种类和数量的不断增多，国内、国际市场流通量的加大，现有的质检机构在数量和区域布局上，已不能满足对林产品进行有效监督检验的需要；在检验检测范围上，对花卉、竹藤、经济林产品和森林食品等一些新兴产业标准化生产的质量监督检验还很薄弱，急需建立健全质检机构；在检验检测能力、设备和技术水平上，达不到按标准对林产品质量、安全、工艺、性能等参数进行全面检测的要求。质检机构建设的滞后，林产品质量监督检验乏力，严重影响了我国林业产业的健康发展。

（三）林业标准化应对国际技术贸易壁垒风险能力较差，影响林业产业的发展

随着经济全球化和科学技术迅猛发展，技术性贸易壁垒已成为一个国家保护本国产业和促进对外贸易发展的重要手段。我国林业标准体系不完善，技术水平不高，应对技术贸易壁垒风险能力较差，使得我国林产品在出口时屡屡受挫，已经成为我国林业标准化工作的软肋。如2005年11月16日，日本针对我国颁布了食品中农药、兽药残留限量的“肯定列表制度”，对799种农药、兽药及饲料添加剂设立了限量标准，其中15种禁止使用，对没设定限量标准的化学品残留物，执行“统一标准”，

即含量不得超过0.01毫克/千克。对不符合“肯定列表制度”要求的食品（包括森林食品）不准进入日本市场。日本是我国食品、农产品出口的第一大市场，“肯定列表制度”的出台，严重影响了我国森林食品的对日出口。

（四）开展林业标准化工作的经费严重不足，制约了产业的可持续发展

目前，我国每年用于林业行业标准制定（修订）经费仅有500万元，与林业产业发展相关标准的实施、质检机构的建设和林产品检验检测、培训及参与国际标准化活动交流等方面的经费几为空白。各省（自治区、直辖市）用于林业地方标准的经费除广东、福建、浙江、山东等少数几个省外，经费投入也严重不足。此外，当前林业标准化工作的经费均为国家和地方财政投入，来自社会团体、企业赞助经费很少。开展标准化工作的经费不足，严重制约了标准化工作的开展，制约了林业产业的可持续发展。

三、标准化是林业产业可持续发展的助推器

党的十六届五中全会作出了建设社会主义新农村的决定，十六届六中全会又作出了建立和谐社会的决定，为深入贯彻中央精神，当前，国家林业局党组在抓生态建设的同时，正着力抓林业产业体系建设，林业产业必将会有一个大的发展和飞跃。为了保证林业产业又快又好和可持续发展，必须切实加强和改进标准化化工作。

（一）建立和完善林业产业标准体系建设

一要加快林业技术标准体系的建立和完善，尤其是林业产业的标准体系建设要有前瞻性和科学性。

二要加快林业产业标准的制定（修订）速度，着力解决当前制定（修订）速度慢、标龄老化的问题，改变标准数量少，种类分布不均的现状重点要加快花卉、竹藤、生物质能源、生物质材料、林产品质量安全、资源综合利用等一些新兴林业产业和重点领域中标准的制定（修订）速度，以满足现代林业产业发展的需要。

三要建立以企业为主体的产业技术标准研制机制，改变单一依靠政府力量开展标准化工作的现状。企业是技术创新和科技成果转化的主体，也是技术标准的主要使用者。要鼓励企业独立承担或与科研院所、大专院校联合参与标准的研究和制定（修订），鼓励企业将自身的专利发明转化为行业标准、国家标准或国际标准，鼓励龙头企业积极参与国际标准的制定（修订），占领标准制高点，提高产业和产品竞争力。

四要建立林业标准化管理的信息化平台，提高标准化工作的效率和透明度。开发林业标准资源信息平台，实现林业行业标准制定（修订）项目的网上申报、审批和实施信息反馈，优化标准制定（修订）程序，提高标准化工作效率和透明度；完成林业标准数据库的建立，逐步实现服务的网络化，使标准使用者能查得到、找得准、用得上标准，推动标准的普及；利用网络等信息化技术，提高标准的时效性，为全社会提供及时、准确、高效、权威、便捷的标准信息服务。

（二）加强林业产业标准化示范区建设

建立标准化示范区是将技术标准转化为现实生产力，促进地方经济发展，带动农民致富，建设社会主义新农村及和谐社会的最为有效的形式。要在总结现有的97个林业标准化示范区经验的基础上，继续扩大示范范围，规划“十一五”期间国家级标准化示范区再增加100个，局级标准化示范区建立300个，总共500个左右，基本上覆盖全国31个省（自治区、直辖市）。

（三）提高企业利用标准创造名牌产品的能力

企业地位需要名牌产品提升，产业需要名牌产品带动，名牌产品需要标准来支撑。林业企业要想打造名牌产品，就必须转变观念，提高对标准化工作重要性的认识，用标准提高产品的质量，提高产品的市场竞争力。国家林业局要加强对产业发展的宏观研究，出台相关的奖励政策，鼓励企业提高产品质量，争创省级名牌、中国名牌和中国世界名牌。

（四）建立林业产业技术性贸易保护措施

当前，在开放的国际环境下，标准问题已经成为世界各国经济竞争的焦点。建立既符合WTO规则，又能有效、合理保护我国林业产业与市场的技

术性贸易保护措施，已是当务之急。一是要认真研究WTO规则和国外发达国家标准及合格评定程序，利用相关的游戏规则和标准，规避风险，消除技术贸易壁垒；二是加大国际先进标准的采标力度，提高林产品质量水平，缩小与发达国家的差距；三是要系统研究发达国家的标准管理体制及制定方式、方法，借鉴他国经验来完善我国林业技术标准体系建设，全面提升我国林业产业标准水平。

（五）加强林业产业标准化保障体系建设

1. 要建立健全质量监督检验检测机构

一要对现有的10个局级质量监督检验检测机构进行考核，对不符合条件的机构进行清理整顿；二要编制和出台《国家林业局产品质量监督检验检测机构总体规划》，建立布局合理、职能明确、专业齐全、反应快捷、运行高效的林产品质量安全检验检测体系。在区域布局上，要达到各主要林产品及主产区都有相应的国家林业局专业质检中心；在检测范围上，实现林产品从生产到市场准入的全程质量安全检验检测；在检测能力上，能够满足按标准要求对林产品质量、安全、工艺、性能等参数进行检测的需要；在技术水平上，达到国际同类检验检测机构水平。尽快公布《国家林业局产品质量监督检验检测机构管理办法》和《国家林业局产品质量监督检验检测试机构基本条件》。

2. 要加大对标准的监督检查力度

积极履行《中华人民共和国标准化法》和国务院"三定方案"赋予林业主管部门对产品质量的监督检查职责，加强对标准的监督检查力度，使管理、设计、工艺、生产、检验、采购、销售等各环节的人员自觉按标准执行，保证标准卓有成效的系统效应。

3. 要调整经费的投入方式和投入结构，加大企业投入力度

林业产业标准使用的主体是企业，要调整林业产业标准化工作经费的投入方式和投入结构，建立以国家投入为引导，企业投入为主体，社会融资为补充的多元化、多层次、多渠道的资金投入体系和标准出版发行反哺机制，千方百计地扩大经费渠道，增强经费来源。

调 研 单 位：国家林业局科学技术司
国家林业局科技发展中心
调研组成员：李东升　冉东亚　赵宇翔　程　强
吴胜富　张　禹

关于重点区域沙漠化防治问题

⊙重点区域沙漠化防治专题调研报告之一

关于西藏、青海、新疆土地沙化现状及治理对策

在党中央、国务院的高度重视和正确领导下，我国防沙治沙工作取得了显著成绩，全国沙化土地面积开始出现净减少，由20世纪末年均扩展3 436平方千米转变为年均缩减1 283平方千米，沙区生态建设状况已从治理小于破坏进入治理与破坏相持的阶段。但西藏、青海、新疆3省（自治区）沙化土地还在扩展，形势十分严峻，加速对这个地区的沙化土地治理，已是一件刻不容缓的事情。现将西藏、青海、新疆3省（自治区）土地沙化基本情况和防治对策报告如下：

西藏、青海、新疆3省（自治区）有人口2 741万人，分布55个民族，少数民族人口1 557万人，占总人口的57%，主要居住有藏族、维吾尔族、回族、哈萨克族、蒙古族等少数民族。国土总面积358.49万平方千米，占全国土地面积的37.3%，占西部地区国土面积的67%，大部分地区属干旱、半干旱区，自然条件恶劣，沙漠、戈壁广布，森林总量不足，森林覆盖率低且分布极不均

匀，西藏自治区11.31%，青海省4.4%，新疆维吾尔自治区仅2.94%。

应当讲，西藏、青海、新疆3省（自治区）各级党委、政府对防沙治沙工作是高度重视的，也做出了艰苦努力，取得了一定成效，但由于种种原因，土地沙化扩展之势仍未得到控制，成为当前我国生态最脆弱、沙化问题最突出的区域。

一、土地沙化现状及危害

（一）沙化现状

一是沙化土地面积大。3省（自治区）现有沙化土地10 889万公顷，占3省（自治区）土地总面积的30.4%，全国沙化土地面积的62.6%。其中，西藏自治区沙化土地面积2 170万公顷，占全区土地面积的17.6%，主要分布在那曲、阿里、日喀则、山南等地区；青海省沙化土地面积1 256万公顷，占全省土地面积的17.4%，主要分布在海西蒙古族藏族自治州、海南藏族自治州、海北藏族自治州、果洛藏族自治州等地区；新疆维吾尔自治区沙化土地面积7 463万公顷，占全区土地面积的44.8%，全疆88个县（市）和175个农垦团场中，有81个县（市）和90多个农垦团场有沙化土地分布。

二是沙化程度深。3省（自治区）沙化土地中，流动沙地3 019万公顷，占沙化土地面积的27.7%，其中西藏自治区42万公顷，青海省129万公顷，新疆维吾尔自治区2 849万公顷；半固定沙地1 020万公顷，占沙化土地面积的9.4%，其中西藏自治区102万公顷，青海省110万公顷，新疆维吾尔自治区808万公顷；固定沙地817万公顷，占沙化土地面积的7.5%，其中西藏自治区36万公顷，青海省112万公顷，新疆维吾尔自治区669万公顷；露沙地351万公顷，占沙化土地面积的3.2%，其中西藏自治区145万公顷，青海省206万公顷。另外，3省（自治区）具有明显沙化趋势的土地面积为1 106万公顷，占全国具有明显沙化趋势土地面积的34.7%。

三是沙化扩展快。近5年间3省（自治区）沙化土地面积共扩展37.31万公顷，年均扩展7.5万公顷。其中，西藏自治区扩展19.8万公顷，沙化土地占全区土地面积的比例由17%提高到18%，那曲、阿里、日喀则3个地区为沙化重点扩展区；青海省扩展12.29万公顷，三江源头扩展加剧，玛多县沙化土地5年间扩展14.4万公顷，年均扩展率达6.2%；新疆维吾尔自治区扩展5.21万公顷，塔克拉玛干沙漠南缘的巴音郭楞蒙古自治州、和田、喀什等地区，古尔班通古特沙漠以及艾比湖地区为沙化主要扩展区。

从沙化现状看，沙化土地面积最大的是新疆维吾尔自治区，占3省（自治区）沙化土地面积的68.5%；从沙化程度看，也是新疆维吾尔自治区最严重，其流动沙地占3省（自治区）流动沙地面积的94.3%，但从沙化土地扩展速度看，西藏自治区发展快，并呈加速之势。

（二）沙化危害

一是严重危害农牧业生产。3省（自治区）有近120万公顷农田和近2 300万公顷草场直接遭受风沙危害，分别占3省（自治区）耕地和草场面积的25%和14%。作为国家粮棉生产基地的新疆维吾尔自治区，近5年间每年因沙化导致粮棉减产13亿万千克；西藏自治区、青海省由于沙化每年造成粮食减产都在3 000万千克以上。西藏自治区桑日县的江乡、绒乡、雪巴乡约8万亩沿江农田，因沙化每年粮食减产达25万千克；那曲地区草场产草量下降约40%，相当于减少59万羊单位载畜量，可利用草场面积正在以每年5%的速度递减。据中国科学院监测，沙化对西藏自治区农牧业造成的直接经济损失高达8.2亿元，农牧民年人均减收近400元。

二是严重威胁农牧民生活、生存。据统计，3省（自治区）有2 700万人口和1 500万少数民族人口直接遭受风沙危害。西藏自治区全区7 400个行政村中有750个不同程度遭受风沙侵袭，阿里地区行署所在地的狮泉河镇，正面临着被流沙掩埋的威胁，镇内部分街道积沙厚度近半米；仲巴县县城由于流沙侵袭，近40年间被迫3次搬迁。20世纪80年代被誉为全国牧业经济百强县的青海省玛多县，近20年间由于沙患变成国家级贫困县，很多农牧民沦落为生态难民。塔克拉玛干沙漠南缘地区，年均浮尘、扬沙、沙尘暴天数多达260天，致使和田、喀什、巴音郭楞蒙古自治州、阿克苏等地区成为矽肺病高发区，发病率高达 18%，古尔班通古特沙漠南缘的精河县，60 岁以上人群肺病发病率接近 100%。1998 年 4 月发生在新疆维吾尔自治区的特大沙尘暴，波及 10 个地州的 52 个县，造成 6 人死亡，47 人重伤，44 人失踪，4 万间房屋倒塌，157 万人受灾，10 万头牲畜死亡，大棚作物全部绝收，直接经济损失超过 10 亿元。

三是给交通、江河的安全运营带来重大隐患。据有关资料，青藏铁路、青藏公路、青新公路、兰新公路、兰新铁路等重点国道，受沙化危害的路线累计近 1 万千米，其中危害严重的路段达 5 000 千米。西藏自治区拉萨市贡嘎机场因风沙危害每年关闭达 20 余天，仅 2003 年 2 月，因扬沙天气造成飞机停飞 4 天，滞留旅客 5 000 多人。雅鲁藏布江上游因土地沙化、水土流失，近 40 年间江水泥沙含量每立方米增加 100 克，下游的山南段因泥沙淤积河床抬高了近 1 米；黄河上游最大的首级水库青海龙羊峡水库，设计库容量 247 亿立方米，使用年限 100 年，因沙化每年进入水库的泥沙量达3 000万立方米，导致水库库容缩小，使用年限缩短 50 年；新疆维吾尔自治区塔里木河流域因流沙侵袭，使下游河道缩短。

四是加剧贫困程度，严重制约区域经济社会可持续发展。据不完全统计，3 省（自治区）因沙化危害每年造成的直接经济损失达 50.8 亿元，相当于财政收入的 27%，其中西藏自治区 8.6 亿元，青海省 12.2 亿元，新疆维吾尔自治区 30 亿元。2004 年，西藏、青海、新疆 3 省（自治区）农民人均收入分别为 1 861 元、2 005 元和 2 269 元，沙化危害最严重的新疆维吾尔自治区和田地区，农民人均收入仅为 1 176 元，远远低于全国平均水平。3 省（自治区）224 个县中有 116 个属于国家级贫困县，而且集中分布在沙化危害严重区域，各族群众不仅生活贫困，还长期生活在生态恶劣的环境中。

五是对民族团结和稳定产生不良影响。由于长期受沙害之苦，在群众中产生了一些抱怨情绪，有的少数民族同志说，过去解放西藏，我们做出了贡献，但目前仍生活在恶劣的环境中，国家也该关心关心了。长期战斗在屯垦戍边第一线的兵团战士看到沙尘肆虐、矽肺病高发的生活境况，感慨道：我们是献了青春献终身，献了终身献子孙。这种境况如不尽快扭转，任其发展下去，对边疆稳定，民族和谐，国家安定将构成严重威胁，后患无穷。

二、沙化成因

（一）自然因素

一是气候干旱。3 省（自治区）大部分处于干旱半干旱区，据气象部门资料，近 10 年来青藏高原年均气温较常年偏高 0.56℃，导致雪线上升，冰川面积平均每年减少 14 736 公顷，冻土呈逐渐退化趋势，涵养水源的功能减弱或丧失，引发和加剧了高寒草地的退化、沙化。3 省（自治区）年均 8 级以上大风日数多在 20 天以上，有些地区甚至超过 100 天，极易造成土壤风蚀，形成沙化土地；二是地表沙源丰富。3 省（自治区）分布有 4 大沙漠，在江河谷地、湖盆地沉积了由高山冰雪融水及冰川所带来的大量坡积物、洪积物、冲积物形成的含沙量较为丰富的土壤，严重的水土流失造成江河泥沙淤积，枯水季节极易形成流沙，在风力的作用下不断扩展；三是生态先天脆弱。3 省（自治区）自然条件恶劣，植被稀少，森林覆盖率低且分布极不均匀，天然草地的植物盖度大多在 20% 以下，且退化、沙化严重，稍有不慎或保护不力，极易形成沙化土地。

（二）人为因素

据统计，近 50 年间 3 省（自治区）人口增加了 2 037 万人，特别是新疆维吾尔自治区近 2 000 万人口集中生活在只有 8 万平方千米的绿洲范围内，单位面积人口密度极高。人口的急剧增加，加大了土地承载压力，导致一系列问题。

1. 过度开垦

建国以来，新疆维吾尔自治区进行过三次大规模开垦，导致全疆近 1/5 的森林被毁，60% ~70% 的天然荒漠植被衰退，80% 的草场退化、沙化；西藏自治区、青海省滥垦问题也较突出，且缺乏必要的保护措施，导致弃耕现象严重，造成耕地沙化。

2. 超载过牧

这是导致草原沙化的主要因素之一。目前 3 省（自治区）草场平均超载达 60% 以上，新疆维吾尔自治区草地理论载畜量为 2 600 万头（只），而实际载畜量达4 525万头（只），超载近50%，部分地区甚至超载100%，导致全疆4 800万公顷的可利用草场，近80%出现不同程度退化、沙化，草原生产力降低30%～60%；西藏自治区那曲地区超载154.22%，阿里地区超载24.32%。

3. 过度樵采

人口的剧增导致3省（自治区）所需生活燃料短缺，滥砍挖沙区植被的现象十分严重。西藏自治区“一江两河”中部地区每年薪柴消耗量达18万吨，6万～10万亩天然灌木林遭到破坏；新疆维吾尔自治区沙区农牧民每年所需生活燃料折合薪柴约350万吨，造成大量的梭梭、红柳等荒漠植被遭到砍伐，喀什地区农村生活燃料有1/4来自荒漠植被，每年有3.2万亩植被遭毁。

4. 滥挖中草药材、不合理的采金、开矿等活动严重，加剧了沙化进程

青海省格尔木市每年涌入大量农民挖金，无序砍挖沙生植被，致使那棱格勒河上游的沙生植被砍挖殆尽，近5年间流沙面积增加了300公顷。

5. 水资源利用不合理

长期以来，3省（自治区）在水资源分配利用方面的问题比较突出，造成下游地区来水量减少，河流断流，地下水位下降，大面积的荒漠植被死亡。维系新疆塔里木河下游绿色走廊的胡杨林、柽柳等荒漠植被，由于缺水大量死亡，致使沙地活化。

6. 投入不足，治理力度弱，严重制约3省（自治区）防沙治沙进程

近年来，国家只在西藏自治区“一江两河”中部流域实施了局部的防沙治沙工程，其他地区的防沙治沙基本没有投入，青海、新疆地区仅仅依托三北防护林工程开展防沙治沙，投入严重不足。根据《全国防沙治沙规划》确定的任务，到2010年，西藏、青海、新疆3省（自治区）分别需完成沙化土地治理任务41万公顷（年均8万公顷）、90万公顷（年均18万公顷）、207万公顷（年均41万公顷），而目前3省（自治区）实际年均治理的沙化土地面积很少，与需要治理的任务相差甚远。

三、加快西藏、青海、新疆3省（自治区）沙化土地治理的建议

综上所述，我们认为，采取强有力措施，尽快遏制西藏、青海、新疆3省（自治区）沙化土地扩展趋势，改善生态状况，已是当前我国生态建设的一项十分紧迫的战略任务。无论从国际影响、政治稳定、民族团结、生态安全等方面，都具有十分深远的意义和影响。故此我们建议：

（一）实施专项重点工程治理

鉴于西藏、青海、新疆地区生态问题具有同类型（主要是土地沙化问题），治理措施相似性、地域上相邻性和影响的整体性，建议将西藏、青海、新疆地区作为一个整体，启动“藏青新防沙治沙工程”，实施专项重点治理，并列入“十一五”规划，力争用15年或更短的时间，从根本上遏制西藏、青海、新疆等地区沙化扩展趋势。

（二）实施封禁保护制度

西藏、青海、新疆3省（自治区）内分布着塔克拉玛干、古尔班通古特、库姆塔格和柴达木四大沙漠，由于3省（自治区）生态区位重要，人口较少，故此对暂不具备治理条件的和因保护生态的需要不宜开发利用的连片沙化土地以及重点沙源区，划定一批封禁保护区，实行封禁保护。

（三）加强林草植被建设，加大封沙育林育草力度

鉴于西藏、青海、新疆地区的自然和地理特点，在植被保护和建设上，实行以灌木为主，灌草结合的植被恢复措施。加大封沙育林育草力度，以切实发挥自然的修复能力。重点治理和保护塔克拉玛干沙漠南缘及绿洲区、古尔班通古特沙漠南缘、柴达木沙漠周边及绿洲区、共和盆地及江河源头治理区、西藏河谷沙化土地治理区。同时，在生态脆弱地区实施禁牧舍饲，严禁超载放牧，保护和恢复草场植被。

（四）适当开展生态移民

实践证明，对生态区位重要、居民生活条件十分困难地区实行生态移民既可以恢复生态，又有利于提高农牧民生活水平，建议在西藏、青海、新疆地区开展适度的生态移民，在迁出

地实行围封禁牧，恢复植被，在迁入地加快基础设施建设，解决好迁出农牧民的现实生活和长远发展问题，实现迁得出、稳得住、不反弹。

（五）切实加强水资源管理

合理分配主要流域的水资源，保证中下游地区生态用水，科学开采地下水，积极开展人工增雨，大力推行节约用水，积极推广节水灌溉等技术。

（六）加强西藏、青海、新疆地区的土地沙化监测工作

在3省（自治区）建立健全土地沙化定位监测站，实行动态监测和预警，掌握变化趋势，为从根本上遏制这一地区的土地沙化扩展趋势提供及时、可靠的依据和防治工作效益监测。

调研单位：国家林业局防沙治沙办公室
调研组成员：刘　拓　王信建　张利明　潘红星　张德平　戴晟懋　林　琼

⊙重点区域沙漠化防治专题调研报告之二

加大防沙治沙力度　遏制民勤沙化扩展态势

温家宝总理对民勤的生态保护和建设十分重视，曾11次作出批示和指示。2005年7月16日，温家宝总理批示："绝不能让民勤成为第二个罗布泊，这不仅是个决心，而且是一定要实现的目标。盼发改委会同甘肃省将这件事情列入议事日程，统筹规划，落实措施，科学治理，务求实效。"今年"两会"期间又一次指示："现在沙尘暴几乎每年都要刮几次，给我们的生态环境造成了严重威胁，民勤在沙尘暴的形成及沙化方面又是一个起关键作用的地方，我们一定要重视这个问题。一定要高度重视民勤治沙问题，石羊河流域一定要坚决治理好，绝不能让民勤变为第二个罗布泊，更不能让民勤这个沙漠中的绿洲从我们的视野里消失"。为配合地方搞好对民勤的生态治理，根据局领导的部署，3月下旬，由防沙治沙办公室组成专家调研组，对民勤生态状况进行了调研，现场考察了民勤县流沙治理和风沙危害情况，与省、市、县有关领导同志进行了交流，并征求了中国科学院兰州沙漠研究所和甘肃省治沙研究所专家的意见。现将调研情况及对策建议报告如下：

一、民勤经济社会状况

民勤县地处甘肃省河西走廊东北部，石羊河流域尾闾，南邻凉州区，西毗金昌市，东、西、北三面与内蒙古接壤，处于巴丹吉林和腾格里两大沙漠包围之中。全县土地总面积1.6万平方千米，其中沙化土地面积约1.5万平方千米，占全县总面积的94%，绿洲面积约1 000平方千米，仅占6%，绿洲边缘风沙线长达408千米。该县属典型的温带大陆性极干旱荒漠气候区，气候环境十分恶劣，年均降水量110毫米，年蒸发量高达2 640毫米，是降水量的24倍，年均风沙日数达139天，沙尘暴日数达37天。植被地带性特征明显，以荒漠植被为主，主要天然植被有白茨、红柳、绵刺、沙蒿等，主要人工植被有杨树、沙枣、梭梭、毛条、花棒等。

民勤县总人口30.7万人，辖18个乡镇。2004年该县国内生产总值13.63亿元，财政收入4 788万元，农民人均纯收入2 968元，粮食总产量16.76万吨，人均占有粮食305千克。经济作物是地方财政和农民收入的主要来源，主要农产品有棉花、红瓜籽、黑瓜籽、葵花籽、大茴香等。

二、民勤生态环境现状

当前民勤生态环境主要面临两大威胁：

一是石羊河来水量剧减，地下水位急剧下降。建国初期，石羊河注入民勤地区的水量为年均5.46亿立方米，目前仅为1亿立方米左右，最少年份只

有6 000立方米。导致这一结果有以下3点原因：①祁连山植被遭破坏，水源涵养功能逐渐衰退。20世纪50年代祁连山森林面积近23万公顷，自60年代开始连续遭受4次较大破坏，毁林3万公顷，毁草开荒近7万公顷。80年代以后其上游地区又涌入大批淘金者，采取剥离覆盖层的方法开采，使植被遭受严重毁坏。②石羊河流域水资源的利用历来缺少长远的统筹规划，缺乏有效的统一管理，更没有一项工程在兴建前论证过其建成后对生态环境的影响。上游对水资源的蓄引比例越来越大，大量的水资源消耗于山前冷凉灌区，山前绿洲逐年扩大，灌溉面积由50年代的6万多公顷扩大到80年代末的10万多公顷，加上山间盆地灌溉面积由4 640公顷扩大到4.4万公顷，年净耗水量达2.86亿立方米。③上中游过度开发消耗水资源，使进入民勤的径流量大幅减少，平均每10年减少1亿立方米。由于来水量的急剧减少，迫于生产及农牧民生计需要，民勤从70年代开始大规模打井抽取地下水，全县累计打井11 000眼，其中深水井6 000眼，年超采地下水3.8亿立方米，致使地下水位急剧下降，年均下降约0.5米，目前地下水位已降至地表20米以下。

二是沙丘活化，沙漠吞噬绿洲。其成因有以下3点：①来水量减少，植被枯死。维系民勤绿洲的固沙植被有70%衰败，绿洲周围沙丘植被覆盖率由20世纪50年代的44%降至目前的15%以下，一度达7万多公顷的沙枣林和梭梭林有近5万公顷死亡，造成沙丘活化。②人口压力加剧。民勤人口由20世纪50年代的20万人增加到目前的30多万人，为了生计导致过度开垦、放牧、樵采。近5年间，民勤共计开荒5 537公顷，同时又有5 498公顷耕地弃耕、沙化，增加沙化土地面积4 095公顷，形成开荒-弃耕-沙化-再开荒的恶性循环。③沙漠吞噬绿洲。地处民勤绿洲上风口的巴丹吉林沙漠，在内蒙古阿拉善右旗雅布赖山前有一宽约2~5千米的大风口，在西北风的作用下，流沙直逼民勤绿洲，形成一条长达94千米，宽10~80千米的大沙带，每年以8~10米的速度侵蚀绿洲，流沙距县城不足10千米。据专家预测，照此发展下去，用不了20年，民勤将不可避免地成为第二个罗布泊。

三、民勤生态建设情况

民勤生态环境的脆弱性，是历史形成的。在长期的历史进程中，由于大量开垦、用水失调、内乱、战争以及人口膨胀，导致民勤生态失衡，沙漠化不断发展。到民国时期，民勤沙漠化发展已经到了无法控制的地步，风沙压埋庄园随处可见，“登高远望一片沙，大风一起不见家，朝为庄园夕沙压，流离失所奔天涯”。

建国后民勤生态经历了逆转和反复两个过程。建国初期，当地政府采取两大措施改善生态，重建家园，恢复生产。一是组织群众兴修水利，兴建各级灌溉渠系和配套工程，使人工灌溉渠系代替了半自然水系，并于1958年6月建成了设计库容量1.27亿立方米的红崖山水库，成为人工灌溉渠系的水源，地表水利用率提高，民勤绿洲耕地的保灌面积扩大，农业生产得到较快恢复。二是组织沙区干部群众展开了大规模的治沙运动，设立了民勤综合治沙站，在流动沙区上插风墙，在绿洲边缘的沙荒上封沙育林育草，在风沙前沿营造防护林带，在农田边缘土埋沙丘、铺设黏土沙障，在河岸渠边营造护岸护渠防风林带，在村庄周围植树造林等等，经过艰苦努力，民勤初步建成了乔、灌、草相结合的有效绿洲防护体系，沙化危害明显减轻，生态基本处于稳定状态。20世纪五六十年代民勤曾是我国防沙治沙的先进典型。

此后，随着石羊河流域上中下游一齐开发，水源地和整个流域的生态平衡失调，加之人口不断膨胀，土地过度开垦等，生态灾难再次降临民勤。在此后较长一个时期以来，当地干部群众没有间断过与风沙的抗争，但由于多种原因，民勤生态始终处于破坏大于治理，沙化不断扩展，且愈演愈烈，发展到今天这个境地。

四、国家林业局对民勤生态治理的支持情况

国家林业局对民勤生态治理高度重视，“十五”期间，共计投入林业生态建设资金7 000万元，支持民勤生态建设。其中退耕还林投入5 615.5万元，完成退耕地造林10.53万亩，匹配荒山荒地造林9.5万亩，封山（沙）育林育草5万亩；三北防护

林体系建设四期工程投资780万元，完成防护林建设5万亩，封山（沙）育林育草4万亩；将民勤26.11万亩生态公益林纳入森林生态效益补偿范围，补助资金260万元；全国防沙治沙综合示范区建设、农业综合开发防沙治沙项目以及林木种苗投资近400万元。在我局的大力支持下，近5年间民勤有近30万亩沙化土地得到初步治理，对遏制沙化的加速扩张起到了积极作用。

据统计，建国以来到目前，民勤人工造林保存面积180万亩，封育保护面积76万亩，在400多千米长的风沙线上初步建成342千米防护林带，有191个风沙口得到初步治理。但从总体上看，民勤处于一个极为特殊的区域，生态治理任务艰巨，难度相当大，目前的投资水平与当地生态建设和沙化土地治理的实际需求相差甚远，还不足以扭转生态恶化的局面。

五、加快民勤生态治理的建议

民勤的问题是一个非常复杂的问题，涉及方方面面。如果民勤不保，两大沙漠汇合，不仅丧失民勤30万人口的生存空间，而且会导致整个石羊河流域生态系统崩溃。当务之急，是要采取得力措施，多管齐下，解决对民勤水的问题、沙漠侵蚀绿洲问题和绿洲内部沙丘活化问题。为此，我们建议：

（一）建议国家林业局将民勤作为特例予以重点支持

长期的实践已充分证明，加强林草植被保护和建设是治理沙化土地、遏制沙化扩展的行之有效的措施。建议“十一五”期间，国家林业局在以下方面加大对民勤生态治理力度。

（1）较大幅度增加对民勤生态保护和建设投资，加大以林草植被保护和恢复为主的生态综合治理力度。主要从以下几个方面着手：①增加三北防护林建设任务，民勤亟待治理的流沙面积有60多万亩，建议三北防护林体系建设工程每年安排民勤防护林建设任务10万亩。②增加退耕还林（草）任务，民勤现有30多万亩沙化严重、产量低而不稳的耕地急需退耕还林还草，建议每年安排退耕还林（草）任务6万亩。③扩大生态公益林补偿范围，民勤区划有100万亩生态公益林，目前已纳入补偿的只有26万亩，建议将剩余的74万亩全部纳入生态补偿范围。④建立民勤沙化土地封禁保护区，将近期暂不具备治理条件的以及因保护生态需要的集中连片沙化土地，划定为沙化土地封禁保护区，实行封禁保护，促进生态自然修复。⑤全国防沙治沙综合示范区和农业综合开发防沙治沙项目投资重点向民勤倾斜，每年保证150万投资。

（2）加大民勤生态保护和建设的科技支撑力度。有针对性地安排民勤林业科技支撑项目，支持其推广和应用防沙治沙先进适用技术。依托中国科学院兰州沙漠研究所，成立由相关领域专家组成的专家指导组，加强对民勤生态保护和建设的技术指导，提高其生态治理水平。

（3）强化对民勤沙化土地动态变化跟踪监测，建立健全沙化土地监测网点，及时掌握沙化土地动态变化情况，为科学决策、科学防治提供依据。

（二）建议请求国家采取措施予以有力支持

据了解，为解决民勤水资源严重不足问题，目前甘肃省政府正在报请国家发展和改革委员会审批一个总投资为40多亿元的石羊河流域近期重点治理项目（该项目已通过水利部论证），建设内容以水利工程、水资源保护、水文网站、水资源监测、生态移民为主。治理项目中，生态建设与保护规模很小，投资仅占项目规划投资的10%左右。在该项目审批阶段，为实现石羊河流域治理的各项目标，今年甘肃省启动实施了一个总投资为6.7亿元，重在保农耕的纯水利应急项目，建设期为3年，重点建设1个120千米长的灌渠和3个灌区，项目建成后每年可给民勤调水1.7亿立方米。这个项目的实施，将会在很大程度上解决民勤水的问题，也会对当地生态改善起到一定的作用。

但这个项目存在着严重缺陷，其一，基本只能解决水的问题，生态保护和建设所占份额太轻，即使项目实施后水的问题能够得到解决，但沙丘威胁绿洲及生活在这里的30多万人民的生产、生活、生存的沙化问题还是得不到解决；其二，过分强调衬砌防水渗漏的作用，对灌渠实行衬砌虽然能在一定程度上提高水资源的利用率，但由于土壤水分和地下水得不到有效补充，有可能会导致周边地区生态进一步恶化。对此，地方政府和有关部门的专家也很担心，强烈呼吁必须要大幅度增加林草植被保护和建设力度，切实做到林水结合、综合治理，以从根本上解决民勤问题。故此，建议国家采取以下措施：

1. 启动民勤生态建设和保护紧急抢救性项目

在逐步解决民勤水的问题的同时，国家投入专项资金实施抢救性措施，强化民勤生态建设和保护。一是设沙障、种植固沙作用强、耐旱的灌木林，有效固定流沙；二是划定沙化土地封禁保护区，严格保护沙区林草植被，杜绝人为破坏行为，遏制沙化进一步扩张；三是对风蚀沙化耕地实施退耕还林还草，减轻耕地风蚀，减少水资源消耗；四是在绿洲内部建立防护林网，保护农田、村庄等基本设施，改善人居环境和农牧业生产条件。初步估算，实施这个抢救性项目，需国家投资5亿元，项目若能实施，用10左右甚至更短的时间，从根本上扭转民勤生态恶化趋势是能够实现的。

2. 编制中长期规划，实施石羊河流域生态综合治理工程

民勤的生态问题，既要立足当前，解决急迫问题，也要制定中长期规划，从整个石羊河流域通盘考虑，按照南养水源，中固绿洲，北治风沙的整体思路统筹安排。一是要加强石羊河源头祁连山生态保护，切实保护好祁连山森林植被，杜绝森林植被破坏行为，已开垦的耕地要逐步退耕还林还牧，恢复和增强水源涵养能力，增加径流量。二是要在全流域大力推进节水农业，切实节约水资源，科学调配流域水资源，合理安排上中下游地区的生态、生产和生活用水。三是要采取工程和生物治理相结合的措施，加大退耕还林还草、人工造林种草、封沙育林育草和沙化土地封禁保护等建设力度，保护和建设好林草植被，固定流沙，阻止沙漠前移侵蚀绿洲，保护绿洲生态安全。四是要适度实施生态移民。民勤绿洲人口密度大，每平方千米近400多人，大大超过了绿洲的承载能力。目前生活在生态极端恶劣，基本失去生产、生活条件地区的约有3万人，要有计划地移出，以减轻生态压力，保护和恢复林草植被。五是要积极调整农村产业和种植业结构。民勤既严重缺水，又严重浪费水资源，全县每生产1千克粮食需耗水2吨。因此，必须在有效治理和严格保护的基础上，按照“禁开荒、慎用地、多采光、少用水、新技术、高效益”的原则，调整农村产业和种植业结构，大力发展特色产业、林草业，提高土地生产力，节约水资源。

调 研 单 位：国家林业局防沙治沙办公室
调研组成员：刘　拓　张利明　王俊中

⊙重点区域沙漠化防治专题调研报告之三

当前京津风沙源治理工程存在的问题与对策

最近，我们对京津风沙源治理工程（以下简称京津工程）进行了调研。总体上，京津工程实施六年来，完成了规划第一阶段的各项治理任务，建设进展顺利，对区域内生态、经济和社会发展起到了良好的促进作用，成效显著。用中国国际工程咨询公司中期评估的话说，工程实施以来，项目区植被明显恢复，植被覆盖率显著提高，项目区沙尘暴强度明显减弱，京津工程良好的生态效益已经显现出来。但是，工程建设中仍然存在一些问题与困难，有些问题需要引起高度重视并逐步加以解决。现将我们感到比较突出的几个问题和建议报告如下：

一、问题与困难

（一）京津工程区生态环境仍十分脆弱，沙化危害仍然是这个地区经济社会发展的重要制约因素

京津工程实施六年来，区域生态环境虽然有了明显改善，但是整体生态环境依然十分脆弱，沙化治理任务还十分艰巨，一些重点地区沙化形势还非

常严峻，并制约着当地经济与社会的可持续发展。对京津地区构成直接影响的沙源路径区，一部分地区仍流沙滚滚，一遇大风，沙尘四起，直接影响京津地区。官厅、潘家口和密云三大水库入库泥沙问题仍较严重。锡林郭勒盟境内浑善达克沙地仍有360万亩严重沙化土地急需治理，局部地段沙化仍在继续，甚至有加剧趋势；二连浩特市已完成治理区仅占全市“三化”草场的5.7%，全市生态总体恶化的局面还没有得到根本扭转，每年8级大风日数约80天，年均发生沙尘暴11次，是境外沙尘暴进入内蒙古、直逼京津的必经之路；乌兰察布市还有2 370万亩严重风蚀沙化土地，尚有260万亩沙化耕地需要实施退耕还林。赤峰市克什克腾旗经过多年治理，东部呈现好转，但西部还有884万亩退化严重的沙化土地，其中急需治理面积276万亩，如果不尽快采取抢救性治理措施，五年后这个区域将变成一片沙海，964户、3 452人将被迫流离失所，同时将进一步加速浑善达克沙地的南侵和蔓延。

（二）一些地方认识有所滑坡，对防沙治沙的艰巨性和长期性认识不足

今后几年京津工程建设任务很重，难度逐步加大，没有强有力的行政力量难以推动这项工作。在调研中发现，经过连续多年的努力，有些地方政府和部门负责同志已经开始感到疲惫，在思想上有懈怠情绪，在认识上开始滑坡，甚至出现厌战倾向。这种思想认识和倾向如不加以纠正，将影响到工程可持续发展和成果巩固。

1. 认识不到位，政府责任制未落实

一些政府领导对实施京津工程的重要性和紧迫性认识还不到位，防沙治沙政府负责制还没有完全落实到位。政府行政领导缺位，没有严格履行《中华人民共和国防沙治沙法》，工程区滥垦、滥牧行为不时发生，“边治理、边破坏”现象依然存在。对于工程区退耕还林举报、信访问题，一些地方政府工作还未到位，没有履行好“四到省”、“四到县”的责任制，解决问题不彻底，导致问题越积越多，尤其是一些涉及退耕户切身利益的问题久拖不决，群众频频上访或越级上访，给社会带来了不安定因素。

2. 少数干部和不少群众还存在“等、靠、要”思想，对防沙治沙的长期性和艰巨性认识不足

工程实施以来，每个旗县中央基建累计投资都在1.5亿元以上，其中内蒙古平均超过1.76亿元，加上钱粮补助款每个旗县都在数亿元以上，国家投资力度前所未有，资金密集程度空前绝后。但一些部门和少数干部对中央政策具有较强的依赖性，认为国家应该把工程所有问题包揽下来，对工程建设中出现的矛盾和问题估计不足，凡是问题都指望国家解决，缺乏一种迎难而上、自力更生、艰苦奋斗的精神。一些省份退耕还林还草补助到期后，国家停发钱粮补助，群众收入来源减少，出现了复垦现象，地方政府不是从帮助指导做好产业发展和群众增收工作入手，而是“两眼向上”，把问题交给国家，希望国家长期给退耕户发补助。

（三）随着工程建设的不断深入，存在治理难、组织难和管护难等三个方面的问题

1. 沙化治理难度加大

按照“先易后难”的原则，工程区自然条件比较好的地段基本都得到了治理，剩余的立地条件越来越差，许多造林地土壤瘠薄、砂砾石多、盐碱化程度高、沙地流动性强，对苗木的存活造成致命影响，是生态建设中难啃的“硬骨头”。同时，工程区多受干旱、风大、沙多、高温等自然因素诱发的各种灾害影响，一次造林成活率很低，需多次补植、补造，增加了治理难度。乌兰察布市后山地区，处于干旱气候带，降雨稀少，而且分布不均，常年多大风天气，土壤瘠薄，正常年份一次造林成活率低于60%，遇上极端干旱年份，造林成活率仅10%～20%。赤峰市京津工程建设区域都已开始伸入到科尔沁沙地和浑善达克沙地的腹地和高大流动沙丘或沙山边缘，距离村庄、公路远，增加了治理成本，难度加大。北京、天津两市工程区造林地大多数是山高坡陡、石多土少的石质山区，山西工程区干旱阳坡、盐碱地和煤炭采空区或塌陷区立地类型所占比例达70%，整地和植苗的难度都很大。

2. 组织实施难度加大

沙化土地治理是一项劳动强度大、投入需求多的生态修复工程，沙区的自然与社会特点决定了防

沙治沙必须集中投入人力、财力、物力，实行工程化、规模化治理，集中连片。赤峰市过去依靠政府引导、部门规划、群众会战的组织形式，农牧民在生态建设中发挥了极其重要的作用。但农村税费改革以后，国家取消了“两工”（义务工、积累工），防沙治沙由政府号召变为市场运作，群众参与防沙治沙的积极性逐渐弱化，由原来“大干大支持、不干不支持”转变为“大支持大干、不支持不干”，组织群众参与工程建设越来越困难。据翁牛特旗乌丹镇陈镇长介绍，过去实施科尔沁沙地响水综合治理工程，国家仅投资294万元，完成综合治理任务42万亩，主要依靠群众投工、投劳，治理效果好；“两工”取消以后，虽然工程投资比以前增多了，但项目规模变小了，治理效果变差了。

3. 工程管护难度加大

（1）从管护任务来看，随着六年来大规模林草植被建设，禁牧舍饲工作全面推进，林草植被迅速得到恢复和增加，工程区杂草繁茂，防火、防虫和中幼林抚育任务越来越大，基层林业部门普遍反映管护压力大，难度大。

（2）从资金投入来看，国家在工程中没有安排管护经费，所需经费地方财政难以承担，管护投入严重不足，导致地方管护机构队伍不健全，防森林火灾、防病虫鼠兔危害、防人畜破坏等措施不到位，管护责任难落实，留下了边治理、边破坏的隐患。

（3）从林牧关系来看，工程区林牧矛盾突出，禁牧工作困难重重。据地方测算，舍饲畜牧业成本比散养成本高出一倍。工程区多数旗、县以农牧业经济为主体，畜牧业是当地农牧民的主要收入来源，全面实施禁牧后，导致农牧民收入下降，禁牧工作触动了农牧民的利益，影响了干群关系，林牧矛盾成为生态建设与保护的主要矛盾。赤峰市宁城县三座店乡大金沟村，1999年全村有羊5 600只，禁牧后仅剩下172只，农牧民收入受到较大影响。行政命令式禁牧也激化了群众与管护队员的矛盾，围攻殴打禁牧人员现象时有发生。

（四）工程投资项目不全，投资标准与实际需要差距较大

1. 治沙造林成本逐步上升，治理投入与实际需求相差较远

近几年，受物价上涨、劳动力成本提高等因素影响，治沙造林成本也大幅度提高。据巴林右旗林业局测算，劳动力和种苗价格近两年大幅度上升，一个劳动力价格2004年是20元/天，2005年40元/天，2006年上升到50元/天；2年生杨树苗价格两年前是0.9元/株，2005年达到1.8元/株，2006年为2.5元/株。劳动力和苗木价格在两年内都翻一番，导致造林成本直线上升。巴林右旗营造1年生杨树每亩成本是196.6元，使用2年生杨树苗成本为448元/亩，而国家造林种苗补助费仅50～100元/亩，资金投入缺口较大。由于投入不足，严重制约了树种结构的优化和调整，树种选择不能做到适地适树、因地制宜，经营管理措施粗放，新技术难以推广应用。新造林分质量低，一旦遇到干旱、风蚀、冰雹等灾害，成活率、保存率受较大影响。

2. 缺乏补植补造经费，新造林质量下降

内蒙古工程区由于自然条件恶劣、立地条件差等客观原因，造林难度大，一次造林很难达到国家标准，需要多次补植。自治区林业厅治沙造林处武处长说，内蒙古多数地方造林需要“一季造林、三季补植”，“一年造林、三年补植”，才能达到国家验收合格标准。工程区多数地方“十年九旱”，特别是今春山西雁北、河北张家口、内蒙古乌兰察布等地旱情严重，整个春季造林季节没有形成有效降水，不仅对新造林成活率影响大，而且以往营造的林分也受到干旱威胁。工程区补植补造任务很重，国家没有补植补造经费，补救措施难以全面落实，一些地区造林成活率、保存率严重下滑。

（五）后续产业缺乏政策扶持，发展缓慢，林、果、草资源利用不足

随着多年大规模林草植被建设，工程区植被迅速恢复和增加，沙生灌木、林果、饲草等资源丰富。但由于资源利用不足，后续产业发展缓慢，农牧民从生态建设直接获得的经济效益少，制约着生态建设的可持续发展。

1. 灌草资源利用不及时，加大了管护压力，造成了资源浪费

柠条、沙柳、洋柴等主要固沙灌木具有每隔

3～5年需要进行平茬割灌、复壮更新的生长特性，如不及时抚育更新，灌木长势则逐渐衰退，甚至死亡。在巴林右旗巴彦尔灯工程项目区看到，由于灌木资源未能更新利用，许多灌木已经老化，不仅造成大量饲料资源浪费，也增加了防火和管护压力。工程区饲草资源受降水量影响变化大，因农牧民采集、加工和储存饲草料能力有限，对饲草资源年际调剂能力差，遇上旱灾年，草场恢复差，饲草料资源紧缺；遇到丰水年，饲草资源丰足，许多饲草资源利用不起来，造成了浪费。乌兰察布市察右后旗林草产业开发滞后，饲草资源利用率不足50%。

2. 群众获取经济效益低，影响其生态建设与保护的积极性

京津工程区新造林多为生态林，群众获得的直接经济效益少。赤峰市现有灌木林1 730万亩，其中山杏已达1 000万亩，但资源加工业发展困难，灌木利用率低，农牧民从生态建设中获得实惠少，农牧民种植和保护灌木资源积极性受挫。

3. 缺乏扶持政策，龙头企业带动不足

工程区后续产业处在起步阶段，总体上还是“大资源、小产业、低效益”的状况。主要原因：一是灌木资源深加工投入高，回报率低，缺少国家政策扶持，企业缺乏积极性；二是现有加工企业带动力不强，缺乏科学规划与合理布局，存在着重复建设、低水平投入；三是工程区信息资源不足，项目缺少形象包装、成果推介、信息发布等环节，招商引资缺乏力度，项目资源没有进入市场轨道。

二、建议与对策

京津工程从2006年起已全面转入第二阶段，工程建设进入一个关键时期，这个阶段既是建设成果的巩固和提高阶段，也是工程建设的攻坚和冲刺阶段。当前，京津工程林业建设工作要以巩固成果、完善提高，保质保量保进度完成年度任务为主线，坚持林业在工程建设中的主导地位不动摇和以林草植被建设为核心的中心任务不动摇，正确处理好建设速度与质量、生态建设与产业发展、人工培育与自然恢复、防沙治沙与增收致富“四大关系”，扎实推进工程区林草植被建设与保护，努力实现京津工程朝着又快又好的方向发展。

（一）建议

针对工程当前存在的问题与困难，提出五条建议：

第一，应着手研究规划到期以后工程建设的可持续发展问题。京津风沙源治理是一项长期的、艰巨的建设任务，沙区林草植被恢复缓慢，工程效益发挥具有较强的滞后性。因此，对京津工程需要连续建设、稳定投入、长期巩固，不能急功近利，不能急于求成。国务院批复的工程总体规划在2010年即将到期，要尽早研究工程规划到期以后的成果巩固和持续发展问题；在规划到期后应调整工程建设布局，适度扩大工程建设范围。

第二，加大管护投入，将风沙源治理区内新增加的生态公益林全部纳入国家生态效益补偿范围，建立起工程管护的长效机制。京津工程区立地条件差，工程建设难度大，林牧矛盾非常突出，由于缺乏管护投入，工程成果巩固与管护难度很大。鉴于工程区营造的绝大部分林分为生态林，而且生态区位十分重要，结合《国务院办公厅关于切实搞好“五个结合”进一步巩固退耕还林成果的通知》（国办发［2005］25号）文件精神，建议将京津工程历年来营造的生态林全部纳入国家公益林补偿范围，享受国家5元/亩的补助政策，建立起成果巩固的长效机制。

第三，启动京津工程效益监测工作，为工程效益评价奠定基础。工程效益监测是一项非常重要的基础性工作，监测数据是评价工程好坏的直接依据。京津工程第八次省部联席会议强调，监测体系事关工程建设成效的评价，要完善工程监测的各项指标，建立科学的监测体系，要凭数据总结工程建设成效。要尽快从以下两方面启动这项工作：一是国家安排专项资金在工程区布设一定数量的监测站点，对工程实施进行定位动态观测；二是在京津工程信息管理系统前期工作的基础上，投入一定资金用于数据采集和系统维护，逐步完善“工程电子地图”，对工程实施总体情况进行自动化动态管理。

第四，继续加大工程建设投入力度，适当提高人工造林补助标准。工程林业建设任务还很重，治理难度越来越大，需要在前期稳定投入的基础上，继续加大投入力度，进行集中连片、规模化治理，

才能巩固和扩大成果。由于造林成本提高，而且风沙源区治理难度很大，根据工程建设需求和工程区实际情况，要积极做几家有关部门工作，将京津工程人工造林中央补助标准适当提高。

第五，尽快出台后续产业扶持政策，促进产业建设与生态建设协调发展。工程区林、果、草资源利用不足，后续产业发展缓慢，制约着生态建设的持续发展。建议国家尽快出台工程区后续产业发展扶持政策，在沙区培育、扶持一批龙头企业，落实好《国务院关于进一步加强防沙治沙工作的决定》精神，在税收、贷款等方面给予优惠，通过龙头企业逆向拉动，促进沙区生态建设与保护步入良性循环。同时，要开展沙区林、果、草资源采集、加工和利用技术研究，攻克关键技术难题，提高资源利用效率，为产业发展提供基础保障。

（二）对策

根据工程林业建设面临的形势与任务，近期应重点抓好六项工作：

1. 加大林业建设力度，加快沙源治理步伐

京津工程距离规划目标还有较大差距，建设任务还很艰巨。根据国务院批复的调整后的工程总体规划，2007～2010 年京津工程林业建设任务 437 万公顷，治理任务很繁重。进一步加强与国家发展和改革委员会、财政部等综合部门协调、沟通，争取加大对林业治沙项目的倾斜和支持，加大资金投入力度，加快林草植被建设步伐。

2. 加强技术指导和质量监督，保质保量保进度完成任务

督促各地尽早合理安排好全年生产任务，搞好春季造林督查工作，指导各地全力做好春季造林、秋季造林工作，以确保全年任务顺利完成。对造林过程实行全面质量管理，重点从种苗质量、作业设计、造林整地、栽植管护等环节入手，加强节水抗旱造林、容器苗造林等实用治沙技术的推广，提高造林成活率、保存率。

3. 严格实行“三禁”，加强抚育和管护，巩固工程建设成果

在工程区继续严格推行禁垦、禁牧、禁樵的“三禁”措施，组织开展“三禁”执行情况大检查，依法加大对林草植被破坏行为的查处力度。按照《京津工程抚育和管护工作考核办法（试行）》要求，指导地方搞好工程抚育和管护考核，督促地方将工程管护任务落到实处。

4. 搞好典型示范，推动工程区新农村建设

根据京津风沙源治理工程新农村建设实施方案，认真做好京津工程新农村联系点建设工作，实行领导分工负责制，搞好技术指导、信息咨询和政策帮扶。重点抓好工程区典型生态示范村、典型治理模式、典型产业模式的筛选、推广和宣传，发挥典型示范、辐射带动作用。

5. 执行各项规章制度，提升工程管理水平

实行全面质量管理，对工程建设每一个环节进行全过程质量监管，实行严格工程质量责任追究制度。进一步完善工程林业建设各项技术指标和技术规定，为工程建设提供更加切合实际的标准依据。加强信息调度工作，强化信息员业务培训，严格工程信息报送程序。加强工程档案管理，全面实现档案管理的制度化、科学化、信息化。

6. 做好工程宣传工作，体现林业在工程建设中的地位与作用

重点宣传以林业措施为主的建设思路、治理措施、工作经验和建设成就。指导工程区各省（自治区、直辖市）林业主管部门抓好本地区的宣传工作，以充分展现林业部门在工程建设中的地位与作用。

调 研 单 位：国家林业局防沙治沙办公室
调研组成员：刘　拓　彭继平

⊙重点区域沙漠化防治专题调研报告之四

深入推进内蒙古防沙治沙工作　建设我国北方生态防线

为深入了解防沙治沙工作情况，总结经验，查找问题，研究对策措施，近日，我们集中时间对内蒙古自治区防沙治沙工作进行了专题调研。通过座谈和实地考察，对当前防沙治沙形势有了进一步认识和掌握，并引发了一些新的思考。

一、内蒙古自治区防沙治沙工作取得重要进展

内蒙古自治区是全国荒漠化和沙化土地最为集中、危害最为严重的地区之一，境内有四大沙漠、四大沙地以及阴山北部大面积严重风蚀沙化土地和潜在沙化土地，遍布全区12个盟市的90个旗（县、市、区）。境内沙化土地达6.24亿亩，占总土地面积的35.16%，占全国沙化土地面积的23.9%；有明显沙化趋势的土地2.71亿亩，占土地总面积的15.3%，占全国的56.6%。多年来，内蒙古自治区把生态建设作为最重要的基础建设来抓，提出了“把内蒙古建设成为我国北方最重要的生态防线”的目标，全力推进防沙治沙进程，取得了明显成效。主要表现为：

一是沙化土地扩展趋势得到遏制，生态状况明显改善。“十五”期间，全自治区共完成林业生态建设任务6 675万亩。目前，全自治区森林面积达到3.1亿亩，森林覆盖率达到17.57%。荒漠化土地面积比1999年减少2 400万亩，沙化土地面积比1999年减少730万亩，首次出现双减少。沙化土地中，流动沙地减少2 025万亩，固定、半固定沙地增加1 380万亩。赤峰市、通辽市5年间沙化土地分别减少了225万亩和210万亩。鄂尔多斯市境内的毛乌素沙地森林覆盖率由解放初期的0.6%提高到15%。科尔沁沙地、毛乌素沙地生态状况呈现区域性逆转态势，浑善达克沙地生态明显改善。全自治区生态环境出现了沙地内向收缩、沙尘暴强度减弱、沙漠面积相对稳定的良好态势。

二是促进了农牧业综合生产能力提高，加快了农村生产力发展。通过退耕还林、封禁保护等措施，以及大力开展以灌草为主的防护林体系建设，有效地保护了农田和草牧场，进一步加强了农牧业基础建设，提高了农牧业产出率。地表植被盖度平均增加50%以上，沙源工程项目区草原产草量最多提高了3倍。全自治区农区牲畜头数由1999年的1 006万头（只）增加到6 184万头（只）。在退耕1 400万亩的情况下，粮食总产稳中有升，已经突破了150亿千克大关，农村经济得到了长足发展。乌兰察布市商都县西井子镇在年平均降雨量仅有292毫米、风蚀沙化和水土流失严重、自然条件极端恶劣的情况下，大力加强以杨树为主、乔灌草结合的防护林体系建设，营造杨树防护林带834条，1 000多千米。目前，全镇保存乔木林11万亩、灌木林2万多亩、牧草3万多亩，森林覆盖率达到了40%，人均拥有林地9.1亩。防护林体系建成后农田亩产出提高了2.5倍，彻底改变了“生产难、生活难、生存难”的状况。西井子镇的治沙实践也充分说明，降水条件并非植被分布的唯一决定因素，重要的是要尊重规律，尊重科学，充分考虑植物的适应性，因地制宜，适地适树，只有这样，才能达到防沙治沙的目的。

三是促进了沙区产业结构调整，加快了农牧民增收步伐。通过防护林、工业原料林、饲料林、沙生药用植物等基地建设，使沙区单一的牧、粮结构向林、粮、牧、经、饲多元结构转变，推动了传统农牧业改造升级。同时，通过充分利用林草资源，大力发展林产业，进一步拓宽了农牧民增收渠道。2005年，全自治区林业总产值已经超过100亿元，比2001年增长了近1倍，农牧民人均林业收入达到245元。其中以山杏、沙棘、沙柳等沙生灌木为原料的加工企业年创产值10亿元以上，不仅增加了农牧民的收入，而且解决了22万人的就业问题，

带动了农村剩余劳动力向二、三产业转移。

四是促进了沙区精神文明建设，加快了社会发展。通过大搞生态建设，拓展了生存空间，提高了人们的生活质量，推进了精神文明建设。乌海市把防沙治沙同城市建设紧密结合起来，以治沙增绿为基调，加大建设力量，全市森林覆盖率已经达到14%，人均公共绿地达到7平方米，由建市初期的无林城市变成了“绿色生态型工业城市”。另外，通过宣传发动、政策引导、利益驱动和机制创新，有效调动了全社会防沙治沙的积极性，涌现出了东达蒙古王、亿利集团公司等投资治沙的企业和一大批治沙造林大户，切实加强了防沙治沙的社会基础。

二、内蒙古自治区防沙治沙工作的有益启示

内蒙古自治区通过多年实践，防沙治沙工作取得了显著成效，同时也探索出了一些成功的经验做法，带给了我们有益的启示。

（一）科技为本、综合治理是防沙治沙的基本遵循

沙区自然和经济社会状况决定了防沙治沙必须坚持科技为本，因地制宜，多种模式推进，力求三效统一。内蒙古在防沙治沙实践中，尊重自然规律和经济规律，坚持乔、灌、草结合，造、封、飞结合，生物措施与工程措施相结合，人工治理与自然修复相结合，研究推广了草网格固沙、流动沙地无灌溉造林、滴灌节水、沙地生物经济圈、“两行一带”造林等技术和治理模式，提升了防沙治沙工作整体水平，取得了良好的预期效益。乌兰察布市是典型的干旱半干旱地区，由于过去大面积毁林开荒、垦草种粮，生态环境遭到严重破坏。面对严酷现实，他们审时度势，从1994年开始，实施了“进一退二还三”战略（每建成一亩水旱高效标准农田，退下二亩旱坡薄地，还林还草还牧），优化土地资源利用结构，通过小面积搞生产、大面积搞生态，森林覆盖率由1994年的4.3%提高到目前的9.74%，草原植被盖度由19%提高到44%，耕地由2 400万亩减到1 000万亩，粮食产量由6亿千克提高并稳定在12.5亿千克，牲畜饲养量由720万头（只）增加到1 673万头（只），农牧民人均纯收入达到2 869元。通过实施“进、退、还”战略，既有效地改善了生态状况，又充分挖掘了土地资源潜能，提高了农村生产力水平，实现了生态、社会与经济效益的有机结合。

（二）突出保护、围封转移是防沙治沙的重要对策

沙区生态脆弱、稳定性差，极易受自然及人为因素影响，必须把保护放到重要位置，才能充分发挥生态系统的自然修复功能，巩固和扩大建设成果。多年来，内蒙古自治区坚持保护与建设并重的原则，以围封转移为重点，采取“五个严格”的措施。即，对国家重点生态工程项目区以及自然保护区，严格实行禁牧，确保项目建设成果；对生态移民工程的迁出区和封育区，严格实行禁牧，确保生态不反弹；对严重沙化、退化及生态脆弱的地区，严格实行禁牧，确保生态的自然恢复；对草原畜牧业，严格实行草畜平衡，全面推行禁牧、轮牧、休牧；对农区和半农区畜牧业，严格实行禁牧，全面推行舍饲圈养，突出抓好生态保护，收到了事半功倍的效果。全区101个旗（县），全部推行生态项目区禁牧，有83个旗（县）推行了舍饲禁牧，70%的牲畜实行了舍饲圈养，累计实施禁牧、休牧和轮牧的草原面积7.5亿亩，占全区退化草原面积的91.5%。锡林郭勒盟实施了以“围封禁牧、收缩转移、集约经营”为主要内容的围封转移战略，既有效保护和恢复了植被，又有力地推动了农牧业生产经营方式的根本转变和经济结构的战略性调整。赤峰市巴林右旗巴彦尔灯苏木，由于长期超载过牧，草场严重沙化、退化，流沙逼近村庄，人们的生存受到威胁。2001年旗政府实施生态移民工程，移民迁出区23万亩草场得到迅速恢复，仅1年时间，林草覆盖率就提高了40%以上。乌海市结合小城镇建设，把8万多农牧民全部纳入城市社区管理，并解决了最低生活保障，从根本上解决了沙区植被人为破坏的问题。

（三）反弹琵琶、发展产业是防沙治沙的强大动力

生态与产业息息相关，生态建设的直接成果是沙区植被增加，从而为林业产业提供原料；而产业发展则可以促进沙区资源的充分利用，把资源优势

转化为经济优势，并逆向拉动生态建设。因此，加快防沙治沙进程，必须用好反弹琵琶的办法，充分发挥产业对生态建设的逆向拉动作用和对农牧民增收的促进作用。鄂尔多斯市着力于林板、林纸、林饲三个一体化，通过开发饮品、药品和保健品“三品”，建设灌木、牧草、药材三大基地，高起点推进林沙产业，全市林沙产业增加值达到5.5亿元，农牧民人均林产业收入484元，森林覆盖率达到16%，已治理沙地植被盖度达到50%以上，实现了生态与经济“双赢”。该市达拉特旗为了治理库布其沙漠，过去政府投资鼓励农牧民种植沙柳，因利用价值低，农牧民无利可获，不愿种植。1999年以来，东达蒙古王集团依托沙柳造纸企业，通过公司加农户的形式，在库布其沙漠持续建设沙柳基地，使沙柳变废为宝，平均亩效益达到80元以上，极大地调动了农牧民种植沙柳的积极性。目前，公司已经建成300万亩沙柳基地，20万农牧民直接受益，人均年增收1 200多元，实现了资源增加、农民增收、企业增效的良性循环。

（四）完善政策、活化机制是防沙治沙的关键措施

战线长、任务重、投资需求大的特点和社会公益事业的性质，决定了防沙治沙必须充分调动方方面面的力量，实行全民治沙。在这方面，内蒙古各地认真落实“谁投资，谁治理，谁开发，谁受益”、“允许继承、转让”等政策，积极探索既符合市场经济规律，又符合沙区特点的发展机制，激发社会力量参与防沙治沙的积极性。乌海市制定了国家林业重点工程对社会各类主体完全放开、对各种形式的造林完全放开、对所有树种完全放开，一律享受投资补贴的“三放开”政策。赤峰市克什克腾旗针对农村“两工”取消后群众大会战不好组织的实际情况，推行了林业重点工程建设招投标机制，对重点工程，由林业部门统一规划设计，统一质量标准，统一技术模式，由林业专业施工队招标建设。施工专业队均具备注册公司身份，多由国有林场职工为主组成。采用这种办法施工，使工程建设由行政命令转变为利益驱动下的主动行为，达到了“多、快、好、省”的效果。通辽市依靠优惠的政策和灵活的机制，放手发展非公有制林业，吸引社会资金。市委、市政府出台了《科尔沁沙地招商引资实施办法》，优化招商引资环境，推行承包、租赁、拍卖、公司化治理开发等多种治理方式，鼓励社会各界承包沙地和荒山，兴办私营林场。近几年来，全市每年个体承包治沙造林面积都占年度造林总面积的80%以上，承包荒山荒地治沙千亩以上的农户超过1 000户，户均年收入达到10万元以上；有20多家外地客商、公司承包荒山荒地治沙造林50多万亩。2004年，通辽市率先推行了沙地成过熟农防林更新改造竞价拍卖的办法，通过“先造后卖，边造边卖，先卖后造”等形式，将林地使用权、经营权、林木所有权一次性落实到农户。几年来，全市共完成农防林更新改造9.5万亩，仅林下间作农民每年就增收5 000万元；通过林木流转，乡村集体收入近2亿元。由于乡村集体和农牧民个人都从林木拍卖流转中直接受益，进一步激发了投资造林治沙的积极性。为了规范森林、林木、林地资源的流转，吸引更多的社会资金，他们按照政府规范指导、企业市场化运作的原则，建立了自治区首家“活立木交易大厅”，加速了林业生态建设的市场化进程，形成了国家、集体、个人及各种非公有制组织共同投资防沙治沙的良好格局。

（五）加强领导、落实责任是防沙治沙的根本保证

防沙治沙工作是一项系统工程，涉及面广，影响长远，必须把强有力的组织领导贯穿始终。多年来，内蒙古各地坚持把防沙治沙作为生态建设的重点和最重要的基础建设来抓，提出了生态立市、生态立县的目标，建立健全组织领导机构，形成了政府组织、林业部门牵头，农牧、水利、财政、发展和改革委员会等部门积极参与的工作格局。大部分地方都把防沙治沙列入了干部政绩考核的内容，有的地方还落实了“一把手负总责、一票否决”制度，为防沙治沙工作提供了有力保证。

三、当前防沙治沙工作面临的困难与问题

经过多年实践，内蒙古防沙治沙工作成效是十分显著的，发展态势是好的。但是通过调研我们感到在新形势下，防沙治沙工作也出现了一些新情况

和新问题。主要表现在客观和主观两个方面。

（一）客观上，防沙治沙工作组织难、实施难、管护难。

组织难。国家取消农村义务工和劳动积累工后，防沙治沙用工由行政推动变为市场化运作，组织难度明显加大，同时也增加了治沙成本。目前，一个工日费用平均在50元以上，按照国家防沙治沙投资标准，显然已经超出了承受能力。对没有国家投资的地方来说，更是无力承担。

实施难。一方面，各地都采取由远及近、先易后难的治理策略，致使今后需要治理的沙地立地条件越来越差、治理难度越来越大，客观上造成实施困难。另一方面，随着治沙难度的增加，投资需求矛盾越来越突出。据赤峰市林业局测算，采用现有的模式，治理沙地亩成本平均为330元，而且随着物价和劳动力价格上涨及治理难度加大，治沙成本呈现逐渐增加的趋势，但是现行造林补助标准明显低于实际成本，远远不能满足大面积、快速度治沙需要，致使一些地方只能采取降低苗木规格质量、简化治理模式等低成本手段。一些基层林业部门的同志反映："低水平投入，最终牺牲的是防沙治沙的质量"。

管护难。首先，沙区都处于干旱半干旱地区，生态环境脆弱，近期形成的植物群落还处于中幼阶段，稳定性较差，抗干旱、病虫害等自然灾害能力弱，客观上给巩固治沙成果增加了难度。其次，沙区产业结构单一，草原畜牧业的无序发展导致了"羊越养越多、草越产越少"的局面。虽然全自治区已普遍推行了舍饲禁牧、休牧、轮牧等措施，但由于牧民生产生活方式、舍饲成本和技术等因素影响，加之法制和管护队伍建设滞后，有禁不止现象普遍，滥牧偷牧、过度放牧、超载放牧问题比较严重。草场压力越来越大，林牧矛盾越来越突出。有的地方行政命令式的禁牧激化了部分群众与管护队员的矛盾，围攻殴打禁牧人员的现象时有发生，林牧矛盾演化成了干群矛盾。第三，随着国家取消农业税、实行种粮补贴等惠农政策的出台，农民种粮积极性提高，毁草毁林、垦荒造田的倾向重新滋生，滥开垦问题又有所抬头，更加剧了管护难度。第四，为追求经济利益而过度开发甚至违法开发利用沙区生态资源的现象还不同程度地存在。比如，由于发菜黑市交易猖獗，采搂发菜的现象屡禁不止。每年都有大批宁夏、甘肃等地人员进入阿拉善盟草原疯狂采搂发菜，有的甚至搭建临时帐篷，就地吃、住、占、用，使沙区植被遭到严重破坏，一些已经治理的沙地重新沙化。更为严重的是，搂发菜人员有的还携带有匕首、钢鞭等凶器，公然围攻、殴打执行公务的草原监理执法人员，对整个草原生态和牧区社会治安构成严重威胁。第五，当前国家重点工程投资均为生产建设投资，没有抚育、管护、监测等专项资金，造成管理无力，从而直接影响了林草资源管护和治沙成果巩固。

（二）主观上存在着工作不到位、不适应的问题

认识不到位。少数地方政府对防沙治沙工作的重要性和紧迫性认识不足，未将防沙治沙工作提上重要议事日程，工作主动性不强，"等、靠、要"思想严重。没有认真落实防沙治沙政府负责制，政府行政缺位，《中华人民共和国防沙治沙法》（以下简称《防沙治沙法》）和《国务院关于进一步加强防沙治沙工作的决定》（以下简称《治沙决定》）规定的"增加地方投入"、"向同级人民代表大会及其常务委员会报告工作"等规定没有很好落实。

法制落实不到位。《防沙治沙法》行政执法主体不明确，执法体系和执法队伍不健全，执法监督缺位，还不同程度地存在"有法不依、有法难依"的问题。一些地方滥垦、滥牧、滥樵采等破坏植被行为没有得到及时制止和处罚。

机制不适应。在资金投入机制上，地方没有积极拓宽筹资渠道，引导社会资金、外资等参与治沙。据调查，包括经济强市、县在内的地方政府财政投入治沙的资金普遍很少。在资金使用机制上，惯用中央补助逐级按计划下达，全国统一补助标准，导致资金使用效率低、建设质量差，且企业和个人参与治沙难以同等享有资金补助政策。在激励机制上，《治沙决定》规定的投入、信贷、税收等优惠政策落实不到位；在保障机制上，林权证核发不及时，生态效益补偿机制和购买制在沙区没有得到全面推行，治理者的合法利益无法保障，影响了治沙的积极性。

产业发展不适应。就内蒙古大部分地方来说，林沙产业普遍起步较晚，发展水平尚不能适应生态建设需要。主要表现是规模小、龙头企业少、产业布局不合理、效益差。主要原因：一是一些地方存在重生态、轻产业的思想，没有能够正确处理生态与产业的关系，发展林沙产业的积极性不高。二是灌草资源利用困难，限制了原料的有效供给。赤峰市灌木林面积 1 730 万亩，占全市林地总面积的 46.4%，但由于缺少灌木利用成型技术，加上灌木利用投入高，市场回报率低，灌木资源加工业发展困难，造成“大资源、小产业、低效益”的状况。三是国家对林沙产业缺乏专门的政策保护，仅靠市场机制难以有效地刺激产业发展，特别是龙头企业发展慢，数量少，带动力不强，没有形成集群优势，对农牧民增收和生态建设拉动的作用不大。

四、进一步加强防沙治沙工作的思路对策

为适应新形势新任务要求，不断加快防沙治沙进程，当前和今后一个时期，防沙治沙工作要全面落实科学发展观，深入贯彻《防沙治沙法》、《治沙决定》、《防沙治沙规划》，坚持预防为主、科学治理、合理利用的方针，遵循自然、经济和社会发展规律，以重点工程为带动，以科技为支撑，以法律为保障，注重改善生态与促进农民增收相结合，生物措施与工程措施相结合，人工治理与自然修复相结合，建立和巩固以林草植被为主体的沙区生态安全体系，为建设社会主义新农村、构建社会主义和谐社会做出更大贡献。当前，针对工作中存在的问题，要重点抓好以下几方面工作。

（一）充分发挥三个作用，推进全民治沙

防沙治沙是一项社会公益事业，是各级党委、政府和全社会的共同责任，必须坚持全国动员、全民动手，全社会参与的原则，充分发挥好中央、地方和社会各界的积极性。

进一步争取中央投资，尽快启动实施全国重点地区防沙治沙工程。重点工程和项目拉动是防沙治沙工作的重要手段。然而目前全国只有京津风沙源治理工程是采取综合措施防治土地沙化的国家重点工程，其规划治理面积仅占全国沙化土地面积的 6%，远远不能满足快速推进防沙治沙进程的需要。要借鉴京津风沙源治理工程的成功经验，针对重点地区和薄弱环节，有针对性地加大扶持力度，实行专项综合治理。当前，应尽快启动西藏、青海、新疆、甘肃民勤、内蒙古呼伦贝尔、四川西北部等土地沙化扩展区域以及重要沙尘源地和路经区域的专项治理，尽快遏制土地沙化、退化，整体推进防沙治沙工作。

突出地方在防沙治沙中的作用，强化地方政府负责制的落实。《防沙治沙法》和《治沙决定》都明确规定：防沙治沙工作实行政府负责制，要采取有效措施，认真抓好责任落实。一是从国务院到地方政府，层层签订责任状，对组织领导、资金投入、向人大报告防沙治沙工作等提出具体要求，实行目标化管理。二是定期对各地执行《防沙治沙法》和落实《治沙决定》的情况进行专项检查，发现问题，督促整改。三是对重点沙区和生态脆弱地区，把生态保护和建设情况作为领导班子和领导干部政绩考核的重要内容。四是完善激励约束机制，制定检查和奖惩的具体办法，加大监督检查力度，严格兑现奖惩，切实把地方政府防沙治沙责任落到实处。

完善政策机制，充分调动社会各界参与防沙治沙的积极性。一是落实“谁投资，谁治理、谁开发，谁受益”以及允许继承和转让、长期不变的政策。二是制定和完善防沙治沙投入、税收、信贷等政策。在不破坏生态环境的前提下，鼓励各类投资主体合理开发利用林草资源。对单位和个人承包荒山荒地荒沙造林种草，符合国家工程规划有关要求和标准的，同等享受国家重点生态建设工程的投资政策和相关优惠政策；达到一定规模的，可按有关程序和规定划定一定比例的土地使用权进行营利性开发；对于各类企业和个人投资生态产业的项目，要简化投资项目审批程序，做好各项服务。三是抓紧研究出台政府出资收购沙区非国有公益林的相关政策，对纳入公益林管理的沙区森林资源，要以多种方式给予投资治理者合理的补偿，真正使防沙治沙投资者受益、治理者得利。四是深化林权制度改革，采取承包、租赁、拍卖、合作等多种形式，进一步明晰林草资源产权，活化经营方式，更好地发

挥市场在配置沙地资源中的基础性作用，激活社会力量参与防沙治沙的潜能。

（二）深入贯彻《防沙治沙法》，依法推进防沙治沙

一要加强防沙治沙法制宣传教育，增强人民群众的法制观念、依法行使权利的能力和履行义务的自觉性，形成良好的社会环境。二要制定和完善《领导任期目标责任制》、《营利性治沙管理办法》、《封禁保护区管理办法》、《沙化监测工作管理办法》等配套规章，将法的各项规定落到实处。三要健全防沙治沙综合执法体系，建立专门的执法机构和执法队伍，从根本上解决执法主体不清、多头执法的问题，提高执法水平。四要加大综合执法力度，定期开展专项执法行动，严厉打击破坏沙区植被和野生动植物资源、非法征占用沙化土地等行为，严格实行“三禁”，依法取缔发菜市场，打击搂发菜、滥挖中药材的行为，杜绝边治理、边破坏的现象。对于造成严重沙化的典型案例，要予以重点查处和曝光，使防沙治沙真正走上依法轨道。

（三）坚持保护优先，切实加大生态保护力度

一是抓好封禁保护区建设。封禁保护区建设是防沙治沙的重要举措，也是依法加强生态保护最重要和最紧迫的任务。必须抓紧制定政策，匹配资金，尽快依法启动国家级封禁保护区建设，统一组织，统一规划，统一布局，统一实施，解决好生态保护的难题。

二是实施生态移民工程。结合封禁保护区建设，加大资金扶持力度，在重点沙区和生态脆弱区实施生态移民工程，最大限度地减少沙区生态环境的人为破坏。要制定长期稳定的移民政策，把生态移民同转变农牧民生产生活方式、提高生活质量、完善社会保障、解决长远生计问题结合起来，真正做到移得出、稳得住、能发展、不反复。

三是把生态保护与转变沙区农牧业生产方式结合起来，切实解决好林农矛盾、林牧矛盾。要通过行政、经济、法律等措施，教育和引导沙区农牧民增加生态保护意识，转变生产生活方式，最大限度地减轻对沙区植被的人为破坏。对主要沙尘源地和沙尘暴途经区域，积极推广免耕、轮作等保护性耕作方式，减轻翻耕对地表的破坏；对草原区严格实行以草定畜、草畜平衡制度，积极推行禁牧舍饲，轮牧休牧，禁止超载放牧，保护和恢复草原生态系统；对植被稀少、可利用资源不足的地区，要采取控制和减少牲畜的办法，促进植被恢复。要制定优惠政策，鼓励舍饲圈养，使畜牧业发展由以数量扩张为主的粗放经营向以质量效益为主的集约经营转变，既减轻草场压力，又提高经济效益。

四是加强管护经费支持。根据防沙治沙任务需要，调整投资结构，设立管护资金，建立专门的管护队伍，落实林草植被管护责任制，增强管护效果。

（四）加快林沙产业发展，促进农牧民增收

要坚持生态与产业、治沙与治穷相结合、相促进的原则，在严格保护和有效治理的前提下，大力发展沙区特色产业。

一是在保护生态的前提下，引导农牧民和其他治沙主体合理利用沙区资源，调整产业结构，因地制宜选择那些生态效益好、经济价值高的兼用型树种，大力发展灌草、饲料、特色种植和养殖业，培育新的经济增长点。

二是大力推广生态经济型建设模式，发展复合型林业，向林下经济要效益。

三是有针对性地建设林木资源基地。结合沙区自然经济特点，根据市场需求，抓好经济林、速生丰产林、药材、花卉等基地建设，为发展沙区产业提供后备资源。

四是制定政策措施，扶持林业产业发展。要整合各级财政支农、农业综合开发、小城镇建设、科学研究和技术推广、教育培训等资金，有重点地向沙产业发展领域倾斜，重点扶持基地建设、科研开发、技术服务、质量标准和信息网络建设。特别要扶持发展资源消耗低、科技含量高、市场前景好的加工项目，在林业治沙贴息贷款中优先安排。通过完善税收、金融等优惠政策，积极培育一批竞争力强、辐射面广的龙头企业，带动产业快速发展，推进沙区林产品精深加工，提升林产品附加值，加快沙区经济发展。

（五）切实加强监测工作

进一步加强监测基础设施和队伍建设，充实技术力量，提高监测的能力和水平。根据工作需要，调整监测站点布局，适当增加监测站点，快速、及

时地反映荒漠化和沙化状况及发展趋势。突出抓好敏感地区的沙化监测工作，以便及时采取措施，遏制沙化进一步扩展。在加强沙化土地监测的同时，要抓好防沙治沙效益监测。当前，防沙治沙检查、验收、评价主要是套用营造林技术标准、规程，不符合防沙治沙实际情况，既不能客观反映防沙治沙成果，又影响防沙治沙质量。因此，必须尽快制定防沙治沙技术标准、规程，建立防沙治沙标准和效益评估监测体系，为评价、考核各地防沙治沙绩效和科学决策提供充分依据。要围绕以林为主、林草结合的建设模式，突出抓好京津风沙源治理工程效益监测体系建设，充分利用监测成果，有针对性地加强和改进工作，提高工程建设质量和水平。

调 研 单 位：国家林业局防沙治沙办公室
调研组成员：刘　拓　林静春

⊙重点区域沙漠化防治专题调研报告之五

加强呼伦贝尔大草原生态保护　构筑东北生态屏障

近期，我们组成专题调研组，对呼伦贝尔市防沙治沙工作情况进行了专题调研、考察了呼伦贝尔市新巴尔虎左旗、新巴尔虎右旗、陈巴尔虎旗、鄂温克旗、满洲里市、海拉尔区等牧区6旗（市、区）的土地沙化状况和危害情况，调研中采取听、看、座谈、查阅资料等方式。总体上看，呼伦贝尔市土地沙化呈扩展和恶化之势，形势严峻，急需采取有效措施，遏制沙化扩展。现将有关情况报告如下：

一、基本情况

（一）自然地理概况

呼伦贝尔市位于内蒙古自治区东北部，是亚洲东部蒙古高原的重要组成部分，东与黑龙江毗邻，南与兴安盟相连，西北与俄罗斯接壤，西南与蒙古国交界，中俄、中蒙边境线长达1 724千米。全市由三大地理单元组成，大兴安岭山地是我国重点林区，有林地面积约1 200万公顷，占全区有林地面积的73%，海拔700～1 700米；岭西为著名的呼伦贝尔大草原，是我国乃至世界上仅存的一块优质的天然草场，也是最重要的畜牧业区，植被资源十分丰富，海拔550～1 000米；岭东为低山丘陵与河谷草原，是农业耕作区，海拔200～500米。呼伦贝尔市属于典型的寒温带和中温带大陆性季风气候区域，冬季寒冷漫长，夏季温凉短促，春季干燥多风，秋季气温骤降，霜冻早，年均气温－5～2℃，年均大风天数为20～38天。全市降水量由东向西递减，岭东及林区降水量较多，年均380～430毫米，岭西牧区降水量较少，年均350～250毫米左右，而蒸发量达1 500～1 900毫米。境内地表水较丰富，有大小河流3 000多条，湖泊500多个，水资源总量287亿立方米，占自治区总水量的73%。

（二）社会经济状况

呼伦贝尔市总面积25.3万平方千米，占内蒙古自治区总面积的21.4%，全市辖13个旗（区、市），总人口271万，分布有37个民族，其中蒙古族、达斡尔族、鄂温克族、鄂伦春族等少数民族人口48.4万，占总人口的17.87%。牧区6旗（市、区）总面积8.53万平方千米，总人口68万人，分别占全市面积和人口的33.7%和25%，牧区6旗（市、区）少数民族人口21万，占6旗（市、区）人口的30.7%。全市天然草场（可利用）面积833万公顷，主要分布在牧区6旗（市、区），面积为687万公顷，是全自治区最优良的一块草原。全市牲畜总头数1 148万头（只），其中牧区6旗（市、区）牲畜头数789万头（只），占全市牲畜总头数的68.7%。全市耕地总面积122万公顷，占总面积的4.8%，人均耕地0.45公顷（6.8亩）。另外，野生动植物资源和旅游资源也较丰富。2004年全市财政收入为27.7亿元，平均每旗县2亿元，农民人均收入2 571元，其中牧区6旗（市、区）财政收入16.28亿元，牧民人均收入4 029元。

二、呼伦贝尔草原沙化现状及危害情况

（一）沙化现状

据最新监测显示，呼伦贝尔市沙化土地面积131万公顷，主要分布在牧区6旗（市、区）境内，其中，流动沙地2.8万公顷，半固定沙地9.1万公顷，固定沙地74.9万公顷，露沙地43.7万公顷，同时，还有近111万公顷的土地具有明显沙化趋势。在牧区6旗（市、区）中，新巴尔虎左旗、陈巴尔虎旗土地沙化最为严重，沙化面积分别为79.7万公顷和23.8万公顷，占沙化总面积的60.8%和18.2%；新巴尔虎右旗草场退化最为严重，有明显沙化趋势的土地面积达75.5万公顷，占全市有明显沙化趋势土地总面积的68%。与1999年监测结果比，近5年间，呼伦贝尔沙地沙化土地面积扩展了1 229公顷，由于沙化土地面积的扩大，每年扩展的沙化土地呈增长趋势。更重要的是由于沙地内部沙丘活化，流动沙地、半固定沙地面积增加了18 196公顷，增加的原因是固定沙地面积减少了16 968公顷，这说明呼伦贝尔沙地生态状况正呈严重恶化之势。

（二）沙化危害

一是导致草原植被退化，吞噬草场。据当地畜牧部门提供的资料，目前，呼伦贝尔草原退化面积达322万公顷，约占可利用草原面积的38.6%，近30年来，草原植被盖度降低了10%～20%，草层高度下降7～15厘米，草地初级生产力下降29%～48%，牧草产量和质量明显降低。据统计，最近5年，每年因沙化造成草地覆沙变劣的草场面积达5万多亩。陈巴尔虎旗完工镇199.2万亩草场已经沙化，占全镇草场总面积的42.6%；二是严重危及牧民的生产和生活。据了解，近5年间，仅新巴尔虎左旗嵯岗镇白音嘎查、陈巴尔虎旗完工镇就有40多户、近200牧民由于沙埋房屋而被迫搬迁；三是给铁路、公路的安全运营带来重大隐患。滨洲铁路有近90千米的路段经常进沙积沙，铁路部门每年都要拿出近百万元进行清沙，301国道嵯岗段经常受流沙影响而阻断交通。四是沙尘天气逐渐增多，沙尘暴频发。据当地气象部门公布的数据，仅今年3～6月，就出现10多次浮尘、扬沙天气，其中4月初还形成了一个强沙尘暴，造成了很大的经济损失。我们正在调研期间的9月17日，呼伦贝尔牧区5旗（区）发生了大范围的浮尘扬沙天气，持续时间近20小时；五是降低草原蓄水保土功能，湿地萎缩，湖泊减少，如伊敏河、莫尔根河上游由于20世纪90年代大量开垦，河流水量比20世纪80年代减少近1/3；近20年间全国第四大淡水湖达赉湖水位下降2米左右，年均下降10厘米。种种状况表明，呼伦贝尔大草原由于沙化扩展，沙化程度加重，生态状况正处于失衡状态。

（三）沙化原因

1. 地质原因

呼伦贝尔草原在地质构造上以松散的河湖沉积物堆积而成，以中、细沙为主的沙土层厚度可达数百米，而草原地表土层厚度仅有10～50厘米，极易受风力吹蚀，表土层一旦遭到破坏，沉积沙层或沙质土壤就会裸露，造成土地沙化，并且在风力作用下，加速扩展。

2. 气候原因

主要是气温升高，降水减少，据当地气象部门提供的资料，近5年间，呼伦贝尔草原气候持续高温干旱，年均气温较常年偏高0.9～1.4℃，而年均降水量比常年减少15%～40%，满洲里市、新巴尔虎右旗2004年的降水量不到100毫米，只相当于常年的39%，持续的高温干旱，加剧了草原沙化、退化的进程。

3. 人为原因

突出表现在以下四个方面：

（1）乱砍滥伐森林。20世纪初，俄国人修筑滨洲铁路，将海拉尔至满洲里段海拉尔河两岸190千米长防风固沙的樟子松林砍伐殆尽，在河两岸形成了大面积的沙化土地，这以后虽然采取了多种措施进行治理，但至今也难以恢复。

（2）滥垦草场。20世纪60～90年代，呼伦贝尔草原进行过2次大开荒，开荒面积达14万公顷，致使大面积的优质草场变成耕地，草原表土层遭到严重破坏，导致表土流失、土地沙化，虽然后来采

取了闭耕措施，但危害已经形成，短期内难以恢复。

（3）超载过牧。长期以来，呼伦贝尔草原一直延续着只注重草原的经济功能，忽视生态功能的畜牧业生产方式，同时，牧区 6 旗（市、区）近 10 年人口增加近 20 万人，造成草原大部分区域超载过牧，局部地区已相当严重，远远超出了草原的承载能力，导致草原退化沙化。呼伦贝尔草原理论载畜量为 530 万羊单位，而实际载畜量为 789 万羊单位，超载率 49%，部分地区如新巴尔虎左旗甘珠尔苏木草场理论载畜量为 2.4 万羊单位，实际载畜量为 12 万羊单位，超载 5 倍，陈巴尔虎旗完工镇草场理论载畜量为 3.2 万羊单位，而实际载畜量为 32 万羊单位，超载 10 倍。

（4）受经济利益的驱使，滥采挖防风、柴胡等中药材、滥砍灌木的现象在一些地方时常发生。另外，有些地区在修路、开矿、勘探、包括开防火道等建设过程中破坏林草植被，造成土地沙化。

4. 沙化土地防治力度不够

近 10 年来，国家对呼伦贝尔沙地治理投资累计只有 3 200 万元，年均 300 万元左右（主要是三北防护林体系建设工程和退耕还林工程的荒山荒地造林投资，没有安排专项防沙治沙投资），每年完成的沙化治理任务仅 2 万亩左右，与沙化土地治理的实际需求相差甚远，呼伦贝尔沙地是我国四大沙地中治沙投资最少，治理力度最薄弱的一块沙地。

三、基本结论

综上所述，我们认为：

（一）呼伦贝尔大草原正在遭受严重的沙化侵袭，生态状况正呈严重恶化之势

沙地内部植被高度、盖度和生物多样性迅速降低，沙地组成结构在向坏的方向发展，低盖度沙化土地面积增加，高盖度沙化土地面积减少。同时，沙地周边的草原也在迅速退化，有明显沙化趋势的土地面积几乎接近现有沙地的面积。呼伦贝尔草原退化、沙化的形势是严峻的。

（二）保护好呼伦贝尔大草原意义十分重要

朱德委员长在 1964 年视察呼伦贝尔草原时曾作诗："三大草原两失败、我国草原依然在，……保护东北大草原、富及子孙为所赖"。深刻指出了呼伦贝尔大草原的重要性。其重要意义还体现在以下几个方面：①文化和精神的层面，一是呼伦贝尔大草原以是世界上保留面积最大、也是世界上三大草原保存最完好的最后一块天然草原，而举世闻名，因此，也可以说是世界重要的自然遗产之一，是中华民族的骄傲；二是呼伦贝尔大草原是中华历史的后院，是成吉思汗的故乡，是马背民族的圣地，因此，也是蒙古族人民的精神家园。②从经济利用的层面，呼伦贝尔大草原是我国最大的无污染源动物食品基地，是我国最重要的畜牧业生产基地之一。③从生态区位重要性的层面讲，呼伦贝尔大草原与大兴安岭共同构筑了我国东北地区重要的生态屏障，对保护区内众多的湿地作用重大。因此，加速呼伦贝尔沙地治理，对维护我国东北地区生态安全，保护生物多样性，保持边疆地区稳定，促进少数民族地区经济社会可持续发展，树立良好的国际形象等都具有重大意义。

（三）加快呼伦贝尔沙地治理的条件具备，时机成熟

首先，中央领导同志对这块草原保护和治理高度重视，家宝总理、良玉副总理就此多次作出批示；地方各级政府将防沙治沙工作摆上了重要议事日程，专门成立了防沙治沙组织领导机构，建立健全了政府行政领导防沙治沙目标责任制，制定出台了《呼伦贝尔市防治草原沙化实施方案》，总体治理思路已经确定。其次，与国内其他几大沙地比，呼伦贝尔沙地自然条件较好，治理技术和模式也比较成熟，易于治理和恢复。

四、建　　议

我们认为，呼伦贝尔沙地治理应采取综合措施。对于退化、沙化草原，要实施围封禁牧、季节性休牧、划区轮牧、退牧还草等，实行草畜平衡制度，加快草原保护和恢复；对于沙化土地，要采取封禁保护、林草植被建设等措施，恢复和增加林草植被，遏制沙化扩展；对于沙化十分严重，生态状况极端恶劣地区，要适度实施生态移民，促进林草植被的自然修复。当务之急，要加大投入，加快呼伦贝尔沙地保护和治理步伐，为此建议：

一是启动实施呼伦贝尔防沙治沙专项工程。力争用5年左右的时间，从根本上遏制沙化扩展趋势，使生态状况有一个明显改善；再用10年左右的时间，使呼伦贝尔一半以上的沙化土地得到有效治理，生态状况全面改善。

二是将呼伦贝尔沙区近20万公顷的天然乔灌木林资源纳入国家生态公益林补偿范围，切实保护好这片珍贵的植被资源，充分发挥其生态效益。

三是建议在呼伦贝尔沙地建立固定监测站，加强沙化土地动态监测，为呼伦贝尔的土地沙化防治提供及时、可靠的依据。

调 研 单 位：国家林业局防沙治沙办公室
调研组成员：王信建　张利明

⊙重点区域沙漠化防治专题调研报告之六

采取有效措施　遏制川西北地区土地沙化趋势

为贯彻落实好国家林业局关于重大问题调研的精神，进一步做好青藏高原土地沙化防治工作，我们于2006年3月30日至4月6日，组织有关专家赴四川省西北部对土地沙化情况进行了调研。调研采取听取汇报，查阅有关资料，实地调查、座谈讨论等方式，并就调研情况及有关建议与四川省进行了沟通。现将调研情况报告如下：

一、基本情况

川西北高原属于青藏高原向东延伸部分，地处青藏高原东南缘与四川盆地相交的山地峡谷连接地带，地势自西北向东南倾斜，分布着黄河、金沙江、雅砻江、大渡河、岷江及其主要支流，海拔由南向北逐渐升高，一般在3 000米以上，差异达2 500米。川西北高原区受大陆性季风影响，气候寒冷，无明显四季，冬季漫长，几乎全年无夏。年平均气温-2.5~6℃，石渠、色达、红原、若尔盖等地极端最低气温为-30℃；≥10℃年积温一般都在1 000℃以下。全年日照时数2 400小时以上。年降水量500~800毫米，50%以上的降水集中在6~8月，年蒸发量1 000毫米以上。由于沟谷地势较低，气候温和，年平均气温11.5℃，无霜期182~230天，年降水量500~600毫米。主要分布高山草甸土、亚高山草甸土、沼泽土、高山寒漠土。高原区植被稀少，以耐寒的草本植物和小灌丛为主。金沙江干热河谷为稀疏草丛，岷江上游干旱河谷为旱生河谷灌丛。

川西北地区包括阿坝藏族羌族自治州、甘孜藏族自治州的31个县，全部为沙化县，面积24.01万平方千米。2005年总人口176.36万人，其中少数民族人口139.44万人，占总人口的79.07%。2005年财政收入13.1亿元，国民生产总值125.2亿元，其中工农业总产值39.13亿元，农业总产值22.52亿元，占工农业总产值的57.6%。在农业总产值中，林业产值1.88亿元，占农业产值的8.4%；牧业产值9.98亿元，占44.3%。农牧民人均纯收入1 584元。粮食总产量19.60万吨。现有大牲畜325.20万头。

川西北生态区位独特，高原、山岭、宽谷并列，河流湖泊众多，分布有中国面积最大的高原高寒泥炭沼泽和许多独特的动植物物种，尤其是总面积达100万公顷以上的若尔盖湿地为中国特有的青藏高原高寒湿地，也是世界上最大而稀有的湿地生态系统，是镶嵌在祖国川西北大草原上的一块绿宝石，是长江、黄河上游重要的水源涵养区，调节黄河上游20%的水流量；川西北是全国第二大藏族聚居区和唯一的羌族聚居区，是国内外关注的政治敏感地区。

二、土地沙化现状及危害

据第三次荒漠化及沙化监测结果显示，川西北地区的沙化土地呈如下特点：

（一）沙化面积占四川省沙化土地总面积的比重大

川西北沙区有沙化土地和有明显沙化趋势的土地共759 183.7公顷，占四川省沙化和明显沙化趋势土地总面积（941 520.0公顷）的80.6%。其中沙化土地732 020.5公顷，占四川省沙化土地总面积（914 356.8公顷）的80.1%。有明显沙化趋势的土地27 163.2公顷，占四川省有明显沙化趋势土地总面积的100%。

（二）沙漠化程度加深

川西北地区流动沙地、半固定沙地和露沙地面积逐年增加，三类沙化土地面积比第二次监测时增加了623 493.5公顷，比重也越来越大，流动沙地占沙化总面积的比重由0.74%增加到0.84%，半固定沙地占总面积的比重由0.51%增加到2.86%，露沙地占沙化总面积的比重达82.83%。阿坝藏族自治州的若尔盖县2005年全县沙化土地面积达15万公顷，每年还以11.65%的速度扩展，形势十分严峻。

（三）沙漠化扩展加快

1999～2004年，5年间川西北地区沙化土地面积扩展了23 475.5公顷，年平均扩展4 695.1公顷。阿坝藏族自治州扩展最快，比第二次荒漠化沙化监测时增加了75%。其中：川西北流动沙地增加了267.6公顷，年均扩展53.52公顷，阿坝藏族自治州增长最快，5年间增长了2 781.3公顷，增幅达88.68%；半固定沙地增加了16 868.7公顷，年均扩展3 373.74公顷，甘孜州增长最快，5年间增长了14 488.8公顷；固定沙地增加了13 661.8公顷，年均扩展2 732.36公顷；露沙地增加了606 357.2公顷。沙化耕地减少了3 145.9公顷，潜在沙化土地减少698 383.3公顷。

（四）天然草场沙化土地日趋严重

川西北地区是我国五大牧区之一，有天然草场553.67万公顷，是四川省乃至西南地区重要的草食畜牧业生产基地。由于自然和人为因素影响，草地生态系统急剧退化，草场沙化日趋严重，甘孜州草地沙化面积439 392.6公顷，占全州沙化土地（565 242.1公顷）的77.74%。草场沙化造成草地生产力急剧下降，天然产草量由原来的亩产鲜草400～500千克，下降到现在的亩产鲜草250千克。

川西北沙化土地面积大、程度深、扩展快，危害严重。首先，加剧生态恶化。川西北土地沙化不断侵蚀草地、林地、耕地，导致草地和林地的生态功能降低，土壤水分状况劣化，耕地的生产力下降，生物多样性骤减，河流径流量减少，加剧水土流失和地区气候的恶化；由于土地沙化导致若尔盖湿地不断退化，湿地功能衰竭，弱化了气候调节作用、水源涵养等生态功能，进而又加剧土地沙化进程，使许多河湖萎缩或变成季节性河湖，形成新的沙源，在风力作用下，危及周边草场，使其退化沙化，形成了恶性循环。如若尔盖辖曼国家级自然保护区内的玛尔干曲河已露出了干枯的河床。其次，危害当地农牧民的正常生产与生活和区域经济社会的可持续发展。近年来，阿坝藏族自治州若尔盖县沙尘暴发生的频率呈递增趋势，仅2004年受到沙化和沙尘暴威胁的草场面积达203.65万亩，危及村庄30个，直接受害18个。受沙害影响，2005年，川西北沙区农牧民人均纯收入1 584元，为全国平均水平的48.66%。若尔盖县2005年由于风沙危害草场、公路等造成的经济损失达870.8万元，是当年全县财政收入509万元的1.71倍，严重制约了全县社会经济的发展。由于沙害的日益严重，沙尘正呈现逼近成都的趋势，川西北已成为成都的沙尘源区，为此，媒体呼吁如此发展下去，用不了多久"天府之国"成都将遭受沙尘暴的危害，而且直接威胁到四川盆地乃至黄河、长江流域的生态安全和区域的政治稳定。

三、产生土地沙化的原因分析

该区域沙化土地的存在和发展是自然因素和人为因素长期共同作用的结果。据四川省沙化成因调查，自然因素引起的沙化占47.9%，人为因素引起的沙化占52.1%。自然因素主要有地质形成、气候变化、鼠害、流沙前移、水源枯竭等，人为因素主要包括过牧、水资源利用不当、开垦、挖采、弃耕、厂矿工程建设等。

（一）自然地理条件是土地沙化的客观因素

川西北高原紧邻北方沙区，土壤中含沙物质多，广泛分布有洪积物、坡积物和史前期海浸形成的滨海相沉积物，土壤质地为砂土至轻壤土，粉粒状或碎屑状结构。同时，第四纪末期冰川的剧烈运动，导致河流中心不等量的下沉，河流不同程度改道，废弃河床为土壤沙化提供了大量沙源。川西干热干旱河谷主要由千枚岩、页岩、砂岩和紫色泥岩组成，这些岩石质地松软，抗侵蚀能力弱，地表极易受到侵蚀破坏。

（二）自然灾害加剧了土地沙化进程

大风、干旱和暴雨等自然灾害是加剧该区域土地沙化的又一极为重要的原因。川西北高原，由于特殊的地理位置，全年多大风，冬春季节狂风大作，沙随风行，风住沙落，不断侵蚀和堆积，覆盖大量草场，加剧沙化土地的蔓延。而干旱、暴雨交替出现也是重要的自然灾害。一遇暴雨，无植被地方的黄沙、黑粉沙被冲蚀，形成沙流，滚滚推进，特别是在川西北高原，因河道浅窄、流量小、流速慢，遇暴雨多呈漫流状，泥沙覆盖成千上万亩草场。遇干旱，许多沼泽、水塘、溪河干枯，黄沙裸露，成为沙源。资料表明，若尔盖县冬春降水量仅是夏秋的 14.0%；冬春湿度仅是夏秋的 86.2%；冬春风速一般达 3.6 米/秒，是夏秋风速的 2.5 倍；若尔盖县 8 级以上大风（30 米/秒）日数，20 世纪 60 年代为 135 日次，70 年代高达 195 日次，80～90 年代这种增加趋势尤为明显，为冬春季节草地沙化发展创造了有利条件。出现了原来的沙地在风力作用下流沙前移、逐渐扩大，而无沙地带沙粒则逐年堆积、不断扩展的趋势。

（三）草地鼠、虫危害严重，导致草原沙化日趋严重

川西北地区近年来天然草场沙化土地日趋严重的一个重要原因是草地鼠、虫害加剧造成的。川西北地区草地的鼠害主要有高原鼠兔、喜马拉雅旱獭、青海田鼠等。害虫主要有高原蝗虫和高原毛虫等。甘孜州石渠县是鼠、虫害发生最严重的地区之一，据调查，该县虾扎乡 600 平方米样方中有鼠洞 331 个，鼠兔 49 只，桑拖坝 2 827 平方米的样方中，有鼠洞 1 601 个，鼠兔 240 只，平均每亩 50 只。据测定每只鼠日食鲜草 73 克，50 只鼠年消耗鲜草 1 332千克，相当于 4.24 亩草地一年的产草量，而石渠县天然草场年产草量仅 100～200 千克。鼠、虫猖獗加剧了草场退化，导致部分草场寸草不生，在风蚀作用下逐步成为沙化土地，此后鼠又向四周扩散转移，危害新的草场。若尔盖县草场仅三级危害面积就逾 6.7 万公顷，近年来其危害面积还在不断扩展。

（四）湿地干涸萎缩，造成土地沙化

湿地在保护生物和遗传多样性，蓄水防旱、固碳、调节区域气候、防止土壤侵蚀、净化水质等方面起着极其重要的作用。20 世纪六七十年代，若尔盖县、阿坝县为提高草原载畜量和草场利用率，在沼泽里开沟放水，造成地下水位下降，土壤板结硬化，并迅速向沙漠化过渡。根据若尔盖县志记载：为了扩大草场，发展生产，1965～1973 年期间全县挖沟排水 380 千米，扩大草场 120 万亩。随着过牧现象的日趋严重，草场沙化也在不断扩大和加剧。同时部分湖泊地下水位下降而干涸，有的在湖中已能行驶汽车，部分湖泊已严重萎缩或变成季节性湖泊，大量湖床出露，产生许多新的沙源，危及周边草场。

调查中发现在辖曼乡境内，玛尔干曲已露出了干枯的河床，麦溪乡的兴错湖原有水面 469 公顷，现已不足 10 公顷，形成新的沙源。

（五）人口增长和超载过牧是造成该区域土地沙化的关键因素

该区域沙化土地扩展的最大人为因素是人口增长和超载过牧，超过草地承载力，导致沙化扩展。据统计，截至 2004 年底，阿坝藏族自治州全州人口由 1950 年的 35.31 万人增长到了 84.81 万人，增加了 49.50 万人，年均增长 2.55%。其中少数民族人口增加了 41.31 万人，由于牲畜是少数民族的财富的最大衡量，随着人口增长，牲畜存栏量不断增加，特别是自 20 世纪 80 年代，四川省牧区实行牲畜折价归户，私有私养，畜产品取消统派购、价格放开等重大改革后，牧民养畜的积极性高涨，牲畜头数快速增长。但由于草地承包经营责任制没有及时跟上，草地公有共用，牲畜吃“大锅饭”的问题突出，草地长期处于放牧无界，使用无偿，破坏无妨的状态。牧民在盲目发展牲畜的同时，忽视了对草地生态环境的保护和建设，草地利用极不合理，远山和夏秋草地利用不充分，近山和冬春草地则严重超载，过牧践踏，致使草地板结、龟裂，牧草矮化、绵化的趋势日益严重，草地毒害草的比重增

加。由于过牧造成的沙化土地达157 062.9公顷，占沙化土地和有明显沙化趋势的土地总面积的59.9%。其中过度放牧对草地退化影响最大，占人为造成草原沙化土地面积的81.8%。据调查，若尔盖在1958年全县牲畜数量仅34.4万混合头，2005年底，到达了116.57万混合头，折合328.27万羊单位。按有关标准计算，若尔盖县草场理论载畜量为186.5个羊单位，而2005年平均牲畜数超载141.77万个羊单位，超载率达76.02%。

在草地上采挖药材和开采矿产也是造成草地退化、沙化的重要原因之一。该区域矿产资源和虫草、川贝等中药材资源比较丰富，但由于无序滥采挖，造成土地严重沙化。甘孜州色达县近年来开采黄金已毁坏成片草地4 766公顷。阿坝藏族自治州的红原县是松贝主产地，每年采收季节数万人在草地上采挖药材，把草地破坏得千疮百孔，局部地方甚至株草不存。

四、基本结论

综上所述可看出，位于青藏高原东部的川西北地区是典型的老少边穷地区，加之沙害的日趋严重，不仅加剧了当地群众的贫困程度，也影响了区域经济社会可持续发展，甚至危及四川盆地乃至黄河、长江流域的生态安全。因此，我们认为根据当前党中央关于建设社会主义新农村和构建社会主义和谐社会的总体要求，鉴于川西北生态区位的特殊性和政治地位的重要性，应加快这一区域的沙化治理。

五、对策、建议

通过调研，我们认为若尔盖县作为全国防沙治沙综合示范区，经过多年的试点，已积累了较为丰富的成功经验和做法，为推广和扩大该区域的防沙治沙提供了可供借鉴的样板，加之，该区域具有治沙所需的较丰富的水源等有利自然条件，因此，具备全面展开治理的可行性。

（一）典型引路，示范带动，推动防沙治沙由点上治理到面上推广

当前关键是要遵循自然和经济规律，因势利导，在抓典型引路、示范带动上下功夫，系统地总结若尔盖县防沙治沙综合示范区在技术模式、管理机制、政策机制、能力建设等方面的经验和做法，因地制宜地推出多种适宜推广的治理模式，推动川西北地区防沙治沙由点到面的治理。

（二）遵循自然和经济规律实施综合治理

川西北沙化土地主要有两种类型，一类是草原沙化，一类是干旱河谷沙化。草原沙化较为明显，而且扩展速度较快，这主要是由于草原过度放牧和乱樵滥挖所造成的。因此，应针对性地采取措施：

一是川西北地区水源等自然条件较好，围栏封育是较短时间内恢复该区域沙化土地地表植被很有效的一种措施，主要在草原沙化严重地区建网围栏实行封育，促进草原的休养生息，同时在围栏内可以采取人工补植适生的灌乔树种和模拟飞播优质牧草加快地表植被的恢复。在干旱河谷区，有计划地实行封山育林种草，禁止放牧、樵采、垦荒等人畜活动，促使自然恢复植被。

二是结合社会主义新农村建设，在村囤周围及屋舍前后、公路两侧等地方选用当地适生树种高山柳、沙棘等树种成片造林，以此降低风速，起到防风固沙、绿化美化的作用，还可用作薪材。

三是把改革放牧制度和调整畜群结构，加快牲畜周转率放在非常重要的位置。加强草原管理和建设，明晰草原产权制度，实施以草定畜，有条件的地方推行牲畜圈养和草场分区轮牧、季节性休牧和禁牧，严禁超载放牧，减轻和释放天然草场压力，保护和恢复草场植被。

四是搞好资源的开发利用，发展太阳能、风能，实行改灶节材，发展农村能源，加快以灌木为主的薪炭林建设，杜绝对固沙植被乱樵采。

五是做好扶贫工作，发展沙区特色产业，努力使沙区群众尽快脱贫致富，对沙化严重、居民生活条件十分困难、不适宜人们生存的地区要适度移民。

（三）科技先行，人才为本，充分挖掘川西北防沙治沙的后发优势

川西北的防沙治沙工作起步晚，相对于“三北”地区一些省份防沙治沙工作而言，无论从树种草种的选育、沙化土地恢复，还是综合治理技术、模式，以及沙产业发展、治理效果监测等方面，尤

其是在治沙人才方面存在一定的差距。因此，必须实行科技优先，加强人才培养。在科技方面，要积极开展沙化土地治理的科研试验，筛选引进适宜高原高寒的适沙树、草种，探索最佳的治理模式，提高防沙治沙工程的科技含量，加速科技成果的推广应用。在人才方面，要创造宽松的环境，采取“请进来、走出去”相结合的做法，组织技术、管理人才到“三北”地区一些省份交流学习防沙治沙工作。同时，要根据《国务院关于进一步加快防沙治沙工作的决定》的要求和充分利用西部大开发人才引进的优惠条件，制定优惠政策吸引外地人才参与到川西北防沙治沙的工作中。

（四）政府主导，社会参与，建立全民动员全社会参与的长效机制

建议国家尽快在这一区域启动以综合措施为主的防沙治沙专项治理项目，遏制沙化扩展。同时要创新机制，调动社会力量参与防沙治沙。

调 研 单 位：国家林业局防沙治沙办公室
调研组成员：王信建　林　琼　戴晟懋

⊙重点区域沙漠化防治专题调研报告之七

巩固沙坡头铁路防沙护路体系 确保西部交通大动脉安全运营

宁夏沙坡头曾是闻名中外的防沙治沙先进典型。近期，我局会同中国科学院、铁道部等有关单位和部门联合对沙坡头沙化状况进行了专题调研。总体上看，维系沙坡头铁路防沙护路体系的林草植被已严重退化，沙地活化，防护功能明显降低。若不尽快采取有效措施，防护体系将丧失殆尽。现将有关情况报告如下：

（一）

沙坡头地处腾格里沙漠东南缘，该区域风大沙多，气候干燥，沙化土地面积占总面积的98%以上，其中流动、半固定沙丘（地）面积占沙化土地面积54%以上，生态极端脆弱，沙化危害非常严重，治理难度大，沙尘暴时有发生。20世纪50年代中期，国家修建包兰铁路，1958年正式通车，该铁路在宁夏沙坡头段穿越腾格里沙漠55千米。通车以后，由于流沙侵袭和淤积，对铁路的安全运营造成重大影响，列车在沙坡头段先后发生脱线、脱轨、停车等事故10多起。1958年一次7级大风，流沙在沙坡头段形成多处舌状堆积，路基积沙厚达5米。风沙不仅导致路基积沙、风蚀和设备磨蚀，遇到沙尘暴时，还严重影响司机的瞭望视线，正常的巡道、养护、维修等作业也都难以进行，大大降低了线路运营质量。

为遏制风沙对铁路的危害，确保铁路安全运营，从1958年开始，铁道部兰州铁路局在沙坡头段实施了护路固沙造林项目。根据该地段地处腾格里沙漠最前沿，沙丘裸露，地下水位低，土壤肥力差，造林难度大的实际，项目采取了生物固沙与工程固沙相结合的措施，扎设方格草障33万亩，植树造林420万株，初步固定了流沙，阻止了沙丘移动，对保护列车正常运行发挥了非常重要的作用。在此基础上，本着“因地制宜，就地取材，因害设防，综合治理”的原则，该项目将过去单一的“旱路固沙”改变为“水旱并举”，开始建设综合性铁路防沙护路体系。到1984年，在沙坡头段55千米的沙漠铁路上建成了“以固为主、固阻结合”的卵石防火带、灌溉造林带、草障植物带、前沿阻沙带和封沙育草带“五带一体”的铁路防沙护路体系。这一体系的建成，使铁路两侧近1千米宽地带内的流动沙丘得到了固定，有效抵御了风沙对铁路的堆埋与破坏，保证了包兰铁路畅通无阻。1993年5月5日，一场风力达12级的特大沙尘暴以每小时130千米的速度先后袭击了新疆、甘肃、宁夏、内蒙古

等省（自治区），专家在灾后调查中发现，55千米长的沙坡头铁路防护体系基本完好，铁路运行正常。

沙坡头“五带一体”铁路防沙护路体系，为铁路固沙探索了成功模式。该项目1987年获林业部科技进步一等奖，1988年获国家科技进步特等奖，1994年被联合国评为“全球环境500佳”。

（二）

长期以来，沙坡头“五带一体”铁路防沙护路体系在保证包兰铁路正常运营中发挥了无以替代的作用。但是，由于多种原因，目前已经出现植被严重退化，沙丘再度活化的现象，防护功能大幅降低，防护体系岌岌可危。

（1）植被退化严重，沙丘再度活化。由于项目建成后始终没有开展补植和抚育，林种、树种结构从未进行调整，树木出现分化，加上林草植物带内沙层含水量逐年下降，部分先锋植物种开始衰败死亡，植被覆盖度下降，造成林相破坏，已经固定的沙丘在风力作用下，出现大量的风蚀坑和活化斑，个别地方土地再度活化。

（2）防护围栏严重破损，流沙再度侵袭、危害铁路。现有围栏已使用10多年，有30%～40%的防护围栏失去防护作用，还有25千米尚未架设围栏，牲畜随意进入林区啃食践踏，对植被及相关设施造成极大破坏。因资金短缺，直接面对沙漠的阻沙栅栏不能及时维修，造成部分区段流沙侵入草障植物带10～50米，使部分区域的林草植被遭受风沙侵害，流沙已直逼铁路。

（3）灌溉设备和渠系严重老化。沙坡头的5个扬水泵站，全部为20世纪七八十年代投入使用的设备，已列入国家淘汰产品，严重老化，急需进行设备更新。灌溉渠系有的已经使用30余年，渠基下沉，渠底断裂，渠板破损，已有近3万米主支灌渠不能正常使用，不仅严重影响灌溉，而且造成水资源的巨大浪费。

（4）火灾隐患突出。由于防护体系周围人为活动的增多，人为火灾隐患增强，尽管近年来修建了防火隔离带，加强了管护，但火警、火情时有发生，已对铁路防护体系构成极大的威胁。

导致沙坡头植被退化、沙丘活化的原因是多方面的，但最根本、最主要的原因在于后续投入不足，续建力度薄弱。防沙治沙具有很强的反复性，需要不断增加投入，不断完善防治措施，不断进行建设，否则，治理后的成果难以巩固，甚至前功尽弃，复归旧态。沙坡头防沙护路体系建设自1984年建成后，基本上没有再给予资金投入，使得改造、更新难以进行，最终导致逐步退化。另外，由于受当时的技术、投入等各方面条件的限制，树种选择和植被配置质量不高，抗逆性不强，加之保护和管理不力，加剧了植被退化和沙丘活化。

（三）

针对上述问题，为充分发挥沙坡头铁路防沙护路体系的防护作用，确保包兰铁路这条西部交通大动脉的正常运行，我们提出如下建议：

（1）加大植被建设和更新改造力度，提高防护功能。鉴于沙坡头铁路固沙的重要性和紧迫性，我们建议在原有基础上继续加大沙坡头地区林草植被建设力度，增加植被覆盖，防止沙丘活化。同时，对现有防护林带尽快实施更新改造，选择生长快、耗水少、抗逆性强的优良适生灌木树种，大力推广应用防沙治沙科研成果和适用技术，提高防护林带的质量。在建设和改造过程中，要引入科研单位开展防沙治沙技术服务，鼓励科技人员开展技术承包，增加防护体系建设的科技含量，提高防护体系的防护功能。

（2）强化林草资源保护，防止火灾和人畜破坏。沙坡头地区生态条件恶劣，破坏后恢复相当困难，因此，保护工作非常重要。建议进一步完善相应的管护制度，落实专门的管护人员，尽快完成围栏修复，减少人畜破坏。同时，做好护林防火和森林病虫害防治等工作。

（3）加强水利设施建设，确保林草植被灌溉用水。建议尽快更新扬水设备，修缮灌溉渠系，恢复水利灌溉设施正常运转，减少水资源浪费，确保防护体系内林草植被能够及时得到灌溉，保证其正常生长。

（4）加强合作，共同搞好铁路防沙护路体系建设。防沙治沙是一个系统工程，需要多部门合作，全社会参与。建议铁路部门与林业、环保等有关部门以及地方政府之间加强合作，密切配合，充分发挥各部门和地方政府的职能作用，共同搞好铁路防沙护路林建设，保证包兰铁路畅通无阻。

调 研 单 位：国家林业局防沙治沙办公室
调研组成员：许　成　戴晟懋

⊙重点区域沙漠化防治调研报告之八

加强雅鲁藏布江流域防沙治沙工作 促进西藏高原生态屏障建设

西藏高原被誉为“世界屋脊”，平均海拔高度在3 000米以上，受地貌和水热条件的影响，生物多样性极为丰富，冰川、湖泊、江河水量丰沛，是我国的战略水源库，但是高原生态环境极其脆弱，一旦破坏，极难恢复。长期以来，由于气候和人为活动影响，西藏高原土地沙化形势严峻。据全国第三次荒漠化沙化监测结果显示，西藏现有沙化土地为21.68万平方千米，位居全国第三位，占全区总面积的18.1%，且沙化土地呈现扩展趋势，主要分布在沿江沿河地区，其中雅鲁藏布江（简称雅江）流域是沙化土地集中分布区。为促进西藏高原生态屏障建设，我们重点对山南地区、日喀则地区近400千米雅江两岸进行了实地考察，通过调研，我们认为进一步加强雅江流域防沙治沙工作，对维护西藏高原生态安全具有重要的现实意义。

一、雅江流域沙化土地基本情况

雅江流域山南和日喀则两地区现有沙化土地面积约3.48万平方千米，其中，分布在河谷地带的沙化土地面积约占本地区沙化土地总面积的60%。在雅江宽谷地带，土地沙化更为突出，如达那答—大竹卡段、曲水—泽当段的沙化土地面积分别占河谷地带土地面积的近一半。

雅江流域沙化土地形成主要是上游阿里地区受气候、人为活动等影响导致土地沙化、水土流失严重，每年7~9月雨季大量的泥沙流入雅江及其支流，在山南、日喀则地区雅江宽谷地带由于江水流速减缓，大量泥沙沉积在河床和河漫。在每年长达7~8个月的旱季，特别是冬春枯水季节，大片裸露河沙被大风吹扬上山，形成垄状或新月形沙丘和沙丘链。另外，雅江中游地区人为樵采薪柴，滥采挖虫草、红景天、胡黄连等珍贵野生药用植物，过度放牧，无序开采矿藏等破坏林草植被行为，导致一些原生植被和乡土树种消失，草原退化、土地沙化持续扩展。

土地沙化造成的危害严重。雅江流域年平均大风（相当于8级）日数达39天，大风主要出现在冬春季节（2~4月），占年发生总数的85.5%。每当冬春干旱枯水季节，雅江河谷的河心滩、河漫滩露出水面，以及雅江两岸山体、阶台地上的流动沙丘，在强风的作用下，卷起大量沙尘，顺雅江河谷而来，遮天蔽日，掩埋公路、农田和牧场，影响飞机正常起降，每年因沙尘暴致使贡嘎机场间歇性关闭达20余天。2003年2月，因持续扬沙天气，军事、民用航班多次延误或取消，贡嘎机场停飞4天，积压旅客达5 000多人，造成重大经济损失和政治影响。雅江北岸植被覆盖率较低，再加上当地群众生活燃料的短缺，破坏植被较为严重，雨季极易形成山体滑坡和泥石流，冲毁公路、淹没草场。由于草地退化，全区有20%的草地群落中的优势种和建群种消失，草原鼠害和病虫害严重。据测算，全区约有草原鼠25亿~30亿只，鼠害十分严重。1995年以来，全区每年病虫害受灾面积超过2万公顷。

二、“十五”期间防沙治沙成效

近些年来，在国家林业重点工程支持和各省林业系统的援助下，自治区防沙治沙工作取得明显进展。

（1）生态建设成效显著。沙区依托林业重点工程，通过采取以植树造林、封山育林等生物措施为主，辅以扎草方格、筑挡沙墙、石砾压沙等工程措施，治理沙化土地，并取得了明显成效。截至2005年底，山南地区人工造林累计保存面积达65万亩，封山育林300余万亩，面积超过1平方千米的流动沙丘和半流动沙丘缩减到原来的1/3，雅江南岸治沙造林初具规模，乔灌草相结合的生态防护体系初步建立。日喀则累计营造防风固沙林40多万亩，封山育林200多万亩，特别是318国道沿线、雅江及年楚河流域两侧通过营造防风固沙林，生态明显改善。通过防沙治沙，降低了风速，遏制了风沙侵蚀，生态效益显著。山南、日喀则地区全年灾害性风沙天气明显减少，贡嘎机场年灾害性风沙由过去的60多天降低到2005年的10多天，农村“四料”问题初步得到解决。生态环境不断改善，促进了旅游业发展。

（2）防沙治沙示范区建设初具成效。自治区各级林业部门十分重视示范区建设，积极引进兄弟省份林业先进管理理念和成熟技术模式，克服“等、靠、要”思想，主动探索防沙治沙有效途径。日喀则地区自20世纪90年代开始在中国科学院兰州沙漠研究所指导下积极引进优势治沙树种、开展草方格治理流动沙丘试验，并取得了显著效果。山南防沙治沙综合示范区自2003年底经我局批准试点启动以来，成立了自治区林业局主管领导和地区行署分管林业副专员为组长的领导小组；地区林业局还经批准成立了防沙治沙办公室；委托国家林业局昆明勘察设计院编制、完善了示范区建设规划；以地区苗圃为基础建立了乡土树种苗木基地300亩，今年底可出圃合格苗150万株。在扎囊县示范点采用多种技术模式、多树种、林草结合方式综合治理沙化土地，对管理难度大、易于治理的沙化土地承包给农牧民治理和管护，极大地调动了农牧民治沙造林的积极性。在桑耶示范点通过生物治沙，在流动沙地营造防风固沙林带、林网5 580亩，对半固定沙地围栏封育3.4万亩，有效改善了桑耶寺周边的生态环境。示范区的建设及其成功的治理模式为综合治理雅江流域沙化土地奠定了坚实基础。

（3）农牧民生态意识提高。通过防沙治沙，改善了农牧民生产生活环境，粮食作物单产、总产稳步提高。同时，通过栽植柳树培育椽木，不仅可以满足盖房自用材，还可以销售获得可观的收入，农牧民得到了实实在在的利益，治沙造林积极性高涨，生态意识逐步提高，自觉地维护生态，沙区过度樵采、过度开垦及过度放牧现象明显减少。

三、存在的主要问题

西藏自治区海拔高、气候干燥，生态脆弱，近几年生态建设虽然取得了一定成效，但生态环境总体上仍呈恶化的趋势，全区生态环境保护与建设工作相对滞后，高原生态环境面临严峻形势。

（1）治理任务大，投资严重不足。近些年来，全区虽然实施了天然林保护、自然保护区建设、退耕还林等一系列生态治理工程，但由于生态极其脆弱，急需治理的任务量大，建设成本高，中央投入与生态环境保护建设的实际需要差距很大。目前，国家专项用于防沙治沙资金较少，地方财政困难，也没有用于防沙治沙的资金，沙化土地治理赶不上破坏。

（2）林牧、草畜矛盾大，过度放牧未从根本上杜绝。大多数农牧民受生活习惯影响，长期过着游牧生活，据统计，目前全区仍有5.6万户牧民未实现定居。随着牧区人口的增加，草场超载过牧日益严重，特别是在一些不适宜放牧的地方过度放牧，牲畜践踏、啃啮等破坏林木现象还很严重。如那曲地区牲畜数量从1959年的249万头（只）增至1995年的743万头（只），增加了2倍。1995年那曲地区牲畜实际存栏为1 242万羊单位，1996年草地理论载畜量仅为791万羊单位，超载率达到57%。另外，牧区草场建设缓慢，牲畜品种亟须改良。截至2005年底，西藏的草场围栏面积只有2 021万亩，仅占可利用草地面积的2.4%；草场改良面积735万亩，仅占可利用草地面积的0.9%。在山南地区每只藏山羊约需12亩草场，且藏山羊对植被破坏力极强。

（3）农牧区燃料缺乏，加剧了植被破坏。西藏水能、太阳能和风能资源都很丰富，但是开发利用的程度很低，又缺乏煤、天然气等化石质能源的利用，农牧民生活燃料主要来自薪柴、牛羊粪和秸秆等生物质能源，广大农牧区燃料不足问题较为突出。据雅江中游地区调查统计，每年仅用于煮饭取暖就需要烧掉薪柴 20 万千克，全区目前 67.45% 的牛羊粪和 28.69% 的秸秆被作为燃料烧掉。另外，牧民还有砍挖沙生槐（灌木，燃烧时火旺）炒青稞的生活习惯，每年破坏沙生植被十分严重。由于草原公路建设滞后，汽车碾压草地的现象也很普遍。

（4）《中华人民共和国防沙治沙法》和《国务院关于进一步加强防沙治沙工作的决定》宣传力度不够，相关政策措施没有得到贯彻落实。自治区矿产资源比较丰富，一些小型企业生产设备落后，开采规模小，经营方式粗放，尾矿及矿渣基本没有进行环保处理，矿区复垦率低，造成了开采区的生态破坏和局部地区的污染。另外，沙区产业发展较慢，水平落后，除种植柳树自用或销售椽木，种草养畜外，几乎没有其他沙产业，且植树种草的科技含量不高，农牧民致富手段弱，增收非常困难。

四、几点建议

西藏是我国藏民族集居地，藏族人口占95%，其生态环境脆弱，总体上治理水平低。据 2005 年中国科学院研究评估表明，西藏区域生态水平、区域环境抗逆水平在各省（自治区、直辖市）中分别排列第20位和第31位。近年来，在国际反华势力的怂恿下，达赖集团借用所谓“西藏环境问题”，大肆诬蔑和攻击我国政府，一些西方国家也就此对我国进行责难。

党中央、国务院高度重视西藏高原生态安全，《国民经济和社会发展第十一个五年规划纲要》明确提出要加强青藏高原生态安全屏障保护和建设；《中共中央、国务院关于进一步做好西藏发展稳定工作的意见》（中发［2005］12 号）指出：“将西藏纳入国家生态环境重点治理区域，构建西藏高原生态安全屏障。目前，加强西藏高原生态环境保护与建设工作，构建国家生态安全屏障，已经成为全区各级党委、政府和广大干部群众的共同愿望。鉴于西藏沙化土地面积大，占全区总面积的 18.1%，且土地沙化持续扩展，是全区最为严重的生态环境问题，是高原生态屏障建设中的一项重要内容，我们建议将开展防沙治沙工作作为林业系统援藏的重点，促进青藏高原生态屏障建设。”

（1）加大雅江上中游植被的保护力度。一方面加大雅江上游阿里地区的植被保护工作，该地区生态十分脆弱、人口稀少，少量的人为活动，造成较大范围的生态破坏，其水土流失是中游泥沙沉积的主要原因，因此，可以因地制宜地划定一批沙化土地封禁保护区；另一方面，对于中游地区要加大原生植被保护工作，严格禁止过度放牧、滥开垦、乱樵采等破坏植被行为。把全部森林资源纳入公益林管理，并给予森林生态效益补偿。

（2）启动一江两河（雅江、拉萨河、年楚河）流域防沙治沙工程。一江两河地区人口稠密，是西藏自治区政治、经济、文化中心，是西藏防沙治沙工作的重点和难点，生态区位十分重要，急需实行重点、专项工程治理，建议尽快启动一江两河防沙治沙工程。对于雅江中游广大地区采取以封育为主，人工促进恢复为辅的措施，进行综合治理；对于雅江两岸，是冬春主要的沙尘源地，沙化土地相对集中、危害重，需要通过采取以植树造林种草等生物措施为主，以整治河道、配套建设水源工程、能源建设等措施为辅，治理沙化土地。

（3）加大《中华人民共和国防沙治沙法》和《国务院关于进一步加强防沙治沙工作的决定》的宣传力度。今年7月青藏铁路正式开通后，每天有近6 000 人进藏旅游，生态保护与建设任务十分繁重。通过宣传，让各项政策措施深入人心，树立保护生态意识。加强执法检查，特别是检查沙区地方各级人民政府执行《中华人民共和国防沙治沙法》和贯彻落实《国务院关于进一步加强防沙治沙工作的决定》的情况。严格依法审批沙区各项开发建设活动，在保护好生态环境的基础上发展沙产业、旅游业，防止先破坏、后治理。

（4）加大示范区指导、投入力度。防沙治沙示范区初具成效，建议加大示范区指导、投入力度，重点在探索治理技术模式、建设产业基地、探索治沙机制、制定防沙治沙优惠政策方面予以扶持，切实发挥示范区的示范作用，以点带面推动高寒地区防沙治沙工作。

调 研 单 位：国家林业局防沙治沙办公室
调研组成员：臧春林　潘红星

关于森林采伐管理模式改革与森林可持续经营问题

规范集体林区森林采伐管理和森林经营 保障森林经营者的合法权益

为贯彻落实中共中央、国务院《关于加快林业发展的决定》和全国林业厅局长会议精神，推进林业又快又好发展，按照我局2006年12项重大调研专题的工作部署，我司结合森林资源管理重大问题调研活动，重点对辽宁、福建、江西等省集体林权制度改革后的森林采伐和经营管理情况进行了调研。通过调研，了解了各地在集体林权制度改革中强化森林采伐和经营管理工作中一些好的做法和取得的成效，也发现了一些亟待解决的问题。针对这些问题，我们进行了认真梳理，研究制定了下一步管理措施和工作计划。现将有关情况报告如下：

一、取得的成效

中共中央、国务院《关于加快林业发展的决定》颁发以来，福建、江西、辽宁等省先后开展了以“明晰产权、放活经营、减轻税费、规范流转”为主要内容的集体林权制度改革，通过确定所有权、放活经营权，依法保障林农的处置权和收益权，使集体林区广大林农得到了实惠，受到了林农的普遍欢迎，也有力促进了集体林区森林资源的保护和经营工作。

（一）森林采伐管理工作逐步规范

通过集体林权制度改革，落实了林农对林地的使用权和林木的所有权，明晰了林地边界四至，逐步解决了历史遗留的林权纠纷问题，实现了“山定权、树定根、人定心”。过去由村集体代为行使经营权的森林，由于不能保障林农的权益，对乱砍盗伐森林的行为，林农不愿管，甚至部分林农还把乱砍盗伐作为谋生和获利的手段。现在集体林变成了自有林，“管好自家山、看好自家林”成为林农最基本意识，管护森林的积极性得到充分调动，科学经营森林的观念逐步树立，森林采伐和经营行为日益规范，乱砍盗伐森林的情况得到了有效遏制。

（二）林农对森林采伐管理关注程度提高

在村委会代理行使森林经营权时期，森林采伐的收益权和分配权掌握在少数村委会干部手中，林农得不到应得的收益，也就对国家森林采伐管理政策、采伐指标分配、采伐许可证发放、采伐时间和方式等漠不关心。分林到户后，林农成为森林经营的直接收益人，为了保障自身的合法权益，一些林农开始认真学习森林采伐管理方面的政策、科学经营森林的技术和措施，并开始关注林业主管部门如何分配采伐指标和发放采伐许可证，以保障自身的权益。

（三）森林经营工作得到加强

随着集体林权制度改革的稳步推进，森林资源管理者和林农都更深入地认识到加强森林经营的重要性。一方面，集体林区林业主管部门加强了对森林经营方案编制的指导和组织实施工作。过去，由于林权没有落实，加之森林资源调查规划技术力量的不足，集体林区森林的经营大部分没有编制森林经营方案，即使一些地方编制了森林经营方案，也往往是林业主管部门自行编制，没有征求林农的意见，没有体现林农的经营意愿，森林经营方案所确定的各项经营措施和经营目标也没有真正得到落实，造成森林质量持续下降。集体林权制度改革后，林农有了参与森林经营方案编制并按照森林经营方案开展经营活动的积极性，林业主管部门也逐步明晰了技术指导和审核把关的定位，森林经营方案的编制与实施工作得到强化。另一方面，科学经营森林的理念逐步得到贯彻，林农由过去单纯经营林木向综合利用森林资源转变，由单纯取材向提高林分质量和林地生产力转变。

二、存在的主要问题

（一）人工商品林主伐年龄的确定问题

1987 年由林业部颁布实施的《森林采伐更新管理办法》明确规定了各树种（组）用材林的主伐年龄。近年来，随着人工林集约经营程度的提高和新品系造林树种的推广，原定的各树种（组）用材林的主伐年龄已经不能适应现时期森林经营的需要。以辽宁省东部山区的落叶松为例，按照《森林采伐更新管理办法》的规定，北部地区人工落叶松主伐年龄应至少达到 41 年，目前市场上 18 年生的人工落叶松小杆售价达 730 元/立方米，而且销路很好，如果按规定到 41 年后采伐，其材质、销路和售价都将受到很大影响，严重影响林农的收益。

（二）给予抚育采伐优惠政策的问题

经了解，在一些编制了抚育采伐限额的单位，因担心抚育采伐尤其是幼龄林透光抚育伐经营亏本，存在不编或者少编抚育采伐限额的现象；同时也存在部分林业主管部门和经营单位在执行木材生产计划时，挪用、扣减抚育采伐计划或不完成抚育采伐任务的情况，导致森林资源质量持续降低。究其原因，核心问题在于抚育采伐成本过高、税费过重，森林经营者要求不将抚育采伐纳入采伐限额管理，减免抚育采伐所产出木材的税费或给予相关补偿。

（三）森林经营主体分散的问题

集体林权制度改革后，森林资源分配、流转到各林农家庭经营，很多地方出现了“一户多山和一山多户”的情况，经营规模零散、面积破碎。经营主体的分散造成了区域内森林经营目标的不一致，加上由于个体林农资金投入不足和经营森林科技、信息方面的缺陷，导致森林经营成本过高，难以达到满意的收益。同时，经营面积的破碎导致林农在营造林、采伐等经营过程中难以选择合理的模式，不能实现森林资源的可持续经营。

三、推进森林采伐管理和经营工作的措施和计划

为贯彻回良玉副总理和贾治邦局长在全国集体林权制度改革现场经验交流会上关于正确处理“集体与农民、管理与放活”两大重要关系和推进商品林采伐管理等配套改革措施的讲话精神，我们对近年来人工商品林采伐管理改革政策进行了逐一梳理。自 2002 年以来，国家林业局相继出台了《关于调整人工用材林采伐管理政策的通知》、《关于完善人工商品林采伐管理的意见》、《关于加强农田防护林采伐更新管理的通知》和《关于加强工业原料林采伐管理的通知》等一系列关于人工林采伐管理政策的改革文件，对一般人工用材林、农田防护林和工业原料林采伐限额的编制和管理、主伐年龄的确定以及经营政策都进行了改革探索，极大地完善了现行的采伐管理政策，在法律法规允许的条件下，满足了森林资源管理者和经营者的迫切需求。但是，与森林可持续经营需求相矛盾的法规、规章和技术规程还没有完全得到修订，一些地方还存在采伐管理改革政策没有落实，采伐管理行为不规范，导致林农权益受损的情况。为切实规范集体林区森林采伐和经营管理，保障林农经营森林的合法权益，结合集体林权制度改革后森林采伐和经营管理的特点，我们拟于近期落实以下措施。

（一）修订《森林采伐更新管理办法》

《森林采伐更新管理办法》颁布实施于 1987 年，执行近 20 年来，对我国森林资源的保护起到极其重要的作用。但随着林业科学技术的发展和森林经营水平的不断提高，尤其是中共中央、国务院《关于加快林业发展的决定》出台以后，《森林采伐更新管理办法》中的许多规定已经不符合现时期森林经营和采伐管理的需求。针对这一问题，我们组织开展了对《森林采伐更新管理办法》的修订，目前已完成了起草工作，正向各省（自治区、直辖

市）和有关单位征求修改意见，待修改完善后颁布执行。

（二）督促各地贯彻落实采伐管理改革的各项政策

针对许多地区没有真正贯彻落实人工林改革各项政策措施的问题，我们将按照国发［2005］41号文件的有关精神，督促各地区加强采伐限额管理，逐一对照国家林业局下发的人工林采伐管理政策改革的文件，落实各项改革措施，依法保障林农科学经营森林的权利，确保森林可持续经营工作稳步推进。

（三）加强森林经营方案的编制与实施

保障集体林权制度改革后森林经营者的合法权益和促进森林可持续经营，核心在于编制和实施科学合理的森林经营方案。《中华人民共和国森林法》（以下简称《森林法》）第十六条规定："国有林业企业事业单位和自然保护区，应当根据林业长远规划，编制森林经营方案，报上级主管部门批准实行。林业主管部门应当指导农村集体经济组织和国有农场、牧场、工矿企业等单位编制森林经营方案"。但在实际执行中，森林经营方案的编制、经营目标和经营措施没有得到有效落实，发挥其应有的作用，这也是长期以来我国森林资源质量没有得到有效提高的一个重要原因。为此，我们在局领导的指示下，编写了《森林可持续经营方案编制与实施纲要》，并组织福建、江西、甘肃、吉林、辽宁等省编制森林经营方案范本，拟于近期下发，以指导全国森林经营方案编制与实施工作。同时，拟在我局已批准的6个森林可持续经营试验示范单位的基础上，扩大森林可持续经营试点规模，通过指导试点单位依法编制森林经营方案，培训相关管理人员，提升森林资源经营管理水平，逐步规范森林经营方案的编制和森林资源可持续经营。

（四）规范各级林业主管部门的审批行为

目前，许多地方的林业主管部门分配采伐指标和发放采伐许可证，并不依据森林经营者应采伐的森林资源状况来确定，也没有一个统筹的规划安排，随意性和盲目性很大，在某些地方采伐指标分配和发放许可证环节中还出现权钱交易等腐败现象。而急需采伐指标的林农作为一个弱势群体，在监管不到位的情况下，难以保障其公正、公平的获得采伐收益的权利。因此，我们将督促各省（自治区、直辖市）林业主管部门按照行业预防和治理商业贿赂的有关具体要求，进一步完善采伐指标分配和发放采伐许可证管理制度，明确审批程序、原则、时效，并对审批行为进行公示，接受森林经营者的监督，确保分配采伐指标和发放采伐许可证做到公开、公正、公平。

（五）建立伐区规划制度

对已编制森林经营方案并被县级以上林业主管部门依法审定，且严格按照森林经营方案确定的各项经营措施开展森林经营活动的经营者，其采伐限额依据森林经营方案确定，并按照森林经营方案的规定落实每年度的采伐伐区。对分林到户后，因森林经营规模零散、面积破碎而没有编制森林经营方案的林农，我们将要求由县级林业主管部门依据其采伐的森林资源的龄级、经营类型等状况，按照优先采伐成过熟林、人工商品林、残破林和自然灾害损毁林木等原则，合理排定采伐顺序，编制年度伐区规划，并按照伐区规划落实采伐限额和木材生产计划，经公示无异议后发放采伐许可证。

四、建　议

为切实加强集体林区森林资源保护管理，全面推进集体林权制度改革，建议国家林业局由相关司局牵头，进一步完善符合集体林区森林采伐经营管理实际情况的法规和政策。

（一）修订《森林法》

《森林法》修订于1998年，其中的一些内容已不符合林业建设发展和管理的需求，法规之间也存在相矛盾的条款。诸如如何解决自然保护区、革命纪念地因突发毁灭性森林病虫害采伐林木需求，集体经济组织森林经营方案如何审批等问题，都是目前森林资源管理中迫切需要解决的问题。目前，《森林法》的修改工作已经列入国务院立法计划，建议国家林业局相关司局和直属单位结合本单位行政职能尽快开展调研活动，广泛征求各地区、单位对《森林法》修订的具体意见和建议，统一梳理归纳，为《森林法》修订工作夯实基础。

（二）研究对抚育采伐的补偿政策

国家林业局组织编制“十一五”采伐限额时，要求各地按照“编足编够”的原则，依据应抚育中、幼龄林森林资源实际状况和合理抚育周期足额测算抚育采伐限额。同时，国发［2005］41号文件还做出了“抚育采伐可以占用主伐限额”的政策规定。鉴于造成抚育采伐欠账严重的核心问题是采伐成本过高和税费过重的问题，而抚育采伐又是培育森林资源，提高森林质量的一项重要措施，为有效提高我国森林资源的质量，充分发挥林地生产力和森林生态功能，建议由国家林业局协调有关部门，研究调整抚育采伐的税费政策，或参照重点公益林抚育采伐补助试点的做法，逐步推广对抚育采伐的资金补偿制度。

调 研 单 位：国家林业局森林资源管理司
调研组成员：肖兴威　张松丹　陈　昱　王　馨

关于生态文化体系建设

关于积极推进森林生态文化体系建设的几点思考

党的十六届六中全会提出，构建社会主义和谐社会，要建设和谐文化，推动文化建设。森林生态文化是和谐文化的重要组成部分。推进现代林业发展，不仅要充分发挥林业的生态效益和经济效益，还要积极推进森林生态文化建设，为构建和谐社会做出应有的贡献。

一、积极推进生态文化体系建设意义重大

森林生态文化建设，对于构建人与自然和谐的思想道德文化体系，加快现代林业发展，促进和谐社会建设，意义重大。

（一）森林生态文化建设关系到生态文明进程

生态文明是人类一切文明的基础，从世界范围内生态演变与人类文明发展的关系来看，有些曾经取得辉煌成就的古文明之所以失去昔日的光辉或者消失在历史的遗迹中，一个不可忽视的原因就是人类赖以生存的基础——生态系统被破坏了。几千年的历史表明，中国的生态演变也是自然与人相互作用的结果，而且中国古代的哲学家们，对人与自然的和谐关系有着独到的见解，其中的要义就是把人和自然看成一个整体，重视“自然的和谐”、“人与自然的和谐”、“人与人的和谐”，强调“天道”与“人道”的合一，或“自然”与“人”的合一。可以说，中国传统文化的一个重要特点就是把追求“天人合一”作为最高境界。

实现人与自然的和谐，就必须善待人类赖以生存的环境，合理利用地球上有限的资源。但是，随着全球工业化进程的加快，人类财富的急剧积累，人类的生存发展环境遭到严重的破坏。环境污染、资源枯竭、土地荒漠化、酸雨增多、森林退化、粮食短缺、温室效应、物种灭绝等生态问题接踵而来，使人类面临前所未有的生态安全问题。我国作为世界上最大的发展中国家，新中国建立50多年，特别是改革开放20多年来，政治、经济、文化和社会生活发生了翻天覆地的变化，国内生产总值、外汇储备、尖端科技发展水平等多项指标在世界上位居前列。但是也必须看到，我们为自己的经济发展付出了沉重的代价，资源消耗、环境污染、生态破坏，已成为制约民族生存与发展的根本性问题。面对这样的困境，现代许多思想家对发生生态灾难的根源进行了深入的分析。世界著名生态和社会学家唐纳德·沃斯特指出：“我们今天所面临的全球性生态危机，起因不在生态系统本身，而在于我们的文化系统。”因此，积极推进森林生态文化建设，是遏制生态危机、保护人类生存发展环境的需要。

（二）构建和谐社会对生态文化建设提出了新的要求

人与自然和谐是社会和谐的重要基础。当前，人与自然不和谐问题十分突出。胡锦涛总书记指

出："大量事实表明，人与自然的关系不和谐，往往会影响人与人的关系、人与社会的关系。如果生态环境受到严重破坏、人们的生产生活环境恶化，如果资源能源供应高度紧张、经济发展与资源能源矛盾尖锐，人与人的和谐、人与社会的和谐是难以实现的。"目前，我国生态环境形势相当严峻。随着人口增多和人们生活水平的提高，经济社会发展与资源环境的矛盾还会更加突出。如果不能有效保护生态环境，不仅无法实现经济社会可持续发展，人民群众也无法喝上干净的水，呼吸上清洁的空气，吃上放心的食物，由此必然引发严重的社会问题。

构建社会主义和谐社会，就是要科学认识和正确运用自然规律，引导全社会树立生态文明意识，学会按照自然规律办事，更加科学地利用自然为人们的生活和社会发展服务，实现人与自然和谐，禁止各种掠夺自然、破坏自然的做法。森林生态文化建设，是构建和谐社会的重要措施。

（三）生态文化建设是现代林业发展的内在要求

人类社会是由人有意识的活动所产生和创造的，因而具有扬弃自然状态的文化性质和内涵。人通过能动地掌握自然来实现对自然的依赖，通过人工工艺来能动地处理自己同自然的关系，创造人的正常生活条件，实现人与自然和谐统一的社会文化形式。人类为了满足自己物质生活和精神生活的需要，必须在实践和意识形态领域用不同的方式掌握外部自然界。这些人为的方式，本质上都是文化的创造。文化最根本的意义在于人通过实践形成的生存方式。森林生态系统、湿地生态系统和荒漠生态系统是我们在林业工作领域面对的三大自然生态系统。长期以来，人们为了满足物质生活，掠夺式经营，造成三大自然生态系统的严重破坏。为了保护和发展林业生产力，实现林业的协调发展，必须把人与自然和谐作为一种根本的和长远的价值取向，逐步形成新型的林业生产生活方式。因此，森林生态文化建设是现代林业发展的内在要求。

（四）森林生态文化建设面临良好的机遇

中共十六届六中全会《公报》强调，"建设和谐文化是构建社会主义和谐社会的重要任务，社会主义核心价值体系是建设和谐文化的根本，必须坚持马克思主义在意识形态领域的指导地位，牢牢把握社会主义先进文化的前进方向，倡导和谐理念，培育和谐精神，进一步形成全社会共同的理想和道德基础。"和谐社会建设为生态文化建设，带来了难得的历史机遇。

我国56个民族蕴藏着极其丰厚的树种文化、宗教信仰、神山、神林等森林文化，反映了各民族在以森林为主的自然环境下，人与自然和谐相处、世世代代持续生存与发展的真实历史。任何社会中的人们在价值观上都会有差异。在新的历史时期，进一步在全社会倡导森林价值观，接受森林文化的熏陶，必然在社会生活中形成人们普遍认同的森林观念，形成人与森林和谐共处的规范与行为。森林文化为社会提供森林和生态知识，社会以新的森林和生态知识为社会发展的推动力，使社会全体成员认可人与森林和谐共处总体要求，使个人和群体目标与人和森林和谐共荣的总目标一致起来。建立有效的制度，使之适应社会和林业的发展，提高国民对森林文化的感悟力，增强民众保护森林的自觉性，使社会成员在行为上协调一致，自觉地与破坏森林、破坏自然的行为作斗争。

没有文化的林业，是不完整的林业；只有物质领域的林业工程建设，而没有林业精神文化建设，是没有进取精神的落后的林业。森林文化使规范内化为个人的行为准则，进而将社会成员的行为纳入一定的轨道和模式，以实现人与森林和谐共荣。

二、森林生态文化的内涵

文化是人类区别于动物的生存方式。人用文化来适应自然环境和社会环境，不断改善自己在自然界中的位置和状态，并通过认识自然，探索自然和改造自然，创造和发展了多种形式的文化。由于工业化进程加快，生态环境问题日益突出，人和自然的和谐关系遭到破坏，表现在社会、经济、文化、科技等所有的领域，并渗透到人的生活之中。在生产中，对资源过量的利用，污染物排放量超过了环境的容量。从历史到今天，人类创造了技术圈，入侵生物圈，在创造大量的物质财富的同时，对自然资源掠夺性利用，不断加剧人与自然的对立和冲突，导致了环境退化、生态危机，生态危机引发人们的反思和哲学上的探索，催生生态文化。

（一）生态文化

在工业化过程中，没有考虑保护环境，保持生态平衡，不断破坏人类自己的生活基础，制约了生产力的发展。这种世界性环境退化，是传统文化发展的必然结果。

生态文化就是从人统治自然的文化过渡到人与自然和谐的文化。这是人的价值观念根本性的转变，这种转变解决了人类中心主义价值取向过渡到人与自然和谐发展的价值取向。生态文化重要的特点在于用生态学的基本观点去观察现实事物，解释现实社会，处理现实问题，运用科学的态度去认识生态学的研究途径和基本观点，建立科学的生态思维理论。通过认识和实践，形成经济学和生态学相结合的生态化理论。

生态文化是人类社会发展到一定历史阶段所产生的一种新型的人与自然和谐发展的文化，是由工业革命以来人统治和主宰自然的生存方式过渡到人类与自然和谐发展的一种新的生存方式，是对传统发展观念的重新认识，具有深刻的革命性和创新性。

生态文化是人们在改造客观物质世界过程中形成的协调人与自然、社会的关系，追求生态平衡和可持续发展的观念和意识；是一种物质生产与精神生产都高度发展，从人统治自然过渡到人与自然和谐相处，自然生态与人文生态和谐统一的文化。和谐的生态文化是生产力发达、社会进步的产物，是经济繁荣、社会文明的标志。

（二）生态文化体系

生态文化不是经济活动的直接产物，但与经济活动息息相关。山脉、河流、海洋等自然条件的影响，不同民族的居住地、环境、先前的社会观念、现实生活中流行的新观念，以及社会、社区的发展趋势等，都给生态文化的产生和发展提供了特殊的、独一无二的场合和情境。生态文化体系包括自然环境、影响文化发展的各种复杂变量，特别是科学技术、经济体制、社会组织及社会价值观念对人和环境的影响。生态文化体系在人、自然、社会、文化的各种变量交互作用中体现生态文化产生、发展的规律，表现出不同民族文化发展的特殊形态和模式。

生态文化体系的结构模式中，与自然环境最近、最直接的是科学技术；其次是经济体制和社会组织；再次是价值观念，它是通过经济体制、社会组织等中间变量来实现的。但对人的社会化影响最直接的是价值观念，即风俗、道德、宗教、哲学、艺术等观念形态的文化；其次是社会组织、经济体制及科学技术；再次是自然环境，它对人类的影响主要通过科学技术、经济体制、社会组织一类中间变量来实现。

（三）森林生态文化体系

森林文化是人与自然、人与森林之间建立的相互依存、相互作用、相互融合的关系，以及由此创造的物质文化与精神文化的总和。森林文化是人们不断认识、调整人与自然、人与森林相互关系的必然产物，是森林人格化的具体体现。

地球是由地圈、水圈、气圈以及各种生物生态系统组成的一个生态系统，这个生态系统是一个可以自组织的系统，在一定的范围内，对于外在或人为的干扰具有整体稳定性的功能。如果外在的干扰超出这个范围，这个“生态系统”将会受到难以弥补的伤害。这既是生态学的哲学理论基础，也是生态哲学、环境伦理学的哲学理论基础。森林，是其中地球陆地生态系统的主体，生态哲学中的森林生态系统的多样性和整体性相统一规律、森林生态演替规律、森林生态循环和再生规律、森林生态平衡规律是森林文化的哲学基础。

人们在充分体验森林文化愉悦的同时，将森林人格化，在人与森林进行精神交流的同时，将其中值得我们学习的东西，逐步演化成道德规范，深入人的内心世界，形成一种世界观。这种森林精神是森林文化的精华，是森林文化的支柱。森林生态文化属于生态文化，体现了文化、生态文化所有特征。在未来的生态文明社会里，生态文化将是文化的主流。森林是陆地生态系统的主体，森林生态文化将成为生态文化的主体。

三、推进森林生态文化体系建设的主要内容

加快森林生态文化体系建设，满足社会对森林

生态文化的需求，是现代林业发展的重要内容和任务。森林生态文化体系建设的主要任务是用生态科学知识武装群众，唤起群众的生态意识，充分发挥他们的主动性和创造性，激励群众积极投身到生态建设中去。

（一）构建人与自然和谐的价值观

积极推进森林生态文化体系建设，就是要按照统筹人与自然和谐发展的要求，树立以人为本的发展观、不损害后代人的生存发展权的道德观、人与自然和谐相处的价值观，提高国民生态意识和文明程度。构建人与自然和谐的价值体系，使人们在思想观念、科学教育、文学艺术、人文关怀诸方面都产生新的变化，形成新的生产生活方式，促进人与自然和谐发展。用生态文化去化解人与自然、人与社会及人与人之间的矛盾。将人与自然和谐的价值体系贯穿于现代林业建设的各个方面，用现代林业和人与自然和谐理论指导实践，将生态意识上升为全民意识，实现可持续发展，引导全社会走上生产发展、生活富裕、生态良好的文明发展道路。

（二）建设森林生态文化发展的物质载体

森林生态系统、湿地生态系统、荒漠生态系统是陆地三大主要自然生态系统，是维护和保持生态平衡、实现人类持续和谐发展的基础。生态平衡是人与自然界和谐一致的根本标准。人与自然和谐的理念要求林业发展在保持自然资源再生能力和环境自我修复能力的基础上谋求人与森林协调发展，实现三大自然生态系统的平衡。在使用森林、湿地资源的同时，也承担起保护和恢复森林和湿地生态系统的义务，使不同年代的人群平等享用森林和湿地资源。从森林和湿地中索取物质的同时，注重对森林的投入；以先进的森林生态文化为指导，处理好人与森林和湿地的关系，在更高的起点上达到人与森林和湿地的和谐。在林业建设中积极倡导以循环经济、绿色产业取代资源高消耗、环境高污染和生态高破坏的不可持续的发展模式，为人与森林的和谐创造必要的社会条件。

（三）营造良好的社会氛围

加大现代媒体（电视、互联网）宣传力度，让公众了解林业，关心林业，参与林业。广泛进行森林文化知识的教育，传播森林精神，提高对森林文化的敏感性以及对森林文化的创造能力。宣传各民族多层面的传统森林文化并继承与发展传统的森林精神。一是森林环境保护意识，包括山、水、林、草、兽等多方面的保护；二是森林家园意识，以林为家的环境意识是各民族森林文化的共同特点；三是森林伦理意识，在各民族中，森林及其环境要素具有道德地位；四是森林哲学，以宗教信仰为主要表现形式的森林哲学体现了各民族各具特色的自然观（生态观）、人生观、价值观、审美观、道德观，以及适应自然和民族社会发展的方法论；五是森林美学与森林艺术。通过舆论宣传，大家共同参与，形成健康和谐的森林生态文化。

（四）提供森林文化产品

一是整理挖掘我国丰富的森林生态文化遗产，吸收国外森林生态文化的精华，繁荣森林生态文化，传播森林观（自然观）、循环利用思想及天人合一的森林利用习俗等；二是大力拓展森林生态文化表现形式。充分利用现代媒体反映森林生态文化，弘扬山水、树木文化，园林艺术，茶文化，花文化，竹文化等，鼓励发展工艺美术作品、音像、影视、广播、网络文化作品等；三是不断发展森林生态旅游产品和休闲、度假、保健旅游产品。

四、森林生态文化体系建设的主要措施

森林文化的文治教化功能，决定了林业的发展必须以“人地共荣”、人类永久幸福为最高目标。林业的发展，包括森林文化的发展，必须以和谐发展理论为基础，指导林业的发展，实现人类社会发展的最高目标。

（一）加强领导，积极推动森林生态文化体系建设

加强基础设施建设，形成较为完备的森林生态文化服务网络。充分利用国家“文化信息资源共享工程”，加大森林生态文化网络体系建设，重点放在农村和林区，大力发展森林生态文化事业。

（二）加大投入，启动生态文化体系建设工程

有条件的地方积极建设生态文化馆和博物馆，推进森林公园、森林和野生动植物及湿地、荒漠生态系统等自然博物馆、社区生态景观场所、自然保护区知识窗等文化设施建设。以森林公园为载体，

大力发展森林生态旅游、山林文化生态旅游、探险、猎奇、竞技旅游，四季观光旅游，休闲、度假、保健旅游等，促进森林生态文化产业发展。

（三）广泛动员，提高全民参与水平

拓展全民义务植树活动，把义务植树与绿地认养结合起来，推动“国树、国花、国鸟”活动。利用植树节、“爱鸟宣传周”、森林文化节和保护日等活动，传播以人为本、人与自然和谐的发展观、价值观、道德观，促进森林生态文化在构建社会主义和谐社会中发挥积极作用。

（四）以人为本，积极开展生态文化宣传和交流活动

利用公共新闻媒体及林业系统各种网络、新闻媒体、报纸杂志，普及森林生态文化知识。制作宣传森林生态文化的电影、电视、光盘文学艺术作品、工艺美术作品等，弘扬森林生态文明理念和人与自然和谐的价值观。扩大开放，充分借鉴林业发达国家在生态文化建设方面的成功经验，加强国际森林生态文化合作与交流。

（五）提高能力，加强森林文化队伍建设

推进森林生态文化建设，需要培养一支具备较高素养的队伍，这是一项服务林业，倡导文明，立足当前，着眼长远的战略性任务。采取鼓励、引导、政策支持等措施，加快森林生态文化建设的人才培养，尽快建立结构合理、素质较高的人才队伍。　（国家林业局经济发展研究中心课题组）

发挥森林公园建设与森林旅游发展优势 促进社会主义新农村建设

——关于森林公园与新农村建设的调研报告

为深入落实国家林业局局党组关于“林业要在新农村建设中大有作为”的战略举措，国家林业局森林公园管理办公室开展了森林公园建设与森林旅游发展对促进新农村建设作用的调研，在面上调研的基础上，重点对湖南省张家界、贵州省玉舍、陕西省太白山、新疆维吾尔自治区金湖杨4处国家级森林公园进行了实地调研。

一、我国森林公园建设和森林旅游产业发展概况

自1982年9月我国建立了第一个国家森林公园——湖南省张家界国家森林公园以来，我国森林公园建设和森林旅游产业发展取得了长足进展。目前，全国共建立各类森林公园超过1 928处，总面积超过1 513万公顷，占全国林业用地面积6%以上，其中国家级森林公园总数达627处，面积为1 104万公顷。全国森林公园的分布范围扩大到除台、港、澳地区以外的我国31个省（自治区、直辖市），形成了以国家级森林公园为骨干，国家级、省级和市（县）级森林公园相结合的全国森林公园发展网络。初步形成了一个对林业建设区划范围内各类森林风景资源进行保护和合理开发利用的建设管理体系，这一体系的建立与发展，不仅有效保护了我国林区以森林景观为主体，并与地文、水文、人文景观等资源有机结合而形成的多样化的森林风景资源，加强了对自然景观的保护，拓展了传统林业侧重于对动植物资源、森林、湿地生态系统进行保护的范畴，拓宽了林业保护领域和管理职能，有力促进了我国生态建设和自然保护事业的发展。到目前，已有17处森林公园被联合国列入11处世界自然文化遗产保护名录，10处森林公园被列入世界地质公园。而且，森林公园的快速发展，为社会公众提供了良好的户外游憩空间，基本满足了社会不断增长的生态旅游和人民精神文化消费的需求。

同时，以森林公园为载体的森林旅游产业得到蓬勃发展。仅“十五”期间，全国森林公园旅游人数达6.4亿人次，比“九五”期间旅游人数翻两番，年均增长幅度超过20%。全国森林公园以门票为主的旅游收入超过260亿元，是“九五”期间直接旅游收入的近6倍，年均增长超过30%。森林旅

游产业平均每年实现的社会综合产值近800亿元，直接和间接提供就业机会达400万个。全国已涌现出一批旅游收入超千万甚至上亿元的森林公园，森林旅游业逐步成为了林业产业中最具活力和最有希望的替代产业和新兴的主导产业，被誉为正在崛起的“朝阳产业”。

二、森林公园建设和森林旅游在促进农村建设中取得的成就

我国森林公园多数是在国有林场的基础上建立发展起来的，超过95%的森林公园处在农区、山区、林区，有近50%的森林公园处在贫困地区和生态脆弱地区，森林公园建设和森林旅游产业发展与我国农村建设与发展息息相关。据初步统计，我国森林公园建设和森林旅游产业发展20多年来，已经使2 700个乡、12 000个村、近2 000万农民受益，带动森林公园周边4 654个村脱贫，直接吸纳农业人口就业数量近50万个。建立森林公园，发展森林旅游产业，不仅有效保护了这些地区的自然资源和生态环境，而且走出了一条不以消耗森林资源和破坏生态环境为代价，又能促进地方经济、社会、生态三大效益良性循环发展的道路。其对农村建设与发展的促进作用是全方位的，主要表现在：

（一）促进了农村产业结构合理调整，推动了地方经济快速发展

森林旅游业是一个辐射力强、带动面广的行业，涉及了农业、林业、能源、交通、制造、商业、宾馆、餐饮、信息等15个门类40多个行业。随着森林公园的建立，森林旅游产业蓬勃兴起，围绕着森林旅游“吃、住、行、游、购、娱”六要素的相关产业全面发展，不仅扭转了林区以木材生产为中心的单一产业模式，而且改变了周边农村农民以农作物种植、牲畜饲养为主的传统产业模式，越来越多的农民脱离了原有生产经营模式，从农业生产中解放出来，投身到与旅游相关的餐饮、住宿、服务等第三产业之中。张家界国家森林公园的袁家村和张家界村，过去是一个典型的“生产靠自救、吃粮靠返销、花钱靠补助”的贫困村，农村经济结构单一，经济总量过低，通过森林公园开发建设和森林旅游产业的不断发展，运输业、旅店业、商业、服务业等第三产业快速发展，成为新的经济增长点。同时，旅游人数的大量增加，生猪、畜禽、水产品、素菜等家产品的市场需求日益加大，拉动了农副产品、土特产品的销售，促进了种植业和养殖业的发展。目前，从事旅游接待服务的人数占全村劳动力的85%，村集体经济由1982年的43万元上升到1 414万元，增长33倍。山东腊山国家森林公园脚下的卧牛村，全村70%以上的农村人口从以前的农业生产转向从事饮食、摄影、手工艺品加工、小商品经营、旅游客运等旅游服务业中，从以前几乎年年要国家救济，到目前人均收入达到近6 000元，比公园开发前的1994年人均514元，提高了10多倍。云南磨盘山国家森林公园，自开发旅游以来，当地土特产品黏玉米、绿色大米、土鸡、土鸡蛋、大鹅、烤羊肉、风味汤锅等很受游客欢迎，附近村民在公园内摆摊设点，销售自产农产品，一天就有一两百元的收入，价格比拉到城里还高。

同时，森林旅游产业具有关联度高、易实现“一业兴而百业旺”的特征，极大地推动了地方经济的全面发展。据世界旅游组织测算，旅游业每直接收入1元，能带动相关产业收入达8元钱。2005年，全国森林公园的以门票为主的直接旅游收入近84亿元，社会综合收入近800亿元，对地方的财政贡献达34亿元，全国已涌现出一批年旅游收入上千万、超亿元的森林公园，成为带动当地旅游业发展和经济发展的龙头。浙江千岛湖国家森林公园2005年接待中外游客150万人次，旅游总收入15亿元，其中门票收入1.12亿元，旅游总收入对全县GDP贡献率达20%，已成为淳安县的支柱产业。河北木兰围场国家森林公园，通过森林旅游每年拉动消费需求达8 000多万元，向社会提供就业岗位6 000多个，创社会综合性旅游效益近4亿元，地方旅游税收4 000余万元。陕西太白山国家森林公园所在的汤峪口镇通过森林旅游产业发展的收入达亿元以上，由过去“有女不嫁汤峪口”的穷乡僻壤成为了“全国百强镇”之一，公园周边的两个行政村，村民几乎家家户户都从事旅游活动，人均年收入由1988年的400元上升到4 000多元，家家盖起小洋楼，一跃成为陕西省小康示范村，极大地推动了当地经济的快速发展和周边农民的脱贫致富。

（二）增加了农民就业机会，提高了农民收入，带动了农民脱贫致富

据世界旅游组织测算，旅游直接就业1人带动间接就业4.3人，旅游业每投资1万元，就可创造1个就业机会。而我国森林旅游业劳动密集型特征较为明显，带动就业人数相比更为显著，并且森林旅游业就业门槛较低、包容性强，农民“不离乡、不离土”就能找到合适的工作，就地消化了农村剩余劳动力。据统计，全国森林公园直接吸纳农业人口就业达49.2万人，其中管理人员42 035人、经营人员98 565人，服务人员339 613人，导游人员9 767人。间接提供就业机会超过300万个，使近2 000万农民从森林公园建设和森林旅游业发展中受益。森林公园周边的农村地区，不但“地照种、庄稼照长、粮食照收”，更多的农民通过从事森林旅游服务业、通过发展“住农家屋、吃农家饭、干农家活、赏农家景、品农家味”的农家乐等旅游活动，增加了收入、拓宽了致富门路，逐步实现了“生产发展、生活宽裕”。新疆2005年农牧民依托森林公园良好的资源优势，在公园内搭建具有民族风格的旅游帐篷3 000余顶，积极开展“牧家乐”，实现旅游收入3 000余万元，仅此一项全区牧民旅游年均增收约30元。湖南花岩溪国家森林公园内的有3 700名村民，以前主要收入靠竹木生产和外出务工，人均纯收入仅为1 600元，开发森林旅游后，有720多名农民从事农家旅馆、酒店、导游、食品和旅游商品经营业等，还有不少农民从事与旅游有关的种养业、加工业，农民人均纯收入达到4 000元。山东莱芜华山国家森林公园1998年建园以来，为周边村民提供直接就业岗位2 000个，其中管理人员100人，经营人员1 600人，服务人员280人，导游人员20人。间接转移农村劳动力3万余人，借助森林公园旅游业的快速发展，村民把自家的柴鸡、蛋、苹果、山楂、核桃等农事产品出售给游客，近200家农户办起了“农家乐”，原来赋闲在家的妇女则制作绣花鞋垫、刺绣等手工艺品卖给游客，户均年经济收入超万元。河北雾灵山周边的7个村，每年从事森林旅游服务业的人数占农村总人口的50%，许多外出打工的年轻人纷纷回来开办农家院、投资度假村，森林旅游成为当地农民脱贫致富奔小康的主要收入来源。

（三）解放了思想、转变了观念，实现了农村的对外开放，促进了农村物质文明、精神文明和生态文明建设

全国森林公园每年接待海内外旅游者近1.8亿人次，社会综合效益近800亿元，社会每年投资森林公园建设资金达70多亿元，这在不断改善森林公园周边农村地区基础设施、投资环境的基础上，更给农村带来了城市文明，带来了人流、物流、资金流、信息流、技术流等，使当地农民增强了与外界的交流，更新了观念，拓展了视野，增长了见识，拓宽了知识面，这种无形的变化对改变农村面貌，促进城乡协调发展和农村经济发展的作用是不可估量的。一是农民的生态保护意识显著增强。农民意识到山川秀美是一笔巨大的财富，农民有了热爱家园的自豪感，自觉珍惜资源、保护环境，变被动保护为主动保护，爱绿、护绿、兴绿成为新风尚。贵州玉舍国家森林公园未建立前，周围农户对森林的盗伐现象非常严重，经常引发社会治安问题，随着公园的建立和森林旅游业的快速发展，在公园的统一规划和引导下，组织农民成立“观光马队”，农民逐渐开始从事一些旅游经营活动，旅游旺季，农民每天的收入能超过100元，慢慢地，没有人再去偷树砍树，偷树人“改行”做了牵马人，偷砍者如今都成了护林人。二是开放意识、市场意识不断增强。长期以来农村“种田为吃饭、养猪为过年、养鸡为油盐”的小农意识、封闭状态，在与游客、外界的不断交流、交往、接触过程中得到转变。河北五岳寨国家森林公园的草房子村，过去全村没有一个经商做买卖的，公园开发后，当地农民有投资餐饮业的，有开办家庭旅馆饭店的，有在公园做保洁员的，有生产销售核桃、板栗、苹果等土特产品的，更有的农民把土特产品带出大山，成立公司，打造自己的品牌，改变了祖祖辈辈“脸朝黄土背朝天”的生活方式。三是文化意识不断提高。森林公园建设和森林旅游开发在带给农村农民物质财富的同时，也对他们的从业素质提出了新的要求。学文化、学技术、及时掌握信息、捕捉信息成为农民的自觉行动，许多农民学起了普通话、外语和电脑，从业、就业观念逐步改变，森林公园建设

得好的地方，农民子女入学率也明显提高，这大大提高了农民的综合素质。张家界国家森林公园90%以上的村民都能说流利的普通话，还能说简单的英语、韩语、日语等。

（四）改变了农村村容村貌，丰富了农村文化生活，推动了乡风文明建设

一是随着森林公园的开发建设，公园基础设施建设不断加强，极大地改善了周边乡村的路、水、电、通信等条件，同时，森林公园开发带动起来的以“农家乐”为主的乡村旅游使得农民自觉修路、改水、改电、改厨、改厕，也吸引了大量社会资金投入农村的房屋改造和道路、卫生、环境等基础设施建设，有力促进了农村生产生活条件的改善和提高。如陕西玉华宫国家森林公园，联合村民硬化了进入公园的主干道10多千米，修建了供排水管网，架设了电视线路，建成移动、联通基站4个，使原来散聚的村民按照统一规划进行了集体搬迁，住进了新建的楼房，吃上了干净卫生的自来水，村容村貌焕然一新。二是森林旅游产业的蓬勃发展，增加了农民收入，农民有了钱首先是造房子，这使得农村的居住条件明显改善，特别是在地方政府的规划引导下，一批村容整洁、各具特色的旅游小镇、民族村寨、民俗文化村应运而生。重庆通过森林公园的开发建设，建成了一批以森林旅游为主的集镇，如以仙女山国家森林公园为依托的仙女山镇、黄水国家森林公园建成的黄水镇，黑山森林公园建成的黑山镇等。有的还被评为“全国文明村镇”，如黑龙江北极村国家森林公园所在的北极村。三是通过发展森林旅游富裕起来的农民，文明程度不断提高，文明经营意识、环境卫生意识不断增强。陕西太白山森林公园周边的上王、潼关寨两个村随着森林旅游产业的发展，治安案件逐年下降，5年没有发生一起刑事案件，呈现出邻里和睦、扶幼助残的良好风气，荣获“全国调解工作先进村”。浙江普陀山森林公园在各村、各经营户中开展“五星级村户”、“五星级经营户”等评选活动，促进了村民、经营户的文明意识、卫生意识的提高。贵州尧人山森林公园开园之初，管理处与周边的村寨签订卫生“门前三包”责任状，开始有的农户不乐意，有的抵制不干，随着游人的增多，游客不愿去卫生条件差的农户家吃饭，衣着不整洁的人，游客不愿意和他们交谈。逐渐地，农民感受到不讲卫生就赚不到钱，衣着不整洁是一件不光彩的事，说粗话、脏话会被人指责。现如今，农民在与游客交谈中自觉说起了普通话，衣着也整洁了，村容村貌一天天在朝好的方面改变。四是森林旅游业发展促进了农村优秀传统文化、民族文化、民间艺术的开发利用，据不完全统计，全国森林公园每年举办的独具特色的各种节庆活动达500多个，一批森林公园被各级政府确定为爱国主义教育基地、精神文明教育基地，许多森林公园不断挖掘和丰富森林旅游文化内涵，推出一系列以生态教育和科普教育为主的生态旅游活动，既保留和发扬了优秀的传统文化，丰富了广大农民的业余生活，更是有力推动了各地精神文明和社会文化事业的发展。

三、我国森林公园建设和森林旅游产业发展的优势、潜力和存在的主要问题

（一）优势与潜力

一是我国具有丰富而独具特色的森林风景资源。中国山地面积占国土面积的69%，林地面积占29.8%，湿地面积占4%，这些区域不仅蕴藏着丰富的森林资源，绚丽的森林景观，更与高山峡谷冰川等地质地貌景观、瀑布温泉河流等水文景观以及我国5 000年来深厚的历史文化积淀有机结合，形成多样的森林风景资源，能够为森林公园建设和森林旅游产业发展提供巨大的发展空间，而当前我国森林公园规划面积仅占林业用地面积的6%，加快森林公园建设发展有很大潜力。二是在我国人均GDP达到1 000美元后，随着人们生活水平的提高和自由支配时间的增多，走进森林、回归自然的户外游憩正逐步成为我国进入小康社会后人们扩大精神文化消费的热点，同时这种需求越来越大，越来越迫切。据预测，到2020年，我国国内居民的出游率将达到311%，国内旅游人数达到45亿人次，按目前我国森林旅游人数占国内旅游人数的1/4～1/3计算，森林旅游的需求量将达到12亿～15亿人次。要满足人们日益增长的户外游憩的需求，不断扩大对社会公众开放的森林空间，就要求我们必须加快森林公园建设步伐，加强森林公园建设力

度。三是森林旅游产业发展潜力巨大。旅游业是当今世界发展速度最快、发展势头最强劲的产业之一。现代旅游的发展趋势，是以森林旅游为主体的生态旅游越来越受到世界各国的重视。据国家旅游局预测，到2020年，我国旅游业总收入将超过3.3万亿元人民币，其中国内旅游收2.25万亿元，旅游外汇收入1 750亿美元，相当于国内生产总值的8%，成为国民经济中的支柱产业。森林旅游产业仅按旅游业的1/4计算，森林旅游产业规模将达8 200亿元人民币。我国森林旅游产业有着十分巨大的市场潜力和广阔的发展前景。

（二）存在的主要问题

一是森林公园建设和森林旅游发展的目标定位不明确，其作为国有林场多种经营项目建设管理的格局长期没有得到根本改变，建设方向和目标任务长期处于模糊状态，严重影响了这项事业的健康发展，也使得其在新农村建设中的地位和作用没有得到行业应有的重视。二是森林公园长期以来一直缺乏稳定的投资渠道和国家资金的扶持与引导，一方面，使得森林公园基础设施、自然教育、科普宣传等公益性设施建设十分薄弱，另一方面，也大大降低了森林公园对外招商引资能力和自我发展能力，致使森林旅游产业规模化、产业化、社会化程度低，小（规模小）、散（分布散）、弱（竞争实力弱）、少（精品、新产品少）、低（知名度低）、差（管理、服务质量差）的现象普遍存在，明显滞后于快速增长的森林旅游市场的需要，丰富的资源优势还不能转化为强大的经济优势，已严重制约着森林公园的建设发展及其巨大经济潜力的发挥，也使得森林公园在促进新农村建设中的潜力还不能尽快发挥出来。三是我国森林公园建设事业缺乏应有的法律地位和法律保障。1994年出台的《森林公园管理办法》只是一部行业性法规，对外约束力差，已不适应当前形势发展的需要，同时，国家对森林风景资源保护和合理利用的法律法规十分欠缺，致使在对珍贵资源的保护和开发利用上，有关部门（如建设、旅游、环保、国土资源等部门）与林业部门争地盘、争职能、争利益，在同一区域范围内，各自为战，机构重叠、多头管理、决策分散、扯皮不断，严重削弱了森林公园应有的管理权、经营权和受益权，珍贵的资源难以发挥出最佳效益。四是人才严重缺乏，经营管理水平低下。目前，我国从事森林公园建设、旅游开发、经营管理的人员，以前大多是从事林业生产管理的人员，对新行业缺乏必要的基础知识和专业技能，需要有一个从“刨坑种树”到旅游开发、服务、管理的转变过程。许多森林公园的管理人员尤其是西部地区，在思想观念、发展思路、管理方式、经营手段等方面仍停留在计划经济时代，对森林风景资源的价值认识不足，景区景点建设粗糙，经营管理粗放，对森林旅游市场培育、开发、宣传促销的意识不强，服务水平低下，导游人员生态知识贫乏，致使丰富的森林旅游资源难以充分发挥出应有的效益。

四、对策建议

加快森林公园建设和森林旅游产业发展为促进社会主义新农村建设提供了一条可行的途径，应该成为林业服务新农村建设一种有效办法。为此，建议如下：

（一）提高认识，明确定位

从根本上改变将森林公园建设和森林旅游产业发展仅仅作为林业多种经营附属产业的地位，充分认识到森林公园开发建设在“兴林”、“富民”中的突出作用，真正将其纳入现代林业建设的总体目标和林业在新农村建设中的总体部署加以推进。

（二）进一步加快森林公园建设发展步伐

提高我国以森林景观游憩利用为主的森林比重，扩大为公众开展户外游憩活动服务的森林空间，进一步带动乡村旅游和以森林公园为依托的“农家乐”、“林家乐”等旅游活动的发展。选择一批典型森林公园，探索森林公园在兴林富民、促进新农村建设中的经验，建立一批森林旅游示范村，积极推广其发展模式，发挥森林公园建设在促进新农村建设中应有的作用。

（三）加大投资力度

一方面，要建立起国家对森林公园基础设施、公益性设施建设及自然、文化景观保护的投入机制，提高森林公园建设水平、对外招商引资能力和自我发展能力，使资源优势尽快转化为产业优势和经济优势，使更多农民享受到发展旅游业带来的实惠。另一方面，要进一步放宽政策，鼓励各类经济实体投资森林旅游开发建设，扩大招商引资，提升产业规模，改善服务质量，全面提高森林旅游产业的整体效益水平，整体促进新农村建设。

（四）推进法制建设，加大行业监管力度

继续推进对森林公园建设保护的地方性法规建设，同时积极推进国家立法，尽快出台《森林公园管理条例》，使森林公园和森林旅游工作纳入法制化轨道，做到依法保护、依法建设、依法管理、依法经营，保障森林公园建设和森林旅游业持续快速健康发展。

（五）加大宣传，积极培育森林旅游市场

以市场为导向，国家、地方及森林旅游企业紧密结合，利用各种媒体，多途径、多层次宣传森林旅游知识和旅游信息，增强对外促销的整体合力，发挥整体优势，塑造森林公园良好的整体形象，扩大社会影响，提高知名度，培育出良好的森林旅游市场，实现兴旅富农。

（六）加强人才培养与培训，建设一支高素质的队伍

加快培养各类专业人才，重点把农村从事森林旅游业的人员纳入森林公园培训计划，提高农民的就业知识、技能和就业机会，尽快提高业务水平和服务质量，促进森林公园与森林旅游事业上水平、上档次、上台阶，更好地为新农村建设服务。

（国家林业局森林公园管理办公室）

关于林业在应对气候变暖中的作用

高度重视发挥林业在应对气候变暖中的重大作用

全球气候变暖已成为全球关注的重大问题，对我国经济社会也必将产生重大影响，事关我国科学发展和国际政治交往。应对这一战略性问题，党和国家高度重视，做出了科学决策，积极采取措施，减少化石燃料排放的温室气体，建设环境友好型和资源节约型社会，这是十分必要的。但是，由于我国处于经济高速增长的发展阶段，温室气体排放总量不断增长是不可避免的。发展林业，增加生物固碳，可以为减排发挥极其重要的作用，而且具有成本低、潜力大、可持续等特点，国家应当给予高度重视。

一、各国采取积极措施应对气候变暖

气候变化将严重损害经济发展。最近，英国政府气候变化与发展顾问尼古拉斯·斯特恩发布了一份有关“气候变化经济学”《报告》指出，到2035年大气温室气体浓度将达到工业化前的2倍，全球平均气温将上升2～5℃，这将给人类社会带来严重灾难，导致海平面上升，2亿人被迫背井离乡而成为“气象难民”，15%～40%的物种面临灭绝，并导致巨大经济损失，气候变化的不利影响将相当于20世纪上半叶的经济大萧条和两次世界大战损失的总和①。

各国积极开展化石燃料减排，但执行难度大。为了应对气候变暖，根据《京都议定书》的要求，各国都在采取措施减排。英国政府成立碳基金，鼓励商业和公共部门开发和应用低碳技术，并实行温

① 《斯特恩评估报告》预测到2035年，由于气候变化引起的损失将相当于20世纪上半叶的经济大萧条和两次世界大战损失的总和。关于经济大萧条时期经济损失。从1929年一直到1934年，美国GDP呈下降趋势，从3 147亿美元，下降到2 394亿美元，5年间下降了24%；在1929年9月至1932年6月期间，股市暴跌85%；大萧条带来了大量失业。1929～1933年，失业率从3%上升至25%；20世纪30年代美国经济大萧条直接经济损失4 000多亿美元。（北京大学中国经济研究中心宏观组）；第一次世界大战参战国经济损失2 700亿美元（《国防科技参考》2002. 第7期）；第二次世界大战参战国物质总损失达到4万亿美元（《第二次世界大战简史》）。

室气体排放贸易制度。意大利通过强化环保方面有关法律制度，提高能源、工业等领域的能源利用效率，鼓励低排放技术和可再生能源的开发。加拿大除了立足国内，还将从海外购买减排额度。但是，由于国民经济增长和增加就业的需要，各国化石燃料减排难度大。2004 年，《京都议定书》附件一列出的国家，其 CO_2 排放量不减反增，比 1990 增长 11%。美国之所以不签署《京都议定书》，是因为美国要完成 2012 年的温室气体排放量比 1990 年减少 7% 指标，会给本国造成 4 000 亿美元的经济损失，减少 490 万个就业岗位。

许多国家采取生物固碳减排。根据《京都议定书》的规定，通过造林、再造林项目等生物固碳，是完成减排任务的两大途径之一。日本高度重视林业碳汇，承诺二氧化碳等温室气体排放量与 1990 年相比应削减 6%，其中 3.9% 要采取“森林经营活动”和“植被恢复活动”两个方面的措施来完成。越来越多的意大利人在哥斯达黎加和意大利北部的森林区购买林地，发展林业，应对日益恶化的全球温室效应。林业活动已经成为各国致力温室气体减排增汇最经济、最有效的措施之一。

二、面对我国排放 CO_2 的严峻形势，应当高度重视森林固碳的重大作用

我国温室气体排放的情况受到国际社会广泛关注。国际能源署的资料表明，2002 年中国二氧化碳排放量占全球总量的 13%，是世界上二氧化碳排放量第二大国。据专家估算①，从 2000 年到 2020 年，预计我国二氧化碳排放年均净增 1.5 亿 ~3 亿吨，年增长率是 2.5% ~5.1%。最近在英国召开的关于全球气候变化国际研讨会上，美国等发达国家强烈要求中国、印度、巴西等发展中国家承担减排义务。

采取技术措施减少工业排放，我国与发展中国家一样面临经济社会问题。为了应对气候变暖，我国制定了“十一五”期间污染气体排放减少 10% 的目标，积极采取技术手段，对高能耗、高污染的企业进行技术改造，减少化石能源温室气体排放量，投入大、成本高，还将影响经济发展。据测算，如果将煤的使用比重降低 1%，CO_2 的排放量将减少 0.74%，GDP 下降 0.64%，居民福利降低 0.60%，同时，还将减少 470 多万个就业岗位，必然引发一系列社会问题。从国内实际减排执行情况来看，我国 2005、2006 年均没有实现国家减排目标，可见仅仅依靠工业减排，难度很大。

充分发挥我国生物固碳潜力。我国森林面积 1.73 亿公顷，中幼林面积占 67.85%，正处在旺盛生长期，具有较强的碳吸收能力和发展潜力。通过造林、森林经营及保护、湿地保护及荒漠化防治等工程，可以充分挖掘林业减排增汇潜力。林业碳汇项目成本较其他工业减排项目都低，造林固定 1 吨 CO_2 的价格约 2.8 ~5 美元②。因此，应把包括林业在内的生物固碳措施放在我国应对气候变暖对策中极其重要的位置。

三、林业在应对气候变暖中具有不可替代的重大作用

森林和湿地是陆地生态系统中重要的碳循环系统，森林和湿地的保护或破坏均会对大气中二氧化碳浓度产生巨大影响，从而影响全球气候变化。林业既可以实现减排增汇效果，又可提供丰富的林产品和生态服务。

森林、湿地生态系统是全球重要的碳库。森林和湿地是陆地生态系统的主体，是陆地生态系统中最大的碳贮库。据联合国政府间气候变化专门委员会资料，全球陆地生态系统中约储存了 2.48 万亿吨碳，其中，1.15 万亿吨储存在森林生态系统中。湿地面积仅占地球 3% ~6% 的陆地和淡水面积，却吸收了全世界 25% ~35% 的二氧化碳。

森林是大气二氧化碳重要的碳汇。森林是气候调节器，是控制地球变暖的重要缓冲器。《联合国气候变化框架公约》将碳“汇”定义为从大气中清除二氧化碳的过程、活动或机制；林业碳汇是指森林吸收、汇聚和储存二氧化碳的能力和过程，这是《京都议定书》确定的两类减排措施之一。森林

① 《应对气候变化　发展循环经济迫在眉睫》2007 年 2 月 13 日 中财网。

② 计算公式：全国平均单位面积造林成本/成熟林单位面积蓄积/1.83（蓄积和二氧化碳折算系数）。

每生长出1立方米木材，约吸收1.83吨的二氧化碳，释放1.62吨氧气；在陆地植被年净吸收二氧化碳中，森林约占80%。

我国森林和湿地为减少温室气体排放做出了重要贡献。据资料显示，第六次森林资源清查期间（1998～2003年），我国年均净增长活立木蓄积量4.97亿立方米，年净吸收9.68亿吨二氧化碳，是同期我国工业排放二氧化碳年均增长的3～4倍以上。可见森林对于吸收二氧化碳具有极为重要的作用，为缓解气候变暖做出了积极贡献。林业活动是温室气体减排增汇最经济和最有效的措施之一。

四、我国林业在应对气候变暖中具有巨大潜力

由于我国人口压力大和一些不科学的生产方式，造成我国陆地生态系统的碳贮量目前处于一种低水平状态。我国森林植被的现有碳贮量只有潜在贮量的44.3%，我国森林和湿地生态系统的碳贮存潜力很大。

（一）扩大造林面积，增加森林碳库容量

全国现有无林地面积0.57亿公顷，荒漠化土地总面积2.64亿公顷，沙化土地总面积1.74亿公顷。若将无林地全部绿化，30%的荒漠化土地、沙化土地营造成灌木林，按照5年平茬一次，灌木林平均生物量17.8吨/公顷计算，新增造林地年均约可净生长6.7亿吨生物量，年可吸收12.26亿吨二氧化碳。

（二）改善森林经营，增强森林碳吸收能力

目前，我国林分单位面积的蓄积量为84立方米/公顷，年生长量近24立方米/公顷，不及日本水平的1/2，不及发达国家的1/3～1/4。通过加大技术和资金投入，加强森林经营、管理，使林分单位面积生长量由3.6立方米/公顷，上升到7.5立方米/公顷，使森林年生长量再增加约5立方米，年可增加10.86亿吨固碳能力。

（三）成过熟林采伐迹地更新造林，可以拓展森林的碳库容量

成、过熟林基本生长趋于平缓。合理采伐成、过熟林，一方面，90%的林木仍以实物形态长期贮存碳；另一方面，采伐地更新造林，可以为森林碳汇提供新的空间。第六次森林资源清查期间，年均采伐消耗量36 538.13万立方米，折合新增243.59万公顷采伐迹地，再造林又可以增加新的碳汇9.74亿吨。年均增长可固定0.57亿吨二氧化碳①。

（四）加强湿地恢复与管理，可以增加湿地的贮碳量

我国首次进行的全国性湿地调查结果显示，全国现有湿地3 848.55万公顷（不包括水稻田湿地），目前全国仅有近40%的自然湿地纳入保护区。若按湿地保护规划，实行“退耕还湖”等措施，恢复被开垦的0.1亿公顷湿地面积30%计算，约可增加固定28.16亿吨二氧化碳②，按持续100年计算，年均增长固碳能力可达0.28亿吨二氧化碳。

（五）替代不可再生的原材料，可以大量减排

通过使用可再生的林木产品，替代化石能源密集型的钢材、水泥和塑料等原材料，减少二氧化碳排放。2005年仅钢材和水泥生产过程中释放二氧化碳约11亿吨③。

据初步估算，我国林业每年可减排和吸收二氧化碳当量的潜力为30亿吨以上，并具有可持续性。若能开发林业碳减排和吸收潜力的50%，年均可增加减排15亿吨以上的二氧化碳当量，相当于我国目前碳排放年均增长的4倍以上。可见，发展林业可以有效减轻我国面临的温室气体减排压力，为加快我国的工业化进程、经济发展争取空间和时间，又能够保持国土生态安全，提供更多的生态产品和物质产品，提高人民生活质量，推进社会主义新农村建设。

---

① 折合皆伐面积［3.65亿立方米/150（立方米/公顷）］＊林分单位面积年均生长量（3.55立方米/公顷）＊转化生物量系数（1.062）＊转化碳系数＊转化二氧化碳系数（11/3）＝0.17（亿吨）；年均采伐竹材根数（10亿根）＊生物量系数（0.01吨/根）＊转化碳系数＊转化二氧化碳系数（11/3）＝0.40亿吨。

② 恢复湿地面积（0.1＊0.3亿公顷）＊湿地单位增碳量［湿地碳密度（343吨/公顷）－耕地碳密度（87吨/公顷）］＊转化二氧化碳系数（11/3）＝28.16亿吨

③ 最先进的钢铁厂每生产1吨钢要排放出1.7吨左右的二氧化碳；生产1吨水泥大约要排放0.1～0.7吨二氧化碳。2005年，钢产量为3.5亿吨，水泥产量10.6亿吨。

五、加快林业发展，积极应对气候变暖

林业在应对气候变暖中具有不可替代的作用。国家应当按照科学发展观的要求，把林业固碳摆上应有的位置，纳入国家应对气候变化战略和行动框架，一手抓工业减排，一手抓生物固碳，充分发挥林业碳吸收的巨大潜力，有效减轻我国所面临的温室气体减排压力，为我国的工业化进程和经济发展争取空间和时间，为应对气候变暖做出应有的贡献。

（一）增加资金和科技投入，加快林业发展步伐

国家应当加大资金投入、科技投入和政策扶持，促进林业又好又快的发展。一是进一步扩大植树造林面积。目前我国森林覆盖率仅为 18.21%，不到世界平均水平的2/3。还有 17 亿亩林业用地亟待恢复森林植被，大量可利用的沙化土地需要加快植树造林。二是进一步提高森林质量。目前，我国林分每公顷蓄积量仅为 84 立方米，不及林业发达国家的 1/3～1/4，林分生产力低。亟待提高林分质量和林地生产力。三是强化森林和湿地资源保护。目前，我国湿地面积3 848.55万公顷，仅有 40% 得到保护，森林破坏、湿地萎缩的趋势没有得到遏制。亟待强化保护措施。

（二）完善政策，探索建立国内碳汇交易机制

国家应当将发展林业作为应对气候变暖的重要措施纳入国家总体战略中。重视碳汇林业发展，实行造林补贴政策。完善税收政策，吸引社会资金投资造林。完善生态公益林的生态补偿制度，落实森林分类经营改革。

要充分利用《京都议定书》形成的经济机制，完善“谁排放，谁负担”、“谁减排，谁受益”的制度，建立国内碳汇交易机制。采取经济手段减排，促进排放大户企业投资发展林业。

（三）加强领导，强化林业机构建设

林业是陆地生态系统建设主体部门。发展林业，保护管理森林和湿地资源，增加森林生态系统固碳能力，是一项公益性突出的事业，不可能完全依靠市场机制来实现。国家应当按照落实科学发展观的要求，加强对林业工作的领导。当前，亟待强化中央林业行政管理机构建设，增强林业公共服务、宏观调控的政府职能，保障林业可持续发展，充分发挥林业在应对气候变暖中的独特作用。

（四）加大宣传力度，动员全社会参与林业碳汇行动

气候变暖对全人类都会带来重大影响。因此，全球每个人都有责任和义务采取行动，应对气候变暖。发展林业是一项易于被群众掌握、成本低、见效快的生产活动。但是，由于人们对林业减少二氧化碳排放、减缓气候变暖的功能认识不足，保护发展森林和湿地资源，还没有成为我国公民的自觉行动。政府应当加大对林业增加碳汇的宣传力度，增强公众的生态意识，使社会各界关注林业在减缓气候变暖中的作用，广泛动员社会各方面力量投身林业建设，为减少二氧化碳排放，减缓气候变暖，共同建设绿色家园，做出积极的努力。

（国家林业局课题组）

第三篇
实 践 探 索

河　北

大力发展林业　促进社会主义新农村建设

建设社会主义新农村，是党中央统揽全局、着眼长远作出的重大决策，是今后一个时期全党和全社会的一项中心工作。林业作为一项重要的公益事业和基础产业，在社会主义新农村建设中责任重大，大有可为。

一、建设社会主义新农村对林业发展提出新的要求

林业具有生态和产业两种内在属性，社会主义新农村建设提出的“生产发展、生活宽裕、乡风文明、村容整洁、管理民主”，林业都可以做出贡献。发展林业是建设社会主义新农村重要的内容和途径。

（一）发展林业是农村生产发展的重要内容

生产发展是社会主义新农村建设的首要目标，林业是大农业的组成部分，夯实新农村的产业基础，促进“生产发展”，需要发展林业。一是拓展了农村经济的发展空间。林业是农村经济的重要组成部分，林业的主战场在农村，林业的主力军是农民，发展林业使林地这一非耕地资源充分利用，农村经济的发展空间得到拓展。二是改善了农村生产环境。森林具有调节气候、涵养水源、保持水土、防风固沙等功能，在改善农村生产环境等方面发挥着独特效能。森林覆盖率每增长1个百分点，年降水量可增加7.8毫米。在半干旱和半湿润地区，农田防护林可使作物增产10%～30%，在湿润地区可增产5%～10%，林网内的牧草可增产80%～100%。三是增加了农产品的市场供给。通过大力发展木本粮油、果品、食用菌类、山野菜等各种替代粮食，极大地丰富人们的米袋子、菜篮子、果盘子，减轻了农产品的供给压力。

（二）发展林业是农村生活宽裕的重要途径

林业在促进农民增收方面发挥着独特的作用。帮助农民广拓致富门路，促进“生活宽裕”，需要发展林业。一方面，林业生态建设的钱粮补贴已成为工程区内农民增收的重要组成部分。例如，京津风沙源区6县退耕还林兑现粮食折款、种苗费和生活费补助总额，分别占农业增加值和农民纯收入的30.2%和14.5%，其中尚义县分别占41.9%和26.6%，沽源县分别占38.3%和20.2%，张北县分别占23.9%和13.9%。另一方面，林果经济是农民增收的重要来源。近年来，林果业越来越表现出较强的比较优势和竞争优势，成为河北省农业经济发展新的增长点。据统计，全省林果产业年产值达450亿元，果品集中产区农民人均果品业收入达1 500元，果品业已成为农村经济发展的三大主导产业之一，成为一些地方县域经济的支柱产业和农民增收的重要途径，全省靠林果业及其相关产业致富奔小康的人口约占农业总人口的1/5。辛集市农民从果品业获得的收入占人均收入的27%；怀来县种植葡萄实现利税9 000多万元，占全县财政收入的60%。另外，林板（纸）业、桑蚕业等传统林业产业和花卉业、种苗业、森林旅游等新兴林业产业的不断发展，已成为推动农村经济发展新的增长点。

（三）发展林业是推动农村管理民主的重要手段

林地和林木的所有权、经营权、处置权和收益权，是广大农民群众在从事林业生产过程中

最关心、最直接、最现实的利益问题，由农民自己管理好和经营好这一重要的生产资料，不仅能落实农民各项合法权益，还能提高农民群众的法律意识、民主意识和参政议政能力。集体林权制度改革是集体林区经济社会发展的一项重大变革，随着这项改革在河北省19个县（市、区）试点推进，势必极大地促进广大农村和林区的民主管理进程。

（四）发展林业是农村生态文明的重要载体

良好的植被、优美的环境，是国家富强、民族繁荣、社会文明的前提和基础。乡村文明整洁，是农村社会发展向现代化迈进的显著标志，改善农村人居条件，建设自然优美的农村生态环境，促进“村容整洁”，需要发展林业。通过构筑农田林网、增加村庄和农户院落的林草覆盖，发展庭院林业，能使农民的家居环境、村庄环境、自然环境和谐优美，促进乡风文明和村容整洁，提高人们的修养，形成良好的生态道德意识，有助于农民改变传统的生活观念和生活方式，绿化美化村容村貌，促进农村生态文明，实现人与自然的和谐相处。

二、建设社会主义新农村为河北林业发展提供了平台

当前，河北省林业建设正处在攻坚阶段。一方面，全省生态基础薄弱。全省人均森林面积0.064公顷，人均活立木蓄积1.53立方米，分别为全国平均水平的48.33%和16.24%，均处于全国的较低层次。特别是全省亟待绿化的宜林荒山荒沙荒滩大都处在生态恶劣地区，新造林地增加与管护力量薄弱之间矛盾突出，生态状况仍然具有脆弱性、不确定性和反复性，与建设社会主义新农村所要求的生态目标有较大差距。另一方面，林业产业体系建设任务艰巨。林果业在全省农村经济三大主导产业中所占份额较少，仅占全省农业总产值的10%左右，在带动农民增收方面还不明显。因此，必须进一步加强林业建设，大力改善农村生态环境，保障农业综合生产力的不断提高，推动农村经济社会的全面、协调、持续、健康发展。

建设社会主义新农村为河北省林业发展提供了良好的平台，中央政策的大力支持，社会力量的广泛参与，有关部门的积极配合，绿色国民经济核算体系的构建，都为林业的快速发展提供了良好的机遇。一是有利于林地资源潜力的发挥。全省有林地面积6 512万亩，森林覆盖率23.25%，全省尚有宜林荒山荒地、亟待补植补造的人工未成林造林地、需要封育改造的疏林地和灌木林地5 700万亩，特别是河北省林业建设承担着京津冀2亿人口的生态需求，加快造林绿化步伐潜力巨大。二是有利于物种资源开发利用。全省有陆生脊椎动物530多种，约占全国的1/4，其中鸟类占全国的35%，兽类占全国的18%左右。全省有高等植物204科、940属、2 800多种，其中裸子植物、被子植物、蕨类植物分别占全国的70%、49.5%和40.4%。这些物种都有可能开发出一个大产业。三是扩大了社会对林业的多种需求。随着经济社会的快速发展，人们越来越追求绿色，崇尚自然。农村的林木产品、森林食品、森林旅游资源丰富、市场广大。通过发展林业，促进了农村生态环境的改善，增加了农民的收入，扩大了农村人口的就业，增加了县乡财政的收入。

三、大力发展林业促进社会主义新农村建设的思路对策

大力发展林业促进社会主义新农村建设，必须以科学的发展观为指导，紧紧围绕“生产发展、生活宽裕、乡风文明、村容整洁、管理民主”的目标，坚持造林绿化与资源保护并重，生态建设与林业产业同步发展，以改革开放为动力，以体制创新、机制创新、科技创新和管理创新为手段，以科技兴林和依法治林为支撑，进一步推进林业结构调整和造林绿化质量提高，确保林业在新农村建设中发挥重要的推动作用。

（一）加快造林绿化步伐，全面推进农村生态建设

一要紧紧围绕建设社会主义新农村这个核心，以绿化、美化和生态安全为切入点，认真实施好退耕还林工程、京津风沙源治理工程、平原绿化工程、通道绿化工程、城镇村绿化等林业重点工程，依托林业重点工程加快农村绿化步伐。二要继续大力发展社会造林，深入开展全民义务植树，进一步抓好部门、企业造林绿化，努力构建多主体、多层次、多形式的造林绿化格局。三要结合村片林改造、四旁隙地绿化、庭园绿化、山场绿化和农田林网建设，城乡联动建设绿色家园，整体推进河北省农村绿化进程，努力实现“村村通、村村绿、村村美、村村富”。

（二）大力发展林业产业，推动农村经济再上新台阶

一是进一步调整优化果品区域布局，按照“做大做强梨、枣、板栗等优势骨干树种，巩固提高苹果、桃、葡萄等传统优势树种，加快发展仁用杏、核桃、柿子等区域特色树种”的要求，扩大产业规模，推进果品标准化生产，发展果品加工企业，加强果品出口创汇基地建设，实现果品生产的提质增效。二是推进林板（纸）产业整体升级，抓好速生丰产林基地、企业贴息贷款等重点项目，加快林板（纸）产品结构调整步伐，促进人造板由单板型产品为主向单板和非单板型并重转变，速生丰产用材林由规模扩张向集约化、规模化同步转变。三是依托优质果品和特色花木发展观光农业，建设集观光、旅游、休闲、度假为一体的高效复合型林业产业模式，与花卉、林木种苗、森林旅游、野生动植物养殖、蚕桑等林业绿色产业互促互动，联合打造和培育新的林业经济增长点。

（三）深化林业改革，为新农村建设注入生机和活力

通过深化林业改革，建立林业经营合作机制、森林资源保护机制、林业社会化服务机制、森林资源流转机制等，激活农村发展活力，推动林区农村活起来、绿起来、富起来。全面抓好集体林权制度综合配套改革，进一步优化林业发展环境，加强内引外联，广泛吸引城市资本、工商资本、企业投资造林绿化，开发荒山资源。充分发挥政策和机制的推动作用，进一步落实好“谁绿化谁所有，谁投入谁受益，谁经营谁得利”和“树随地走，谁栽谁有”的政策，通过采取明晰产权、放活经营、减轻税费、综合配套、规范流转等政策措施，切实保障农民的知情权、参与权、决策权和监督权，激发农民群众参与集体事务管理的积极性，真正使广大林农耕者有其山、耕山有其责、务林有其利、致富有其道。（河北省林业局党组书记、局长　武国堂）

实施集体林权制度改革　促进林业又好又快发展

林权制度是林业建设与发展的核心和基础。推进集体林权制度改革，建立“产权归属明晰，经营主体到位，责权划分明确，利益保障落实，流转规范顺畅”的现代林业产权制度，既是省政府推进集体林业产权制度改革的明确要求，也是推进河北省林业又好又快发展的内在、持久的动力。

一、河北省集体林业产权制度现状和问题

改革开放以来，河北省各级政府和林业部门积极推进林业产权制度改革：一是在20世纪80年代，通过开展林业“三定”（稳定山权林权、确定林业生产责任制、划定自留山），把林业产权落实到了农村集体经济组织成员；二是在20世纪90年代中期后，以“四荒”拍卖为主要形

式，允许和鼓励农村集体经济组织成员或其他经营主体（主要是企业）购买“四荒”使用权，用于林业开发，在一定时期内增强了林业发展的活力，促进了资源总量的增长。但是，河北省尚有农村集体经济组织统一经营管理林地面积5 000万亩，占全省林业用地面积的50%；集体林林分平均蓄积量23.9立方米/公顷，为全国林分平均蓄积量的30.6%，集体林业效益比较低，长期徘徊于低位态势。由于过去历次改革没有解决好落实林业权属这一核心问题，致使集体林产权制度改革大大落后于同期河北省经济体制改革的整体步伐，林权主体缺位、经营主体错位、管理主体越位现象严重，责权利不统一、经营机制不灵活、利益分配不合理，集体林业经营管理粗放、后续投入乏力、产出水平较低。这些问题的存在，严重挫伤了各类林业经营主体的积极性，阻碍了资金流、科技流和人才流等各种生产要素向林业的聚集；限制了林业的发展与壮大，损害了林业长期良性发展的基础；束缚了农村劳动力潜能的释放，直接影响到农村经济发展和社会稳定。因此，只有进一步推进集体林业产权制度改革，建立经营主体多元化，权、责、利相统一的经营管理机制，才能调动全社会办林业的积极性，从根本上激活集体林业发展动力。

二、推进集体林权制度改革的有利条件和不利因素

（一）推进集体林权制度改革的有利条件

主要有四个方面：一是日臻完善的社会主义市场经济体制和公有制为主体、多种所有制经济共同发展的基本经济制度，为改革集体林权制度奠定了坚实的体制和制度基础；二是中央和省关于加快林业发展的有关决定明确指出要进一步完善林权制度，2006年中央1号文件要求“加快集体林权制度改革，促进林业健康发展”，河北省政府《关于进一步推进集体林权制度改革的意见》（冀政［2005］97号）对全省开展集体林权制度改革作出全面部署，在造林项目投资、森林生态效益补助、林木采伐管理、营林基础设施建设、育林基金征收五个方面制定了优惠政策，最大限度地让利于基层，让利于农民，为改革创造了良好的政策环境；三是福建、江西等省已经全面深入地开展了集体林权制度改革，并取得明显成效，为河北省改革工作提供了可资借鉴的模式和经验；四是开展集体林权制度改革，为林农提供了一个增收致富的新平台，符合广大林农的根本利益，必将得到广大林农的欢迎和支持。可以说，河北省集体林权制度改革的时机已经成熟。

（二）影响集体林权制度改革的不利因素

河北省集体林产权制度改革的基础条件与南方省份还存在一些差距，主要表现在：一是林业用地划定不清。在山区存在林业与畜牧争地的问题，平原地区林业用地与农业用地、水利用地、交通用地等成交叉状态。二是河北省地处暖温带，土壤条件差，年降雨量低，特别是山区速生林木品种少，林地单位面积产出量低，森林经营效益差，农民对林业生产依赖程度低。三是南方集体林区改革前林农负担很重，让利空间很大。河北省已经取消了林业生产的农业特产税，没有实行林价制度，县乡村也基本没有其他林业生产收费项目，能为林农让利的只剩下育林基金一项，让利空间很小。四是河北省森林资源总量少，当前林业生产总值占国民经济生产总值的比例较低，除平原经济林外，在短时间内不会迅速提高农民收入。这些不利因素必须在改革过程中重点加以解决。

三、对策和措施

根据上述情况分析，河北省的集体林业产权制度改革应注意以下几个问题：一是集体林业产权制度改革涉及多方面利益调整，关系到广大林农的生产生活和农村的稳定，必须先行抓好

试点，探索、总结经验和做法，以指导和推动全省集体林业产权制度改革工作向纵深发展；二是要进行相应的配套改革，包括林业税费改革、森林分类经营改革、林木采伐管理制度改革、林业行政管理体制改革等；三是要充分考虑当地的社会经济发展水平、自然条件、各级政府和农民群众的认知程度，稳步推进集体林产权制度改革；四是要积极稳妥地推进森林资源流转，努力实现集体林产权所有者和使用者利益的最大化，防止盲目推进产权流转造成产权主体的利益损失和集体财产损失。基于上述问题，河北省集体林业产权改革工作采取分步实施的办法，第一步，2006 年，在全省 19 个县（市、区）先行试点，探索方法，总结经验；第二步，2007 ~ 2008 年，全面开展并完成新一轮集体林业产权制度改革。具体采取以下措施：

（一）编制林地保护利用规划

根据本行政区域国民经济和生态环境建设需要确定林业发展目标，参照森林资源规划设计调查（二类调查）成果编制林地保护利用规划，落实林地；合理确认本行政区域林业用地面积的控制指标，合理确定生态公益林和商品林比重，确保全省生态公益林面积占有林地面积的 50% 以上；协调林地保护利用规划与土地利用总体规划、水土保持规划、流域防洪规划、城镇建设规划的关系，按规定程序履行审批手续，为依法保护和管理林地奠定基础。

（二）鼓励实现多种林业产权形式

落实和完善以家庭联产承包经营为主，多种经营形式并存的集体林经营体制。对目前仍由农村集体经济组织统一经营管理的有林地和宜林荒山荒地，一是能够分林分地到户的分林分地到户，实行家庭承包，叫“均山”；二是不能或者不宜分林分地到户，仍由农村集体经济组织统一经营的，保持农村集体经济组织所有权和使用权不变，把股权分到户，叫“均股”；三是森林、林木和林地通过流转以其他方式确定使用权的，把流转收益分配到户，叫“均利”；四是除未按照合同规定完成绿化任务的以外，“自留山”、“责任山”和林业“三定”后承包、租赁、购买的集体所有的宜林荒山荒地以及本次改革前已经明晰到个人或其他经营主体的集体所有的有林地，保持林木所有权和林地使用权稳定不变。同步做好林权证登记发放，使林业产权的多种实现形式以法律的形式固定下来。

（三）制定和落实各项优惠政策

一是纳入国家林业重点工程项目规划，优先安排造林投资计划，或由县（市、区）人民政府安排适当资金补助；二是完成造林绿化后，经营主体自愿按照生态公益林经营的，可根据有关标准和条件优先列入森林生态效益补助范围，享受森林生态效益资金补助；三是人工经济林、人工薪炭林采伐不纳入森林采伐限额和木材生产计划管理，商品用材林权利人有权自主确定林木的采伐年龄和采伐方式，所需采伐限额由县级以上林业主管部门给予保障；四是个人和其他经营主体，在所经营的林地内修筑直接为营林生产服务基础设施的，由林业主管部门审核批准；五是降低采伐销售木材的育林基金征收标准，扑救森林火灾、防洪抢险采伐林木，生产销售干鲜果品，免缴育林基金；增加县级育林基金的分成比例，用于恢复和扩大森林资源。

（四）完善流转体系，建立规范有序的森林、林木和林地使用权流转机制

积极鼓励和支持各种森林经营主体按照“自愿、平等、合法”的原则，依法进行森林、林木和林地使用权流转，森林、林木和林地使用权可以依法继承、抵押、入股或作为合资、合作造林、经营林木的出资或合作条件。农村集体经济组织的森林、林木和林地使用权流转，由本集体经济组织成员民主决策，进行森林资源资产评估，并经本集体经济组织认可后，依法签订

合同，报主管部门备案。尽快完善流转体系，规范林业产权依法有序流转，逐步探索组建林业产权市场，为有流转需求的各种主体搭建交易平台，提供政策咨询、林权变更登记、信息发布和资产评估等服务。

（五）切实加强对集体林权制度改革工作的领导

一是加强组织领导。及时成立由政府主要领导任组长的林业产权制度改革领导小组，负责改革试点工作全过程的组织协调，为改革提供坚强有力的组织保证。二是加大资金支持。按照“多予、少取”的要求，增加政府对集体林业产权制度改革的投入，最大限度地减轻农民负担，确保改革工作顺利进行。三是加强宣传动员。充分利用广播电视、报纸、专栏、明白纸等多种方式，广泛宣传改革的目的意义、相关的法律法规、改革的优惠政策，增强群众参与改革的主动性、积极性，为改革的顺利进行营造良好的舆论氛围。（河北省林业局）

加强农田林网建设　为新农村建设做出贡献

农田林网对改善农业生产条件、保护农田、建设社会主义新农村具有重要作用。近年来，河北省一些平原地区以科学发展观为指导，创造性地开展工作，农田林网建设取得一定成效。为进一步加强农田林网建设，按照宋恩华副省长指示，河北省林业局组织了 6 个调研组，分赴南部平原地区 9 市和承德、张家口坝上地区，进行了农田林网调研。通过实地考察、座谈，摸清了河北省农田林网建设现状，找出了存在问题，提出了对策建议。现将有关情况报告如下：

一、河北省农田林网建设现状

五十多年来，河北省农田林网建设大致经过了四个阶段：一是典型推进阶段。20 世纪 50 年代末至 60 年代末，河北省有的平原县开始有计划地营造农田林网，出现了一些先进典型，如唐海县（原唐山市的柏各庄农场）、深州市等。二是曲折发展阶段。70 年代后期至 80 年代初，农田林网建设进入由点到面，由局部到整体的全面发展阶段；进入 80 年代后，随着土地家庭联产承包责任制在广大农村的实施，一些地区的农田林网不同程度遭受破坏；1986 ~ 1993 年，河北省按照林业部的统一部署，在全省 94 个平原县（市、区）实施平原绿化达标活动，先后有 86 个县（市、区）达到了部颁平原绿化标准，荣获“全国平原绿化先进单位”奖牌和证书，全省农田林网实现了飞跃式发展，除少数县（市）外，整个平原地区的农田林网基本建成，全省平原区农田林网控制率达到 85% 以上。三是大滑坡阶段。1993 年 5 月，国务院授权农业部公布取消了平原绿化先进县达标活动。河北省和其他省份一样，由于没有及时拿出妥善解决农田林网胁地问题的办法，部分农民切身利益受损，已建成的农田林网不断遭到破坏，严重影响了农田林网的保存和发展，农田林网建设进入了大滑坡阶段。除望都等少数县农田林网保留较好外，多数地方农田林网不同程度被破坏，全省农田林网控制率下降到 40% 左右。衡水市到 20 世纪末，较完善的农田林网控制面积仅存 270 万亩，占耕地总面积的 31% 。四是重新恢复阶段。进入 21 世纪以来，各地普遍看到了农田林网破坏后给农业生产带来的严重损失，对农田林网的重要作用有了新的认识。随着退耕还林、通道绿化、三北防护林等工程的实施，一些地方开始结合本地特点，通过工程带动、机制创新、科技支撑、依法管护等措施，大规模地建设农田林网，涌现出了衡水市、廊坊市、望都县、邱县、清河县、栾城县等农田林网建设典型，全省农田林网控制面积大幅度增加，农田林网建设进入了重新恢复阶段。

近年来，衡水市及一些市县在农田林网建设方面进行了积极探索和大胆实践，他们的成功经验为全省的农田林网建设提供了有益的启示：一是政府重视是搞好农田林网建设的关键。农田林网建设是涉及千家万户农民的公益性农业基础建设，组织难度大，实施困难多，必须依靠政府的高度重视。望都县从70年代初期开始，各届领导班子都把农田林网建设列入重要工作，实行领导干部绿化目标责任制和办绿化点制度，县、乡、村层层签订目标责任状，县领导包乡，乡领导包村，村干部包路段，有力地推动了全县农田林网建设，二十多年来全县农田林网始终得以保存和发展，农田林网控制面积占耕地总面积的99.7%。二是机制创新是搞好农田林网建设的根本措施。只有创新机制，明晰产权，把农田林网和农民的切身利益结合在一起，才能真正从根本上激发广大群众建设农田林网的积极性。各地在农田林网建设中，结合本地实际，总结和推广了承包、拍卖、股份合作等多种有利于农田林网发展的新机制，充分激活了生产力，从根本上解决了制约农田林网建设的难题，成功走出了一条农田林网发展、生态优化、农民增收的农田林网建设“多赢”之路。衡水市在不违背国家法律政策的前提下，采用土地互调互换、经济补偿、农田林网承包优先、浇地用水优先、宅基地安置优先、享受国家政策优先（如：退耕还林、扶贫资金）等一系列合乎乡情、顺乎民意的灵活措施，解决了农田林网建设胁地等问题。三是项目启动是引导群众建设农田林网最有效的方法。近年来农田林网能够得到快速发展的一个重要原因，就是有效利用了退耕还林、通道绿化、三北防护林等项目资金作为农田林网建设启动资金。清河县自2001～2005年利用国家退耕还林等林业资金330万元，县财政投入资金330万元，使农田林网控制率达到了97.5%。四是科技和法制是农田林网建设必不可少的保障。建设高标准的农田林网离不开科技，巩固农田林网建设成果离不开依法治林。各地各级政府和林业部门在农田林网建设中，积极发挥林业技术人员的作用，充分依靠科技，大力推广先进实用造林技术，大大提高了农田林网建设质量。廊坊市采取集中培训、现场指导、技术承包、示范带动等办法，先后推广了ABT生根粉、地膜覆盖、保水剂、机械造林、高压真空射流、抗逆性树种应用等先进造林技术，农田林网林木成活率达到了95%以上；通过建设乡村护林队伍，制定护林公约，严厉打击毁林行为，有效巩固了农田林网建设成果。饶阳县里满乡几年来破获毁坏农田林网案件6起，判刑2人，拘留8人。

从河北省农田林网建设总体情况来看，经过了建设—破坏—再建设过程，全省农田林网从无到有，从农田林网基本建成到多数地方农田林网被毁，又经过近几年建设，农田林网控制面积大幅度增加。据统计，全省平原和坝上地区适宜建设农田林网的农田面积约7 200多万亩，现全省农田林网控制面积为3 900万亩，农田林网控制率达到54%。经过分析研究，我们认为全省农田林网总体现状是：一是从全省看，农田林网控制率仍然较低。据研究，农田林网控制率要达到85%以上，才能有效发挥农田林网的防护效能。河北省距此尚有很大差距，农田林网建设任务还很重，需要新增加农田林网控制面积2 200多万亩以上。二是从农田林网分布看，区域发展不平衡。以市为单位来看，衡水、廊坊两市农田林网建设标准高、规模大、速度快，走在了全省的前列。衡水市政府2005年初提出到2006年实现全市农田林网控制率达100%的目标，2005年依托退耕还林工程，大干一年，新建高标准农田林网300万亩，全市农田林网控制率提高了35个百分点。但多数市农田林网建设差距还很大，农田林网极不完善、不健全，且建设标准低，有的市农田林网控制率仅36%。三是从农田林网效能看，框架结构不平衡。通过我省近年实施大规模的绿色通道工程，以高速公路、国省县道、铁路、河渠绿化为主的农田林网骨架初步建成，基本实现了“有路有渠就有树”，且绿化带宽，多树种、多品种配置。但乡间、田间路绿化缓慢，多数还是光板路，网格面积大于400亩的较多，多为单行或两行树，农田林网整体防护功能较差。四是从农田林网质量看，树种林龄结构不合理。从树种结构看，目前已建成的平原地区农田林网主要以杨树为主，约占造林树种的95%以上；从林龄结构看，农田林网以近几年新造的中幼林为主，约占90%以上，20世纪八九十年代建造的农田林网除少数县外，已经非常少见。树种林龄结构的过度单一，既容易遭受森林病虫害的危害，也影响着农田林网结构的稳定。

二、制约河北省农田林网建设的主要因素

农田林网建设是平原造林绿化中难度最大的一项工作，从调研情况看，目前影响河北省农田林网建设的主要因素是：

（一）农田林网胁地问题得不到有效解决，严重影响了群众建设农田林网的积极性

除一些大的河、渠堤坝外，大多数农田林网依路傍渠，并紧靠农田。根据以往研究，农田林网是增收一大片，减产一条线，农田林网建设存在着个体受损与整体受益的矛盾，即：农田林网总体上对改善农田小气候，促进粮食的稳产、高产具有明显的作用，但对紧靠农田林网耕地上的农作物存在遮光问题，并与附近农作物争水、争肥，不利附近农作物生长，即造成农田林网胁地问题。因此，紧靠农田林网的农户多数不愿意建设农田林网，甚至可能阻止或破坏农田林网的建设。一些地方在实行土地家庭联产承包责任制或土地调整时，没有专门划定或留下一定的土地用作农田林网建设；多数地区虽然留有一定的土地用于田间道路和农田林网建设，但由于没有明显标记或管理力度不够，一些农民因农田林网胁地问题得不到合理补偿，便不断侵占田间道路和农田林网建设用地，致使田间道路越来越窄，农田林网用地变成耕地。农田林网胁地问题得不到合理补偿，严重影响了部分群众建设农田林网的积极性，阻碍了农田林网建设。

（二）投入不足，制约了农田林网的快速发展

农田林网建设需要修路、挖沟、购苗、栽植、管护，甚至还要对受损农户进行经济补偿，这些都需要国家或者地方政府先期投入一定的资金进行启动和扶持。但多年来，农田林网建设没有单独立项，不属专门的造林工程，国家和省市专门用于农田林网建设的资金非常少，特别是平原县多财政困难更拿不出足够资金用于农田林网建设。据初步统计，近十年来，国家安排在河北省的平原绿化投资总计不到400万元，其中用于农田林网建设的资金更是很少。近几年河北省的农田林网建设主要以群众集资为主，但由于林业建设周期长、见效慢，群众对农田林网投入积极性不高，影响了农田林网的快速发展。

（三）一些地方行政推动力度小，难以大规模开展农田林网建设

农田林网是一项系统工程，涉及范围广、农户多，建设周期长，需要地方政府统一规划，并统筹协调局部利益和整体利益、现实利益和长远利益。在调研中，我们发现虽然广大群众对农田林网的重要作用有一定认识，也愿意建设农田林网，但一些地区领导干部对农田林网建设存在着畏难情绪，认为农田林网建设“协调难、实施难、推动难、管护难”：一是由于农田林网建设涉及农户多，认为政府对农田林网规划占地等问题协调难；二是由于农田林网建设因胁地问题会影响一些群众的切身利益，认为农田林网建设阻力大，实施难；三是由于农田林网建设

需要挖沟修路，目前国家投入少，认为地方政府推动难；四是由于农田林网依路傍地，且处于群众生产、生活频繁区，认为农田林网管护难。由于一些地方领导认识不到位，存在畏难害怕情绪，影响了农田林网建设。

三、加强农田林网建设的对策

通过这次对全省农田林网建设情况调研，我们认为河北省大搞农田林网建设的时机已经到来，应制定切实可行的政策和措施，通过项目启动、政府推动、利益驱动、机制促动，全面加强全省农田林网建设，为社会主义新农村建设作出贡献。今后每年要新增加农田林网控制面积450万亩以上，每年农田林网控制率提高6个百分点以上，力争五年后全省平原地区85%的农田得以保护，实现平原地区“田在林中”的目标，为改善农业生产条件构筑绿色屏障，使农田林网保护区粮食增产10%以上，农民每年人均增收100元以上。

当前应采取的主要措施是：

（一）因地制宜，灵活解决农田林网胁地问题

农田林网胁地问题是农田林网建设必须首先要解决的难题。通过调研，我们认为要切实长久解决农田林网胁地问题，可采取以下措施：一是统一规划，预留农田林网用地。以村、乡等行政区域为单元，统一进行田、水、林、路、渠综合规划，留足农田林网用地。在落实农田林网用地时，必须因地制宜，能够沿用原来道路、农田林网基本框架的，尽可能沿用；没有基本框架或框架不足的，要按照有利于农民生产生活的原则，合理规划，确保落实。二是因地施策，合理解决农田林网用地与农民耕地之间的矛盾。解决农田林网用地与农民土地之间的矛盾要切合实际，在尊重农民意愿的基础上，创造性地开展工作。对农户长年耕作过程中侵占变窄的乡村路或田间路（或路的边沟），需要由乡政府、村委会出面，在认真调查核实的基础上，无条件恢复原路宽或沟宽，为农田林网建设找回原有的土地；对留有机动地的村集体，规划后农田林网建设占用农民耕地的，可以通过机动地调整，解决农田林网用地问题。三是合理补偿，不断化解胁地与农民收益之间的矛盾。可以通过被胁地者入股、利益分成、一次性补偿现金或补偿活立木等方式解决胁地问题。有一定经济实力的村集体，可以经组织村民代表商议，采取资金直补或按规定安置宅基地的方式，对被胁地者进行补偿。也可以制定浇地用水优先、享受国家政策优先（如退耕还林、扶贫资金）等方法，补偿农田林网建设中被胁地者的利益。

（二）创新机制，充分调动广大群众的积极性

农民是农田林网建设的主体，加快农田林网建设离不开农民的积极参与。要调动农民参与农田林网建设的积极性，需要不断深化改革，创新机制，保障农田林网建设主体的权益。要尊重基层和农民的创造精神，进一步深化产权制度改革，明晰产权关系，明确造林主体，真正做到“谁造林、谁所有、谁经营、谁受益”，调动起广大群众参与农田林网的积极性。一要落实经营主体。大力推广承包、拍卖、股份合作等多种有利于林业发展的新机制，按照“谁造谁有，合造共有”的政策，鼓励各种社会主体跨体制、跨行业、跨地区投资农田林网。二要理顺分配关系。对采取承包、拍卖、股份制、股份合作制等形式建设农田林网的，要依法明确建设年限和收益分配比例，并签订合同，以免引起不必要的纠纷，防止给农田林网建设带来不利影响。三要稳定承包权。承包合同一经确立，要严格执行，并可依法继承、转让，未经合法程序，不得随意变更、收回，严格保护经营主体的合法权益。

（三）注重质量，切实提高农田林网建设标准

农田林网要真正发挥增收等效能，必须高标准建设。要出台“河北省农田林网建设标准”。在推进农田林网建设中，要提高科技含量，推广先进造林技术，使用良种壮苗，特别要注重乡土树种的使用；通过创新和推广农田林网建设模式，不断提高农田林网的防护功能和经济效益；因地制宜，在国道、省道、县道和河渠两侧营造以防风固土、美化环境为主导功能的防护林带，坚持绿化与美化相结合，乔灌相结合，多树种配置，条件适宜地区应合理配置主副林带，形成立体复层的绿化带；对乡、村和田间路绿化力求科学合理，多树种、高效益、树成行、林成网。要挖大坑、栽大苗、浇大水、培大土堆，统一规划、统一投苗、统一栽植、统一管护，确保农田林网建设质量。

（四）加强管护，确保农田林网建设成效

在林木日常管理上，实行依法治林，严管理、严惩罚。对林业案件特别是一些情节严重的毁林案件，坚持从严、从重、从快查处，切实保障农民合法利益，为农田林网建设和保存提供一个良好的社会氛围。要不断加强护林队伍建设，实行依法治林与乡规民约相结合，在严格执行国家有关法律法规的同时，充分发挥乡规民约的重要作用。在成材林采伐上，要合理采伐，永续利用，严格履行林木采伐报批手续，并通过隔带更新、分段更新、隔行更新或先栽活幼树再采伐成树等方式有计划进行，以保持生态的相对平衡，发挥防护效益。

四、加强农田林网建设的建议

农田林网是实现粮食稳产、高产的重要保障，也是社会主义新农村建设的重要内容。现就如何加快农田林网建设步伐，提出如下建议：

（一）进一步提高对农田林网建设重要性的认识

要针对河北省一些干部群众对农田林网建设重要性认识不到位问题，采取多种方式，在全省加大农田林网建设宣传力度，统一思想认识，进一步增强建设农田林网的决心和信心，尽快在广大平原地区掀起农田林网建设新高潮，为粮食稳产高产、农民增收和社会主义新农村建设提供保障。2006年下半年拟以省政府名义召开全省农田林网建设现场经验交流会，大力推广衡水等地的成功经验，以后应每年以省政府名义召开一次这样的会议，以推动全省农田林网建设扎实开展。

（二）把农田林网建设纳入各级政府考核的指标和内容

农田林网建设组织难度大，实施困难多，需要加强政府行为，强化行政推动，必须调动起各级党委政府的积极性。要切实落实政府主要负责同志是林业建设的第一责任人，分管负责同志是林业建设的主要责任人的要求，真正把农田林网建设工作摆上重要议事日程，加大农田林网建设的行政推动力度，在每年春、秋两季造林结束后，要对一年来的农田林网建设情况进行通报，进一步增强各级党政领导抓好农田林网建设的责任感和紧迫感。

（三）以省政府的名义制定《河北省人民政府关于推进农田林网建设的实施意见》

推进农田林网建设既是改善农业生产条件，保护农田，巩固和提高农业综合生产能力，实现农民增收的基础；也是改善农村人居环境，提高农民生活质量，加快社会主义新农村建设进程的重要内容和重要措施。为此，应以省政府的名义制定《河北省人民政府关于推进农田林网建设的实施意见》，明确指导思想，提出建设目标，制定政策措施，指导各地加快农田林网建设步伐。

（四）加大对农田林网建设的投入

农田林网作为保护农田、建设社会主义新农村的一项重要措施，应纳入林业工程序列，实行工程化管理。省政府每年应拿出一定规模的专项资金，用于农田林网建设项目启动、项目管理、检查验收、表彰奖励等。市、县财政也要安排配套资金用于农田林网建设。退耕还林、三北防护林等项目也要向农田林网建设倾斜。同时，要结合贷款贴息、造林补助等手段，吸引各类社会主体参与农田林网建设，逐步形成多层次、多渠道、多元化的投入机制，为农田林网建设注入生机与活力。

（河北省林业局）

辽　宁

建立现代林业产权制度
加快林业生态建设　促进广大农民致富奔小康

集体林产权制度改革是农村改革的延伸和重大突破。改革为林业和农村经济发展注入了新的活力，带来了强大动力，对于推进社会主义新农村建设具有重大意义。为了使这次改革在试点基础上积极稳妥地在全省推开，辽宁省政协人口资源环境委员会从2006年4月开始，相继考察了福建、江西省的林改工作，对辽宁省辽东、辽西、辽南、辽北地区集体林权制度改革情况进行了实地调查；6月份，又在省政协徐文才副主席带领下，对本溪、桓仁、宽甸3个满族自治县进行了专题视察。委员们对辽宁省农村集体林权制度改革试点工作给予了充分肯定，同时也提出了一些意见和建议，现将有关情况报告如下：

一、关于辽宁省集体林权制度改革的基本情况

辽宁省森林资源丰富。全省林业用地面积9 515.9万亩，占全省面积的42.84%。其中有林地面积6 962万亩，活立木蓄积量为1.85亿立方米，价值约为800亿元。

集体林面积比重大，是辽宁省林业一大特点。全省共有集体林8 400万亩，绝大部分分布在山区、半山区的32个县（市、区），占全省土地面积的64%，占林业用地的88%。山区人均林地面积大多在10亩以上，是耕地面积的几倍、十几倍，集体林业对广大农村、尤其是山区农村经济发展至关重要。

但是，由于长期以来集体林产权模糊、林责不清、林利不公，严重制约了林业和农村经济的发展。农民对造林、育林和护林缺乏内在动力，社会对林业投入的积极性不高，阻碍了资金流、科技流和人才流等各种生产要素向林业聚集，致使林业资源没有得到综合开发，林业在促进农民增收和经济社会发展中的作用没有得到充分发挥，集体林产权制度亟待深化改革。

自20世纪80年代以来，辽宁省集体林曾经先后进行了一系列的改革探索，但仅限于经营体制和管理体制方面，没有触及到产权制度这个根本性问题。多数所谓“三定”林（自留山、责任山、生产责任制），界址不清，证山不符，责权利分割，合同纠纷严重；由于森林承包和流转不规范甚至暗箱操作，农民没有充分享受参与权、决策权和收益权，个别地方的集体林成了农村滋生腐败的土壤，有人称之为“农村干部的最后一顿晚餐”；一些地方在森林流转中，没有征得村民同意，将大量集体林卖给了大户，致使大多数无山可耕的农民与“大户”之间矛盾重重。

破除集体林权主体缺位、经营主体错位、管理主体越位的旧体制，建立明晰的产权制度，是进一步解放农村生产力的迫切需要，也是历史的必然。

2003年国家颁布的《中华人民共和国农村土地承包法》和中共中央、国务院《关于加快林业发展的决定》，特别是2006年中共中央《关于推进社会主义新农村建设的意见》，先后提出要加快集体林产权制度改革问题。据此，福建、江西两省相继成功地开展了集体林产权制度改革。辽宁省宽甸县四平村十组村民，也于2003年自发地对村集体林实行了承包到户经营。可以说，国家对集体林产权制度改革的大政方针日渐明晰，省内外的改革实践提供了宝贵的借鉴，广大林农对改革拥有强烈的愿望和热情，集体林产权制度改革的环境和条件日臻成熟。在这种情况下，辽宁省抓住机遇，乘势而发，在借鉴外省经验和总结辽宁省基层单位实践经验的基础上，自2004年10月开始，通过试点摸索经验，逐步在全省推开了以“明晰产权、放活经营、规范流转”为主要内容的集体林产权制度改革。

经过近两年艰苦细致的工作，辽宁省集体林产权制度改革取得了重要进展。全省集体林参改面积共7 783.15万亩（部分特殊公益林不参加林改），其中经历次林改已经流转和到户（自留山、责任山、承包山），需要通过这次林改进一步确认和完善的面积分别是2 475.80万亩和1 690.53万亩，新确定产权的面积是3 616.82万亩。参改的行政村有11 345个，涉及农村人口1 700万人。到2006年6月末统计，全省已完成林改面积1 572万亩，占应改面积的20.25%。预计2006年内将完成50%，2007年可以基本完成。

二、林权制度改革的成效和主要经验

（一）改革的成效

辽宁省的集体林权制度改革虽然刚刚起步，但已取得了阶段性成果，显现出积极的效应：

1. 提高了群众营林、造林的积极性

林权明晰使广大农户真正成为经营主体，极大地调动了林农营林、造林的积极性、主动性和创造性，出现了争苗造林的喜人现象，而且造林质量和经营水平得到了提高。本溪、桓仁满族自治县的试点乡镇2006年完成造林的数量，都是林改前的2倍以上。造林热引发的苗木热，使得当地落叶松、红松等苗木价格上涨了1倍以上。

2. 开始形成群众自发保护森林资源的有效机制

集体林产权制度改革后，林农的资源保护意识明显增强，“管好自家山，看好自家林”已成为自觉行动。在清明节和“五一节”期间，林农都自发上山护林防火和制止乱埋滥葬。半年多来，全省林改试点地区没有一起破坏森林资源案件发生。

3. 林地经济得到快速发展，拓宽了农民增收致富的渠道

林权改革盘活了林业资源，激活了林业经营机制，林农敢于放手向林业投入。本溪城郊大峪村林改后，84户村民有46户在承包林地发展了五味子、刺五加等项目，30多户购买苗木造林。林改增强了林业自我发展能力，亦将大大增加农民收入，促进林业产业和地区经济的发展。当地的干部群众在展望发展前景时，满怀信心地说：山区致富“潜力在山，希望在林。出路在林地经济，动力在林权改革”。

4. 妥善解决历史遗留问题，增进了农村社会的和谐

在这次林改中，对历史遗留的林地界线不清、面积不实、分配不合理、合同不完善等问题，通过重新界定、调处、调整、完善，消除了过去“无主山”、“大户山”等诸多弊端，调处了多

年积攒的山林权属纠纷，解决了多起过去山林流转暗箱操作的问题，广大群众从内心拥护、拍手称快。通过林改，促进了干群关系、邻里关系的和谐，也在一定程度上促进了农村文明建设和社会的稳定。

5. 增强了农民的民主意识，推进了农村的民主进程

在林改过程中，实行依法改革，阳光操作，充分尊重群众的意见，全面落实群众的知情权、参与权、监督权、决策权，广大农民群众在改革实践中，增强了民主意识和民主观念，这对于农村的民主建设，具有深远的重要意义。

（二）主要经验

这次林改之所以在短短的时间内取得如此突出的成果，是与各级党委、政府的高度重视和正确领导，林业部门的努力工作、大胆创新分不开的。总结这段工作，有以下几个特点：

1. 领导重视，真正纳入了各级党委、政府工作日程

省及市、县、乡（镇）各级党委和政府高度重视，加强领导，精心组织，是这次林改成功的重要保障。辽宁林业区域类型多，地区间差异较大，对这次林改的依赖和重视程度也不同。根据这个特点，对林改工作安排没有实行“一刀切”。而是在突出产权制度改革的主攻方向同时，针对不同地区不同情况，实行了分类指导和分区施策，试点先行，逐步推开，既体现了方向的一致性、全局的统一性，又体现了不同类型地区特点的多样性。

2. 勇于创新，走出一条符合辽宁实际的林改新路子

辽宁省的林改并没有简单模仿福建和江西省的经验，而是针对辽宁省的实际情况，各级主管部门善于创新，闯出了一条具有自身特点的新路子。尤其是东部山区，以实现生态功能增强、群众增收致富为目标，把改革的立足点打在林地利用上，以发展林地经济为主项，这是一个突破；为此，把公益林纳入改革范围，不仅扩大了改革领域，而且拓宽了林地经济发展空间。这两个突破无疑是一次重要的思想解放和工作创新。

3. 试点先行，规范运作，有序推进

整个改革依据国家有关法律和相关文件，通过系统的组织建设，突出了政府行为，强化了领导；出台政策，制订方案，明确各项规范；召开大会，广泛动员，思想先行，打有准备之仗；层层培训，建立明白人骨干队伍，加强工作指导；全面发动，试点先行、以点带面，分批推进；依法依规，充分走群众路线，尊重民意。通过这些规范有序的工作，保证了改革的进度和质量。

4. 发扬民主，充分尊重群众意愿

县、乡（镇）、村在具体操作中，严格按《中华人民共和国村民委员会组织法》规定程序办事，制订方案不离百姓，产权界定不离百姓，建立规章不离百姓。改革中坚持“依法改革、阳光操作、因村施策、尊重群众意愿”的原则和“权益平等、公平分配产权”的原则，群众的参与率和满意率都达到90%以上。

三、需要注意的问题

辽宁省的集体林权制度改革虽然取得阶段性成果，发展态势良好，工作得到广大农民的肯定和省委、省政府以及国家林业局的高度评价；但是，工作才刚刚起步，下一步的任务还很艰巨，存在的问题也不容忽视。

（一）工作开展不够平衡

在本溪市的试点工作非常成功，领导决心大，群众热情高，工作有力度，并正在向纵深发

展，主体改革有望在年内完成。东部山区尤其是林业重点县，改革工作相对扎实，发展平稳，年内可以完成50%。西北部和中南部地区，由于在经济发展上对林业的依赖程度不同，对这次林改，无论重视程度还是工作质量，都与本溪市的试点工作有一定的差距；尤其是还有5个市的林改工作至今尚未启动，有可能拖全省的后腿。

（二）改革的配套政策亟待制定和落实

一是林农得到林权后，缺乏发展林地经济的启动资金。虽然辽宁省林业厅与中国农业银行协商，已有一个解决的初步思路，但落到实处还需要一个过程；二是林权到户以后，森林采伐限额如何分配？虽然已经明确对发展林地经济“优先安排采伐限额”的原则，但缺乏具体操作规范。此外，作为区域林业及林地经济发展规划如何制定和如何逐户落实等，许多林改后出现的问题相继浮出水面，需要及时研究、制定政策加以解决。

（三）市场服务体系建设亟待建立和完善

随着集体林权改革逐步在全省铺开，部分地区将年内完成改革。林农对技术、法律、信息、中介、农资等市场服务体系的需求是十分急迫的。在强力推进主体改革的同时，逐步建立一个完整的包括技术服务、法律保障、市场信息、种苗和生产资料供给等市场综合服务体系，显得非常重要和急迫。

（四）有些实际问题需要妥善解决

一是各地普遍反映，这次改革工作量大，投入经费压力太大，按照平均每亩林地人工、文书、仪器、交通费用0.60元计，全省需要4 800万元，急需财力扶持；二是西部地区强烈反映，由于灌木公益林利用价值低，又没纳入国家和省公益林补贴，在改革中承包和拍卖的难度大；三是个别改革后的村集体预留山林的比重过大，远远超过省规定的5%的限额，不利于调动群众改革的积极性。

以上几个问题，关系到改革的顺利进行和巩固改革成果，应引起各级政府的高度重视。

四、几点建议

集体林产权制度改革的最终目标是建立一个“产权归属清晰、经营主体到位、责权划分明确、利益保障严格、流转顺畅规范、监管服务有效”的现代林业产权制度，加快林业生态建设，促进广大农民致富奔小康。从这个目标出发，结合调查、考察的实际情况，提出以下几点建议：

（一）进一步加强领导，强力推进林改进程

集体林产权制度改革，意义深远，情况复杂，涉及面广，政策性强，是一项重大的社会变革和全局性工作。各级党委和政府，应站在发展县域经济、建设社会主义新农村的高度，以非凡的胆识和魄力、深入的作风、行之有效的工作方法，切实发挥坚强的组织领导作用。要制定一个好的改革方案，组建一支坚强的工作队伍，建立一套有效的工作机制，明确一个基本满足需要的资金渠道。要加强对基层干部的宣传教育，把统一思想贯穿林改工作的始终；鉴于改革费用大，地方财力有限的实际，建议省财政对林改经费给予适当的补贴。在全局上还应注意解决各地改革发展不平衡的问题，切实把好质量关；对尚未启动改革的地区逐一地进行具体分析，有的放矢地解决好主观和客观上的问题，防止把改革的时间拉得过长。

（二）主体改革一定要不折不扣地做到“产权明晰”

“产权明晰”是这次林改的核心，事关广大农民的根本权益。改革必须把“产权明晰”放在第一位，将林木的所有权、林地的使用权、经营权和处置权切切实实还权于民。在以林为主的东部山区，一定要将应参改的集体林悉数分给农民，实现家庭承包经营。对村、组一级集体预留林地问题，要按政策规定严格掌握限额，不许以各种理由多留，以确保农民得到足够的生产资料来发展林地经济。对其他以农为主的县、乡，在林权流转、林农分利的过程中，要制定合理的分配方案和资金管理办法。要划定一定数量的“林业发展基金”，作为发展林业的周转资金、林农的借贷抵押基金或利息补贴基金，扶助农民发展林业生产，切不能全部用于所谓“公益事业”分光花尽，断了林农和林业发展的后劲。

（三）抓紧开展各项配套改革，确保改革取得实效

明晰林地使用权，林木所有权，是林改的第一步，更重要的是要规范流转，放开经营，搞活林地经济，发展林业产业，在森林资源得到有效保护的同时，促进林产业发展和林农增收致富。为此，在完成林改试点的市、县，要尽快研究山林流转问题，着手组建市一级森林资产评估机构和森林资源交易要素市场，并逐步向县（市、区）延伸，为广大林农开展林木交易、转让、抵押等活动提供平台。建议林业部门继续抓好这方面的试点，总结经验，向全省推广。建议省人大及政府有关部门，根据《中华人民共和国森林法》的要求，尽快制定出台《森林、林木和林地使用权流转条例》，对林地承包经营权流转的条件、对象、审批程序、纠纷调解等做出明确法律规定，规范和促进森林、林木和林地的合理、有序流转。对群众比较关心的森林采伐限额分配、增加小额贷款、减免税费等问题，也应尽快研究，出台政策，制定细则。对采伐限额的分配，建议尽量照顾林地经济发展需要，实行总量控制、比例分配、群众讨论、上下结合的办法，解决好群众之急需；对小额贷款问题，建议放宽贷款条件，采取多种抵押和担保形式，也可试行由林业部门统贷统还保本经营的办法。辽宁省取消土特产所得税后，群众减免税费的呼声仍然很高。江西省在林改中降低林业育林基金力度较大，建议辽宁省也能有所作为。

（四）建立健全服务体系，切实解决林业发展中的实际问题

为了使一家一户的森林所有者顺利进入市场，必须尽快建立和完善包括森林资源监管、技术咨询服务、法律咨询服务、种苗等生产供应、中介组织服务在内的市场综合服务体系。政府服务要与民间自我服务相结合，在着力搭设平台，创建宽松环境的同时，尽可能地开展一些直接性服务，逐步地向群众自我服务过渡。应积极引导、扶持和培育民间自发组织的各类新型经济合作组织和行业协会，并帮助他们开展科技交流、切磋市场营销、维护集群利益等活动。要注重发挥基层林业技术推广站的技术指导作用，基层农业银行和信用合作社的资金扶持作用，工商、税务等有关部门的市场引导作用，为广大林农解决生产中的实际问题。

（五）拓宽渠道，广筹资金，建立林业长效投入机制

由于林区的原始积累不足，资金困扰已经成为林农取得林权后发展林地经济的突出问题。许多地方，仅仅一两千元农民都拿不出来。如何适应林改形势，抓紧研究并解决好林农发展林下经济的启动资金问题，是一个紧迫的具体问题。各地应广开门路，拓宽融资渠道，广筹林业发展资金。要充分发挥金融部门和农村信用社的融资作用；要尽快建立和规范流转平台，吸收社会资金投入林业建设；各地对林改中的森林流转收入，应本着取之于林、用之于林的原则，建立适当规模的林业发展基金；此外，建议省政府能重新研究并调整当前有关农用资金的使用方向，向林业尤其是率先林改的地区适当倾斜，并以此为契机，建立起对林业的长效投入机制，发挥林业作为山区经济发展的主战场作用。

（六）转变职能，做好林改后的管理服务工作

各级林业主管部门和基层林业组织，应积极适应林改以后林权到户这个新形势，进一步转变工作职能和工作方式，真正发挥好林业部门的管理、指导和服务作用。要认真研究如何组织承包到户的林农，尽快适应市场经济规律，实现产业化生产、集约化经营问题，尽快建立健全以信息服务为中心的社会化服务体系，并解决好林农当前关心并迫切需要解决的小额贷款、砍伐限额等实际问题，保护并调动广大群众参加林改的积极性，并为林业今后的长远发展搞好服务。

（辽宁省政协人口资源环境委员会）

黑龙江

关于黑龙江省林业科学技术发展战略的调查与思考

当今人类已步入21世纪，世界科学技术的发展步伐明显加快，技术创新不断取得重大突破，经济发展越来越依赖于科技进步，科技实力日益成为一个国家综合国力和国际竞争力的重要组成部分，“科学技术是第一生产力”毋庸置疑。因此，中共中央、国务院《关于加快林业发展的决定》，把科技兴林作为加快林业发展的基本方针之一，对强化科教兴林提出了一系列要求。中共黑龙江省委、黑龙江省人民政府《关于加快建设林业强省的决定》也明确要求，加快建立林业科技支撑体系。这是新形势下加快林业发展的最新标志、最新特征。黑龙江省作为林业大省，经过几十年的艰苦努力，广大林业科技工作者紧紧围绕林业建设的关键科技问题，刻苦攻关，大胆创新，在林业科学研究与技术开发、成果转让与技术推广、高新技术成果运用、林业标准化、科技管理和科学普及等方面做了大量的卓有成效的工作，为推进黑龙江省林业重点生态工程建设，全面提高造林绿化成果和产业建设质量做出了一定的贡献。但是，黑龙江省目前林业科技发展现状与国民经济和社会发展要求还有一定的差距，一些束缚林业科技发展的问题亟待解决。要实现由林业大省向林业强省的跨越，必须坚持实施科教兴林，采取积极措施，解决制约林业快速发展的技术瓶颈，全面提高林业建设的科技含量。

一、黑龙江省林业科技发展现状

（一）队伍建设及科研成果状况

黑龙江省是林业大省，拥有全国最大的重点国有林区和后备森林资源基地。全省林业经营总面积3 375万公顷，有林地面积2 007万公顷，森林覆盖率为43.6%。全系统现辖13个市（地）林业局，68个县（市、区）林业局，360处国有林场（站），79处国有苗圃，949个乡（镇）林业工作站，现有职工10万余人。全系统已建立了2个省级研究院（所），2个地市级研究所，79个市（地）、县（市）级林业技术推广站，其中，市（地）级推广站7处，县（市）级推广站72处。据调查，全省现有林业技术人员9 500余人，其中高级工程师600余人，中级2 600余人，初级7 000余人。

从1978年至2006年6月，全系统共取得科研成果424项，获国家科技进步三等奖1项，获省、部级科技进步奖126项（次），省林业厅科技进步奖327项（次）。这些科技成果主要分为育种、造林、森林经营、森林保护、规划设计调查经营方案、花卉、多种经营、木材加工、标

准规程、林业机械等类，科技成果转化率平均为43.7%。其中，育种研究成果转化率为69%，造林研究成果转化率为61.7%，森林经营研究成果转化率为47%，森林保护研究成果转化率为44%，规划、设计调查经营方案科研成果转化率为21.9%，花卉科研成果转化率达80%，多种经营科研成果转化率为46%，木材加工科研成果转化率为28.5%，标准规程科研成果转化率为57.5%，林业机械科研成果转化率为18%，其他类科研成果转化率为5.3%。如ABT生根粉、菌根制剂、大苗抗旱造林技术、容器育苗造林等一批应用技术得到广泛推广应用。银中杨、小黑杨新品种推广覆盖面在全省达到了60%以上，并推广到了吉林、辽宁、河北、河南等省及西北地区。

（二）科学研究的主要方式

目前，黑龙江省省级科研院所和学校主要根据林业事业发展和生产建设中的重大关键问题选题和攻关，以应用技术研究和技术开发研究为主，解决林业行业生产发展中的重大技术问题。市、县级林业科研机构主要以技术推广为主，并结合本地区实际适当开展实用技术研究。通过我们的调查，黑龙江省林业科研院（所）开展科学技术研究主要有以下几种方式：

1. 自主研究

黑龙江省森林与环境科学研究院、黑龙江省森林经营研究所两个省级研究院（所）和佳木斯市林业科学研究所、黑河市林业科学研究所两个市级研究所，都具有一定的实力，基本具备了独立进行科研项目的能力。多年来，在广大科研人员的共同努力下，紧密结合林业生产实际，开展自主性科学研究。共研究出“中黑防”、“银中杨”、“垂爆109柳”等16个新品种以及“切根贴膜改造林带技术”、“嫩江沙地综合治理开发及配套技术”、“兴安落叶松促进结实技术”等，取得包括育种、造林、森林经营、花卉等方面的林业科研成果共有265项。仅黑龙江省森林与环境科学研究院，近10年来就取得了科研成果37项，其中获国家级科技奖1项，省部级奖28项。

2. 国内合作研究

主要是林业生产单位与林业高校和科研机构开展合作研究。如大庆市林业局与东北林业大学和黑龙江省森林与环境科学研究院合作，先后完成了国家级科研项目《介壳虫综合防治技术》、省级科研项目《杨树青杨天牛工程治理研究》和市级科研项目《山新杨组培生产育苗技术应用研究》、《大庆市盐碱地造林树种和技术研究》、《经济林优质高效栽培技术开发》等的研究，都取得了较好的效果。

3. 国际合作研究

为了促进林业经济和生态建设快速发展，黑河市利用地缘优势，积极开展国际合作研究，加强和毗邻的俄罗斯林业科学院（所）的交流与合作，借鉴吸引他们的先进技术和科研成果，把大果沙棘、花楸、俄罗斯新西伯利亚40号杨树等科技含量高、品质优异、适应性强的种苗引进到黑河，并取得了显著效果。特别是大果沙棘已在黑河市孙吴县安家落户，成为退耕还林的主要经济树种。孙吴县沙棘栽植面积达6.4万多亩，已成熟果实面积达5 000多亩，高产果实面积2 000多亩，每年产果量80～90吨，加工饮料大约400吨，现年利润可达120多万元。这个县已成为全国营造沙棘面积最大的县份。

（三）科研经费投入情况

全省林业科研经费主要是由国家、省按照每年的林业科技研究项目进行投入，也就是说，科研经费的投入直接与科研项目挂钩。以黑龙江省森林与环境科学研究院为例，从1994年至2006年6月，10多年来共承担国家、省科研项目77项，共投入资金293.165万元。其中，国家、省部级课题30项，投入152.36万元；省林业厅科研课题34项，投入资金140.80多万元；承担齐齐哈尔市林业科研课题13项，投入经费34.40万元。据统计，“九五”以来全省林业科技总投入为1 768万元，年均投入160万元，其中，国家投入571万元，省科技厅投入96万元，省林业厅自筹1 101万元。其中科学研究占810万元，科技推广占686万元，标准和质量检测检验占27万元，科技能力建设占245万元。

二、存在的主要问题

多年来黑龙江省林业科研尽管取得了可喜的成果，但仍然还存在着体制不顺、机制不活、创新不足、与实际结合不紧等问题，林业粗放经营的现状还没有得到根本改观。林业科学技术研究及应用落后，产品科技含量较低，远不能适应林业快速发展对林业科技工作的实际需要。

（一）科技在林业生产建设中的战略地位还尚未凸现出来

由于林业自身的特殊性，在科学技术的研究和推广上具有周期长、条件差、成效慢、自我扩展能力弱的弊端，加上人们对林业生态效益和社会效益认识不足，造成追求短期行为，只把木材生产和森林资源消长作为经济发展的动力，科技意识薄弱，政策落实不到位，投入严重不足。林业科技经费，应该纳入财政专项经费预算，但还尚未纳入。

（二）林业科研技术力量薄弱，后劲不足

一是全省林业科技的原始创新积累不足，核心技术缺乏竞争力，基础科学研究人才短缺。二是科研手段跟不上，仪器设备落后。到2006年6月，全省地方林业系统只有6处实验基地、70多个科技示范点和79个科技推广站，还没有重点实验室、工程中心、生态定位站、种质资源库、数据库、信息网站等。三是科技机构、队伍不稳定，结构单一，而且由于科研条件、待遇等原因，科技骨干人才流失现象严重，继续教育和培训也跟不上，致使技术人员总体素质偏低，研发能力低，科技创新意识不强。

（三）科研资金短缺

一是由于林业生产周期长，缺乏对同一个林业科技问题研究的长期持续资金，科研人员很难就同一个科技问题进行系统深入的研究，影响了林业科研的深度和成果的质量；二是由于科研资金与科研项目挂钩，所需科研设备以及科研人员工作和生活条件改善没有资金来源。国家在林业重点工程中要求的3%的科技经费没能很好地落实。每年仅靠省林业厅拿出的100多万元和国家林业局科技项目投入的部分资金，进行科研和推广工作。

（四）科技与生产脱节，科技成果转化率低

由于科技经费投入不足、科技推广体系不健全、课题研究没有针对林业生产急需等，有许多科研成果不能转化为现实生产力。“九五”以来，全省研究取得林业科技成果62项，但仅有13项得到了推广应用。有许多科技成果研究完成后放入档案，不能用于林业生产实践中，科研成果转化率低，缺少科技含量高、有牵动性的项目。

（五）林业科技推广体系不健全

由于前几年机构改革和经费投入不足，加之个别领导不重视，致使一些地方林业科技推广机构不健全，有的有名无实，把科技机构当作附属品，甚至有些地方根本没有这方面的专门机构。据统计，全省13个地（市）林业局，独立编制独立机构或独立编制混合机构的林业技术推

广站只有21个，其中地（市）级7个，县（市）级14个；没有编制由其他机构人员兼职的林业技术推广站61个。林业科技推广体系建设远远落后于农业，没有形成自上而下、横向交流的科技推广体系，科技推广程度低、系统性差，示范推广作用发挥不够。

（六）林业科技宣传、培训还不到位

由于林业科技宣传不够，致使一些好的成果、好的适用技术不被人们所了解，给推广工作带来一定的难度。同时，由于科技培训工作不普及，基层从事技术推广的人员素质不高，一些新技术、新成果、新标准得不到及时推广应用。

三、发展的对策

科学技术是第一生产力，是先进生产力的集中体现和主要标志。林业跨越式发展的过程，实质上是先进生产力不断取代落后生产力的过程。实践证明，林业要大发展，关键在科技；林业发展实现新跨越，必须实现科技的新跨越；林业要振兴，也必须先振兴林业科技。这是新形势下加快我国林业发展的根本途径，也是黑龙江省林业发展面临的一项重大战略抉择。因此说，科学技术已经成为当前和今后一个时期加快林业发展的决定性因素，是林业发展的第一推动力，它关系到全省林业能否实现由林业大省向林业强省的跨越。针对目前黑龙江省林业科技发展现状，现提出如下对策建议：

（一）必须坚持科学决策

要想加快林业科技的发展，必须坚持科学决策。这就强调注重调查研究，广泛运用先进的科学理论、思想、技术定量分析，科学预测，使决策的方法和程序符合科学的要求，决策的结果符合客观规律，减少决策的盲目性和随意性。林业建设是一项系统工程，涉及生态和产业两大体系建设，特别是正在实施的天然林资源保护工程、退耕还林工程、三北防护林体系建设工程、野生动植物保护、自然保护区建设和湿地资源保护工程和速生丰产林基地建设工程等林业六大重点工程建设，提高其科技含量，进行林业科技立项研究等，必须按一定原理和程序进行科学决策。

1. *要建立信息支持系统*

信息是科学决策的基础，尤其在当今的信息社会，掌握足量的相关信息是实现科学决策的基本前提。林业科技中长期规划等重大决策必须掌握林业科技新动态，了解林业科技市场。信息缺失或信息失真，是造成决策失误的重要原因。

2. *要建立专家咨询制度*

专家咨询制度是科学决策的重要条件，通过专家对决策方案的可行性研究，能够及时发现一些问题，尽量避免决策失误或少失误。诸如林业科技立项研究等重大决策要请专家充分论证，认真作出定性定量的分析比较、评估后，进行价值判断。

3. *要坚持集团决策原则*

这是决策成功的保证。集团决策体现了民主集中制，保证集思广益，使得决策更加科学化。

（二）必须重视林业科学技术管理工作

要在林业的管理方法、管理手段、管理程序等方面提高科技含量，实现林业科技管理的网络化、数字化和精确化。

1. *加强林业规范化管理，实现由粗放经营向集约经营转变*

加强林业技术规程建设，从种苗生产、营造林、森林经营到森林防火等都要制定一整套的质量技术标准，严格按照这些标准，进一步强化林业规程建设的管理，提高科技含量，提升科技管理水平。同时，要建立与之相配套的法律、法规对这些技术规程加以明确，保证在林业生产实际工作中认真加以贯彻执行。

2. 加强林业科技软、硬件开发，推进林业科技管理工作科学化

要加强林业科技工作的硬件建设，实现林业科研装备的现代化。要紧密结合林业重点生态工程建设，产业开发和服务工作的重点、难点，搞好软件开发。转变管理方式，提高管理水平，提高各项工作的效率和效益。同时，在编制《林业中长期发展规划》时，要提出具有前瞻性的林业科技发展战略目标、重点、任务和措施。加强林业信息共享平台建设和“3S”技术应用，实现林业管理的网络化、数字化和精确化，降低管理成本，提高管理成效。

3. 加强科技队伍建设，为林业科技创新提供人才保障

要牢固树立“人才资源是第一资源”的思想，紧紧抓住人才、吸引人才、用好人才三个重要环节，营造尊重人才、鼓励创新、创业的社会环境，形成人尽其才、才尽其用、优秀人才脱颖而出的良好机制。大胆地选拔和使用年轻的科技人才，要把年轻的优秀人才推向重要的科技开发和领导岗位，加强培养和造就一批高层次中青年学术骨干。建立和完善激励机制，对有突出贡献和重大发明科技人员实行重奖，最大限度地激发科研人员的创新激情和活力。

4. 要保证林业科技的投入

省林业主管部门以及重点地县级林业主管部门要认真抓好国家科技经费来源相关政策的落实工作，重点抓好林业技术推广和新技术研发工作；要加大力度，认真贯彻落实国家林业局规定的“从林业工程建设总投资中提取3%的资金用于科技支撑”的政策；同时，要根据林业发展实际，适当增加对林业科技的投入。各级政府应对林业科技加大投入力度，并鼓励和吸引企业、私营业主等社会力量通过创办投资基金、风险投资、股份合作、联合开发等多种形式投资林业科技，从根本上改变林业科技投入不足的状况。

5. 要进一步加强对林业科技工作的领导

林业科技是发展生态林业的第一生产力。各级政府要从林业发展全局和可持续发展的高度认识林业科技的重要性，真正把推动林业科技革命作为发展地区经济的关键。建立健全本地区推进林业科技进步的目标责任制。要加强对林业科技推广计划、方向及经费的调控，提高林业科技成果的转化率。林业科技管理部门要认真做好组织协调工作，转变职能，改变传统管理方式，建立务实、高效的林业科技领导管理体系。

（三）必须加速林业科技攻关

林业科技创新只有同国家经济社会发展全局、同林业发展和生态建设全局紧密结合，才能充分显示“科学技术是第一生产力”的作用。现阶段，应在生态、产业、保护等林业重点领域组织科技攻关，研发新工艺、新技术。紧紧围绕重点工程建设搞好应用科学的研究开发，结合工程建设，以工程带科研，以科研促生产。

1. 加快组织科技攻关，推进林业科技创新

科技创新是林业发展的原动力，是科技兴林的根本和关键。必须把科技创新摆上更加突出的位置，鼓励、引导科技人员在科技活动中创新，创造新成果。通过科技攻关，尽快形成一批拥有自主知识产权的新技术、新产品、新工艺，促进创新成果有较大的增长。力争在基础性研究和高新技术研究有条件的领域实现突破，在荒漠化防治、界江界河流域生态治理、盐碱地造

林、湿地恢复、林木良种选育和森林保护、林木病虫害防治、森林有害生物防治等方面有新的突破。在基础研究和高新技术应用等方面，要以东北林业大学为依托，将黑龙江省林业科学院等林业院校和研究机构纳入到全省林业科技创新体系，以达到知识共享，成果共享，人才共享，共同发展的目的。同时，要加强林业科技基础设施条件平台建设，加强重点实验室、科学实验基地、科技示范点、科技信息平台的建设，全面提升林业科技创新能力。

2. 加速科技进步，积极推进新型林业工业化进程

走新型林业工业化道路，必须发挥科学技术是第一生产力的重要作用。当前，林业工业化仍是林业建设面临的艰巨任务，因此，必须以信息带动工业化，提高林业产业的科技含量，降低作用消耗，提高经济能量。要通过科技进步，大力发展生物技术、信息技术、新材料技术等高新技术，积极发展对林业经济增长有突破性的起重大带动作用的高新技术产业。要加强基础性研究，通过原始创新能力。应把技术进步以及科技成果产业化纳入林业建设和发展的各个环节和整个过程，加强科技成果的推广和产业化建设，尽快将科技成果转化为生产力，并在关键领域和若干科技发展前沿掌握核心技术。合理开发和节约使用领域资源，提高综合利用率，发展林业经济，反哺生态建设。

（四）要加大科技推广的力度

林业科技推广是实施科教兴林战略的关键和突破口，是林业科技创新的重要组成部分。要坚持以林业大工程带动林业的大发展，要将已取得的各项科研成果组装配套，应用整个林业生产的全过程。要充分认识科技推广在林业生产建设中的重要意义，把加速林业科技成果转化放在更加突出的位置，必要时，要采取行政干预的办法，加大林业新品种、新成果在实践中的应用力度，使其尽快转化为现实生产力。

1. 加快推进林业科技推广体系的建设

地市县级林业科技推广部门是推广科研成果的重要平台，对科技成果的转化起到不可替代的作用。应建立健全这级机构，稳定队伍，加强培训，形成有效的推广网络，大力推广先进、实用技术，促进科技成果尽快转化为现实生产力；还应深化科技推广体制的改革，建立起推广形式多样化，无偿服务与有偿服务相结合，推广队伍多元化，专业队伍与林农组织相结合的推广体系。

2. 加快高新技术在林业上的应用，使林业重要领域的科技水平有根本性提高

加快“3S”技术在森林资源管理、森林调查中的普遍应用，加快森林防火系统的建设，在全省实现森林防火管理现代化、信息处理自动化、扑火指挥决策计算机辅助化，加快林业科技信息交流体系的建设。

3. 大力推进林业科普工作

要进一步加大生态文明宣传教育和科普宣传教育工作力度，倡导人与自然和谐相处的生产方式和生活方式。实施好“全民科学素质行动计划”，认真组织开展好科技下乡、科技扶贫等活动，要积极创建一批有林业特色的科普教育基地，完善科普设施，用先进手段传播先进文化、技术成果和适用技能，提高劳动者的素质和能力，形成全社会关心林业、参与林业建设的良好氛围。

调研组成员：韩连生　杨克杰　宋春姬　牟景君　殷　彤　吴梅芳　郭朝霞

报告执笔人：牟景君　吴梅芳

福　建

强化林权管理　建立林权动态管理体系

福建省2003年开展集体林权制度改革以来，全省上下历经三年多的共同努力，基本完成了以明晰产权为核心的改革主体工程，改革的成效愈益明显，得到了国家林业局和省委、省政府的充分肯定。为了进一步深化集体林权制度改革，巩固扩大林改成果，为省委、省政府制定出台深化集体林权制度改革总体方案提供依据，省林业厅如何强化林权管理课题组根据《福建省林业厅关于开展集体林权制度综合配套改革调研的通知》精神，组织人员围绕如何强化林权管理，深入三明、南平、龙岩、漳州、武平、新罗、平和、安溪、惠安、建瓯、沙县、延平等地开展调研，现将调研情况报告如下：

一、林权管理职责

林权管理是林业工作的基础，同时也是森林资源管理的核心，根据《中华人民共和国森林法》、《中华人民共和国农村土地承包法》的规定，林权管理是县级以上人民政府及其林业主管部门的法定职责。林权管理通常包括：林木林地的所有权和使用权的登记、造册、发放证书，确认权属；林权变更与注销登记；林权争议的调处；林权档案的建立与管理；林权的维护；林权普查；队伍业务培训等。

二、林权管理现状

福建省1981～1984年，根据中共中央、国务院《关于保护森林发展林业若干问题的决定》（中发［1981］12号）精神，开展了林业“三定”工作，“三定”后林权管理基本上处于停滞的状态。同时由于历史的原因，林业“三定”工作许多地方没有完善，有的当时虽有确权发证，但经过20多年，大量的林权早已发生变化，没有办理变更登记，特别是当时发的林权证没有四至附图，及部分林权证存在错发、重发、漏发等遗留问题，以致近几年来山林纠纷不断发生，有的还引发了乱砍滥伐、打架斗殴及人员伤亡的恶性事件，影响了林区农村的安定稳定。为了加强森林、林木和林地权属登记和管理，维护林木、林地所有者和使用者的合法权益，根据《中华人民共和国森林法》和《中华人民共和国森林法实施条例》的有关规定，自2000年4月18日起，启用全国统一式样的林权证，国家林业局2000年12月31日发布了《林木和林地权属登记管理办法》（第1号令），福建省2001年4月成立了福建省林业厅林权登记发证领导小组，下设办公室，挂靠省处理山林权纠纷工作小组办公室，但无编制与人员。全省各市、县（区）情况类似，都是林业局内部成立了林权办或林权改革办公室，临时抽调基层林业站人员。2002年3月福建省人民政府出台了《关于开展登记发换全国统一式样林权证的通知》，全省各地相继开展了林权登记与发换全国统一式样林权证工作，特别是2003年福建省人民政府出台了《关于推进集体林权制度改革的意见》（闽政［2003］8号），全省开展了轰轰烈烈的集体林权制度改革，“开展林权登记，发换林权证”作为集体林权制度改革的主要任务之一。随着3年来以明晰产权为核心的改革主体工程的基本完成，据统计，全省集体林权已登记面积达11 039.6万亩，占应登记发换证面积11 596.3万亩的95.2%，发换全国统一式样林权证21.2万本，但除三明、南平、龙岩3市外，沿海6个设区市有21个县（市、区）发换全国统一式样林权证在10本以下，其中有15个县（市、区）尚未发换1本全国统一式样林权证。主要原因：一是没有专门林权管理机构，人员不稳定，经费短缺。林权管理是一项长期性的工作，林改后，要开展林权登记发证工作，随着时间的推移，将会有大量因采伐、转让等原因权属产生变化，要即时进行变更、注销登记等日常性管理，需要有一个专门林权管理机构进行管理。二是临时性抽调的人员，存在短期行为。林权管理中的林权登记申请表、审核审批等权属材料需要归档长期保存，需要一个固定的机构和人员专门进行管理。三是福建省1982年林业“三定”以来，因无林权管理机构，未开展规范化的林权变更登记，产生了许多本可避免的纠纷，影响了林权登记发换证，也影响到林区稳定和林业生产发展。

三、强化林权管理对策

面对集体林权制度改革后，林农耕山育林积极性空前高涨的新形势，我们认为只有下大决心、花大力气，组建林权管理机构，彻底明晰山林权属，依法进行确权、变更、登记，实现林权的动态管理，才能准确掌握林权变化情况，才能维护林木、林地所有者和使用者的合法权益，为此提出如下对策：

（一）加强领导，落实林权管理机构、人员与经费

《中华人民共和国森林法》规定：“国家所有的和集体所有的森林、林木和林地，个人所有的林木和使用的林地，由县级以上地方人民政府登记造册，发放证书，确认所有权或者使用权。”《国家林业局林木和林地权属登记管理办法》第二条明确“县级以上林业主管部门依法履行林权登记职责”。林权管理是各级人民政府及其林业主管部门的法定职责。根据中共福建省委、福建省人民政府《关于加快林业发展建设绿色海峡西岸的决定》（闽委发〔2004〕8号）“要确定林权登记发证职能机构，依法加强林权管理”的要求，亟须设立林权管理专门机构。经此次调研，建议省厅设立林地林权管理局，县（市、区）相应设立林地林权管理办公室或林地林权管理中心，单位性质为行政或事业单位。

根据《福建省森林条例》的规定，国家级森林和野生动物类型自然保护区、国家级森林公园和国有林场经营的森林、林木和林地，由省人民政府登记造册，发放证书，具体由厅林地林权管理办公室承办，建议省厅设立林地林权管理局（正处级），与省政府处理山林纠纷工作小组办公室合署办公，两块牌子、一套人马，核定人员编制20名，分设4个科。具体职能和人员编制如下：

1. 扩大省政府处理山林纠纷工作小组办公室职能

省政府处理山林纠纷工作小组办公室原职能、人员在原有核编4人的基础上增配2人计6人，经费渠道不变，增加对林地承包经营纠纷仲裁指导的职能。

2. 设立林权登记发证管理科

主要职能是对全省林权登记发证、林权变更等管理和指导工作；依法承办由省政府核发的林权登记发证、林权变更登记、抵押登记等具体业务，核定人员编制4名。

3. 设立林地林权管理科

主要职能是依法对全省林权流转进行监管，以及全省国有森林资源资产评估、产权转让涉及的林权管理，核定编制4名。

4. 设立林权档案信息管理科

主要职能是对全省林权证管理信息系统及林权档案实行网络化管理，核定编制3名。

5. 设立综合科

主要职能是负责有关林权管理法律、政策咨询，负责全省林权登记发证所需证、表、册等资料的印制、保管、发放工作，协调各科的有关工作，承办局领导交办的其他事项，核定编制3名。

上述除保留省政府处理山林纠纷工作小组办公室2名处级领导外，增配林地林权管理局2名处级领导职数和2名处级非领导职数。所设立的4个科均为正科级，所需经费纳入财政预算。

市、县（区）参照省厅的做法设立林地林权管理办公室或林地林权管理中心，编制5～20人，县级具体承办林权管理，编制建议10～20人，依林地面积而定，设区市承上启下，编制建议5～10人。

各地林业主管部门要在本级人民政府的统一领导下，加强对林权管理的领导，当务之急要把加快林权管理纳入重要工作日程，认真履行职责，明确工作机构，组成得力工作队伍，配备业务精、能力强、素质高的专职人员，保证林权管理工作有一支骨干力量，也有利于林权管理的连续性，特别是林改通过省市联合验收后，要做到思想不松，队伍不散，干劲不减。

（二）集中力量，加快林权登记发证进度

林权登记发证既是林权管理的一项经常性的基础工作，又是一项当务之急的任务。林改明晰产权的主体工程完成后，仅靠林权办的人员难以在一两年内完成林权登记发证的重任，需要发挥林改外业工组及林业站人员的作用，举全林业系统之力，调动各乡、镇政府共同参与，组织、带领干部群众搞好林权登记发换证工作，力争2007年底前基本完成发换全国统一式样林权证任务，为全省进一步深化集体林权制度综合配套改革打下坚实的林权管理基础。当前，一要强化宣传。充分利用报纸、标语、电视、广播等多种形式进行宣传，使林权证的发放和管理工作家喻户晓，提高林业生产经营单位和广大林农群众自觉申请林权登记的法律意识，积极配合发证工作，推动林权登记发证工作的顺利开展。二要加强培训。统一林权登记发证的法律依据，统一技术操作规范，严格执行林权登记公示制度，要将所有需要进行登记的林权宗地全部向权利人及利害关系人进行公示，坚决杜绝暗箱操作，确保林权登记发证质量。三要建立健全林权登记发证档案。要按照《林木和林地权属登记管理办法》（国家林业局令第1号）和《福建省林木林地权属档案管理办法》、《档案工作人员岗位职责》、《林权材料归档制度》、《林权档案利用制度》、《林权档案保管制度》、《一般性林权文书档案鉴销制度》的要求，规范林权登记档案的建立与管理，完整保存林权登记和核发林权证过程中形成的材料。四要强化监督检查。以日常检查和专项检查相结合，组织林权登记发证工作检查督导组，深入各地进行检查指导，掌握实际情况，及时发现和解决工作中存在的各种问题，保证林权登记发证的质量和进度。五要限期完成。根据省里提出的林改三年基本完成，两年巩固提高的要求，最迟2007年底前基本完成发换全国统一式样林权证任务，对不能按时完成的地方要追究领导责任。

（三）建立健全林权争议调处机制，构建和谐新农村

据统计，全省林改中浮现出的各类权属争议共有9 433起，面积283.9万亩，已处理办结的有1 489起，面积39.6万亩，还有各类权属争议7 944起，面积244.3万亩。调处山林权属争议，维护林区和谐稳定，任重道远，应当严格依照《中华人民共和国森林法》和《福建省林木

林地权属争议处理办法》的有关规定，积极探索并尽快建立健全处理林权争议调处机制，努力形成“大林改、大调处、大发展、大稳定”的局面。一要建立健全林权争议调处责任机制。严格实行“属地管理、分级负责”和“谁主管、谁负责”的原则，实行重大案件领导负责制，落实责任领导和责任人的办案制。二要建立健全林权争议依法调处机制。各地山林权争议调处机构要向社会公开林权争议的调处程序、处理依据等，本着尊重历史、照顾现实和有利于林区和社会稳定、有利于保护和发展森林资源，有利于群众生产生活的原则，力求矛盾纠纷早发现、早处理，把群众反映的问题及时化解在基层，解决在萌芽状态。对协商达不成协议的，要及时上报人民政府作出处理决定，当事人对人民政府处理决定不服的，要引导当事人及时提出行政复议，对行政复议仍不服的，引导他们通过行政诉讼解决争议。三要建立健全林权争议调处联动机制。要充分发挥基层矛盾纠纷排查小组、林业部门、信访部门、司法所、基层党组织、人民调解委员会的作用，形成合力，及时做好权属争议矛盾纠纷的化解工作，维护林区农村的和谐稳定。四要建立健全林权管理，预防山林纠纷机制。林业主管部门要从林权管理这个源头入手，坚持预防为主，及时办理林权的变更、注销登记，完善林权档案管理，完整保存林权变化的图、表、册等资料，防患于未然。

（四）维护林权证的法律地位，充分发挥林权证的作用

根据《中华人民共和国森林法》的规定，林权证是确认森林、林木和林地所有权、使用权的法律凭证；根据《中华人民共和国农村土地承包法》的规定，林权证是确认林地承包经营权的法律凭证。要坚决维护林权证是唯一确认森林、林木和林地所有权、使用权和承包经营权法律凭证的重要地位，充分发挥其应有的作用。福建省永安、沙县、尤溪、永泰等已陆续在征占用林地、采伐审批等林政管理中启用全国统一式样林权证，有的地方全国统一式样林权证还可用于抵押贷款，全国统一式样林权证作用已逐步显现。建议福建省从2008年1月1日起，实行“六不”的配套政策，即尚未申领全国统一式样林权证的森林、林木，不得纳入采伐限额编制范围，不得核发采伐许可证；尚未申领全国统一式样林权证的森林、林木和林地，不得办理抵押贷款手续，其林木所有权、林地使用权不得流转；需要占用征用的林地，尚未申领全国统一式样林权证的，林业主管部门不予审核或审批；尚未申领全国统一式样林权证的生态公益林，不得兑现森林生态效益补偿资金。通过配套政策的实施，才可体现出林权证的应有作用，进一步提高全社会对林权证法律地位的认识，督促林木经营单位与个人主动向林权登记机关申领林权证，共同维护林权证的法律地位。

（福建省林业厅林权管理课题组）

积极推进林业主管部门职能转变
为集体林权综合配套改革奠定基础

根据《福建省林业厅关于开展集体林权综合配套改革调研的通知》精神，厅人教处、办公室、机关党委组成调研组，于2006年7月深入到部分县（市、区）开展了林业主管部门职能转变的调研。调研采取个别谈话、召开座谈会、查阅有关资料、现场查看等谈、看、问的形式进行。现将调研情况报告如下：

一、林业主管部门职能和机构设置及行政管理方式存在的主要问题

林业是计划经济色彩最为浓厚的行业之一，林业行政主管部门的职能和机构设置相应地保

留着较深的计划经济的痕迹。随着社会主义市场经济的建立和不断完善，林业也逐步融入了市场经济大潮中。进入21世纪，福建省各级政府相继开展了政府机构改革，各级林业主管部门的职能和机构设置也进行了改革和调整，使林业的职能和机构的设置向科学化、合理化方向迈进了一大步。但是，从总体而言，经过改革后的各级林业主管部门的职能和机构设置的框架仍然受到计划经济时代设立的职能和机构设置的影响，还不能完全适应市场经济的要求。2003年以来，福建省全面启动集体林权制度改革，通过3年来的上下共同努力，目前全省已基本全面完成明晰产权的任务。通过林改，产权——这一市场经济的核心和关键，在林业行业得到了解决，林业生产关系得到了调整完善，林业的体制、机制发生了深刻的变化，林业生产力得到了极大解放和发展，资源得到很好保护，产业得到迅速发展，有力地促进了社会主义新农村建设。林改后，林业的工作重点发生了转移，林业的生产方式、经营模式、组织结构都发生了深刻的变革，必然对现行的林业管理体制带来强烈的冲击，现行的林业主管部门的职能和机构设置的弊端日益显现。一些市、县为适应集体林权制度改革后新形势的变化，对林业行政主管部门的职能和设置进行了一些改革和调整。但改革和调整的总体力度不大，现行的林业主管部门的职能和机构设置仍然存在许多弊端，主要表现在：

（一）机构众多，职责不清

许多地方在机构设置上往往强调上下对口，加上为了争取编制，解决干部安排和干部待遇问题，林业主管部门内设机构越设越多，职责越分越细，每个机构的职能越来越窄。这样，一方面，造成职能交叉，职责不清，往往一件小事，涉及许多职能部门，应该由谁办理或由谁牵头办理，争议很大，造成职能部门之间不协调，相互扯皮，降低了工作效率。如一些设区市林业局原来造林科，现在分成了造林科、竹业科、种苗站、基地办、绿化办等好几个机构。另一方面，虽然一些地方林业主管部门的总体人员较多，但由于机构多，而每个机构里的人员显得就很少，造成人员相对不足，加上有的机构所负责的工作季节性很强，因而形成了忙得忙，闲得闲，各个机构人员力量薄弱，对工作难以形成有效的经常性管理，无法真正形成合力。各地普遍反映干部职工老化现象十分严重，如：龙岩市林业局干部中最年轻的也已经40多岁了，而林业干部职工相当一部分人要上山检查、调查、验收，现有人员难以适应。同时，林业分类经营改革已经进行多年，管严生态林，放活商品林已经形成广泛共识，但是，在机构设置上却没有根据分类经营的指导思想来设置，没有设立专门管理生态公益林的管理机构，造成生态公益林管理难以真正到位。

（二）政事不分，职能交叉

一是由于多次开展机构改革，各级林业主管部门行政机关的编制越来越少，许多县级林业主管部门行政编制只有10人左右，除了领导外，分配到行政科室的行政编制人员往往只有1～2人。而行政机关的职能转变不到位，管了许多不该管、管不了也管不好的事情，行政事务并没有减少，造成事多人少，行政机关的一些职能只得委托或交由事业单位行使。如：厅机关在2000年机构改革后，就将组织、指导全省林木种苗生产、管理，指导森林旅游、陆生野生动植物资源的保护和合理开发利用，组织、指导森林公园的建设和管理等职能交由事业单位行使。二是许多地方事业单位众多，人员编制也相对较多。如：三明市林业局现有在职职工中，行政在编人员47人，事业在编人员达96个。事业单位干部的职能主要是服务，但实际工作中并不以提供服务为主，而是同行政干部一样履行行政职能，造成政事不分，一项事情多人来管，人浮于事。但也有一些地方存在事业单位少，且编制不足的问题，漳州等一些地方甚至存在一些“三办”（绿化办、防火办、处纠办）有机构，却没有编制的情况。三是政事混岗严重。行政、事业等各种编制直接与个人的待遇密切相关。但由于机构设置不科学，行政职数、编制有限，往往造成政、事、企混岗严重，有的一个机构里就有多种身份的人，甚至干同样的活，但待遇却相差很大。如：邵武市林业局各科室中既有行政、事业干部，也有从企业改制置换身份后聘用的。

（三）部分县（市、区）林业行政事业单位干部职工的工资、公用经费没有列入财政预算

一方面，一些县（市、区）林业主管部门的干部虽已列入行政编制，但其工资和公用经费却没有列入财政预算；许多事业单位和林业站的干部职工很多是吃“育林费”的，财政根本没有拨付经费。一旦国家对“两费”进行改革，降低或取消“两费”，这些干部职工的工资就无从解决。同时，财政拨给林业行政、事业单位的“人头”等公用经费也严重不足。另一方面，林业干部职工的危机感不强，行政成本意识普遍较淡薄，行政成本过高。

（四）林业行政执法机构分散，执法不规范

目前，法律法规赋予林业主管部门的行政处罚权，林业主管部门都将之分解到了各处、科、股内设机构中行使。其中承担林业行政处罚职能的机构，有林政资源管理、森林公安、林业站、林业检查站、野生动物管理、濒危物种管理、种苗管理、森林病虫害防治和植物检疫、营林管理、林业规费征收管理等十几个机构。此外，还有设在林业部门的森林防火、绿化、山林纠纷调处等3个机构（有的还有林政稽查、保护区管理机构）在行使林政处罚权。这些执法机构的职能相互交叉，特别是林政资源管理、森林公安、林业站、林业检查站、野生动物管理机构之间，执法职能严重交叉，而这些机构之间又互不隶属，业务之间没有领导与被领导，指导与被指导的关系，所以在行政案件的管辖上容易发生扯皮、争执和重复处罚的现象，也分散了执法力量，对违法行为的查处形不成整体合力，不利于维护正常的林业生产秩序。由于执法人员中相当一部分是事业编制，有的还是自收自支，造成有利的争着管，没利的互相推诿，且片面强调“限、管、罚”，不重视广大林农的合法权益，削弱了林业行政执法在保护和促进林业生产力发展方面的作用。

（五）林业行政管理机制不活，管理幅度分工不清

一方面，由于体制、机构、编制等多种原因，林业行政管理的机制不活，造成苦乐不均，忙得忙，闲得闲，而且干多干少一个样，干好干坏一个样，难以形成有效的激励机制。另一方面，管理幅度不清，国家、省、设区市、县、乡五级林业主管部门的管理权限和管理职责划分不清，管理的幅度不科学、不明确，造成权责不一致，越上级权限越大，但责任却不大，越基层权限越小，却往往义务很多，责任很大。

（六）林业站建设基础不牢，工资经费不足

一是有111个林业站（占全省13.3%）属于乡（镇）人民政府直接管理，尚未按照《福建省森林条例》的规定作为县级林业主管部门派出机构。惠安县林业站全部被撤销并入乡镇农业服务中心，长汀县林业站被改革下放。二是林业站工资和业务经费不足。全省现有林业站在编人员列入财政预算的仅占78.3%，许多地方按包干定额，由县财政拨到林业局，缺口很大，林业站人员工资福利待遇普遍偏低。上级部署的林业站各种项目工作量大，但业务经费却无保障。三是林业站基础设施建设落后，特别是沿海地区许多林业站林业生产管理设备多年未更新。四

是林业站干部职工的素质还不适应要求，继续再教育有待加强。

二、集体林权制度改革对林业主管部门职能、机构设置和管理方式产生的影响

集体林权制度改革，是一项关系林业发展的历史性改革，是农村改革的继续、深化和完善，是农村经济社会发展的第二次革命，是农村生产力的又一次大解放，是破解“三农”问题的有效途径。通过改革明晰了产权，使原来的“集体林”变成了“私有林”，原来的“干部林”变成了“自家林”，林区千家万户的林农成为了集体林的真正所有者，使林业迸发出勃勃生机和旺盛活力，推动了林业主管部门的职能转变和机构编制的调整。

（一）林改后林业主管部门的职能发生了变化

林改后，林权落实到户或到联户，林权单位变小了、变多了，林业经营变分散了，为了适应小林业与大市场衔接，各地进行了积极、大胆的探索，新的林业合作经济组织、社会化服务组织和农民自律组织应运而生，替代了过去由乡、村和林业部门管不了、管不好的职能，推动了林业部门和基层组织职能的转变。林业主管部门逐步从繁重具体的育林护林事务中和对系统内企事业单位管理的事务中解脱出来，把工作重心转移到宏观指导、行政执法、公共服务、强化监督上来，实现以管理为主向服务为主的职能转变。一些地方林业主管部门在以下职能方面发生了一些变化：一是逐步增加了一些职能，如林权证初始登记与变更登记和管理职能；林权证抵押贷款登记、森林资源评估服务职能；提供林权交易平台，提供市场信息服务职能等。二是强化了一部分职能，如山林权属纠纷调处、生态公益林管护职能等。三是逐步转移了一部分职能，如林业调查设计、木材检验等向中介组织转移，商品林的森林灾害防治职能也有向协会转移的趋势。如尤溪县率先于2003年创建了民间护林防火联防协会。四是弱化了一些职能，如对商品林的管理职能等。

（二）林改后为适应职能变化需要林业主管部门的机构设置相应地进行调整

职能决定机构设置，机构设置应适应职能变化的实际情况。否则，当机构设置严重不适应职能需要时，就会阻碍办事效率的提高，阻碍林业生产力的发展。林改后，随着林业主管部门职能发生变化，一些机构已明显不适应职能变化的需要，一些县（市、区）以改革创新的精神，争取编办等部门同意调整或新设立了一些以林业服务性中介为主的机构。目前，一些县（市、区）已经调整或新设的机构主要有：林木、林地权属登记管理中心、数字林业管理中心、林业服务中心等和森林资源评估中心、林业调查设计中心、木材检验中心以及各种协会等中介组织。据初步统计，全省近40个林区县都相继成立了林权流转服务中心，逐步形成了以南平、三明等主要林区为中心，辐射全省的森林资源流转市场，促进了林业生产要素的规范、有序流转和森林资源的优化配置，有效盘活了森林资源；全省累计成立各类协会组织1 000多个，有力地提高了林业组织化程度；全省成立了各类林业合作经济组织2 400多个，仅永安市就新组建成立了123个家庭合作制林场，经营面积达33.3万亩；德化县有各类林场108个，经营面积达90.2万亩，占全县商品林面积的60%以上。在各地机构编制调整整合中，永安市的力度最大，一些机构已经整合设立，一些机构提出了整合的思路，准备设立。一是于2004年10月18日组建了林业要素市场，这是集信息发布、交易实施、中介服务于一体的林业综合性管理与服务机构。市场内设立林权登记管理中心、森林资源评估中心、木竹交易中心、林业法律与科技服务中心、林业劳动力培训中心等“五个中心”和1个林业办证室。实际上，将林业局原有林地林权管理办公室、处理山林权纠纷工作小组办公室、法制科、科技科、林业规划队等5个机构进行了合

并，相关工作职能并入林业要素市场。二是着手将林业原有林业科技推广服务中心、森林资源管理站、林业行政服务窗口、营林科、竹业开发办、绿化办、产业科、苗圃等8个机构的相关工作职能进行整合，形成了林业产业建设服务中心。三是拟将林业局原有林政资源管理科的机构撤销，相关工作职能并入林业保护中心。林业保护中心下设森林防火办公室、森防检疫站、林业综合行政执法大队（其下设道路稽查中队加挂林业检查站的牌子）。四是针对林业改革与发展的需要，今后结合机构改革与机制创新工作的开展，计划将林业局原有党委办公室、行政办公室、人事教育科、退休职工管理委员会办公室、计划财务科、审计室、计算机中心、机关车队等8个机构撤销，相关工作职能并入林业保障中心。林业保障中心下设党政办公室、财务审计科。五是森林公安维持现有机构、人员编制。再如：邵武市也于2005年5月成立了邵武市林业服务中心，下设林业行政办证、林权管理、森林资源评估规划、科技法律咨询、投融资、网络信息、人力资源培训、木材检验等8个服务窗口。省林业厅和部分县（市、区）也根据《中华人民共和国行政许可法》的要求，成立了林业政务服务中心，将分散在各职能部门、事业单位的行政许可和有关管理职能集中到一个窗口受理。但是，由于机构设置具有相对稳定性，机构设置后在一段时期是难以改变的，从总体上说，各地林业主管部门的机构设置改革力度不大，机构设置没有太大的变化。

（三）林改后林业主管部门管理方式发生了变化

林改后，林业主管部门长期以来习惯于计划经济的管理方式受到强烈冲击，已经并正在逐步发生重大改变。主要体现在：一是从系统管理转向了行业管理。计划经济时期，林业主管部门的管理主要是对全民所有制经济单位进行单一的“系统”管理，随着市场经济进程加快，多种经济特别是非公有制林业经济逐步发展壮大，传统的系统管理、部门管理的旧体制逐步被打破，跨部门、跨所有制甚至跨地区的涵盖全社会的林业行业管理新体制逐步建立并完善。二是从微观管理转向了宏观管理。林改前，由于林权虚置，发展林业的主体错位，林业主管部门成为了集体林林业生产的具体组织者，从造林、抚育管理到采伐管理、木材加工一系列生产过程，林业主管部门都要介入，大包大揽，事无巨细都要办理，从而陷入了具体事务的微观管理之中。林改后，林农和林业经营者成为了林业建设的主体，在发展林业生产中获得了实实在在的收益，发展林业生产的积极性大大提高，林业主管部门则从繁重的催耕催种的具体事务中脱离出来，转移到制定规划和政策、加强服务、强化执法等宏观管理上来。三是从注重管理转向服务管理并重。林改前，林业主管部门强调的是“管理”，注重维护林区经济秩序，管理林业经济的手段主要是以行政手段为主。林改后，随着林业建设的主体地位重新确立，林业主管部门的“理念”发生了变化，从一味强调管理，转向了注重服务和服务管理并重转变，管理林业经济的手段转向了以法律、经济手段为主。从管人管事向为林农、林业经营者创造公平、良好的发展环境转变。特别是林改配套改革后，林业主管部门在林权登记、变更、种苗、科技、森林资源保护、林业信息、林权抵押等综合服务方面，无论在服务数量方面上还是服务质量上都不断提高。

三、对林业主管部门职能转变和行政管理方式转变的建议

（一）要坚持分类指导、分级指导原则

1. 坚持分类指导

一要按区域分类。各地情况千差万别，在指导各地林业主管部门转变职能和设置机构上，一定要立足本地实际，按区域、按林种、按单位性质等进行分类指导，分类管理。主要是按山

区（林区）和沿海（非林区）进行分类。福建省面积虽然不大，但是，有山区、有沿海，在沿海也有林区县和非林区县，各地的自然情况、地理条件、社会经济条件和林业生产的传统和基础都不一样，特别是森林资源数量和质量、林业管理的工作业务量、现有机构设置、林业工作人员数量差别很大。因此，在指导各地进行林业职能设置、机构调整和林业管理方式转变上，一定要根据区域进行分类指导和管理。如：林改后山区县林权管理成为林业管理的基础，林权登记管理机构成为林改后最急需成立的机构，一定要指导、督促尚未成立林权登记管理机构的山区县，尽快成立机构，已成立机构的要指导尽快规范完善运作。而一些沿海县商品林面积很少，林权登记管理的业务工作量很小，现有林业工作人员很少，再成立林权登记管理机构既不现实也没有太大必要，可以考虑在现有相关机构中赋予林权登记管理的职能。再如：设区市林业局机构设置，也应根据山区、沿海不同情况分类指导，如泉州市林业局提出了要“将整个林业部门的内设机构（包括行政和事业单位）精简整合为五个科室和一个挂靠单位，全部列为行政编制，实行公务员管理”的改革思路，调研组认为应鼓励积极探索争取。但这种改革思路对于林区的设区市林业局来说可能就不适合，也不太现实。二要按商品林、生态公益林分类。商品林和生态公益林的性质不一样，要求我们必须按照“商品林逐步放活，生态公益林管住管好”的思路去设置林业机构和转变林业管理方式。对于生态公益林面积很大、工作量很大、目前管理力量又较薄弱的县，可以争取成立生态公益林管理的专门机构，而对于以商品林为主，生态公益林面积较小，且现在管理又不错的县，可以进一步强化生态公益林职能，适当增加现行所依托的森林资源管理站的人员编制。三要按行政、事业单位进行分类。行政、事业单位性质不同，职能不一样，在改革调整行政、事业单位时也必须分类指导。在行政单位内部，对公务员要按照《中华人民共和国公务员法》规定的综合管理类、专业技术类和行政执法类等类别实行分类管理，提高管理效能和科学化水平。对事业单位，也要划分为行政执法类、公益性类、经营类，对不同类别事业单位采取不同的政策措施、不同的管理方式。

2. 要坚持分级指导

省、市、县、乡级别不同，职责不同，机构设置和管理方式必然也有所不同，因而无论在职能、机构设置上，还是在行政管理方式上都要坚持分级指导，不能强求上下对口一致。一是在职能和机构设置上。对于省级林业主管部门，职能设置尽可能全面，机构设置可以多一些，分工可以相对细一些，专业化程度可以高一些，但也并不是职能越全越好，机构越多越好，也必须符合“精简、统一、效能”的原则，而且职责要分清，尽可能不要发生职能交叉，防止发生扯皮推诿现象。2000年省级林业主管部门机构改革后，将部分行政管理职能交由事业单位行使，但随着2003年8月《中华人民共和国行政许可法》的出台，继续交由事业单位行使，已经背离了《中华人民共和国行政许可法》第24条关于“行政机关在其法定职权范围内，依照法律、法规、规章的规定，可以委托其他行政机关实施行政许可”的规定。因此，当前，应该探索逐步规范交由事项。一方面，应从调整法律入手，自上而下转变，即积极向上反映，建议修改、调整那些不适应林业改革发展实际的法律、法规和政策，通过修改法律、法规、规章，将确需事业单位组织行使的职能授权事业单位行使；另一方面，探索将不宜交由的事项逐步收回行政机关行使。对于县级林业主管部门，可以根据各地的实际把握，由于机构、编制等方面限制，但从总体上说，机构设置可以少一些，每个机构的职能可以多一些，对于具有相关性的职能，可以同时赋予一个机构，不必强求上下机构统一。对于设区市林业主管部门可以根据省级和所辖县级林业主管部门的职能、机构设置的实际，结合设区市林业主管部门现有状况，科学合理设置，起到上下衔接，提高效率的作用。二是在管理幅度和管理方式上。要按照“权责一致”原则，科学合理界定省、设区市、县林业主管部门的管理职责和管理幅度。在界定时，要根据省政府关于发展县域经济的通知精神，强化县级林业主管部门的职能。管理职能和管理幅度界定后，下级林业主管部门不能越权，上级林业主管部门也不能越级将下级林业主管部门管理的职责收归自己行使，导致权责失衡。

（二）要按照“管理、服务、执法、监督”四大功能，科学合理界定林业主管部门的职能

在调研中，各地对今后林业主管部门要“按照管理、服务、执法三大功能，设置林业职能，整合林业内部机构”的提法，认为是科学的，但也有不少同志建议应增加“监督”职能。我们调研组也赞同这一观点。林改后，林业主管部门从大包大揽、事无巨细的直接管理、微观管理转向间接管理、宏观管理后，监督成为十分重要和必须加以强化的工作，因而无论在职能设置上、机构设置上都不能忽视“监督”。一方面，要加强层级监督，强化上级对下级管理、资金使用和执法的监督；另一方面，要加强林业主管部门的内部监督，充分发挥纪检、监察以及内设法制机构的作用，强化对林业主管部门干部职工依法行政、廉政勤政、作风纪律和规范执法的监督。同时，大家又认为，“管理、服务、执法、监督”四大功能是相互联系，相互促进的，难以截然分开的。因此，要根据林改后的职能转变的需要，按照建设“有限责任政府”、“法制型政府”、“服务型政府”的要求，按照“管理、服务、执法、监督”四大功能，科学合理界定林业主管部门的职能。重点要做到“十个强化、五个弱化”。

“十个强化”，即：一是强化林权证初始登记与变更登记服务和林权证的管理。计划经济时代，林业的产权名义上属于集体所有，但是实际上产权严重虚置，各级党政和社会组织、林业主管部门、广大林农群众没有“林权”的概念和意识，或者意识十分淡薄。集体林权制度改革后，山林分到户或到联户，林地使用权和林木所有权真正落实到个人，使得产权十分明晰。因此，林权证成为了维护山林权所有者最有效的法律保障。林权登记、发证，林权证的变更登记和注销、林权档案的保存以及林权证的日常动态管理等成为了林改后林业主管部门最基础和最重要的工作之一，成为做好林业其他工作的基础和保障，显得十分的重要和紧迫。二是强化林权证抵押贷款登记、森林资源评估等中介服务。林改后，产权到户，为了使森林资源变现、盘活而将森林资源抵押成为必然，而要进行山林权流转、抵押，对森林资源进行评估、林权登记、抵押贷款登记等服务成为了十分重要的基础性工作。三是强化科技、市场信息服务。一方面，林改后，如何既要为林权交流提供平台，为林权所有权转让林权实现“变现”提供方便、及时的服务，又要如何规范林权流转，提供市场信息服务，防止过度“操纵”，保护林权所有者的利益；另一方面，林改之后，科技成为林农的第一需求，林业主管部门要积极、主动地为林农提供科技服务，促进林农增收。四是强化指导全省林业社会化服务体系、合作组织体系建设。林改后，催生了各种新的林业经济组织、各种社会中介，如何指导、引导他们的产生和发展，如何规范他们的管理和监督，成为了林业主管部门的一个重要职责。五是强化生态公益林和国有林的管理和保护。林改和林业分类经营改革后，生态公益林的建设和管护成为了政府加快生态建设的一项十分重要的职责。而国有林在林业生态建设中具有十分重要的作用，在商品林建设中也为乡村林业发挥了重要的示范辐射作用。而在林改后，经营商品林的效益明显提高，林地价值逐步体现，生态林与商品林收入差距越来越大，而商品林的林权又分到了户，不容易发生

盗砍，部分盗砍滥伐分子把盗砍的目光集中到“国有林”和“集体”所有的生态公益林上，国有林和生态公益林的管护任务更加繁重，成为林业主管部门迫切要加强的职能。六是强化造林更新管理。从注重采伐管理转向注重造林更新管理，研究制定出鼓励包括非公有制主体在内的各种主体投资造林的政策措施，强化造林更新管理，特别是要确保采伐迹地和火烧迹地依法及时更新。七是强化山林权属纠纷的调处和信访。林改后，林权落实到了千家万户，加上林地四至界线不易区分甚至会产生变动，必然会引起或多或少的林权纠纷，引起群众信访。因此，做好山林权属调处和做好信访工作的工作量将会很大，强化山林调处和信访职能显得非常重要。八是强化林业行政执法职能。林业行政执法是实现依法治林的关键，必须进一步强化，对现行执法力量进行整合，实行林业行政综合执法。九是强化重大森林灾害的防治和监测。林改后，商品林的森林灾害应逐步交由业主负责，业主可以采取联户或建立联防组织等形式加以防治。但是，对于重大森林灾害的防治和监测，是千家万户难以独立解决的问题，迫切要求林业主管部门统筹协调，综合治理。十是强化数字林业建设。随着信息化社会的发展，林业行政事务实现信息化、网络化显得越来越重要，成为了林业主管部门提高行政效率、增强宏观调控能力、实现优质服务十分重要的手段。

“五个弱化”，即：一是弱化微观管理职能，最大限度地削减直接干预林业经济的职能，改变林业主管部门直接参与企业、干预林农林业生产的管理方式，把市场能够解决的问题交由市场去解决，充分发挥市场的基础作用。二是弱化计划职能，部分指令性计划可以改为指导性计划，部分指导性计划，可以取消。三是弱化部分行政审批职能。随着行政审批职能的改革，近年来，有关林业行政审批的项目减少了许多。随着《中华人民共和国行政许可法》的进一步贯彻实施，林业行政主管部门的个别行政审批职能可以弱化，并要精简手续，方便林农群众。四是弱化商品林生产经营管理和采伐管理的职能。按照“商品林放活”的指导思想，积极探索林政资源管理新办法，在坚持“采伐限额”管理的基础上，弱化采伐指标管理，赋予林业生产经营者更多的经营自主权，确保林业生产经营者的处置权和收益权。五是弱化私有林的管理。林改后，非公有制造林大幅上升，已占年造林总面积70%以上。林业主管部门主要应在加强对私有林的技术服务指导，不要直接干预私有林的生产经营，弱化对私有林的管理。

鉴于林改后林业主管部门职能发生的变化，根据“管理、服务、执法、监督”四大功能进行整合，调研组认为，林业主管部门的职能主要职能应该包括以下几个方面：

1. 管理职能

主要包括：一是宣传、贯彻执行林业发展和生态环境建设有关法律、法规、规章和政策；研究、拟定并组织实施林业发展战略、规划和年度计划。二是受理、办理林地征占用、林木采伐等林业行政许可事项并加强对林业行政许可事项的管理，监管林业行业安全工作。三是组织实施林业经济体制改革，开展集体林权制度改革和林业投融资、林政资源管理等各项配套改革。四是审核并监督森林资源的使用，组织森林经营方案和森林采伐限额的编制及批准后的实施监督；依法管理林木凭证采伐（狩猎）、运输、加工、经营木竹及陆生野生动植物。五是组织森林资源调查，建立健全森林资源档案和森林资源资产化管理体制。六是组织实施植树造林、国土绿化、封山育林、生态公益林保护和建设等林业生态环境建设。七是组织、指导国有林场、森林、湿地和陆生野生动植物类型自然保护区、森林公园、苗圃、流域森林生态系统、沿海防护林体系的建设和管理；组织、指导除城市规划区以外的古树名木保护工作。八是组织、指导陆生野生动植物资源的保护与合理开发利用；负责陆生濒危物种及国家、省保护的陆生野生动植物及其产品进出口的审核、审批；组织、协调湿地保护和有关国际公约的履约工作。九是组织、指导全省林木种苗生产、管理及各类商品林（包括用材林、经济林、薪炭林、药用林、竹林）、特种用途林、工业原料林基地建设与管理；对包括木竹生产及加工、林产化工、木片生产、木浆造纸、森林旅游、木本药材、花卉、陆生野生动植物种、养、加工业在内的林产业实行行业管理；指导林产品市场体系规划；指导林业融资；监管林业行业安全工作。十是组织、指导森林资源（含经济林、薪炭林、热带林作物、红树林及其他特种用途林）的管理和资源调查规划、设计、动态监测、评估与统计。

2. 服务职能

一是办理山林权属初始、变更登记，建立林权流转交易平台，提供林权证抵押贷款登记、担保服务。二是指导各类合作经济组织、林业专业协会的建设。三是组织、指导林业科研及成果的推广应用；开展林业劳动力培训。四是收集、发布林权流转、木竹产品及其制品、加工设备的交易与价格信息，为社会提供相关信息服务。五是开展森林资源资产转让、拍卖、抵押、企业联营、合资、兼并、租赁、清算等涉及森林资源资产及相关资产的价值评估服务。六是指导森林灾害防治基础设施建设，组织重大森林火灾扑救和重大森林病虫害的防治。

3. 执法职能

一是依照林业法律、法规、规章的规定查处各类林业行政案件；二是组织、指导森林公安查处各类林业刑事案件，维护林区治安稳定。

4. 监督职能

一是对下级林业主管部门是否依法依规实施各种林业行政管理进行检查监督；二是对下级林业主管部门是否认真贯彻有关法律、法规进行检查监督，并负责林业执法监督、行政复议和行政诉讼应诉；三是加强对林业资金征收、管理和使用的稽查和监督；四是充分发挥林业主管部门内设法制机构、纪检监察机构的使用，加强对本级林业主管部门执法和管理的监督。

（三）科学合理调整行政事业单位机构编制并科学整合力量

要根据职能转变的要求，实事求是地、有步骤、分阶段地对林业行政、事业单位的机构设置和人员编制进行改革和调整。在当前过渡阶段，应该保持大稳定小调整，从实际出发，正确处理好从工作出发要整合合并机构但从解决干部待遇出发又要多设机构的矛盾，除对急需新设立的少数机构争取新设立外，其余机构设置可暂时维持不变，但要加大实际运行机构和人员力量的整合力度。如：市、县一级可以借鉴南平市林业局和德化县林业局的做法，对职能相关的行政科室和事业单位进行“合署办公”，南平市林业局对现行的林政科、野生动植物保护中心、处理山林纠纷工作小组办公室，资源站与规划队，产业科与对外经济贸易办公室办均实行合署办公，明确一位实际负责人，而合署办公内有关科室的领导的职务、工资待遇不变，但在实际工作中只有一个实际负责人。也可以借鉴三明市林业局采取“工作小组”的做法，对突击性或重要性工作，从有关科室中抽调组成工作组；还可以采取联席会议的做法。从林改后林业工作重点转移，林业职能发生变化的趋势看，调研组认为对林业主管部门的机构设置和人员编制进行调整整合可以按照以下两种思路进行。一是大调整的归口管理式。可以借鉴永安市林业局的思路，根据各地林业工作实际，将林业主管部门的职能进行大调整、大整合，科学设置，归口管理，按照建立林业保护、管理、执法、服务等体系的要求，相应成立几个管理或服务中心，将职能和有关事业单位的原来林业主管部门科学整合到管理或服务中心去。这种方式的优点是机构设置能够很好适应职能变化的需要，运作得好，林业管理的体制将会很顺畅，将有力地提高管理、执法的效能，促进林业生产力快速发展。缺点是这种方式改革力度大，涉及面广，机构设置要得到当地编办的批准难度大，机构批准后要正式运作需要一段时间的磨合期，对干部职工的振动也大，运作不好可能难以达到预期效果。调研组认为，有条件的县一级林业主管部门可以考虑这种方式，成立的林业管理或服务中心应为副科级。二是小调整保持稳定式。这种方式，对林业主管部门和事业单位原有机构、单位基本维持不变，着重根据林改后新增加和需要重点强化的职能需要，新设立或调整相应机构。这种方式，优点是涉及面小、振动小，平稳过渡，干部职工容易接受，争取新设立相应机构也相对比较容易；缺点是机构设置还难以真正与职能变化的需求相适应，从长远来说，难以持续、稳定地促进林业生产力的发展，甚至一些机构设置可能成为林业生产力发展的障碍。调研组认为，根据目前实际，省、设区市和部分县（市、区）可以采用这种方式。如果采取这种方式，根据当前林改后职能变化的实际，重点应根据各地实际，因地制宜，组建设立以下几个方面的机构。一是林权登记管理中心机构。林改后，大量林权资料保存以及林木和林地权属登记、变更管理已成为一项日常性的工作，亟须加紧组建专门的林权登记管理中心机构，及时办理林权登记、变更和注销手续，发放林权证书，实现林权的动态管理。只有这样，才能及时、准确地反映、掌握山林权属的变化情况，才能维护林权证作为森林、林木、林地所有权和使用权唯一法律凭证的严肃性，才能以法律形式巩固林改成果。目前，一些地方已经成立了林权登记管理中心机构，但大多数地方中心机构的硬件设施不过关，管理还不规范。而还有相当一些地方还没有成立林权登记管理机构，主要是将林权登记管理职能挂靠或合并在处理山林权纠纷工作小组办公室行使。究竟是要新成立林权登记管理中心机构好，还是依托处理山林权纠纷工作小组办公室并设想增加编制从而加强这项工作为好，大家的意见也不一致。调研组认为，县级林业主管部门，因为要直接面对千家万户的林农，林权登记、变更、管理工作量很大，因而新成立林权登记管理机构为宜；而省级、设区市级林业主管部门对林权的管理，主要是制定政策，宏观管理，因而依托在处理山林权纠纷工作小组办公室是可行的，不一定要新成立林权登记管理机构。对于已经成立中心管理机构的地方，要加强中心机构的基础设施建设和规章制度建设，规范运作，并努力扩大服务项目和服务范围。二是林业综合行政执法机构。要指导各地尽快组建统一、精干、高效的林业综合行政执法机构，实现执法与管理、执法与监督相对分离，形成权责明确、行为规范、监督有效、保障有力的执法体制。三是根据各地林业改革发展实际，筹备成立有关机构。如：林区县要积极争取成立生态公益林管理机构，有条件的地方还要争取成立数字林业管理中心、林业信访机构等。四是鼓励各地指导建立、完善各种协会、社会化组织等中介机构和中介组织。

（四）按政事分开的原则扎实推进事业单位改革

在对事业单位进行全面清查摸底的基础上，根据中央和上级有关精神，坚持分类施策，研究提出符合林业实际的事业单位改革总体方案，强化行政执法类（法律、法规明确授权执法的事业单位）的行政执法功能，其经费由财政全额拨款；强化公益性事业单位公共服务功能，其经费主要由财政保障；强化经营性事业单位自我发展能力，使其逐步走向市场。要通过改革，建立起适应社会主义市场经济体制要求、满足公共服务需要、符合事业单位自身发展规律、充满生机与活力的管理体制、运行机制和自我约束机制，逐步做到公益目标明确、投入机制合理、监督制度完善、治理结构规范、微观运行高效。重点是按照政事分开原则，科学合理地界定事业单位的性质、职能和任务，使党政群机关和事业单位各司其职，各负其责。逐步将事业单位承担的未被法律、法规授权的，应由行政机关承担的行政管理职能逐步交还行政机关；对政事职责联系紧密，现阶段确需由事业单位承担的行政职能，通过积极反映修改立法并依法授权规范其行为；将事业单位承担的执法监督与技术检验职能相分离；应由中介机构或企业承担的职能交还中介机构或企业；事业单位原则上不承担审批审核职能。

（五）千方百计争取将林业行政事业单位工资和公共经费纳入财政盘子

目前，市、县一些林业事业单位甚至一些县（市、区）公务员工资和公用经费还未纳入财政盘子，仍然在吃“两金”。随着税费改革进程加快，林业“两金”必须逐步下降甚至取消，届时这些人员将成为“无米之炊”。因此，从现在开始，就要把这项工作列入重要议事日程，加大工作力度，将这一问题作为林改的配套改革的一个重要内容想方设法加以协调解决。这一问题未解决的县（市、区）要主动向当地党委、政府和财政等有关部门汇报、协调，作为省、市林业主管部门也要借鉴森林公安改制等经验，积极主动向省、市党委、政府、编委汇报、协调，争取从上至下促进基层加以解决。

（六）加强协会、中介组织的建设，规范中介组织的管理

建立健全行业协会等中介组织，有利于加强企业和政府的沟通，有利于企业协调内部关系，有利于强化行业内部自律行为，促进企业公平竞争。随着市场经济的逐步完善，行业协会等中介组织在经济管理中的作用越来越显得重要。林业主管部门要转变职能，就必须把哪些不该由政府管的和不宜由政府管的职能转给企业、市场、协会和各种中介组织。要坚持民办、民管、民受益的原则，按照服务组织网络化、行业协会专业化、中介机构社会化的要求，支持各地建立各种行业协会和各种中介组织，引导林农在明晰林权、明确利益分配的基础上，以资金、技术和亲情、友情为纽带，建立新型的林业合作组织和林业经营实体，实现“县里建中心，乡镇建协会，村里建分会”，形成县、乡、村一体化、互动互联、网络化的服务构架。在建立协会过程中，要坚持行业代表性，打破部门、区域和所有制的界限，将同行业相关的组织和个人吸纳到协会中来。要充分发挥协会等中介组织的桥梁与纽带作用，加强协会与林业主管部门的沟通，为林业主管部门制定各项政策以及产业发展规划提供建议与意见，并积极参与有关林业产业发展规划、产品质量标准、政策措施的制订与实施。必须加快建立并完善森林资源资产评估、木材检尺、科技服务等公共服务中介组织，明确服务宗旨，规范运作行为，提高服务质量，为林业改革与发展提供全方位、高质量的服务。同时，又要科学、正确处理好林业主管部门和协会、中介组织的关系，分清各自的职责界线。加强对协会、中介组织的指导和行业管理、监督，规范他们的服务行为。

（七）加快林业综合行政执法改革步伐

实行林业综合行政执法，是解决目前林业执法机构多、力量分散、职能交叉、多头执法的执法体制弊端，适应林改后林业改革发展现状，提高依法行政水平的必然要求。要尽快总结分析现有的林业综合行政执法三种试点模式的优缺点，在分析比较的基础上选择确定最科学、最符合福建林业实际的试点模式，并可吸收借鉴其他两种模式的优点进一步调整完善改革模式，尽快在全省内推广，形成上下相对一致的执法体系，真正形成执法合力。要通过改革，整合执法力量，将目前分散在各个机构的行政处罚职能进行整合归并，组建相对独立、集中统一的林

业综合行政执法机构，规范执法程序，落实执法责任，健全执法保障，为林业改革与发展提供良好的法制保障。

（八）加强林业工作站的建设

林业站是林业主管部门的最基层的单位，林业主管部门部署的各项业务工作最终都要靠林业站来落实。因此，林业站是林业各项政策措施的具体落实者，是林业工作特别是林业社会化服务体系的基础。为此，一要把林业站的建设列入重要议事日程，认真研究解决林业站存在机构队伍不稳、经费无保障、基础设施建设滞后等问题。指导各地在乡镇机构改革中坚持把林业站作为县级林业主管部门的派出机构，督促对已将林业站下放乡镇管理和撤并林业站的县（市、区）尽快予以恢复。要配足林业站工作人员，并加大对林业站的财政投入，努力解决林业站经费不足问题。二要创新林业工作站管理机制。要切实转变管理观念，寓服务于依法管理保护之中，切实提高林业站的建设水平。特别是加大林业站数字林业建设步伐，逐步实现林业部门管理网络化，使林农在当地林业站就可以办理木材采伐证、检疫证、运输证和缴交林业经费，真正方便林农，提高工作效率。三要转变林业工作站的职能，不能再沿用“上面千条线，下面（林业工作站）一针孔”，什么任务都往林业站压的老做法老办法，要赋予林业工作站与其自身能力相符合的、适当的、有限的功能，让林业工作站从疲于应付完成上级任务向自己和科学的管理转变。对通过社会自律能调节好的就交由社会中介组织承担。通过改革，要建立以林业站为中心，各种协会，技术服务组织相连接的林业社会化服务网络，最大限度地为林农和林业生产经营者提供政策服务、维权服务、营林服务、采伐利用服务、信息服务、资源保护服务、培训服务等各项服务。

（林业主管部门职能转变调研组）

结合实际　勇于探索
为推进行政执法体制与林权登记管理改革打下坚实基础

根据《福建省人民政府办公厅关于开展集体林权制度配套改革调研的通知》要求，省林业厅、机构编制委员会办公室、人事厅、财政厅、法制办公室组成联合调研组，于2006年9月25~29日，到尤溪、延平、永安、漳州、福清等县（市、区）对林业行政执法体制与林权登记管理改革问题进行了调研。调研组采取座谈会、实地察看等方式，广泛听取了当地政府及其林业、编办、人事、财政、法制等部门的意见，对福建省林业行政执法体制与林权登记管理改革进行了深入的调研。总的来说，各地林业部门能够根据集体林权制度改革后出现的新情况、新问题，进行大胆探索，积极改革，并摸索了一套经验，为全面推进林业行政执法体制与林权登记管理改革打下了良好的基础。现将调研情况汇报如下：

一、林业行政执法体制改革情况

（一）福建省林业行政执法体制的现状

在各级党委、政府的领导下，在广大林业行政执法人员的努力下，福建省林业行政执法工作总体形势很好，森林资源得到有效的保护，各种破坏森林资源的违法犯罪行为受到及时的打击，有力地保障了福建省林业健康有序的发展。但是，各级林业主管部门将法律赋予的林业行政处罚权分散到各内设业务机构行使，也造成了一些问题，特别是集体林权制度改革后，面对林业经营主体多元化、分散化的格局，这些问题显得更加突出：一是林业主管部门内部行使行政处罚权的机构和人员多。如尤溪、延平、永安、福清等县（市、区）林业局在改革前，承担林业行政处罚职能的机构有：林政股、资源站、林业站、林业检查站、野生动物管理站、种苗站、森林病虫害防治和植物检疫站，林业基金站等机构。有的还有林政稽查队，如尤溪县、延平区林业局。且行使林业行政处罚权的执法人员也较多。如尤溪县林业局原有215人；延平区林业局177人；永安市林业局240人；福清市林业局86人。因此，有时会出现几个机构或者几批执法人员同时检查一家林业经营单位的现象。二是各机构的职能相互交叉重复。特别是林政股、资源站、林业站、林业检查站之间，执法职能严重交叉。三是人员配置不合理，执法力量分散。各机构都配置林业行政执法人员，同时由于受人员编制的限制，各机构执法人员的人数都不能满足执法任务的需要，平时忙于业务和事务，对违法行为的查处时紧时松，给不法分子造成可乘之机。四是人员整体素质较低。由于执法机构多，各职能机构对人员的要求不一，林业局无法统一把握执法人员的进人关，造成执法人员素质参差不齐。再加上一些机构的主要业务不是查处案件，平时很少办案，法律知识运用少，一些执法人员对案件处理程序不熟悉。因此，需要根据集体林权制度改革的新形势，针对林业行政执法存在的问题，改革现有的林业行政执法体制。

（二）林业行政执法体制改革的主要做法

2003年，国家林业局选择永安市、南靖县两个林业局进行了相对集中林业行政处罚权的试点。2005年，国家林业局、省林业厅又将试点范围扩大到15个县。各试点县的主要做法是：通过整合林业局现有的行政执法资源，成立林业行政执法大队。同时，将林业行政处罚权从原各内设业务机构中剥离，交给执法大队集中行使。执法大队以林业局的名义行使处罚权，原各内设业务机构不再行使处罚权。如永安市林业局2004年经市编委批准，通过整合林业局各机构的执法人员，成立林业综合行政执法大队。尤溪县林业局2005年经县编委批准，将林业检查站、林政稽查队归并，成立林业综合行政执法大队。延平区林业局2005年经区编委批准，以林业检查站为基础，组建林业综合行政执法大队。这些做法具有很强的操作性，为全省林业行政执法体制改革提供了经验和方法。

（三）林业行政执法体制改革的初步成效

通过两年多的大胆实践，林业行政执法体制改革取得了初步的成效。一是行使林业行政处罚权的机构和人员明显减少，解决了执法机构职能交叉、人员多等问题，杜绝了原来“多头执法”的现象。二是林业行政执法办案质量明显提高。通过执法大队统一审查，达到案件统一管理、统一把关、统一处罚标准、统一法律文书格式和法律程序的目的，提高了案件办理质量。三是林业行政执法的社会效果明显好转。集中执法改变了过去那种多头执法、相互推诿和执法扰民的现象，从源头上防止了执法腐败现象的滋生，进一步促进了林业行政执法勤政和廉政建设。

二、林权登记管理改革情况

（一）福建省林权登记管理工作的现状

2003 年开展集体林权制度改革以来，经过全省上下的共同努力，基本完成了以明晰产权为核心的改革主体工程，改革的成效愈益明显，得到了中央领导和国家林业局领导的充分肯定。但是，林权登记管理工作却没有完全跟上集体林权制度改革的步伐，存在不少问题：一是林权证的发换证工作进展较慢。目前，全省已完成明晰产权村 11 602 个，占有改革任务村总数的 99.5%；完成明晰产权面积 7 500.6 万亩，占应改革面积的 97%。而集体商品林林权证发换证面积只有 3 791.96 万亩，占应发换证面积的 35.99%。其中沿海 6 个设区市有 21 个县（市、区）发换全国统一式样林权证在 10 本以下，其中有 15 个县（市、区）尚未发换 1 本全国统一式样林权证。二是没有专门林权登记管理机构。福建省是“八山一水一分田”的省份，有林业用地 1.34 亿亩。但是，有史以来，全省就没有专门设立林权登记管理机构。像尤溪县、延平区这样的重点林区县也只是由林业局设立临时的林权登记管理办公室，人员临时抽调，流动性大，很不稳定，而且经费短缺。三是林权登记管理档案不规范。福建省自 1982 年林业“三定”以来，因没有设立林权登记管理机构，也就没有开展规范化的林权变更登记。现在的林权状况与 1982 年相比，已发生了很大的变化，但是，由于 1982 年林权证没有变更，出现了“山证不符”、“林证不符”的现象，造成了许多本可避免的纠纷，影响了林权登记发换证，也影响到林区稳定和林业生产发展。

（二）改革林权登记管理工作的必要性

集体林权制度改革后，如何发好林权证、用好林权证、管好林权证已成为亟待解决的问题。具体地说有四个需要：

一是法律政策的需要。《中华人民共和国森林法》第三条规定：“国家所有的和集体所有的森林、林木和林地，个人所有的林木和使用的林地，由县级以上地方人民政府登记造册，发放证书，确认所有权或者使用权。”《中华人民共和国农村土地承包法》第二十三条规定：“县级以上地方人民政府应当向承包方颁发土地承包经营权证或者林权证等证书，并登记造册，确认土地承包经营权。”中共福建省委、福建省人民政府《关于加快林业发展建设绿色海峡西岸的决定》（闽委发〔2004〕8 号）第二十四条规定：“要确定林权登记发证职能机构，依法加强林权管理。”因此，设立林权登记管理机构，依法发放和管理林权证是各级人民政府应尽的职责。

二是实现林权动态管理的需要。集体林权制度改革明晰产权后，林业经营主体呈现多元化趋势，集体林由集体统一经营转变为以家庭承包经营、联户经营和股份制实体经营，在这个转变过程中，需要做大量的林权初始登记、发证工作。同时，随着森林资源的流转、征占用林地等原因林权权利人将经常发生变化，需要进行林权变更、注销登记等日常性管理。因此，需要有一个常设的林权登记管理机构办理林权变更、注销登记，掌握林权变动情况，维护林权权利人的合法权益。

三是规范林权流转的需要。产权明晰后，林业规模化、集约化、科学经营逐步形成，森林资源流转逐步增多。同时，一些不规范、无序流转的现象也出现，而不规范、无序流转将会造成新的林权争议，影响林区稳定。因此，需要设立林权登记管理机构规范林权流转登记管理，最大限度的避免不规范的流转行为，巩固林改成果，促进林区稳定。

四是开展林权抵押登记工作的需要。林改后，全国统一式样、具有法律效力的林权证的出现，为金融部门在农村找到了有效的抵押物，为破解“三农”资金“瓶颈”找到了突破口。目前，各地都积极开展了多种模式的森林资源资产抵押贷款尝试。近两年全省金融部门已累计发放林权证抵押贷款近27亿元，其中永安市已办理了林权证抵押贷款1.6亿元，促进了林业经营由资源经营向资产经营再向资本经营的转变，实现了农村信贷史和林业发展史的两大突破，这一形势，要求林地林权管理提供更加完善的林权证抵押登记服务，保证林权证抵押贷款的有效性，最大限度的降低金融风险。

（三）林权登记管理改革的主要做法

2004年以来，随着集体林权制度改革的不断深入，各地积极探索林权登记管理改革工作，成立林权登记发证管理等机构，并从林业系统内部抽调相关业务人员办理林权初始、变更和注销登记手续，已积累了一整套的管理工作经验。如永安市经市编委批准，成立了“永安市人民政府林权登记管理中心”，核定事业编制5人，人员和业务归口林业局管理。其工作职责是：①负责全市林木林地权属的初始与变更登记和动态管理，依法保护林权所有者的合法权益；②负责全市林木林权流转管理，为林权流转交易提供咨询、信息及办理相关手续等服务；③负责全市林权证抵押贷款管理，为林权证抵押贷款提供登记，出具抵押登记证；④建立健全林权档案管理制度，完整保存林权登记和核发林权证过程中形成的材料；⑤向林权所有者或使用者宣传林木林地权属有关法律、法规、政策。尤溪县、延平区等林业局也积极主动开展林权登记管理的改革工作，设立临时的林权登记管理机构，调整人员，办理林权登记、发证、变更、注销、林权证抵押等各种业务，并取得比较明显的成效。如尤溪县已完成林权证打印19 580本，面积383.9万亩，占应发换证面积的99%；延平区已发换证面积179.1万亩，占应发换证面积的80.8%。

三、两项改革存在的主要问题

各地的林业行政执法体制与林权登记管理改革虽然取得了一些成效，但也存在一些问题：

（一）机构不稳定

如林业行政执法机构，各试点县编委都是根据试点要求批准成立林业行政执法大队的，机构具有临时性。如果试点时间结束，国家和省上还没有统一的政策，林业行政执法大队就可能解散。永安市编委在批复中就明确规定：“有关机构编制事宜，待试点改革成熟后，再予以研究。”林权登记管理更是如此，全省除永安市外，林权登记管理机构都是林业局根据林权改革的需要临时设立的，这与林权管理的经常性、长期性很不相适应。如果没处理好这个问题，我们可能重蹈1982年“林业三定”后林权证无人管理的覆辙。

（二）人员不稳定

由于机构具有临时性，从各林业局各机构调整到执法大队和林权登记管理机构的人员有时工作还要两头兼顾，难免产生的得过且过的思想。

（三）经费不稳定

林业行政执法机构和林权登记管理机构的经费都尚未有稳定的来源渠道。如各试点县的林业行政执法大队的办案经费主要靠罚款的返还，如果罚款数额少，林业行政执法大队将难以开展工作。

（四）有关法律不完善

如这次发换的林权证与1982年的林权证之间的法律关系，哪种林权证的法律效力更高？这次发换的林权证在抵押贷款中的作用是什么？如何规范林权证的抵押贷款程序等问题在法律上都没有明确的规定。

四、建 议

从调研的情况来看，林业行政执法体制与林权登记管理改革已不是要不要改的问题，而是如何改的问题。为此，提出如下改革建议：

（一）林业行政执法体制改革的建议

（1）成立省、市、县三级林业行政执法机构。省林业厅成立林业行政执法总队，设区市林业局成立林业行政执法支队，县林业局成立林业行政执法大队，大队根据需要设立若干个执法中队。林业行政执法机构为林业主管部门的内设机构，将林业主管部门原各业务机构的林业行政处罚职能剥离给林业行政执法机构，并相应地调整各业务机构的人员和编制。林业行政执法机构为参照公务员管理的事业单位。

（2）林业行政执法机构以林业主管部门的名义实施法律赋予林业主管部门的各类林业行政处罚权，其主要职责是：查处本辖区内违反林业法律法规的各类林业行政案件（据省法制办、编办梳理，省林业厅就有65项林业行政处罚权）；管理林业行政执法队伍；协调林业行政执法工作；宣传林业法律法规等。

（3）林业行政执法机构的编制以现有林业检查站的编制为基础，沿海地区没有林业检查站的以其他事业单位的编制为补充。目前，全省有林业检查站153个（其中省政府批准设立的道路检查站99个），编制1179人（其中省定编制248人）。如林业厅可以将省林业检查总站（编制5人，副处级）更改为省林业行政执法总队，编制10人（另外5个编制从林业厅其他事业单位中调整），规格为正处级。具体岗位：总队长1人，副队长2人，综合科2人，检查科4人，工勤人员1人。市、县林业局参照省林业厅的做法成立林业行政执法支队、大队、中队。

（4）执法人员和办案经费纳入财政预算。林业行政执法人员行使行政处罚权是一种典型的行政执法行为，执法人员和办案经费应当纳入本级财政预算，并严格实行“罚缴分离”、“收支两条线”制度。

（二）林权登记管理改革的建议

（1）成立省、市、县三级林权登记管理机构。各级林业主管部门设立林权登记管理办公室。林权登记管理办公室为参照公务员管理的全额拨款的事业单位。

（2）林权登记管理办公室的主要职责是：依法登记、发放林权证，确认森林、林木、林地所有权或者使用权（如林业厅林权登记管理办公室需要负责登记、发放108个国有林场、10个国家级自然保护区、15个国家级森林公园的林权证）；依法履行林权证变更、更正和注销登记，实行林权动态管理；开展林权证抵押登记，为林业投融资改革提供服务；管理林业承包经营合同，调解、仲裁林业承包合同纠纷；管理林权档案，保存林权登记和核发林权证过程中形成的材料；宣传林木林地权属有关法律法规。

（3）林权登记管理机构的编制主要从林业部门内部调整解决，有条件的地方可以新增编制。所需人员从现有符合条件的在岗人员中择优选调，不足部分向社会公开招考。如省林业厅可以将省林业公路养路总站（编制7人，副处级）置换为省林权登记管理办公室，编制12人（另外5个编制从林业厅其他事业单位中调整），规格为正处级。具体岗位：主任1人，副主任2人，综合科2人，林权登记与发证科4人，合同管理与仲裁科2人，工勤人员1人。市、县林业局参照省林业厅的做法成立林权登记管理办公室。

（4）建议省政府尽快审查通过《福建省林木林地权属争议处理办法》，并报省人大审议，解决这次新发林权证在处理林木林地权属争议中的法律效力等问题。

（5）建议省政府将《福建省林权登记管理办法》列入紧急立法项目，解决林权登记规范化管理等问题。

调 研 单 位：福建省林业厅、福建省人民政府执法办公室、福建省机构编制委员会办公室、福建省人事厅、福建省财政厅、福建省人民政府处理山林权属纠纷工作小组办公室

调研组成员：柴喜堂　卓国爱　唐兴忠　冯家昌　金莲香　张祖密　杨长职　潘清云　池永东　陈泰峰

建立多种形式的补偿途径
健全完善森林生态效益补偿制度

根据《福建省人民政府办公厅关于开展集体林权制度配套改革调研的通知》（闽政办发明电［2006］128号）要求，由省林业厅、财政厅、水利厅、旅游局、物价局、电力公司等相关部门联合组成的省政府生态公益林补偿制度调研组，于2006年9月25~29日前往武夷山、永安、沙县、泉州、德化、南安等6个县（市）进行了专题调研。调研组为全面了解实际情况，通过深入林区、走访林农、召开座谈会等多种形式，在总结评价实施森林生态效益补助资金试点工作五年来成效的基础上，针对当前生态公益林保护与林农经济利益损失的矛盾，广泛听取当地政府、受益单位和生态公益林区农民以及相关职能部门的意见和建议，形成如下报告：

一、对五年来实施森林生态效益补助资金制度的评价

（一）当地政府评价

调研的市、县各级政府一致认为，由于森林在生态环境、生存环境、生活环境建设中具有不可替代的作用，我国历次森林植被的破坏，都将导致生态环境恶化，并为之付出了的巨大代价。因此，保护、恢复和发展森林资源，改善生态环境已成为当今社会对林业发展的主导需求。2001年，省委、省政府决定将全省重点生态区位的森林界定为生态林，实行严格保护，并实施森林生态效益补助资金制度，这是省委、省政府站在全省人民生存和发展的高度，为保障人民安居乐业，促进经济社会可持续发展的而作出的一项重要举措。五年来的实施成效证实了这是一项功在当代、利在千秋的德政工程，作为地方政府要高度重视真抓实干地把好事办好办实。

（二）林权单位和林权所有者评价

把一部分森林划为生态公益林，为国家治理生态环境提供生态服务和社会服务，是国家保

护国土生态安全的一项国策，认识和支持这一政策是每一个公民尤其是林权所有者和经营者应有的责任和态度。20世纪80年代开始，福建省就对森林林种进行划分，在重点生态区位划定一定面积的特用林和防护林。但长期以来由于忽视了森林生态效益的价值，被划分为特用林和防护林的林权所有者未得到应有的补偿，挫伤了保护和建设公益林的积极性，造成已划定的特用林和防护林难以稳定。2001年国家开始实施森林生态效益补助制度，标志着有偿使用森林生态效益的开始，得到广大林农的赞赏和拥护，从而调动了林权所有者保护建设生态公益林的积极性。五年来，全省林权单位选聘了1.79万名护林员，组建了一支专职、高效的护林队伍，生态公益林得到了有效保护，生态公益林经营区灾害性破坏明显减少，水土流失逐步得到有效遏制，生态脆弱地段的森林植被得到一定的恢复，重点生态区位的生态安全得到了保障，而且其生态功能正逐步提高。林权所有者认为，省委、省政府实施森林生态效益补助资金制度是维护林权所有者权益的有力举措，虽然目前补偿标准还比较低，但省委、省政府已尽了力，他们表示理解和支持。

（三）受益单位和相关职能部门评价

一是以水资源为动力的水电企事业单位和相关职能部门认为，2001年区划界定时将江河源头和干流、支流一重山森林划为生态公益林，并严禁采伐，不仅涵养了水源，而且大大改善了水文状况。以德化县为例，水文部门监测，该县自2001年将闽江和晋江流域的一级支流一重山和源头划为生态公益林禁伐后，每年为闽江、晋江流域提供优质水资源从2001年的22亿立方米增加到现在的25亿立方米，下游相关水电站的发电量从2001年的5.37亿度上升至目前的6.94亿度。这些数字说明，生态公益林保护和建设对水电部门是受益的。二是依托森林资源发展旅游及水上游乐项目的企事业单位和相关职能部门认为，将名胜古迹和革命纪念地、城市周围、风景区、旅游区等的森林划为生态公益林实行严禁采伐，对发展旅游业，保存人文或自然景观起到重要的作用，这几年旅游业发展较快，尤其是生态旅游的已成为人们时尚，与福建省实施生态林保护政策，使风景游览区的森林和植被得到了很好保护，森林景观得到了美化密不可分，生态公益林保护功不可没。以永泰县为例，森林旅游门票收入从2001年的675万元增长至目前的1 625万元，增幅达240%。三是直接受益的经营性水库企事业单位和相关职能部门认为，2001年将库容在100万立方米以上水库周围山地自然地形的第一层山脊以内的森林划为生态公益林，并严禁采伐，对水库来说是一项重要的基础性工作，水库周边的森林植被受到严格保护，不仅固定了流沙、防止水库河床淤塞，而且调节了水的小循环，据有关部门检测，目前全省9个设区市的22个饮用水源地水质达标率89.1%，生态公益林建设既保障了全省饮用水的水源质量，同时也增加了经营性水库经济效益。

综合以上三个层面的评价，调研组认为，2001年省委、省政府实施森林生态效益补助资金制度以来，全省生态公益林保护与建设取得明显成效。一是通过实施森林生态效益补助资金试点，森林的生态价值开始真正得到社会承认。2001年以来，中央和省级财政已累计下拨了7.445亿元的补助资金，全部用于生态公益林经营区林农的管护费和部分补偿费，开创了森林生态效益有偿使用的历史。二是重点生态区位生态环境得到有效保护。据省林业厅统计，2001～2005年，全省生态公益林经营区内约80万亩疏林地和灌木林地经过严格保护转变为有林地，生态公益林林分平均郁闭度由原来的0.42上升到0.51，单位面积蓄积量从4.0立方米上升到4.5立方米，森林生态功能逐年提高。三是全社会对森林生态环境保护意识进一步增强。实行森林生态效益补助资金制度后，引起社会各界对生态公益林保护的高度关注，调研组所到之处，不管是各级政府、各有关部门以及受益单位、林权单位，都普遍认识到生态公益林建设是德政工程，要加大保护和建设力度。要健全和完善森林生态效益补偿制度，为生态公益林保护和建设创造良好的保障机制。

二、现行森林生态效益补助资金制度存在的主要问题

调研组在不同层面调查、访问过程中也发现现行的森林生态效益补助资金制度与生态公益林长期保护仍有不少不相适应的矛盾和问题，集中表现在以下几个方面：

（一）集体林权制度改革后商品林与生态公益林经营收益的剪刀差加剧

林改前，由于主体不明，责权利不清，林农对集体权属的山林的经营、管护并不关心，没有耕山育林的积极性。2001 年生态公益林区划界定时，不少地方还争着要划为生态公益林，认为至少能享受补偿政策。林改后，商品林明晰了产权，实现了“山有其主，主有其权”，山林的价值不断提高，林农经营商品林与经营生态公益林的收益差距拉大。据调研的 6 个市、县测算，目前商品林每立方米木材利润平均达 300 元，一根 10 寸的毛竹平均价格就达 16 ~ 18 元，远远高于生态公益林的补助或补偿收益，尤其是生态林区位内的人工林，因纳入生态林保护而限制了采伐，无法收回森林资源培育成本，林地林木所有者反映强烈，纷纷要求在生态公益林经营区内的人工林调为商品林，尤其是“个私林”和企业营造的原料林业主抵触情绪更大，给生态公益林长期保护造成一定的困难和阻力。

（二）现行的补偿标准离生态公益林成本差距较大

尽管国家和省里对森林生态效益补偿高度重视，与 2001 年比，中央和省两级财政投入森林生态效益补偿资金已占投入林业资金总量的 70%，但亩均补偿标准仍与生态公益林实际成本差距很大，而且目前生态林补偿资金主要还是用于管护费支出，更是减少了补偿投入。根据有关部门按林木平均主伐年龄 25 年测算，生态公益林资源平均年培育成本为 18.2 ~ 20.5 元/亩，年管护费为 3.0 元/亩；在不计算林地价值就培育成本需年补偿 21.2 ~ 23.5 元/亩，现行补偿每亩每年 4.5 元，不及实际需补偿的 1/4。故此，生态公益林经营区林农权益没有得到应有的合理补偿。要提高生态公益林的生态防护效应，必须进一步加大建设力度，任务还相当繁重。

（三）生态公益林管护主体虚置，责权利不清，保护压力大

随着林改的基本完成，商品林经营主体明确，广大林农保护和经营的积极性高涨，乱砍滥伐明显减少，而暂未明晰经营主体的生态公益林，管护经营主体虚置，责权利不清，单靠少数护林员这种“少数人管多数人”的管护机制已不适应新的发展形势，生态公益林被“蚂蚁搬家”、业主监守自盗等现象屡禁不止。生态林已成为不法分子盗伐的主要目标。据统计，生态公益林刑事案件发案数量从 2003 年 36 起上升至 2004 年的 40 起，至 2005 年达 59 起，发案总体趋势上升，而且还将进一步加剧。

（四）现行的森林生态效益补偿资金仍依赖中央和省级财政

目前福建省森林生态效益补偿资金基本上靠中央和省级财政投入，全省除了厦门市财政森林生态效益补偿资金已启动、泉州市财政正在积极筹集外，其余的七个设区市及全省各县（市、区）尚未建立地方补偿资金，补偿资金的筹集渠道单一是造成补偿标准偏低的重要原因，从目前的形势分析，中央和省财近几年内要提高补偿标准的能力有限，倘若不尽快建立地方森林生态效益资金，政府投入部分的补偿标准将难于提高。

（五）政府投入为主、受益单位合理承担的机制尚未形成

据统计，目前全省以水资源为动力的大小电站约 5 000 座，年均发电量 350 亿千瓦·时以上，依托森林资源发展旅游及水上游乐项目约 200 个，2005 年门票年收入 1 亿元左右，直接受益的国有水库有 160 多座，2005 年非农业供水 2.3 亿吨。上述企事业单位无疑都是生态林直接受益者，但除武夷山、永安、德化、永泰等极少数县（市）实施或准备实施补偿金外，其余均未实行受益单位补偿生态林林权单位的政策，对此，提供效益的林权单位和林权所有者意见较大，纷纷要求落实政府投入为主，受益者合理负担的生态林补偿政策。甚至有的林权单位已向受益单位提出维权呼声并出现过激行为，长此下去势必会进一步危及林区的稳定和生态安全。

三、几点建议

福建省是集体林区，生态公益林的 80.1% 是集体林和个私林，林地是山区林农赖以生存的物质基础，在当前综合财力还很有限的情况下，通过多渠道筹措资金，建立多形式的补偿途径，健全完善森林生态效益补偿制度，给林权所有者合理的经济补偿，维护其合法权益已是形势所趋，也是福建省生态公益林建设成败的关键。为此建议：

（一）建立受益单位补偿林权单位的直补机制

针对目前各级财政还不宽裕，对生态林所有者的补偿全部由财政支出难以做到的现状，参与调研的水利、电力、旅游等有关部门负责同志也一致认为，利用水资源发电和森林景观旅游的单位应该按照“谁受益、谁补偿”的原则出些钱用于生态公益林的补偿，这样既可减轻各级财政的压力，又体现了为生态公益林区老百姓着想、为民谋利的宗旨，实现双赢的目标，也才能真正保证林区、库区和旅游景区的长治久安。为此，建议省政府在原有“谁受益，谁补偿”政策的基础上制定出台受益单位直接补偿生态林所有者的具体实施意见：一是凡在福建省境内以水资源为动力的发电站，按当年发电量为基数，在其生产（发电站向电网供电）和销售（电力公司向消费者供电）两各环节的收入中，分别按 0.005 分/（千瓦·时）的标准提取森林生态效益补偿基金；二是直接受益的经营性水库和自来水公司，以每年供水量为计算基数，按 2 分/吨的标准提取森林生态效益补偿基金；三是依托森林资源发展旅游及水上游乐项目的，以不低于门票收入 5% 的标准提取森林生态效益补偿基金。按照上述标准初步测算每年平均可增加补偿资金 4.0 亿元。这样，除政府的补偿金外，每亩生态公益林平均可再增加 9.3 元补偿，比较接近目前福建省林地价格平均水平，并能稳定相当一段时期。

（二）尽快启动市、县公共财政森林生态效益补偿机制

2004 年 12 月 10 日，财政部、国家林业局已正式宣布在全国范围内启动森林生态效益补偿基金制度，中共中央、国务院《关于加快林业发展的决定》和《中共福建省委、福建省人民政府关于加快林业发展建设绿色海峡西岸的决定》都已明确提出，生态公益林以公共财政投入为主，并实行森林生态效益补偿制度。为此，建议省政府出台有关文件，明确生态公益林保护和建设是各级政府重要职责，要按照分级负担的原则，要求设区市和相关县（市、区）尽快启动地方森林生态效益补偿资金，作为贯彻中央和省委《决定》的具体行动，把森林生态效益补偿资金列入财政年度预算或通过追加财政预算安排用于生态公益林补偿的专项经费。通过各级政府多渠道筹集森林生态效益补偿资金，确保广大林农权益。

（三）积极探索林农自我补偿机制

鉴于福建省地处南亚热带，气候温和，土壤肥沃、雨量充沛，具有种植林下非木质资源得

天独厚的条件。为此，各地应引导林农充分利用生态公益林林地资源，开展林下非木质利用，提高林农自我补偿能力。由于林下非木质利用是一项难度较大的生物工程，必须紧紧依靠科技进步和龙头企业带动，各级林业主管部门要注重组织相关企业和专业科技人员攻关，探索“公司＋农户＋基地”套种和利用花果叶的林下非木质利用途径，建立示范基地，及时推广实用技术和科技成果，同时，各级政府和林业主管部门应在政策和资金上给予扶持，如林下种植药材应视为多种经营项目扶持。林中林缘空地上种植珍稀林木视同一般用材林经营管理，鼓励林农经营，增加经济收入，提高自我补偿能力，缓解生态公益林禁伐带来的生活压力。

（四）建立权、责、利相统一，主体明确的管护机制

生态公益林保护与建设，涉及许多经营单位和千家万户林农的切身利益，为此，在总结试点工作的基础上要研究制定集体林权制度改革后生态公益林保护与建设相适应的管理制度，进一步落实管护主体，建立主体明晰、责任明确、责权利相统一的管护机制，通过落实生态林管护主体和责任，使补偿资金真正落到广大林农手中，使真正林权所有者受益，以调动广大林农的保护建设生态公益林，确保生态公益林的管护成效。

（五）建立严格的森林生态效益补偿资金使用和管理的监督制度

各地要在总结五年来森林生态效益补助资金管理经验的基础上，进一步完善各种规章制度，特别是要重点加强对受益单位收取森林生态效益补偿资金的使用管理和监督。一是受益单位收取的森林生态效益补偿资金，以县（市、区）为单位，在县级财政开设预算外收入科目，实行专款专用，本着“谁受益、谁补偿”原则，由受益单位与林权所有者签订协议，并将补偿经费直接补给生态公益林林权所有者，任何单位不得截留、挪用；二是财政、审计、监察、水利、电力、旅游、林业等部门对受益单位收取的森林生态效益补偿资金的使用管理进行监督，确保森林生态效益补偿资金的规范、有效、安全运行。

调 研 单 位：福建省林业厅、福建省财政厅、福建省水利厅、福建省旅游局、福建省物价局、福建省电力公司
调研组成员：吕月良　林　烽　梅长河　林　湫　张琼芳　徐永兴　蔡文春　林　宇
陈　伟　黄志榕

江　西

推进新农村建设的民心工程

江西省林业产权制度改革是从2004年9月选择崇义县等7个重点林业县（市）进行试点开始的，2005年4月在全省全面推开。由于各级党委、政府的高度重视，“三级书记”亲自抓，各级林业部门精心组织实施，广大基层干部和林农群众辛勤工作、积极参与，江西省林改取得了比预期还要好的成效。为及时了解、掌握林改的情况，总结林改的经验和成效，有针对性地提出改进工作的建议，省人大农业和农村工作委员会在制定2006年工作计划安排时，将开展全省林权改革专题调研作为重要工作内容之一。

为了搞好这次林改专题调研，省人大农业和农村工作委员会在2006年3月份制定了调研计划，及时下发调研“通知”，积极与林业主管部门协调，有计划、有步骤地推进这项工作。从总体上看，这次林改调研呈现以下几个特点：

一是调研时间安排适时。省人大农业和农村工作委员会组织的专题调研时间为5月中旬，此时，正值全省林改主体工作接近尾声，将要进入实施配套改革的阶段。截止2006年4月底，全省93个有林改任务的县（市、区）中，有81个通过省里的验收。5月19日，省委、省政府召开了全省林权改革表彰暨配套改革动员大会，部署林改下一阶段的配套改革工作。在此时开展调研，便于全面了解前一阶段工作的情况，总结经验，发现问题，提出有针对性的建议。

二是调研广泛深入。省人大农业和农村工作委员会组织3个调研组，深入到遂川、崇义、定南、武宁、铜鼓、宜丰、德兴、横峰、黎川9个县（市）及所辖的25个乡（镇）村及林场听取汇报，开座谈会，深入山区、林区实地察看，走村入户倾听林农意见。同时，各设区市人大农业和农村工委员会根据“通知”要求，将林改调研纳入工作重点，普遍组织了专题调研。由于全省人大农业和农村工作委员会工作机构上下联动，密切配合，这次调研不仅做到了深入基层、深入群众，而且覆盖面宽，掌握的第一手材料全面丰富。

三是调研成果突出。6月下旬，在九江市召开了全省人大农业和农村工作座谈会，主题是研讨林改问题。与会的11个设区市人大常委会均提交了专题调研报告，大家在会上就各地林改的经验、做法、取得的成效、存在的问题等进行了广泛、深入的交流、研讨，尤其是有针对性地提出了许多建设性的意见和建议。省人大农业和农村工作委员会副主任委员曹泽华对这次调研作了综合性发言。省人大常委会副主任朱英培最后作了总结讲话，充分肯定了与会同志讲实话、讲真话，善于发现问题，积极研究、探索深化林改的对策措施。

四是有关部门积极配合。省林业厅及有关市、县林业部门大力支持、密切配合这次林改调研。5月22日，省林业厅厅长刘礼祖向农业和农村工作委员会全体会议专题汇报了全省林改情况，厅有关处室的负责同志参加了全省人大农业和农村工作座谈会，认真听取大家的意见，回答有关问题。

通过调研，大家无论是从感性上、还是从理性上都深刻认识到：林改充分体现了省委、省政府立党为公、执政为民的理念，决心大、气魄大、步子大、成效大，举全省之力，率全国之先。江西林改工作在全国引起强烈反响，成为媒体宣传报道的热点，全国各地纷纷来赣考察、调研，学习取经。

一、全省林业产权制度改革的重大意义

林改这一富有创新性、惠及千家万户的改革，奏响了山区、林区脱贫致富的美妙“音符”，显示出对江西社会经济发展的巨大推动作用，是惠及当代、造福子孙的民心工程，是推进新农村建设的德政工程，政治意义、经济意义、社会意义都非常重大而深远。

（一）林改是对全省土地资源的一次大的盘活

盘活资源的关键是明晰权属。产权不明晰的资源，必然是处于闲置或浪费。江西省国土面积为16.69万平方千米（合2.5亿亩），其中林业用地1.59亿亩，有林地1.31亿亩，活立木蓄积量3.5亿立方米，森林覆盖率60.05%。2/3的人口在农村，2/3的国土面积是山区，2/3的县是重点林业县，可以说，江西省没有耕地的优势，只有山地、林地的优势，林业在全省经济社会发展中具有十分重要的地位和作用。

以前由于林业产权不明晰，利益不直接，权责不统一，使得集体林木看上去人人有份，其实人人都没份；看起来人人都在管，其实谁都未管，林农对山林没有拥有感和安全感，内心缺乏从林业中创造财富的意识和造林育林的积极性。许多地方“捧着金饭碗，过着穷日子”，林业应有的生态效益、经济效益和社会效益没有发挥出来，资源大省没有成为林业强省。林改将林地的使用权、木材的所有权还给林农，实现“山定权、树定根、人定心”，还权于民，还利于民，实现了林业经营模式的历史性转变，使林农的合法权益得到有效的保证，林地林木全面升值，全省林木林地经济总价值由林改前的1 367.48亿元升至林改后的2 032.56亿元，增值48.6%。由于林改盘活了山林资源，木竹价格和林木林地流转价格均大幅上升，加上取消税费减负让利，林农收入大幅增加，2005年全省农民林业现金收入同比增长42.3%。林改后，拥有山林经营权的林农仿佛一夜间拥有一座宝贵的“绿色银行”，自己的山自己主，林农心情舒畅，由衷地感受到生活有盼头，致富有希望，发展林业生产的热情空前高涨，省委提出的“希望在山”将变成现实。

（二）林改是全省农村改革的深化

自20世纪80年代。我国农村实行家庭联产承包责任制，建立统分结合的双层经营体制以来，农村经济体制改革在较长一段时期内停滞不前，直到前几年国家出台惠农政策，实施农村税费改革才有所进展。可以说，这次林改是江西立足省情的自主改革，创新改革。省委、省政府从实际出发，明确了林改“五个确保”的目标，“四个坚持”的原则，特别是规定了林改“明晰产权，减轻税费，放活经营，规范流转”的主要内容，并出台了一系列的配套改革政策措施。林改坚持以明晰产权为核心，把还利于民作为出发点和落脚点，充分调动了群众的积极性，这是林改能取得成功的关键。各级党委、政府的主要负责同志亲自抓林改，高位推动，层层落实林改责任制，集中时间，集中精力，整体推进林改工作；各级林业部门精心操作，积极发挥参谋、组织、指导和质量把关的作用，同时抽调大批干部下基层，到林改第一线帮助指导工作。这场改革任务之重，矛盾之多，关系之复杂，工作量之大，付出的辛劳之多在江西省都是前所未有的。由于各级党委、政府的高度重视，林业部门的精心运作、广大林农群众的积极支持和参与，确保了这次林改工作的顺利进行。

（三）林改是全省各级党政机关和党员干部执政为民的一次实践

这次林改，各级政府和党员干部、尤其是基层干部深入到林改第一线，与群众同吃、同住、同做林改工作，为群众答题、解惑、排扰、解难，积极为林农办事实、办好事，身体力行“情为民所系，权为民所用，利为民所谋”，群众观念和服务意识大大增强，不仅为全省林改工作的顺利开展发挥了积极作用，也使林农从实实在在的收益中感受到党和政府的温暖，增强了对基层政府的信任感。党员干部吃苦耐劳、公道正派的扎实工作作风也化解了党群、干群之间的一些思想疙瘩，密切了党群、干群关系，促进了党的先进性建设和执政能力建设。

（四）林改是对全省新农村建设和全面建设小康社会的一次大推动

社会主义新农村建设的核心是发展生产，提高农民的生活水平。事实证明，林改就是兴林之举、富民之本。通过林改扩大了农村两个发展空间：一是产业发展空间。林改有利于森林、林木和林地使用权的合理流转，发展股份林业、民营林业，形成市场带企业、企业连基地、基地连农民的市场化开发、产业化经营的山区资源开发格局，充分发挥山的资源优势，使林农真正从林业经营中得到实惠。随着林改各项政策陆续到位，有效地激发了社会各界造林育林的积极性。2005年，全省共完成人工造林329万亩，是近十年来人工造林最多的一年。2006年全省预计完成造林面积333万亩。二是劳动力转移空间。林改不仅极大地调动了林农育林护林造林的积极性，而且大大提高了林业的劳动生产率，放活经营、规范流转为山区、林区富裕劳动力向城镇转移、提高农民收入创造了必要条件。同时，林改催生了和谐稳定的新林区。通过林改，进一步增强了林农的山林权意识，积极参与山林权属纠纷的调处，全省通过林改共调处山林纠纷5.67万起，纠纷调处率达90.9%。2005年全省森林案件发生起数、森林火灾发生起数和受灾面积较上年下降了45%、56%和74%，没有发生一起群体性乱砍滥伐森林案件，农村社会秩序稳定。特别是林改重大事项的决策都经过村民多次讨论，并经村民大会或村民代表会议的2/3以上通过，推动了村务公开和民主管理，促进了文明乡风的建设，为基层民主法制建设奠定了坚实的基础，体现了社会主义新农村建设的本质要求。

二、在深化林改过程中必须进一步研究的几个问题

林改是一项社会系统工作，情况复杂，由于总体上推进速度较快，一些地方进展还不够平衡，还需花费时间和精力去巩固改革的成果。在林地、林木成为林农的现实财富，成了林农看得见的利益之后，林农更加关心林业发展，关注山区、林区道路等基础设施建设，林农的维权意识也更自觉、更强烈。这是一种好的发展趋势和兆头，但同时一些问题也日渐突显出来，需要进一步深化单项改革措施来逐步解决。

（一）生态公益林权属落实到户后，如何发展保护的问题凸显

林改后商品林价格大幅上涨，而国家生态公益林补偿标准仍为每亩5元，多数地方公益林补偿机制尚未启动，未列入补偿项目，两者反差强烈，林农对生态公益林管护的积极性不高，不愿意把自己的山林划为生态公益林。有的地方甚至把荒山、石山划为公益林，这些山上的林木达不到灌木林、残次林的标准，甚至不长树木，公益林的发展受到一定制约。

（二）林农对林地和林木处置权的需求问题凸显

从这次林改情况看，明晰产权、减轻税费落实得较好，但搞活经营、规范流转尚有大量工作要做。尤其是依法经营是林改的根本，是农民期望值最高所在，农民期盼和担心的有两点：一是对“砍伐”林木放到什么程度？二是对“卖出”放到什么程度？目前，对林木经营如何放活，放到什么程度，如何评价放活经营还难以把握。

（三）森林资源流转中的产权公平交易问题凸显

森林资源流转虽然要求依照江西省森林资源转让条例的规定进行，但在具体操作中，如何真正体现公正、公平、公开的原则，尊重林农的主体地位，保障林农的合法权益，是规范林地、林木流转的一篇大文章，还有大量、细致的工作要做。

（四）林农对接市场能力较弱，分散的林权经营与提高林农经营组织程度的问题凸显

产权明晰的途径有多种，但林改中有的地方不顾具体情况一律搞分山到户，而没有区分山林与耕地的不同特点，林农分散经营，一户多山、一山多户，受交通、信息、资金等制约，难以实现与市场的对接，导致经营管理粗放，重短期行为，索取多、投入少。同时，千家万户经营意见不一，林业开发难以达成协议，规模化经营受到限制，影响到林业综合效益的发挥。

（五）林业生态安全问题凸显

分山到户后，林业经营单位变小了，森林防火、防盗、防病虫害难以形成群防群治的合力，如何统一管理林业“三防”工作，有效保护森林资源需要认真研究。

（六）林业科技服务体系建立问题凸显

目前林业的科技服务体系比农技服务体系还薄弱，农业发生病虫害，农民尚能自己动手灭虫，但林业发生病虫害，林农就无可奈何。山林权属明晰后，林农迫切盼望科技下去，指导林农科学育林，科技兴林。

（七）山区、林区的公路等基础设施建设落后问题凸显

林改后，山区林农普遍得到较大的实惠，收入增加较多，但公路不通、交通不便、信息不灵制约了林业的进一步发展和林农致富，林农要求修建山区、林区道路的呼声很大。

（八）加快林业发展的资金投入问题凸显

林改后，解决林区基层政权的运转困难，生态公益林补偿标准低，山区道路设施落后等问题，保障和加强林业行政管理、发展林业生产等，都需要加大资金投入，这对江西省地方各级财政都是一大难题和挑战。

三、进一步深化林改的建议

林改是林业内部生产关系的调整，是林业内部生产要素的重新配置，必须积极探索，从制度创新上深化改革，有针对性地制订专项政策措施来深化、解决林业发展过程中的深层次问题：

（一）探索建立生态公益林的保护发展机制

生态公益林的功能是以满足国土保护和改善生态环境的需要为主，属社会公益性事业，各级政府要建立生态公益林补偿基金，提高补偿标准。逐步建立社会支持生态公益林的机制，适时启动森林效益补偿基金的征收，以解决生态公益林保护建设资金不足的问题，调动林农保护发展生态公益林的积极性，大力植树造林，把划入公益林范围的荒山、石山绿化。

（二）探索林业产权落实到户的多种实现形式

明晰产权的实现形式可以多种多样，林农的林地承包权不一定就是使用权，对林农而言，最关心的是实现财产权，通过林改达到增收致富。因此，可以根据具体情况采取家庭联合经营、委托经营、合作经营、股份经营等形式形成新的林业生产经营体，促进林业集约经营。

（三）探索创新林业生产经营组织形式

一家一户的家庭经营模式，比较适合耕地的经营，山林的经营与耕地经营不完全相同，应当积极探索适合山林经营的有效组织形式。从实践来看，目前出现了三种趋势：一是由林农自愿组织林业协会或专业经济组织，提高林农的组织化程度和抵御市场风险能力。二是林农将自己承包的林地拿到产权交易中心去流转，逐步把分散经营的林地向开发大户集中。三是龙头企业进山与林农签订合同，建立林业加工基地，实现企业与林农的“双赢”。其中，发展林业协会或合作社可能成为主要形式，应采取有效措施予以鼓励扶持。

（四）探索建立适应私营林业发展的管理体制

过去建立的以国营林、集体林为主的管理体制，投入大、成本高、人员多。林改后，私营林将占据主导地位，经营实体、经营形式将发生重大变化，林业管理体制也应随之变化。林业行政主管部门应积极转变职能，把工作重心由行政管理为主转向依法管理为主，建立完善的林业政策法规体系，建立新型服务体系，规范木竹流通与交易，加大对林业资源的管理和保护力度。

（五）探索构建激活产权交易和资源流转的平台

一方面，要加快推进林业产权交易中心建设步伐，为林地林权的规范化流转搭建有效的服

务平台。另一方面，要不断总结林业产权交易中心运转的经验和成功做法，结合全省各地林业产权交易的具体情况，在组织形式、规范运作等方面不断创新发展，为林农对接市场创造条件，实现林业生产经营的规模化和效益最大化。

（六）探索有利于发展林业生产的林木采伐管理的新体制

要避免限额采伐证发放时间拖得过长，有的甚至拖到下半年9~10月份才发下的现象，克服发证过程中的腐败现象。采伐制度的创新应遵循两个原则：一是有利于发展林业大户，推进林业规模经营；二是让林农得实惠，能激励提高林农经营山林的积极性。

（七）探索林业生态安全的保障机制

要围绕加强林业“三防”的统一管理，健全“三防”体系和制度，落实“三防”工作经费，配置必要设备等方面做好工作，切实保护林业的生态安全。

（八）探索广泛开展林业科技推广应用的新机制

积极组织林业科技人员深入基层、深入林区开展科技咨询和林业技术推广，指导病虫害防治，发挥好各级林业学会和科技推广站的作用，努力提高林业科技成果转化率、林产品的科技含量和林业竞争力。

各级政府要继续高度重视、善始善终抓好林改的配套改革工作，相关部门要各司其职、密节配合，使各项配套改革政策和措施落到实处，确保全面、圆满完成江西省林改工作任务。

（江西省人大农业和农村工作委员会）

认真研究制定退耕还林后续政策
完善保证措施　巩固发展退耕还林成果

一、退耕还林区域情况

（一）工程完成情况和区域分布

截至2005年，江西省95个退耕还林工程县（市、区）已实施退耕还林工程建设任务710万亩，其中：退耕地还林290万亩，荒山造林370万亩，封山育林50万亩。分年度实施情况是：①2001年，樟树、宜黄、波阳、新余4个县（市）完成退耕还林试点任务20万亩；②2002年，61个县（市、区）完成工程任务200万亩；③2003年，84个县（市、区）完成工程任务320万亩；④2004年，42个县（市、区）完成工程任务70万亩。经县级自查、省级复查和国家核查，建设质量总体良好。⑤2005年，国家下达江西省工程建设任务100万亩，在68个县（市、区）市实施，目前也已完成造林和封山。

（二）退耕地坡度级构成情况

从已退耕的坡耕地情况分析，江西省290万亩退耕地中，坡度25°以上的有14.8万亩，占5%；15°~25°的有57.9万亩，占20%；15°以下的有217.3万亩，占75%；其中严重沙化地31.7万亩，占10.9%。

从全省耕地总体情况分析，江西省耕地总面积4136万亩，已退耕290万亩，占7%；其中坡度25°以上的有265.6万亩，已退耕14.8万亩，占5.6%；15°~25°的有308.8万亩，已退耕57.9万亩，占18.8%；15°以下的有3561.6万亩，已退耕217.3万亩，6.1%；其中严重沙化耕地有86.2万亩，已退耕31.7万亩，占36.8%。

二、退耕还林地的林种树种构成及效益情况

（一）生态林、经济林的构成与分布

在290万亩退耕地中，生态林有260.5万亩，占89.8%；经济林有29.5万亩，占10.2%。生态林中，兼用林有34.9万亩，占退耕生态林的13.4%，占总退耕面积的12%。各项目县在实施退耕还林过程中，严格控制经济林的比例，95个项目县中都有退耕还林经济林分布，但没有一个县的经济林比例超过20%。

（二）主要树种及比重

1. 树种分布情况

江西省退耕还林工程造林树种超过120种，其中造林面积在40万亩以上的树种2个，20万~30万亩的树种2个，10万~20万亩的树种5个，5万~10万亩的树种3个，其他树种面积均在5万亩以下。

2. 主要树种面积和比重

①造林面积40万亩以上的树种是湿地松和枫香，其中湿地松46.8万亩，占总退耕面积的16.1%；枫香43.3万亩，占14.9%。②造林面积20万~30万亩树种是杨树和桤木，其中杨树25.7万亩，占8.9%；桤木25.3万亩，占8.7%。③造林面积10万~20万亩树种是油茶、杉木、苦楝、黄栀子和木荷，其中油茶13.2万亩，占4.6%；杉木12.9万亩，占4.4%；苦楝12.2万亩，占4.2%；黄栀子10.7万亩，占3.7%；木荷10.2万亩，占3.5%。④造林面积5万~10万亩的树种有梨、柑橘和樟树，其中梨6.5万亩，占2.3%；柑橘5.8万亩，占2.0%；樟树5.7万亩，占2.0%。⑤其他树种造林面积71.7万亩，占24.7%。

（三）产生的效益或预期效益

全省依托退耕还林工程发展的脐橙、南丰蜜橘等名特优经济林，油茶、毛竹、丛生竹、小山竹、雷竹、黄栀子、山苍子、吴茱萸等兼用林，湿地松、枫香、桤木、泡桐、杨树、桉树、苦楝等为主的工业原料林的比例在70%以上，这些树种都能产生良好的生态、社会和经济效益。目前，部分工程营造的经济林树种和兼用树种已开始产生经济效益，据不完全统计，退耕还林工程已产生经济效益超过1亿元。预计全省实施的退耕还林工程可产生经济效益在15个亿以上。

三、退耕户收入变化和劳动力转移情况

（一）退耕前后退耕户收入变化情况

据调查，江西省退耕还林共涉及退耕农户117万户，占全省总农户数的15%。退耕前农户每户平均收入8 900元，退耕后（2005年，下同）达到10 600元，补助政策到期后预计收入12 200元。导致退耕前后农户收入增加的原因有三个：一是农村经济发展；二是腾出劳动力外出打工；三是免除农业税等国家政策的落实。从退耕地的收益来看，退耕农户在国家补助期间退耕地的收入变化不大，但补助停止后，一定时期内生态林部分的收入将还会减少。

（二）退耕前后劳动力转移及收入变化情况

退耕还林工程的实施，转移了大量的农村劳动力。据统计，退耕前，江西省项目区内从事农业生产的劳动力为1 231万人，退耕后为1 085万人，共转移了近159万人，占原农业劳动力的13%，其中外出打工116万人，就地转移43万人。这些转移的劳动力，人均年收入在6 000元以上，多的可达到10 000元，比退耕前的人均年收入2 000元左右翻了两番，占家庭收入的比

重由退耕前的不到25%增加到退耕后的60%以上。

（三）退耕前后退耕地纯收益变化情况

由于退耕还林工程的实施，退耕地单位面积纯收益发生了很大的变化。退耕前，退耕地全省亩平年纯收益在250元左右；退耕后，在国家补助期间，退耕地收益来源主要是国家钱粮补助，亩平年收益为230元。预计补助政策到期后，经济林每亩年均纯收益可达800元，兼用林的每亩年均纯收益在400元左右，纯生态林部分在采伐之前将无收益。

四、退耕户退耕情况和缺粮情况

退耕还林工程中，江西省始终坚持将群众是否自愿退耕作为工程实施的首要条件，严格控制基本农田退耕还林，尽量避免出现全退户。目前江西省实施退耕的主要是陡坡耕地、严重沙化耕地和粮食产量低而不稳的耕地。从调查的情况看，全省未留足0.5亩基本口粮田的退耕户只有3.9万户，占总退耕户数的3.3%；全退户0.2万户，集中在生态移民区，占总退耕户数的0.2%。江西省口粮标准各个设区市情况不同，总的来看，在280～360千克/年之间。据统计，2005年收获粮食在当地口粮标准60%～99%之间的退耕户（一般缺粮）数量有25.6万户，占总退耕户的21.9%；年收获粮食在当地口粮标准60%以下的退耕户（严重缺粮）数量有3.1万户，占2.7%。为解决缺粮户的粮食问题，江西省采取了三项措施：一是鼓励指导群众科学种粮；二是改善灌溉等农业生产条件；三是鼓励指导退耕农户经营其他产业，增加家庭收入。

五、"五个结合"落实情况

江西省在落实国务院关于继续推进重点区域退耕还林要求同时，把工作重点转到认真搞好"五个结合"上来，认真开展工作，努力解决农民当前生计和长远发展问题。

（一）"五个结合"落实情况

（1）"与基本农田建设相结合"。目前退耕还林工程区已建设基本农田309万亩。

（2）"与农村能源建设相结合"。工程区已建沼气池26.68万座，节能炉灶118.03万座，其他农村能源设备2.36万座。

（3）"与生态移民相结合"。项目区已进行生态移民12.97万户。

（4）"与后续产业开发相结合"。项目区已建设速生丰产林、竹林面积470.83万亩，经济林果面积256万亩，林药结合面积40.35万亩；新建大棚2.1万座，劳务输出272万人次；建设与退耕还林有关的龙头企业182个，有关的市场集散地234个。

（5）"与封山禁牧相结合"。95个县进行了封山禁牧，涉及乡镇1 100多个。

（二）推进退耕还林的具体措施

1. 切实提高农业综合生产能力

近年来，省委、省政府采取了一系列措施提高农业综合生产能力，一是严格保护耕地。严格控制非农建设占用耕地，坚决禁止占用基本农田进行退耕还林。确保基本农田总量不减少，质量不下降，用途不改变，并落实到地块和农户。二是加大基本农田建设力度。规定将土地出让纯收入的15%～20%用于土地整理和复垦、宜农未利用地的开发、基本农田（包括机耕道）建设、耕地质量提高以及改善农业生产条件的土地开发。新增建设用地有偿使用费返还部分主要用于土地开发整理以及相关配套的项目建设。三是加大中低产田改造力度。依据土地开发整理专项规划从新增建设用地有偿使用费返回部分和土地出让纯收入中，提取一部分资金专项用于小型农田水利建设和中低产田改造。农业综合开发投入的新增资金，也主要安排在退耕还林工程建设区域，集中用于中低产田改造。

2. 大力发展农村能源建设

江西省农村能源建设在广泛拓展外延，扩大业务范围的同时，积极丰富内涵，将发展沼气作为解决好农村能源方面的重要内容。沼气已在全省农村能源中开始唱主角，户用沼气池保有量位居全国前列。通过发展“猪-沼-果”等生态农业，综合利用沼气资源，减少农民能源支出，解决了烧材问题，给农民带来了实惠，还有力地保护了森林资源。据统计，江西省每个建有沼气池的农户平均增效1 500元，全省农民从沼气中获得了14亿多元的收益。

3. 重点将生态移民地区纳入退耕还林工程

江西省对生态地位重要、自然灾害频繁、交通不便、已没有基本生存条件地区的人口实行生态移民，人口迁移后的土地退耕还林，把治理生态环境和治穷紧密结合起来，帮助农民开辟增加收入的新途径。通过将退耕还林工程建设重点向移民区倾斜，有力扶持了移民的生产发展，缓解了搬迁后移民的生计问题，同时对迁出区的耕地全部退耕还林，实行封山育林，有利于恢复林草植被，从根本上改善生态环境。

4. 加大后续产业开发力度

坚持将退耕还林与产业发展和农业结构调整相结合，切实将退耕还林工程的实施作为发展农村经济的重要依托，作为地方产业发展和农业结构调整的坚实载体。目前各地的脐橙产业开发、梨柚工程等都与退耕还林工程紧密地结合起来。同时大力扶持和发展农业产业化龙头企业，带动以杨树、樟树、泡桐等速生用材树种为主的工业原料林基地建设，逐步形成了“市场带加工，企业办基地，基地连农户”的良性运行机制，进一步加速农业产业化进程。赣州宁振纸业有限公司通过“工厂+基地+农户”的形式，把退耕还林工程与造纸原料林基地建设结合起来，营造杂交竹，农户在享受国家的政策补助之外，还得到了企业给予的种苗补助和无息贷款，企业也因后备资源建设夯实了长期发展的基础，实现了国家、企业和农户三赢。通过把造林与市场、与企业紧密结合在一起，使之互相促进，互为依托，共同发展。

5. 加大封育管护的力度

一是加大对工程区的封禁管护力度，规定对退耕还林工程区内已造林面积全部纳入乡村封禁范围，切实防止人畜破坏，有效保护退耕还林成果，确保退一片、造一片、成一片；二是突出强调幼林抚育工作，督促退耕还林农户进行扩穴、锄萌和培土等幼林抚育工作，同时在施工过程中采取必要的水土保持措施，确保郁闭成林；三是落实管护责任，严格按照检查验收结果进行兑现补助，用利益杠杠来引导退耕农户加强管护的积极性，营造人人都关心、爱护退耕还林成果的良好氛围。

（三）“五个结合”存在的问题

近两年来，国家对退耕还林工程的建设规模进行了调整，江西退耕还林的计划任务大幅度减少，限制了“五个结合”成果的进一步扩大。

六、补助政策到期后地方采取的措施及有关政策建议

（一）补助政策到期后，退耕户收入三种情况的构成

据统计，补助政策到期后，退耕户从退耕地上获得的收入增加的户数为12万户，占总退耕农户的10%；变化不大的为39万户，占总退耕农户的33%；短期内收入有所减少的为66万户，占总退耕农户的57%，其中影响生计的有0.6万户，占总退耕农户的0.5%。

（二）切实解决少数生计受到影响的退耕户的生计问题

影响生计的退耕农户在整个退耕还林农户中所占的比重非常小。结合江西省的实际，我们采取了六个方面的办法和措施来解决这些农户的生计问题：一是进一步拓展经济作物种植及养殖业发展，解决好产业支撑问题；二是充分利用农民合作经济组织，实行产销一体化，尽快形成具有特色的优势产业，促进经济发展；三是各级地方在技术、资金等方面给予退耕农户具体政策支持，协助引进先进技术；四是针对性地强化职能培训，切实提升退耕户外出务工的能力和水平；五是出台扶持政策，着力扶持劳务专业化输出服务企业发展，促进农村就业服务体系得到更快发展，更好地发挥对劳务输出产业的支撑和带动作用；六是在建立退耕户与市场之间的有效连接方面进行积极探索，以缓解普遍面临的“小农户、大市场”矛盾。

七、下一步的保证措施和建议

（一）下大力气进行质量检查工作

为对工程的建设过程进行全程监督指导，确保工程建设进度和质量，退耕办每年要调集力量，组织两次大型督查和一次全面检查。一是在工程计划任务分解落实阶段进行督查，组成多个督查组，对各地申报的任务地块进行现场督查，重点督查群众是否自愿、地类是否符合、是否适地适树、苗木是否落实等内容，对不符合要求的地块坚决不列入项目。二是在营造林阶段，组成多个督查组，定时和不定时督导相结合，现场督导工程建设进度和质量，对存在问题的及时指出及时整改。三是在检查验收阶段，采用各项目县自查、各设区市交叉检查、省退耕还林工程办公室重点抽查的方法，强化检查验收力度。为保证检查的效果，加大了抽样比例，特别是从2005年开始，对当年退耕的地快进行全查。

（二）建　议

1. 建议国家在补助政策到期后，继续给予一定的资金补助，确保“稳得住、不反弹”

对于退耕还林中的纯生态林部分（不包括兼用林），由于补助政策到期后，经济效益尚未产生，农民从退耕地上获得的收入在减少，补助经费建议每年在100元左右，补助5～6年，主要用于退耕农户生活补助和林木的病虫害防治、护林防火。

2. 建议今后退耕还林检查验收时增加林木生长量指标

对于生长量没有达标的退耕地，采取延期发放钱粮补助或扣除部分钱粮补助的方法，促使退耕户和承包户加大对退耕还林的投入，防止少数退耕还林户存在侥幸心理，不愿全力投入，影响退耕成果的巩固。

3. 建议改变第七、八年钱粮补助的发放方式

对于树木长势良好，生长量达到一定标准的退耕地，以正常方式发放；对于生长差，补植多年的退耕地，建议延长补助发放年限。促使退耕还林户加强退耕还林的后期管理，防止停止钱粮补助后，退耕还林户不再进行管护，甚至毁林复耕现象的发生。

4. 建议补助政策到期后，尽可能将退耕还林中的生态林部分列入国家生态公益林补助的范围，并适当提高生态公益林补助金额

国家应明确未划入国家重点生态公益林不享受生态补偿资金的退耕还林林木可以进行商品性采伐，明确退耕还林营造林木的培育方向，以确保国家停止补助后退耕还林户收入不减。

5. 建议国家在补助政策结束后，安排一定的工作经费给各级林业部门

一是用于继续加强对退耕还林的管理，巩固成果；二是用于加强对保护退耕还林成果的宣

传；三是用于退耕还林的病虫害防治、防火和监测。

6. 建立自然灾害救助制度

补助政策到期后，退耕地一旦遭受不可抗拒自然灾害，很多退耕户将无力更新。因此对于遭受自然灾害的退耕地，建议给予一定的种苗补助。

7. 在贷款政策上给予支持

在调查中我们了解到许多退耕户退耕后，特别是退耕后口粮田不足的退耕农户，他们把希望全部寄托在退耕地的产业发展上，资金全部投入到退耕还林建设管理上，但由于补助政策到期投入还未到回收期，存在一定程度的资金周转困难。建议国家通过制定相关政策，允许利用退耕地上的林木作抵押贷款，解决退耕农户发展产业的资金不足，以帮助他们发展退耕还林后续产业。

（江西省林业厅）

湖　南

要从“林改”突破
靠兴林富民政策解决“三林”问题

湖南省是林业大省，有林业用地1.92亿亩，湿地0.84亿亩，分别占国土总面积的60.1%和26%。森林、湿地构成区域内主要生态系统。76个重点林区县生活着60%以上的农村人口。林业在区域发展中肩负着改善环境和促进经济增长的双重使命。为了充分把握湖南省林区、林农和林业的真实状况，我们从2006年2～6月开展了以“改革林权制度、解决‘三林’问题、建设社会主义新农村”为主要内容的大型调研活动。调研中，召开座谈会196个，访谈农户、承包经营户、企业主557人次，发放调查问卷4 220份，收集到14个市（州）、122个县（市、区）和1 826个乡（镇）的林业综合情况调查表。在分析统计结果的基础上，抽取24个重点林区县进行了多视角剖析。结果表明，我省林业形势喜人，增长潜力巨大，但林区落后、林农贫困、林业经营艰难的问题依然突出。以林业产权改革为突破口，创新管理体制和经营机制，是加快林业发展、林农增收和林区面貌改善，推进社会主义新农村建设的必由之路。

一、全省林业发展水平及其在区域发展中的贡献

（一）森林资源快速增长，产业集群初步建成

“十五”期间，湖南省年平均人工造林或迹地更新362万亩、义务植树1.19亿株。活立木年生长量4 083.32万立方米，消耗量2 727.10万立方米，年均净增1 356.22万立方米，净增长率3.32%。截至2005年底，湖南省有林地面积1.53亿亩，居全国第6位；森林覆盖率55%，居全国第5位；城市绿化率32.16%，居国内前列；森林蓄积量3.79亿立方米，居全国第9位。

目前，全省林业形成了以速生丰产林和花卉苗木集群为重点的第一产业、林板纸产业集群为龙头的第二产业和森林、湿地旅游集群为主体的第三产业所组成的完整产业体系。其中，油茶1 777万亩，年产茶油10万吨，居全国第一位。毛竹1 236万亩、19亿株，居全国第二位。松、杉、竹、杨、桉、桤木等速生丰产林1 559万亩。花卉面积60万亩。林纸、人造板、家具、

林化、林药和森林食品构成林产工业6大支柱，2005年生产人造板225万立方米、林纸82万吨、地板950万平方米、家具138万件、松香3万吨、森林食品22万吨、林药16万吨，建成森林公园72个。森林、湿地和野生动物类型自然保护区114个，总面积1 900万亩，占国土面积的5.98%。建成了湘西、湘西北、湘中、湘东、湘南5条精品森林、湿地旅游干线。2005年系统内接待游客710万人次，实现产值37.8亿元。2005年林业总产值达到454亿元，居全国第五位。

（二）生态功能有效发挥，自然环境不断改善

通过大力发展林业，湖南省的生态系统和环境状况得到改善。一是生态系统步入良性循环。森林调节气候、涵养水源、防风固沙，减少污染等多种功能进一步发挥。中南林业科技大学和湖南省林业科学研究院的研究结果显示，全省森林资源每年过滤净化空气211.2亿吨，碳汇总量2 164.95亿吨，年固碳量12.73亿吨。洞庭湖农田防护林建成后，林网内早稻平均增产6.8%，晚稻增产12.4%，空壳率减少6%，千粒重增加0.2克；油菜增产7.1%，苎麻增产24%。二是水土流失下降。据省水利部门监测，1999年全省水土流失面积为4.03万平方千米，2005年下降到3.08万平方千米，下降23.6%。据长江水文局监测，2002年以前年平均流入洞庭湖的泥沙量1.67亿吨，其中湘、资、沅、澧四水泥沙量为0.3亿吨；2003年流入洞庭湖的泥沙量0.383亿吨，其中湘、资、沅、澧四水泥沙量为0.178亿吨，分别减少77%和40.7%。三是生物多样性得到保护。全省现有种子植物208科4 859种，分别占我国科、种总数的61.7%和17.8%，居全国第五位。据监测，全省大型植食性野生动物数量较10年前增长了20%～30%；大型食肉兽类如云豹、豹猫、黑熊等野生动物增长了15%～20%；森林鸟类数量增长30%～40%。良好的自然生态，改善了人居环境。现在，放眼三湘大地，到处青山绿水，鸟语花香，令人心旷神怡。胡锦涛总书记、温家宝总理、曾庆红副主席等中央领导同志都曾对我省良好的生态状况给予充分肯定。

（三）社会贡献逐渐增大，综合效益充分显现

相对完善的森林、湿地生态系统为湖南省的经济社会发展做出了巨大贡献。在工业化初期，林业支撑了林区的经济增长；在工业化进程中，林业提供了良好的资源和生态依托。一是创造了巨大的生态价值。据中南林业科技大学的专家计算，全省森林每年新增木材价值80亿元、水源涵养价值60亿元、固土保肥价值65亿元、土壤肥力价值35亿元、净化空气价值650亿元。2005年碳贮量总价值6 603.1亿元。按照《京都议定书》中的清洁发展机制要求和国际市场碳汇交易行情计算，蕴藏着巨大的碳汇交易潜力。二是提供了丰富的林产品。每年向社会提供活立木2 000多万立方米，毛竹1.8亿根。还提供了大量药材、食品等其他林副产品。三是为财政和林农增收作出了贡献。在76个重点林业县市区，林业是当地财政和农民致富的重要支柱。绥宁县林业增加值常年占GDP的70%以上，林业总产值占农林牧副渔业总产值的90%以上，林业对财政收入的贡献率达到70%。在一些山区，乡村林场的收入是当地公益事业的主要来源。一批林业重点工程的实施，使农民走上致富之路。如退耕还林工程，覆盖288万农户1 069万人。退耕户8年累计获得钱粮补助户均5 064元，人均1 364元。四是林业规费承担了部分公共财政职能。2005年全省林业规费总收入71 124万元，其中育林基金收入47 822万元，60%以上用于人员工资和机构运转。五是提供了大量就业机会。林业是劳动密集型产业，吸收了大量农村劳动力。目前，全省涉林就业1 600多万人，其中常年从业人员318.6万人。六是带动了关联产业

的发展。森林、湿地是我省重要的自然资源，是众多产业的依托。优美的生态状况，营造了良好的招商引资环境。全省著名的旅游景点，大都分布在林区或凭借森林、湿地景观。张家界市的干部群众感慨地说："没有张家界林场，就没有张家界国家森林公园，也就没有今天的张家界市。"

二、当前林区、林农、林业面临的问题

几个月的奔波调研，所有调研人员在为林业发展成就以及对经济社会作出巨大贡献倍受鼓舞的同时，也为林区之穷、林农之苦而深感震撼。为了客观准确地把握林区、林农、林业问题及其成因，我们在全面收集、重点调查的基础上，按照林业用地面积、森林覆盖率、森林蓄积量等指标，在76个重点林区中抽取了新宁、永顺、溆浦、中方、安化、江华、平江、通道、洞口、古丈、芷江、沅陵、祁阳、双牌、汝城、洪江、会同、绥宁、靖州、宜章、炎陵、浏阳、资兴、城步等24个县（市、区）进行深度剖析。这24个重点林区县（市、区）占全省农业人口的21.96%、国土面积的31.85%、活立木蓄积的46.31%和GDP总量的12.21%，这些林区县的状况能够比较准确地反映我省林区、林农和林业面临的问题。分析结果表明，林区的发展较农区，尤其是工业、第三产业比较发达的城郊区严重滞后；林农仍然是湖南省最贫困的群体之一；林业的潜力远未充分发挥。"三林"问题已经到了非解决不可的时候。

（一）林区发展滞后

1. 基础设施建设落后

24个林区县不通公路的村占全省的比重为76.44%，不通电的村占91.99%，重点林区基础设施状况明显落后于全省平均水平。

为了深入分析不同地区因产业结构不同对区域发展所产生的影响，我们抽取了同在洞庭湖周围，总人口相近的长沙县、华容县和安化县进行比较，结果显示：安化县国土面积为长沙县的2.48倍、华容县的3倍，但农民人均纯收入只有长沙县的39%、华容县的42%，基础设施建设相对滞后。尽管近年国家加大了农村基础设施建设的投入，但与农区、城郊区比较，林区得到的资金和项目较少，生产生活环境尚未根本改观。

国有林场的基础设施同样落后。全省177个国有林场有99个属于贫困林场，占总数的55.93%。有7个林场场部、50%的工区不通公路；3个林场场部391个工区不通电；56万平方米危房需要改造；55个林场的人畜饮水困难。

2. 社会事业发展滞后

林区群众受教育程度和医疗卫生水平大大低于全省平均水平。上学难和看病难的问题突出。

3. 生产水平落后

一般认为，我国林业落后于农业生产至少10年以上。湖南省林区农民的生产方式基本上还是沿用几千年来肩挑人扛、刀抚锄垦的生产方式，许多先进的生产工具和技术没有得到推广应用。据统计，24个林区县农业机械总动力相当于全省平均水平的17.87%，每公顷农业机械总动力水平相当于全省的56.11%。

（二）林农（林工）生活贫困

生活在林区的群众收入明显低于全省平均水平。另据统计，2005年，24个重点林区县中，有14个属于贫困县；5 497个省定贫困村中，有4 241个属于林区村，占77.15%。14个林区贫困县中，农民人均纯收入只有1 720元，比全省平均数少1 398元。

我们还发现，农民拥有林地数量与收入呈反比。对212个样本乡镇的对比分析表明，农民人均拥有林地越多，收入水平越低，当地基础设施越落后。

调查表明，国有林场职工属于贫困群体。2004年全省国有林场在职职工的年平均工资水平为4 740元，只有全省职工年平均工资的41.28%。有58个国有林场、17 507人没有参加养老保险，占应参保的41.5%和33.5%，拖欠职工基本工资3.14亿元，拖欠社保部门养老保险费1.3亿元。全省国有林场累计负债10.81亿元。

（三）林业经营艰难

一是林业效益难以体现。森林、湿地的生态价值远大于直接经济产出效益，但由于森林、湿地的生态和社会功能具有的公益性、福利性特点，不能参与市场竞争，林业的综合效益被严重低估，社会关注度低。全省林业用地、湿地之和占全省国土面积的86.1%，专家估计湖南省的森林、湿地生态价值在万亿元以上，可统计上的林业产值只有454亿元。二是木材直接收益低。林业生产周期长，比较效益低。目前，湖南省营造1亩速生丰产林，经营15年，亩产材8立方米，需要支付造林成本300元，抚育管护费120元，采伐运输成本960元，税费1 200元，按初次交易价450元计，总收入为3 600元，总支出2 580元，农民实得1 020元，年平均收入68元。三是经营难度大。森林经营自然风险高，管护难度大。全省每年发生森林火灾面积15万亩左右，病虫害发生面积450万亩左右，处置成本和损失基本上由经营者承担。四是生产组织者处境困难。在"灭荒"战役中，各级林业主管部门普遍负债。通过多年"消化"，现负债总额还有8.83亿元。林业部门的人头、业务经费大部分没有纳入财政预算，工程配套经费难以落实。国有林场边缘化严重，作为事业单位没有财政保障，不能自主经营，职工没有稳定的收入来源，没有能够享受国家低保政策，又没有田土耕作；有些大型国有林场既不是一级地方政府，又实行的是以场带乡、村的管理体制，社会负担沉重，影响了森林经营职能。

三、"三林"问题的成因分析

关于"三林"问题产生的原因，专家学者和社会各界见仁见智。这次调查，我们向林农发放了4 220份调查问卷，收回4 017份。通过对调查问卷进行分析，造成"三林"问题的主要原因可以认定为：

（一）社会关注不够

林区地广人稀，交通不便，落后封闭。林业是一个社会效益和生态效益大于经济效益的行业。所以，林区和林农的问题长期被忽视。有的林农对调查组说，10多年了，他们连乡干部都没有见过几次。2005年春，全省94个县（市、区）、112个国有林场、12个森工企业1 177万亩522万立方米林木、340万亩竹林14 497万根立竹遭受大雪冰冻灾害。巨大的损失导致一些地方的林业10年都难以恢复。很多林农衣食不足。如此重大的自然灾害本属救灾范围，可实际上雪压冰冻木竹的清理基本上由林业部门组织林农完成，财产损失由林农负担。国有林场的损失更难以得到社会救助。调查中一些林农心酸地说："别的灾害都有政府帮助，可是这么大的雪灾损失却没有救助。"2005年，湖南省各级投入森林防火的经费总计不超过每公顷1.2元，只有全国平均水平的40%；2 000元一台的风力灭火机每10万亩才一台。一遇森林火灾，只有依靠群众用血肉之躯和砍刀树枝与之搏斗。这些年来，国家投巨资进行农电改造、乡村公路建设、通讯设施建设、改水、改厕工程等，所有项目都需要农民拿钱配套，但林区自然条件差、建设成本高，林农无力承担。国有林场和自然保护区，基本没有列入规划范围。所以"村村通电、村村通路、村村通信”只能是他们心中“难圆的梦”。信息的闭塞，又使林区贫困落后的真实状况难以被社会所了解，难以得到外界的关注。

（二）产权改革滞后

建国以来，湖南省集体林权制度的历史沿革大体可以划分为四个阶段。即土地改革时期的农民土地私有制阶段、合作化时期的集体所有制阶段、“四固定”时期的调整巩固集体所有制阶段和“林业三定”时期的稳定山权林权、划定自留山、落实林业生产责任制阶段。目前，林地有国家、集体所有制两种形式。国有林场经营的国有林 1 086 万亩，占总面积的 5.65%。集体所有的林地面积 18 136 万亩，占 94.35%。在集体林中，自留山 761 万亩，占 4.20%；责任山 12 676万亩，占 69.89%；集体经济组织经营面积 4 699 万亩，占 25.91%。湖南省集体林业的产权制度不适应市场经济的发展需要，林农利益得不到制度保障，是造成林农积极性不高、社会投入林业不足的重要原因。具体表现是：

1. 所有权不明晰

由于“林业三定”时林权发证工作比较粗糙，森林、林木所有权或者使用权及林地使用权确权不清。一是部分山林没有登记发证。全省有 10% 左右的山林没有登记发放林权证。二是林权证地证不符、“四至”边界不清、档案保管不全。当时发证量大、时间紧，许多地方“闭门造车”，没有公示和核对，一些地方没有建立林权档案或者档案遗失。三是林权变更登记制度未建立。20 多年来，林木林地权属的合理流转、退耕还林等新增林木林地的权属变化，都没有及时确权发证或者进行变更登记。四是集体经营山林所有权虚置，使有终极所有者的林农权利无法实现。所有权或使用权不明晰，相关经济活动利益和责任的边界就会模糊和不合理，权利人的法定权益就不确定，农民对山林经营就缺乏认同感，并经常引发山林权属纠纷和群众性械斗事件。

2. 处分权不落实

林权所有者没有真正拥有占有、使用和依法流转的权利。一是林权所有者不能自主采伐林木。国家法律规定公益林严格控制采伐，商品林根据总消耗量低于总生长量的原则凭证采伐。采伐限制和采伐指标计划分配的不合理，导致一些企业营造的工业原料林、承包经营大户营造的速生丰产林和以营林收入为主要生活来源的林农所需采伐指标得不到满足。二是林木和林地的公平、自由流转受到限制。市场缺乏森林资源资产评估机构和流转平台，流转过程无法保障林权所有者的权益；没有林权登记服务机构，不能固定已经实现流转的权利。如此，林业经营者合法利益受损，规模经营难以实现，投资林业的积极性下降。

3. 收益权无保障

林木收益被不合理地分割、生态效益补偿不足和集体林经营中话语权缺失等问题，导致了林农收益权的残缺。一是林木收益被不合理地挤压。高额的税费和乱收费导致商品林的经营利润被不合理抽取，林业经营者投入产出效益很低。二是公益林生态效益补偿低且难以到位。据北京市 1999 年运用替代法对全市森林生态效益的测算，森林的生态价值是其经济价值的 13.3 倍。而目前国家对公益林严格控制采伐，生态效益补助资金只有 5 元/亩，远远低于森林的价值。而且，即使是 5 元/亩的补助，也只有部分林农能够享受到。我省区划界定国家重点公益林 5 643 万亩，省级公益林 1 155 万亩。目前，只有 3 510 万亩国家重点公益林和 210 万亩省级公益林享受了中央财政和省财政的补助，仅占应补偿面积的 51.6%。三是林农在集体林经营中没有话语权。集体经济组织经营的山林实行民主管理的少，其经营和收益分配农民难以主张权利。有的集体山林甚至沦为村干部的私有财产，随意处理、低价承包、以权谋私的现象屡见不鲜。如桃江县有一个面积2 997亩的乡村联办林场，竹林长势良好，最近以每年23.7万元的价格被整体出租给一个台商经营，租期20年，平均每亩仅79元，只相当于8根毛竹的价值，群众对此强烈不满。

（三）林业负担过重

1. 木竹税费负担沉重

据统计，全省在木竹采伐销售环节收取的各种税费总额平均占销售价的35%，高的50%。其中育林基金征收额达到实际销售价的20%以上，部分地方甚至达到30%以上。仅此一项收费，就足以让木竹生产无利可图。另外，一些地方委托林业部门在林农办理林木采伐许可证时征收增值税、城市维护建设税和教育费附加。一些地方对没有经营利润的林农征收个人所得税。不少县、乡、村还收取木材采伐指标费、林路维护费、村级管理费、价格调节基金、造林预留金等多种名目的费用。林农所得，只有培育、采伐和短途运输的力资。

2. 惠农政策惠林不足

一方面，国家近年来高强度的惠农政策对山区林农帮助不大。林区县的水田面积少，林农享受粮食补贴、良种补贴和农机具补贴的数量甚微；许多林农居住在山高坡陡山区，耕地少，可退耕的坡耕地也很少，退耕还林政策亦未完全惠及山区林农。另一方面，国家对林农的补贴政策已经取消。国家粮食价格放开以前，国家对林农实行定销粮和统销粮政策，林农和国有林场职工粮食基本可以得到满足。粮食价格放开以后，因粮食价格上涨、木竹价格平稳或下跌和可伐资源减少，依靠销售木竹换取粮食的林农生活水平下降，甚至陷入贫困。调查中群众反映，原来1立方米木材可以买550千克稻谷，现在只能买250千克。

3. 国家财政保障缺位

在林农负担沉重的同时，依靠林业规费运转的林业部门亦倍感难堪。育林基金是维持林业简单再生产的专项资金，依法应返还林农用于林业再生产，但由于大部分林区县财政困难，政府对林业投入有限，导致育林基金未能返还林农用于再生产。据统计，2003～2005年，全省平均每年征收集体林育林基金4.23亿元，其中生产性支出约占30%。2005年，全省各类林业行政事业单位（不含国有林场、苗圃、林业科学研究所）有需财政供养职工39 149人，年需人头经费和业务经费7亿元，各级财政拨款补助人数31 054人，拨款2.42亿元，分别占应补助人数和经费的79.32%和34.57%；65.43%的林业经费从育林基金、森林植被恢复费、其他专项拨款和资金中列支。“育林基金”变成“育人基金”的直接后果是迫使林业部门与民争利，甚至为取得规费收入而纵容超限额消耗森林资源。

（四）发展环境不优

1. 融资政策不到位

林农的经济收入大都只能维持其家庭基本生活需要，积累资本并投入林业扩大再生产的能力有限，而林业投资周期长、变现能力不强等风险因素又使商业资本难以进入，森林资源资产评估、信用保障体系未能建立和风险防范化解机制缺位，导致林业融资非常困难。虽然中共中央、国务院《关于加快林业发展的决定》和中共湖南省委、湖南省人民政府《关于贯彻〈中共中央、国务院关于加快林业发展的决定〉的意见》都规定对林业实行长期限、低利息的信贷扶持政策，并视情况给予一定的财政贴息，且担保法明确规定林木可以抵押，省林业厅和省农业银行就森林资源资产抵押贷款作出了明文规定，但实际操作中林业经营者要从金融机构融资仍然十分困难。如资阳区森华林业有限公司营造速生丰产林 13 万亩，林木资产价值约 4.5 亿元，公司因管护需要申请银行贷款 2 100 万元，各商业银行却不予受理。实力雄厚的大企业如此，中小型林业企业和林农贷款难度可想而知。

2. 社会服务不到位

林区自然条件较为恶劣，人口素质相对较低，相关部门没有提供有效的服务帮助农民开发森林资源。分山到户后，分散的林农虽然具有市场交易的自主权，但由于商品量小、市场信息不灵，难以真正成为市场主体。有关部门对林农所需的信息、技术服务不到位，重限制性管理，轻市场化服务，产业政策滞后；各种社会中介组织不健全，很少向林农提供有效服务。林农自行建立的各种行业协会稀缺，限制了互助合作和资源流转。林区的科技水平总体较低，全省林业科技进步贡献率只有 30.1%，成果转化率只有 38.1%。

（五）管理机制不活

1. 林业行政管理机制陈旧

目前，林业部门仍然沿用几十年一贯的计划经济管理模式，事无巨细统包统揽，形成了比较封闭的内部循环体系，难以适应社会主义市场经济发展的要求。在林业业务工作中，既当“运动员”，又当“裁判员”。林业产业宏观指导乏力，林业部门内部多头执法，社会性的林业工作部门化。

2. 林业站、木材检查站职能错位

乡镇林业站是林业部门最基层的管理、服务机构，担负着政策宣传、资源管护、林政执法、科技推广和社会化服务等职能。目前，大部分林业站的人员和业务经费没有纳入财政预算。2005 年，全省乡镇林业站工作人员共 15 102 人，年度经费总支出 15 153 万元，其中财政全额拨款 2 527 人，经费 2 023 万元，分别占总人数和总支出的 17% 和 13%；财政差额拨款的 1 567 人，经费 1 173 万元，分别占 10% 和 8%；育林基金等规费支出 8 712 人，经费 8 712 万元，分别占 58% 和 57%；自收自支 2 010 人，经费 2 343 万元，分别占 13% 和 15%。由于财政投入的严重不足，在基层政府和自身的双重趋利压力下，林业站异化为“收费站”，资源管理和服务等职能不断弱化。木材检查站担负着规范木材运输秩序的职责，全省现有木材检查站 335 个，2 900 人，需要经费 4 500 万元，都没有纳入财政预算，基本上靠“罚没”收入维持，检查站异化为“罚款站”。

四、解决“三林”问题的对策

（一）提高认识转变观念，全力推动林业发展和林区进步

1. 致富林农是党和政府职责所系

湖南省林地面积占国土面积的 60% 以上，60% 的县（市、区）是重点林区县，60% 的农村人口生活在林区。几十年来，我省广大林农为了国家建设和社会发展做出了巨大的牺牲。计划经济时代，木材的无偿调拨消耗了林区的大部分森林资源；20 世纪 80 年代“灭荒”以来，广大林农用辛勤的汗水为三湘大地披上了绿装；进入 21 世纪，他们没有平等享受到经济社会进步的成果，又在为生态建设的需要而奉献。现在，党中央建设社会主义新农村的决策为农村经济社会的全面发展提供了前所未有的机遇。尽管各地面临着巨大的财政压力，但适度的投入加上相对宽松的政策，可脱百万林农之贫困，可求广大农村之安宁，可得三湘大地之美景，利大功远，

有必要引起各级领导的高度重视。

2. *发展林业是农村经济潜力所在*

湖南省农业经营水平很高，耕地潜力有限，粮猪型农业已难以大幅度增加农民收入。林业具有巨大的发展潜力。一是发展空间大。全省林业用地面积是耕地的近4倍。以山为平台，从林中突破，可收事半功倍的效果。二是资源潜力大。全省有高等植物4 859种，陆生脊椎动物820种，许多物种都具有很高的开发价值。三是增值空间大。全省林分产量为全国平均水平的54%，木材加工利用率只有65%左右，如果达到浙江、福建等省以及我省沅江、桃江等地的经营水平，林业产值可跃上一个大台阶。四是市场空间大。我国每年需要进口木材1亿立方米以上，木材短缺状况永远存在。在世界范围内，家具等传统产业和生态旅游、花卉业等新兴产业近年的增长率都高达30%。五是拉动效益大。林业的发展，可以创造广泛的就业机会，促进农村剩余劳动力的转移。林业基层组织的存在及其教育活动，可以提高附近居民的整体素质。对基础薄弱的林区“输血”发展林业产业，可以立竿见影地使林农脱贫致富，并对整个“三农”问题的解决产生示范效应。

3. *保护森林是生态湖南建设所需*

森林和湿地生态系统是人类赖以生存的基础，是生态安全的载体。受自然地理影响，湖南省是一个自然灾害频发的省份，每年有50%以上的县（市、区）和1 000万以上人口受自然灾害困扰，直接经济损失60亿元以上。全省石漠化面积2 218.5万亩，潜在石漠化面积2 157万亩，一些地方生存条件很差。大力发展林业，最大限度地发挥森林资源蓄水保土、涵养水源、截留地表径流等生态功能，可从源头上扭转生态恶化的趋势。同时，保护森林资源，能够维护生态平衡，保护物种资源，解决人类面临的一系列环境问题，为湖南现代化构筑绿色屏障。

4. *林业产业是新型工业化题中之意*

湖南省委、省政府提出进一步推进新型工业化。我们感到，将木竹产业集群做成我省的优势产业是发挥区域比较优势的选择，也是发展循环经济的必然。怀化、邵阳、永州、郴州等地的林产工业和张家界、湘西的森林旅游业一直是当地的支柱产业，长沙的花卉苗木和洞庭湖区的杨树已经成为地方经济的新兴产业，都有可能像泰格林纸产业集群、桃江竹产业集群一样地实现规模扩张和产业集聚。况且，林业产业是典型的绿色工业，在森林、湿地资源不断地再生产的同时，林产品产出积累起来的财富又转化为森林、湿地生态保护的物质支撑，从而为生态保护的实现提供内在的动力激励和外在的物质支持。尤其是碳汇交易的兴起将为我省的林业提供更广阔的发展空间。林业向社会提供的物质和生态供给，有利于实现环境友好和人与自然的和谐共处。

（二）加快林权制度改革，解放林业生产力

加快林业产权制度改革是解决湖南省“三林”问题的前提和重要途径。根据我省的林情和社情，林业产权制度改革应当坚持以下原则：一是分权性原则。按产权经济学的理论，交易费用是选择制度的标准。所以，交易成本最低的应成为产权的主体。二是自主性原则。分权所赋予的权利神圣不可侵犯。生产经营主体拥有自主生产经营权。三是系统性原则。产权改革是一个系统工程，不仅涉及林业部门，还会涉及整个农村社会，必须通盘考虑，整体规划，全面展开。四是公平性原则。特别要保障农民拥有维持正常林业经营的利益机制。五是公开性原则。提高操作透明度，保证农民及林业经营者的知情权、参与权和决策权。目前我省林业产权制度改革的主要内容包括：

1. 全面明晰所有权或使用权

以现有林权为基础，与全省林权登记换发证工作相结合，进一步稳定和完善森林、林木、林地的所有权和使用权。凡是在“林业三定”中已确权到林农且已发放林权证书的，在保持稳定的基础上换发全国统一的林权证书，做到证主相符，证地相符，图、表、证相一致；“林业三定”时权属明确但未发放林权证的，或者“林业三定”后森林、林木、林地权属发生变更和植树造林新增的林木、林地，按照《湖南省林地林权登记换发证实施办法》规定，按照实际权属核发林权证书；林木林地权属不清或有争议的，抓紧明晰或调处，尽快达成协议或由司法机关作出裁判，及时核发林权证书；对目前仍由集体经济组织经营管理的山林，区别对待，分类指导。在保证2/3以上村民或者村民代表参加会议，2/3以上到会人员同意的前提下，由林农民主决策采取“分股不分山、分利不分林”的方式或分山到户的方式，将林权明晰到个人，并核发林权证书；在主要依靠林业收入维持集体经济组织和公共设施建设的纯林区，可以保留少量山林继续由集体经济组织统一经营管理，收入用于集体公益事业，但集体统一经营的山林不得超过10%。

2. 改革商品林采伐管理办法

推行商品林按面积控制的采伐管理方式，呼吁国家改革森林采伐管理制度，争取实现经营者在自律基础上按森林经营方案和市场需求自主采伐。在非林地上所造的用材林，保证采伐指标，即报即批。速生丰产林、工业原料林按其经营方案采伐，保证采伐指标；达到1 500亩的，可单独编制森林经营方案，按经营方案保证采伐指标。竹林在确保每亩保留立竹130株的前提下，放开采伐计划的限制。以培育森林为目的的抚育间伐材不列入木材生产计划管理范围。坚持凭林权证申请林木采伐许可证。实行木竹采伐计划分配林农参与制度和公示制度，简化办理采伐证的审批手续。林业主管部门对商品林采伐后的迹地更新和生态状况进行监督。

3. 加快林权流转

出台《湖南省森林林木和林地使用权流转办法》，明确流转范围、方式、原则、程序等，保障林权所有者可以采取转让、转包、出租、互换、出资入股等方式，依法流转林地使用权和林木所有权或者使用权。制定《湖南省森林资源资产评估办法》。以森林资源调查技术队伍为基础，组建资产评估机构，开展森林资源资产评估师认证。建立森林资源流转中心，构建林木林地权属流转平台，引导经营者公开交易。建立林权登记管理中心，加强森林资源流转监督，防止林权炒作，避免林农失去赖以生存的生产生活资料，确保林区群众有山可耕和稳定就业。

4. 争取提高公益林补偿标准

按照林农基本生活标准，参照粮食直补政策和商品林的经营效益，力争将生态公益林的补助标准提高到每年每亩20元。同时，探索公益林的限制性利用，以生态产业化弥补生态效益补偿资金的不足。

5. 改革林业收入分配制度

取消所有违法违规木竹收费项目。规范增值税、所得税的征收，农业生产者销售自产木竹产品和林木林地流转不得收取增值税和个人所得税。规范育林基金征收使用办法。2007年，全省育林基金计费基价不得超过360元。林业部门征收的育林基金全部上缴财政。财政部门将林业行政事业单位的人员、办公和业务经费纳入部门预算。育林基金逐步直至2010年全部返还给林业生产者。

（三）加大政策扶持力度，多渠道增加林业投入

1. 增加财政供给

规范育林基金征收和使用的同时，林业部门按照“精简、统一、效能”原则精简机构和人员，同级财政保障林业部门的人员、办公和业务经费，确保林业工作的正常开展。对财政困难的县（市、区）和基层政府，中央财政和省级财政要加大转移支付的力度。对退耕还林、防护林、生态公益林等重点生态工程的配套工作经费，各级财政应予保障。

2. 开征生态资源有偿使用费

推广郴州等地的成功做法，全省开征生态资源有偿使用费。从矿产开采、水电、自来水、森林和湿地旅游等直接在森林、湿地资源上获益的企业征收生态资源有偿使用费，解决公益林生态效益补偿基金的资金来源问题。

3. 完善林业投融资体制

制订优惠政策，引导林业经营者增加投入。在依法、自愿、有偿、规范的原则下，促进森林资源向有规模经营能力的经济实体转移，推动林业经营规模化。学习福建等省的成功经验，由省政府颁布《关于全面推进林权抵押贷款的实施意见》，在商品林经营中推进林权抵押贷款。财政部门建立林业融资风险储备金、利息贴补等扶持政策。政策性银行加大对林业的投融资力度。金融机构简化林权抵押贷款程序，放低贷款门槛，扩大面向林农和林业职工的小额信贷，推行林权直接抵押贷款方式。探索成立林业担保公司，为林农提供贷款保证。开展森林保险业务，建立贷款风险控制机制。

（四）大力发展林业产业，不断壮大经济实力

围绕到2010年全省森林覆盖率达到57%、森林蓄积量达到4.3亿立方米、林业产值达到900亿元的总体目标，大力推进林业产业化经营，促进经济增长和林农增收。资源培育业以提高林地生产力为核心，大力发展以毛竹、松树、杉木、杨树、桤木、桉树等为重点的速生丰产林，以油茶、茶叶、板栗等为重点的名特优新经济林，以及花卉苗木种植业和野生动物驯养繁殖业等新兴产业。林产工业以提高产品科技含量和附加值为核心，以竹木林纸产业链为龙头，重点培育林纸、人造板、家具、地板、林化、木竹制品等支柱产业。走龙头企业带基地带农户之路，增强林业产业对农村劳动力就业的拉动效应。开展“创绿色家园，建富裕新村”行动，拓宽产业发展领域。第三产业以改善森林景观、提高文化品位为核心，大力发展森林旅游业和生产性服务业。为此，建立企业办基地的企业与林农双赢机制。到2010年，以森林资源为主要原材料的企业达到50%的原材料来自于基地造林。实行采伐与迹地更新挂钩的制度，使采伐者承担造林任务。加强对木材加工企业的宏观调控，鼓励木竹综合利用和精深加工，对浪费资源、污染环境严重的木材加工企业实行关停并转，发展循环经济，提高森林资源利用率。

（五）改善林区发展环境，促进社会和谐发展

大力加强林区基础设施建设，增加社会公共事业投入。在推进社会主义新农村建设过程中，优先解决林区的交通、通讯、电力、饮水等问题，提高政府补助标准，减少林农自筹资金和配套部分，尽快改善山区林区的落后面貌。在湘西地区等自然条件十分恶劣的山区推行“退人还山”，采取老弱病残就地低保、组织劳务输出、学龄儿童“9＋2”教育等措施，实行生态移民，彻底解决贫困问题。将国有林场、森林公园、自然保护区、森工采育场、苗圃等林业基层单位

建设统一纳入新农村建设规划，其公路纳入乡镇改油工程和村村通工程，电网纳入农网改造工程，努力改善文化教育卫生条件，解决职工养老保险问题。

大力发展林业社会化服务体系。健全林业法律法规及规章制度，倡导各地制订村规民约，提高林农自律意识和自我保护森林资源的能力。加大对森林防火和森林病虫害防治的投入，建立森林灾害应急反应机制和防治服务网络。按照“自愿、互助、互利”的原则，引导林农成立预防森林火灾、防止乱砍滥伐等护林联防组织，按照“民办、民管、民受益”的原则，鼓励和引导建立木竹资源培育协会、木竹加工协会等各类行业协会，开展伐区调查设计、木竹检尺、林业科技推广、法律政策咨询等中介服务，为广大林业经营者提供全方位、系列化服务。

（六）创新林业管理机制，为林区、林农和林业搞好服务

（1）加快林业部门职能转变。建立以管理和服务为重点的新型林业机制。林业行政主管部门以林木林地权属管理和森林、湿地资源保护为重点，从微观管理向宏观管理转变，从行政审批向监督指导转变。

（2）推进林业站，木材检查站改革。明确乡镇林业站为县级林业局的派出机构，定性为公益事业单位，财政保障经费。根据重点林区和非重点林区的区别，按照平均每1.5万~2万亩林业用地面积配备1名基层林业工作人员的标准，优化机构设置，精简和分流工作人员。根据公路铁路建设的发展和木材流向的变化，优化木材检查站配置，调整检查站编制和人员，建立固定检查与流动检查相结合的流通管理机制。经费纳入财政预算。

（3）推进林业综合行政执法改革。以创新林业行政执法机制为出发点，改变森林公安、林业站、木材检查站、资源林政、野生动植物保护机构等多头执法、职能交叉的现象，整合执法力量，组建相对独立、职能集中的林业综合行政执法机构，统一行使法律、法规授予的行政处罚权。

（4）推进国有林场改革。对全省国有林场经营的962万亩国有林实行分类经营。其中，生态公益型林场经营面积600万亩，按照每1 200亩林业用地面积配备1名护林人员的标准，重新核定事业编制5 000人，人员、业务经费纳入同级财政预算。商品经营型国有林场经营面积362万亩，按照现代企业制度的模式运营，国家对其改革支付适当成本，并改善基础设施建设。

（湖南省林业厅）

四 川

退耕还林工程成效显著 后续政策亟须完善

四川省退耕还林工程已经实施7年。这项工程涉及千家万户，遍布广大山区。7年多来，工程建设到底取得了哪些成效，老百姓是怎么看的，还存在什么问题，下一步该如何办？带着这些问题，我们从去年9月以来，先后到凉山、达州、阿坝、甘孜、泸州、宜宾、雅安、绵阳、南充、遂宁等市、州及所属的20多个县进行了实地调查。每到一地，都与党委、政府、人大、政协领导和有关部门负责人座谈，了解基本情况；深入山头地块察看现场，掌握第一手资料；走

访了100多家退耕农户，倾听他们的意见和呼声，得到真实信息。在广泛调查基础上，结合各地推荐的100例典型，对全省退耕还林情况进行了系统研究，现报告如下：

一、退耕还林已取得显著成效

退耕还林是党中央、国务院实施西部大开发战略对生态建设作出的重大部署，对于促进经济与社会可持续发展具有极其重要的意义。四川省紧跟中央部署，于1999年在全国率先启动退耕还林试点。几年来，在国家的关心支持和省委省政府的领导下，经过全省广大干部群众共同努力，工程建设进展顺利，已经取得显著成效。

（一）按要求完成了国家下达的退耕还林计划

从1999年到2005年底，国家下达四川省退耕还林计划2 549.4万亩，其中退耕地造林1 318.4万亩，荒山造林1 231万亩，已按要求全部完成任务。工程涉及全省176个县、4 000多个乡、3万多个村、670多万户、2 400余万人。根据连续6年核查，全省退耕还林面积核实率为99%，合格率为97%，保存率为98%，全部达到了国家标准。

工程的实施，使广大山区的陡坡耕地迅速恢复植被，得到了中央领导的充分肯定，指出一路所到之处，“到处都是青山绿水，郁郁葱葱，生机勃发，生态环境得到很好的保护和改善”。

（二）退耕还林生态效益初步显现

通过实施退耕还林，结合荒山造林和天然林保护，使生态环境得到全面治理。全省森林覆盖率由24.23%提高到28.98%，5万多平方千米水土流失面积得到有效控制，每年减少土壤侵蚀量2.53亿吨。地处盆地丘陵区的遂宁市，在建设长江防护林的基础上，通过退耕还林、天然林资源保护工程等生态治理，森林覆盖率由1985年的7.12%提高到33.5%，土壤侵蚀模数由每平方千米8 520.28万吨下降到3 314万吨，降幅达61%，为改善农业生产基本条件发挥了重要的作用。

（三）退耕还林政策使农民得到真正实惠

根据退耕还林现行政策，2000～2005年，四川省累计获得国家投资（含粮食折价）133.5亿元，省级财政投入9亿多元。按照670万农户、2 400万人口计算，户均受益2 100多元，人均近600元。另据抽样调查，2004年项目区农户人均纯收入中，退耕还林政策的直接贡献率达到13.2%，部分贫困山区和民族地区达到30%以上。

（四）退耕还林开始显现部分经济效益

各地把退耕还林作为解决“三农”问题的重要措施，合理调整土地利用和种植结构，因地制宜推行生态林草、林竹纸、林果药以及林经间作、种养结合、互利共生、产业配套等开发模式，大力发展生态农业和循环经济，增加农民收入。到2005年底，全省共发展竹林175.3万亩、经果林441万亩、短周期用材林141.2万亩，为培育后续产业奠定了资源基础，同时也为农民增收开辟了新的渠道。一些地方退耕还林头两年种植的竹林、经果林已开始发挥效益。沐川县在退耕还林中做大做强竹产业，2005年全县林竹纸产值达4.6亿元，占全县GDP的近1/3；上缴税金3 500万元，占财政总收入的近1/3；林农出售竹产品人均收入680元，占农民人均纯收入的近1/3。

（五）退耕还林产生了良好的社会影响

退耕还林实现了由毁林开垦向生态建设的历史性转变。这项涉及面广、政策性强、群众参与度高的林业生态工程，投资之巨、规模之大、周期之长，堪称“世界生态工程之最”，引起了国内外媒体和国际组织的广泛关注。美联社、路透社、香港无线电视台、香港大公报、中央电视台、人民日报等媒体对退耕还林进行了大量宣传报道；世界自然基金会、国际保护联盟、美国福特基金会等国际组织分别到四川省开展退耕还林政策研讨、课题研究等，在国内外产生了巨大的影响。

退耕还林得到了广大农民群众的衷心拥护。老百姓把退耕还林与农网改造和取消农业税相提并论，看成是共产党给广大农民群众办的最大好事。事实充分说明，党中央、国务院关于实施退耕还林的决策是完全正确的，是一项惠及子孙的德政工程，受益于当代的造福工程。

国家林业局组织的退耕还林中期评估，对四川省退耕还林工作给予了高度评价："政策落实得好，工程进展顺利，每年验收结果基本上达到国家规定要求，初步改善了工程区的生态环境，增加了农民收益，促进了农业结构调整，提高了全社会的生态环境意识，密切了党与群众的关系，广大农民满意。"

二、退耕还林的基本做法和经验

退耕还林工作，经过几年的实践和探索，总结出了一套行之有效的作法，积累了较为丰富的经验。

（一）统一思想认识，确定工作思路

开展退耕还林，加强生态建设，是党中央、国务院作出的重大决策，对于防治水土流失，改善生态环境，维护长江及黄河流域国土生态安全，具有其他任何工程都无法替代的巨大作用，事关国家和民族长远发展的根本大计。四川省委、省政府认真落实中央决策，抓住机遇启动试点。按照国家关于"退耕还林、封山绿化、以粮代赈、个体承包"的政策措施和基本原则，结合我省实际，提出了"三个确保"、"三个结合"的工作思路。即确保生态目标、确保群众生计、确保工程质量；把退耕还林与农业综合开发、农村经济结构调整、扶贫攻坚相结合。随着工程向纵深推进，在总结各地实践经验的基础上，概括出了"以封促退、以移促退、以调促退、以改促退"的基本路子，即把退耕还林与封山育林、生态移民、结构调整、改田改土结合起来，留足口粮地，建好找钱地，治理陡坡地，实现生态增效、农民增收的"双赢"目标。

（二）切实加强领导，精心组织指挥

为抓好退耕还林工程，四川省委、省政府高度重视，从战略层面把退耕还林纳入我省实施西部大开发的根本和切入点，按照"综合决策、统一规划"的原则，制定了退耕还林总体规划。要求围绕建设长江上游生态屏障的奋斗目标，全力推进退耕还林以及天然林保护等重点生态工程，5 年初见成效，10 年大见成效。在工作安排上，把退耕还林作为农村工作的重要内容和为农民办实事的目标之一，多次专题研究，先后 5 次召开全省性会议，进行动员部署，总结推广经验，加强动态指导。坚持推行工程目标、任务、粮食、资金、责任"五到市州"管理制度，层层落实领导责任制，使工程从上到下都由党政一把手亲自抓，分管领导具体抓，相关部门配合抓，做到了每一个重大步骤，每一个关键环节，都周密策划，精心指挥，为工程顺利实施提供了强有力的组织保障。

（三）坚持生态优先，突出治理重点

退耕还林主要目的是通过以粮食换森林，减少水土流失，改善生态环境。因此四川省一开始就把工程建设的重点布局在金沙江、雅砻江、嘉陵江、大渡河、岷江等生态脆弱区，把任务优先安排在江河源头、沿江沿路、湖库周围和沙化严重的陡坡耕地，对西部和盆周山区的"大

字报”地，盆中丘陵区的“馒头山”进行重点治理。在全省已实施的退耕还林面积中，坡度大于25°的733.2万亩，16°～25°的沙化或低产坡耕地465万亩，两项之和占退耕还林地总面积的91%以上，充分体现了生态优先和改善农业生产基本条件的客观要求。

（四）建立规章制度，规范工程管理

退耕还林关系千家万户的利益，涉及农村工作的方方面面，工作环节多，管理难度大。为了高质量、高标准实施好这项工程，我们从规划设计到成果验收，建立健全了一整套管理制度。坚持推行政府首长负责制、目标管理责任制、承包经营责任制、政策兑现公示制、工程质量监理制、成效检查验收制、部门联合执法制等行之有效的制度；坚持推行各市（州）、县、乡政府和林业部门层层签订责任书，实行规划任务、作业设计、合同建卡、种苗供应、钱粮补助“五到户”。这些制度措施的建立和实施，使工程管理有章可循，并逐步实现规范化、制度化、标准化，确保了工程顺利开展。

（五）落实兑现政策，保护农民利益

实施退耕还林，把政府行为和利益机制结合起来，首先从政策上解决了退得下、稳得住和农民吃饭增收等问题，充分调动了农民积极性。我省根据中央有关政策措施，一开始就确定了“三补两减两稳定”的政策，即向退耕还林农户补助粮食、现金和种苗，减免退耕还林地的农业税和定购粮；稳定土地承包关系，坚持“谁退耕还林谁受益”。这些政策的制定和落实，切实保护了农民利益，深受广大群众拥护。有的地方还在国家确定种苗费标准的基础上，增加了资金补助。这些工作，维护了党和政府的形象，在群众中产生了很大影响，有力地推动了工程的开展。

（六）培育发展后续产业，实现“生态建设产业化，产业建设生态化”的目标

退耕还林在确保生态目标实现的同时，必须切实解决好后续产业发展和农民增收问题。各地按照“生态建设产业化，产业建设生态化”的新思路，将退耕还林与产业开发、区域经济发展结合起来，把绿山与富民融为一体，大力培育竹产业、林果业、养殖业、林产加工业、生态旅游业，促进了以种养业为主的农业向多元化产业发展的重大转变，在可持续发展的平台上，形成了新的产业格局。同时，随着新型林产业的发展，也为其他产业的开发和生态化改造留下了广阔的空间，提供了新的资源基础，从而进一步促进了农村经济结构的战略性调整。

（七）依法落实林权，巩固还林成果

实施退耕还林，“林权是核心”。依据《中华人民共和国森林法》和《退耕还林条例》的规定，我省各地对检查验收合格的退耕还林地都及时颁发了林权属证书，确认了退耕农户的所有权和使用权，并依法办理了土地变更登记手续。截至2005年底，已发放退耕还林地林权证500多万本，发证面积1 213万亩，占应发证面积的92%。退耕还林地林权的落实，使“谁退耕，谁造林，谁经营，谁受益”的政策，承包经营权可以依法继承、转让的政策，经营者可以依法对其所有的林木进行采伐的政策，有了法律保障，也为防止复耕、巩固退耕还林成果提供了法律依据。

三、退耕还林的作用及其深远影响

四川省实施退耕还林几年来，引起社会的广泛关注和不同评价。在新的形势下，很有必要从经济社会可持续发展的全局去审视它的作用，用科学的发展观去分析它的结果，从“五个统筹”的大视角去衡量它的影响。

（一）退耕还林体现了“三个代表”重要思想

人类活动的实践反复证明，没有良好的自然生态，就没有经济的繁荣和社会的进步。通过实施退耕还林，结合天然林资源保护工程，逐步建立以森林植被为主体的国土生态安全体系，培育以优质林果为基础的生态经济产业，既为改革开放和经济发展提供强有力的生态保障，又通过结构调整增加地方和农民收入。同时，努力营造山清水秀的自然环境，也提高了社会文明程度和人们的生活水平，为实现人与自然和谐相处，推动整个社会走上生产发展、生活富裕、生态良好的文明发展道路创造了条件。这是功在当代，造福子孙的千秋伟业，与广大人民的根本利益休戚相关，充分体现了“三个代表”重要思想。宣汉县君塘镇印河村农民刘明全一家11口人，退了11亩坡地栽种良种枇杷、柑橘，已挂果投产增收。调研组来到他家，他指着新修的三合院说：“退耕还林使我们农民得到了大实惠，啥子叫‘三个代表’？我看这就是‘三个代表’。”

（二）退耕还林提高了土地比较效益

四川省山区坡地资源丰富。但陡坡耕地种粮不仅比较效益很低，而且造成严重水土流失，土地越种越荒凉，农民生存环境越来越恶化，导致“越穷越垦，越垦越穷”。通过退耕还林，实行“粮下川、树上山”，发展适宜坡地种植的林果业，不仅优化了土地利用结构，改善了当地生态环境，而且培育了新的经济增长点，提高了土地比较效益。洪雅、天全、南江等地利用林下种草养畜，每亩年收入700～800元；乐山、宜宾等地种植杂交竹，每亩每年的笋、竹收入达800元左右；种植药材收入上千元，是种粮收入的2倍以上。同时，随着生态条件的改善和林产品资源的增加，也为各地招商引资，打造旅游精品工程奠定了坚实基础，山地资源优势真正变成了经济发展优势，进而促进了区域经济协调发展。

（三）退耕还林促进了农业由粗放经营向集约经营转变

退耕还林把水土流失严重、土壤贫瘠、粮食产量低而不稳的25°以上陡坡地退下来，从根本上改变了山区农民广种薄收、“轮歇”耕作的落后方式，避免了再蹈“边治理、边破坏”的覆辙。各地把财力物力集中在平缓耕地和基本农田建设上，精耕细作，科学种田，改良品种，提高复种指数和单位面积产量，增加粮食生产综合能力，促进农业生产由粗放经营向集约经营转变。2005年同1999年相比，在播种面积下降10.9%的情况下，全省粮食总产量都稳定在3 400万吨以上。凉山、宜宾等地，通过农田基本建设、优化品种结构、推广科学种植技术等措施，提高了粮食单产，粮食总产稳中有升。

（四）退耕还林促进了农村劳动力的转移

随着退耕还林的实施，农民对土地的依赖程度降低，纷纷另寻致富之路。据宣汉、叙永、开江等县统计，大约每退耕3亩，就转移1个劳动力。通过对西部地区、盆周山区和丘陵地区三种不同类型的12个县定点监测，2004年因实施退耕还林转移劳动力47万个，占外出务工总人数的34.2%，创造劳务收入23.5亿元，占人均纯收入40%左右。通江县在实施退耕还林中将生态移民与小城镇建设相结合，高起点、高质量地建成移民一条街，让移来的农户从事运销、加工农副产品、经销小商品等“短、平、快”项目，农民从此过上了城镇居民的生活。移民后把山上的耕地全部退耕还林封育起来，确保了“迁一户人，退一片地，封一片山，成一片林”。

（五）退耕还林促进了市场主体和专业合作经济组织的进一步发育

退耕还林采取个体承包、大户牵头、“公司＋农户”等多种经营形式，在政府统一规划和有关政策引导下，由各类业主根据市场需求组织生产，逐步形成了一批有市场开拓能力、资金运作能力、技术创新能力和应付风险能力的经济实体，既促进了土地使用权的合理流转和规模经营的成长，又提高了农民的组织化程度。这不仅加快了农业产业化和专业化分工协作的进程，而且促进了市场主体的进一步发育和非公有制林业的快速发展，目前全省民营林业及各类林业经济联合体已达456万个。南充市嘉陵区引进业主开发岩石裸露的凤垭山，共实施退耕还林6 000亩，荒山造林2 000多亩，栽植黄花梨、风景绿化树等2 000多万株。业主采取“承租返包、借地还园、股份合作”等形式，与农民结成利益共同体。农民既是股东，又可从事务林或经营“农家乐”等生态产业，务林者年收入可达3 000元左右，经营者年收入达6 000元以上。

退耕还林实施7年来，它所带来的影响和对社会经济发展的重要作用，已经远远超出了林业行业、广大农村，开始影响城市和整个社会。退耕还林已不仅仅是一项生态工程，也是一项重要的经济工程、社会工程。

四、退耕还林出现的新情况、新问题

我省退耕还林虽然取得了很大成绩，但也存在不少问题，面临一些新的情况，主要表现在以下几个方面：

（一）少数地方治理重点不突出

国家和四川省政府都对退耕还林规定了明确范围和要求，并且不允许出现“全退户”。但在工程实施过程中，一些地方没有很好贯彻中央和四川省政府的指导思想，没有体现生态优先的原则，而是把退耕还林单纯作为农村产业结构调整项目，或作为产业结构调整项目的配套政策。在安排任务时，撒“胡椒面”，实行“利益均沾”，导致退耕地块零星分散，未达到相对集中、成片治理的目的，既不好验收和管理，也形不成规模效益。个别地方该优先还林的陡坡耕地尚未退完，就在一些生产条件较好的缓坡耕地上实施退耕还林，治理重点不突出。

（二）巩固成果面临新问题

在工程实施过程中，一些地方干部对退耕还林工程建设的长期性、艰巨性、复杂性认识不足，仍存在“重争取投资、轻组织实施和成果巩固”现象，对如何加强林地管护、提高工程建设成效，办法措施不多，工作力度不大，存在“等、靠、要”的思想；少数地方受免征农业税和粮食直补等惠农政策的影响，种粮比较效益明显提高，因而对退耕还林地的经营管理缺乏积极性，新造未成林质量较差；在民族地区、贫困地区和石漠化地区，由于受自然地理、树种自身特性等因素影响，林地主要以发挥生态效益为主，经济效益普遍很低。加之区域社会经济发展较落后，农民收入来源单一，对耕地以及退耕还林政策补助依赖性较强，政策补助停止后，将直接影响退耕还林成果的巩固。

（三）补助期限偏短问题

从2005年开始，通过退耕还林工程营造的经济林、生态林将陆续面临政策补助到期的问题。由于我省地处青藏高原边缘，自然条件差，林木生长周期长，加之后期投入有限，农户经营管理水平较低等因素的影响，绝大多数经济林和生态林在规定补助年限（经济林5年、生态林8年）内很难获得应有效益。这项政策直接关系到广大退耕农户的切身利益和工程区的社会稳定，基层干部和群众对此反映十分强烈。

（四）工程区配套措施未完全跟上

退耕还林能否“退得下、稳得住、不反弹、能致富”，仅靠在退耕地上做文章还远远不够，必须强化相关配套措施，整合有关项目资金，为巩固成果创造良好的外部环境。目前，我省绝大多数工程区有关农田基本建设、农村能源建设、后续产业发展、生态移民、舍饲圈养、封山禁牧等配套措施，受工作自身特点和资金的局限以及现行条块分割体制的影响，难以做到与退耕还林的有机结合，其实施力度还不大，落实还有较大差距，直接影响农民生计和成果巩固。

（五）少数地方违规违纪、弄虚作假

少数地方没有执行中央和四川省政府的政策规定，出现了一些政策兑现不到位，挪用、抵扣、截留工程资金、虚报冒领钱粮补助等违规违纪行为。有的弄虚作假，上报面积不实；有的重复交叉，糊弄上级和群众。还有的在种苗供应上暗箱操作，没有实行招投标，给国家和群众利益造成损失。对类似问题，省上曾多次强调，发现问题后及时作了处理，但违规违纪行为依然存在。

（六）退耕林地缺乏后期管理经费

四川省退耕还林范围广、面积大，常年补植补栽和管护的任务十分艰巨。特别是高海拔、干旱干热等地区，造林难度极大，补植和管护费用高，加之不少地区遭受干旱、洪涝、冰雹等自然灾害，造成大量苗木死亡，急需进行补植补栽。由于国家没有专项的补植和管护经费，地方财力和退耕农户又无力解决，因此，补植和管护工作面临很大困难，给巩固成果、提高质量带来严重影响。同时，随着退耕还林工程的进一步推进，退耕林地面积随之增加，林地管护、森林防火、防治病虫害等方面的工作量也将不断增大，但现有的经费和设施设备已愈来愈不适应管理工作的要求。

（七）粮食补助政策调整带来一定影响

国务院于 2004 年 4 月出台退耕还林粮食补助新办法，规定从 2004 年起，原则上将向退耕户的粮食补助改为现金补助。国家按每千克粮食（原粮）1.4 元计算，包干给各省（自治区、直辖市）。据摸底调查，有的工程县（市、区）要求继续补助粮食，有的要求补助现金，需求不统一。同时，由于 1.4 元/千克的包干价格与现在粮食市场价格差距较大，如果每亩按照 1.4 元/千克的标准实行现金补助，已不能购买到 150 千克原粮，这些都给具体实施带来了一定影响。

（八）继续治理陡坡耕地的问题

四川省虽然已实施退耕地还林 1 300 多万亩，但由于坡耕地面积基数大，需要进行治理的陡坡耕地还比较多。据调查，全省分布在金沙江、雅砻江、岷江、大渡河、嘉陵江等流域及黄河上游地区的 25°以上陡坡耕地和沙化耕地，仍有近 800 万亩陡坡耕地亟须治理。由于国家从 2004 年起大幅调减了退耕还林建设任务，今后四川省退耕还林工程建设面临国家计划任务不能满足实际需要的矛盾。

五、稳步推进退耕还林的建议

四川省退耕还林已经具备相当规模，今后的任务还很艰巨。我们要按照“巩固成果、确保质量、完善政策、稳步推进”的总体要求，把退耕还林纳入社会主义新农村建设的重要内容，进一步搞好工程建设。

（一）完善措施，提高退耕还林成效

提高成效是巩固成果的首要环节，应当作为经常性工作和重要任务来抓。要按照“退耕一片、还林一片、验收一片、发证一片”的要求，及时按户发放林权证。按照建设与管护并重的原则，希望国家增加投入，切实加强退耕还林后的经营管护工作。各地要建立经营管护制度，落实经营管护责任，防止边治理边破坏。要以合同的形式明确经营管护责任主体，将后期政策兑现与经营成效直接挂钩。退耕还林较多的地方，可以在农民自愿的基础上，成立专业协会或管护队伍，对退耕林地进行集中管理。特别是对质量较差的退耕地，要根据实际情况，及时补植补栽，调整树种结构，搞好封山绿化，确保建设成效。

（二）稳定政策，切实维护群众利益

按照中发［2006］1号文件关于“要稳定、完善、强化退耕还林补贴政策”的精神，需要国家认真研究，逐步建立起有利于巩固成果的长效机制。但在新的机制未建立之前，应当保持政策的连续性。根据四川省大多数地区的实际情况，建议将经济林补助期由5年延长至8年，生态林补助期由8年延长至15年，以确保退耕农户的生计。各级地方政府和相关部门要按照“公开、公正、如实、及时”的要求，不折不扣地落实好国家退耕还林政策。一是要规范兑现程序，坚持验收合格后才兑现的原则。二是要加强对退耕农户的宣传教育，告知其在享受权利的同时，必须履行自己应尽的义务，凡造林成效达不到要求的，不能享受国家的政策补助。三是要完善公示制度，公开验收标准，公开验收结果，公开兑现政策，减少中间环节，杜绝挤占挪用、搭车收费、随意抵扣、变相兑付等损害农民利益的情况发生。四是对群众来信来访反映的问题，要组织人员认真调查核实，及时处理。

（三）循序渐进，稳步推进退耕还林

根据规划，目前四川省尚有近800多万亩陡坡耕地急需退耕还林。应当按照中央的要求，采取更有力的措施，稳步推进退耕还林工作。一是积极主动争取国家计划，切实按照生态优先、因害设防的原则编制好年度实施方案和作业设计，优先安排生态地位最重要、生态灾害最严重的地方退耕还林，着力解决水土流失严重和土地沙化等突出问题。二是严格执行基本农田保护政策，对不符合国家规定的耕地造林，不予验收和兑现钱粮补助，不予核发林权证。三是做好整地栽植、抗旱防灾、种苗调度和抚育管护等工作，加强工程监理和执法监督，严格执行有关制度，提高工程建设整体水平。

（四）依靠科技，提高工程综合效益

要遵循自然规律和经济规律，搞好科学规划。对于生态林，要因地制宜选择品种和植被恢复方式，在提高成活率和保存率上狠下工夫；对于商品林，要着力发展那些本地有优势、有特色，并且具有较强创新扩散效应的产品，切忌一哄而上，避免结构趋同。要根据实际需要，积极筛选、组装配套一批先进成熟的科技成果进行推广，同时对相关技术进行优化组合，为生产提供行之有效、广大群众有能力应用的工程化技术。建立健全林木良种繁育推广体系，充分应用现代生物技术，培育优质、高产、多抗新品种。有计划、有重点地建立教育培训、科技开发、生产经营“三位一体”的科技示范园区，出一批高水平的示范基地和推广成果，发挥辐射带动作用。不拘一格选用和引进人才，鼓励科技人员深入生产第一线，对退耕还林项目进行技术承包，开展技术服务，创办领先主导产业，提高工程综合效益。

（五）创新机制，培育壮大后续产业

巩固退耕还林成果，关键是搞好后续产业，核心是增加农民收入，根本是解决好农民的生计问题。因此，各工程区要在继续推行“个体承包”的基础上，创新“公司＋农户”、股份合作制等多种经营机制，建立有地方特色、有市场前景的资源基地，带动林果业、林产加工业、畜牧业、生态旅游业等相关产业的发展。积极扶持和培育龙头企业，形成市场引导企业，企业带动基地，基地联结农户的产业化运行机制。积极鼓励发展各类农村专业协会和行业协会，并给予指导和支持，及时提供产品和市场信息。引导和鼓励各种社会主体跨所有制、跨行业、跨地区以多种形式投资退耕还林及其后续产业开发。支持有能力的农户、城镇居民、私营业主、科技人员参与退耕还林，加快林业产业发展。希望国家研究制定小额贷款、低息贷款、贴息贷款等多种政策措施，加大对退耕还林后续产业的扶持力度。

（六）统筹兼顾，全方位推动退耕还林

退耕还林是一项社会性系统工程，它所带来的相关问题，例如经营管理、保护生态、粮食增产、农民增收等等，不能完全依靠退耕还林本身或同一块土地来解决。各级政府应当统筹兼顾，认真落实国务院办公厅《关于切实搞好“五个结合”进一步巩固退耕还林成果的通知》，把退耕还林与基本农田建设、生态移民、农村能源建设、后续产业发展、封山禁牧舍饲等紧密结合起来，妥善处理经济建设与生态保护、资源利用、人口增长的关系，实现生态经济良性互动，三大效益有机统一。要按照分类经营原则，根据所造生态林和商品林的不同用途，确定经营体制、管理模式和政策取向，实行分类指导。对生态公益林要积极争取纳入国家生态效益补偿范围。要千方百计盘活林地林木资产，促进森林资源向森林资本转变，使林业的资源优势转化为经济优势，既巩固生态建设成果，又使农民从退耕还林中得到更多实惠。

四川作为全国退耕还林重点省份之一，搞好退耕还林意义重大，影响深远。根据当前退耕还林工程面临的新形势和新情况，我们要按照国家的政策和统一部署，认真总结经验，努力真抓实干，真正还出青山绿水，还出优势产业，为建设生态四川和长江上游生态屏障作出应有贡献。

（四川省林业厅）

云　南

搞好集体林权制度改革
促进社会主义新农村建设

党的十六届五中全会提出了建设社会主义新农村的重大历史任务。新农村建设的战略部署，为林业提供了重大历史机遇和更广阔的发展空间，也赋予了林业更加丰富的内涵和神圣的历史使命。根据省委办公厅《关于在省委中心组理论学习前开展调查研究的通知》精神，云南省林业厅围绕“开展集体林权制度改革、促进我省社会主义新农村建设”这个主题，进行了深入的调查研究。2006 年 5 月 9 ~ 20 日，云南省林业厅党组书记、厅长白成亮任团长，率拟开展林改试点的 9 县林业局长和部分县长等 35 人考察团，赴福建、江西进行集体林权制度改革学习考察；紧接着又于 5 月 23 日至 6 月 5 日，由各位厅领导带队组成 9 个工作组，以拟开展林改试点的 9 县为重点，开展林业情况调查研究。6 月 7 日，厅党组用 1 天时间，专题听取调研情况汇报，结合前期多次调研的成果，研究深化集体林权制度改革工作有关问题。通过深入调查研究和认真分析思考，我们更加深刻认清了云南省林业在社会主义新农村建设乃至全省经济社会发展中至关重要的地位作用，更加深刻地领会了省委、省政府领导对加速林业发展寄予的深切厚望，更加明确了我们肩负的政治责任和历史使命，也更加坚定了搞好集体林权制度改革促进新农村建设的信心和决心。

一、云南林业具有巨大的发展优势和潜力

林业是一项重要的基础产业和公益事业，具有多种效益和功能，在维护国土生态安全、促进经济社会发展、为广大人民群众谋福祉等方面起着至关重要的作用。调研使我们更加深刻地认识到，林业在贯彻可持续发展战略中具有重要地位，在生态建设中具有首要地位，在西部大开发中具有基础地位；而作为全国四大重点林区省份之一、也是全国生物多样性最为富集地区的云南林业，在云南省社会主义新农村建设中具有决定性地位。因为云南省林业具有无比巨大的发展优势。

（一）云南省林业具有林地资源优势

云南省国土面积的94%是山区；林业用地面积3.64亿亩，占国土面积的61.54%；现有林业用地与非林业用地之比为6:4，大大高于全国3:7的水平。林业用地是常用耕地面积的6倍，居全国林业用地的第二位。此外，云南省还有宜林荒山4 000多万亩、可用于造林绿化的轮歇地等非基本农田农地500万亩。在耕地有限的情况下，通过充分利用非耕地资源发展林业，能拓展农村经济更广阔的发展空间，使林地的潜在优势变为现实生产力。尤其是全省林业用地中商品林地达1.85亿亩，拿出几千万亩发展林业产业是完全做得到的，而几千万亩产业基地的巨大发展空间是我省其他任何产业都无法相比的。建立1 000万亩纸浆林基地，林浆纸一体化产业可以实现上百亿元产值；发展2 000万亩核桃、板栗、水果等林果产业，也可以实现百亿元产值；再发展几千万亩特色经济林、速生丰产林、短周期工业原料林、生物质能源林，又将实现更多的百亿元产值，带动千家万户农民致富。长远地看，加速林业特别是林业产业发展，必将对全省农民增收和农业农村经济乃至整个国民经济持续健康发展起到至关重要的决定性作用。

（二）云南省林业具有物种资源优势

云南省以其特殊的地形地貌和气候光照，孕育了丰富的生物资源，是地球上一个不可多得的绿色宝库，是全国乃至全世界生物多样性最为富集的地区之一。全省共有高等植物426科、2 592属、17 000多种，分别占全国总数的88.4%、68.7%和62.6%；特别是珍稀物种之多，居全国之冠。云南省有脊椎动物1 737种，占全国总数的58.2%。在我国335种重点保护野生动物中，云南就有199种，占全国总数的59.4%；其中如亚洲象、野牛、绿孔雀、赤颈鹤等23种仅为云南独有。云南省有竹类28属、220种，分别占全国总数的75%和55%，占世界总数的40%和25%；药材、花卉、香料、菌类的种类均居全国之首。生物能源、生物材料、生物制药等生物产业最大的发展优势在林业，云南省许多物种都有可能开发出一个大产业。比如红豆杉产业，云南省规划用15年时间达到种植面积40万亩，产值380亿元。又如以膏桐为主的生物油料能源林产业，云南省5~10年时间可发展到种植面积1 500万亩。值得指出的是，云南省绝大部分物种分布在山区林区，这就为广大农民群众大力发展培育种植养殖和加工业、增加农村就业和收入提供了丰富的物种资源。

（三）云南省林业具有潜力巨大的市场需求优势

当前全国仅木材供给缺口就达1亿~1.5亿立方米，每年从国外进口的林木及林纸产品达400亿美元。同时，随着经济社会的快速发展和社会消费观念的不断变化，人们对生态环境和森林服务的需求越来越高，开发绿色产品，提供绿色消费，崇尚绿色文明，使林业经济发展的市

场空间和领域也越来越大。据统计，云南省生态型的不采伐木材的林业产业已经占有全省林业“八大产业”一半以上产值。2005 年云南省森林生态旅游产业产值近 32 亿元，占全省旅游收入的 10.2%；野生动物驯养繁殖和利用产业产值达 5 亿元以上；以木兰科、樟科、山茶科为主的绿化种苗产值近 7 亿元。加速林业发展，开展林权制度改革，实现由资源开发为主向生态建设和产业发展并重的转变，必将迅猛促进云南省森林资源培育和林业产品供给，林业还会愈益显示出更加巨大的市场潜力。

（四）云南省林业具有适宜“三农”的产业特色优势

云南省是一个农业省份，全省 4 450 万人口中农村人口 3 568 万，占 80% 以上；全省有 77% 的人口生活在山区；农村中有大量的富余劳动力和富余劳动时间。大量的林业产业，诸如特色经济林、工业原料林、种苗业、野生食用菌采集和木竹加工等都是劳动密集型产业，可以吸纳巨大的农村富余劳动力特别是科技文化素质相对较低的山区群众，带动农民直接增收。近年来，云南省野生食用菌采集每年为农民和企业增收 20 亿元左右，仅楚雄彝族自治州林区农民就以此每年增收 2 亿元，该州南华县农民以此每年户均增收 1 200 元。以松茸为主的野生食用菌出口创汇，已成为山区农民和企业增收的重要渠道，去年出口创汇超过 8 000 万美元，仅松茸一项就出口创汇5 231万美元。新平县老厂乡一个乡办竹品开发公司，加工外销优质笋丝，产值 300 多万元。云南省特色经济林产业最突出、适于在贫困山区发展的核桃产业，年产核桃 7.5 万吨，销售收入超过 8 亿元，成为如永平、漾濞、昌宁、大姚、南华等地的支柱产业和农民增收的主要渠道。永平县去年核桃种植面积 41.9 万亩，在遭受罕见霜雪灾害之后仍使全县 15 万农民人均增收 495.8 元。随着经济社会发展、产业结构调整，全国能种核桃、板栗、花椒这些生态型绿色保健产品的地方将会越来越少，其发展前景更加可观，云南省林业在带动山区农民增收致富上的产业特色优势更加引人注目。

（五）云南省林业具有快速增长的森林资源优势

云南省森林覆盖率高且类型多样。全省森林覆盖率达 49.91%，活立木总蓄积量 15.48 亿立方米，约占全国的 1/8，为全国第三位。全省气候条件优越，平均每公顷林业用地林木年生长量为 4 立方米，蓄积量为 65.1 立方米，分别高于全国平均水平 1.6 立方米和 34.7 立方米；人工林平均每公顷蓄积量 45.9 立方米，高于全国平均水平 17.6 立方米。随着各级加大林业投入，特别是天然林保护、退耕还林、防护林建设等生态建设重点工程的实施，云南省森林资源总量快速增加，森林覆盖率 5 年增加 6%；林木年生长量 6 396 万立方米，年消耗量 5 338 万立方米，年净增量 1 058 万立方米。云南省林业雄厚的资源增量优势，为农村经济发展和农民增收奠定了资源基础。只要我们努力使森林资源总量由“现量”变“增量”、森林资源价值也由“存量”变“增量”，林业就必然成为可持续发展的、真正取之不尽的“绿色银行”，千家万户山区群众致富奔小康就必然充满希望。

综上所述，云南省林业的“五大优势”，使之具有无可比拟的地位和作用，尤其是无可比拟的可再生、可增量、可持续的产业发展优势，农民群众致富奔小康“希望在山，出路在林”决不只是一句漂亮的空话。林业发展空间无比巨大！只要我们坚持“生态建设产业化、产业发展生态化”的林业发展思路，“生态优先、产业为重”，消除“云南林业特殊”的旧观念和“等看靠要”的旧习惯，正确处理好生态建设与产业发展的关系，以“开发促发展、发展促保护”，主动地改，大胆地试，转变发展观念，创新发展模式，提高发展质量，加速林业产业发展，云南林业必将为建设绿色经济强省作出至关重要的决定性贡献，加速林业发展必将成为建设云南边疆社会主义新农村的希望之路、必由之路。

二、林业建设的现状与新农村建设的要求很不相适应

调研中，我们更清醒地看到，云南省林业还存在着很多问题，特别是“大资源、小产业、低效益”的状况，使林业的贡献率与林业资源的巨大优势极不相称，现实状态下的林业无法承担起促进全省社会主义新农村建设的历史使命。而在影响林业特别是林业产业发展的诸多因素中，不合时宜的集体林权制度是根本因素，深化我省集体林权制度改革刻不容缓。

（一）现实状态的林业无法承担促进新农村建设的重任

改革开放以来，特别是“十五”以来，云南省林业认真贯彻中央和省委两个林业“决定”，全省生态环境不断改善，森林面积和蓄积双增长，生物多样性保护成效显著，科技与产业发展步伐加快，各项改革初见成效，林业为全省生态改善、经济发展和农民增收作出了积极贡献。但一分为二地分析，林业发展还面临着许多困难和问题，与国民经济和社会发展的总体要求还很不适应：有的地方对林业生态建设和林业产业发展缺乏系统认识；森林经营薄弱，森林质量不高；局部地方仍有生态恶化趋势；林业管理滞后，资源保护与利用矛盾突出；林业基础设施薄弱，林业科技落后。特别是林业“大资源、小产业、低效益”状况突出，林农收入增长缓慢，造林育林用林积极性不高，林业中蕴藏的巨大生产力没有释放出来。用地占全省国土面积61.54%的林业，国内生产总值却仅占全省的3%。云南省林业用地面积3.64亿亩，活立木蓄积量15.48亿立方米，林业产值只有220亿元；而福建省林业用地面积1.36亿亩，活立木蓄积量4.97亿立方米，林业产值却高达920亿元。林业的贡献率与林业的巨大优势潜力及应有的地位作用极不相称，现实状态下的林业与建设社会主义新农村的实际需要还有相当大的差距。

（二）林业滞后的根本原因是林权制度问题

造成云南省林业发展缓慢、产业滞后的原因很多，但归根到底是以产权为核心的集体林权制度存在问题。我省的林权制度，经过了土地改革时期（1950～1952年）、农业合作化和“文革”时期（1953～1978年）、林业“三定”时期（1979～1984年）、扩大林业经营自主权时期（1985～1995年）、林业分类经营时期（1996年至今）几个阶段，伴随着林业体制的不断深化改革而推进，取得了积极的成效。尤其是通过林业“三定”，林权趋于稳定，形成了林业经营上的多种所有制格局，有效保护了森林资源，加快了林业产业发展。但是由于没有抓住“产权”这个核心，特别是占我省商品林地83.3%的15 368.3万亩集体商品林的大部分仍由集体统一经营，产权不清、经营不活的问题仍未根本解决，改革效果始终不明显。主要表现为“四权”不落实：一是山林所有权不落实。原先明晰权属的山林被集体收回统一经营，事实上的“干部林”、“大户林”和“三定林”占绝大多数，山林这个山区农村重要的生产资料变相集中到少数人手里，广大农民群众对山林没有发言权，更无决定权。二是经营权不落实。群众无法决定林木林地的种植、管理、承包、租赁，更无法决定出让、拍卖、流转、联营。乡村干部操纵林木林地经营，“暗箱操作”、随意流转、低价出让、肆意挥霍的违规腐败现象突出。三是处置权不落实。最突出的是林木采伐问题。一方面国家仍对公益林和商品林同等管理，采伐限额和指标控制严格，且多向国有林和大型企业倾斜，个体造林和自留山、责任山很难分到；另一方面有的国有企业靠出卖采伐限额和指标获利维生，有的领导和部门以倒卖采伐限额和指标牟利，林木所有者反倒不能处置自己的林木。四是收益权不落实。大多数群众从集体经营的林木林地中得不到一分

直接收益。有的群众出售木材，在经过作业设计、采伐、运输、办证、老板倒卖等各种环节之后，仅能收益1～2成。尤其是我省部分地方将一些贷款、借款造林的个体造林者所造林木无偿划入天然林资源保护工程区，不仅剥夺了其收益权，而且使其负债累累、无法生存。“四权”不落实使林农在林业经营中的主体地位虚置，“谁种谁有谁受益”的大好政策虚设，挫伤了林农发展林业的积极性和主动性，也使一些企业和社会人士对林业望而却步。不合时宜的林业生产关系严重制约了林业生产力的发展，造林难、护林难、防火难、科技兴林难和干群关系处理难普遍存在，林区群众强烈要求改变“我山不能我种，我种不能我砍，我砍不能我得”的怪现象。

（三）深化云南省集体林权制度改革刻不容缓

调研了解到的一些情况令我们震惊不已。屏边苗族自治县新现乡西沙村委会下猫猫头村民小组是一个典型的山区林区村，村里山林由乡林场统一经营，原定按1∶2∶7的比例分成，1成收益归村民。但群众就连这极不合理的仅1成的收益都得不到。1999年乡政府将该村2 000亩林地租赁给鑫东竹材种植场经营，期限50年，租金每亩每年3.5元，可是35万元租金已被乡政府花光而村民们一分未得。无奈的村民们只好在乡林场采伐林木后抢占林地种庄稼，“谁占谁有”，大量林地就这样流失。在听我们宣传将要开展林改以及林改基本政策后，村民们说：“林改改晚了。要早改几年，我们家家都盖砖房了。”并说“只要山林分到户，三五年后所有山头都会绿起来”。曲靖市罗平县天然林资源保护工程区一些情况更是令我们心情沉重。大石井乡村民程长生老人1984年贷款造林500亩，但价值百万的“绿色银行”分文难取，身为“百万富翁”的老人所住草房四壁通风。为了逃债他东躲西藏，最后到林子里搭棚“守山”。2004年程长生老人在山林中去世后，家中连请人抬他下山安葬的钱都拿不出来。曾有政协委员撰写了《贷款造林逼死人命》的提案。据了解，罗平县20世纪80年代响应政府“谁造谁有谁受益”号召贷款造林的群众很多，但大多因为采伐政策不落实而负债累累。干部群众积怨很深，有的群众对党的政策持怀疑态度；有的急于将价值百万元的林子10万、20万转卖脱手；有的贷款造林父亲去世、儿子又不能采伐林木还款因而四处上访、状告林业部门；有的群众甚至说“不要相信共产党”，要“告国家”。这使我们深感“林业对不起父老乡亲”（基层林业干部语），也深感林权制度问题已经不单纯是一个林业问题、经济问题，而是一个关系党和政府执政形象、执政地位的政治问题。正是由于非改不可，我省景谷、屏边、永平、南涧等县已经迫不及待自主开展了集体林权制度改革。而在省委、省政府领导下，从全省层面上推开集体林权制度改革，已经刻不容缓！

三、深化集体林权制度改革必将有力促进新农村建设

2003年5月以来以福建、江西为代表的新一轮集体林权制度改革，紧紧抓住“产权”这个牛鼻子，以“明晰产权、理顺产权、落实产权”为核心，还山于民，还权于民，还利于民。林改激活了林业机制、盘活了山林资源、增加了群众收入、提升了山林价值、转变了部门职能、发展了林业产业、和谐了林区社会，群众满意、领导肯定、专家赞同，取得了非常显著的经济效果和社会效果，有力推进了福建、江西社会主义新农村建设。林区群众说，这是继新中国成立之初的土地改革、改革开放之初的家庭联产承包责任制之后的“第三次土改”。2006年年初，胡锦涛总书记在福建永安市视察时指出，“林改意义确实很重大”。2006年中央1号文件提出了加快集体林权制度改革的要求。目前，中央作出指示，省委、省政府高度重视，农村税费改革减轻了农民负担，人们对林业产品和森林环境需求日增，福建、江西林改提供了经验，基层群众盼望林改、要求林改的呼声十分强烈，云南省林改时机已经成熟。林改不仅是林业内部生产关系的调整，也不仅是林业内部生产资料的重新分配，而是整个农村改革领域的扩展和深化，是农村改革的继续和完善，是林区农村改革的又一重大突破。这一改革对加快包括林业在内的农村现代化进程、落实科学发展观和推进社会主义新农村建设，具有重大的现实意义和深远的历史意义。根据我们调查研究和基层干部群众座谈交谈以及专家预测，云南是全国四大重点林业省区之一，林业用地面积和活立木蓄积量均超过福建、江西之和，森林资源及生物多样性极其丰富，只要我们认真学习福建、江西林权制度改革的精神实质，结合实际认真组织，发动广大林农群众积极主动参加林改，林改必定焕发出前所未有的巨大林业生产力，发挥林业资源的巨大优势作用，必将对推动云南经济社会发展、促进社会主义新农村建设产生重大作用：

（一）林改必将持续加快云南省农村生产发展

林改对占云南省国土面积大半的广大林区山区进行生产关系重大调整，将林区山区的重要生产资料重新交还群众，必将极大焕发农民群众发展生产的热情，带来林农和社会各界造林护林用林积极性的空前高涨、资源保护意识的显著增强、对林业科技的进一步需求。林改从根本上保障“四权”落实，也必将促进社会投资造林比重的不断攀高，直接间接投入山区农村建设的资金将会逐步持续加大。同时，农田防护林将使粮食平均增产15%～20%；木本粮油、果品、菌类、山野菜等森林食品将极大地丰富人们的米袋子、菜篮子、果盘子；森林火灾和森林病虫害将会下降；一些不善或不愿经营林业的农户获得原始资金，转行从事种养业、运输业、服务业，带动农村相关产业发展，也从真正意义上促进林业经营的规模化、集约化，促进农村经济的全面繁荣。尤其是林改创造更加良好的林业投资环境，催动林产工业发展提速，林浆纸一体化、特色经济林等“林业八大产业”大发展，结合退耕还林等“林业六大工程”促进山区农村经济结构调整，延长林业产业链，提升林产品附加值，必将为农村生产发展带来更大的商机和生机。

（二）林改必将促进林农生活改善并逐步宽裕

广大林农群众通过林改拥有了属于自己的重要生产资料，成了集体山林的真正主人，“依山致富，靠林发财”的信心必将大为增强。“林权改革财门开，分山到户钱进来”，林农们对林业敢于投入、舍得投入，将会加强科学管理，提高林地产出效益。各种山地种植业的发展，将使农村富余劳动力实现就地转移就业。林改带来的林木林地增值、木竹价格上涨，将使农民直接增收。林权到户后，许多企业将会改变其原料林基地建设过去单一依靠政府划拨提供的模式，转而投入资金自己建设，或者与林场、农户联姻，采取“企业+基地+农户”模式建设原料林基地，推动贸工林一体化林业产业体系形成，农民以地、以林、以劳动力入股，参与基础设施建设，参加森林资源管护，可以由此得利增收，许多林农将转变成为实际意义上的“林业工人”。林改后，农民随时可以将自己的林木林地变为现金，集体商品林分成比例调整将把大头利益分归农户，从中央到各州（县）的公益林生态效益补偿经费将直接兑付到农民手中。林改将使林业成为林区农民增加收入、改善生活并逐步宽裕的主要渠道。

（三）林改必将加强农村管理民主和基层政权建设

借助林改这一涉及农民切身利益的有效载体和实践，展开声势浩大的法律政策宣传活动，不但能够提高乡村干部依法行政水平，也能提高群众依法维权和民主管理意识。结合林改实际学法用法，村民们将反复学习熟悉《中华人民共和国农村土地承包法》、《中华人民共和国村民委员会组织法》、《中华人民共和国森林法》和《中华人民共和国合同法》等各种法律法规。参加各种民主决定重大事项，村民们将比以往任何时候都更加关心自己的切身利益，关心并主动参与集体事务管理，林农真正成为当家作主的主人，必将有力加快农村民主政治建设的进程。通过林改建立健全林农负担监督机制、村级经费使用民主监督制，实行采伐指标落实到林农头上并在政务栏、村务栏张贴的“公示制”，还将从源头上铲除村官腐败的土壤，有效杜绝村干部“暗箱操作”乱卖山林乱花钱的现象，使涉林腐败案件大为减少。此外，林改将用政策保障村组集体一定比例数额的林业经济收入，基层政权建设有了持续稳定的经济基础，干部不必再为筹款违规收费；同时干部作为集体内部成员与群众一起公开透明地参与分山分林，利在其中，将会使干部高兴、群众满意，干群关系改善，党和政府的执政形象改善，促进基层民主政治建设。

（四）林改必将推进农村乡风文明与和谐发展

林改后，林业经营与收益直接挂钩，将使农民的思想观念与作风习惯发生重大变化。不重视山林经营、耕山意识淡薄、农闲时节打牌赌博吵架骂街的现象将得到有力遏制，学科学、学技术将成为农村新时尚。倡导森林文化，弘扬生态文明，可以增强农民群众的生态道德意识。林改解决了过去普遍存在的林权纠纷，化解许多群众旧怨，种植、防火、除虫、农科等各种民间林业协会的建立，必将促进人与人之间、邻里之间、村组之间甚至县乡之间关系改善，促进农村互帮互助体系的建立。自己的山林认真管护，也将减少偷砍盗伐现象，彻底改变过去“干部打火、群众观火、领导恼火”的局面。通过林地使用费二次分配，逐步探索农村“老有所养，幼有所教，病有所医，困有所帮”问题的解决，农村社会保障体系将逐步完善，农村和谐社会建设将稳步发展。随着移风易俗活动开展、普及农村新风尚和改变不文明陋习，各地农村将会出现一批批“文明村”、“文化村”、“科技进步村”、“民族团结村”、“致富能人村”、“绿色小康村”。

（五）林改必将有力改变农村村容村貌

村组集体经济组织通过盘活森林资源资产、合理规范收取林地使用费和参与现有林的收益分成，集体公益事业在林业上有公开合法而又持续稳定的经济支撑。这是一种依靠林业发展“造血式”而非依靠政府补助“输血式”的经济收入，结合全国“创绿色家园，建富裕新村”行动的深入开展，它必将促进乡村通水、通电、通路、通电视电话、通电子网络以及绿化美化亮化等集体公益事业的蓬勃发展，改变脏乱破旧的村容村貌。众多林业企业进入山区农村合理开发，也必然要加强基础设施建设，改变道路、用水、厂房、住宅、医疗卫生、文化娱乐、垃圾处理等生产生活条件，改变乡村村容村貌。随着生产发展、收入增加、生活改善，农民群众也会改变自己的生活环境，水泥路、自来水、电视机、电灯电话、家用电器、公共厕所、公共墓地等也将会源源不断出现在边远山村。随着农户经济力量逐步宽裕，农村能源建设“民心工程”更易实施见效，沼气池、节能灶、太阳能、小水电在农村普遍推广，改造宿舍、厨房、畜圈、厕所，将有力改变污水乱倒、垃圾乱丢、粪土乱堆、畜禽乱放的陋习。绿化宜林荒山、构筑农田林网、美化村宅河路、发展庭院林业，创造“村在林中、路在绿中、房在园中、人在景中”的美好图画，一个个整洁卫生舒适美观的社会主义新农村必将成为云南边疆各地的动人景观。

四、云南省集体林权制度改革的基本构想

云南省集体林权制度改革得到了省委、省政府领导的高度重视和亲切关怀。2005 年 4 月 22 日，省委白恩培书记专门批示林业林权问题“一定要改，要快改”，徐荣凯省长、王学仁副书记、孔垂柱副省长等领导同志紧接着作出批示和要求。此后，白书记、徐省长、孔副省长多次指示加快林改，王副书记还带队到福建学习考察，省委办公厅牵头组成联合调研组专题研究，省有关部委厅局配合做了大量工作。我厅党组坚决贯彻省委、省政府要求，把集体林权制度改革摆到重要议事日程，多次研究部署，全面展开前期工作。我们成立了省林业厅集体林权制度改革工作机构，确定并上报 9 个县为林改试点县，参加省林权制度改革调研组课题研究，组织到福建、江西考察和到省内基层林区调研，研究制定了商品林采伐管理、低产林改造、天然林资源保护工程区人工商品林采伐等相关政策措施，积极探索建立地方公益林生态效益补偿机制，安排组织林改试点县的森林资源二类调查，实行厅领导对试点县挂钩指导督导负责制。云南省集体林权制度改革工作基本准备就绪，特别是经与省委政策研究室多次联合调研、反复磋商，林权制度改革的目标任务和措施步骤都已经明确。我们对林权制度改革工作主要构想如下：

（一）关于改革的指导思想

云南省深化集体林权制度改革的指导思想是：以邓小平理论和“三个代表”重要思想为指导，用科学发展观统领林业改革发展全局，按照建设社会主义新农村的目标要求，坚持保护与开发并重的方针，坚持以家庭承包经营为主、统分结合的农村基本经营体制，坚持以森林分类经营为基础，明晰所有权、放活经营权、落实处置权、确保收益权，建立完善林业经营、服务和资源保护、流转体系，创新林业管理体制，调动林农和社会各界参与林业建设的积极性，促进农民增收，促进生态、经济和社会效益协调发展，把林业建设成为云南省国民经济的重要支柱产业，为建设云南边疆社会主义新农村作出重大贡献。

（二）关于改革的总体目标

云南省集体林权制度改革的总体目标是：从 2006 年起开始试点，用 3 年时间，全省基本完成深化集体林权制度及其配套改革任务，实现“山有其主，主有其权，权有其责，责有其利”的目标，建立起“产权归属清晰，经营主体到位，责权划分明确，利益保障严格，流转顺畅规范，监管服务有效”的现代林业产权制度；建立起初步适应林业产业发展需要的要素市场，形成社会化服务体系和有效的森林管护体系；建立起政企分开、政资分开、政事分开、政府与市场中介组织分开，社会管理和公共服务职能强，行政审批环节少，规范运行的林业行政管理体制，营造良好的发展环境，推进林业生态建设和产业发展，促进我省社会主义新农村建设。

（三）关于改革的主要任务

林权制度改革最根本的精神本质是落实经营主体“四权”，即明确所有权、放活经营权、落实处置权、保障收益权。从云南实际出发，考虑各方面因素，我们将改革任务明确为四句话，即“明晰产权、创新管理、培育市场、规范流转”。“明晰产权”，就是要将林木所有权和林木林地经营权落实到户、联户或其他经营实体，并开展林权登记，发换全国统一式样的林权证，以所有权和经营权的落实来确保处置权、收益权。“创新管理”，就是要以改革林木采伐管理、确保把采伐指标落实到林权所有者头上为核心内容，创新建立经营主体多元化，权、责、利相统一的集体林管理新机制，真正实现“山有其主、主有其权、权有其责、责有其利”。“培育市场”，就是要政策指导、市场引导、业主主导，促进林业市场充分发育，壮大林业第二、第三产业，促进林业产业升级提高，形成新型的林业产业体系。“规范流转”，就是要在林地所有权性质和林地用途不变的前提下，根据林业生产发展需要，鼓励林木所有权、林地使用权有序流转，引导林业生产要素合理流动和森林资源优化配置。在确保完成上述四点的基础上，进行配套改革，努力建立健全林业经营体系、林业服务体系、森林资源“三防”体系、森林资源流转体系等“四大体系”，创新林业经营管理体制，发挥林权制度改革的整体综合效应。

（四）关于改革的范围

云南省深化集体林权制度改革的范围是集体商品林。采取“一省两制”，即：非天然林资源保护工程区的集体商品林木、林地及宜林荒山、荒地；天然林资源保护工程区的集体人工商品林木及宜林荒山、荒地等。对权属尚未明晰的集体林中的商品林木、林地，要通过改革确权发证；对已明晰权属的自留山、责任山，实行家庭承包经营的经济林，国有、外资、民营企事业单位和个人依据合同取得的集体林地使用权或者林木使用权、所有权，应予以稳定完善；对权属有争议的林木林地，通过协商能够明确权属的，一并予以改革。对经县级以上人民政府规划界定的生态公益林和纳入国家天然林资源保护工程区的天然林，暂不列入本次改革范围，但应换发全国统一的林权证。

（五）关于改革的基本原则

云南省深化集体林权制度改革要坚持6项基本原则：一是要坚持“增量、增效、增收”原则。通过林权制度改革实现森林资源持续增长，生态功能持续增强，林业经济持续增效，林农收入持续增加，林业产业结构不断优化，基层组织不断加强。二是要坚持统筹兼顾原则。既要确保林农利益，把大部分集体山林分包到户，充分调动集体和农民参与改革的积极性，又要兼顾集体利益，适当收取林地使用费以发展集体经济，确保农村基层组织正常运转。三是要坚持“大稳定、小调整”原则。依法依规，尊重历史，不推倒重来，确保林权制度改革稳步推进。对山林权属已经明晰的和群众满意的应稳定不变，各种历史遗留问题要妥善处理，权属不清的要依法依规确认。四是要坚持分类指导原则。在切实贯彻落实省委、省政府关于深化集体林权制度改革基本原则、主要任务和要求的前提下，根据当地森林资源状况和经济发展水平，因地制宜、一村一策地制定具体改革方案，不搞一刀切。五是要坚持“公开、公平、公正”的原则。改革方案要尊重群众意愿，按照《中华人民共和国村民委员会组织法》有关规定，经村民会议或村民代表会议讨论通过后方可实施。要坚持改革程序、方法、内容、结果四公开，保证村民知情权、参与权、决策权和监督权，防止“暗箱操作”。六是要坚持质量与进度相统一的原则。按照“先行试点，逐步推开”的要求，坚持先易后难，循序渐进，既要坚定不移地推进改革，又要防止片面追求进度。妥善处理各种矛盾纠纷，在稳定中推进改革，在改革中促进稳定。

（六）关于改革的重点问题

围绕“还山于民，还权于民，还利于民”这个基本目的，林权制度改革要始终突出并着力抓住“均山到户”、“采伐改革”和“规范流转”三个重点。第一，“均山到户”是林权制度改革最关键、最根本的步骤。均山到户的决心绝不可动摇。必须把林业产权的初始权尽可能完整地交给群众，分到各户，在群众确有需要时，自己进行规模化经营。第二，“采伐改革”是林农通过林权制度改革获得实际利益的直接保证。商品林无论怎样承包转让，最终都要以采伐林木体现其价值。种树没有采伐指标，林权证发放就失去了本质意义。福建积极探索采伐限额按经营方案实施，采伐指标由蓄积计算改为面积计算。江西则将采伐限额层层公示，采伐指标直拨林权所有者，最后村务公开、分配到户。这为我们提供了有益的经验。必须改革采伐限额和采伐指标管理方式，确保采伐指标落实到林权所有者手上，这是确保林权制度改革成功的各项配套措施中至关重要的一个关节点。第三，“规范流转”是林木、林地实现资源的资产化、资产的资本化的必要途径。林业生产周期长，规范便捷的林木、林地资源流转体系可以使林木、林地交易变现，使死的林地变成活的资产和资本，使不愿或不会耕山种树的林农群众有出让自己林木、林地的平台，更能让资金紧缺的林农在缩短生产周期、提前交易变现中不吃亏、能赚钱。要高度关注规范流转问题，提前制定政策、修改法规、建立平台，完善林木、林地资源流转体系。

五、我们的建议

集体林权制度改革是农村一项综合性改革，牵一发而动全身，仅靠林业部门是难以完成的。根据我们多年实践和多次调研情况，学习借鉴福建、江西基本经验，我们感到，林权制度改革必须紧紧依靠各级党委、政府的坚强领导，才能够切实避免和处置“推不动”、“夹生饭”、“出乱子”等各种被动局面，真正实现预期目的。为此，我们特提出如下建议：

（一）加强组织领导

一是建议省委、省政府成立云南省深化集体林权制度改革领导小组。由省委分管副书记任组长，省政府分管副省长任第一副组长，省林业厅厅长任副组长；省委办公厅、省政府办公厅、省委农村工作领导小组办公室、省发展与改革委员会、民族事物委员会、民政厅、财政厅、国土资源厅、农业厅、林业厅、扶贫办、银行业监督管理局、农行云南省行、省农村信用联合总社等相关单位为成员单位；领导小组办公室设在省林业厅。二是建议省委、省政府下发通知，要求各州、县、乡级党委、政府和村委会都要成立深化集体林权制度改革领导小组，县级及其以下各级林权制度改革领导小组必须由书记任组长，把林权制度改革作为“一把手”工程，实行高位推动。三是建议建立“县直接领导，乡镇组织实施，村组具体操作，各部门搞好服务”的工作机制，实行县、乡领导分片挂钩联系林权制度改革工作责任制，逐级签订林权制度改革工作责任书；同时建立完善巡视督导制度、信息反馈制度、情况通报制度、绩效考评制度和奖惩兑现制度，确保集体林权制度改革工作领导到位、责任到位、措施到位、落实到位。

（二）出台《决定》

中共云南省委、云南省人民政府《关于深化集体林权制度改革的决定（征求意见稿）》起草至今，已经数易其稿，并且反复征求了各方意见；云南省深化集体林权制度改革时机已经成熟，一些州县已经迫不及待地率先开展林权制度改革，更多州县摩拳擦掌、跃跃欲试。建议省委、省政府尽快将“决定”以正式文件颁发，为全省集体林权制度改革发布动员令，为集体林权制度改革提供必要的政策支撑和保障。同时，也使已经率先展开林权制度改革的各地有章可循，防止因各地林改政策不一引发另外的问题，增加工作难度。

（三）开展工作试点

根据省委、省政府领导的指示，我们已商定景谷、屏边、罗平、砚山、腾冲、潞西、云县、永平、兰坪等9个县作为省级集体林权制度改革试点县，并组织9县林业局长、部分县长、9县所在州（市）林业局长到福建、江西学习考察，在9县进行了林权情况调研，组织了9个指导组负责联系指导，试点相应工作也已积极展开。建议于近期召开一次省级相关部门和试点州（市、县）领导参加的试点工作启动会，作出具体工作部署，正式启动全省林权制度改革试点工作。

（四）完善政策法规

集体林权制度改革需要大量的配套措施全面推进，但现有林业法律法规和政策不够配套，有的林业法律法规已经明显滞后，与当前林业改革与发展的实际不相适应。党中央、国务院和省委、省政府关于加快林业发展的两个“决定”出台后，与“决定”相配套的法律、法规和政策措施也还没有制定出台。建议尽快提请人大出台《云南省林地管理条例》等法律法规，适应我省深化集体林权制度改革的实际需要。

（五）落实改革经费

集体林权制度改革主要在山区、林区开展，而这些地区绝大部分属于贫困县、乡，林权制度改革经费筹措难度较大。建议将改革经费纳入各级财政预算。同时尽快落实省级林权制度改革工作机构的办公经费，包括现场勘测、制作图表册资料费用，试点县补助费，组建工作队经费，印制全省统一的林权证工本费，购置林权档案及办公用品、开展宣传等费用。据测算，全省完成改革共需经费 1.8 亿～2 亿元，建议由省财政每年安排工作经费 2 000 万元，3 年安排 6 000万元，不足部分由州（县）自筹解决。同时，建议建立省级公益林生态效益补偿机制，由省财政每年安排 2 亿元资金，且随着我省经济发展逐步按国家标准给予补偿。

（云南省林业厅调研组）

甘　肃

摸清本底　为退耕还林后续政策出台夯实基础

2006 年是“十一五”的开局之年，也是实施退耕还林工程的第八个年份，做好 2006 年的退耕还林工作，对确保退耕还林工程在“十一五”期间稳步推进、健康发展至关重要。为此，甘肃省根据 2006 年全国林业厅局长会议和 7 月全国林业厅局长电视电话会议精神，组织专门人员就当前甘肃省林业重大问题开展了专题调研活动。特别是对甘肃省退耕还林后续政策进行了专题调研，现将有关情况报告如下。

一、工程建设概况

甘肃省是 1999 年率先在全国开始退耕还林工程试点的三个省份之一，也是全国退耕还林工程建设的重点省区。工程实施以来，在党中央、国务院的亲切关怀和国家林业局等有关部门的大力支持下，在省委、省政府的高度重视和正确领导下，全省广大干部群众认真贯彻落实国务院“退耕还林、封山绿化、以粮代赈、个体承包”的建设方针和“巩固成果、确保质量、完善政策、稳步推进”的总体要求，克服自然条件恶劣等重重困难，精心组织，真抓实干，全面完成了国家下达的建设任务，取得了明显的生态、经济和社会效益。简而言之，一方面，退耕还林大大改善了甘肃省生态环境；另一方面，又激活和引发了甘肃省农村种植结构的调整、产业门类的替代、耕作方式的变更、生活形态的更新、农村劳力的分工和居住群落的转移。全省种植业内部粮、经、饲结构比例由退耕前 1998 年的 73:212:15 调整为退耕后 2004 年的 60:15:25；经济林果业、草畜饲养业、中药材种植业、生态旅游业、林副产品生产加工业等一批符合我省实际、经济效益显著又兼顾生态效益的后续产业和替代产业逐步发展壮大；广种薄收的农业耕作方式得到改变，单位产量和总产量呈逐年递增趋势，2005 年全省粮食产量 88.69 亿千克，在比 2000 年耕地面积减少 900 多万亩的情况下总产量增加了 12.5 亿千克；薪炭林、沼气池、太阳能、节柴灶快速发展，农村生产生活条件得到有效改善；解放了农村劳动力，实现了农村劳力的再次分工，2005年全省各地共输转农村劳动力409.83万人，实现劳务收入100.82亿元，分别是退耕前的14倍和23倍；结合生态移民，促使农村居住群落得到合理调整，小城镇建设步伐加快。

二、后续政策调研情况

（一）退耕还林地基本情况

1999～2005年甘肃省共完成退耕地还林面积983.3万亩。按坡度级分：25°以上的陡坡耕地436.69万亩，占总任务的44.41%；15°～25°生态区位重要、水土流失严重、粮食产量低而不稳的坡耕地373.73万亩，占总任务的38.01%；小于15°的盐碱化、沙化和严重沙化耕地172.88万亩，占总任务的17.58%。按林种分：还纯生态林498.43万亩，占总任务的50.69%，主栽树种有刺槐、沙棘、落叶松、柠条、杨树、油松等，主要集中在自然条件恶劣又没有灌溉条件的中部地区；栽植兼用林376.01万亩，占总任务的38.24%，主要树种有山杏、花椒、核桃、枣树等；还经济林75.23万亩，占总任务的7.65%，栽植的主要树种有花椒、核桃、杏树、梨树、苹果、枣树、桃树等；还草33.63万亩，占总任务的3.42%，主要集中在定西、甘南等地的高寒阴湿山区。

（二）退耕农户收入情况

1999～2005年甘肃省完成的退耕地还林任务共涉及156万户农户、670万农村人口。退耕还林前，甘肃省退耕农户主要以种粮为主，经济来源单一，人均年收入不足千元。退耕还林后，广大退耕农户一边集中精力在条件较好的土地上精耕细作，走少种、优质、高产、高效的现代农业路子；一边利用生态经济型的治理模式，发展经济林果、草畜养殖、中药材种植业等特色产业，再加上劳务输出和国家政策补助，退耕农户家庭收入均有显著增加。据统计，至2005年全省退耕农户人均年收入已达到2 015元，比退耕前翻了一番。补助政策到期后，预测甘肃省大多数退耕农户家庭收入将会比较稳定，生计没有太大问题。一是甘肃省的已退耕地大多都是瘠薄的陡坡耕地或盐碱化、沙化耕地，常年撂荒，本来就不是生存的资源支持，退耕后对农民的生计影响不大；二是甘肃省各地结合退耕还林培育的特色产业将逐步产生效益，退耕还林地收益增加，同时再通过合理调整农村产业结构、对现有耕地精耕细作、输转农村剩余劳动力等有效措施，大多数退耕农户家庭生计都会有保障。

（三）耕地及粮食供求情况

根据甘肃省国土资源部门提供的数据，全省现有耕地6 704.97万亩，而据《甘肃省森林资源连续清查第四次复查成果资料（2001）》、《甘肃省荒漠化土地监测报告（2000）》等资料显示，全省现有耕地面积12 820.35万亩，人均4.95亩。退耕还林工程实施以来，甘肃省严格执行国家退耕还林有关政策规定，突出生态优先的原则，将退耕地造林集中安排在生态区位重要、生态环境脆弱的区域，这些区域人均耕地多（有相当部分人均耕地在10亩以上），大多数退耕农户都保留了人均2亩以上的基本口粮田。至2005年，全省未留足基本口粮田的退耕农户8.17万户，占退耕总户数的5.24%；全退户1.58万户，占退耕总户数的0.99%，这些农户大多以劳务输转、经营特色产业为主，生活水平比退耕前种粮均有提高，如静宁县仁大乡，在退耕还林政策的推动之下，全乡基本实现了果园化，人均耕地面积已不足1亩，而户均年收入却在1.5万元以上。

甘肃省是一个粮食供求基本平衡的省份，在省委、省政府对粮食生产的高度重视下，随着农业科技水平的不断提高和抗灾能力的增强，粮食生产能力有了明显提高，粮食产量由1989年的63.92亿千克增加到2005年的83.69亿千克。粮食消费相对比较稳定，消费结构发生变化，城乡居民口粮消费增长趋缓，特别是城镇人口口粮消费呈负增长趋势，全省年均粮食基本消费量75亿千克左右。实施退耕还林7年来，虽然全省耕地面积因多种原因有所减少，但粮食单产逐年提高，粮食总产稳中有增。1999年全省粮食产量81.50亿千克，2000年因遭受严重旱灾减少为71.4亿千克，2001年、2002年、2003年、2004年、2005年又分别恢复增加到75.22亿、78.27亿、78.9亿、80.58亿、83.69亿千克。粮食生产的强势增长与消费需求尤其是占很大比重的口粮消费的平缓增长形成反差，改变了我省的粮食供求关系，由过去的供不应求变成了现在的供求基本平衡。总体情况是，正常年景粮食产量能够保持在75亿千克以上，全省粮食供求可以平衡。根据各地摸底调查的情况，甘肃省缺粮的退耕农户约有11.82万户，占退耕总户数的7.58%，零星分布在全省各地，其中80%以上都是由于结合退耕还林进行农村产业结构调整，放弃了原来以生产粮食为主的经营模式，转为以种植经济作物发展特色产业或进行劳务输出为主，尽管粮食需求不能自给，但其经济来源多，经济收入较好，生活较为富足，不会反弹。

（四）后续产业发展情况

从工程建设初期，甘肃省就高度重视工程的后续发展，始终坚持从实际出发，紧紧围绕“大地增绿、农业增产、农村增效、农民增收”的发展目标，积极探索科学发展的建设模式，坚持按科学发展的模式指导工程建设，为确保工程持续健康发展奠定了较为坚实的基础。工程实施中，各地根据不同的自然、社会、经济条件，按照加强管护、培植资源、巩固成果、促进发展的工作思路，因地制宜、适地适树、乔灌草结合、针阔叶混交、多树种合理搭配，探索和总结出了一些适宜本地的工程建设模式，培植和建立了一批具有区域优势的产业发展基地，为退耕还林工程后续产业开发搭建了资源平台，夯实了增收后劲。为总结推广各地经验，2003年我们还编辑了《退耕还林经济效益型典型模式60例》印发全省，起到了交流、借鉴、推广的作用。2005年，省政府召开全省林业产业建设现场会，总结和安排部署全省林业产业发展工作，研究和探索新形势下农民增收的措施和途径，巩固退耕还林成果，进一步促进了生态建设和林业产业的持续协调发展。

七年来，全省各地结合不同地区的比较优势，着力进行经济林果、草畜、中药材种植、劳务输出、森林旅游、林副产品生产加工等各具特色的优势产业开发，形成了生态经济协调发展的特色产业雏形，增强了工程持续发展的后劲，促进了农村经济社会的全面发展。据不完全统计，甘肃省退耕还林工程中已相继建成千亩以上的各种特色基地1 000多个、面积达770多万亩。其中：以山杏、核桃、花椒为主的干果基地347万亩，以苹果、梨、葡萄为主的鲜食水果基地33万亩，以桑树、油橄榄、茶叶为主的特色产业基地17万亩，以紫花苜蓿为主的牧草基地330万亩，以当归、甘草、柴胡等为主的中药材基地40万亩。如甘肃省陇南市依托退耕还林工程新建花椒、核桃、油橄榄等特色林果基地80万亩，并积极培育和扶持了一批加工和营销企业，形成了稳健的林果业发展体系，2004年全市人均林果业产值达到220多元，比退耕前增长了48%，有近20万户、80多万人口依靠林果业实现了脱贫致富。定西市安定区按照“以草定畜，以畜促草，草畜并进”的思路，在推广退耕还林林草间作25.4万亩的基础上，配饲料、改圈舍、引良种、建基地，有效促进了草畜一体化的发展，畜牧业产值由1999年的1.01亿元增加到

2005年的1.95亿元，人均畜牧业收入达530元，占农民人均纯收入的28%。平凉市灵台县在工程实施中，围绕农民增收，通过政策扶持、技术服务、资金倾斜等有效措施，鼓励和引导农民大力发展中药材，推行林药间作6万亩，以柴胡、板蓝根为主的中药材产销量逐年上升，取得了良好的经济效益。先期开展退耕还林，林木已经郁闭的陇南市各县积极把旅游开发与产业开发相结合，在资金、政策、技术等方面给予大力扶持，共兴办“农家乐”、“休闲山庄”等特色产业200多家，仅去年“五一”期间的经济收入就达120多万元。大量坡耕地还林后，大大减轻了农民的农作劳务，农村劳动力转移人数逐年增加，开辟了新的增收途径，2003年仅定西市就输出农村劳动力48万人，比退耕还林工程实施前增加近20万人，年经济收入增加3.6亿元。天水市秦城区按照“退耕还林—林草间作—种草养畜—畜粪种菇—废料还田”的良性产业链，积极发展双孢菇种植和加工业，引进11个菌种，自筹资金100多万元建成了菌种生产基地两处，菇棚550多座，种植面积11万平方米，年产值已达160多万元，户均收入在3 000元左右。张掖市民乐县通过与内蒙古草原兴发公司联系，由草原兴发公司提供优质种鸡，县上组织技术力量提供培训，并由县、乡干部担保贷款，投资50万元，建立了占地400亩的“山地绿莺鸡场”，散养虫草鸡3万只，年纯利润达5万元。各地通过项目扶持、资金倾斜、技术信息服务等多种措施，以“公司+基地+农户”的产业化经营模式，引导和鼓励群众广开渠道，大力发展多种经营，积极开展了农副产品的贮藏、加工、运输、销售等经营，使农业产业化经营程度得到不断提高，农民收入得到显著增加。

三、问题及建议

（一）关于增加退耕还林工程建设任务的问题

甘肃省地处黄土、青藏、蒙新三大高原交汇地带，又是腾格里、巴丹吉林、毛乌素三大沙漠的前沿和全国主要风沙源之一，水土流失面积占全省国土总面积的86.5%，每年分别向黄河和长江输入泥沙5.18亿吨和0.5亿吨，占黄河、长江流域输沙总量的1/3和1/10，是个多山、多沙、多灾、水土流失严重、森林植被稀疏、生态环境脆弱的省份。据统计，我省尚有适宜退耕还林的耕地面积4 067万亩，其中25°以上的陡坡耕地1 158万亩、生态脆弱区15°~25°的坡耕地2 184万亩、严重沙化耕地725万亩，退耕还林的任务还很艰巨。其次，我省陇南地区（主要是陇南市、天水市）是我国植保界公认的全国小麦条锈病的菌源地和核心越夏区，每年都大面积影响全国的小麦产量，直接威胁国家的粮食生产安全，对其进行综合治理势在必行，刻不容缓。而根治小麦条锈病最直接有效的方法就是将小麦条锈病越夏核心区海拔在1 600~2 400米的201万亩陡坡耕地小麦种植面积实施退耕还林，全部退出小麦种植，发展花椒、核桃、银杏和药材、牧草等特色优势产业。同时，巩固成果必须坚持继续实施，通过实施防止反弹。如果国家停止实施退耕还林工程，各级工程管理部门无法对工程实行宏观调控，管理难度加大，影响成果巩固；其次，国家突然停止工程实施会误导广大干部群众认为国家政策发生变化，对成果巩固的重视程度下降，毁林复垦的现象就可能出现。之外，由于工程建设成效的逐步显现，广大干部群众从退耕还林中得到了实惠、看到了希望，抢任务、争指标，实施退耕还林的积极性空前高涨。2005年，甘肃省在广泛调研和充分论证的基础上，按照突出重点、注重实效的原则，编制完成了《甘肃省退耕还林工程“十一五”规划》，并经省政府通过上报。规划“十一五”期间全省退耕还林工程建设任务为4 300万亩，其中退耕地还林1 600万亩、荒山造林1 300万亩、封山育林1 400万亩。其年度建设任务为860万亩，包括退耕地还林320万亩、荒山造林260万亩、封山育林280万亩。建议国家继续稳定退耕还林政策，保持全国任务不减，进一步突出西部生态脆弱省区，充分考虑甘肃的实际，倾斜安排省退耕还林任务，以加快我省生态环境建设步伐，促进农村经济社会全面发展。

（二）关于适当延长补助年限的问题

受甘肃省干旱少雨的自然条件制约，退耕还林地林木生长速度缓慢，纯生态林成材至少需10年以上，经济林产生效益一般需8年以上。为此，建议按照分类指导、因地制宜的原则，将退耕还林粮食补助年限适当延长，我们的意见是将全省按照气候类型和栽植的不同树种分为三个大的类型区，甘肃省南部的天水、陇南气候较为湿润，栽植的树种主要以核桃、花椒等兼用树种为主，经济价值较高，建议将经济林补助年限延长3年，生态林补助延长4年；甘肃省东部的庆阳、平凉属于黄土高原沟壑区，经济林主要以苹果、核桃等为主，生态林主要以刺槐为主，建议将经济林补助年限延长3年，生态林补助延长5年；我省中部的定西、临夏、兰州、白银及河西五市自然条件恶劣、气温较低、降雨稀少、生长周期长，主要以栽植纯生态林为主，建议将经济林补助年限延长4年，生态林补助延长6年。从新的补助期开始，将原20元现金补助建议转为专项退耕还林效益补偿费安排，主要用于管护抚育和森林生态效益补偿。

（三）关于巩固工程建设成果的问题

当前，巩固退耕还林成果的核心问题就是确保退耕农户的生活稳定和增收。要解决好这个问题，我们认为主要应该做好以下几个方面的工作：一是减少农民，减轻负担。从各地情况看，随着农村城镇化建设步伐加快以及农民技能提高、输转人数增加和高考上学等途径，加之农民年龄结构老龄化的出现，农村人口将呈递减趋势，维系农民生存的耕地负荷将会逐步减轻，再通过新农村建设、构建人与自然和谐，农民再次毁林开荒、重新去过面朝黄土背朝天的生活也将失去可能。二是开发项目，替代产业。要在加强农民技能培训的同时，大力发展各种农村经济合作组织，建议将延长粮食补助资金的1/3或1/2划拨出来，集中建立专项，由当地乡级政府或村委会引导协会统筹安排，以现有的林果、林药、林草等特色基地为依托，培植储藏、加工、运输、销售为一体的市场化产业体系，真正形成适合当地实际、具有区域发展优势的特色后续产业，增加农民收入以确保工程建设成果的有效巩固。三是整合资金，配套扶持，整乡整村推进。按照“五个结合”的要求，统一规划设计、部门各投其资、政府组织实施的办法，在大到一个县、一个乡、一个大流域，小到一个村、一个小流域，用2~3年时间进行山水田林路综合整治，基础产业同步建设，达到生态良好、产业特优、可持续发展的目标。四是突出重点，抓主抓重。从甘肃省实际看，需要引起注意的是纯生态林的问题。由于受自然条件限制，甘肃省部分地区实施退耕还林基本上以还纯生态林为主，这就意味着国家8年补助期满后，甚至是10年、20年后都不会产生经济效益，农户的生计必然受到一定影响。对此，必须引起高度重视，认真研究，妥善合理地解决。

（四）关于适当放宽林木和其他作物间作政策的问题

受自然条件限制，甘肃省大部分地区苗木生长周期较长，生长速度缓慢，在幼树期5年内都可以兼作低秆、豆科植物。生产实践证明，在树木幼苗期间作低秆、豆科植物不但不影响幼树的生长，而且通过人为的浇水、施肥还对树木的生长有促进作用，同时又能增加单位面积收入。为此，建议放宽林木和其他作物的间作标准，如林木成活率达到标准即视为合格面积。

（甘肃省林业厅）

内蒙古森工集团

保护森林资源　改善人民生活
加快实施国有林区生态移居工程

“十一五”期间是我国林业发展和生态建设的关键时期，国家林业局在“十一五”规划中明确提出，我国生态建设正处于“保护与破坏相持的关键阶段”。我们认为，这个判断是十分准确的，特别是在国有林区，长期以来巨大的隐性森林资源消耗正是保护与破坏相持的直接体现。

以内蒙古国有林区为例，天然林资源保护工程实施后，内蒙古森工集团的木材产量由1998年的380.6万立方米减到目前的229.6万立方米，产量减少151万立方米，为此国家投入了大量的财力和物力，资源和生态的保护取得了明显的成效。但是，由于林区生产经营的特殊性以及长期未能有效解决的职工居住和供暖问题，致使林区烧柴取暖的现象还相当普遍，由于点多面广，管理十分困难，所形成的巨大隐性资源消耗，威胁和阻碍着林区的生态建设，影响着天然林资源保护工程的阶段性成果。

1998年天然林资源保护工程实施，国家停止了“以煤代木”政策，随着可取烧柴的减少以及煤炭价格的大幅上涨，林区职工群众生活取暖负担十分沉重。几年来，集团公司为争取国家继续施行“以煤代木”政策做了大量的工作，但进展缓慢。考虑到国家政策取向，使问题的提出依据更加充分，在调查研究和详细论证的基础上，集团公司在2005年提出了实施生态移居工程的设想，试图从不同的角度寻求切入点，获得政策支持。生态移居的主要内容是：以保护生态和森林资源为目的，以林场撤并、职工移居为载体，结合林区的危房改造、集中供热、给排水、垃圾处理、城镇化建设等急需解决的问题，以局址为核心，结合非林非木产业发展和职工就业，科学规划，统筹建设，全面改善林区职工的生存环境，从根本上解决长期困扰林区的资源隐性消耗问题。下面就生态移居工程提出的依据以及实施的设想汇报如下：

一、提出的依据

一是林场撤并势在必行。内蒙古林区现有19个林业局，下设70个林场、26个经营所、34个管护所，山上林场居民2.6万户、近7.5万人。“十五”期间，由于木材大量减产，目前大量富余职工滞留林场。“十一五”期间，木材继续减产是必然趋势。以局轮伐将逐渐成为基本的作业方式，撤并林场势在必行。有计划地撤并林场首先是顺应目前的生产组织形势，通过减少环节提高效率、压缩费用。其次是有利于森林防火、便于森林管护。第三是为了改善林场职工群众的医疗、教育、文化、住房、交通等生存环境。林场远离局址，生活十分不便，在调查中，职工反映最多的是子女就学问题，山上大的林场目前还保留着小学，但学校设施普遍简陋，教学水平较低，学生到局址就读的较多。林场小学十几个教师二十几个学生的现象十分普遍。加之林场没有初中，局址学校的寄宿能力有限，很多林场职工不得不在局址租房居住，由夫人陪子女就读，经济负担十分沉重。第四是有利于拓宽职工的就业渠道。如果职工长期滞留林场，久居山林，将不断拉大与局址的综合差距，形成新的贫困人群，不符合国家以人为本、协调发展的精神。集团公司规划在“十一五”期间将70个林场全部撤出，居民分期分批移居到局址，山上将不再保留居民。这样，除了留下少量的管护人员外，将有2.6万户居民从林场撤出，而职工移居到局址首先要解决的就是住房和供热问题，这就是建设生态移居工程的出发点和落脚点。

二是取暖大量消耗木材，集中供热是唯一的解决途径。内蒙古大兴安岭林区地处北部高寒边疆地区，冬季寒冷而漫长，最低气温-50.2℃，取暖期高达7.5个月。长期以来，林区职工群众生活和取暖主要以木材为主为，居民家中的拌子墙是林区的一个景观，资源浪费巨大。据统计，除集团所在地牙克石市外，19个林业局共有林业居民近12万户，人口50多万。目前只有1.2万户实行了集中供热，只占全部住户的10%，其余10.8万户居民（包括林场2.6万户）的生活燃料主要以烧柴为主，林区居民每年烧柴的消耗十分巨大。

国家对木材隐性消耗问题一直十分重视，1985年林业部出台了“以煤代木”政策，每年单独下达20万立方米“以煤代木”专项木材生产计划，木材销售后利润用于补贴职工取暖烧煤的费用，由于补贴，烧柴的职工大量减少。据统计，实施该项政策后，林区的年烧木材量从1985年的202万立方米，下降到1998年的40万立方米，政策实施的14年间，累计节约消耗木材1 820万立方米。可以说以煤代木政策对减少森林资源的隐性消耗是十分有效的。1998年天然林资源保护工程实施后，国家停止了“以煤代木”政策。

国家停止“以煤代木”政策后，由于煤炭价格不断上涨（目前每吨已经涨到300元左右），而林区职工平均年收入只有8 000元左右（多为单职工家庭），按照每户年均消耗6吨煤计算，需要1 800元。职工难以承受烧煤带来的负担，大部分居民都转向了烧柴。由于林业局烧柴供应十分紧张，所以职工除购买部分烧柴外，又通过多种方式获取烧柴，给林业局的资源管理带来巨大的压力。为了防止职工获取烧柴对生态和资源造成破坏，森工集团做了大量的工作，但由于点多面广，难以控制，加之企业经济紧张，没有能力给职工提供烧煤补贴，鼓励职工烧煤难以实现。所以，在不能取得国家烧煤补贴的情况下，我们认为，统一规划，集中供热是改变林区资源隐性消耗的唯一途径。

三是危房问题日益突出，亟待解决。据统计，林区现有板夹泥住房5万多户，近200万平方米，占林区总户数的41%。这些住房大部分建于林区开发初期，平均使用都在30年以上，由于板夹泥住房属于临时住房，保温性能很差，冬季取暖费用远远高于砖房。沉陷严重，绝大部分都已经成为危房，存在较大的安全隐患。目前林区还有近16万人居住在板夹泥住房中（包括山上林场7.5万人），住户主要是林区一线的生产职工，其中很多是对林区开发建设做出过贡献的老职工。内蒙古林区开发建设50多年，累计为国家输出商品材1.7亿立方米，上交利税费160多亿元，做出过巨大的贡献。但是由于企业长期以来边生产边建设，先生产后生活，在基础设施建设和职工住房上留下了大量的欠账，致使1/3的职工还居住在危房中。林区的危房问题不解决，实现小康林区就无从谈起。所以，集团公司将解决板夹泥住房问题纳入了“十一五”规划，将作为与经济发展同等重要的任务来抓。

解决板夹泥住房问题是生态移居工程的重点也是难点，一是板夹泥住户较多，占林区总户数的41%，涉及林区近1/3的人口，直接关系到林区广大职工群众的切身利益。二是在森林资源隐性消耗中所占比重较大，板夹泥住户每年取暖消耗折合木材60万~70万立方米，占总消耗的50%，问题能否解决直接关系到生态移居工程的实施成效。三是改造任务十分艰巨。由于板夹泥住房属于临时性住房，大多年久失修，位置分散，已经没有改造维修的必要。如果实行集中供热，只有统一规划，全部重建，这就需要较大的投资；如果没有国家和各级政府的支持，靠企业自身的能力是无法实现的。

四是生态移居工程符合城镇建设的需要。大量的板夹泥和危旧住房与林区的城镇建设十分不协调。冬季取暖期，居民取暖排放出大量的烟气，造成严重的空气污染，导致大量的呼吸道疾病的发生。居民的饮水问题也十分突出，由于林区居民区建设缺少统一规划，居住分散，特别是危房比例过高，造成供水入户困难，不能有效覆盖，导致国家虽然不断投资但居民饮水问题却难以解决。林区 19 个林业局目前 12 万户居民中只有 1.2 万户在使用自来水，只占 10%，其他居民都在使用不卫生的浅层地表水。由于平房居民污水污物随意倾倒，冬季污水形成大量的冰包，雨季污水四溢，严重污染了水源和环境，传染性疾病时有发生。所以，生态移居工程是一项与职工群众切身利益相关的系统工程，实施生态移居工程既可有效解决困扰林区的危房改造和住房难的问题、烧材浪费资源问题、饮水项目入户难的问题，达到一举多得的效果。同时对加快林业小城镇建设、构建和谐林区都有十分重要的现实意义。

二、内蒙古林区生态移居工程建设方案和投资匡算

按照集团公司的规划，首先是到 2010 年累计完成生态移居 5 万户，完成生态移居小区建设面积 300 万平方米，总投资 24 亿元。其中，包括撤并全部 70 个林场，将山上 2.6 万户居民全部移居到所在局址居住；将局址现存的 2.4 万户板夹泥住户全部迁出，移居到新建集中供热的生态移居小区。

此外，对集中连片的砖混结构住房提供集中供热，供热 2 万户，面积 120 万平方米，匡算总投资 1 亿元。

其次是到 2010 年，完成各个林业局的给排水、集中供热设施改造，建设和完善垃圾处理设施。匡算总投资为 5 亿元。

综上所述，生态移居工程总投资为 30 亿元，分 5 年实施，平均每年投资约 6 亿元。移居工程建成后，林区取暖木材消耗问题将有效解决。

生态移居工程，投资较大，靠林区自身的财力无法解决。林区现有林业人口 50 万人，其中困难职工 42 352 户，人口 117 852 人（家庭人均收入低于 140 元/月）占林区总人口的 23%，困难职工中已享受低保的 32 235 户，83 898 人（人均低保收入 140 元/月）。根据调查，职工能够接受的新建住房价格最高在造价的 30% 以内（按照每户 60 平方米，每平方米 800 元造价，大约在 2 万元左右，还需要分期付款）。所以，这项工程还需要国家和自治区各级政府的大力支持，还需要多方筹集资金，共同推进项目的实施。

一是积极争取国家政策和投资支持。森林资源巨大的隐性消耗和林区百姓恶劣的住房条件在国有林区是普遍存在的，特别是资源隐性消耗的问题，在国家日益重视生态保护的今天显得尤为突出。我们认为，生态移居工程的提出符合国家保护生态、建设节约型社会的发展要求，符合国家以人为本、建设和谐社会和五个统筹的精神，同时，林场撤并职工移居与国家的产业政策调整具有一定的因果关系，国家应该在政策上给予倾斜。国家对林区的困难始终非常关注，2001 年 4 月 13 日，在海拉尔市召开的全国林业厅局长座谈会上，森工集团向温家宝同志专题汇报了林业森林资源隐性消耗和“以煤代木”问题，温总理对此十分关注，要求森工集团就此项工作提出具体工作意见，上报国家相关部门研究解决。后受一些因素的影响，未形成最后的意见。具体到建设资金，考虑到国家以煤代木、危房改造等政策都已取消，希望自治区理解国有林区的实际困难和投资需求，能够以生态保护或者更为科学方式作为切入点，积极协调国家有关部门，将生态移居工程纳入项目管理，争取国家专项投资支持，同时利用好国家已有的相关政策。国家正在东北老工业基地实施棚户区改造工程（林区连片的板夹泥实际就是国家定义的棚户区，内蒙古东部已经纳入到东北老工业基地建设范围），建议自治区政府积极争取，将生态移居、危房改造作为重点，整体纳入到国家东北老工业基地棚户区改造实施规划内，参照采煤沉陷区综合治理工程补偿投资的有关办法和标准建设。同时，我们也在积极争取国家林业局在“十一五”期间扩大非经营性投资的适用范围，能够将集中供热改造投资投向扩展到林业局局址，结合饮水改造投资，统筹安排，支持生态移居工程建设。

二是积极争取所在地各级政府的支持。内蒙古自治区各级政府对生态移居工程十分重视。2002 年，按照自治区党委储波书记的要求，将根河和莫尔道嘎两个林区城镇作为集中供热试点，做了大量的调研并做出了项目规划。集团公司正在按照自治区财政继续实施扶贫移民和生态移民的有关政策，争取自治区财政支持。呼伦贝尔市从城镇建设的角度，对该项工程也十分关注，将在资金筹措和项目二类费用减免等方面给予大力支持。

三是通过集团公司自身的努力，推进项目的实施。集团公司将积极做好生态移居工程的调查研究和规划工作，全面摸清林区的实际需求，做到科学规划，稳步实施。在积极争取国家和自治区支持的同时，通过企业自筹、职工个人集资、银行贷款等多种渠道筹集建设资金，全力推进项目建设，通过补贴后低价出售（造价的 30%）、廉租等灵活的方式将住房提供给职工，力争在“十一五”期间基本完成生态移居工程。内蒙古森工集团从生态保护的角度出发，在综合考虑东北内蒙古国有林区存在的一些共性问题的基础上，提出了生态移居工程的设想，希望通过自治区政府和国家有关部门的积极争取和呼吁，帮助林区广大职工改善居住条件、尽快摆脱生活困境，同时最大限度地巩固天然林资源保护工程的建设成果，使国有林区生态建设再上新台阶，取得新突破。

（内蒙古森工集团）

大兴安岭林业集团公司

实施生态战略　发展特色经济
努力构建发达的林业产业体系

前不久召开的全国林业厅局长会议明确提出，要在生态建设中不忘发挥产业功能，在产业发展中不忘兼顾生态要求。近年来，随着天然林资源保护工程的深入实施，大兴安岭林区在生态建设上取得了显著成效，木材产量大幅下降，森林资源得以休养生息，生态环境有了明显改善。但要保持和巩固生态建设所取得的成果，就必须建立发达的林业产业体系，通过创造丰厚而坚实的经济基础，为生态建设提供强有力的支持，实现生态建设与产业发展的互补共赢，推动林区经济和社会全面、协调、可持续发展。只有发达的产业体系建立起来了，生态建设才会有保障。

一、建立发达的林业产业体系，必须坚持生态优先、发挥比较优势

当前，生态需求已成为社会对林业的第一需求。大兴安岭林区加快接续产业发展，必须结合实际，从可持续发展的大局出发，保护生态，发挥优势，努力形成具有地方特色的产业发展格局。一是坚持生态优先。大兴安岭林区是以林为主的资源型地区，应该说保住了森林，也就保住了可持续发展的基础。在资源保护上，绝不能被动地保，就保护而保护会因缺乏经济基础而难以为继，就开发而开发会因无序利用而重蹈“两危”覆辙。既要通过保护使森林资源得以休养生息，又要通过合理开发利用促进经济发展。在产业发展上，必须坚持生态优先的原则，正确处理生态建设与经济发展的关系，不以牺牲生态环境为代价换取一时的经济发展，认真实施环境影响评价制度，坚决不上破坏环境、浪费资源的项目，把好生态环境审批关。二是发挥资源优势。大兴安岭林区有林地面积658.7万公顷，幅员辽阔，除森林资源外，还蕴藏着丰富的野生植物、矿产、水等地上地下资源，具有巨大的开发潜力和价值，特别是随着一批以资源利用为主的大项目落户我区，资源优势将会得到进一步显现，发展前景十分广阔。因此，发展接续产业必须从林区的实际出发，充分利用和发挥业已存在的比较优势，打好资源利用这张牌，重点在发展绿色食品、“北药”开发、林产工业和矿产资源上实现突破，走精深加工之路，延长产业链，变资源优势为产业优势和经济优势，真正把林区各类资源合理地开发好、利用好、培育好、发展好。三是发挥地缘优势。大兴安岭与俄罗斯仅一江之隔，边境线长791.5千米，具有得天独厚的发展对俄罗斯贸易的地缘优势。紧紧抓住俄罗斯加快西伯利亚发展和黑龙江省全面扩大对俄罗斯经贸升级的有利时机，充分利用漠河、呼玛口岸和洛古河临时过货通道，抓好呼玛对俄罗斯互市贸易区建设，积极推进和扩大对俄罗斯经贸往来，重点抓好进出口产业加工基地建设，抢占俄罗斯远东市场。抓住中俄罗斯洛古河黑龙江大桥即将开工建设的契机，打通对俄罗斯贸易的大通道。特别是大力开展对俄森林资源开发，利用已经积累的经验和当前对俄开发的良好态势，加强组织领导和资金扶持，不断做大做强，逐步形成产业化、规模化发展格局，实现传统产业的战略外移，使其成为大兴安岭未来发展的重要支撑。

二、建立发达的林业产业体系，必须推进项目建设、实现工业兴区

“无工不富”的发展观点已被发达地区的实践所证明。从根本上改变当前大兴安岭林区产业基础弱、工业化程度低的现状，必须提高对外开放水平，重点引进战略投资者，加快大项目和工业园区建设，调整获取经济效益的途径，转变经济增长方式，扩大投资规模，提升经济总量。一是抓项目建设，打造产业集群。集中精力抓好项目建设，是当前加快产业体系建设的重中之重。因此，应审时度势，科学发展，统筹规划，把工作的着力点放在大项目建设上，重点建设一批主业突出、市场潜力大、核心竞争力强的大项目，力求上一个项目带动一个产业，通过项目的建设推动产业的升级。当前，全力推进哈尔滨盛兴高密度板、浙江卡森集团人造板、河北承德帝贤公司纸浆和深圳致丰煤转油等重点项目建设，搞好跟踪服务，实施地级领导包项目责任制，举全区之力，确保项目稳步推进，早日建成、早日投产。二是建工业园区，搭建产业平台。结合行政区划和产业布局，重点建设以人造板生产、对俄进出口产品加工为主的漠河工业园区，以野生浆果加工、“北药”产品生产为主的塔河工业园区，以煤转油、绿色农产品加工、亚麻精深加工为主的加格达奇工业园区，发挥中心城市的辐射作用，打造区域经济带。充分发挥园区的吸附作用，科学制定相关优惠政策，吸引企业进驻园区，引导现有企业和新建项目向园区集中，实现资源共享，避免产业趋同。通过三个园区的建设，整合全区的优势资源，调整和优化生产布局，集中力量打造资源深度利用、产业链长、经济辐射力强的集群经济。三是搞招商引资，推进产业发展。进一步实施大招商、招大商战略，敞开山门，扩大对外开放，唤起全民招商热情，充实和完善招商引资项目库，在引进资金、人才、先进技术和经营理念上下功夫。创新招商引资方式，特别是加大领导招商力度，实施以商带商，重点引进符合产业政策、能够延伸产业链、对产业发展有牵动力的重点项目，引进资金、技术和管理实力强的战略投资者。注重招商引资软环境建设，积极营造优良的经济发展环境，形成亲商、安商、富商的良好氛围，为接续产业的大发展、快发展提供强有力的支持和保证。

三、建立发达的林业产业体系，必须强化基础建设、注重动力支撑

发达产业体系的建立，除了要坚持生态优先、发挥比较优势、实施项目兴区等措施外，还要注重配套工程的支撑，强化基础设施建设，完善科技和体制机制创新，为产业发展提供有力支撑。只有这样，产业的发展才会充满生机与活力。一是重基础设施，解决“瓶颈”制约。借助国家西部大开发、社会主义新农村建设等政策机遇，重点解决林区基础设施欠账过多的问题，采取国家投入一点、省里匹配一点、地方筹集一点，进一步加大对道路、电力等基础设施的建设和改造力度，缓解经济发展的“瓶颈”制约，更好地为产业建设服务。重点抓好通县通乡公路建设和漠河机场、中俄洛古河大桥建设，改善交通状况，打通对内对外的贸易通道。推进电网建设与改造，切实做好与省网的连接，积极促成塔林西水利枢纽工程，保证接续产业发展对电力的需求。二是重科技投入，提升创新能力。全面实施科教兴林、人才强区战略，加大科技投入力度，提高科技对林区经济和产业发展的贡献率。抓住关键领域和核心技术的科研攻关，做好先进适用技术的推广与应用，增强自主创新能力，提升企业核心竞争力，真正打造具有自主知识产权的名牌产品。加强科研体系、科技成果转化和技术推广体系以及科技管理体系建设，把产品研发中心建在城市、科技成果转化基地建在产地、专业技术人员培训基地建在院校，为接续产业发展提供科技支撑。三是重深化改革，增强内在活力。对束缚产业发展的不合时宜的体制、机制性障碍进行改革，为产业发展提供源泉和动力。积极深化林业管理体制改革，抓好漠河县（西林吉林业局）政企分开试点工作，剥离企业办社会职能，使企业轻装上阵。本着积极、稳妥的原则，全面推进国有中小企业产权制度改革，争取在重点领域和关键环节上有实质性突破，加快国有资本退出竞争领域步伐，通过资产重组、联合和并购等手段，实现产权多元化，为企业发展注入活力。

总之，建立发达的林业产业体系，是大兴安岭林区未来长远发展的迫切要求。只要我们坚持生态优先的原则不动摇，积极推进“实施生态战略，发展特色经济，建设社会主义新林区”的工作思路，全面落实“生态立区、工业富区、项目兴区、打造园区、富民强区”的工作部署，就一定能够建立起发达的产业体系，实现生态建设与产业发展的“双赢”，再创林区新的辉煌。

（大兴安岭林业集团公司　宋希斌）

第四篇

决 策 指 导

中华人民共和国国务院令

第463号

《血吸虫病防治条例》已经2006年3月22日国务院第129次常务会议通过，现予公布，自2006年5月1日起施行。

总理　温家宝
二〇〇六年四月一日

血吸虫病防治条例

第一章　总　　则

第一条　为了预防、控制和消灭血吸虫病，保障人体健康、动物健康和公共卫生，促进经济社会发展，根据传染病防治法、动物防疫法，制定本条例。

第二条　国家对血吸虫病防治实行预防为主的方针，坚持防治结合、分类管理、综合治理、联防联控，人与家畜同步防治，重点加强对传染源的管理。

第三条　国务院卫生主管部门会同国务院有关部门制定全国血吸虫病防治规划并组织实施。国务院卫生、农业、水利、林业主管部门依照本条例规定的职责和全国血吸虫病防治规划，制定血吸虫病防治专项工作计划并组织实施。

有血吸虫病防治任务的地区（以下称血吸虫病防治地区）县级以上地方人民政府卫生、农业或者兽医、水利、林业主管部门依照本条例规定的职责，负责本行政区域内的血吸虫病防治及其监督管理工作。

第四条　血吸虫病防治地区县级以上地方人民政府统一领导本行政区域内的血吸虫病防治工作；根据全国血吸虫病防治规划，制定本行政区域的血吸虫病防治计划并组织实施；建立健全血吸虫病防治工作协调机制和工作责任制，对有关部门承担的血吸虫病防治工作进行综合协调和考核、监督。

第五条　血吸虫病防治地区村民委员会、居民委员会应当协助地方各级人民政府及其有关部门开展血吸虫病防治的宣传教育，组织村民、居民参与血吸虫病防治工作。

第六条　国家鼓励血吸虫病防治地区的村民、居民积极参与血吸虫病防治的有关活动；鼓励共产主义青年团等社会组织动员青年团员等积极参与血吸虫病防治的有关活动。

血吸虫病防治地区地方各级人民政府及其有关部门应当完善有关制度，方便单位和个人参与血吸虫病防治的宣传教育、捐赠等活动。

第七条　国务院有关部门、血吸虫病防治地区县级以上地方人民政府及其有关部门对在血吸虫病防治工作中做出显著成绩的单位和个人，给予表彰或者奖励。

第二章　预　　防

第八条　血吸虫病防治地区根据血吸虫病预防控制标准，划分为重点防治地区和一般防治地区。具体办法由国务院卫生主管部门会同国务院农业主管部门制定。

第九条　血吸虫病防治地区县级以上地方人民

政府及其有关部门应当组织各类新闻媒体开展公益性血吸虫病防治宣传教育。各类新闻媒体应当开展公益性血吸虫病防治宣传教育。

血吸虫病防治地区县级以上地方人民政府教育主管部门应当组织各级各类学校对学生开展血吸虫病防治知识教育。各级各类学校应当对学生开展血吸虫病防治知识教育。

血吸虫病防治地区的机关、团体、企业事业单位、个体经济组织应当组织本单位人员学习血吸虫病防治知识。

第十条 处于同一水系或者同一相对独立地理环境的血吸虫病防治地区各地方人民政府应当开展血吸虫病联防联控，组织有关部门和机构同步实施下列血吸虫病防治措施：

（一）在农业、兽医、水利、林业等工程项目中采取与血吸虫病防治有关的工程措施；

（二）进行人和家畜的血吸虫病筛查、治疗和管理；

（三）开展流行病学调查和疫情监测；

（四）调查钉螺分布，实施药物杀灭钉螺；

（五）防止未经无害化处理的粪便直接进入水体；

（六）其他防治措施。

第十一条 血吸虫病防治地区县级人民政府应当制定本行政区域的血吸虫病联防联控方案，组织乡（镇）人民政府同步实施。

血吸虫病防治地区两个以上的县、不设区的市、市辖区或者两个以上设区的市需要同步实施血吸虫病防治措施的，其共同的上一级人民政府应当制定血吸虫病联防联控方案，并组织实施。

血吸虫病防治地区两个以上的省、自治区、直辖市需要同步实施血吸虫病防治措施的，有关省、自治区、直辖市人民政府应当共同制定血吸虫病联防联控方案，报国务院卫生、农业主管部门备案，由省、自治区、直辖市人民政府组织实施。

第十二条 在血吸虫病防治地区实施农业、兽医、水利、林业等工程项目以及开展人、家畜血吸虫病防治工作，应当符合相关血吸虫病防治技术规范的要求。相关血吸虫病防治技术规范由国务院卫生、农业、水利、林业主管部门分别制定。

第十三条 血吸虫病重点防治地区县级以上地方人民政府应当在渔船集中停靠地设点发放抗血吸虫基本预防药物；按照无害化要求和血吸虫病防治技术规范修建公共厕所；推行在渔船和水上运输工具上安装和使用粪便收集容器，并采取措施，对所收集的粪便进行集中无害化处理。

第十四条 县级以上地方人民政府及其有关部门在血吸虫病重点防治地区，应当安排并组织实施农业机械化推广、农村改厕、沼气池建设以及人、家畜饮用水设施建设等项目。

国务院有关主管部门安排农业机械化推广、农村改厕、沼气池建设以及人、家畜饮用水设施建设等项目，应当优先安排血吸虫病重点防治地区的有关项目。

第十五条 血吸虫病防治地区县级以上地方人民政府卫生、农业主管部门组织实施农村改厕、沼气池建设项目，应当按照无害化要求和血吸虫病防治技术规范，保证厕所和沼气池具备杀灭粪便中血吸虫卵的功能。

血吸虫病防治地区的公共厕所应当具备杀灭粪便中血吸虫卵的功能。

第十六条 县级以上人民政府农业主管部门在血吸虫病重点防治地区应当适应血吸虫病防治工作的需要，引导和扶持农业种植结构的调整，推行以机械化耕作代替牲畜耕作的措施。

县级以上人民政府农业或者兽医主管部门在血吸虫病重点防治地区应当引导和扶持养殖结构的调整，推行对牛、羊、猪等家畜的舍饲圈养，加强对圈养家畜粪便的无害化处理，开展对家畜的血吸虫病检查和对感染血吸虫的家畜的治疗、处理。

第十七条 禁止在血吸虫病防治地区施用未经无害化处理的粪便。

第十八条 县级以上人民政府水利主管部门在血吸虫病防治地区进行水利建设项目，应当同步建设血吸虫病防治设施；结合血吸虫病防治地区的江河、湖泊治理工程和人畜饮水、灌区改造等水利工程项目，改善水环境，防止钉螺孳生。

第十九条 县级以上人民政府林业主管部门在血吸虫病防治地区应当结合退耕还林、长江防护林建设、野生动物植物保护、湿地保护以及自然保护区建设等林业工程，开展血吸虫病综合防治。

县级以上人民政府交通主管部门在血吸虫病防治地区应当结合航道工程建设，开展血吸虫病综合防治。

第二十条　国务院卫生主管部门应当根据血吸虫病流行病学资料、钉螺分布以及孳生环境的特点、药物特性，制定药物杀灭钉螺工作规范。

血吸虫病防治地区县级人民政府及其卫生主管部门应当根据药物杀灭钉螺工作规范，组织实施本行政区域内的药物杀灭钉螺工作。

血吸虫病防治地区乡（镇）人民政府应当在实施药物杀灭钉螺7日前，公告施药的时间、地点、种类、方法、影响范围和注意事项。有关单位和个人应当予以配合。

杀灭钉螺严禁使用国家明令禁止使用的药物。

第二十一条　血吸虫病防治地区县级人民政府卫生主管部门会同同级人民政府农业或者兽医、水利、林业主管部门，根据血吸虫病监测等流行病学资料，划定、变更有钉螺地带，并报本级人民政府批准。县级人民政府应当及时公告有钉螺地带。

禁止在有钉螺地带放养牛、羊、猪等家畜，禁止引种在有钉螺地带培育的芦苇等植物和农作物的种子、种苗等繁殖材料。

乡（镇）人民政府应当在有钉螺地带设立警示标志，并在县级人民政府作出解除有钉螺地带决定后予以撤销。警示标志由乡（镇）人民政府负责保护，所在地村民委员会、居民委员会应当予以协助。任何单位或者个人不得损坏或者擅自移动警示标志。

在有钉螺地带完成杀灭钉螺后，由原批准机关决定并公告解除本条第二款规定的禁止行为。

第二十二条　医疗机构、疾病预防控制机构、动物防疫监督机构和植物检疫机构应当根据血吸虫病防治技术规范，在各自的职责范围内，开展血吸虫病的监测、筛查、预测、流行病学调查、疫情报告和处理工作，开展杀灭钉螺、血吸虫病防治技术指导以及其他防治工作。

血吸虫病防治地区的医疗机构、疾病预防控制机构、动物防疫监督机构和植物检疫机构应当定期对其工作人员进行血吸虫病防治知识、技能的培训和考核。

第二十三条　建设单位在血吸虫病防治地区兴建水利、交通、旅游、能源等大型建设项目，应当事先提请省级以上疾病预防控制机构对施工环境进行卫生调查，并根据疾病预防控制机构的意见，采取必要的血吸虫病预防、控制措施。施工期间，建设单位应当设专人负责工地上的血吸虫病防治工作；工程竣工后，应当告知当地县级疾病预防控制机构，由其对该地区的血吸虫病进行监测。

第三章　疫情控制

第二十四条　血吸虫病防治地区县级以上地方人民政府应当根据有关法律、行政法规和国家有关规定，结合本地实际，制定血吸虫病应急预案。

第二十五条　急性血吸虫病暴发、流行时，县级以上地方人民政府应当根据控制急性血吸虫病暴发、流行的需要，依照传染病防治法和其他有关法律的规定采取紧急措施，进行下列应急处理：

（一）组织医疗机构救治急性血吸虫病病人；

（二）组织疾病预防控制机构和动物防疫监督机构分别对接触疫水的人和家畜实施预防性服药；

（三）组织有关部门和单位杀灭钉螺和处理疫水；

（四）组织乡（镇）人民政府在有钉螺地带设置警示标志，禁止人和家畜接触疫水。

第二十六条　疾病预防控制机构发现急性血吸虫病疫情或者接到急性血吸虫病暴发、流行报告时，应当及时采取下列措施：

（一）进行现场流行病学调查；

（二）提出疫情控制方案，明确有钉螺地带范围、预防性服药的人和家畜范围，以及采取杀灭钉螺和处理疫水的措施；

（三）指导医疗机构和下级疾病预防控制机构处理疫情；

（四）卫生主管部门要求采取的其他措施。

第二十七条　有关单位对因生产、工作必须接触疫水的人员应当按照疾病预防控制机构的要求采取防护措施，并定期组织进行血吸虫病的专项体检。

血吸虫病防治地区地方各级人民政府及其有关部门对因防汛、抗洪抢险必须接触疫水的人员，应当按照疾病预防控制机构的要求采取防护措施。血吸虫病防治地区县级人民政府对参加防汛、抗洪抢险的人员，应当及时组织有关部门和机构进行血吸虫病的专项体检。

第二十八条 血吸虫病防治地区县级以上地方人民政府卫生、农业或者兽医主管部门应当根据血吸虫病防治技术规范，组织开展对本地村民、居民和流动人口血吸虫病以及家畜血吸虫病的筛查、治疗和预防性服药工作。

血吸虫病防治地区省、自治区、直辖市人民政府应当采取措施，组织对晚期血吸虫病病人的治疗。

第二十九条 血吸虫病防治地区的动物防疫监督机构、植物检疫机构应当加强对本行政区域内的家畜和植物的血吸虫病检疫工作。动物防疫监督机构对经检疫发现的患血吸虫病的家畜，应当实施药物治疗；植物检疫机构对发现的携带钉螺的植物，应当实施杀灭钉螺。

凡患血吸虫病的家畜、携带钉螺的植物，在血吸虫病防治地区未经检疫的家畜、植物，一律不得出售、外运。

第三十条 血吸虫病疫情的报告、通报和公布，依照传染病防治法和动物防疫法的有关规定执行。

第四章 保障措施

第三十一条 血吸虫病防治地区县级以上地方人民政府应当根据血吸虫病防治规划、计划，安排血吸虫病防治经费和基本建设投资，纳入同级财政预算。

省、自治区、直辖市人民政府和设区的市级人民政府根据血吸虫病防治工作需要，对经济困难的县级人民政府开展血吸虫病防治工作给予适当补助。

国家对经济困难地区的血吸虫病防治经费、血吸虫病重大疫情应急处理经费给予适当补助，对承担血吸虫病防治任务的机构的基本建设和跨地区的血吸虫病防治重大工程项目给予必要支持。

第三十二条 血吸虫病防治地区县级以上地方人民政府编制或者审批血吸虫病防治地区的农业、兽医、水利、林业等工程项目，应当将有关血吸虫病防治的工程措施纳入项目统筹安排。

第三十三条 国家对农民免费提供抗血吸虫基本预防药物，对经济困难农民的血吸虫病治疗费用予以减免。

因工作原因感染血吸虫病的，依照《工伤保险条例》的规定，享受工伤待遇。参加城镇职工基本医疗保险的血吸虫病病人，不属于工伤的，按照国家规定享受医疗保险待遇。对未参加工伤保险、医疗保险的人员因防汛、抗洪抢险患血吸虫病的，按照县级以上地方人民政府的规定解决所需的检查、治疗费用。

第三十四条 血吸虫病防治地区县级以上地方人民政府民政部门对符合救助条件的血吸虫病病人进行救助。

第三十五条 国家对家畜免费实施血吸虫病检查和治疗，免费提供抗血吸虫基本预防药物。

第三十六条 血吸虫病防治地区县级以上地方人民政府应当根据血吸虫病防治工作需要和血吸虫病流行趋势，储备血吸虫病防治药物、杀灭钉螺药物和有关防护用品。

第三十七条 血吸虫病防治地区县级以上地方人民政府应当加强血吸虫病防治网络建设，将承担血吸虫病防治任务的机构所需基本建设投资列入基本建设计划。

第三十八条 血吸虫病防治地区省、自治区、直辖市人民政府在制定和实施本行政区域的血吸虫病防治计划时，应当统筹协调血吸虫病防治项目和资金，确保实现血吸虫病防治项目的综合效益。

血吸虫病防治经费应当专款专用，严禁截留或者挪作他用。严禁倒买倒卖、挪用国家免费供应的防治血吸虫病药品和其他物品。有关单位使用血吸虫病防治经费应当依法接受审计机关的审计监督。

第五章 监督管理

第三十九条 县级以上人民政府卫生主管部门

负责血吸虫病监测、预防、控制、治疗和疫情的管理工作，对杀灭钉螺药物的使用情况进行监督检查。

第四十条　县级以上人民政府农业或者兽医主管部门对下列事项进行监督检查：

（一）本条例第十六条规定的血吸虫病防治措施的实施情况；

（二）家畜血吸虫病监测、预防、控制、治疗和疫情管理工作情况；

（三）治疗家畜血吸虫病药物的管理、使用情况；

（四）农业工程项目中执行血吸虫病防治技术规范情况。

第四十一条　县级以上人民政府水利主管部门对本条例第十八条规定的血吸虫病防治措施的实施情况和水利工程项目中执行血吸虫病防治技术规范情况进行监督检查。

第四十二条　县级以上人民政府林业主管部门对血吸虫病防治地区的林业工程项目的实施情况和林业工程项目中执行血吸虫病防治技术规范情况进行监督检查。

第四十三条　县级以上人民政府卫生、农业或者兽医、水利、林业主管部门在监督检查过程中，发现违反或者不执行本条例规定的，应当责令有关单位和个人及时改正并依法予以处理；属于其他部门职责范围的，应当移送有监督管理职责的部门依法处理；涉及多个部门职责的，应当共同处理。

第四十四条　县级以上人民政府卫生、农业或者兽医、水利、林业主管部门在履行血吸虫病防治监督检查职责时，有权进入被检查单位和血吸虫病疫情发生现场调查取证，查阅、复制有关资料和采集样本。被检查单位应当予以配合，不得拒绝、阻挠。

第四十五条　血吸虫病防治地区县级以上动物防疫监督机构对在有钉螺地带放养的牛、羊、猪等家畜，有权予以暂扣并进行强制检疫。

第四十六条　上级主管部门发现下级主管部门未及时依照本条例的规定处理职责范围内的事项，应当责令纠正，或者直接处理下级主管部门未及时处理的事项。

第六章　法律责任

第四十七条　县级以上地方各级人民政府有下列情形之一的，由上级人民政府责令改正，通报批评；造成血吸虫病传播、流行或者其他严重后果的，对负有责任的主管人员，依法给予行政处分；负有责任的主管人员构成犯罪的，依法追究刑事责任：

（一）未依照本条例的规定开展血吸虫病联防联控的；

（二）急性血吸虫病暴发、流行时，未依照本条例的规定采取紧急措施、进行应急处理的；

（三）未履行血吸虫病防治组织、领导、保障职责的；

（四）未依照本条例的规定采取其他血吸虫病防治措施的。

乡（镇）人民政府未依照本条例的规定采取血吸虫病防治措施的，由上级人民政府责令改正，通报批评；造成血吸虫病传播、流行或者其他严重后果的，对负有责任的主管人员，依法给予行政处分；负有责任的主管人员构成犯罪的，依法追究刑事责任。

第四十八条　县级以上人民政府有关主管部门违反本条例规定，有下列情形之一的，由本级人民政府或者上级人民政府有关主管部门责令改正，通报批评；造成血吸虫病传播、流行或者其他严重后果的，对负有责任的主管人员和其他直接责任人员依法给予行政处分；负有责任的主管人员和其他直接责任人员构成犯罪的，依法追究刑事责任：

（一）在组织实施农村改厕、沼气池建设项目时，未按照无害化要求和血吸虫病防治技术规范，保证厕所或者沼气池具备杀灭粪便中血吸虫卵功能的；

（二）在血吸虫病重点防治地区未开展家畜血吸虫病检查，或者未对感染血吸虫的家畜进行治疗、处理的；

（三）在血吸虫病防治地区进行水利建设项目，未同步建设血吸虫病防治设施，或者未结合血吸虫病防治地区的江河、湖泊治理工程和人畜饮水、灌区改造等水利工程项目，改善水环境，导致钉螺孳生的；

（四）在血吸虫病防治地区未结合退耕还林、长江防护林建设、野生动物植物保护、湿地保护以及自然保护区建设等林业工程，开展血吸虫病综合防治的；

（五）未制定药物杀灭钉螺规范，或者未组织实施本行政区域内药物杀灭钉螺工作的；

（六）未组织开展血吸虫病筛查、治疗和预防性服药工作的；

（七）未依照本条例规定履行监督管理职责，或者发现违法行为不及时查处的；

（八）有违反本条例规定的其他失职、渎职行为的。

第四十九条 医疗机构、疾病预防控制机构、动物防疫监督机构或者植物检疫机构违反本条例规定，有下列情形之一的，由县级以上人民政府卫生主管部门、农业或者兽医主管部门依据各自职责责令限期改正，通报批评，给予警告；逾期不改正，造成血吸虫病传播、流行或者其他严重后果的，对负有责任的主管人员和其他直接责任人员依法给予降级、撤职、开除的处分，并可以依法吊销有关责任人员的执业证书；负有责任的主管人员和其他直接责任人员构成犯罪的，依法追究刑事责任：

（一）未依照本条例规定开展血吸虫病防治工作的；

（二）未定期对其工作人员进行血吸虫病防治知识、技能培训和考核的；

（三）发现急性血吸虫病疫情或者接到急性血吸虫病暴发、流行报告时，未及时采取措施的；

（四）未对本行政区域内出售、外运的家畜或者植物进行血吸虫病检疫的；

（五）未对经检疫发现的患血吸虫病的家畜实施药物治疗，或者未对发现的携带钉螺的植物实施杀灭钉螺的。

第五十条 建设单位在血吸虫病防治地区兴建水利、交通、旅游、能源等大型建设项目，未事先提请省级以上疾病预防控制机构进行卫生调查，或者未根据疾病预防控制机构的意见，采取必要的血吸虫病预防、控制措施的，由县级以上人民政府卫生主管部门责令限期改正，给予警告，处5 000元以上3万元以下的罚款；逾期不改正的，处3万元以上10万元以下的罚款，并可以提请有关人民政府依据职责权限，责令停建、关闭；造成血吸虫病疫情扩散或者其他严重后果的，对负有责任的主管人员和其他直接责任人员依法给予处分。

第五十一条 单位和个人损坏或者擅自移动有钉螺地带警示标志的，由乡（镇）人民政府责令修复或者赔偿损失，给予警告；情节严重的，对单位处1 000元以上3 000元以下的罚款，对个人处50元以上200元以下的罚款。

第五十二条 违反本条例规定，有下列情形之一的，由县级以上人民政府卫生、农业或者兽医、水利、林业主管部门依据各自职责责令改正，给予警告，对单位处1 000元以上1万元以下的罚款，对个人处50元以上500元以下的罚款，并没收用于违法活动的工具和物品；造成血吸虫病疫情扩散或者其他严重后果的，对负有责任的主管人员和其他直接责任人员依法给予处分：

（一）单位未依照本条例的规定对因生产、工作必须接触疫水的人员采取防护措施，或者未定期组织进行血吸虫病的专项体检的；

（二）对政府有关部门采取的预防、控制措施不予配合的；

（三）使用国家明令禁止使用的药物杀灭钉螺的；

（四）引种在有钉螺地带培育的芦苇等植物或者农作物的种子、种苗等繁殖材料的；

（五）在血吸虫病防治地区施用未经无害化处理粪便的。

第七章 附 则

第五十三条 本条例下列用语的含义：

血吸虫病，是血吸虫寄生于人体或者哺乳动物体内，导致其发病的一种寄生虫病。

疫水，是指含有血吸虫尾蚴的水体。

第五十四条 本条例自2006年5月1日起施行。

国家林业局令

第21号

《林木种子质量管理办法》已经2006年10月12日国家林业局局务会议审议通过，现予公布，自2007年1月1日起施行。

国家林业局局长　贾治邦

二〇〇六年十一月十三日

林木种子质量管理办法

第一条　为了加强林木种子质量管理，根据《中华人民共和国种子法》（以下简称《种子法》）第四十三条的规定，制定本办法。

第二条　从事林木种子的生产、加工、包装、检验、贮藏等质量管理活动，应当遵守本办法。

第三条　本办法所称林木种子，是指乔木、灌木、木质藤本等木本植物和用于林业生产、国土绿化的草本植物的种植材料（苗木）或者繁殖材料，包括籽粒、果实和根、茎、苗、芽、叶等。

第四条　县级以上人民政府林业主管部门及其委托的林木种苗管理机构依法负责林木种子质量的管理工作。

第五条　任何单位和个人有权就林木种子质量问题，向林业主管部门举报，接受举报的部门应当依法负责处理。

第六条　禁止在林木种子不成熟季节、不成熟林分抢采掠青以及损坏母树的树皮、树干、枝条和幼果等，禁止在劣质林内、劣质母树上采集林木种子。

第七条　采集林木种子应当在采种期内进行。采种期由当地县级人民政府林业主管部门根据林木种子成熟情况及有关规定确定，并在采种期起始日一个月前，利用报刊、电视、广播、因特网等形式对外公布。

第八条　林木种子生产者应当按照国家有关标准对采集的林木种子及时进行脱粒、干燥、净种、分级等加工处理。

第九条　生产主要林木商品种子的，应当按照国家有关标准进行质量检验。质量低于国家规定的种用标准的林木种子，不得用于销售。

第十条　生产、销售籽粒、果实等有性繁殖材料的林木种子，应当按照国家有关标准进行包装；种植材料（苗木）、无性繁殖材料和其他不能包装的林木种子，可以不经过包装。

第十一条　已经包装的林木种子需要进行分装的，应当注明分装单位和分装日期。

第十二条　销售的林木种子应当附有林木种子标签。林木种子标签分绿色、白色两种。林木良种种子使用绿色标签、注明品种审定或者认定编号，普通林木种子使用白色标签。

第十三条　林木种子标签的格式由各省、自治区、直辖市林业主管部门统一规定，由生产者和经营者依照规定的格式印制使用。

第十四条　属于繁殖材料的林木种子的生产、经营和使用者应当按照国家有关标准在林木种子库中贮藏林木种子。

第十五条　林木种子库应当具备与所贮藏的林木种子相适应的干燥、净种、检验设备及温度、湿度测量和调节仪器设备。

第十六条　林木种子入库贮藏前和出库时，种子库的管理者应当进行质量检验，将林木种子的净度、含水量和发芽率等质量指标记载于林木种子质量检验证书中。林木种子质量检验证书的式样，由省、自治区、直辖市人民政府林业主管部门根据国家有关标准制定。

第十七条 在贮藏期间，种子库的管理者应当定期检查检验，及时记载温度、湿度、霉变和病虫害情况，发现问题应当及时采取措施，确保贮藏期间林木种子的质量。

第十八条 县级以上人民政府林业主管部门应当加强林木种子质量监督和管理，根据林木种子的生产、经营情况，制定并组织实施林木种子质量抽查方案。

第十九条 林木种子质量抽查的对象和重点是：

（一）主要林木种子生产者、经营者贮藏的用于销售的林木种子；

（二）国家投资或者以国家投资为主的造林项目和国有林业单位使用的林木种子。

第二十条 林木种子质量抽查任务可以由县级以上人民政府林业主管部门委托林木种子质量检验机构执行。承担质量抽查工作的林木种子质量检验机构应当符合《种子法》的有关规定，具备相应的检测条件和能力，并经省级以上人民政府林业主管部门考核合格。

第二十一条 执行林木种子质量抽查任务时，应当由县级以上人民政府林业主管部门向林木种子质量检验机构下达《林木种子质量抽查通知书》。林木种子质量检验机构应当持《林木种子质量抽查通知书》，按照国家有关标准抽取样品并进行检验。

第二十二条 林木种子质量检验机构完成质量抽查任务后，应当在规定时间内将抽查结果报送下达任务的林业主管部门。质量抽查结果主要包括以下内容：

（一）抽查总结；

（二）抽查结果汇总表；

（三）林木种子质量总体状况评价；

（四）有关单位提出异议、复验等问题的处理情况说明；

（五）其他需要说明的情况。

第二十三条 县级以上人民政府林业主管部门应当根据质量抽查结果，及时公布林木种子质量抽查通报。

第二十四条 林木种子质量抽查结果不合格的，由县级以上人民政府林业主管部门依据《种子法》有关规定对其生产者、经营者予以处罚。

第二十五条 违反本办法规定，生产、加工、包装、检验和贮藏林木种子的，由县级以上人民政府林业主管部门依照《种子法》的规定处理；《种子法》未规定的，县级以上人民政府林业主管部门可以根据情节给予警告、限期整改，有违法所得的，可以并处违法所得1倍以上3倍以下且不超过3万元的罚款；没有违法所得的，属于非经营活动的，可以并处1 000元以下罚款，属于经营活动的，可以并处1万元以下罚款。

第二十六条 本办法自2007年1月1日起施行。

国家林业局
关于贯彻落实《中共中央 国务院关于推进社会主义新农村建设的若干意见》的实施意见

林造发〔2006〕50号　　2006年3月28日

各省、自治区、直辖市林业厅（局），内蒙古、吉林、龙江、大兴安岭森工（林业）集团公司，新疆生产建设兵团林业局，国家林业局各司局、各直属单位：

建设社会主义新农村是党中央、国务院落实科学发展观、统筹城乡发展所做出的一项重大战略决策，是我国现代化建设进程中的重大历史任务，具有重大的现实意义和深远的历史意义。《中共中央 国务院关于推进社会主义新农村建设的若干意见》（中发〔2006〕1号，以下简称《意见》）对社会主义新农村建设提出了明确目标和具体要求，为当前和今后一个时期林业发展指明了方向。各级林业部门一定要认真学习贯彻中央关于推进社会主义新农村建设的指示精神，全面把握社会主义新农村建设的丰富内涵，抓住难得的历史机遇，采取切实有效的措施，下大力量抓好农村生态建设、林业产业发展等各项工作，为社会主义新农村建设做出积极贡献。

一、推进社会主义新农村建设是林业工作的重要任务

（一）充分认识林业在社会主义新农村建设中的地位、潜力和优势。中央林业决定明确指出，林业是一项重要的公益事业和基础产业，承担着生态建设和林产品供给的重要任务。在贯彻可持续发展战略中，要赋予林业以重要地位；在生态建设中，要赋予林业以首要地位；在西部大开发中，要赋予林业以基础地位。多年来，林业为改善农村生态环境、促进农村经济发展、扩大城乡就业和农民增收做出了积极贡献。但是，我国广大山区、林区、沙区经济社会发展严重滞后，林业在农村经济社会发展中的巨大潜力和优势远未发挥出来。全国山区面积占国土面积的69.2%，5.6亿人口生活在山区；沙化土地占国土面积的18.1%，1.2亿人口生活在沙区；全国有43亿亩林地，为耕地面积的2倍多；山区、林区、沙区有丰富的物种资源、丰富的劳动力资源，林产品又具有巨大的国际国内市场空间。在平原地区，林业在建设农业生态屏障、改善人居环境、培育木材后备资源、发展特色林业产业等方面的作用和潜力巨大。各级林业部门要充分认识林业在社会主义新农村建设中的战略地位，充分挖掘林业的巨大潜力，充分发挥林业的独特优势，为全面推进社会主义新农村建设做出应有的贡献。

（二）进一步明确林业在社会主义新农村建设中的总体思路。根据社会主义新农村建设的需要，要及时调整林业工作的总体思路、目标任务、建设重点和政策措施。总的要求是：以邓小平理论和“三个代表”重要思想为指导，用科学发展观统领林业工作全局，深入贯彻落实中央林业决定，全面实施以生态建设为主的林业发展战略，紧紧围绕社会主义新农村建设的总体目标，加速推进传统林业向现代林业转变，着力构建林业生态体系和林业产业体系，实施工程带动，深化体制改革，强化科技创新，加强科学管理，转变增长方式，大力提高林业发展的质量和效益，不断开发林业的多种功能，满足社会的多样化需求。在全面推进社会主义新农村建设中，通过加强林业生态建设，提高森林和湿地的生态功能，改善农村生态状况和人居环境；通过建设绿色生态屏障，构建农业防灾减灾体系，提高农业综合生产能力；通过加快林业产业发展，推进农村产业结构调整，促进农村人口就业和农民增收；通过深化林业改革，挖掘内在潜力，提升林业服务新农村建设的综合能力。同时，要积极研究解决“三林”问题，努力建设社会主义新林区；充分发挥林业的多重效益，弘扬森林文化和生态道德，促进社会主义新农村精神文明建设。

（三）建立社会主义新农村建设林业发展的长效机制。按照中央关于建设社会主义新农村的部署和统筹城乡发展、工业反哺农业、城市支持农村和“多予、少取、放活”的要求，千方百计争取各级公共财政对农村林业发展的支持；通过科技创新、体制创新和机制创新，鼓励和吸引各种生产要素投向农村林业；改革林业投资管理机制，将林业重点工程任务和投入向农村和农民倾斜；充分用好国家对农业和农民的直接补贴等支农惠农政策，争取扩大森林生态效益补偿资金的力度和范围，在“多予”上下功夫。紧密结合农村税费改革，积极推进育林基金制度改革，取消一切不合理收费，切实减轻林农负担，落实“少取”相关政策措施。积极推进林业产权制度等各项林业改革，进一步改进和完善森林采伐管理政策，切实解决好林农群众最关心、最直接、最现实的利益问题，真正做到“放活”。把发展林业产业摆在重要位置，实施“林业富民计划”和“以山补田”战略，通过大力发展速生丰产林、经济林、竹藤花卉、野生动植物养殖、生态旅游、森林食品、农村中小型林产品加工业等，丰富人们的米袋子、菜篮子、果盘子，直接增加农民收入。

二、加强林业生态建设，夯实社会主义新农村的生态基础

（四）加强林业重点工程建设，逐步实现农村生态良好。林业重点工程要以促进农村生产发展、生态良好、生活富裕为目标，加快政策调整，发展后续产业，提升工程质量，充分发挥在治理水土流失、涵养水源、防治荒漠化、减轻水旱灾害、促进农民增收等方面的重要作用和综合功能。加快生态治理步伐，每年选择100个重点县开展生态建设攻坚，力争在“十一五”时期使重点地区生态恶化趋势得到基本遏制。要抓住国家增加支农资金的机遇，争取建立稳定的林业重点工程投资渠道，积极争取新项目，开辟新空间，重点向西部地区、革命老区、少数民族地区和边远地区等生态脆弱区倾斜，逐步实现广大农村生态良好。

（五）加强农田防护林建设，改善农业生产条件。把农田防护林作为农田基本建设的重要内容，按照山水田林路统一规划、综合治理的思路，紧密结合农田水利工程、中低产田改造、山区综合开发等农村基础设施建设，配套建设农田防护林体系，充分发挥其有效抵御风沙危害、改善农田小气候、保障农业高产稳产的生态屏障作用。三北和长江、平原绿化等防护林体系建设，京津风沙源治理等林业重点工程要向粮食主产区和农业生态灾害多发区倾斜，开展高标准农田防护林示范区建设，在“十一五”时期使重点地区农田林网控制率每年提高1个百分点。各地要结合实际，积极稳妥地推进成过熟和残次农田防护林更新改造，提高综合防护功能。农田防护林要落实产权，做到树随地走，建设与更新都要充分尊重农民的意愿。

（六）加强村屯绿化和四旁植树，促进村容整洁、人居环境优化。各地要将村屯绿化和四旁植树纳入社会主义新农村建设总体规划，加以推进和实施。积极鼓励和引导各地结合林业重点工程，结合村庄整治规划，采取以村为单元、整村推进的方式，鼓励和扶持各地开展“小康林业示范村”、“生态文明村”等富有地方特色的村屯绿化示范村创建活动。以此为基础，在全国启动“绿色家园”创建活动，每两年评选表彰100个“绿色小康县”、1 000个“绿色小康村”

和10 000个“绿色小康户”。加强农村学校（幼儿园）、医院、文化站、养老院等公共场所的绿化美化，逐步实现农村社区园林化。引导和组织农民搞好庭院绿化，逐步实现农村庭院花果化。加强乡村公路绿化，逐步实现农村公路林荫化。在城近郊区和城乡结合部积极推进城乡绿化一体化。村屯绿化要突出地方特色、民族特色和乡村特色，体现个性化。加强村屯园林绿地和周边风景林建设，保护好古树名木。因地制宜、因害设防，加强村屯周围水土保持林等防护林建设，减轻滑坡、泥石流等地质灾害的影响。在血吸虫疫区积极开展兴林抑螺，逐步改善疫区农村生产生活条件。

（七）加强森林、湿地资源保护和经营，巩固发展农村生态建设成果。在依法严格保护的同时，鼓励发挥乡规民约的作用，切实保护好森林、湿地等自然资源。建立健全集体、个体森林经营管护体系和管理机制。针对农村点多面广、经营分散的特点，加强森林火灾、病虫鼠害等森林灾害的监测力度，不断提高预防、除治和扑救能力。积极开展重大沙尘灾害监测预报，减少沙尘暴灾害造成的损失。在国有林场开发、森林公园经营、湿地和自然保护区建设过程中，要完善相关政策，既要保障农民的合法权益，又要保护好野生动植物及栖息环境，促进农村社区协调发展。逐步建立健全野生动物疫源疫病监测防控体系，建立350处国家级、550处省级和一大批市县级监测站（点），加强对禽流感等野生动物疫源疫病的宣传与监测防控，提高农民的防范意识和防范能力。尽快启动森林经营工程，制订《中国森林可持续经营指南》，指导各地开展科学经营，全面提高林地生产力和森林质量及效益。

三、大力发展林业产业，提高农民增收能力

（八）加快发展速生丰产用材林、经济林等传统林业产业，直接增加农民收入。组织实施好重点地区速生丰产用材林基地建设工程，筛选一批速生丰产、优质高效的树种和品种，推广一系列速生丰产林培育技术模式，指导林农科学培育、集约经营。实施经济林发展品牌战略，开发一批名牌经济林产品，指导和带动农民大力发展具有地方特色和市场前景的名特优新经济林产业。按照不同立地条件，积极开展短周期工业原料林、速生丰产林、经济林等测土配方施肥工作，逐步扩大林地测土配方施肥面积，指导林农合理施用化肥，提高林地生产力和节支增效能力。沙区要大力发展沙产业，重点发展灌木饲料林，建设饲料加工利用基地，促进封山禁牧、舍饲圈养，为农牧民解决后顾之忧。

（九）大力发展竹藤花卉、生态旅游、能源林等新兴林业产业，促进农村经济结构调整。拓宽竹业发展投资渠道，积极争取国家资金对林农培育竹林资源的扶持，建设一批高效竹林培育示范基地。扶持发展一批竹产品加工企业，不断延伸产业链，以产业促培育。热带地区要鼓励农民培育藤类资源，发展具有地方特色的藤产业。扶持一批花卉种植大户带动发展花卉产业，积极开发利用我国特有的野生花卉资源，培育具有国际竞争力的花卉新品种，促进花卉出口。鼓励和支持各地利用森林公园、自然保护区、国有林区（林场）、湿地公园等资源，大力开展生态旅游，带动周边农民发展“农家乐”、“观光林业”等森林旅游服务业，扩大农村人口就业、增加农民收入。结合国家能源发展战略，扶持开发主要油料树种果实加工转化生物柴油等技术，支持建设适宜农村发展、装机容量小、清洁生产的林木生物质发电项目，引导农民大力发展农村能源林。在边远地区，适度发展优质、丰产、高效的薪炭林，改善农村能源结构，减轻农村环境污染。

（十）积极发展野生动植物养殖等特色林业产业，拓宽农民增收渠道。采取多种措施，积极推进野生动植物资源利用以野外资源为主向人工培育资源为主的战略转变。鼓励、引导和扶持农民发展野生动物养殖利用产业，在农村推广一批市场前景好、养殖技术过关、种源有保障的野生动物资源培育利用产业项目，推动农村野生动物养殖、野生植物种植业迅速发展。规范管理野生动植物的采集利用，加强濒危野生动植物进出口管理。大力发展山野菜、菌类等森林食品和非木质林产品采集加工业，开发利用林下资源，为农村经济发展和农民增收开辟新财源。扶持和鼓励开展珍贵树种培育，建设一批珍贵树种培育示范基地，带动农民种植高价值、高效益的乡土珍贵树种。

（十一）鼓励发展农村中小型林产品加工业，增加农民非农产业收入。按照中央提出的壮大县域经济的发展战略，充分利用好林业财政贴息贷款等国家各项优惠政策，积极鼓励和支持木竹资源主产区大力发展以刨切单板、木片、竹片等初级产品为主的劳动密集型、环境友好型农村林产品加工中小企业。扶持发展具有民族文化特色的木雕、竹雕等传统加工业，提高林产品附加值。大力扶持龙头企业的发展，带动周边农村初级产品加工业和资源培植，吸纳更多的农村劳动力就近就业、创业。

（十二）加强林业产业化服务体系建设，建立促进农民增收的有效机制。积极参与农村现代经营网络建设，依托“万村千乡市场工程”，尽快建立健全林产品供销信息平台，为林农销售林产品提供服务。鼓励和支持农村发展各种林产品生产、加工、流通等环节的专业合作组织，推广龙头带基地、公司连农户、产加销一条龙等模式，完善企业与农户利益联结机制。千方百计为林农牵线搭桥，大力发展“订单林业”。加强林产品和野生动植物产品生产、加工的检验检测标准体系建设，指导和帮助农民逐步实现标准化生产，提高产品市场竞争力。积极探索农村林业企业和林农信贷担保的新途径，提高国家融资政策的支持力度。加大财政贴息资金对农村林业产业化项目的扶持力度。积极协调配合有关部门，争取将林木和野生动植物产品列入农产品精深加工增值税改革试点，切实减轻林产品加工企业和林农的负担。

四、加强林业基础建设，增强综合服务功能

（十三）加强营造林基础能力建设，为农村林业发展提供基础保障。引导和扶持农民开展优良种子和苗木的培育，提高良种壮苗的供给能力。积极争取将林木良种补贴纳入对农业和农民的直接补贴范畴。加强林木种苗市场监管，维护农民依法从事种苗生产经营的权益，防止生产经营假冒伪劣种苗等坑农害农事件的发生。加强林木种苗市场信息服务，推行订单育苗。积极争取将营造林生产机具和商品林的小型灌溉设施及作业道路建设纳入国家专项补助范围，带动农民发展节水、高效、集约经营型林业。

（十四）加强森林火灾、林业有害生物防治基础设施建设，增强农村重大森林灾害应急反应和扑救能力。在继续强化国有林区森林灾害防治体系建设的同时，重点加强与农民利益直接相关的集体林区、个体林场的森林防火和林业有害生物防治基础设施建设，在40个重点森林火险区实施综合治理工程，开展重点区域县、乡两级基层单位监测、巡护、交通通讯等基础设施建设，增强森林防火预警能力。加大营造村镇周围生物防火林带、防火隔离带的建设力度，防止山火进家、家火上山。加强森林消防队伍建设，逐步实现林区县每县建立一支专业森林消防队，每个村建立一支半专业森林消防队。指导基层制定完善处置森林火灾应急预案，配备必要的森林火灾扑救设施和储备物资，加强实战演练，切实提高农村灭火救灾能力，确保人民群众生命财产安全。加强县级林业有害生物测报、监测基础设施建设，重点安排全国1 000个林业有害生物中心测报点的建设并强化管理，积极培训和使用农民测报员。增强常规施药设备、设施的装备水平，做好药剂药械、交通通讯工具、救灾应急物资储备，建立能动快速的应急反应体系，增强农村应对突发林业有害生物事件的能力。

（十五）大力推进林业科技创新，增强农村林业发展的动力。继续深化林业科技体制改革，充分挖掘国家林业科学中心、国家林业科技创新试验基地和林业科技区域创新中心的潜力，支持和鼓励直接为农民服务的龙头企业组建林业科技研发中心，建立对农村林业发展具有强大支撑作用的林业科技创新体系。加强林业科技原始创新、集成创新和引进消化吸收再创新，切实增强林业科技自主创新能力。重点突破长江、黄河中上游、黄土高原、青藏高原、岩溶地区、荒漠化地区等典型生态脆弱区、农林交错区、村屯周边生态建设与保护的关键技术研究；加强候鸟等野生动物疫源疫病监测技术研究；加强农田（牧场）防护林、速生丰产林、名特优新经济林、竹藤花卉等培育利用技术研究；加强优良林木新品种选育、种苗快繁等技术研究；加强木材综合利用、非木质林产品精深加工、储运保鲜等技术研发；加强林木生物质能源转化利用及能源林培育等与农村能源密切相关的技术研发，取得一批拥有自主知识产权的科技成果和专利技术；加强林产品加工、营造林生产小型机具、森林灾害防治设备研发，提高农村林业装备现代化水平。

（十六）大力加强林业培训和科技推广，提高林农科技素质。改革林农培训机制，逐步建立以各级林业科技推广站、林业工作站和农林职业技术学校为依托的培训体系。围绕农民急需和适合农民特点的实用技术，开展乡、村两级林业政策与科技培训，提高农民参与林业建设与产业开发的能力，培养造就一批懂政策、会经营、有技术的新型林农和林业科技“明白人”、“示范户”。结合林业重点工程科技支撑项目经费，大力开展林业实用技术推广。制订和落实科技兴林实施方案，积极组织林业科技人员深入农村，开展科技下乡、科技讲座、技术咨询、现场指导等科技培训活动。逐步建立与完善以国家林业培训网和省级林业广播电视学校为基础的远程林农教育培训网络。完善县级林业科技推广站（中心）和乡镇林业工作站基础设施，加强对科技推广人员的培训。采取行政与市场相结合的措施，促进科技成果转化。探索对公益性职能和经营性服务实行分类管理的办法，鼓励和支持民间技术服务，完善林业科技推广社会化服务机制。重点推广一批投资少、见效快、市场前景好、带动能力强、适宜农村发展的新成果和新技术，建设一批林业科技创新试验示范基地和科技推广示范区，辐射带动农民依靠科技兴林致富的能力。

五、加快林业改革，增强农村林业发展的原动力

（十七）深化和完善农村集体林权制度改革，充分调动广大林农发展林业的积极性。农村集体林权制度改革是挖掘林业内在潜力和调动农民发展林业积极性的重要推动力。通过所有权与经营权分离，逐步建立起“产权归属清晰、经营主体落实、责权划分明确、利益保障严格、流转顺畅规范、监管服务到位”的现代林业产权制度，充分挖掘我国广袤山林的生产潜力，全面提升林地的综合效益，为农民创造新的增收途径，实现林业可持续发展。在总结福建、江西、辽宁等省集体林权制度改革经验的基础上，研究制定我局《关于推进集体林权制度改革的指导意见》，指导各地在更大范围和更深层次上展开。各地要积极探索山林承包到户后开展适度规模经营、提高经营效益的路子和办法，抓好试点，搞好示范。加大乡镇林业工作站直接为农户服务的力度，着力解决好产权纠纷，规范农民山林承包、林权流转的行为，防止出现乱砍滥伐和损害农民群众利益的现象发生，切实保障和维护农民的合法权益。

（十八）逐步推进国有林场、苗圃改革，辐射带动农民群众兴林致富。贯彻中央林业决定精神，科学划分生态公益型和商品经营型林场，落实各项政策，加快建立起符合有利于生态建设和产业发展的新型国有林场管理体制和运行机制。生态公益型林场要充分利用森林资源的多效益和森林生态效益补偿制度，在聘任护林员、建设项目用工等方面优先考虑当地农民参与，增加农民直接受益的渠道。商品经营型林场要在推进市场化运作中，允许有能力、善经营的农民公平参与林场承包经营、租赁、拍卖和股份合作。鼓励国有林场“走出去”，跨区域开发经营山场，培育资源，带动当地农民兴林致富。加快国有苗圃改革，将有条件的国有苗圃逐步推向市场和实行改制。积极指导和扶持个体育苗农户，为农民参与林木种苗市场竞争创造公平环境。充分发挥中心苗圃、骨干苗圃和示范苗圃的作用，重点培育技术要求高、培育难度大的优良品种，原则上不与农民争市场，大众化苗木交由农民培育，保障农民育苗的市场份额和权益。

（十九）积极研究解决“三林”问题，努力建设社会主义新林区。“三林”问题即林业、林区、林农问题，是“三农”问题的重要组成部分，也是难点和重点。要积极探索国有林区改革的思路，制定完善相关政策，结合社会主义新农村建设实际，将广大林区纳入新农村建设总体规划，让林场、林区职工充分享受到社会主义新农村建设的各项优惠政策。各地要制定基层林场建设和林区人居环境治理指导性目录，重点解决林业职工在饮水、行路、用电、文化、教育、卫生等方面的困难，积极争取各级政府加大林区基础设施建设投入的力度，解决林区经济社会发展的瓶颈问题，不断改善林区人民群众生产生活条件。加快调整林区经济结构，大力发展适宜林区的特色支柱产业，促进林区职工和林农增收，繁荣林区经济。采取各种有效措施扶持贫困林场和国有森工企业脱贫。因地制宜、突出特色，积极创建社会主义新农村建设在林区（林场）的示范点，努力建设社会主义新林区。

（二十）调整政策，规范管理，大力扶持农村发展非公有制林业。抓紧制定扶持农民群众参与非公有制林业发展的各项优惠政策，以政策为引导，以法律作保障，鼓励和扶持农民开展多种形式的造林经营活动。加快培育林权流转和活立木交易市场，建立健全活立木资产评估机构，完善资产评估制度，切实为农民评估林木资产、开展林权流转搞好政策和技术服务，搭建交易平台，维护公平交易环境。改革和完善森林资源采伐限额管理政策，规范非公有制林业采伐管理制度，保障非公有制林业经营主体的合法权益。与国家加快农村金融改革的政策相衔接，扩大面向林农和林业职工的小额信贷服务。改革育林基金征收、管理和使用办法，征收的育林基金要逐步返还给林业生产经营者，切实减轻林农税费负担。积极探索改革现行林业投资管理体制，逐步推行报账制，直接补助农民群众发展非公有制林业。探索农民作为经营主体参与生态公益林建设的经营模式。

（二十一）改革林业管理方式，提高农民群众参与度。积极改革现有林业管理方式，不断扩大林农对涉及自身利益有关林业问题的知情权和参与权。建立有效的农民参与决策机制，对各种触及农民根本利益的林业建设项目，采取听证会、政务公告、林务公开等形式，广泛征求农民意见。对国家和地方林业重点工程建设，倾听和采纳当地群众对作业设计、树种选择、施工作业、检查验收和管护经营等方面的意见。开展村屯绿化和社区林业工作要尊重农民的意愿，提倡农民自己动手绿化家园。积极组织农民群众参与以绿化家园为主要内容的全民义务植树活动，不断提高尽责率。

六、加强组织领导，切实保障农村林业持续健康快速发展

（二十二）切实加强领导，为新农村林业建设提供组织保障。各级林业主管部门要提高认识、统一思想、明确思路，切实把推进社会主义新农村建设作为林业的重要任务来抓，实行一把手负总责，领导班子分工负责，加强领导，认真组织，抓好落实。各级林业主管部门要认真开展调研，摸清群众的真实需求，找准林业与社会主义新农村建设的结合点，并积极参与社会主义新农村建设总体规划的制定工作，把林业建设纳入社会主义新农村建设范畴，细化目标、实化任务、硬化措施、强化责任，确保落实到位。按照乡镇机构改革的总体要求，结合林业建设与保护任务，科学合理设置乡镇林业工作站，强化行政职能，做好基层林业管理和服务工作。各级林业主管部门要在社会主义新农村建设中开展建设一流队伍、培养一流作风、创造一流业绩活动，努力建设学习型、服务型、勤政廉洁型、务实高效型的政府机关，切实提高林业部门服务农民、服务农业、服务社会主义新农村建设的能力。

（二十三）注重实效，稳步推进社会主义新农村林业建设。各级林业主管部门要准确把握林业自身的特点和规律，坚持从林业实际出发，结合农村具体情况，切实改变工作作风，不搞“花架子”，杜绝形式主义，坚持数量和质量并重，注重建设实效，实现林业又快又好发展，扎实推进社会主义新农村建设。强化基层林业职工队伍的能力建设，引领广大林业职工争做学习邓小平理论和“三个代表”重要思想的模范，贯彻落实科学发展观、构建社会主义和谐社会、建设社会主义新农村的模范，建设绿色家园、促进现代林业发展的模范，遵纪守法、团结和谐的模范，勤政为民、廉洁自律的模范。

（二十四）加强宣传表彰，提高全民的生态意识。充分发挥广播、电视、网络、报纸等宣传媒体的作用，采取多种形式，大力宣传林业在改善农村人居环境、促进农民增收和繁荣农村经济，全面推进社会主义新农村建设中的重大意义。要评选表彰先进，树立先进典型。坚持贯彻“全国动员，全民动手，全社会办林业”的方针，动员社会各界力量，全力推进社会主义新农村林业建设。积极鼓励党政机关、人民团体、企事业单位和社会各界人士、志愿者以多种方式参与新农村林业建设。弘扬森林文化和生态文化，开展国民生态教育，提高全民的生态意识，增强全民植树造林、绿化家园的责任感和使命感，促进农村精神文明建设。积极鼓励和倡导营造各类纪念林，促进农民建立科学健康的生活方式，形成一个崇尚生态、崇尚自然、崇尚科学、崇尚文明的社会氛围，为社会主义新农村建设增绿添彩。

国家林业局关于2006年为推进社会主义新农村建设组织办好16件实事的通知

林造发〔2006〕52号　　2006年3月28日

各省、自治区、直辖市林业厅（局），内蒙古、吉林、龙江、大兴安岭森工（林业）集团公司，新疆生产建设兵团林业局，国家林业局各司局、各直属单位：

为贯彻落实《中共中央 国务院关于推进社会主义新农村建设的若干意见》（中发〔2006〕1号）和《国家林业局关于贯彻落实〈中共中央 国务院关于推进社会主义新农村建设的若干意见〉的实施意见》（林造发〔2006〕50号），充分发挥林业在新农村建设中的潜力和作用，我局决定2006年组织各级林业部门为推进社会主义新农村建设办好16件实事。请各地各单位高度重视，加强领导，精心组织，狠抓落实。各司局、各直属单位要按照业务分工，制定落实方案，认真组织实施；各地要结合实际，积极做好相关工作的落实，并研究制定本地区的具体落实意见。

一、重点改善100个县的生态状况

继续推进天然林资源保护、退耕还林、京津风沙源治理、三北和长江等防护林体系建设等林业重点工程，提高工程建设质量，选择工程区的100个重点县（含市、区、旗，下同）开展生态建设攻坚，并逐年加以推进，力争在“十一五”期间使重点地区生态恶化的趋势基本遏制，生态状况得到改善。依托京津风沙源治理工程，将3万以上的农牧民迁入移民新村。

二、粮食主产区农田防护林网控制率提高1个百分点

围绕粮食主产区，依托三北和长江、平原绿化等防护林体系建设及京津风沙源治理等林业重点工程，加大农田防护林体系建设力度，为高标准农田配套建设高质量的防护林网，增强农业综合生产能力，力争使粮食主产区等重点地区农田林网控制率提高1个百分点。选择100个县开展农田防护林更新改造试点，指导各地开展农田防护林更新改造，提高农田防护林综合防护功能。

三、开展“绿色家园”创建活动

依托林业重点工程，以农村学校、医院、文化站、村庄街道等公共设施和庭院四周为重点，结合村庄整治规划，采取以村为单元、整村推进的方式，鼓励和扶持各地开展“小康林业示范村”、“生态文明村”等富有地方特色的村屯绿化示范村和社会主义新林区创建活动。以此为基础，在全国启动“绿色家园”创建活动，每两年评选表彰100个“绿色小康县”、1 000个“绿色小康村”和10 000个“绿色小康户”，并组织典型宣传活动。

四、加强重点地区森林灾害防治工作

对100个重点火险县进行综合治理，加强装备和基础设施建设，全面提高森林防火扑火综合能力，切实减少森林火灾发生次数，确保广大群众生命财产安全。向重点林区1.7万户村民免费发放森林防火宣传品，并向重点林区乡村下发扑火安全宣传光盘，全面提高群众森林防火意识和保护自身安全的能力。针对退耕还林等工程区发生和蔓延鼠兔害的情况，制作鼠兔害防治技术推广片，向基层林业部门和农民推广科学环保的防治技术。在发生美国白蛾和胡蜂袭人的重点县，免费发放2万份防治美国白蛾和预防胡蜂袭人宣传画，并张贴到村。建立350处国家级、550处省级野生动物疫源疫病监测站和一批市县级监测站点，形成覆盖全国野生动物分布集中区域的野生动物疫源疫病监测网络，防止野生动物感染禽流感等疫病向人传播。

五、抓好100个县的森林经营示范工作

结合全国生态公益林中幼林抚育项目，抓好100个森林经营示范县，指导项目县的森林经营单位按照《中国森林可持续经营指南》和《生态公益林抚育作业设计规定》等技术文件要求，编制森林经营方案和作业设计，积极探索不同经营主体、不同森林类型的经营模式与政策机制。指导基层林场或森林经营大户开展中幼林抚育、低效林改造等经营生产活动，科学开展森林经营，提高林地生产力和经营效益。

六、建设一批商品林示范基地

依托重点地区速生丰产用材林基地建设工程，筛选一批速生丰产、优质高效的树种和品种，推广一系列速生丰产用材林培育技术模式。扶持100个名特优新经济林产业示范基地，带动当地经济林产业发展。建立一批高效竹林培育示范基地，推广低效竹林改造等竹林培育和加工利用技术。选择一批花卉产业基础好的乡镇，建立花卉产业示范区，加强技术指导和培训。指导和帮助一批有条件的集体林区建设森林公园，并新建4处国家级湿地公园，大力开展生态旅游，带动周边农民发展“农家乐”、“观光林业”等森林旅游服务业，促进农民就业和增收。建立60个全国林业标准化示范区，大力推进标准化生产和管理，提高林产品质量。

七、发展一批野生动物养殖等特色林业产业

突破1~3种野生动植物培育技术并试点推广，实现野生动植物资源培育产出效益年增幅15%以上，吸纳10 000~20 000农村人口就业，并抓好4~6处野生动植物规模化培育产业群。

八、指导和扶持建立林业产业化服务体系

通过政策引导和贷款贴息等措施扶持发展200个重点林业龙头企业，带动3 000个木竹、花卉产品和经济林产品加工的农村中小型企业，吸纳5万农民从事非农产业。指导和扶持建立100个林业经济合作组织。

九、建立林业信息服务平台

选择10个省（自治区、直辖市）开展林产品生产、销售市场信息公共数据库建设试点，为林农开展林产品交易搭建信息平台；利用国家种苗网、中国经济林信息网、中国花卉协会网等林业信息网络，建立林木种苗、经济林、花卉等林产品供需信息交流平台；建立林业科技信息服务网络，全方位为农民提供市场信息和科技服务。

十、开展360万人次农村林业实用技术培训

结合退耕还林等林业重点工程，以短期实用技术培训的形式，培训林农200万人次。采取科技讲座、技术咨询、技术指导等送科技下乡的形式，对林农进行林业实用技术培训100万人次。通过各级地方林业主管部门的管理、技术人员直接指导和培训林农12万人次。选择1万个条件较好的乡镇林业站，对20万农民直接开展林业致富技术培训，并培训林业产业经营管理示范户3万人次以上。培训林木种苗生产、经营者2万人次。依托世界银行贷款“林业持续发展项目”，以人工林栽培技术为主要内容，培训农民15万人次。在京津风沙源治理工程区组织实施“治沙富民技术到农家”活动，培训农牧民10万人次。

十一、建立一批林业科技示范点和示范户

建立100个林业科技示范点，推广一批投资少、见效快、市场前景好、带动能力强、适宜农村发展的新成果和新技术。开展商品林测土配方施肥试点示范工作，逐步扩大林地测土配方施肥面积，指导林农合理施用化肥。选择2 000个条件较好的基层林业工作站，每个林业工作站重点抓好2个林业科技示范户。依托林业广播电视学校，招收1 650名初中以上文化程度的林农，直接培养一批懂政策、会经营、有技术的新型林农和林业科技“明白人”。

十二、积极推动农村集体林权制度改革

研究制定《关于推进集体林权制度改革的指导意见》，指导各地在更大范围和更深层次上开展农村集体林权制度改革。根据退耕还林工程进度和林权证发放情况，及时做好调查核实等基础工作，认真组织完成退耕农户的林权证发放工作。

十三、落实对农民的森林生态效益补偿资金

扩大国家森林生态效益补偿基金的规模和范围，将补偿面积增加到6亿亩，吸纳200万林农通过参与国家重点生态公益林管护获得收益。加强对建立地方补偿基金的指导，逐步扩大地方生态公益林补偿面积，探索市场经济条件下生态公益林补偿机制。推进贵州、内蒙古两省区的国家直接收购个人投资营造的重点生态公益林试点，逐步改变现行的建设投入和管理方式，积极探索重点生态公益林管理的新路子，维护农民群众的合法权益。

十四、创建50个社会主义新林区示范点和扶持200个贫困林场脱贫

指导各地将广大林区纳入当地新农村建设总体规划，让林区职工充分享受到社会主义新农村建设的各项优惠政策。组织各地制定基层林场建设和林区人居环境治理指导性目录，重点解决林业职工在饮水、行路、用电、文化、教育、卫生等方面的困难，积极争取各级政府加大投入，加强通水、通电、通路和危房改造等基础设施建设。通过调整天然林资源保护工程实施方案，落实国家支农惠农相关措施。选择50个林场（含森工局所属林场），开展社会主义新林区示范点建设。采取有效措施，支持和帮助200个贫困林场脱贫。

十五、加强林业援藏、援疆和对口扶贫工作

组织林业专家到西藏，专门为西藏的林木种苗从业人员开展专业技术培训。对西藏、新疆等民族地区的林业管理、技术人员和农民群众举办两个层次1 000人的技术信息管理培训班。结合林业定点扶贫工作，为广西、贵州九万大山定点扶贫地区的300个贫困村免费提供经济林苗木，建设经济林基地，达到每村200亩，每户1~2亩的建设规模。为西部地区、革命老区1 000个基层林业工作站配备电脑、传真机、GPS定位仪等林业管理及科技推广设备10 000套（台），不断提高基层林业工作站的服务能力。

十六、为农民提供林业科技书刊

组织编辑出版“全国林业生态建设与治理典型技术推介丛书”、“农民致富关键技术问答丛书”、“农家致富实用技术丛书”、“特种经济动物养殖与利用丛书”等100种林业科普图书。组织编选一批果树、森林食品、森林中药材、竹藤花卉等方面的乡土教材，免费赠送给山区农民。向全国林木种苗生产单位及重点民营种苗生产企业免费赠送6 000本《林木良种指南》和5 000本《林木种苗行政执法知识问答》。向全国2 800多个县免费赠送《国家林业局公报》，向林业综合行政执法试点县免费赠送《林业工作研究》。向广西、贵州九万大山定点扶贫地区的500个村，免费赠送《农民日报》和《中国绿色时报》。向南方石漠化地区3万农户免费赠送《石漠化

治理技术模式手册》。向京津风沙源治理工程区农牧民发放《京津风沙源治理工程主要治理模式》、《京津风沙源治理工程产业政策指导手册》和《治沙致富手册》。

国家林业局
关于加强全国防沙治沙综合示范区建设的意见

林沙发〔2006〕53 号　　2006 年 3 月 29 日

各有关省、自治区、直辖市林业厅（局），国家林业局各有关直属单位：

建设全国防沙治沙综合示范区（以下简称“示范区”），探索新形势下防沙治沙新机制、新模式、新技术，以点带面全面推进防沙治沙工作，是深入贯彻落实党的十六届五中全会精神和《中共中央国务院关于加快林业发展的决定》、《国务院关于进一步加强防沙治沙工作的决定》的重要举措，是推动沙区社会主义新农村建设、加快沙区经济社会发展的有效途径，是改善当地生态面貌、促进我国生态建设、确保国土生态安全的具体行动。为切实加强示范区建设，特提出以下意见。

一、充分认识示范区建设的重要性

党中央、国务院高度重视防沙治沙工作，新中国成立以来特别是进入新世纪，采取了一系列强有力措施，防沙治沙工作取得了显著成绩，全国沙化土地建国 56 年来开始出现净减少，沙区生态状况明显改善，为经济社会发展起到了积极的促进作用。但是，当前土地沙化形势依然严峻，防治任务艰巨，特别是沙区生态脆弱、经济发展滞后、群众生活贫困的状况还没有从根本上扭转，与全面建设小康社会和建设社会主义新农村不相适应。推进新阶段的防沙治沙工作，既要强化保护，加快治理，又要完善思路，深化改革，标本兼治。因此，建设示范区，深入探索和实践不同沙化类型区防沙治沙政策机制、技术模式、产业发展和管理体制，带动全国防沙治沙事业走上生态与经济共赢、质量与效益兼顾的可持续发展道路，为全面建设小康社会和建设社会主义新农村服务，具有重要意义。各级林业主管部门要切实提高对示范区建设重要性的认识，采取有力措施，将这项工作抓紧抓好。

二、明确示范区建设的基本思路

（一）示范区建设条件。示范区主要在不同沙化类型区的典型区域布设，需具备下列基本条件：地方政府高度重视防沙治沙工作；林业治沙机构队伍较为健全；防沙治沙成效较为明显，基础工作较扎实；有一定的试点示范工作经验。

（二）示范区建设类型。示范区建设突出四个类型：一是综合防治型，采取多种措施，预防土地沙化，治理沙化土地；二是技术模式型，依靠科技支撑，推广先进适用的防沙治沙实用科技成果，优化防沙治沙技术模式，提高防沙治沙的科技含量；三是政策机制型，贯彻落实与防沙治沙相关的法律、法规及相关政策，制订切实可行的政策和机制，引导社会力量积极参与防沙治沙；四是产业发展型，通过建设林草资源基地，发展特色种植、养殖业和加工业等项目，将防沙治沙与沙区资源开发利用有机结合，实现产业和生态良性互助。

（三）示范区建设目标。防沙治沙示范区建设要围绕社会主义新农村“生产发展、生活宽裕、乡风文明、村容整洁、管理民主”的要求开展，力争通过几年的努力，使区域生态环境显著改善，农牧民收入稳步增加，农牧民的生产生活方式得到进一步优化，生态、经济和社会协调发展；防沙治沙政策得到进一步完善，机制进一步活化，“多予、少取、放活”的政策得到较好落实，社会力量参与防沙治沙的积极性高；先进适用技术得到普遍推广应用；进一步提高干部群众生态文明、兴林富民理念；林业治沙机构和队伍能力得到进一步加强。

三、加强示范区管理

（一）严格示范区审批程序。示范区分为跨区域（指跨省域，下同）、地级和县级3个层次，建设地点以重点沙区为主，其他地区适当布点。地、县级示范区由省级林业主管部门依据相关条件申报，国家林业局审定并批复示范方向和主要建设内容；跨区域示范区由国家林业局根据全国防沙治沙总体布局确定。示范区审批前，应征求相关部分意见，涉及国家级林业重点工程的，还应征求工程管理部门意见。

（二）科学编制示范区规划。示范区要根据批复的示范方向和主要建设内容并结合当地的实际情况，按照有关要求和目标任务编制示范区规划。地、县级示范区规划由具有相应资质的规划设计单位编制，省级林业主管部门审批，并报国家林业局备案；跨区域示范区规划由国家林业局组织相关部门和地方编制。示范区规划一经批准，由相应地方林业主管部门组织实施，并要严格执行，不得擅自调整。

（三）认真组织安排示范项目。示范区要依据批准的规划和年度计划确定的任务和投资，组织安排建设任务和示范项目。对于确定的建设任务和示范项目，要科学编制作业设计和建设方案，经专家论证和上一级林业主管部门批准后认真组织实施，切实将示范区建设任务落实到山头地块和项目单位。

（四）严格项目资金管理。示范区建设的各类投资，要严格执行有关规定，规范资金用途，不得挤占、截留、挪用，提高资金使用效率。要加强对示范区建设资金拨付、使用和配套资金落实情况的审计、稽查和检查，发现问题及时调整，按照有关规定严肃处理，并追究相关人员的责任。

（五）搞好效益监测和评估。各地要紧紧围绕示范区建设的内容和目标，建立健全科学的监测和评估指标体系，加强对示范区建设综合效益的监测和评估。要做好对示范区年度建设任务完成情况和质量效益情况的检查验收工作。国家林业局将定期或不定期组织专家对示范区建设综合效益进行评估。

（六）示范区实行动态管理。国家林业局根据示范区年度检查验收结果和示范区综合效益监测评估情况，对示范区进行宏观调控。对成功经验和做法及时予以推广，对地方政府不重视、组织管理不善、建设任务完成不好、示范效果不明显、资金使用违反规定的，停止拨付投资直至取消示范区建设资格。

（七）建立有效的管理制度。示范区建设实行项目管理，各地要根据示范区建设特点，逐步建立健全项目招投标制、监理制、资金报账制、专家咨询制等管理制度。要运用现代管理手段和技术强化对示范区建设的档案管理，有关文件、设计方案、检查验收材料、监测评估报告以及图文声像等资料，要及时归档，妥善保存。要设立固定的示范区标志。各地要根据示范区建设的相关要求，结合本地区的实际，制定示范区建设管理办法。

（八）加强示范区生态保护工作。各地要高度重视示范区森林、草地的保护工作，严禁滥樵采、滥放牧、滥开垦及其他过度利用沙区生态资源的行为，严防人为破坏和森林、草原火灾的发生，要在编制示范区规划、安排示范区项目时统筹考虑保护的内容，并落实管理责任，明确管理措施，切实做好保护工作。

四、示范区建设的扶持政策

（一）建立稳定的投入机制。中央预算内（含国债）防沙治沙基本建设投资、农业综合开发防沙治沙投资、外援防沙治沙投资等，要重点向示范区倾斜。在安排林业重点工程任务时，要根据示范区建设规划予以优先安排。各地要积极拓宽筹资渠道，增加示范区投入。

（二）全面加强示范区科技支撑。示范区建设以科技创新为手段。要建立健全科技推广和服务体系，加大先进适用技术和科技成果推广应用力度，切实将科技支撑贯穿于示范区建设的全过程。防沙治沙科研成果要优先在示范区进行试验示范推广。

（三）将示范区作为林业及防沙治沙体制改革和机制创新的试验点。加强对示范区政策机制创新实践的指导，提高政策创新能力。林业分类经营改革试点工作优先在示范区开展；示范区现有的和新营造的生态公益林，优先纳入生态补偿范围；承担政府出资直接收购各种社会主体营造的非国有公益林的试点省，要优先将示范区纳入试点范围；在确保完成国家林业重点工程营造林任务的基础上，可依据林种、树种、技术措施等不同，因地制宜地探索防沙治沙新模式。

（四）大力扶持发展沙产业。积极鼓励和引导各方面力量发展种植业和养殖业，实行集约经营。对示范区符合有关贴息条件的沙产业综合开发利用项目，优先予以贴息信贷扶持。各地要根据国家的政策规定，积极协调地方有关部门，落实防沙治沙税收减免政策，为投资者创造相对宽松的环境。

（五）加强示范区管理和能力建设。应优先将示范区管理和技术人员纳入各级林业培训计划，以切实提高政策理论和管理水平。对于工作特别需要且具有一定条件的管理和技术人员可选送到高等院校接受培训或接受学历教育。上级林业部门要与当地组织人事部门积极协调，争取定期选派干部到示范区挂职锻炼，指导示范区工作，或根据需要安排示范区的干部到上级林业部门挂职锻炼。

（六）鼓励各类社会主体参与示范区建设。凡在林业重点工程区范围内开展公益性治沙的，可优先享受重点工程的资金补助政策。对开展营利性治沙的，各级林业部门要积极协调和争取有关部门在税收、信贷政策上予以支持。经主管部门验收合格的治理成果，在保护好生态的前提下，允许治沙经营主体在治理区开展营利性经营活动。

五、切实加强示范区建设的组织领导

各级林业部门要将示范区建设作为建设社会主义新农村、推进林业两大体系建设、促进现代林业发展和防沙治沙工作的一件大事，摆上重要议事日程，切实加强对示范区建设的组织领导。国家林业局有关司局和直属单位，要按照职责分工，密切配合，齐抓共管，共同做好示范区建设的指导工作。各地要对示范区建设进行周密部署，精心安排，认真加以组织实施。各级示范区要成立专门的组织领导机构，加强组织领导工作，要切实加强对示范区建设的技术指导。力争通过各方面努力，将示范区建设成为具有典型带动和示范作用的防沙治沙样板。

国家林业局关于贯彻落实《中共中央 国务院关于推进社会主义新农村建设的若干意见》的实施意见

林造发［2006］50号　　2006年9月30日

为贯彻落实《中共中央 国务院关于推进社会主义新农村建设的若干意见》（中发［2006］1号），促进京津风沙源治理工程在新农村建设中发挥更大作用，结合《国家林业局关于贯彻落实〈中共中央 国务院关于推进社会主义新农村建设的若干意见〉的实施意见》（林造发［2006］50号），国家林业局日前制定并向北京市、天津市、河北省、山西省、内蒙古自治区林业厅（局）印发了《抓好京津风沙源治理工程 促进区域新农村建设的实施方案》。《方案》全文如下：

抓好京津风沙源治理工程 促进区域新农村建设的实施方案

一、指导思想

在六大林业重点工程的总体布局下，按照保质保量保进度的具体要求，搞好京津及周边地区的林草植被建设与保护，改善当地的生态环境，并作为建设社会主义新农村的有效载体，为区域经济社会发展和社会主义新农村建设提供有效的生态保障和重要的物质基础，努力促进区域协调发展特别是社会主义新农村建设。

二、建设目标

经过努力，使工程区可治理的沙化土地得到治理，生态环境得到全面改善，促进农村产业结构得到优化，农村经济得到快速发展，基本实现荒山荒沙绿化、城镇村庄美化、林草资源综合利用产业化（“三化”）目标。

三、主要内容和措施

抓好京津风沙源治理工程，促进区域新农村建设是一项长期任务，今明两年重点抓好以下工作：

（一）实施工程质量达标升级行动，保质保量完成工程建设任务，改善区域生态环境，为推进“村容整洁”服务。

1. 强化工程质量管理，提高建设成效。认真落实《国家林业局关于进一步加强京津风沙源治理工程造林管理工作的通知》（林沙发［2006］65号）要求，做好各项工作。

2. 开展工程春季造林督查，拟下派工作组深入现场指导造林生产，协调解决春季造林中的困难和问题。

3. 加强植被保护，拟下发文件强调禁止滥开垦、滥放牧、滥樵采等“三禁”制度，并组织开展“三禁”执行情况大检查，加大对毁坏林草、滥开垦等行为依法查处的力度。

4. 加强工程区林草植被抚育管护，拟制定下发《京津风沙源治理工程林分抚育管护工作考核管理办法》，并据此对各地开展抚育管护情况进行考核评比。

5. 大力推广先进实用技术与治理模式，重点推广容器苗造林实用技术和京津风沙源治理工程主要治理模式，力争容器苗造林技术得到普遍推广，工程治理效果得到明显提高。

（二）实施林沙产业富民行动，推进工程后续产业发展，拓宽群众致富门路，为推进农村“生产发展”、实现农民“生活宽裕”服务。

6. 深入抓好《国家林业局关于加快京津风沙源治理工程区沙产业发展的指导意见》（林沙发［2004］116号）的贯彻落实。

7. 根据国家现有防沙治沙、林业产业等政策性文件，编制《京津风沙源治理工程区产业政策指导手册》。

8. 协调有关促进龙头企业发展的优惠政策，促进林草资源的有效转化。在保护好生态的前提下，有效利用工程区林草资源，促进工程区林草生态资源转变为经济资源，促进生产发展。

9. 联合有关科研单位和省级林业科技推广部门，筛选推广一批适生、优良、利用价值高、市场前景好的经济林品种。提高经济产出率，增加农民收入。

10. 建立工程后续产业备选项目库，在网上公布，建立农牧民与企业家之间信息交流的平台。

11. 召开京津风沙源治理工程后续产业发展座谈会，探讨问题，交流经验，促进林沙产业发展。

12. 编写《治沙致富手册》，发放到工程区农牧民手中，提高其致富技能。

（三）实施工程管理规范化、科学化行动，促进工程健康有序开展，为推进管理民主、乡风文明服务。

13. 抓好工程区林草资源产权制度改革工作，维护农牧民权益。在工程区山林权属调查摸底基础上，提出《国家林业局关于加快落实京津风沙源治理工程区山林权属的指导意见》。

14. 抓好退耕还林政策兑现，拟下发通知对退耕还林任务安排、资金兑现等提出具体要求，做到"公平、公正、公开"。

15. 加强工程区义务植树责任制的落实，提高工程区全民义务植树尽责率。

16. 在工程区积极倡导农牧民植树种草，开展护绿、爱绿、自觉创建绿色家园活动，并纳入乡规民约。

（四）实施治沙富民技术到农家行动，加强治沙致富实用技能培训，提高工程区农牧民治沙造林、致富技能，为新农村建设奠定智能技术基础。

17. 开展先进实用技术培训。重点培训工程一线专业技术人员和农牧民，传授治沙造林、种植业、养殖业和农产品加工技术等，2006 年力争培训 10 万人。

18. 举办治沙科普知识讲座。介绍科普知识，发放科普图书和技术资料，现场答疑。2006 年拟由各地举办讲座 100 场。

19. 组织致富经验介绍。邀请优秀农民企业家和治沙致富能手，介绍创业经历、致富经验、经营思路等。

20. 进行政策宣讲咨询。围绕中央关于社会主义新农村建设、农民增收以及生态工程建设的有关政策，向基层干部和农牧民群众进行宣传，并提供咨询服务。

（五）落实优惠政策，为社会主义新农村建设奠定惠农政策基础。

21. 积极争取国家有关部门支持，尽快落实《国务院关于进一步加强防沙治沙工作的决定》提出的有关优惠政策和机制。

22. 汇编已有的治沙相关政策文件，下发给工程区管理人员、技术人员和农牧民。

23. 研究制定工程可持续发展的后续政策。

（六）实行典型引路、示范带动。

24. 拟在 5 省（区、市）各选 2 个左右（北京 2 个、天津 1 个、河北 2 个、山西 2 个、内蒙古 3 个）具有典型意义的村，进行重点指导。

25. 推选一批工程实施以来建设成效比较突出的典型，进行经验介绍和推广宣传。

四、工作要求

（一）实事求是，注重实效，不做表面文章。各项工作开展要实而又实，要从现有的条件出发，不盲目攀比；检查、督查等活动要少而精，以不给地方增加负担为原则。

（二）因地制宜，循序渐进，不搞一刀切，根据各地实际，确定建设目标和措施。

（三）典型引路，示范带动，不搞强迫命令，要尊重农牧民意愿，不包办代替。通过典型带动，激发农牧民通过防沙治沙建设社会主义新农村的积极性和主动性。

（四）常抓不懈，持之以恒，不搞急功近利，要做好长期建设的准备，避免一哄而上，一哄而下，劳民伤财。

（五）强化责任，加强领导。本实施方案的组织工作重点在地方各级林业部门，各地要精心组织，合理安排，确保有组织、有步骤地实施，并取得实效。

国家林业局、财政部
关于做好天然林保护工程区森工企业职工“四险”
补助和混岗职工安置等工作的通知

林计发〔2006〕92号　　2006年5月19日

有关省、自治区、直辖市林业、财政厅（局），新疆生产建设兵团林业、财务局，内蒙古、吉林、龙江、大兴安岭森工（林业）集团公司：

党中央、国务院高度重视解决天然林保护工程区森工企业职工困难问题。经请示，国务院同意从2006年起，在天然林保护工程实施期间，对森工企业职工参加医疗、失业、工伤、生育四项基本保险（以下简称“四险”），以及混岗职工和进入再就业中心协议期满下岗职工安置予以补助。为贯彻落实此项政策，把好事做好、做实，现就有关问题通知如下：

一、基本原则

做好森工企业职工“四险”补助和混岗职工、再就业中心协议期满下岗职工安置等工作，应遵循以下基本原则：

（一）坚持省级人民政府负责的原则。各省（含自治区、直辖市，下同）混岗职工和再就业中心协议期满下岗职工的安置办法、安置标准，由各省级人民政府自行制定并负责组织实施。中央直属大兴安岭林业集团公司混岗职工和再就业中心协议期满下岗职工的安置办法、安置标准，由大兴安岭林业集团公司制定，报国家林业局批准后，由集团公司负责组织实施。

（二）坚持以人为本，多形式安置的原则。各省可根据不同类型、不同年龄职工对安置方式的不同需求，分类制定安置办法。要充分考虑“4050”人员（即女40周岁以上，男50周岁以上）再就业困难的实际状况，切实保障他们的基本生活。

（三）坚持多渠道融资、统筹资金使用的原则。除地方财政预算安排外，各地可通过国有林权转让收益、辅业改制的净资产转让收益和育林基金收入等渠道进一步筹集资金。中央财政将中央“四险”补助资金和混岗职工、再就业中心协议期满下岗职工安置补助资金统一拨付到省级财政部门（中央直属大兴安岭林业集团公司由财政部拨付到国家林业局），各地可根据本地实际，统筹安排使用。

（四）坚持职工自愿和公平、公正、公开的原则。由职工自愿选择是否进行一次性安置。不能搞行政命令，实行强制安置。在同等条件下，进行一次性安置的职工所享受的安置政策和经费补助标准一样。要增加一次性安置工作的透明度，对拟安置的职工，进行张榜公布，加强群众监督和管理。

（五）坚持以改革促进就业，以发展带动就业的原则。中央支持通过改革管理体制和创新经营机制从根本上解决职工就业问题的做法。对通过改革，职工安置情况较好的地区和单位，中央财政优先安排各项补助资金。

二、中央财政投入的补助标准和申请程序

（一）补助标准。按照国家有关规定，参加医疗、失业、工伤、生育保险的企业缴费部分，分别按企业职工工资总额的6%、2%、1%、1%核定（其中，企业职工工资总额按天然林保护工程实施方案确定的在职职工人数和工资标准计算，在职职工人数不含已实行一次性安置的职工和下岗职工）。中央财政按每年企业“四险”缴费部分的80%予以补助，同时对离休职工，按人均5 000元标准的80%即4 000元安排医疗补助。对混岗职工安置，中央财政按人均8 000元标准的80%即6 400元安排补助，分3年拨付到位；对再就业中心协议期满下岗职工，按照天然林保护工程实施方案确定的一次性安置补助标准，扣减该职工领取的基本生活补助费后的80%部分，中央财政再按80%的标准安排补助，分3年拨付到位。上述补助中，中央财政对中央直属大兴安岭林业集团公司的补助比例为100%。

（二）申请程序。省级林业主管部门、财政部门联合编制《天然林保护工程区森工企业“四险”和职工安置实施方案》（以下简称《实施方案》），报经省级人民政府批准后，于2006年6月10日前联合报国家林业局审核，同时抄送财政部。大兴安岭林业集团公司《实施方案》由集团公司编制，报国家林业局审核，同时抄送财政部。国家林业局对《实施方案》审核合格的省和单位，函商财政部拨付资金。

三、具体要求

（一）提高认识，切实加强组织领导。落实国务院关于天然林保护工程“四险”补助政策和混岗职工、再就业中心协议期满下岗职工安置财政补助政策，关系到广大职工的切身利益，工作量大、政策性强、涉及面广，情况复杂。各地要高度重视，切实加强领导，统筹安排。省级林业主管部门和财政部门应联合报请省级人民政府，成立以主管领导为组长的领导小组，结合本地实际，研究具体办法，妥善处理好政策落实中遇到的各种矛盾和问题，明确相关责任，有组织、有步骤地稳步推进，确保此项政策落到实处。

（二）实事求是，抓紧编制《实施方案》。各地接此通知后，应按中央财政预算确定的规模，在深入调查研究，全面掌握职工人数、工资标准和有关政策等情况的基础上，实事求是，抓紧编制《实施方案》。《实施方案》应明确森工企业参加“四险”的职工人数、缴费标准、缴费比例和欠费解决办法，明确混岗职工和下岗再就业中心职工的安置标准和安置办法，明确资金渠道，明确措施和责任，确保《实施方案》稳妥可行。《实施方案》应附表格（详见附件）。各地可结合本地实际增加其他附表。

（三）强化管理，落实地方配套资金。各地应按照天然林保护工程实施方案规定的比例足额落实地方配套资金。同时，尽可能配齐原来欠配套资金，并将其用于落实“四险”补助政策和混岗职工、再就业中心协议期满下岗职工安置补助政策或用于促进就业政策。对不按规定落实地方财政配套的，中央财政将采取措施，扣减或停拨中央补助资金。各级林业、财政部门，应按照《天然林保护工程财政资金管理规定》的要求，切实加强资金管理。对“四险”参保办法不明确，混岗职工、下岗再就业中心职工再安置办法不稳妥，资金来源存缺口，落实责任不清晰的《实施方案》，中央财政暂不拨付资金。

（四）深化改革，促进职工再就业。各地要积极探索建立市场经济条件下促进就业的长效机制，坚持在发展中解决职工安置问题，努力实现促进经济增长与扩大就业的良性互动。积极推进森工企业主辅分离、辅业改制，充分利用森工企业的非主业资产、闲置资产和关闭破产企业的有效资产，改制创办面向市场、独立核算、自负盈亏的法人经济实体，分流安置企业富余人员。有条件的森工企业，要建立职工再就业小额贷款担保机构，利用小额信贷扶持职工再就业。认真做好职工再就业培训工作，增强职工就业能力，提高职工就业水平。

国家林业局关于进一步加强木材经营加工监督管理有关问题的通知

林资发〔2006〕109号　　2006年6月7日

各省、自治区、直辖市林业厅（局），内蒙古、吉林、龙江、大兴安岭森工（林业）集团公司，新疆生产建设兵团林业局：

为依法强化对木材经营加工的监督管理，严格保护和合理利用森林资源，促进林业产业健康有序发展，根据《中华人民共和国森林法》、《森林法实施条例》和《中共中央 国务院关于加快林业发展的决定》等有关规定，现就进一步加强木材经营加工监督管理的有关问题通知如下：

一、充分认识加强木材经营加工监督管理的重要性和紧迫性

依法加强木材经营加工的监督管理是各级林业主管部门的重要职责，是保护森林资源的重要措施。近年来，木材经营加工行业在取得长足发展的同时，也暴露出一些不容忽视的问题。一些地方对木材经营加工单位的设立缺乏应有的规划和控制，不顾森林资源的承受能力，乱批乱建的木材经营加工场点，不仅扰乱了正常林业生产流通秩序，造成森林资源的过度消耗，甚至有的木材经营加工场点已成为非法来源木材的销赃场所，对森林资源安全构成严重威胁。

各级林业主管部门要认真履行职责，采取有效措施，依法强化对木材经营加工的监督管理。各级森林资源林政管理机构要切实把对木材经营加工单位的监督管理作为资源林政管理的重点工作加以强化和落实，建立健全木材经营加工监督管理的长效机制，促进木材经营加工产业的健康有序发展，切实保障森林资源的科学经营、严格保护和合理利用。

二、严格依法规范木材经营加工单位设立的审核审批

各级林业主管部门要以科学发展观为指导，以国家、地方有关加强森林资源保护管理的法律、法规为依据，以有利于森林资源保护和合理利用，有利于林业“两大体系”建设为原则，依据森林资源状况和木材供应能力等情况，对木材经营加工发展进行统筹规划、合理布局，从根本上解决木材经营加工单位过多过滥、重复建设、浪费资源和污染环境等问题。

（一）县级以上地方林业主管部门，应当根据本行政区域内森林资源状况、年森林采伐限额和木材供给能力，抓紧制定木材经营加工发展规划，合理确定木材经营加工发展的布局、数量和规模，确保木材经营加工的总体发展与森林资源保护发展的总体要求相适应。县级木材经营加工发展规划报上一级林业主管部门备案，省级木材经营加工发展规划报国家林业局备案。国有重点林区木材经营加工发展规划由所在森工（林业）主管部门制定，报我局审核。

（二）各级林业主管部门要依法规范木材经营加工单位设立的审批。国有重点林区设立木材经营加工单位由所在森工（林业）主管部门报我局或我局委托单位审批。

（三）申请设立木材经营加工单位必须具备以下条件：

1. 有合法的木材来源渠道，并与其经营加工规模相匹配；

2. 符合本地区木材经营加工发展规划要求；

3. 有与其经营加工规模相适应的固定场所和设施；

4. 有与其经营加工规模相适应的从业人员和木材检尺人员；

5. 遵守国家和地方有关法律、法规、规章和制度，无违法经营加工的不良记录。

新建扩建以消耗林木资源5万立方米以上的加工企业，须报经省级林业主管部门审批，其中，10万立方米以上的由省级林业主管部门批准后报我局备案。

各省级林业主管部门要根据本地实际情况，制定审核批准木材经营加工单位设立的具体标准、权限、程序和申请材料要件等规定。

三、切实加强对木材经营加工单位的监督管理

（一）建立木材经营加工监管制度。各级林业主管部门要对本行政区域内依法批准设立的木材经营加工单位进行定期的监督检查，对违反规定进行经营加工木材的单位，原批准机关应依法撤销其木材经营加工的资格。

（二）建立木材经营加工单位原料来源检查制度。各级林业主管部门要指导本行政区域内的木材经营加工单位，设立经营加工木材原料来源的登记台账，详细记载木材经营加工原料的来源和数量；定期组织力量对木材经营加工单位的登记台账和原料来源情况进行检查，发现问题，及时纠正。

（三）建立木材经营加工管理情况报告制度。县级林业主管部门要每半年向省级林业主管部门报告本行政区域内木材经营加工单位监督管理情况；省级林业主管部门要在每年初向我局报告上一年度木材经营加工单位监督管理情况。

四、依法严厉查处木材经营加工违法行为

各级林业主管部门要结合本地区森林资源保护管理的形势，不定期开展对木材经营加工单位清理整顿，严厉查处木材经营加工单位违法行为。对未经林业主管部门批准设立的木材经营单位，或未按批准的范围进行经营、加工的单位，要依法给予行政处罚；对大肆收购非法木材，导致森林资源遭受破坏的，要依法追究有关责任人的责任，情节严重，构成犯罪的，要移交司法机关依法追究刑事责任。要在严格执法、规范监管的同时，不断增强服务意识，提高审批管理效率。对遵章守法、管理规范的木材经营加工单位，应在有关行政审批、信息咨询、技术服务和原料基地建设等方面予以政策支持，鼓励木材精深加工和名特优新产品开发，引导木材经营加工单位不断向着规模化、现代化方向发展。

自本通知下发之日起，各省、自治区、直辖市林业主管部门要组织力量，完成一次对本行政区域木材经营加工单位的清理整顿，并将清理整顿的有关情况形成专题报告，于2006年12月底前报我局。

国务院关于深化改革加强基层农业技术推广体系建设的意见

国发〔2006〕30号　　2006年8月28日

各省、自治区、直辖市人民政府，国务院各部委、各直属机构：

基层农业技术推广体系是设立在县乡两级为农民提供种植业、畜牧业、渔业、林业、农业机械、水利等科研成果和实用技术服务的组织，是实施科教兴农战略的重要载体。长期以来，基层农业技术推广体系在推广先进适用农业新技术和新品种、防治动植物病虫害、搞好农田水利建设、提高农民素质等方面发挥了重要作用。面对新形势、新任务，基层农业技术推广体系体制不顺、机制不活、队伍不稳、保障不足等问题亟须解决。根据《中共中央国务院关于进一步加强农村工作提高农业综合生产能力若干政策的意见》（中发〔2005〕1号）和《中共中央国务院关于推进社会主义新农村建设的若干意见》（中发〔2006〕1号）精神，现就深化改革，加强基层农业技术推广体系建设提出以下意见：

一、改革基层农业技术推广体系的指导思想、基本原则和总体目标

（一）指导思想。以邓小平理论和“三个代表”重要思想为指导，贯彻落实党的十六大和十六届四中、五中全会精神，围绕实施科教兴农战略和提高农业综合生产能力，在深化改革中增活力，在创新机制中求发展。按照强化公益性职能、放活经营性服务的要求，加大基层农业技术推广体系改革力度，合理布局国家基层农业技术推广机构，有效发挥其主导和带动作用。充分调动社会力量参与农业技术推广活动，为农业农村经济全面发展提供有效服务和技术支撑。

（二）基本原则。坚持精干高效，科学设置机构，优化队伍结构，合理配置农业技术推广资源；坚持政府主导，支持多元化发展，有效履行政府公益性职能，充分发挥各方面积极性；坚持从实际出发，因地制宜，鼓励地方进行探索和实践；坚持统筹兼顾，与县乡机构改革相衔接，处理好改革和稳定的关系。

（三）总体目标。着眼于新阶段农业农村经济发展的需要，通过明确职能、理顺体制、优化布局、精简人员、充实一线、创新机制等一系列改革，逐步构建起以国家农业技术推广机构为主导，农村合作经济组织为基础，农业科研、教育等单位和涉农企业广泛参与，分工协作、服务到位、充满活力的多元化基层农业技术推广体系。

二、推进基层农业技术推广机构改革

（四）明确公益性职能。基层农业技术推广机构承担的公益性职能主要是：关键技术的引进、试验、示范，农作物和林木病虫害、动物疫病及农业灾害的监测、预报、防治和处置，农产品生产过程中的质量安全检测、监测和强制性检验，农业资源、森林资源、农业生态环境和农业投入品使用监测，水资源管理和防汛抗旱技术服务，农业公共信息和培训教育服务等。

（五）合理设置机构。按照科学合理、集中力量的原则，对县级农业技术推广机构实行综合设置。各地可以根据县域农业特色、森林资源、水系、水利设施分布和政府财力情况，因地制宜设置公益性农业技术推广机构。可以选择在乡镇范围内进行整合的基础上综合设置、由县级向乡镇派出或跨乡镇设置区域站等设置方式，也可以由县级农业技术推广机构向乡镇派出农业技术人员。畜牧兽医机构按照兽医管理体制改革的要求，合理设置。农村经营管理系统不再列入基层农业技术推广体系，农村土地承包管理、农民负担监督管理、农村集体资产财务管理等行政管理职能列入政府职责，确保履行好职能。

（六）理顺管理体制。根据农业技术推广工作特点，建立健全有利于充分发挥基层农业技术推广体系作用的管理体制。县级以上各级农业、林业、水利行政主管部门要按照各自职责加强对基层农业技术推广体系的管理和指导。县级派出到乡镇或按区域设置机构的人员和业务经费由县级主管部门统一管理；其人员的调配、考评和晋升，要充分听取所服务区域乡镇政府的意见。以乡镇政府管理为主的公益性推广机构，其人员的调配、考评和晋升，要充分听取县级业务主管部门的意见；上级业务主管部门要加强指导和服务。

（七）科学核定编制。根据职能和任务，合理确定基层公益性农业技术推广机构的人员编制，保证公益性职能的履行。县乡农业技术推广机构所需编制由各县结合实际确定，按程序审批。应确保在一线工作的农业技术人员不低于全县农业技术人员总编制的2/3，专业农业技术人员占总编制的比例不低于80%，并注意保持各种专业人员之间的合理比例。公益性农业技术推广机构人员编制不得与经营性服务人员混岗混编。

（八）创新人事管理制度。改革用人机制，实行人员聘用制度，实现由固定用人向合同用人、由身份管理向岗位管理转变；坚持公开、公平、公正的原则，采取公开招聘、竞聘上岗、择优聘用的方式，选拔有真才实学的专业技术人员进入推广队伍，人员的进、管、出要严格按照规定程序和人事管理权限办理。完善考评制度，将农业技术人员的工作量和进村入户推广技术的实绩作为主要考核指标，将农民群众对农业技术人员的评价作为重要考核内容。改革分配制度，将农业技术人员的收入与岗位职责、工作业绩挂钩，落实对县以下农业技术人员的工资待遇倾斜政策。切实搞好农业技术人员的培训和继续教育，完善农业技术人员技术职务评聘制度，不断提高农业技术推广队伍的整体素质。

三、促进农业技术社会化服务组织发展

（九）放活经营性服务。积极稳妥地将国家基层农业技术推广机构中承担的农资供应、动物疾病诊疗以及产后加工、营销等服务分离出来，按市场化方式运作。鼓励其他经济实体依法进入农业技术服务行业和领域，采取独资、合资、合作、项目融资等方式，参与基层经营性推广服务实体的基础设施投资、建设和运营。积极探索公益性农业技术服务的多种实现形式，对各类经营性农业技术推广服务实体参与公益性推广，可以采取政府订购服务的方式。

（十）培育多元化服务组织。积极支持农业科研单位、教育机构、涉农企业、农业产业化经营组织、农民合作经济组织、农民用水合作组织、中介组织等参与农业技术推广服务。推广形式要多样化，积极探索科技大集、科技示范场、技物结合的连锁经营、多种形式的技术承包等推广形式。推广内容要全程化，既要搞好产前信息服务、技术培训、农资供应，又要搞好产中技术指导和产后加工、营销服务，通过服务领域的延伸，推进农业区域化布局、专业化生产和产业化经营。要规范推广行为，制定和完善农业技术推广的法律法规，加强公益性农业技术推广的管理，规范各类经营性服务组织的行为，建立农业技术推广服务的信用制度，完善信用自律机制。

四、加大对基层农业技术推广体系的支持力度

（十一）保证供给履行公益性职能所需资金。要采取有效措施，切实保证对基层公益性农业技术推广机构的财政投入。地方各级财政对公益性推广机构履行职能所需经费要给予保证，并纳入财政预算。其中，对乡镇林业工作站承担的森林资源管护、林政执法等公益性职能所需经费也要纳入地方财政预算。中央财政对重大农业技术项目推广和经济欠发达地区的推广工作给予适当补助。各地要统筹规划，在整合现有资产设施的基础上，按照填平补齐的原则，加强基础设施建设，改善基层农业技术推广条件。

（十二）完善改革的配套措施。要用改革的思路和办法，解决建立新型基层农业技术推广体系中遇到的问题。对重大农业科技成果转化等项目可实行招投标制，鼓励各类农业技术推广组织、人员和有关企业公平参与投标。鼓励农业技术人员自主创业。对他们创建经营性技术服务实体，可以优惠使用原乡镇推广机构闲置的经营场地，并享受现行政策规定的有关税收优惠。

（十三）妥善分流和安置富余人员。对基层农业技术推广体系改革中分流的农业技术人员，要积极稳妥地做好分流和安置工作。在鼓励和支持富余人员自主创业的同时，要积极探索多种分流和安置渠道，帮助他们重新就业。凡与原农业技术推广机构建立聘用合同、劳动合同关系的，要依法做好合同的变更、解除、终止等工作，符合条件的要依照国家有关规定支付经济补偿金，并纳入当地社会保障体系，及时办理社会保险关系转移等手续，做好各项社会保险的衔接工作。

五、切实加强对基层农业技术推广体系改革工作的领导

（十四）切实加强领导，搞好协调配合。基层农业技术推广体系改革事关农业农村经济发展全局，涉及面广，政策性强。地方各级人民政府要高度重视，把这项工作纳入重要议事日程，政府主要领导要亲自抓，及时研究解决改革中的重大问题。各有关部门要统一思想，明确分工，做好机构编制、人员安置、财政保障、基建投入、科技项目支持等工作。

（十五）认真制订方案，精心组织实施。国务院有关部门要加强对改革的指导，具体由农业部会同水利、林业、编制、人事、发展改革、财政、税务、科技、劳动保障等部门负责。各级财政要对改革提供必要的经费支持。各省、自治区、直辖市人民政府要在深入调查研究的基础上，制订推进基层农业技术推广体系改革工作方案，指导县（市）制订改革实施方案。各县（市）的实施方案要报省级人民政府审批，省级工作方案报国务院备案。各地要在2006年底前完成方案的制订和准备工作，2007年初开始组织实施。各地区和有关部门要加强对改革重点环节的组织指导，做好动员部署、竞聘上岗、分流人员、检查验收、巩固提高等工作。基层农业技术推广体系改革应在2007年底前基本完成。

（十六）坚持以人为本，确保改革顺利进行。地方各级人民政府要引导广大农业技术人员充分认识改革的重要性和必要性，进一步发扬心系农民、献身农业、服务农村的优良传统，主动投身改革，找准新的定位，争取更大作为。要切实做好深入细致的思想政治工作，把握好改革的力度和进度，协调好各方面利益，调动好各方面积极性，确保改革顺利进行。

国家林业局关于印发《国家林业局关于贯彻落实〈国务院关于深化改革加强基层农业技术推广体系建设的意见〉的指导意见》的通知

林科发〔2006〕221号　　2006年11月13日

各省、自治区、直辖市林业厅（局），内蒙古、吉林、龙江、大兴安岭森工（林业）集团公司，新疆生产建设兵团林业局，国家林业局有关直属单位：

为认真贯彻落实《国务院关于深化改革加强基层农业技术推广体系建设的意见》（国发［2006］30号）和全国林业科学技术大会精神，科学指导基层林业技术推广体系的改革与建设工作，经反复研究，我局形成了《国家林业局关于贯彻落实〈国务院关于深化改革加强基层农业推广体系建设的意见〉的指导意见》（见附件），现印发给你们，请紧密结合当地林业发展的实际以及基层技术推广体系建设的具体情况，认真做好本地区基层林业技术推广体系的改革与建设。

附件：国家林业局关于贯彻落实《国务院关于深化改革加强基层农业技术推广体系建设的意见》的指导意见

国家林业局关于贯彻落实《国务院关于深化改革加强基层农业技术推广体系建设的意见》的指导意见

为进一步深化改革，加强基层林业技术推广体系建设，根据林业建设周期长、公益性强的特点和当前我国林业发展的实际，现就认真贯彻落实《国务院关于深化改革加强基层农业技术推广体系建设的意见》（国发［2006］30号，以下简称《意见》），提出如下具体指导意见：

一、充分认识深化改革，加强基层林业技术推广体系建设的重大意义

当前，我国林业进入了一个十分关键的发展时期。落实科学发展观、构建社会主义和谐社会、建设社会主义新农村，给林业带来了前所未有的发展机遇，也对林业发展提出了新的更高的要求。林业在国民经济和社会发展中的地位越来越重要，任务越来越繁重。完成艰巨的林业建设任务，推动林业又快又好发展，最根本的是要靠深化改革和科技进步。深化改革主要解决体制、机制问题，挖掘人的潜力，增强林业发展的活力与动力；科技进步主要挖掘自然资源的潜力，提高林业发展的质量和效益。

加速林业科技进步，充分发挥科学技术在促进林业发展中的重要作用，必须紧紧围绕林业生态建设和产业发展中的技术问题，坚持科技创新和技术推广“两手抓”，在认真抓好科学研究的基础上，高度重视推广转化工作，通过科技示范、技术培训、科学普及、送科技下乡等多种形式，把先进成熟的科技成果和实用技术推广应用到林业生产实践

中，切实提高林业生产的科技含量，确保林业建设的质量和效益。

加强林业科技推广工作，健全和完善林业技术推广体系是关键。特别是以县级林业技术推广机构和乡镇林业工作站为主体的基层林业技术推广体系，是直接面向林业生产第一线，为广大林农提供服务的公益性组织，在林业科技推广工作中具有十分重要的地位。长期以来，县乡两级林业技术推广机构在推动科技与生产结合、加快林业发展和促进林农增收致富中发挥了重要作用，自身也得到了较快发展。但面对林业发展的新形势、新任务、新要求，基层林业技术推广体系存在的机构不健全、队伍不稳定、机制不活、保障不足等问题日趋凸现，已经严重制约了基层林业技术推广体系职能的发挥。因此，必须通过深化改革，逐步形成以国家林业技术推广机构为主导，农村合作经济组织为基础，林业科研、教育等单位和涉林企业广泛参与，分工协作、服务到位、充满活力的多元化基层林业技术推广体系。

二、准确把握基层林业技术推广体系改革与建设的几个重要问题

1. 关于职能确定问题。基层林业技术推广机构是公益性服务组织，其承担的公益性职能主要包括：林业建设所需要关键技术的引进、试验、示范和实用技术的推广应用，林木病虫鼠害、动植物疫病及林业灾害的监测、预报、防治和处置，林产品生产过程中的质量安全检测、监测和强制性检验，森林资源、生态环境和林业投入品使用监测，林业公共信息和培训教育服务等。

根据《意见》确定的"乡镇林业工作站承担的森林资源管护、林政执法等公益性职能所需经费也要纳入地方财政预算"的精神和《中共中央国务院关于加快林业发展的决定》的有关规定，乡镇林业工作站的职能包括：政策宣传、资源管护、林政执法、生产组织、科技推广和社会化服务等。

2. 关于机构设置问题。县级林业技术推广机构直接服务于基层林业生产单位和广大林农，是基层林业技术推广体系的主体，对已独立设置的县级林业技术推广机构，应当进一步稳定和加强；对没有独立设置，但森林资源丰富或林业建设任务重的，原则上也应独立设置。乡镇林业工作站是林业工作的最基层机构，不仅承担着科技推广的任务，还承担着大量林业生产经营组织管理的工作，其机构的设置应当选择以下两种方式：在森林资源丰富或林业建设任务重的地方，应当按乡镇独立设置林业工作站；其他地方可以跨乡镇设置区域林业工作站。基层林业技术推广机构的设置，应当确保乡镇林业工作和基层林业技术推广服务工作的全方位覆盖。

3. 关于人员编制核定问题。县级林业技术推广机构和乡镇林业工作站（包括跨乡镇设置的区域林业工作站，下同）的人员编制，应以辖区内林业用地面积、森林资源数量、生态区位的重要程度以及林业建设任务的轻重等为依据，合理确定，保证公益性职能的履行。乡镇林业工作站要有专人负责林业技术推广工作。

4. 关于管理体制问题。县级林业技术推广机构由县林业行政主管部门管理，并接受上级林业技术推广机构的业务指导。乡镇林业工作站由县级林业行政主管部门垂直领导，在技术推广工作方面接受上级林业技术推广机构的指导。乡镇林业工作站的人员和业务经费由县级林业行政主管部门统一管理，人员的调配、考评和晋升，要充分听取所服务区域乡镇政府的意见。

5. 关于经费保障问题。要采取有效措施，切实保证地方各级财政将县级林业技术推广机构和乡镇林业工作站的人员经费和工作经费足额纳入财政预算。各级林业行政主管部门应积极争取财政支持，设立林业技术推广专项资金用于实施技术推广、技术培训和技术服务等项目，确保用于林业技术推广的经费逐年增长。要加强基础设施建设，配备推广工作所必需的办公设备、交通工具、试验示范及检验检测等仪器设备，改善技术培训条件，建立林业技术推广服务信息网络和服务热线，保障和改善基层林业技术推广人员的工作和生活条件，切实增强技术服务能力。

6. 关于人员管理问题。基层林业技术推广人员的选拔，严格实行竞争上岗、择优聘用。县级林业技术推广机构人员应当具有林业相关专业大专以上（含大专）学历；乡镇林业工作站的专业技术人员应具有林业相关专业中专以上（含中专）学历。加强基层林业技术推广机构人员的继续教育和专业培训，逐步推行资格认证、持证上岗制度。完善考核评价制度，建立科学的考核评价指标和考核办法，把推广人员的工作实绩和林农对技术人员的评价作为重要的考核内容，并将考评结果与职务评聘、工资收入、奖惩等挂钩，对有突出贡献的人员可优先评聘和破格晋升专业技术职务。

三、切实加强指导，确保改革顺利进行

1. 高度重视，精心指导。林业是以提供生态产品为主体的公益事业和重要的基础产业。发展林业是构建社会主义和谐社会的基础，是建设社会主义新农村的重要内容，是落实科学发展观、推动经济社会可持续发展的战略举措。基层林业技术推广体系的改革与建设，事关林业发展全局，各级林业行政主管部门要按照实施以生态建设为主的林业发展战略的要求，高度重视，认真对待，把基层林业技术推广体系的改革与建设作为当前一项重要而紧迫的工作抓紧抓好。要成立改革领导小组，由一把手亲自抓，负总责，专门研究、协调本地基层林业技术推广体系改革与建设问题。要紧紧围绕《意见》确定的改革目标、任务和要求，研究确定本地基层林业技术推广体系改革与建设的思路和框架，搞好规划与布局，制订切实可行的改革方案。

乡镇林业工作站是林业工作的基础，林业的建设，包括造林、保护、利用、改革、发展、科技、执法、监督、服务等全部工作都要依靠乡镇林业工作站来落实，其改革与建设事关整个林业工作的成败。在改革过程中，要高度重视乡镇林业工作站建设，认真研究相关问题，使长期制约乡镇林业工作站建设的机构、经费、编制、体制等问题得到切实解决，促使乡镇林业工作站在深化改革中增活力，在创新机制中求发展。

2. 加强沟通协调，积极争取支持。各级林业行政主管部门要积极主动地向各级党委、政府汇报林业的重要性和特殊性，争取党委、政府的重视与支持。同时，要加强与机构编制、人事、财政、科技、农业等部门的沟通协调，确保在省级政府的改革工作方案和县级政府的改革实施方案中，使基层林业技术推广体系得到巩固和加强。要积极配合各级政府和有关部门做好改革方案的组织实施工作，不断研究新情况，解决新问题。

3. 坚持以人为本，妥善安置富余人员。基层林业技术推广体系的改革与建设政策性强，涉及面广，直接关系到基层林业技术推广机构人员的切身利益。各级林业行政主管部门要正确处理改革、发展、稳定的关系，协调好各个方面的利益，调动好各个方面的积极性。要坚持以人为本，妥善做好富余人员的安置和管理工作，积极创造条件，支持、鼓励和引导富余人员再就业，搞好再就业培训工作，切实帮助他们解决实际困难。要切实做好深入细致的思想政治工作，营造良好的社会氛围，确保改革顺利进行。

为了全面掌握各地改革工作进展情况，加强宏观指导，各省（自治区、直辖市）林业厅（局）要及时将贯彻落实情况反馈国家林业局。

国家林业局办公室关于印发《天然林资源保护工程档案管理办法》的通知

办天字〔2006〕96号　　2006年11月30日

各有关省、自治区、直辖市林业厅（局），内蒙古、龙江、大兴安岭森工（林业）集团公司，新疆生产建设兵团林业局：

为加强和规范天然林资源保护工程的档案管理，提高档案的利用水平，更好地为工程建设服务，根据天然林资源保护工程的实际，我局制定了《天然林资源保护工程档案管理办法》。现印发给你们，请遵照执行。执行过程中有何意见和建议，请及时反馈我局。

附件：天然林资源保护工程档案管理办法

天然林资源保护工程档案管理办法

第一章　总　则

第一条　为加强和规范天然林资源保护工程（以下简称天保工程）档案管理工作，充分发挥工程档案的作用，依据《中华人民共和国档案法》、《中华人民共和国档案法实施办法》及《林业重点工程档案管理办法》等法律法规和规章，结合工程实际，制定本办法。

本办法适用于《长江上游、黄河上中游天然林资源保护工程实施方案》、《东北、内蒙古等重点国有林区天然林资源保护工程实施方案》规划的省级、地级和县级实施单位。

第二条　天保工程档案是指在工程建设全过程中直接形成的、具有保存利用价值的各种形式和载体的原始记录。

天保工程档案是部门或单位档案全宗中不可分割的重要组成部分，必须与其他门类的档案（文书档案、财会档案、设备档案等）一起由部门或单位综合档案部门实行集中统一管理。

第三条　天保工程档案工作是工程建设的重要基础工作，应将其纳入工程建设的全过程，与工程建设同步进行。

第四条　天保工程档案工作实行分级管理。国家林业局监督、检查和指导省级天保工程实施单位的档案工作。县级以上地方各级天保工程实施单位或其林业主管部门集中保管本部门或本单位的全部工程档案，监督、检查和指导辖区内的天保工程档案工作。

第二章　组织与职责

第五条　各级天保工程实施单位要切实加强对工程档案工作的领导，建立天保工程档案领导责任制，并保证开展工程档案工作所需的资金、设施和设备。

第六条　各级天保工程实施单位要根据实际情况，配备业务能力强、素质高的工程档案人员，有针对性地开展培训，并保证档案干部队伍的相对稳定。

天保工程档案人员是工程建设的管理人员，依照国家有关规定，其在职务晋升、职称评聘及其他待遇上享受与其他工程管理人员同等待遇。

第七条　天保工程管理部门应履行下列工作职责：

（一）贯彻执行国家档案工作的法律法规和政策。

（二）负责天保工程档案材料的收集、整理、归档前材料的提供利用及归档移交工作。

（三）负责监督、检查和指导辖区内的工程档案工作，并组织对工程档案人员进行业务培训。

第八条　天保工程实施单位内部的相关职能部门，应按照职责分工，根据本办法，做好天保工程的档案工作。

第九条　天保工程的技术、管理人员是档案工作的重要力量。工程技术、管理人员要随时收集在工程实施过程中形成的各类材料，

并及时完整地交由工程档案人员保管，任何单位或个人不得丢失、损坏或据为己有。天保工程的工程技术、管理人员和档案人员发生变动时，应严格按照工作规范，做好工程档案材料的移交工作。

第十条　各级天保工程实施单位要从源头上抓好工程文件材料的形成和积累工作，纳入工程建设规划、设计、施工、检查、验收和后期管理的全过程，确保工程档案的完整、准确与系统。

第三章　形成和整理

第十一条　归档文件材料的质量必须符合国家有关要求，手工书写用笔仅限于碳素墨水、蓝黑墨水或质量上乘的签字笔，且字迹工整、图文清楚、数据表格完整准确，签字盖章等具有法律效用的标识要完备，不得随意涂改。

第十二条　八需归档的录音、录像和计算机存储介质等特殊载体材料应声音清楚、图像清晰，并配以相应的目录和说明；八需归档的照片和图片，应配有简洁的文字说明，用以标明时间、地点、人物、事件；相关介质材料之间及各介质材料与相关文字材料之间，要建立关联互见。

第四章 分类和归档

第十三条　天保工程档案包括文书档案、技术档案、财会档案等门类。各门类档案按有关规定自编档号，各成体系、分类整理，统一编号。根据分类整理结果和查阅利用的需要，编制案卷目录或文件目录。

第十四条　归档门类及归档时间

（一）文书档案：政策性文件、办法、机构设置、会议文件等。本年度6月底前完成对上年度形成文件材料的归档工作。

（二）技术与管理档案：工程规划、年度计划、实施方案、作业设计、工程施工、，检查验收、后期管理等各环节所形成的报告、图、表、卡、册、计算机数据等原始材料。按年度归档，每年6月底前完成对上年度形成文件材料的归档工作。

（三）会计档案：会计凭证、会计账簿、财务报告等会计核算专业材料。在本会计年度结束之后，由会计部门（或会计人员）按照《中华人民共和国会计法》、《会计档案管理办法》和国家林业局《林业重点生态建设资金会计核算办法》等法律法规的要求归档。

（四）音像及电子介质档案：参照技术与管理档案归档。

（五）实物档案：在工程建设过程中随时归档。

第十五条　归档内容

（一）工程管理：上级批复和下达的天保工程实施方案，上级下达的木材生产、公益林建设、森林管护、人员分流安置等方面的年度计划；上级有关部门制定和发布的各种文件、管理办法、技术标准，本级上报的各种文件和材料，本级有关部门制定和发布的各类文件、管理办法，规章制度；机构设置及职能、人员编制、领导任命等行政管理类材料；与上级主管部门和下级单位签订的目标责任书、项目责任书。工作总结，领导讲话、会议记录、纪要，会议材料、培训材料；工程自查、复查和核查报告，各种统计报表、验收报告材料；宣传报道、先进集体和个人的表彰材料，违法违纪事件的处理材料；案件举报材料及查处结果；工作简讯、简报等。

（二）木材停伐减产：森林分类经营区划；采伐限额与年度木材生产计划，上级主管部门批复的伐区作业设计，采伐证、伐区检查验收资料，木材生产登记台账，年度统计报表等；人工林采伐试点的有关资料等。

（三）公益林建设：公益林建设实施方案，人工造林、一电播造林、封山育林、森林抚育、低效林改造及其他公益林建设项目的作业设计、协议书、合同书、责任书，招投标过程形成的资料，种苗供应的有关材料，施工文件，检查验收材料，施工监理资料，相关的资金使用情况，林权证发放情况，后期管护情况和经营利用情况，灾害损失和核销情况等。

（四）森林资源管护：森林资源管护实施方案，管护体系的组织结构，管护人员资料，管护责任书、合同书、协议书、管护项目招投标过程形成的资料；管护区基本情况（责任区、分布图、小班卡片等），管护日志与巡山记录，管护工作检查记录，管护人员培训、考核记录，管护站点、管护设备、管护标牌的建设、使用及维护情况；相关的资金使用情况；违章用火、人畜破坏森林资源等记录和处罚情况，乱砍滥伐林木、乱捕滥猎野生动物、非法毁林开垦和侵占林地等破坏森林资源事件的发生、报告、处理和损失情况，森林病虫害、火情火警、火灾及其他自然灾害的发生、报告、处理和损失情况；林下资源开发与利用情况：保护森林资源宣传活动的记录；森林资源的调查、监测资料等。

（五）富余人员分流安置：富余人员分流安置实施方案，在册与在岗职工明细、汇总表，分流到森林资源管护、公益林建设、种苗工程、森林旅游、林下资源开发及其他分流渠道的相关材料；一次性安置实施方案的制定、相关机构的批准、批复过程形成的材料，一次性安置人员明细、汇总表，申请书，合同书、协议书，公示材料，解除与企业劳动关系的公证书，办理养老保险的有关材料；加工企业破产职工安置过程中形成的材料；进入企业再就业服务中心人员明细、汇总表，与再就业服务中心签订的发放基本生活保障费和代缴医疗、养老、失业保险的合同，再就业培训情况，再就业情况，与企业解除或终止劳动合同过程中形成的材料，享受失业保险待遇和纳入最低生活保障的有关凭证，进入其他安置渠道的有关情况；其他下岗职工明细、汇总表，享受经济补偿金、失业保险待遇或纳入最低生活保障的有关情况；单位职工内部退养、停薪留职、自谋职业等人员的明细、汇总表及相关的合同书、协议书；混岗职工明细、汇总表、分流安置情况；相关的资金使用情况等。

（六）政社性人员和社会保障：在册职工和离退休人员参加基本养老、医疗、失业、工伤、生育保险社会统筹明细、汇总表，公捡法、文教卫生等政社性人员明细、汇总表；分离学校、医院等企业力、社会机构的执行情况；相关的资金使用情况等。

（七）森林防火、种苗建设和科技支撑等其他工程项目：工程可行性研究、评审材料，上级批复的项目实施方案、设计文件；责任书、合同书、协议书，招投标过程的全部资料，施工文件，检查验收材料，设备采购、安装的有关资料，施工监理资料，相关的资金使用情况等。

（八）资金到位和使用：各级下达的中央资金计划、地方配套资金计划、资金拨付文件、拨付凭证、会计凭证，资金使用情况统计表、年度决算；中央财政对地方财政减收的财政转移支付的拨付文件等。公益林建设、森林防火、种苗建设、科技支撑等工程项目的结算清单，一次性安置费领取凭证，发放基本生活保障费和代缴医疗、养老、失业、工伤、生育保险凭证，企业支付经济补偿金或生活补助费的有关凭证，离退休人员领取养老金的明细、汇总表及凭证，工资及其他经费的支出凭证等。

（九）其他政策执行情况：采伐和加工企业银行债务的减免过程中形成的资料；世行贷款减免或停息挂账过程中形成的资料：企业破产和重组的有关情况；森工企业主辅分离的情况；机构改革和企业改制的情况；后续产业发展的有关情况；示范点建设的有关资料等。

第十六条　保管期限

按档案材料的性质和重要程度，分永久、长期和短期保管。其中：永久为50年以上，长期为15至50年，短期为3至15年。会计档案保管期限依据《中华人民共和国会计法》和《会计档案管理办法》执行。

永久保管的包括：工程实施方案、重要的政策性文件、机构设置与调整、企业改革与改制情况，森林资源调查等基础资料，工程监测评估材料，重大基础设施工程的有关资料，林权和经营权管理情况等。

长期保管的包括：各种政策性文件、管理办法、技术标准、年度计划、作业设计、施工文件、招投标文件、责任书、合同书、协议书，各种明细、汇总表，检查验收材料，施工监理资料，资金拨付情况，支付凭证等。

短期保管的包括：巡山记录，领导讲话、会议材料、培训材料，工作简讯、简报等。

第十七条　各级天保工程实施单位要充分利用先进技术与手段、配备先进的信息管理设备，积极开展电子档案工。作，使档案材料实现网终资源共享，方便调阅。

第五章　考核与奖惩

第十八条　各级天保工程实施单位要将档案工作纳入下级工程实施单位的工程年度核查和目标考核，对档案工作不符合要求的，不能评为年度工程实施的先进单位。

第十九条　对在工程档案管理过程中取得突出成绩的，林业主管部门应及时给予表彰奖励。

第二十条　对于违反有关规定，造成档案材料失真、损毁、丢失或其他不良影响的，林业主管部门应会同档案管理部门予以严肃处理，追究有关领导和档案管理人员的责任。

第六章　附　则

第二十一条　各省级天保工程实施单位可根据本办法，结合本地实际，制定实施细则。

第二十二条　本办法由国家林业局负责解释。

第二十三条　本办法自公布之日起施行。

财政部、国家林业局
关于印发《森林资源资产评估管理暂行规定》的通知

财企［2006］529 号　　2006 年 12 月 25 日

各省、自治区、直辖市、计划单列市财政厅（局）、林业厅（局）、新疆生产建设兵团财务局、林业局：

为落实《中共中央 国务院关于加快林业发展的决定》（中发［2003］9 号），加强森林资源资产评估管理工作，规范森林资源资产评估行为，维护社会公共利益和资产评估各方当事人的合法权益，根据《中华人民共和国森林法》、《国有资产评估管理办法》（国务院令第 91 号）等法律法规，财政部、国家林业局联合制定了《森林资源资产评估管理暂行规定》。现予印发，请遵照执行。

附件：森林资源资产评估管理暂行规定

森林资源资产评估管理暂行规定

第一章　总　则

第一条　为加强森林资源资产评估管理工作，规范森林资源资产评估行为，维护社会公共利益和资产评估各方当事人的合法权益，根据《中华人民共和国森林法》、《国有资产评估管理办法》（国务院令第91号）、《中共中央 国务院关于加快林业发展的决定》（中发〔2003〕9号）等法律法规，制定本规定。

第二条　在中华人民共和国境内从事森林资源资产评估，除法律、法规另有规定外，适用本规定。

第三条　本规定所指森林资源资产，包括森林、林木、林地、森林景观资产以及与森林资源相关的其他资产。

第四条　森林资源资产评估是指评估人员依据相关法律、法规和资产评估准则，在评估基准日，对特定目的和条件下的森林资源资产价值进行分析、估算，并发表专业意见的行为和过程。

第五条　国有森林资源资产评估项目，实行核准制和备案制。

东北、内蒙古重点国有林区森林资源资产评估项目，实行核准制，由国务院林业主管部门核准或授权核准。

其他地区国有森林资源资产评估项目，涉及国家重点公益林的，实行核准制，由国务院林业主管部门核准或授权核准。对其他国有森林资源资产评估项目，实行核准制或备案制，由省级林业主管部门规定。对其中实行核准制的评估项目，由省级林业主管部门核准或授权核准。

第六条　非国有森林资源资产评估项目涉及国家重点公益林的，实行核准制，由国务院林业主管部门核准或授权核准。其他评估项目是否实行备案制，由省级林业主管部门决定。

第七条　森林资源资产评估工作，由财政部门和林业主管部门按照各自的职责进行管理和监督。

第八条　森林资源资产评估的具体操作程序和方法，遵照资产评估准则及相关技术规范的要求执行。

第二章　评估范围

第九条　国有森林资源资产占有单位有下列情形之一的，应当进行资产评估：

（一）森林资源资产转让、置换；

（二）森林资源资产出资进行中外合资或者合作；

（三）森林资源资产出资进行股份经营或者联营；

（四）森林资源资产从事租赁经营；

（五）森林资源资产抵押贷款、担保或偿还债务；

（六）收购非国有森林资源资产；

（七）涉及森林资源资产诉讼；

（八）法律、法规规定需要进行评估的其他情形。

第十条　非国有森林资源资产是否进行资产评估，由当事人自行决定，法律、法规另有规定的除外。

第十一条　森林资源资产有下列情形之一的，可根据需要进行评估：

（一）因自然灾害造成森林资源资产损失；

（二）盗伐、滥伐、乱批滥占林地人为造成森林资源资产损失；

（三）占有单位要求评估。

第三章　评估机构和人员

第十二条　从事国有森林资源资产评估业务的

资产评估机构，应具有财政部门颁发的资产评估资格，并有2名以上（含2名）森林资源资产评估专家参加，方可开展国有森林资源资产评估业务。

森林资源资产评估专家由国家林业局与中国资产评估协会共同评审认定。经认定的森林资源资产评估专家进入专家库，并向社会公布。

资产评估机构出具的森林资源资产评估报告，须经2名注册资产评估师与2名森林资源资产评估专家共同签字方能有效。签字的注册资产评估师与森林资源资产评估专家应对森林资源资产评估报告承担相应的责任。

第十三条　非国有森林资源资产的评估，按照抵押贷款的有关规定，凡金额在100万元以上的银行抵押贷款项目，应委托财政部门颁发资产评估资格的机构进行评估；金额在100万元以下的银行抵押贷款项目，可委托财政部门颁发资产评估资格的机构评估或由林业部门管理的具有丙级以上（含丙级）资质的森林资源调查规划设计、林业科研教学等单位提供评估咨询服务，出具评估咨询报告。

上述森林资源调查规划设计、林业科研教学单位提供评估服务的人员须参加国家林业局与中国资产评估协会共同组织的培训及后续教育。

第十四条　资产评估机构和森林资源资产评估专家从事评估业务应当遵守保密原则，保持独立性。与评估当事人或者相关经济事项有利害关系的，不得参与该项评估业务。

第四章　核准与备案

第十五条　凡需核准的国有森林资源资产评估项目，占有单位在评估前应按照行政隶属关系，经上级林业主管部门审核同意后，由审核部门向省级林业主管部门或国务院林业主管部门报告下列有关事项：

（一）评估项目的审核情况；

（二）评估基准日的选择情况；

（三）森林资源资产评估范围的确定情况；

（四）森林资源资产实物量清单；

（五）选择森林资源资产评估机构的条件、范围、程序及拟选定机构的资质；

（六）森林资源资产评估的时间进度安排情况。

第十六条　国有森林资源资产评估项目的核准工作按照下列程序进行：

（一）国有森林资源资产占有单位收到资产评估机构出具的资产评估报告后应按照隶属关系，报上级林业主管部门初审，经初审同意后，由审核部门在评估报告有效期届满前3个月向省级林业主管部门或国务院林业主管部门提出核准申请。

（二）省级林业主管部门或国务院林业主管部门收到核准申请后，对符合核准要求的，及时组织有关专家和单位审核，在20个工作日内完成评估报告的核准；对不符合核准要求的，予以退回。

第十七条　国有森林资源资产评估项目核准的申请应包括下列文件材料：

（一）资产评估项目核准申请文件；

（二）资产评估项目核准申请表（附表1）；

（三）评估项目批准文件或有效材料；

（四）与所评估项目有关的林权证和权属变更的相关证明；

（五）资产评估机构、签字注册资产评估师和森林资源资产评估专家资质证明；

（六）资产评估机构聘请核查机构对占有单位提供的森林资源资产实物量进行核查的，应提供核查机构资质证明；

（七）资产评估机构提交的森林资源资产评估报告和核查报告；

（八）资产评估各当事方的相关承诺函；

（九）其他有关材料。

第十八条　省级林业主管部门或国务院林业主管部门受理资产评估项目核准申请后，应当对下列事项进行审核：

（一）资产评估项目是否获得批准；

（二）资产评估机构是否具备相应评估资质；

（三）评估人员是否具备相应资质；

（四）评估基准日的选择是否适当，评估结果的使用有效期是否明示；

（五）资产评估范围与项目批准文件确定的范围是否一致；

（六）评估依据是否适当；

（七）占有单位是否就所提供的资产权属证明

文件、财务会计资料及生产经营管理资料的真实性、合法性和完整性做出承诺；

（八）评估过程是否符合相关评估准则的规定。

第十九条 评估项目的备案按照下列程序进行：

（一）国有森林资源资产占有单位收到评估机构出具的评估报告后，应在评估报告有效期届满前3个月将备案材料报送上级林业主管部门；

（二）上级林业主管部门收到占有单位报送的备案材料后，对材料齐全的，应在20个工作日内办理备案手续；对材料不全的，待占有单位或评估机构补充完善有关材料后予以办理。

第二十条 森林资源资产评估项目备案需报送下列文件材料：

（一）资产评估项目备案申请表（附表2）；

（二）资产评估报告和核查报告；

（三）评估项目的批准文件或有关证明材料；

（四）与所评估项目有关的林权证和权属变更的相关证明；

（五）其他有关材料。

第二十一条 各级林业主管部门受理资产评估项目备案申请后，应当对下列事项进行审核：

（一）资产评估项目是否获得批准或相关证明；

（二）资产评估范围与评估项目确定的资产范围是否一致；

（三）评估基准日的选择是否适当，评估结果的使用有效期是否明示，评估程序是否符合相关评估准则的规定；

（四）占有单位是否就所提供的森林资源资产清单、资产权属证明文件等资料的真实性、合法性和完整性做出承诺。

第二十二条 经核准或备案的森林资源资产评估结果有效期为自评估基准日起1年。

第二十三条 国有森林资源资产占有单位在进行与资产评估相应的经济行为时，应当以核准或备案的资产评估结果为作价参考依据。在产权交易过程中，当交易价低于评估结果的90%时，应当暂停交易，在获得产权转让批准机构同意后方可继续交易。

第五章 监督管理

第二十四条 省级财政部门和林业主管部门应当加强对国有森林资源资产评估工作的监督检查工作，采取定期或不定期检查方式对森林资源资产评估项目备案情况进行抽查。

第二十五条 省级林业主管部门应当于每年度终了30个工作日内将本省（区）森林资源资产评估项目的核准、备案情况及检查结果报国家林业局。

第六章 附 则

第二十六条 各省（自治区、直辖市）财政部门和林业主管部门可根据本省（自治区、直辖市）实际情况，依据本规定制定实施细则或操作办法，报财政部和国家林业局备案。

第二十七条 本规定由财政部、国家林业局负责解释。

第二十八条 本规定自2007年1月1日起施行。原林业部和原国家国有资产管理局发布的《关于〈森林资源资产产权变动有关问题的规范意见（试行）〉的通知》（林财字〔1995〕67号）和《关于加强森林资源资产评估管理工作若干问题的通知》（国资办发〔1997〕16号）同时废止。

附表1：

森林资源资产评估项目核准申请表

填表日期：　　年　　月　　日　　　　　　　　　　编号：

<table>
<tr><td>资产占有单位</td><td colspan="5"></td></tr>
<tr><td>上级单位</td><td colspan="5"></td></tr>
<tr><td>集团公司（林业厅）</td><td colspan="5"></td></tr>
<tr><td>资产所在地</td><td colspan="5">省（区、市）　　市（地）　　区（县）</td></tr>
<tr><td>评估目的</td><td colspan="5"></td></tr>
<tr><td>评估范围</td><td>整体/部分资产</td><td></td><td>主要评估方法</td><td colspan="2"></td></tr>
<tr><td>资产实物量（立方米）（亩）</td><td colspan="2">林木资产　　立方米</td><td colspan="2">林地资产　　亩</td><td>其他资产</td></tr>
<tr><td>评估结果（万元）</td><td colspan="2">价值量　　万元</td><td colspan="2">价值量　　万元</td><td>价值量　　万元</td></tr>
<tr><td>评估机构名称</td><td colspan="2"></td><td colspan="2">资质证书编号</td><td></td></tr>
<tr><td>注册资产评估师和森林资源资产评估专家名单</td><td colspan="2"></td><td colspan="2">评估基准日</td><td></td></tr>
<tr><td colspan="2">申请核准
申请单位盖章
法人代表签字：</td><td colspan="2">同意申请
上级单位盖章
单位领导签字：</td><td colspan="2">同意核准
核准单位公章</td></tr>
</table>

年　　月　　日　　　年　　月　　日　　　　　年　　月　　日

附表2：

森林资源资产评估项目备案申请表

填表日期：　　年　　月　　日　　　　　　编号：

<table>
<tr><td>资产占有单位</td><td colspan="5"></td></tr>
<tr><td>上级单位</td><td colspan="5"></td></tr>
<tr><td>集团公司（林业厅）</td><td colspan="5"></td></tr>
<tr><td>资产所在地</td><td colspan="2">省（区、市）</td><td colspan="2">市（地）</td><td>区（县）</td></tr>
<tr><td>评估目的</td><td colspan="5"></td></tr>
<tr><td>评估范围</td><td>整体/部分资产</td><td></td><td>主要评估方法</td><td colspan="2"></td></tr>
<tr><td>资产实物量（立方米）（亩）</td><td colspan="2">林木资产　　立方米</td><td colspan="2">林地资产　　亩</td><td>其他资产</td></tr>
<tr><td>评估结果（万元）</td><td colspan="2">价值量　　万元</td><td colspan="2">价值量　　万元</td><td>价值量　　万元</td></tr>
<tr><td>评估机构名称</td><td colspan="2"></td><td>资质证书编号</td><td colspan="2"></td></tr>
<tr><td>注册资产评估师和森林资源资产评估专家名单</td><td colspan="2"></td><td>评估基准日</td><td colspan="2">年　月　日</td></tr>
<tr><td>占有单位联系人</td><td></td><td>联系电话</td><td></td><td>通讯地址</td><td></td></tr>
<tr><td>上级单位联系人</td><td></td><td>联系电话</td><td></td><td>通讯地址</td><td></td></tr>
<tr><td colspan="2">申报备案
资产占有单位盖章
法人代表签字：
年　月　日</td><td colspan="2">同意转报备案
上级单位盖章
单位领导签字：
年　月　日</td><td colspan="2">备案
备案单位公章
年　月　日</td></tr>
</table>

国家林业局关于发展油茶产业的意见

林造发［2006］274号　　2006年12月27日

浙江、安徽、福建、江西、湖北、湖南、广东、广西、贵州省、自治区林业厅（局）：

油茶是我国特有的木本食用油料树种，也是林业建设一大优势资源，在我国南方广大丘陵山地有悠久的经营历史和良好的生产基础，为我国食用植物油产量平衡发挥了重要作用。但较长时期以来，由于各地对油茶生产的管理措施削弱，很多地方油茶林的树龄老化，品种混杂，加上粗放经营，只取不予，资源没有得到很好的开发利用，造成生产力水平下降，比较经济效益较低，在很大程度上抑制了油茶作为一项特色产业的持续发展。目前，随着我国经济的发展和人民生活质量水平的提高，我国油茶面临新的发展机遇，为了促进油茶产业又好又快发展，提出如下意见：

一、充分认识发展油茶产业的重要意义

1. 我国油茶资源丰富，油茶综合利用产业链长，产业发展的潜力大、前景广。充分利用油茶生态、经济效益都比较明显的特点，加快油茶产业的发展，对促进南方丘陵山区区域经济发展，带动山区农民兴林增收致富，推进社会主义新农村建设，维护国家粮食安全，满足社会和大众对良好生态产品、天然绿色产品的需求都具有重要意义。油茶产区各级林业主管部门，要进一步提高对发展油茶产业的认识，认清我国油茶产业的重要地位和作用，资源优势和发展潜力，从我国国情出发，把握市场经济发展规律，顺应产品的市场需求，抓住机遇，真抓实干，共同把我国油茶产业做大做强。

二、优化产业布局，科学引导油茶产业发展

2. 科学引导油茶产业发展。油茶产区各级林业主管部门要树立产业化经营的观念，以科学发展观作指导，在宏观管理、规划布局、政策措施方面加大对发展油茶产业的资源配置和扶持力度。要制定明确的产业发展规划和政策，采取有效措施，搞好工作落实，使油茶发展成为南方丘陵山区具备巨大效益的特色产业、优势产业。

3. 优化产业发展布局。充分发挥油茶资源优势，优化油茶生产布局和产业结构，建立以湖南、江西为中心产区，广西、福建、贵州、湖北、浙江、安徽、广东等省（区）共同发展的油茶区域化、规模化产业格局。以建设高标准生产基地为基础，以培育壮大龙头企业、大力发展油茶精深加工为重点，大力推进油茶产业化经营，提高油茶产业发展综合效益。

4. 创新产业发展思路。发展油茶产业，要按照高产、优质、高效、生态、安全的要求，坚持因地制宜，通过分类经营措施，调整优化油茶品种结构，扩大优质油茶资源，切实提高油茶生产力水平，增强资源的利用效率；坚持体制创新和科技进步，综合开发油茶产品，提高产品附加值，竭力打造一批具有市场竞争力的拳头产业和名牌产品，增强油茶产业运营的质量和效益。坚持遵循市场经济规律，充分发挥市场机制作用，引导更多的民间资本发展油茶产业。

三、加大政策扶持，创造推动油茶产业发展的良好环境

5. 积极拓宽产业发展投资渠道。“十一五”期间，油茶产区各级林业主管部门，要积极促成各级政府通过建立专项资金渠道扶持油茶产业的发展。国家林业局将通过农业综合开发项目资金对油茶高产示范基地进行扶持。有条件的省（区），要结合退耕还林、扶贫、山区综合开发等项目，规划安排丰产示范林建设。以示范样板的作用，激发广大林农发展油茶的积极性和主动性，推动油茶资源的不断增加和扩大。要充分发挥林业贷款资金的作用，支持油茶加工龙头企业通过科技创新、技术改造和新产品开发，在精深加工、带动辐射和市场开拓方面引领油茶加工业的发展。要积极争取国家有关重大农产品新品种推广专项经费，加快油茶优良品种的繁育推广。油茶产区各级林业主管部门要积极为油茶产业发展的相关项目立项做好协调工作，争取更多渠道投入油茶发展。

6. 完善林权林地流转机制。要积极稳妥推进集体林权制度改革，按照“依法、有偿、自愿”的原则，鼓励和支持油茶林向有经济实力、懂技术、善经营的生产经营者流转。要坚持“谁造谁有”的林业政策，吸引更多的社会力量参与油茶资源发展。通过租赁、拍卖、股份合作等多种途径推动油茶规模化、集约化经营，提高油茶经营效益。

四、强化科技支撑，切实提高油茶经营的科技水平

7. 依靠科技创新，加快产业科技攻关。充分发挥现有国家、省（区）、市、县级各个层面科研教学单位的科技力量，集成资源，大力开展油茶科技攻关。依靠科技创新，切实解决油茶产业发展中技术重点和难点。力争“十一五”期间在油茶高产优质新品种选育和培育技术、加工工艺、新产品开发、技术质量标准研制等方面，取得新的突破。同时，注重开展生物技术的应用研究。各级林业科研管理部门要加强对油茶科研开发的指导，协调和帮助解决开展油茶科技攻关方面的问题，为开发油茶资源，做大做强油茶产业，提供强有力的科技支撑。

8. 加大油茶良种选育和推广力度。各地要在本省（区）林木种苗“十一五”规划的基础上，加大扶持力度，以省（区）级以上林业科研院（所）为中心，加强油茶种质资源的收集、保存和利用，为油茶产业的发展提供产量高、含油率高、抗逆性强的优良品种。要加快现有油茶良种繁育和苗木基地建设，积极推广先进育苗技术，努力满足生产发展需要。

9. 搞好分类经营，提高集约管理水平。油茶产区各级林业主管部门要按照本地区现有油茶资源状况和生产水平，采取低产林改造、更新改造和新造林相结合的经营措施，着力推进油茶科技成果的转化和推广，抓好常规技术配套措施的落实；要通过开展多种形式的技术培训和科技人员全过程的技术服务，使优良无性系良种、施肥、垦复、灌溉、修剪、病虫害防治等配套管理技术措施，真正运用到生产实际，真正让广大林农掌握应用，切实提高油茶集约经营管理水平。

10. 大力推进油茶产业标准化建设。国家林业局将积极做好油茶产业标准化建设的规划管理，有关省（区）林业主管部门，要加快油茶相关标准制订工作，尽快形成配套的适用产业化发展的技术规程和产品质量标准，规范产前、产中、产后的标准化建设。要推行油茶原产地标识制度和产品质量追溯制度；加快发展油茶无公害、绿色、有机产品，不断拓展油茶产品的市场空间。

五、积极培育油茶产业主体，打造油茶产品品牌

11. 积极培植油茶龙头企业。油茶产区各级林业主管部门要按照“扶大、扶强、扶优”的原则，认真落实扶持龙头企业发展的政策措施，培育一批竞争力强、带动面广的油茶龙头企业，促进油茶产业链的延伸。要研究制定相关政策，引导和鼓励油茶加工企业之间的合作。通过资产重组、资本运作等方式，优化资源配置，发展壮大一批竞争力强的龙头企业集群。要从机制创新入手，引导企业参与油茶原料林基地建设，推动“企业 + 基地 + 农户”的经营模式的发展，促进油茶生产、加工、市场的有机结合，使企业与农户成为利益共享、风险共担的经济利益共同体。企业自身要充分发挥各自在技术、资金、市场方面的优势，增强品牌意识，提高产品质量，大力挖掘茶油及其副产品的市场潜力。努力打造体现各自特色的知名品牌，依靠品牌效益提高市场竞争力。

12. 支持油茶专业协作组织的发展。油茶产区各级林业主管部门要给予政策引导，支持林农按照自愿、民主的原则发展多种形式的专业协会和合作组织，开展技术推广、技术培训和咨询、代销生产资料供应、产品营销等服务项目，切实提高农民组织化程度和市场适应能力。要加强规范管理，抓好典型示范，不断增强专业协会和专业合作组织自身活力和服务能力，增强对农民的凝聚力和吸引力，促进专业协会和专业合作组织的健康发展。

13. 重视培植油茶种植大户。要通过相关项目支持、推行林权制度改革、合理林地流转等，为有实力、懂技术、善经营的油茶种植大户创造好的发展空间，充分发挥他们在发展油茶产业上的辐射、示范和带动作用。将更多的分散的农户组织起来，经营山地，发展油茶，增加收入，实现兴林富民。

六、加强行业指导和服务

14. 强化工作指导，搞好信息服务。发展油茶产业，是一项系统工程，需要各方面的密切配合和相互支持。油茶产区各级林业主管部门要适应产业快速发展的新形势，进一步提高工作指导水平，不断完善工作机制。要善于研究市场变化规律、消费趋势、市场竞争等状况，有针对性地制定产业发展策略和措施。要加强信息引导和技术指导，做好向林农提供生产资料、技术应用、加工储藏、运输销售等方面的信息服务，使林农在享受服务的过程中真正得到实惠。要善于运用多种宣传媒体和途径，大力宣传油茶及其产品，扩大社会的认知度，增加消费群体，增强油茶产品在国内外市场的竞争力。要加强同有关部门的衔接与协调，共同推进油茶产业的持续发展。

15. 加强种苗市场管理，规范生产秩序。油茶产区各级林业主管部门要加强油茶种苗生产和市场的监管，维护林农的合法权益。要加大对油茶种苗管理的执法力度，实行油茶种苗生产和经营市场准入制度，切实加强种子、嫁接穗条的来源管理，坚决打击非法经营、制售假劣种子、嫁接穗条、苗木的行为，切实保证油茶种苗的质量。

要严厉打击和坚决制止破坏油茶林资源、哄抢偷摘油茶果行为，稳定油茶产区秩序，切实保护生产经营者的合法权益。

第五篇
附　录

国家林业局办公室关于开展林业重大问题调研工作的通知

办策字［2006］25号　　2006年4月7日

各司局、各有关直属单位：

为贯彻落实《中共中央 国务院关于加快林业发展的决定》、《中共中央 国务院关于促进农民增加收入若干政策的意见》和全国林业厅局长会议精神，推进林业又快又好发展，为社会主义新农村建设做出贡献，3月27日局长办公会议决定，2006年开展林业重大问题调研，现就有关事项通知如下：

一、调研工作的总体要求

重大林业问题调研工作要认真贯彻党的思想路线和群众路线，在“求真”、“求深”、“求是”上下功夫。切实做到：

（一）坚持把调研工作摆到国民经济和社会发展的全局中把握。当前要把党和政府关心的农民增收、粮食安全等重大问题与林业发展联系起来深入研究；

（二）坚持把调研工作与全国林业厅局长会议的重大部署和全局工作结合起来。突出林业改革、产业发展、自主创新、兴林富民等重点和亮点，通过调研解决影响林业发展的全局性重大问题；

（三）坚持实事求是的工作作风。深入林业工作实际，准确把握林业发展动态和规律；

（四）认识调查研究工作的长期性、连续性。要随着形势的变化与时俱进地、不间断地开展调查研究；

（五）坚持在调研工作中摸透情况、揭示问题。调研的问题要切中主题，努力寻求解决问题的有效办法，提出具体可操作的政策建议。

二、调研的主要内容

2006年调研重大专题为以下12项：

（一）关于社会主义新农村建设与林业发展问题；

（二）关于退耕还林的后续政策问题；

（三）关于国有林区改革与发展及天保工程方案调整问题；

（四）关于集体林区产权制度改革问题；

（五）关于国家直接收购个人营造重点公益林试点问题；

（六）关于森林资源资产评估问题；

（七）关于速生丰产林建设与产业发展战略问题；

（八）关于重点区域沙漠化防治问题；

（九）关于森林采伐管理模式改革与森林可持续经营问题；

（十）关于建设森林文化体系问题；

（十一）关于增加森林资源与二氧化碳排放的关系问题；

（十二）关于雪线上升与森林植被变化的关系问题。

三、具体要求

12 项重大调研问题是涉及林业改革与发展的全局性问题，各承担单位务必高度重视。牵头单位要根据《重大调研问题任务计划》（见附件）的分工，制定和完善调研计划，确定本单位调研项目负责人和工作人员，并明确其责任和任务。调研计划包括：调研目的、主要内容、时间地点、调研方法、提交成果方式和时间等。请于4月18日前将调研计划报协调小组办公室备案；项目参与单位应积极配合牵头单位做好调研工作，除共同进行调研外，还应参与调研计划的制定和调研报告的撰写。

特此通知。

联 系 人：周少舟、陈学群

联系电话：010-84239172（传真）、84239176

电子信箱：zsz5@263. net

附　　件：重大调研问题任务计划

重大调研问题任务计划

调研问题	主承办单位	负责人	参与单位	成果 提交时间	牵头负责 局领导
一、关于社会主义新农村建设与林业发展问题　创建绿色家园（造林司、宣传牵头）、林区发展与新农村建设（计资司牵头）、兴林抑螺工程与新农村建设（科技司牵头）、林业科技推广体系建设（科技司牵头）、乡镇林业工作站在社会主义新农村建设中的地位与作用（工作总站牵头）	造林司 宣传办 计资司 科技司	魏殿生 曹清尧 姚昌恬 张永利	办公室 保护司 人教司 场圃总站 工作总站 天保办 林科院 经研中心	创建绿色家园 06年底； 林区发展与新农村建设 06年底； 兴林抑螺 06年底； 林业科技推广体系建设 06年底	赵学敏
二、关于退耕还林的后续政策问题	退耕办	张鸿文	造林司 资源司 计资司 经研中心	06年6月	李育材
三、关于国有林区改革与发展及天保工程方案调整问题 国有林区改革与发展总体思路（政法司牵头）、伊春林权制度改革试点（资源司牵头）、天保工程方案调整（天保办牵头）	资源司 政法司 天保办	肖兴威 汪　绚 张志达	造林司 计资司 经研中心	伊春林权 06年4月；国有林区总体思路 06年10月； 天保工程方案调整 06年6月	雷加富

调研问题	主承办单位	负责人	参与单位	成果 提交时间	牵头负责 局领导
四、关于集体林区产权制度改革问题	政法司	汪　绚	资源司 计资司 经研中心	06 年 5 月	张建龙
五、关于国家直接收购个人营造重点公益林试点问题	资源司	肖兴威	造林司 政法司 计资司	06 年 8 月	雷加富
六、关于森林资源资产评估问题	计资司	姚昌恬	资源司 经研中心	06 年年底	李育材
七、关于速生丰产林建设与产业发展战略问题 速生丰产林建设问题（速丰办牵头）、林业产业发展问题（木行办牵头）、林业统计指标改革问题（计资司牵头）、市场监管问题（木行办牵头）、林业产业发展中的专利和标准化问题（科技司牵头）	木行办 速丰办 计资司 科技司	孙 建 王成祖 姚昌恬 张永利	造林司 资源司 保护司 科技中心 经研中心	速生林 06 年 10 月； 林业产业 06 年 10 月； 林业统计指标改革 06 年 10 月； 市场监管 06 年 10 月； 专利标准化 06 年 10 月	雷加富
八、关于重点区域沙漠化防治问题	治沙办	刘 拓	造林司 计资司 中科院 经研中心	06 年 12 月	祝列克
九、关于森林采伐管理模式改革与森林可持续经营问题	资源司	肖兴威	造林司 公安局 经研中心	06 年 6～7 月	雷加富
十、关于建设森林文化体系问题	科技司	张永利	场圃总站 宣传办 林科院 花卉协会 北林大	06 年年底前提交阶段性成果	江泽慧
十一、关于增加森林资源与二氧化碳排放的关系问题	科技司	张永利	造林司 林科院 经研中心	06 年年底前提交阶段性成果	江泽慧
十二、关于雪线上升与森林植被变化的关系问题	宣传办	曹清尧	林科院 北林大	06 年年底前提交阶段性成果	杨继平

国家林业局关于成立
国家林业局调查研究工作领导小组的通知

林策发［2006］79号　　2006年4月29日

各省、自治区、直辖市林业厅（局），内蒙古、吉林、龙江、大兴安岭森工（林业）集团公司，新疆生产建设兵团林业局，各司局、各直属单位：

为进一步加强调查研究工作，提高调查研究的质量和效果，切实应对和解决在我国经济社会快速发展以及社会主义新农村建设逐渐推进的过程中，林业工作不断出现的新情况、新问题、新挑战，我局决定成立国家林业局调查研究工作领导小组，统一组织领导林业调查研究工作。领导小组下设协调小组，协调小组下设办公室，办公室设在国家林业局经研中心，具体承担协调小组的日常工作（各小组及办公室成员名单见附件）。

国家林业局调查研究工作领导小组负责审定国家林业局调查研究工作的总体方案，研究部署每年重大调查研究活动，审议调查研究中提出的重大政策建议。

协调小组负责落实领导小组的部署，协调和处理调研工作中出现的有关事项，指导办公室工作。

办公室负责草拟年度调查研究工作计划，提出下一年度重大问题调研课题建议，协调有关部门组织实施调查研究活动，及时编发《调研动态》，承办领导小组和协调小组交办的其他工作。

为切实做好重大林业问题调查研究工作，各省、自治区、直辖市林业厅（局），内蒙古、吉林、龙江、大兴安岭森工（林业）集团公司，新疆生产建设兵团林业局要相应确定一名领导同志负责配合做好调研工作，明确一位处级干部为联络员，并将名单（姓名、职务、联系方式）于5月19日之前报国家林业局调查研究工作协调小组办公室。

特此通知。

联 系 人：周少舟、陈学群

联系电话：010－84239172（传真）、84239176

电子信箱：zsz5@263. net

附件：国家林业局调查研究工作领导小组、协调小组、办公室成员名单

后　记

2006年林业重大问题调查研究工作，得到了国家林业局党组的高度重视，专门成立了国家林业局调查研究工作领导小组，统一组织领导林业调查研究工作。协调小组的日常工作由国家林业局经济发展研究中心和国家林业局办公室共同承担。各省、自治区、直辖市林业厅（局），内蒙古、吉林、龙江、大兴安岭森工（林业）集团公司、新疆生产建设兵团林业局确定了一名领导同志负责配合做好调研工作。

一年来，全局先后抽调业务骨干110人次，组成30多个调查小组，分赴28个省（自治区、直辖市）进行了专题调研，共调查了100多个重点县（市）和林业企业、局（场），召开座谈会、研讨会150多场次，走访农户数百个。共撰写出30多份有分量的调研报告，提出了90多条有针对性的政策建议，其中许多已被中央及有关部门采纳。

2006年林业重大问题调研成果的书稿由高层关注、调查研究、实践探索、决策指导四部分组成。高层关注篇主要体现了党中央、国务院对林业工作高度重视。一年来，国务院先后4次召开会议研究林业问题，温家宝总理专门对林业工作作出6条重要指示，回良玉副总理8次深入基层考察林业工作。这进一步体现了中央对林业工作的关心和支持，也为又好又快地发展林业指明了方向，明确了任务；调查研究篇分为领导专论和专题调研两部分，主要反映了2006年社会主义新农村建设与林业发展等九个重大调研项目的调研成果；实践探索篇主要反映了2006年各地对林业改革和发展的实际探索；决策指导篇主要反映了2006年通过进行各项林业重大问题调查研究所形成的下发文件。

此项工作得到了中央财经领导小组办公室、国务院研究室、国务院发展研究中心、国家发展和改革委员会、财政部、国家统计局等单位的大力支持；得到了全国总工会中国农林水利工会、中国资产评估协会、北京林业大学、福建农林大学、国家林业局各有关业务司局、26个省（自治区、直辖市）林业厅（局）以及内蒙古、吉林、龙江和大兴安岭森工（林业）集团和新疆生产建设兵团林业局等单位的通力协作。

林业重大问题调查研究是一项长期、系统的工作，是一项开拓性的事业。随着形势的不断变化，研究本身还有一个不断深化的过程，许多工作尚待进一步完善。书稿中的不足之处，敬请广大读者提出宝贵意见。

编　者

2007年3月

国家林业局调查研究工作
领导小组、协调小组、办公室成员名单

国家林业局调查研究工作领导小组成员名单：

组　长：贾治邦

副组长：李育材

成　员：赵学敏　江泽慧　杨继平　雷加富　祝列克　张建龙

协调小组成员名单：

顾　问：王志宝

组　长：张建龙

成　员：封加平　魏殿生　肖兴威　卓榕生　杜永胜　汪　绚　姚昌恬　张永利　曲桂林　马安全　孔　明　马广仁　郝燕湘　曹清尧　张志达　张鸿文　刘　拓　王成祖　孙　建　张　蕾

办公室主任：张　蕾

副　主　任：李世东　王焕良　戴广翠　程　鹏